DAS KZ NEUENGAMME UND SEINE AUSSENLAGER

Reihe Neuengammer Kolloquien, Band 1

Das KZ Neuengamme und seine Außenlager

Geschichte, Nachgeschichte, Erinnerung, Bildung

Herausgegeben im Auftrag der KZ-Gedenkstätte Neuengamme
von Oliver von Wrochem unter Mitarbeit von Lars Jockheck

Ⓜ | METROPOL

Umschlagbild:
Archiv der KZ-Gedenkstätte Neuengamme, 1986-7894:
Luftbild des KZ Neuengamme, April 1945,
aufgenommen durch die Royal Air Force.

ISBN: 978-3-940938-87-9

© 2010 Metropol Verlag
Ansbacher Str. 70, 10777 Berlin
www.metropol-verlag.de
Alle Rechte vorbehalten
Druck: Arta-Druck, Berlin

Inhalt

EINLEITUNG 9

I. Häftlingsschicksale und Überlebensstrategien

MARC BUGGELN
Tödliche Produktion. Sterblichkeitsraten und Überlebenschancen
in den Außenlagern des KZ Neuengamme 15

HANS ELLGER
Weibliche Häftlinge in den Außenlagern des KZ Neuengamme 27

MARC SCHEMMEL
Zwischen Kooperation und Widerstand. Handlungsspielräume
von Funktionshäftlingen im KZ Neuengamme 49

GEORG ERDELBROCK
Ein Transport polnischer Häftlinge und der Versuch
seiner Rekonstruktion 69

STEFFEN KREISL
„Sonderbehandlung" für „Verräter"? Die Haftbedingungen
italienischer Häftlinge im KZ Neuengamme 94

II. Das Ende des KZ-Systems und die deutsche Gesellschaft nach 1945

DETLEF GARBE
Die Räumung der Konzentrationslager in Norddeutschland
und die deutsche Gesellschaft bei Kriegsende 111

BERNHARD STREBEL
Massaker an KZ-Häftlingen in Celle im April 1945
und ihre Nachwirkungen 136

MARCO KÜHNERT
Die Ermordung sowjetischer Gefangener am Bullenhuser Damm
und die Reaktionen von Justiz und Memorialkultur 151

KATHRIN HEROLD
Proteste von Roma und Sinti an den KZ-Gedenkstätten
Bergen-Belsen, Dachau und Neuengamme.
Der nationalsozialistische Antiziganismus in der Erinnerungspolitik 164

III. Täter und ihre Repräsentation in KZ-Gedenkstätten

SVEN FRITZ
Die SS-Ärzte des KZ Neuengamme: Praktiken und Karriereverläufe 181

CHRISTINE ECKEL
Fotografien in den „Täterausstellungen" der KZ-Gedenkstätten
Ravensbrück und Neuengamme im Vergleich 199

JANA JELITZKI · MIRKO WETZEL
10 Thesen zur pädagogischen Vermittlung von
nationalsozialistischer Täterschaft 217

IV. Historische Relikte (Bild, Schrift, Gebäude) als Quellen und Medien der Erinnerung

CHRISTIANE HESS
Félix Lazare Bertrand – Zeichnungen aus dem KZ Neuengamme 229

UTE WROCKLAGE
KZ-Fotografien als historische Quellen 244

CHRISTIAN RÖMMER
Die Würde zurückgeben? Warum wir Gedenkbücher erstellen 262

ANDREAS EHRESMANN
„KZ-Architektur" – Zur Baugeschichte des KZ Neuengamme
und dem Umgang mit den Überresten 268

V. Gedenkstätten als Bildungsorte

OLIVER VON WROCHEM
Historisch-politische Bildung in NS-Gedenkstätten.
Überlegungen zu reflexivem Geschichtsbewusstsein und
berufsgruppenorientierter Arbeit 285

ASTRID MESSERSCHMIDT
Differenzbeziehungen – Ansätze für eine Erinnerungsarbeit
vielfältiger Geschichtszugänge 300

CORNELIA GEISSLER
Konzepte der Personalisierung und Individualisierung in der
Geschichtsvermittlung. Die Hauptausstellung der KZ-Gedenkstätte
Neuengamme 315

IRIS GROSCHEK
Konzepte der Betreuung von Schulklassen in der
KZ-Gedenkstätte Neuengamme 329

ANJA SOLTERBECK
Weil in Neuengamme „nichts mehr so ist, wie es war".
Die Erwartungen von jugendlichen Gedenkstättenbesuchern
an ein „echtes KZ" 344

MALTE SORGENFREI
Kompetenzorientiertes Lernen an Gedenkstätten im Kontext
von Erinnerungskultur: zwei Fallbeispiele 374

ANDREAS KÖRBER
Zeitgemäßes schulisches Geschichts-Lernen in Gedenkstätten 392

AUTORINNEN UND AUTOREN 415

Einleitung

Die Geschichte des KZ Neuengamme und seiner Außenlager ist eng mit der Geschichte Norddeutschlands im Zweiten Weltkrieg verbunden – aber auch mit der Geschichte ganz Deutschlands und Europas. Die Einrichtung der Gedenkstätte Neuengamme am historischen Ort mitsamt ihren Außenstellen in Fuhlsbüttel, Poppenbüttel und am Bullenhuser Damm ist Ergebnis einer gesamtgesellschaftlichen Entwicklung und Ausdruck einer sich wandelnden Erinnerungskultur in Deutschland. Doch welche Funktion erfüllen Gedenkstätten an Orten ehemaliger Konzentrationslager in der heutigen Erinnerungskultur? Worauf gründet sich ihre Legitimation?

Diese Fragen stellen sich umso dringlicher, je größer der zeitliche Abstand zum historischen Geschehen wird und je mehr der Nationalsozialismus historisiert wird. Die Gedenkstätten haben sich erst gegen teils heftige Widerstände innerhalb der deutschen Gesellschaft etabliert. Mit der immer breiteren gesellschaftlichen Auseinandersetzung haben sie sich in ihrer äußeren wie auch in ihrer inneren Form gewandelt. Zugleich müssen sie als Einrichtungen mit institutioneller Förderung einer Fülle neuer Anforderungen gerecht werden: Sie sind nicht mehr nur Orte des Gedenkens, sondern darüber hinaus Orte der Forschung und des historischen Lernens. Zumindest die größeren Gedenkstätten mit besserer Personalausstattung stehen gesellschaftlichen Ansprüchen gegenüber, die zunehmend auch einen Gegenwartsbezug fordern.

Die Neuengammer Kolloquien präsentieren aktuelle Forschungen zum Konzentrationslager Neuengamme und dessen Nachgeschichte sowie zu Fragen von Bildung und Erinnerung in Deutschland und Europa. Sie möchten zur Auseinandersetzung mit dem Nationalsozialismus und seinen Folgen anregen. Dabei werden die Erfahrungen anderer Gedenkorte vergleichend mit einbezogen. Die KZ-Gedenkstätte Neuengamme versteht die Neuengammer Kolloquien als Forum für lebendige Diskussionen über wissenschaftliche und pädagogische Anliegen, die die Erinnerungsorte an nationalsozialistisches Unrecht ebenso in ihrer Funktion in der heutigen Gesellschaft betrachten.

Mit den Neuengammer Kolloquien möchten wir eine Debatte darüber anstoßen, was Gedenkstätten – und hier insbesondere die Gedenkstätten an Orten ehemaliger Konzentrationslager – angesichts der an sie gestellten Erwartungen selbst erreichen wollen und welche Räume sie in der Umsetzung und Gestaltung ihrer Aufgaben für sich in Anspruch nehmen können und wollen. Orte des Gedenkens, der Forschung und der Bildung zu sein – was heißt das konkret? Welche Formen von Gedenken, Forschung und Bildung werden praktiziert; was sind aktuell die Anliegen von Orten des Erinnerns an NS-Unrecht?

Der erste Band bündelt aktuelle Magisterarbeiten, Dissertationsprojekte sowie ausgewählte Beiträge, die übergreifende Perspektiven auf die Arbeit in und an Gedenkstätten eröffnen. Er geht auf die Tagung „Das KZ Neuengamme und seine Außenlager. Geschichte, Nachgeschichte, Erinnerung, Bildung" zurück, die im Oktober 2009 in Hamburg stattfand. Damit bietet der Sammelband eine Bestandsaufnahme neuerer Forschungen zu den vielfältigen historischen und gegenwärtigen Dimensionen des Leidens unter der NS-Terrorherrschaft und den Verbrechen des nationalsozialistischen Regimes.

Im ersten Kapitel „Häftlingsschicksale und Überlebensstrategien" widmen sich zwei Beiträge den Überlebensbedingungen von Häftlingen in den Außenlagern des KZ Neuengamme. Während Marc Buggeln die Sterblichkeitsraten in den Außenlagern vergleicht, fragt Hans Ellger nach der spezifischen Situation von Frauen in den KZ-Außenlagern, die sich deutlich von jener der Männer unterschied. Marc Schemmel, Georg Erdelbrock und Steffen Kreisl setzen sich mit Häftlingsgruppen im sogenannten Stammlager des KZ Neuengamme auseinander und weisen auf die großen Unterschiede in den jeweiligen Haftbedingungen hin. Marc Schemmel nimmt mit den Funktionshäftlingen die Verhaltensweisen und moralischen Dilemmata jener in den Blick, die die SS privilegierte, um die „Ordnung des Terrors" (Wolfgang Sofsky) im Konzentrationslager aufrechtzuerhalten, und untersucht die verbliebenen Handlungsspielräume. Georg Erdelbrock verfolgt das Schicksal einer 1943 aus Auschwitz überstellten Gruppe polnischer politischer Häftlinge und ihren weiteren Weg innerhalb des Lagersystems von Neuengamme. Steffen Kreisl schließlich fragt, ob die als „Verräter" geltenden Häftlinge aus dem ehemals verbündeten Italien im KZ Neuengamme tatsächlich besonders schlecht behandelt wurden.

Das zweite Kapitel „Das Ende des KZ-Systems und die deutsche Gesellschaft nach 1945" greift Ereignisse aus der Endphase der Konzentrationslager auf und fragt nach dem Umgang der deutschen Gesellschaft mit den NS-Verbrechen und ihren Opfern. Detlef Garbe gibt einen Überblick zur Räumung der Konzentrationslager in Norddeutschland bei Kriegsende und erörtert die damit verbundenen Ziele der Verantwortlichen, die Konsequenzen für die Opfer und die Reaktionen der deutschen Gesellschaft. Bernhard Strebel untersucht Ursachen und Folgen eines Massakers an KZ-Häftlingen, die einem Räumungstransport unter anderem aus dem Lager Neuengamme angehörten, im April 1945 in Celle. Marco Kühnert erinnert an die Ermordung von sowjetischen Gefangenen eines Außenlagers des KZ Neuengamme und rekonstruiert den juristischen Umgang mit diesem Verbrechen nach 1945. Beide Autoren weisen darauf hin, dass diese Taten in einer Phase verübt wurden, als die Befreiung durch die Alliierten unmittelbar bevorstand, und diskutieren, weshalb beide Verbrechen kaum Eingang in die Erinnerung der deutschen Gesellschaft gefunden haben. Der Beitrag von Kathrin Herold schließlich greift mit dem Kampf von Sinti und Roma, den diese seit den 1980er-Jahren führen, Formen fortwirkender Ausgrenzung auf und betont, dass einige Opfer des NS-Regimes bis heute um Anerkennung ringen.

Das dritte Kapitel „Täter und ihre Repräsentation in KZ-Gedenkstätten" setzt sich mit Täterschaften und dem Umgang mit Tätern und Täterinnen in Ausstellungen und Pädagogik auseinander. Sven Fritz untersucht am Beispiel der SS-Ärzte des KZ Neuengamme Praktiken und Karriereverläufe einer kleinen Funktionselite in den Lagern und arbeitet deren Handlungsmotivationen heraus. Christine Eckel fragt am Beispiel von Ravensbrück und Neuengamme nach Formen der Repräsentation von Täterschaften am historischen Ort. Jana Jelitzki und Mirko Wetzel stellen sich der Frage, wie Täterschaft in der pädagogischen Arbeit vermittelt werden kann. Sie diskutieren, wie Täter und Täterinnen in den Ausstellungen und in der Bildungsarbeit vor Ort thematisiert werden können und sollen, obwohl Gedenkstätten als Orte des Trauerns und des Totengedenkens für die Opfer eingerichtet worden sind.

Das vierte Kapitel „Historische Relikte als Quellen und Medien der Erinnerung" umreißt unterschiedliche Perspektiven und Interpretationsweisen von Zeichnungen, Fotografien, Gebäuden und Textquellen aus der NS-Zeit. Christiane Heß erörtert die Aussagekraft von Häftlingszeichnungen und deren Perspektiven auf das Verfolgungsgeschehen, Ute Wrocklage untersucht anhand von Fotografien aus Konzentrationslagern die Perspektive der Täter und reflektiert dabei auch die Entstehungsbedingungen dieser Aufnahmen, Christian Römmer wirft einen kritischen Blick auf die Gedenkbücher für die Toten der Konzentrationslager, die die Namen der Opfer verzeichnen. Andreas Ehresmann schließlich stellt Baugeschichte, Nachnutzung und memoriale Transformation des (ehemaligen) KZ Neuengamme anhand der Gebäude dar und fragt nach Status und Funktion der materiellen Überreste in der Arbeit am historischen Ort. Allen vier Beiträgen gemeinsam ist die Fragestellung: Wenn in den historischen Relikten und Überlieferungen mehrere Zeitebenen historischer Erfahrung und entsprechend verschiedene Interpretationsmöglichkeiten aufgehoben sind, müssen dann nicht Forschung und Bildung diese verschiedenen Schichten und die damit verbundenen Deutungen sichtbar machen?

Das fünfte Kapitel „Gedenkstätten als Bildungsorte" bündelt Beiträge, die sich mit Gedenkstätten als Orten von Bildung und Interaktion befassen. Oliver von Wrochem stellt die Arbeit des Studienzentrums der KZ-Gedenkstätte Neuengamme vor und fragt, ob historisch-politische Bildung an Gedenkstätten des NS-Unrechts nicht grundsätzlich ein reflexives Geschichtsbewusstsein fördern sollte. Astrid Messerschmidt lotet am Beispiel von Geschlechter- und Generationenverhältnissen und im Kontext von Migration Möglichkeiten und Grenzen einer Erinnerungsbildungsarbeit aus, die sensibel bleibt für vielfältige Spannungsfelder und heterogene Zugänge zur Auseinandersetzung mit dem Nationalsozialismus. Cornelia Geißler befasst sich am Beispiel der Hauptausstellung der KZ-Gedenkstätte Neuengamme und gestützt auf Besucherbefragungen mit Konzepten der Personalisierung und Individualisierung in der Geschichtsvermittlung und deren Wirkung auf Besuchende. Iris Groschek stellt die Konzepte der Gruppenbetreuung in der KZ-Gedenkstätte Neuengamme vor und geht am Beispiel der Konzepte für Schulklassen auf die vielfältigen Anforderungen der gedenkstättenpädagogischen Arbeit ein; mit dem Offenen Archiv der Gedenkstätte präsentiert sie einen besonderen Lernort für Gruppen. Anja Solterbeck arbeitet in ihrer auf Befragungen von Schülerinnen und Schülern basierenden Studie Erwartungshaltungen von Jugendlichen heraus und skizziert, wie die KZ-Gedenkstätte Neuengamme am historischen Ort Vermittlungsarbeit mit Schülergruppen gestaltet. Malte Sorgenfrei stellt zwei Fallbeispiele von kompetenzorientiertem Lernen an Gedenkstätten im Kontext von Erinnerungskultur vor. Einem Gegenstand der Vermittlungsarbeit widmet er sich dabei besonders: der Gruppe der Funktionshäftlinge. Aus dem Fundus der Geschichtsdidaktik schöpfend geht Andreas Körber abschließend der Frage nach, welche Ziele zeitgemäßes schulisches Geschichts-Lernen in Gedenkstätten haben könnte und welche Anforderungen an Gedenkstättenmitarbeiterinnen und -mitarbeiter sowie an Lehrerinnen und Lehrer damit jeweils verbunden wären.

Das Verhältnis von Überlieferungsgeschichte bzw. Deutung des Geschehens und dem allseits geäußerten Wunsch nach „Authentizität" der Orte und des an ihnen Dargestellten fordert uns dazu heraus, uns selbst und unsere Rezeption dessen, was Gedenkstätten sind oder sein sollen, zu reflektieren. Mit diesem Band möchte die KZ-Gedenkstätte Neuengamme einen ersten Beitrag zu einer solchen Reflexion leisten. Und auch künftig wird sie sich – nicht nur, aber auch – in Form der Neuengammer Kolloquien in aktuelle wissenschaftliche Debatten zur Auseinandersetzung mit dem Nationalsozialismus sowie zur Gedenkstättenarbeit und Erinnerungskultur einmischen.

Oliver von Wrochem
Hamburg, im November 2010

I. Häftlingsschicksale und Überlebensstrategien

MARC BUGGELN

Tödliche Produktion

Sterblichkeitsraten und Überlebenschancen in den Außenlagern des KZ Neuengamme

„Dann ging es wieder weiter nach Hohwacht. Und hier kam ich mir vor wie im Sanatorium, wie ein Sanatorium, das ist richtig. Hierher kamen aus Buchenwald 190 Personen."[1]

„Braunschweig was the worst camp I stayed in."[2]

Zwei Aussagen ehemaliger Häftlinge zeigen die unterschiedlichen Lebensbedingungen, die in den Außenlagern des KZ Neuengamme herrschten. Während der ehemalige lettische Häftling Georgi Loik seine Deportation vom KZ Buchenwald in das Neuengammer Außenlager Lütjenburg-Hohwacht nachträglich als ersten Schritt zu seiner Rettung und als deutliche Verbesserung seiner Situation bewertet, betrachtet der ehemalige jüdische Häftling Jerzy Herszberg seine Ankunft im Neuengammer Außenlager Braunschweig-Schillstraße (Büssing NAG) als Beginn einer Verschlechterung, was ob der Tatsache, dass er aus dem KZ Auschwitz dorthin transportiert wurde, einen Eindruck von der katastrophalen Lage im Außenlager gibt.

Im Zentrum des folgenden Aufsatzes steht die Frage, warum sich die Überlebenschancen der KZ-Häftlinge in verschiedenen Außenlagern des KZ Neuengamme so signifikant unterschieden. Während in einigen Außenlagern nur wenige Häftlinge umkamen, starb in anderen fast die Hälfte aller Häftlinge, z. T. innerhalb sehr kurzer Zeit. Vorweg sei betont, dass es sich dabei natürlich trotzdem um graduelle Unterschiede handelte: Auch in den Außenlagern mit wenigen Todesfällen war die Mehrzahl der Häftlinge unterernährt, sie wurden terrorisiert

---

1   Archiv der KZ-Gedenkstätte Neuengamme (ANg), VT 2000/4069: Videointerview mit Georgi Loik.
2   ANg, Ng 2. 8. 393: Bericht von Jerzy Herszberg, A Survival Story of 1939–1945 War, hier S. 19.

und gepeinigt. Und keinesfalls vermögen die Statistiken etwas über das jeweils individuell erlebte Leid der Häftlinge auszusagen; sie können nur zeigen, in welchen Lagern der Tod in welcher Größenordnung das Leben von Menschen beendete.

Zur Erklärung der Differenzen habe ich in meiner Arbeit vor allem zwei Quellenarten genutzt: Zum einen Berichte von Überlebenden, die vom Leben und Sterben in den Außenlagern des KZ Neuengamme Zeugnis ablegen. Zum anderen die verschiedenen Dokumente hinsichtlich von Sterbefällen im KZ-System Neuengamme, die von der Gedenkstätte im elektronischen Totenbuch gesammelt wurden und die im folgenden Aufsatz im Zentrum der Auswertung stehen. Zum Totenbuch ist zu sagen, dass dieses keineswegs alle Sterbefälle im KZ Neuengamme erfasst haben dürfte, dennoch aber davon auszugehen ist, dass sie etwa 80–90 Prozent aller Sterbefälle in den Außenlagern verzeichnen. Daher gehe ich davon aus, dass die Datengrundlage recht belastbare Aussagen über die Differenzen zwischen den Außenlagern zulässt. Allerdings ist zu beachten, dass die in meinen Tabellen aufgeführten Prozentzahlen mit Angaben nach dem Komma vielleicht den Eindruck eines größeren Grades von Exaktheit hervorrufen, als die Quellensituation zulässt.[3]

Ein so systematischer Vergleich von Außenlagern, wie er im Folgenden unternommen wird, wurde in der bisherigen Forschung noch nicht durchgeführt. Einen ersten Schritt in diese Richtung haben die beiden österreichischen Historiker Florian Freund und Bertrand Perz anhand der Außenlager des KZ Mauthausen unternommen.[4] Freund fasste das Ergebnis der gemeinsamen Studien mit dem Zwischenergebnis zusammen, dass es „Kleinlager praktisch ohne Sterblichkeit, Produktionslager mit einer jährlichen Mortalität von ca. fünf Prozent und Baulager, worunter auch die Lager zur Errichtung unterirdischer Anlagen fielen, mit einer Mortalität von ca. 30 Prozent" gab.[5]

Die Einteilung in Klein-, Produktions- und Bauaußenlager stellt eine erste Grobeinteilung der Außenlagertypen dar. Darüber hinaus dürften für einen

---

3   Für eine detaillierte Quellenkritik: Marc Buggeln, Arbeit & Gewalt. Das Außenlagersystem des KZ Neuengamme, Göttingen 2009, S. 204–206.
4   Bertrand Perz, „Projekt Quarz". Steyr-Daimler-Puch und das Konzentrationslager Melk, Wien 1991; ders., Der Arbeitseinsatz im KZ Mauthausen, in: Ulrich Herbert/Karin Orth/Christoph Dieckmann (Hrsg.), Die nationalsozialistischen Konzentrationslager. Entwicklung und Struktur, 2 Bände, Göttingen 1998, Bd. 2, S. 533–557; Florian Freund, „Arbeitslager Zement". Das Konzentrationslager Ebensee und die Raketenrüstung, Wien 1991; ders., Häftlingskategorien und Sterblichkeit in einem Außenlager des KZ Mauthausen, in: Herbert/Orth/Dieckmann, Konzentrationslager, Bd. 2, S. 874–886.
5   Florian Freund, Mauthausen: Zu Strukturen von Haupt- und Außenlagern, in: Dachauer Hefte 15 (1999), S. 254–272, hier S. 272.

Vergleich aber weitere Faktoren zu berücksichtigen sein. Karin Orth schlug in ihrer wegweisenden Studie zum Konzentrationslagersystem für eine noch zu entwickelnde Typologie der Außenlager folgende Kriterien zur Differenzierung vor: „[D]ie Art der verrichteten Zwangsarbeit, die entsprechenden Arbeits- und Organisationsstrukturen, Trägerschaft und institutionelle Verankerung des Außenlagers, Größe sowie nationale und soziale Zusammensetzung der Häftlingsgruppen, Anzahl und Art des Bewachungspersonals und schließlich die Sterblichkeitsrate."[6] Mit dieser Liste von Unterscheidungsmerkmalen soll im weiteren Verlauf gearbeitet werden. Dabei gilt es zu untersuchen, ob alle Faktoren als gleichwertig einzustufen sind oder ob eine Hierarchie der Faktoren entwickelt werden kann. Karin Orth nimmt in ihrer Studie eine deutliche Gewichtung vor: „[D]ie Überlebenschance hing wesentlich von der Art der Zwangsarbeit und der Stellung des einzelnen in der rassistischen Häftlingshierarchie ab."[7]

Damit misst sie diesen Faktoren zentrale Bedeutung bei, was im Folgenden zu prüfen sein wird. Über diese ersten Vorschläge zur Typologisierung von Freund, Perz und Orth ist die Forschung bisher nicht hinausgekommen. Für den Vergleich der Überlebensbedingungen der Häftlinge in den Außenlagern des KZ Neuengamme nutze ich – ähnlich wie Freund – die Sterblichkeitsraten als zentrale Indikatoren für die Bedingungen in einem Außenlager. Ähnlich wie Orth ging ich zu Beginn meiner Studien davon aus, dass die Art der Arbeit und die Stellung des Einzelnen in der Häftlingsgesellschaft die zentralen Parameter zur Beurteilung der Überlebenschancen in den Außenlagern sein würden. Die Ergebnisse meiner Studie bestätigten diese Annahmen jedoch nur sehr bedingt.

Für die Außenlager des KZ Neuengamme ist festzuhalten, dass ein so eindeutiger Rückschluss von der Art der Arbeit auf die Sterblichkeitsrate wie im Fall Mauthausen nicht möglich ist. Zuerst zu den Männeraußenlagern: Dort herrschte in den Baulagern bei militärischen Schanzarbeiten zwar mit Abstand die höchste Sterblichkeit, aber auch in einigen Produktionslagern, insbesondere bei jenen auf Werften, bestand eine vergleichsweise hohe Sterblichkeit. Zudem ist es für die Außenlager des KZ Neuengamme von großer Bedeutung, zwischen drei unterschiedlichen Phasen zu unterscheiden.

---

6 Karin Orth, Das System der nationalsozialistischen Konzentrationslager. Eine politische Organisationsgeschichte, Hamburg 1999, S. 239 f.
7 Ebenda, S. 240.

Art der Arbeit	Okt. 1943–Okt. 1944	Nov. 1944–März 1945
Bauaußenlager		
Hochbau (7 AL)	0,4 %	1,8 %
Militär. Schanzarbeit (8 AL)	1,3 %	5,6 %
Untertagebau (4 AL)	0,4 %	2,4 %
Trümmerbeseitigung (9 AL)	0,5 %	2,4 %
Produktionsaußenlager		
Werften (6 AL)	0,5 %	4,0 %
Andere Produktion (8 AL)	0,6 %	2,6 %

Tabelle 1: Art der Arbeit und Sterblichkeitsrate

Eine Aufschlüsselung der Sterblichkeitsraten nach dem Hauptunterschied Bau- und Produktionslager in den drei Phasen ergibt folgendes Bild:

	Okt. 1942–Sept. 1943	Okt. 1943–Okt. 1944	Nov. 1944–März 1945
Bauaußenlager	2,4 % (5 AL)	0,6 % (16 AL)	3,1 % (24 AL)
Produktions-außenlager	1,8 % (2 AL)	0,6 % (8 AL)	3,5 % (14 AL)

Tabelle 2: Sterblichkeitsraten in Bau- und Produktionsaußenlagern

Es zeigt sich, dass der Unterschied zwischen Bau- und Produktionsaußenlagern hinsichtlich der Sterblichkeitsrate in allen drei Phasen relativ gering und in keiner Phase die Sterblichkeit in den Bauaußenlagern auch nur doppelt so hoch war – geschweige denn sechsmal so hoch wie im Fall des KZ Mauthausen.

Für die erste Phase ist charakteristisch, dass die SS an ihrer eingeübten Terrorisierung der Häftlinge während des Arbeitseinsatzes festhielt. Die Gewaltausübung vollzog sich in ähnlich brutalen Formen wie im Hauptlager, auch wenn die Sterblichkeit in den Außenlagern geringer war als im Hauptlager.

In der zweiten Phase zeigten die von der SS-Führung aus utilitaristischen Motiven eingeleiteten Bemühungen zur Verbesserung der Lebens- und Arbeitsverhältnisse der Häftlinge Wirkung. Die Sterblichkeit in den Außenlagern fiel um das Drei- bis Vierfache. Dieses Ergebnis zeigt, dass Karin Orth und Wolfgang Sofsky falsch liegen, wenn sie behaupten, dass die SS-Führung den Terror in den Lagern in der Praxis nicht in den Griff bekommen konnte.[8] Die SS-Spitze war

---

8 Orth, System; Wolfgang Sofsky, Die Ordnung des Terrors. Das Konzentrationslager, Frankfurt am Main 1993. Ich widerspreche damit auch Miroslav Kárný, der die vom SS-Wirtschafts-Verwaltungshauptamt 1943 festgehaltenen Sterblichkeitsraten für gänzlich

durchaus in der Lage, Einfluss auf das Gewaltniveau in den Lagern zu nehmen, wofür der Ausbau des Statistikwesens im WVHA eine wichtige Rolle spielte. Die Abmilderung der Gewaltpraxis setzte sich im Komplex Neuengamme in ähnlicher Form in den Produktions- wie in den Bauaußenlagern durch.

In der dritten Phase stieg die Sterblichkeit in den Außenlagern wieder stark an. Sie war etwa fünf- bis sechsmal höher als in der zweiten Phase. Fünf Gründe können für diesen Anstieg benannt werden: Erstens verschlechterte sich die Versorgung der Häftlinge mit Lebensmitteln. Zweitens war die Phase (November 1944 bis März 1945) durch einen besonders kalten Winter geprägt. Drittens erhöhte sich das Gewaltniveau in den Lagern erneut. Die SS verstärkte als Teil eines untergehenden Systems die Gewaltausübung gegen ihre Gegner, ähnlich wie sich auch der Terror der Gestapo gegen zivile Zwangsarbeiter deutlich steigerte. Viertens kam es aufgrund der Auflösung der Konzentrationslager im Osten zu einer Überfüllung der Lager im Reichsgebiet. Fünftens kam in der letzten Phase eine größere Zahl männlicher jüdischer Häftlinge in das Neuengammer Außenlagersystem. Gegen diese Häftlinge übten die SS und die anderen Wachmannschaften eine besonders brutale Gewalt aus.

In diesen letzten fünf Monaten war in den Außenlagern des KZ Neuengamme die Sterblichkeit in den Produktionsaußenlagern sogar knapp höher als in den Bauaußenlagern. Entscheidend dafür war, dass von den sieben Außenlagern, in denen sich ein großer Anteil jüdischer Häftlinge befand, sechs Produktionslager waren. Im Bereich des KZ Neuengamme wurden die männlichen jüdischen Häftlinge also nicht den Kommandos mit schweren Bauarbeiten, sondern jenen Außenlagern mit auf den ersten Blick eher leichteren Fabrikarbeiten zugewiesen. Wären, wie in anderen KZ-Komplexen, die jüdischen Häftlinge vor allem zu den Bauarbeiten eingeteilt worden, hätte sich wahrscheinlich ein eklatanter Unterschied in der Sterberate zwischen Bau- und Produktionslagern aufgetan. Betrachtet man für die dritte Phase die Sterblichkeit in den Außenlagern mit jüdischen Häftlingen separat, ergibt sich folgendes Bild:

	Nicht-jüdische Häftlinge		Jüdische Häftlinge	
	Sterblichkeit	Anzahl der AL	Sterblichkeit	Anzahl der AL
Bauaußenlager	2,7 %	22	8,1 %	1
Produktionsaußenlager	2,3 %	8	5,1 %	6

Tabelle 3: Art der Arbeit, nach jüdischen und nicht-jüdischen männlichen Häftlingen

unzuverlässig hält: Miroslav Kárný, „Vernichtung durch Arbeit". Sterblichkeit in NS-Konzentrationslagern, in: Beiträge zur nationalsozialistischen Gesundheits- und Sozialpolitik 5 (1987), S. 133–158.

Dadurch zeigt sich zwar, dass die Sterblichkeit nicht-jüdischer männlicher Häftlinge in den Baulagern knapp höher lag als in den Produktionslagern, doch ist der Unterschied nicht besonders signifikant. Deutlicher ist, dass die Sterblichkeit in Außenlagern mit jüdischen Häftlingen bei ähnlichem Arbeitseinsatz mehr als doppelt so hoch war wie bei nicht-jüdischen Häftlingen. Gewalt und Antisemitismus der Bewacher sowie das besondere Verfolgungsschicksal der jüdischen männlichen Häftlinge im Vorfeld ihrer Inhaftierung in den reichsdeutschen KZ-Außenlagern waren die beiden entscheidenden Faktoren, weshalb die Sterblichkeit unter dieser Häftlingsgruppe so viel höher war.

Überraschenderweise gilt dies für die weiblichen jüdischen Häftlinge nicht in der gleichen Form. Vielmehr lag die Sterblichkeit sowohl bei den jüdischen wie bei den nicht-jüdischen weiblichen Häftlingen deutlich unter jener der männlichen Häftlinge. Die Sterblichkeit bei den Frauen war in der zweiten Phase fünfmal und in der dritten Phase dreißigmal geringer als bei den Männern. Dabei waren mehr als 60 Prozent der weiblichen Häftlinge in den Neuengammer Frauenaußenlagern jüdischer Herkunft. Dies ist ein erstaunlicher Befund ob der Tatsache, dass die NS-Vernichtungspolitik gegenüber jüdischen Menschen eigentlich keinen Unterschied zwischen den Geschlechtern gemacht hat. Es scheint aber, dass, sobald die direkte Vernichtung partiell außer Kraft gesetzt wurde und jüdische Häftlinge zur Sklavenarbeit ins Reichsgebiet transportiert wurden, die Geschlechterdifferenz erhebliche Bedeutung erhielt. Bei der Behandlung der jüdischen weiblichen Häftlinge durch die SS und andere Bewachungsmannschaften erwies sich ihr Geschlecht als wichtigerer Faktor für ihr Überleben denn ihre jüdische Herkunft für ihr Sterben. So gab es kaum Unterschiede in den Sterblichkeitsraten zwischen jüdischen und nicht-jüdischen weiblichen Häftlingen. Auch bei unterschiedlichen Formen der Arbeit blieb die Sterblichkeit auf einem ähnlich niedrigen Niveau und es lassen sich kaum Unterschiede ausmachen.[9]

	Juli–Oktober 1944	November 1944–März 1945
Männeraußenlager	0,38 %	3,2 %
Frauenaußenlager	0,07 %	0,1 %

Tabelle 4: Sterblichkeitsraten in Männer- und Frauenaußenlagern

Für die erheblich besseren Überlebenschancen weiblicher Häftlinge würde ich fünf Gründe in den Vordergrund rücken:

---

9   Dies betonten auch schon: Gabriele Pfingsten/Claus Füllberg-Stolberg, Frauen in Konzentrationslagern – geschlechtsspezifische Bedingungen des Überlebens, in: Herbert/Orth/Dieckmann, Konzentrationslager, Bd. 2, S. 911–938, hier S. 921 f.

- Die Außenlager mit männlichen Häftlingen wurden mit mehr Personal bewacht.
- SS und Bewachungsmannschaften gingen mit brutalerer Gewalt gegen männliche Häftlinge vor.
- Den weiblichen Häftlingen gelang es besser, gute Kontakte zu deutschen Zivilarbeitern sowie ausländischen Zwangsarbeitern und Kriegsgefangenen zu knüpfen, die ihnen Lebensmittel oder Tauschware zusteckten.
- Die weiblichen Häftlinge konnten solidarischer untereinander handeln, weil die SS relativ homogene Gruppen zusammen ließ.
- Die männlichen Häftlinge waren im Durchschnitt älter als die weiblichen.

Während Hans Ellger in seiner Untersuchung vor allem die Bedeutung der Überlebensstrategien der weiblichen Häftlinge für deren bessere Überlebenschancen verantwortlich gemacht hat,[10] scheinen mir die hier benannten exogenen Faktoren insgesamt in höherem Maße von Bedeutung zu sein. Man könnte zugespitzt sagen, dass es weniger die von den Frauen inkorporierten Fähigkeiten waren, die ihnen höhere Überlebenschancen gewährten, auch wenn diese durchaus eine Rolle spielten, als vielmehr die ihnen von den SS-Männern und anderen Wachleuten zugeschriebenen Eigenschaften und die bei den Männern angesichts weiblicher Häftlinge ausgelösten Gefühle.

Karin Orth hat als zweiten zentralen Parameter für die Überlebenschance des einzelnen Häftlings seinen Standort in der rassistischen NS-Hierarchie herausgearbeitet. Für die männlichen jüdischen Häftlinge konnte dies im Fall der Außenlager des KZ Neuengamme bestätigt werden. Aufgrund ihrer Stellung am unteren Ende der NS-Rassenhierarchie war ihre Sterblichkeit besonders hoch. Für die weiblichen jüdischen Häftlinge traf dies hingegen ganz und gar nicht zu.

Schwierig zu beantworten ist auch die Frage, ob es in den Neuengammer Außenlagern eine weitere rassistische Schichtung der Häftlingsgesellschaft gab; ob, wie in der Forschung allgemein angenommen wird, die Angehörigen der slawischen Völker (insbesondere Polen und Sowjetbürger) niedriger standen als Westeuropäer.[11] Die Befunde sind für die Außenlager heterogen. In einigen

---

10 Hans Ellger, Zwangsarbeit und weibliche Überlebensstrategien. Die Geschichte der Frauenaußenlager des KZ Neuengamme 1944/45, Berlin 2007.
11 Siehe beispielsweise: Ulrich Herbert/Karin Orth/Christoph Dieckmann, Die nationalsozialistischen Konzentrationslager. Geschichte, Erinnerung, Forschung, in: dies., Konzentrationslager, Bd. 1, S. 17–40. Als erste wichtige Kritik an dieser Generalisierung siehe: Jens-Christian Wagner, Noch einmal: Arbeit und Vernichtung. Häftlingseinsatz im KL Mittelbau-Dora 1943–1945, in: Norbert Frei/Sybille Steinbacher/Bernd C. Wagner (Hrsg.), Ausbeutung, Vernichtung, Öffentlichkeit. Neue Studien zur nationalsozialistischen Lagerpolitik, München 2000, S. 11–41.

Außenlagern war die Sterblichkeit bei westeuropäischen Häftlingen besonders hoch, in anderen Außenlagern die Sterblichkeit der osteuropäischen Häftlinge. Deswegen soll an dieser Stelle anhand der Ergebnisse der einzelnen Außenlager eine Bilanz der Zusammensetzung der Toten nach Nationalität für alle Außenlager gezogen werden.

Die nationale Zusammensetzung der Häftlinge, die in den Außenlagern starben, wird in der folgenden Tabelle mit der nationalen Zusammensetzung der Häftlinge, die das KZ Neuengamme insgesamt seit 1940 durchliefen, in Beziehung gesetzt. Dies verzerrt insofern die Verhältnisse, als dass viele dieser Häftlinge niemals in einem Außenlager waren und zudem nationale Gruppen, die in der Frühzeit des KZ Neuengamme dort inhaftiert waren, überrepräsentiert sind. Beispielsweise dürfte von den 8800 männlichen deutschen Häftlingen ein nicht geringer Teil bereits verstorben oder in ein anderes Hauptlager verlegt worden sein, bevor die Außenlager überhaupt eingerichtet wurden. Ähnliches gilt vor allem für die polnischen und in etwas geringerem Maße für die sowjetischen Häftlinge. Hingegen dürfte ein großer Teil der 6600 Niederländer, die sehr spät ins KZ Neuengamme kamen, mehrheitlich weiter in die Außenlager transportiert worden sein. Deswegen war die Wahrscheinlichkeit für einen niederländischen Häftling, in einem Außenlager zu sterben, deutlich größer, als für einen deutschen, polnischen oder sowjetischen Häftling. Da es keine andere Möglichkeit gibt, eine Vergleichsgröße herzustellen, soll hier diese Variante trotz gewisser Mängel genutzt werden. Bei den Todesfällen sind auch jene von weiblichen Häftlingen einbezogen, die aber weniger als 3 Prozent aller Todesfälle ausmachen.

Die Tabelle 5 ist komplex und deutlich schwieriger zu interpretieren als die vorherigen Tabellen. Ein großes Problem stellt die nicht vorhandene Ausdifferenzierung hinsichtlich der jüdischen Häftlinge dar. Bei den ungarischen Häftlingen zeigt sich, dass durch den großen Anteil an weiblichen Häftlingen der Eindruck entsteht, dass die Sterblichkeit unter den ungarischen Häftlingen gering war. Da aber fast nur männliche Häftlinge der ungarischen Gruppe starben, war die Sterblichkeit unter ihnen hoch. Betrachtet man nur den Anteil an den männlichen Häftlingen und die Sterblichkeit, so zeigt sich, dass die Sterblichkeit unter den niederländischen Häftlingen mit Abstand am höchsten war. Die Sterblichkeit der Niederländer war mehr als dreimal höher als ihr Anteil an der Häftlingsgesellschaft. Die Gruppe mit der zweithöchsten relationalen Sterblichkeit bildeten die belgischen Häftlinge. Dahinter folgten in etwa ähnlichen Größenordnungen die italienischen, französischen und ungarischen Häftlingsgruppen. Knapp höher lag die relationale Sterblichkeit auf den ersten Blick bei den polnischen Häftlingen. Dies ist jedoch insofern zu relativieren, als hier eine Unterscheidung zwischen jüdischen und nicht-jüdischen Häftlingen zu treffen wäre. Insgesamt befanden sich unter den 13 000 polnischen Häftlingen etwa 2500 jüdische Häftlinge, unter denen in etwa 700 Tote zu verzeichnen gewesen sein dürften. Die polnischen Juden hätten dabei etwa einen Anteil von 3 Prozent an den männlichen Häftlingen und etwa 7 Prozent der Sterblichkeit ausgemacht. Sie sind damit hinter den Niederländern die Gruppe mit der zweithöchsten relationalen Sterblichkeit. Damit läge der Anteil der verstorbenen nicht-jüdischen Polen unter jenem ihres Anteils an der männlichen Häftlingsgesellschaft.

Herkunftsland	Männer	Frauen	Gesamt	Tote AL
Belgien	3500 (4,3 %)	150 (1,1 %)	3650 (3,9 %)	827 (8,9 %)
Dänemark	2400 (3 %)	0	2400 (2,5 %)	162 (1,7 %)
Deutschland	8800 (10,9 %)	400 (3 %)	9200 (9,7 %)	342 (3,7 %)
Frankreich	11000 (13,6 %)	650 (4,8 %)	11 650 (12,3 %)	1928 (20,8 %)
Griechenland	1200 (1,5 %)	0	1200 (1,3 %)	54 (0,6 %)
Italien	1100(1,4 %)	100 (0,7 %)	1200 (1,3 %)	204 (2,2 %)
Jugoslawien	1000 (1,2 %)	250 (1,9 %)	1250 (1,3 %)	80 (0,9 %)
Lettland	3200 (4 %)	100 (0,7%)	3300 (3,5 %)	357 (3,8 %)
Niederlande	6600 (8,2 %)	250 (1,9 %)	6850 (7,2 %)	2652 (28,6 %)
Norwegen	2800 (3,5 %)	0	2800 (3 %)	3 (0,03 %)
Polen	13000 (16,1 %)	2700 (20 %)	15700 (16,6 %)	1806 (19,4 %)
Sowjetunion	21000 (25,9 %)	2000 (14,8 %)	23000 (24,3 %)	1608 (17,3 %)
Tschechosl.	800 (1 %)	800 (5,9 %)	1600 (1,7 %)	41 (0,4 %)
Ungarn	1400 (1,7 %)	5800 (43 %)	7400 (7,6 %)	246 (2,7 %)
Andere Länder	3200 (4 %)	300 (2,2 %)	3500 (3,8 %)	177 (1,9 %)
Gesamt	81 000	13 500	94 500	9289

Tabelle 5: Sterblichkeitsraten in den Neuengammer Außenlagern nach nationaler bzw. kategorialer Zugehörigkeit

Dies ist bei allen weiteren nationalen Gruppen der Fall. Knapp unterhalb ihres Anteils an der Häftlingsgesellschaft lag der Anteil der lettischen, polnischen und sowjetischen Sterbefälle an allen Toten. Mehr als die Hälfte unterhalb ihres Anteils lagen die deutsche, tschechische und griechische Häftlingsgruppe. Am niedrigsten war die relationale Sterblichkeit jedoch bei der norwegischen Häftlingsgruppe. Dies dürfte vor allem daran gelegen haben, dass nur wenige Norweger in die Außenlager gekommen sind und sie im Wesentlichen im Hauptlager Neuengamme blieben.

In einer imaginären Häftlingsgesamtgesellschaft aller Neuengammer Außenlager würden also, wenn man die relationale Sterblichkeit als Gradmesser wählte, die westeuropäischen, italienischen und jüdischen Häftlinge das unterste Segment der Häftlingsgesellschaft bilden. Das mittlere Segment würde die osteuropäischen Häftlinge umfassen. Die Spitze der Häftlingsgesellschaft nähmen aufgrund ihrer geringen Sterblichkeitsrate die deutschen, nordeuropäischen, tschechischen und griechischen Häftlinge ein.

Die Frage ist jedoch, ob man anhand der Sterblichkeit etwas über die Häftlingshierarchie aus der Perspektive der SS oder auch der Häftlinge selbst aussagen kann. Festhalten lässt sich erst einmal, dass die Sterblichkeit der osteuropäischen Häftlinge geringer war als die der westeuropäischen Häftlinge. Dieses Ergebnis steht konträr zur NS-Rassenhierarchie. Die sich daraus ergebende Frage, warum die osteuropäischen Häftlinge bessere Überlebenschancen hatten als westeuropäische, ist nicht leicht zu beantworten. Die Ergebnisse meiner Studie zeigen, dass dies nicht durch eine bessere Behandlung durch die SS zu erklären ist. An dieser Stelle seien zumindest drei wichtige Gründe benannt:

- Sowjetische und polnische Häftlinge kamen häufig früher als die westeuropäischen Häftlinge in die Außenlager und konnten dort die unteren Funktionsposten besetzen;
- die osteuropäischen Häftlinge und insbesondere die sowjetischen Häftlinge waren anders an Hunger gewöhnt als westeuropäische Häftlinge und dadurch bereit, auch Insekten, Baumrinden etc. als Nahrungsergänzung zu sich zu nehmen, während westeuropäische Häftlinge sich anfangs aufgrund eines Ekelgefühls mitunter weigerten, die ihnen dargebotenen Lebensmittel zu essen;
- es befanden sich kaum Angehörige des Bürgertums unter den sowjetischen Häftlingen, sondern fast ausschließlich Menschen, die harte körperliche Arbeit gewohnt waren.

An dieser Stelle kann festgehalten werden, dass meine Ergebnisse die bisherige Diskussion und die Forschungsergebnisse hinsichtlich der Überlebenschancen von Häftlingen in den Außenlagern erheblich verkomplizieren. Vor allem die großen Unterschiede zwischen Bau- und Produktionslagern, die Bertrand Perz und Florian Freund herausgearbeitet haben, bestätigen sich für das KZ Neuengamme nicht. Auch die beiden von Karin Orth genannten zentralen Faktoren (Art der Arbeit und Standort in rassistischer NS-Hierarchie) erweisen sich für die Außenlager des KZ Neuengamme nicht als eindeutiges Kriterium zur Beurteilung der Überlebenschancen. So lassen sich zwar Korrelationen zwischen der Art der Arbeit und der Sterblichkeitsrate herstellen, doch sind diese vergleichsweise heterogen. Für die Stellung in der NS-Rassenhierarchie bestätigt sich hinsichtlich der Sterblichkeitsraten der männlichen Häftlinge vor allem die Stellung der deutschen und skandinavischen Häftlinge an der Spitze und der jüdischen Häftlinge am unteren Ende der Skala. Jedoch entsprechen die höhere Sterblichkeit von westeuropäischen gegenüber osteuropäischen Männern sowie die geringere Sterblichkeit weiblicher jüdischer Häftlinge nicht der Annahme des kausalen Zusammenhangs zwischen dem Standort in der NS-Rassenhierarchie und der Sterblichkeit.

Als eindeutiger Faktor für eine höhere Überlebenschance konnte für das Außenlagersystem des KZ Neuengamme die Differenz zwischen männlichen und weiblichen Häftlingen herausgearbeitet werden. Das Geschlecht war demnach ein ausschlaggebender Faktor für die Überlebenschancen eines Häftlings in den Außenlagern.

Einen weiteren Faktor stellt die Größe der Außenlager dar. Für das KZ Neuengamme ist zu beachten, dass es keine Außenlager mit mehr als 3500 Häftlingen gab. Daher wurden für das KZ Neuengamme Lager mit mehr als 1000 Häftlingen als groß, Lager mit 200 bis 1000 Häftlingen als mittelgroß und Lager mit weniger als 200 Häftlingen als klein charakterisiert. Die Sterblichkeitsraten sehen für diese Aufteilung wie folgt aus:

	Oktober 1943–Oktober 1944	November 1944–März 1945
Große Außenlager (13 AL)	0,8 %	4,1 %
Mittelgroße Außenlager (25)	0,5 %	2,8 %
Kleine Außenlager (10 AL)	0,6 %	0,6 %

Tabelle 6: Sterblichkeitsraten nach Größe der Außenlager

Es zeigt sich insbesondere für die letzte Phase eine klare Hierarchie, in der in den kleinen Lagern eine siebenmal geringere Sterblichkeit als in den großen Lagern herrschte. In den zehn kleinen Außenlagern starben in der letzten Phase insgesamt nur zwei Häftlinge. Der Unterschied zwischen den mittelgroßen zu den großen Lagern ist ebenfalls groß, aber nicht gewaltig. Trotzdem zeigt sich deutlich, dass die Zuteilung zu einem Außenlager mit einer bestimmten Größe eine gewisse Rolle bei den Überlebenschancen der Häftlinge spielte.

Anhand einiger Beispiele habe ich in meiner Studie zudem herausgearbeitet, dass die Rahmenbedingungen der Arbeit einen wichtigen Faktor für die Überlebenschancen der Häftlinge darstellten. In einigen Fällen war zwar die Art der geleisteten Arbeit sehr ähnlich, aber durch unterschiedliche Rahmenbedingungen ergaben sich erhebliche Differenzen bei der Sterblichkeit. So waren die Arbeitsumstände unter Tage für die Häftlinge in Helmstedt-Beendorf deutlich besser als in Hannover-Ahlem, weil die klimatischen Verhältnisse (Temperatur und Trockenheit) in der Salzmine in Beendorf erheblich besser waren als im Asphaltstollen in Hannover. In den beiden Außenlagern in Schleswig-Holstein, wo die Häftlinge Panzergräben ausheben mussten, stellten sich für die

Häftlinge besonders schlechte Verhältnisse ein, weil sie permanent im Wasser stehend arbeiten mussten. In den anderen Panzergraben-Außenlagern lag der Grundwasserspiegel hingegen niedriger, wodurch die Häftlinge mit den Füßen im Trockenen standen, solange es nicht regnete. In Bremen-Farge und Fallersleben-Laagberg verrichteten die Häftlinge Hochbauarbeiten, doch war dadurch, dass der Bau des U-Boot-Bunkers bis in die letzten Kriegswochen höchste Dringlichkeit besaß und Albert Speer und Karl Dönitz den Bau beschleunigen wollten, das Arbeitstempo dort besonders hoch. In Fallersleben hatte VW aus betriebstechnischen Gründen hingegen kein großes Interesse an einer schnellen Bauausführung. Dadurch besserten sich die Verhältnisse für die Häftlinge im Vergleich zu Bremen-Farge.[12] Dies zeigt auch, dass Haltung und Ziele der Auftraggeber und Firmen für die Häftlinge wirkmächtig wurden. Diese Differenzen werden durch die quantitativen Unterschiede in den Sterblichkeitsraten sichtbar; erklärt werden können sie aber nur durch eine qualitative Auswertung der Lebens- und Arbeitsbedingungen vor Ort. Ihre Bedeutung für die Überlebenschancen der Häftlinge ist nicht zu unterschätzen.

Aufgrund dieser Ergebnisse war es mir nicht möglich, mein ursprüngliches Ziel, die Entwicklung einer Typologie der Außenlager, die Rückschlüsse vom Typ des Außenlagers auf die Überlebenschancen der Häftlinge zulassen würde, zu entwickeln. Stattdessen hat sich eine Faktorenanalyse, die sich aus einer vergleichenden, dezidierten Untersuchung der Lebens- und Arbeitsbedingungen in einzelnen Außenlagern entwickelt, als wesentlich tragfähiger erwiesen.

---

12 Vgl. dazu ausführlich: Marc Buggeln, KZ-Häftlinge beim Arbeitseinsatz in Norddeutschland. Eine Analyse anhand des Vergleichs der Außenlager in Bremen-Farge und Fallersleben-Laagberg, in: Justin Hoffmann/Kunstverein Wolfsburg (Hrsg.), Non-Stop. Ein Reader zur Ambivalenz von Krieg und Frieden, Wolfsburg 2005, S. 61–74.

HANS ELLGER

Weibliche Häftlinge in den Außenlagern des KZ Neuengamme

Als das Rüstungsministerium unter der Leitung von Albert Speer Anfang 1944 feststellen musste, dass der Zustrom von ausländischen Zivilarbeitern und Kriegsgefangenen zu stocken begann,[1] sodass der Bedarf an Arbeitskräften in der Rüstungsindustrie nicht mehr ausreichend gedeckt werden konnte, griffen die NS-Machthaber verstärkt auf die in den Konzentrations- und Vernichtungslagern inhaftierten Frauen zurück, die dort – wie auch die Männer – unter dem Gesichtspunkt der Arbeitsfähigkeit „selektiert" wurden. Ab Sommer 1944 kam es zur Gründung von mehr als 300 Frauen-Außenlagern im Deutschen Reich, die größtenteils an die bis dahin reinen Männer-Konzentrationslager, wie auch das KZ Neuengamme, angegliedert wurden.

Im KZ Neuengamme, das seit 1940 als eigenständiges KZ existierte und das sich zum größten KZ Nordwestdeutschlands mit über 80 Außenlagern entwickelte, waren bis 1944 ausschließlich männliche Häftlinge inhaftiert. Erst im letzten Kriegsjahr mussten in 24 Außenlagern auch Frauen Zwangsarbeit leisten.[2]

In der historischen Forschung war die Geschichte der Frauen-Außenlager des KZ Neuengamme lange Zeit kein Gegenstand des wissenschaftlichen Interesses. Erst Mitte der 1980er-Jahre erschien die erste ausführliche wissenschaftliche Darstellung zur Geschichte der beiden Frauen-Außenlager in Hannover, in der die Lebens- und Arbeitsbedingungen der weiblichen Häftlinge detailliert dargestellt werden.[3] Etwa zeitgleich widmeten sich Geschichtswerkstätten, Kirchengemeinden sowie örtliche Initiativgruppen der Aufarbeitung der Geschichte von

---

1   Ulrich Herbert (Hrsg.), Europa und der „Reichseinsatz". Ausländische Zivilarbeiter, Kriegsgefangene und KZ-Häftlinge in Deutschland 1938–1945, Essen 1991, S. 412.
2   Im Stammlager von Neuengamme waren darüber hinaus Frauen inhaftiert, die sich seit 1944 im dortigen Lagerbordell befanden. Auf das Schicksal der dort inhaftierten Frauen gehe ich in dieser Darstellung nicht weiter ein. Vgl. Hermann Kaienburg, „Vernichtung durch Arbeit". Der Fall Neuengamme. Die Wirtschaftsbestrebungen der SS und ihre Auswirkungen auf die Existenzbedingungen der KZ-Gefangenen, Bonn, 2. Aufl. 1991, S. 411 f.
3   Rainer Fröbe u. a., Konzentrationslager in Hannover. KZ-Arbeit und Rüstungsindustrie in der Spätphase des Zweiten Weltkrieges, Hildesheim 1985.

verschiedenen Außenlagern des KZ Neuengamme. Dabei wurde auch ein Teil der Geschichte der Frauen-Außenlager rekonstruiert. Diese Arbeiten waren in erster Linie regionalgeschichtlich orientiert. Das Interesse der Forschenden galt den bis dahin unerforschten Außenlagern „vor der eigenen Haustür".[4] Ende der 1980er-, aber besonders im Laufe der 1990er-Jahre entstanden weitere Darstellungen zu Frauen-Außenlagern des KZ Neuengamme.[5] Der Schwerpunkt dieser Arbeiten lag in erster Linie in der Rekonstruktion der jeweiligen Lagergeschichten. Eine Gesamtdarstellung der Geschichte der Frauen-Außenlager von Neuengamme habe ich im Rahmen meines Dissertationsprojekts 2007 erstmals vorgelegt.[6]

In den 24 Frauen-Außenlagern,[7] die zum Verwaltungsbereich des KZ Neuengamme gehörten, befanden sich nach Häftlingskarten des SS-Wirtschafts-Verwaltungshauptamtes[8] zwischen Juli 1944[9] und Mai 1945 mindestens 13 700 weib-

4 Dies gilt zum Beispiel für die Frauen-Außenlager Wedel, Hamburg-Sasel oder Hamburg-Eidelstedt: Christus-Kirchengemeinde Schulau/Wedel (Hrsg.), KZ Wedel. Das vergessene Lager, Wedel 1983; Emmaus-Kirchengemeinde Hamburg-Lurup (Hrsg.), Aus der Geschichte Lurups während der Nazi-Herrschaft, Hamburg 1979; Gymnasium Oberalster (Hrsg.), Geschichte eines Außenlagers. KZ Sasel, Hamburg 1981. Bei den Frauen-Außenlagern, die auf dem Gebiet der ehemaligen DDR lagen, begann die Aufarbeitung vorwiegend Mitte der 1990er-Jahre.
5 Hartmut Müller, Die Frauen von Obernheide. Jüdische Zwangsarbeiterinnen in Bremen 1944/45, Bremen 1988; Stefan Romey, Ein KZ in Wandsbek. Zwangsarbeit im Hamburger Drägerwerk, Hamburg 1994; Barbara Hillmann/Volrad Kluge/Erdwig Kramer, Lw. 2/XI – Muna Lübberstedt, Zwangsarbeit für den Krieg, Bremen 1996; Hans Ellger, Die Häftlingsgruppe der Jüdinnen am Beispiel des Frauen-Außenlagers Hamburg-Eidelstedt, in: KZ-Gedenkstätte Neuengamme (Hrsg.), Häftlinge im KZ Neuengamme. Verfolgungserfahrungen, Häftlingssolidarität und nationale Bindung, Hamburg 1999, S. 144–157.
6 Hans Ellger, Zwangsarbeit und weibliche Überlebensstrategien. Die Geschichte der Frauenaußenlager des Konzentrationslagers Neuengamme 1944/45, Berlin 2007. Der vorliegende Beitrag kann nur einen einführenden Überblick über meine Forschungsergebnisse liefern.
7 Dazu gehörten folgende Lager: Beendorf (Helmstedt), Boizenburg, Braunschweig – SS-Reitschule, Bremen-Hindenburgkaserne, Bremen-Obernheide, Bremen-Uphusen, Fallersleben, Garlitz, Hamburg-Dessauer Ufer, Hamburg-Eidelstedt, Hamburg-Langenhorn, Hamburg-Neugraben, Hamburg-Sasel, Hamburg-Tiefstack, Hamburg-Wandsbek, Hannover-Langenhagen, Hannover-Limmer, Horneburg, Lübberstedt, Porta Westfalica, Salzgitter-Bad, Salzgitter-Watenstedt, Salzwedel, Wedel.
8 Fast 150 000 Häftlingskarteikarten des WVHA Amtsgruppe D II (Arbeitseinsatz), die den Stand des Jahreswechsels 1944/45 widerspiegeln, wurden im Bundesarchiv Dahlwitz-Hoppegarten, beim Polnischen Roten Kreuz und in der Gedenkstätte Stutthof aufgefunden. Häftlingskarten des SS-Wirtschafts-Verwaltungshauptamtes, Bundesarchiv (BArch) Berlin, befinden sich in Kopie auch im Archiv der KZ-Gedenkstätte Neuengamme (ANg).
9 Möglicherweise kamen die ersten Frauen bereits im Juni 1944 in ein Frauenaußenlager von Neuengamme. Zu dieser Forschungskontroverse vgl. KZ-Gedenkstätte Neuengamme (Hrsg.), Hilfe oder Handel? Rettungsbemühungen für NS-Verfolgte. Beiträge zur Geschichte der nationalsozialistischen Verfolgung in Norddeutschland 10 (2007), besonders S. 185 ff.

liche Häftlinge. Mit der Nummer 13 700 hört die Zählung auf. Möglicherweise sind im Zuge der Räumung der verschiedenen Außenlager noch weitere Frauen nach Neuengamme gekommen, die aber in den Wirren der letzten Kriegstage nicht mehr registriert wurden. Anhand dieser Karten ist erkennbar, dass etwa 9700 Frauen zur Gruppe der „Jüdinnen" zählten, während ca. 3800 Frauen „politische Häftlinge" waren. Darüber hinaus befanden sich in den Frauen-Außenlagern von Neuengamme ca. 130 „asoziale Häftlinge", 60 „Zigeunerinnen" und ca. fünf „Bibelforscherinnen". Da jedoch bislang kaum weitere Informationen über das Schicksal der drei zuletzt genannten Häftlingsgruppen vorliegen und die Überlieferung der Häftlingskarten nicht lückenlos ist, sind die Angaben zu diesen Häftlingsfrauen nur sehr ungenau und vermutlich unvollständig. Wie die Häftlingskarten aber zweifelsfrei belegen, gehörten zwei Drittel aller weiblichen Häftlinge in den Frauen-Außenlagern von Neuengamme zur Häftlingsgruppe der Jüdinnen. Vor ihrer Verschleppung durch die Nationalsozialisten waren sie vorwiegend in den Ländern Polen, der Tschechoslowakei und Ungarn zu Hause, wobei die ungarischen Frauen die weitaus größte nationale Gruppe innerhalb der Frauen-Außenlager bildeten. Zu der Gruppe der Ungarinnen wurden allerdings auch all jene Frauen gezählt, die ursprünglich in Teilen der Tschechoslowakei, Rumäniens und Jugoslawiens aufgewachsen waren, deren Heimatländer aber aufgrund von territorialen Veränderungen noch vor der Deportation der jüdischen Bevölkerung an den ungarischen Staat fielen. Vereinzelt befanden sich auch deutsche und litauische Jüdinnen in Neuengamme. Da die deutschen Frauen aber aus einem polnischen bzw. tschechischen Ghetto nach Auschwitz kamen, galten sie – zumindest nach den Häftlingskarten – als Polinnen bzw. Tschechinnen.

Die meisten jüdischen Frauen wurden nach der „Selektion" im KZ Auschwitz direkt in ein Außenlager von Neuengamme deportiert. Eine kleine Gruppe jüdischer Gefangener erreichte die norddeutschen Lager über die KZs Bergen-Belsen bzw. Stutthof. Im Zuge der Räumungen kamen darüber hinaus auch jüdische Häftlinge aus den Außenlagern Weißwasser und Langenbielau/Reichenbach des KZ Groß-Rosen im Februar bzw. März 1945 in den Verwaltungsbereich von Neuengamme.

Die politischen Häftlinge hingegen – und dies gilt auch für die sogenannten asozialen Häftlinge, die Zigeunerinnen und die Bibelforscherinnen – kamen bis auf einen Transport, der im September/Oktober 1944 von Stutthof nach Hannover gelangte, ausschließlich vom Frauen-KZ Ravensbrück nach Neuengamme. Diese Gefangenen waren bis zu ihrer Inhaftierung in verschiedenen Ländern Europas zu Hause, unter ihnen waren besonders viele Französinnen, Polinnen und Russinnen. Im Gegensatz zu den Frauen-Außenlagern von Neuengamme mit jüdischen Gefangenen, wo – von einigen Ausnahmen abgesehen – die weiblichen Häftlinge getrennt nach Nationalitäten inhaftiert wurden, kamen in die

Außenlager für sogenannte politische Häftlinge Frauen verschiedener Nationalitäten gemeinsam in ein Lager.

Ähnlich wie in anderen KZs waren die Haftbedingungen in den einzelnen Frauen-Außenlagern von Neuengamme katastrophal. In der Regel wurden die Frauen in zugigen Baracken untergebracht, die in den Wintermonaten nur selten geheizt werden konnten. In den Lagern Bremen-Hindenburgkaserne und der SS-Reitschule in Braunschweig dienten sogar Pferdeställe zur Unterbringung der Häftlingsfrauen. Gerade in Braunschweig waren die Unterbringungsbedingungen so primitiv, dass den Häftlingen nicht einmal eine Pritsche zur Verfügung stand, sondern sie auf dem mit Stroh ausgelegten Fußboden schlafen mussten. Etwas besseren Bedingungen waren dagegen die Frauen im Lager Fallersleben des Volkswagenwerkes ausgesetzt. Wie Überlebende übereinstimmend berichten, erhielten sie hier sogar täglich die Möglichkeit, warm zu duschen.[10] Dies war in den Frauen-Außenlagern allerdings eine Ausnahme. In der Regel stand den Frauen nur wenig kaltes Wasser für ihre Körperpflege zur Verfügung.

Auch die Versorgung der Häftlingsfrauen mit Lebensmitteln oder Medikamenten im Krankheitsfall reichte bei Weitem nicht aus, um die Gefangenen bei Kräften zu halten bzw. sie ausreichend zu versorgen, was bei der extremen Arbeitsbelastung, wodurch körperliche Reserven schnell abgebaut wurden, dringend erforderlich gewesen wäre.

Neben den primitiven Versorgungsbedingungen waren die weiblichen Häftlinge von Neuengamme – und dies gilt auch für alle anderen weiblichen KZ-Gefangenen – aufgrund ihres Geschlechtes zusätzlichen Gefahren ausgesetzt, denen sich männliche Gefangene so nicht zu stellen hatten. In jedem Frauen-Außenlager von Neuengamme gab es Häftlingsfrauen, die schwanger waren. Für alle Frauen bedeutete eine Schwangerschaft während der Haftzeit im KZ eine enorme psychische Belastung. Sie waren den gleichen katastrophalen Haft- und Arbeitsbedingungen wie die übrigen Häftlinge ausgesetzt und permanent in Angst und Sorge, dass die SS ihren Zustand erkennen könnte, was – wie zum Beispiel das Schicksal von Ruth Elias zeigt – einen Rücktransport in ein Vernichtungslager zur Folge haben konnte.[11] Ruth Elias kam gemeinsam mit einer weiteren schwangeren Frau namens Bertha im Sommer 1944 in das Außenlager Dessauer Ufer im Hamburger Freihafen. Da die SS ihre Schwangerschaft bereits nach vier Tagen entdeckte, wurde sie zunächst nach Ravensbrück und später dann zurück nach Auschwitz deportiert.

Darüber hinaus waren Frauen sexueller Gewalt und Demütigungen ausgesetzt. Den meisten Überlebenden ist es bis heute nicht möglich, über solche ext-

---

10 Hans Mommsen/Manfred Grieger, Das Volkswagenwerk und seine Arbeiter im Dritten Reich, Düsseldorf 1996, S. 898.
11 Ruth Elias, Die Hoffnung erhielt mich am Leben, 7. Aufl., München 2000, S. 166 ff.

rem traumatisierenden Ereignisse und die hinterlassenen Wunden zu sprechen, weswegen viele Frauen Vergewaltigung in den Außenlagern von Neuengamme negieren. Doch wie einige Überlebende berichten, hat es dieses Phänomen in den Außenlagern gegeben; einige Fälle sind mittlerweile sogar bekannt.[12]

Die Häftlinge der Frauen-Außenlager von Neuengamme wurden im Wesentlichen in drei Arbeitsbereichen eingesetzt: in der Produktion der Rüstungsindustrie, beim Bau von Behelfsunterkünften und zu kriegsbedingten Aufräumarbeiten. Während innerhalb der Rüstungsindustrie alle politischen weiblichen Häftlinge und ein Teil der jüdischen Frauen zum Einsatz kamen, wurden beim Bau von Behelfsunterkünften und bei der Beseitigung von Trümmerschutt – abgesehen von den letzten Kriegstagen – ausschließlich jüdische Häftlingsfrauen eingesetzt. Diese Arbeiten waren aufgrund der körperlichen Schwere und wegen der permanenten Nässe und Kälte während des Herbstes und Winters 1944/45 besonders gesundheitsgefährdend und eine nur schwer erträgliche Belastung.

Kriegsbedingte Aufräumarbeiten mussten die Frauen in den Städten Braunschweig, Bremen und Hamburg leisten. Nach einem Bombenangriff wurden sie dazu verpflichtet, Ziegel, Balken, Eisenträger, geborstene Fenster oder andere Überreste aus den zerstörten Gebäuden zu beseitigen oder sie – sofern das Material noch brauchbar war – für eine weitere Verwendung auszusortieren. Meistens mussten die Frauen diese Arbeiten mit bloßen Händen verrichten, wodurch sie sich oft Schnittverletzungen zuzogen. Nur selten standen ihnen Schaufeln oder Hacken zur Verfügung. Sofern der Angriff erst eine kurze Zeit zurücklag, arbeiteten sie zwischen den brennenden Häusern in großer Hitze und unter starker Rauchentwicklung. Gelegentlich bargen sie sogar Leichen, halfen bei Löscharbeiten oder mussten verschüttete Wege zu Bunkern oder Kellern wieder freilegen. Besonders gefährdet waren die jüdischen Frauen durch nicht gezündete Sprengkörper und einsturzgefährdete Häuserruinen. Nicht selten geriet eine stark beschädigte Mauer durch das Abtragen von Schutthaufen oder durch die Beseitigung tragender Balken ins Wanken, was zur Folge haben konnte, dass Häftlinge unter den herabstürzenden Mauern begraben wurden. Ewa Makovényi, Überlebende der Bremer Frauen-Außenlager, berichtet Folgendes über die Trümmerbeseitigung im Bremer Stadtgebiet. Sie arbeitete überwiegend in dem Kommando der Firma Gesselmann:

„Die Trümmer [...] haben wir mit bloßen Händen weggeräumt. Wir mussten diese Steine auf einen Lastwagen hinauf werfen [...], dafür hatten wir allerdings eine Schaufel. [...] Damit mussten wir die so hoch schmeißen. [...] Dort standen oft ganz hohe Betonmauern. Und der Vorarbeiter wollte, dass

---

12 Ellger, Zwangsarbeit, S. 122 ff.

die ganz eingerissen werden. Deswegen haben sie an uns [...] einen Strick angebunden, ein Teil an uns und das andere Ende an diese Wand. Und dann mussten wir ziehen. Und oft wollte die Wand nicht fallen. Wir machten es manchmal stundenlang. [...] Oft sind verschiedene Ruinen aufeinander gefallen. Und wir mussten häufig ganz hoch hinaufgehen. Manchmal war ein Loch oder es war nichts – das war ganz schön gefährlich. Aber wir mussten hinauf, um von oben die Trümmer wegräumen zu können. [...] Und wir hatten dabei keine richtigen Schuhe, nur diese Holzschuhe. [...] Wenn wir wärmende Sachen gefunden haben, haben wir das angezogen. [...] Wenn wir abends ins Lager zurückgekommen sind, wurden wir kontrolliert. Manchmal mussten wir uns ausziehen, und sie haben sich angeschaut, was wir unter hatten. [...] Die Aufseherinnen haben uns die Kleidung weggenommen und dann haben wir noch einige Schläge bekommen."[13]

Besonders in Hamburg, aber auch in der Stadt Bremen, wurden jüdische Frauen des KZ Neuengamme bei der Errichtung von Behelfsunterkünften eingesetzt. Unter enormer körperlicher Anstrengung mussten die Frauen die Behelfsunterkünfte für die ausgebombte Hamburger und Bremer Bevölkerung vom Fundament bis zum Dach errichten. Bei diesem Arbeitseinsatz mussten die Frauen auch Erdarbeiten ausführen, wobei sie Gräben für Wasserleitungen oder Stromkabel auszuheben hatten. Dagmar Lieblova, Überlebende des Lagers Hamburg-Neugraben, gehörte zu der Gruppe Frauen, die dieser Tätigkeit nachgehen musste:

„Wir haben da für die Wasserleitung und die Stromleitung die Gräben ausgehoben. Ich erinnere mich, dass das Graben für den Strom leichter war. Der Graben war schmaler, sie waren nicht so breit und nicht so tief. [...] Da konnten wir stehen und schaufeln und den sandigen Boden herausholen. Für die Wasserleitung war das viel schlimmer, da es [...] tiefer war, als wir waren. Es war sehr schwer, die Erde [...] herauszuschaufeln. [...] Wir hatten immer ein Pensum, was wir erfüllen mussten. [...] Wir waren immer froh, wenn wir das geschafft haben. Besonders schlimm war es im Winter. [...] Da war die Erde gefroren. Da sollten wir mit der Hacke arbeiten, doch das ging nicht."[14]

Die meisten weiblichen Häftlinge von Neuengamme kamen in den verschiedenen Bereichen der Rüstungsindustrie zum Einsatz. Während die größte Gruppe der Häftlingsfrauen in der klassischen Munitionsproduktion tätig war, arbeiteten andere Frauen in der Flugzeugreparatur oder -herstellung, teilweise im Rahmen

---

13 Interview des Verfassers mit Ewa Makovényi am 14. 11. 2000 in Budapest.
14 Interview des Verfassers mit Dagmar Lieblova am 11. 6. 1999 in Hamburg.

des „Jägerstabes", in der Gasmaskenproduktion des sogenannten Brandt-Geräte-Programms, im Kriegsschiffbau, in der Produktion von Fallschirmen oder bei der Herstellung von Glühbirnen, die für U-Boote verwendet wurden. Alle Frauen arbeiteten in den verschiedenen Werken in einem Zwei-Schicht-System. Jede Schicht dauerte in der Regel zwölf Stunden. Nach den Berichten von Überlebenden waren besonders die Nachtschichten sehr anstrengend, da sich die Häftlinge tagsüber nur sehr unregelmäßig in den Baracken ausruhen konnten. Die verschiedenen Lagerleitungen setzten die Frauen oftmals für Instandsetzungsarbeiten in den Lagern ein. Barbara Lorber, Überlebende des Lagers Lübberstedt, berichtet von ihrer Arbeit in der Munitionsproduktion der Muna Lübberstedt, wo etwa 230 Frauen mit der Herstellung von Bomben beschäftigt waren:

„Wir haben kleine Bomben gefüllt und sie auf ein laufendes Band gelegt. [...] Das war so ein gelbes Material, was in diese Bomben kam, das hat ausgesehen wie eine Wabe, so ähnlich zumindest, es war hart. [...] Und dieses ‚wabenartige' Material haben wir in die Bomben getan. Jeder musste etwas anderes machen; die eine eine Schraube festziehen, eine andere irgend etwas zuklappen oder etwas aufklappen usw. [...] Das war eine Routinearbeit, eine Fließbandarbeit. [...] Wir Mädels, die in unserer Gruppe von 90 [...] waren, haben eine Woche Nachtschicht und eine Woche Tagschicht gearbeitet."[15]

Ebenso berichtet auch Magda Eggens, Überlebende der Lager Horneburg und Weißwasser, von der Glühbirnenproduktion bei Valvo:

„In meiner Abteilung werden Glühbirnen hergestellt. Ein paar Mädchen müssen lernen, das Glas für die Glühbirnen zu blasen. Ich muss die kleinen Drähte einsetzen. Diese Arbeit lerne ich schnell und der Abteilungsleiter sagt, ich sei tüchtig. Glas zu blasen und mit der heißen Glasmasse umzugehen, ist viel schwieriger. Die Glasbläserinnen holen sich immer wieder Verbrennungen. [...] Während ich arbeite, spaziert sie [die SS-Aufseherin] in dem großen Raum hin und her, immer wieder hin und her. Und in seinem Büro sitzt Abteilungsleiter Andresen und guckt mich durchs Glasfenster an. [...] Die SS-Frau [...] lässt uns keine Minute aus den Augen. Sie begleitet mich sogar auf die Toilette hinaus."[16]

---

15 Interview des Verfassers mit Barbara Lorber am 1. 6. 1999 in Rotterdam.
16 Magda Eggens/Rose Lagercrantz, Was meine Augen gesehen haben, Frankfurt am Main 1999, S. 51 ff. Magda Eggens beschreibt in ihren Erinnerungen zwar den Arbeitseinsatz bei Valvo in Weißwasser, doch wurden nachweislich alle Frauen sowohl in Horneburg als auch in Weißwasser für den gleichen Arbeitsbereich eingesetzt.

Bei den Arbeitseinsätzen wurden die weiblichen Häftlinge sowohl von dem weiblichen als auch von dem männlichen Bewachungspersonal beaufsichtigt, das auch für die Bewachung der Häftlingsfrauen in den verschiedenen Lagern zuständig war. Dabei wurde auch in den Frauen-Außenlagern – abgesehen vom Lager Hamburg-Dessauer Ufer, wo nur männliches Bewachungspersonal tätig war – eine strikte Trennung zwischen einer „äußeren" und einer „inneren" Bewachung vorgenommen. Das war das Hauptunterscheidungsmerkmal hinsichtlich der Bewachung zwischen allen Lagern für weibliche und männliche Häftlinge.[17] Die äußere Bewachung führte männliches Bewachungspersonal durch, während innerhalb der Lager die Frauen überwiegend durch Aufseherinnen, die zum SS-Gefolge gehörten, bewacht wurden. Mit der leitenden Funktion wurde in jedem Frauen-Außenlager ein Lagerführer beauftragt. Diese Aufgabe nahmen in den Lagern von Neuengamme ausschließlich Männer wahr.

Die „äußere" Bewachung der Frauenlager wurde in Neuengamme vorwiegend von Angehörigen der Wehrmacht, speziell der Luftwaffe und der Marine, übernommen, die besonders im letzten Kriegsjahr zur SS versetzt worden waren und als Bewachungspersonal im KZ ihren Dienst antraten.[18] Darüber hinaus kam es auch zum Einsatz von Zoll- oder Polizeibeamten für die Bewachung von KZ-Häftlingen. Besonders in den Hamburger Lagern waren zahlreiche ehemalige Zollbeamte und Zollaushilfsangestellte für die Bewachung der Frauen zuständig.[19]

Am 15. Januar 1945 standen einer SS-internen Statistik zufolge 37 674 Männer und 3508 Frauen als KZ-Wachmannschaften im Dienst der SS.[20] Die männlichen und weiblichen Häftlinge des KZ Neuengamme wurden nach dieser Statistik am 15. Januar 1945 von 2130 männlichen und 322 weiblichen SS-Angehörigen bewacht. Ob diese Zahlen korrekt sind, ist sehr fraglich, da die in dieser Stärkemeldung erwähnten Häftlingszahlen – am 15. Januar 1945 sollen 9934 Frauen in Neuengamme gewesen sein – für die Frauenlager von Neuengamme nachweislich zu niedrig sind.[21]

17 Irmtraud Heike, „... da es sich lediglich um die Bewachung der Häftlinge handelt ..." Lagerverwaltung und Bewachungspersonal, in: Claus Füllberg-Stolberg u. a. (Hrsg.), Frauen in Konzentrationslagern. Bergen-Belsen, Ravensbrück, Bremen 1994, S. 221–240, hier S. 221.
18 Karin Orth, Das System der nationalsozialistischen Konzentrationslager. Eine politische Organisationsgeschichte, Hamburg 1999, S. 241 f.; Karin Orth, Die Konzentrationslager-SS. Sozialstrukturelle Analyse und biographische Studien, Göttingen 2000, S. 54.
19 Ellger, Zwangsarbeit, S. 208 ff.
20 BArch Berlin, NS 3/439.
21 Auch Gudrun Schwarz weist in ihrer Darstellung darauf hin, dass die genannten Zahlen vermutlich zu niedrig sind. Sie stützt sich dabei auf die Aussage des ehemaligen Kommandanten des KZ Neuengamme Max Pauly während des Nürnberger Prozesses, der – ohne

Als im Frühjahr 1945 die sowjetischen Truppen von Osten und die englisch-amerikanischen Truppen von Westen her immer weiter in das Deutsche Reich eindrangen, gab Heinrich Himmler den Befehl, alle Konzentrationslager bei Feindannäherung zu räumen und die Häftlinge in noch bestehende sogenannte rückwärtige Lager zu transportieren. Dieser Befehl führte zu chaotischen Verhältnissen unter den über 700 000 im Januar 1945 registrierten Gefangenen der deutschen KZ, da oftmals Lager sehr kurzfristig geräumt und Häftlinge ohne Vorbereitung auf einen Transport geschickt wurden.

Die weiblichen Häftlinge in den verschiedenen Außenlagern von Neuengamme wurden größtenteils im Laufe des Monats April 1945 in Marsch gesetzt. Während die meisten Frauen mit der Bahn – in Viehwaggons – abtransportiert wurden, mussten andere Gefangene von Neuengamme den Weg ins Ungewisse zu Fuß antreten. Viele Frauen kamen in das völlig überfüllte „Auffanglager" Bergen-Belsen, unter ihnen zahlreiche jüdische Gefangene. Nach Angaben des Neuengammer Lagerkommandanten Max Pauly gab es einen Befehl vom Höheren SS- und Polizeiführer Henning Graf von Bassewitz-Behr, dass alle kranken Häftlinge und jüdische Gefangene nach Bergen-Belsen zu verlegen seien.[22] Andere weibliche Häftlinge, wie die der Lager Porta Westfalica oder Helmstedt/Beendorf, irrten tagelang mit der Bahn in Richtung Norden, bis sie nach mehr als zehn Tagen Fahrt die bereits geräumten Hamburger Frauen-Außenlager erreichten.

Lediglich die Häftlinge des Frauen-Außenlagers Salzwedel, das in den letzten Kriegswochen auch zum Ziel einiger Räumungstransporte wurde, verblieben im dortigen Lager. Salzwedel war somit das einzige Außenlager von Neuengamme, das am Ende des Krieges nicht geräumt war. Vermutlich war das schnelle Vorrücken der US-amerikanischen Truppen – wovon auch die Lagerleitung überrascht wurde – dafür verantwortlich, dass der Abtransport der Häftlinge nicht mehr stattfand.[23]

Aufgrund der unbeschreiblich katastrophalen Verhältnisse im „Auffanglager" Bergen-Belsen, der chaotischen Bedingungen auf den tagelangen Irrfahrten durch Norddeutschland, der katastrophalen Zustände in den Außenlagern, die zum Ziel von Räumungstransporten – wie in Hamburg – wurden, oder durch

---

zwischen Frauen und Männern zu differenzieren – von etwa 2500–3000 Mitgliedern des Bewachungspersonals im Stammlager und den Außenlagern von Neuengamme ausgeht. Schwarz schätzt, dass etwa zehn Prozent des KZ-Personals der verschiedenen Lager aus Frauen bestand, Gudrun Schwarz, Verdrängte Täterinnen. Frauen im Apparat der SS (1939–1945), in: Theresa Wobbe (Hrsg.), Nach Osten. Verdeckte Spuren nationalsozialistischer Verbrechen, Frankfurt am Main 1992, S. 197–227, hier S. 220 f.

22 Katharina Hertz-Eichenrode (Hrsg.), Ein KZ wird geräumt. Häftlinge zwischen Vernichtung und Befreiung, Bremen 2000, S. 38.
23 Ebenda, S. 223.

einen Bombenangriff[24] kamen zahlreiche Frauen aus Neuengamme in den letzten Kriegstagen ums Leben. Häftlingstransporte der Lager Salzgitter-Bad bzw. Lübberstedt wurden in Celle bzw. Eutin während der Fahrt von alliierten Flugzeugen angegriffen. Ein Teil der Häftlinge verstarb außerdem aufgrund totaler Entkräftung oder an den Folgen der bei den Luftangriffen zugezogenen Verletzungen noch in den Tagen und Wochen nach der Befreiung. Obgleich gesicherte Zahlen fehlen, ist davon auszugehen, dass zwischen April und Juni 1945 mindestens ein Drittel, wenn nicht sogar die Hälfte aller ehemaligen weiblichen Häftlinge der Außenlager des KZ Neuengamme den Tod fand. Unter ihnen war auch ein Teil der ehemaligen Gefangenen, die im Mai 1945 vom Schwedischen Roten Kreuz mit dem Zug von Hamburg über Dänemark nach Schweden evakuiert wurden. Sie starben auf dem Transport nach Skandinavien, da sie zu schwach waren, die Fahrt zu überstehen, wie überlieferte Sterbelisten dokumentieren.[25]

Auffällig ist aber dennoch, dass vor den strapaziösen Räumungstransporten, die das Leben so vieler Gefangener kosteten, trotz der katastrophalen Haftbedingungen und der extremen Arbeitsbelastung während des letzten Kriegsjahres kaum weibliche Häftlinge in den Außenlagern von Neuengamme ums Leben kamen. Nach dem Bericht des SS-Standortarztes Dr. Alfred Trzebinski waren in dem Berichtszeitraum vom 26. Dezember 1944 bis zum 25. März 1945 von rund 12 000 weiblichen Häftlingen 95 Frauen verstorben, während von rund 40 400 männlichen Gefangenen 6129 Todesfälle (3040 in den Außenlagern und 3089 im Stammlager von Neuengamme) zu beklagen waren. Wie die Zahlen erkennen lassen, war die Sterberate bei den weiblichen Häftlingen um ein Vielfaches geringer als bei den männlichen Gefangenen. Sie entsprach in etwa 15,2 Prozent bei den Männern und 0,8 Prozent bei den Frauen.

Ein Vergleich der Zahlenangaben von Trzebinski mit der Registratur der örtlichen Standesämter, wo die verstorbenen Frauen nach ihrem Tod registriert wurden, hat ergeben, dass sich die Angaben Trzebinskis in etwa mit den Unterlagen der Standesämter decken. Darüber hinaus ist aus den Aufzeichnungen der Standesämter aber auch ersichtlich, dass etwa die Hälfte aller verstorbenen Frauen nicht aufgrund der Haftbedingungen ums Leben kam, sondern durch besondere Ereignisse wie Unfälle oder Bombenangriffe. So starben annähernd 30 Häftlingsfrauen des Lagers Hamburg-Eidelstedt an den Folgen eines Straßenbahnunglücks am 1. März 1945, bei dem eine Häuserruine auf den fahrenden Zug stürzte, mit dem die Frauen von ihrem Arbeitseinsatz zurück ins Lager fuhren. Andere Frauen der Lager Hannover-Langenhagen oder Hamburg-Tiefstack kamen bei

---

24 Ebenda, S. 211 ff; Hillmann/Kluge/Kramer, Lw. 2/XI, S. 130 ff.
25 Riksarkivet Stockholm, Statens Utlänningskommission Kontrollbyran Efterforskningsavdelningen D 3, 1–4, hier Bd. 4.

Bombenangriffen im Januar 1945 bzw. im Februar oder März 1945 ums Leben. Ein ähnliches Schicksal hatten zuvor auch schon weibliche Gefangene der Lager Hamburg-Dessauer Ufer und Bremen-Hindenburgkaserne erlitten.

Dieser Befund könnte vermuten lassen, dass nur wenige Frauen aufgrund der Haft- und Arbeitsbedingungen in den Lagern von Neuengamme verstorben seien. Es muss allerdings berücksichtigt werden, dass die überlieferten Unterlagen jene Frauen nicht erfassen, die aufgrund von Krankheit, Schwäche oder einer Schwangerschaft als „arbeitsunfähig" in einem Lager von Neuengamme „selektiert" und in die KZ Auschwitz-Birkenau bzw. Ravensbrück „rücküberstellt" wurden. Diese sogenannten Rücküberstellungen waren mit dafür verantwortlich, dass trotz der katastrophalen Haft- und Arbeitsbedingungen die Zahl der Todesfälle in den verschiedenen Frauenaußenlagern relativ niedrig blieb, da die meisten Häftlinge erst nach ihrem Abtransport nach Auschwitz-Birkenau bzw. Ravensbrück starben bzw. ermordet wurden. Von diesen Rücküberstellungen sind nur wenige Dokumente überliefert. So wurden am 19. Oktober bzw. 10. November 1944 72 bzw. 133 Frauen aus dem Außenlager Salzgitter-Watenstedt nach Ravensbrück „rücküberstellt".[26] Vereinzelt kamen Frauen auch am 9. Oktober 1944, am 17. Oktober 1944 und am 19. Januar 1945 von Neuengamme nach Ravensbrück.[27] Ebenso fand solch eine „Rücküberstellung" mit einem weiblichen Häftling aus Neuengamme nach Auschwitz-Birkenau am 12. Januar 1945 statt.[28]

Für jede „rücküberstellte" Frau wählte die SS im Austausch einen „neuen" Häftling in Ravensbrück bzw. Auschwitz-Birkenau für den Arbeitseinsatz aus. Der Austausch und die Verteilung der Frauen innerhalb des KZ Neuengamme erfolgte – so die überlieferten „Rücküberstellungslisten" – über das Lager Salzgitter-Watenstedt, was auch die Überlebende Zofia Raczyńska bestätigt. Zofia Raczyńska wurde bereits am 12. Februar 1943 nach Auschwitz-Birkenau deportiert, wo sie als Krankenpflegerin im Lagerbereich BIa tätig war. Ihren Erinnerungen zufolge fand am 20. November 1944 eine „Selektion" in Auschwitz-Birkenau durch Josef Mengele statt. Dabei wurden 20 Frauen – alle Krankenschwestern – für einen Arbeitseinsatz in Neuengamme ausgewählt. Mit dem Zug kamen sie zunächst in das Lager Salzgitter-Watenstedt, wurden für einige Tage unter Quarantäne gestellt und dann auf die vorgesehenen Frauenaußenlager verteilt. Zofia Raczyńska kam gemeinsam mit Magdalena Mańczak im Austausch für

---

26 Grit Philipp, Kalendarium der Ereignisse im Frauen-Konzentrationslager Ravensbrück 1939–1945, Berlin 1999, S. 313 und S. 319; ANg, Listen und Transporte, 3.2.3.12.3: Rücküberstellung Nr. 30 am 19. 10. 1944, KL. Neuengamme, Arbeitslager Watenstedt.
27 Philipp, Kalendarium, S. 310, S. 312 und S. 330.
28 Danuta Czech, Kalendarium der Ereignisse im Konzentrationslager Auschwitz 1939–1945, Reinbek 1989, S. 960.

zwei jüdische Frauen in das Lager Lübberstedt.[29] Ebenso wie im Lager Salzgitter-Watenstedt für eine kurze Zeit Frauen untergebracht wurden, die im Austausch in andere Frauenaußenlager kamen, wurden auch kranke und schwache Frauen aus Lagern des KZ Neuengamme im dortigen Außenlager gesammelt, bevor sie nach Ravensbrück oder Auschwitz-Birkenau gelangten. In den letzten Kriegsmonaten diente das Lager Salzgitter-Watenstedt der Unterbringung von kranken weiblichen Häftlingen. So wurden die nicht mehr arbeitsfähigen Frauen des Lagers Braunschweig/SS-Reitschule im Februar 1945 nach Salzgitter-Watenstedt transportiert.[30]

Möglicherweise gab es aus allen Frauenlagern von Neuengamme solche „Rücküberstellungen" nach Ravensbrück bzw. Auschwitz-Birkenau.[31] Da aber nur wenige aussagekräftige Quellen zu diesen Transporten vorliegen, ist es kaum möglich, präzise Angaben über die Anzahl der von einer „Rücküberstellung" betroffenen Frauen zu treffen. Nachzuweisen ist, dass etwa 200 Frauen von Neuengamme „rücküberstellt" wurden. Da die „Rücküberstellungslisten" mit den Nummern 30 bzw. 34 versehen wurden,[32] liegt die Vermutung nahe, dass es weitere „Rücküberstellungen" dieser Art gegeben hat, über die keine Unterlagen mehr existieren. Von daher waren vermutlich wesentlich mehr Frauen von solch einer „Rücküberstellung" betroffen, als bisher bekannt ist. Zu ihnen gehörten sicher auch schwangere Frauen.

Da die meisten Häftlinge nach ihrer Ankunft in den Lagern Ravensbrück bzw. Auschwitz-Birkenau den Tod fanden, muss davon ausgegangen werden, dass deutlich mehr Frauen, die in Neuengamme waren, aufgrund ihrer allgemeinen Körperschwäche bedingt durch die Arbeits- und Haftbedingungen verstarben.[33]

Aufgrund fehlender Quellen ist nicht zu klären, ob die Art der Zwangsarbeit für die Überlebenschance der weiblichen Häftlinge verantwortlich war oder nicht,[34] da nicht erkennbar ist, ob Frauen in bestimmten Arbeitsbereichen mehr

---

29 Hillmann/Kluge/Kramer, Lw. 2/XI, S. 142 ff.
30 Vgl. Elke Zacharias, Die Räumung der Außenlager des KZ Neuengamme in der Region Salzgitter/Braunschweig, in: Detlef Garbe/Carmen Lange (Hrsg.), Häftlinge zwischen Vernichtung und Befreiung, Bremen 2000, S. 75–85; Hertz-Eichenrode, Ein KZ wird geräumt, S. 105.
31 Ellger, Zwangsarbeit, S. 274 ff.
32 Philipp, Kalendarium, S. 313, S. 319; ANg, Listen und Transporte, 3.2.3.12.3: Rücküberstellung Nr. 30 am 19. 10. 1944 KL Neuengamme, Arbeitslager Watenstedt.
33 Hierbei finden all diejenigen Frauen keine Berücksichtigung, die im Zuge der Räumungen der Lager ums Leben kamen.
34 Nach Orth hingen die Überlebenschancen im KZ im Wesentlichen von der Art der Zwangsarbeit ab; Orth, System, S. 240. Pfingsten und Füllberg-Stolberg dagegen resümieren, dass der Einfluss des Arbeitseinsatzes nicht entscheidend für das Überleben der Frauen im KZ gewesen sei; Gabriele Pfingsten/Claus Füllberg-Stolberg, Frauen in Konzen-

von „Rücküberstellungen" betroffen waren als in anderen. Gleiches gilt auch für die Dauer des Aufenthaltes der Frauen in den verschiedenen Haftstätten. Auch hier ist nicht erkennbar, ob beispielsweise die polnischen oder tschechischen Frauen, die vor ihrer Ankunft in Neuengamme einen mehrjährigen Aufenthalt in den Ghettos von Łódź und Theresienstadt und im KZ Auschwitz-Birkenau hinter sich hatten, häufiger von „Rücküberstellungen" betroffen waren als ihre ungarischen Leidensgenossinnen, die größtenteils erst im April 1944 verhaftet worden waren.

Viele Überlebende betonen aber heute immer wieder, dass die weiblichen Häftlinge stets bemüht waren, Überlebensstrategien zu entwickeln, um den katastrophalen Haft- und Arbeitsbedingungen in den Lagern zu begegnen und sich damit vor einer möglichen Rücküberstellung zu schützen versuchten. Sie berichten von Solidarität, gegenseitiger Unterstützung sowie Fürsorge und Kameradschaft. Es gab innerhalb der weiblichen Häftlingsgesellschaft nur selten jene Kämpfe gegeneinander zur individuellen Selbsterhaltung, wie sie Wolfgang Sofsky konstatiert hat. Sofsky schreibt: „Um nicht sogleich unterzugehen, musste jeder einen aufreibenden Kampf gegen alle führen. [...] Überleben konnte einer häufig nur auf Kosten der anderen."[35] Von diesem von Sofsky postulierten „Kampf aller gegen alle" berichten die Frauen in Neuengamme nicht. Sie schlossen sich im Kampf ums Überleben zu kleinen und meist auf ihre Nationalität beschränkten solidarischen Teilgruppen zusammen, sogenannten Lagerfamilien von vier bis zehn Frauen. Innerhalb dieser von ihnen auch „Kleinfamilien" genannten Gruppen versuchten sich die Frauen gegenseitig zu unterstützen, um die Bedingungen im KZ überstehen zu können. So schlossen sich zunächst die Frauen zusammen, die entweder verwandt oder gut befreundet waren. Frauen, die nach der „Selektion" allein geblieben waren, gründeten Lagerfamilien mit Frauen gleichen Alters, gleicher Nationalität, aus der gleichen Heimatstadt bzw. -region, mit einem ähnlichen sozialen Hintergrund.[36] Oft schlossen sich Schulkameradinnen, Nachbarinnen oder entfernte Bekannte zusammen. Bei anderen war auch der ausgeübte Beruf entscheidend. Auch das religiöse Selbstverständnis

trationslagern – geschlechtsspezifische Bedingungen des Überlebens, in: Ulrich Herbert/Karin Orth/Christoph Dieckmann (Hrsg.), Die nationalsozialistischen Konzentrationslager. Entwicklung und Struktur, Bd. II, Göttingen 1998, S. 911–938, hier S. 922.

35 Wolfgang Sofsky, Die Ordnung des Terrors. Das Konzentrationslager, 3. Aufl., Frankfurt am Main 1999, S. 189.

36 Dies war nicht zuletzt auch deshalb möglich, weil jüdische Bevölkerungsteile aus den verschiedenen Regionen Ungarns, der Tschechoslowakei und Polens jeweils als geschlossene Gruppen mit den verschiedenen Deportationszügen 1944 nach Auschwitz-Birkenau gekommen waren, dort „selektiert" und – sofern nicht ermordet – in die verschiedenen Lager eingewiesen wurden.

war für die Gründung einer Lagerfamilie von Bedeutung. Nach Erinnerungen von Überlebenden schlossen sich Frauen innerhalb der Lagerfamilie dann auch noch als sogenannte Lagerschwestern zusammen. Die Lagerschwestern teilten „organisierte" Lebensmittel, halfen sich mit ihrer Kleidung gegenseitig aus und achteten darauf, dass die andere nicht den Kampf ums Überleben aufgab. Karla Raveh, Überlebende des Lagers Salzwedel, schildert derartige Hilfe eindrucksvoll in ihren Lebenserinnerungen:

> „Es war bitter kalt, meine Lagerschwester hatte verfrorene Schienbeine, sie weinte nachts vor Schmerzen, auch juckte das sehr, und sie wollte sich immer wieder kratzen, da habe ich ihr die Hände festgehalten, damit sie keine Wunden bekam, sonst konnte bei einer Selektion der Verdacht aufkommen, daß sie Krätze hätte, und davor hatten wir eine Höllenangst, denn das war [...] ein Todesurteil."[37]

Die bekannten Beispiele von Lagerfamilien jüdischer Frauen von Neuengamme hatten sich meist bereits in den KZ Auschwitz-Birkenau bzw. Stutthof gegründet. Lagerfamilien versuchten, die „Selektion" für einen Arbeitseinsatz gemeinsam zu bestehen[38] und entwickelten eigene Verhaltensstrategien für die „Selektionen", um auch kranke und schwache Familienmitglieder zu retten. Die ungarische Jüdin Violet Righter berichtet, dass sie zum Zeitpunkt der „Selektion" für den Arbeitseinsatz in Bremen bereits sehr schwach war, da sie sechs Wochen zuvor unter starkem Durchfall gelitten hatte. Deshalb nahmen zwei besonders kräftige und starke Frauen der Lagerfamilie Violet Righter bei der „Selektion" in ihre Mitte. Erwartungsgemäß wählte Josef Mengele die erste kräftig wirkende Frau dieser Lagerfamilie für den Arbeitseinsatz in Bremen aus. Violet Righter verbarg sich etwas hinter ihr, damit Mengeles Blick auf die dritte Frau fiel, die ebenfalls kräftig und stark war. Daraufhin signalisierte Mengele für die ganze Lagerfamilie den Arbeitseinsatz.[39] Obgleich es einige Beispiele wie diese gibt, wonach ganze „Lagerfamilien" die „Selektion" in Auschwitz überstanden haben, gelang es den Frauen nicht immer, nahestehende „Familienmitglieder" zu retten. So verlor zum Beispiel Lilly Frankl ihre leibliche Schwester bei der „Selektion" in Auschwitz für den Arbeitseinsatz im Lager Horneburg für immer.[40]

---

37 Karla Raveh, Überleben. Der Leidensweg der jüdischen Familie Frenkel aus Lemgo, Lemgo 1995, S. 89.
38 Ami Neiberger, An Uncommon Bond of Friendship. Family and Survival in Auschwitz, in: Ruby Rohrlich (Hrsg.), Resisting the Holocaust, Oxford/New York 1998, S. 133–149, hier S. 140.
39 Interview des Verfassers mit Violet Righter am 20. 9. 2000 in Toronto.
40 Interview des Verfassers mit Lilly Frankl am 19. 10. 2001 in New York.

Die wichtigste Aufgabe der Lagerfamilie bestand – wie schon angedeutet – darin, darauf zu achten, dass kein Familienmitglied den ständigen Kampf ums Überleben aufgab und, wie es in der Lagersprache hieß, zum „Muselmann"[41] wurde. Kein Familienmitglied durfte in einen Zustand der Resignation verfallen. Hedi Fried schreibt dazu:

> „Unsere Hauptaufgabe war, uns gegenseitig aufzumuntern. Wir hielten zusammen, stützten und gaben uns einander Kraft. Die meisten von uns kannten sich aus der Kindheit, und ich wagte nicht daran zu denken, was geschehen wäre, wenn man uns getrennt hätte. Ich glaube, ich hätte den Lebenswillen verloren. Wenn eine von uns schwach wurde, war immer jemand da, um sie auf andere Gedanken zu bringen. Wir fühlten uns für einander verantwortlich, hielten gegenseitig unsere Hoffnungen am Leben."[42]

Als die Schwester und die Cousine der ungarischen Überlebenden Ewa Makovényi sich eines Tages wegen starken Regens und Wind weigerten, den Waschraum aufzusuchen, bestand sie darauf, dass beide mit ihr in den Waschraum gingen. Sie hatte die Befürchtung, dass durch diese Weigerung beide anfangen könnten, zu resignieren. Ihrem Bericht zur Folge musste sie beide Frauen regelrecht nach draußen ziehen: „Ich sagte: ‚Ihr müsst das aushalten, wir müssen alles aushalten, weil wir müssen am Leben bleiben, nur deswegen.'"[43]

Auch beim Arbeitseinsatz stützten sich die Lagerfamilien gegenseitig: Um besonders ältere und schwächere Häftlinge zu unterstützen, versuchten die noch etwas kräftigeren und gesünderen Frauen innerhalb der Lagerfamilien die körperlich anstrengendere Arbeit in den verschiedenen Arbeitsgruppen zu übernehmen. So konnten sie die schwächeren Frauen zumindest etwas vor einem schnellen körperlichen Verfall schützen.[44] Eine weitere wichtige Funktion übernahm die Lagerfamilie in den Abendstunden und am Sonntag, wenn die Frauen gemeinsam Zeit in ihren Schlafräumen verbrachten: Sie sangen Lieder, erzählten sich Geschichten, rezitierten Gedichte und rekapitulierten Kochrezepte.[45] Sie

---

41 Als „Muselmann" wurde der Häftling bezeichnet, der im Zustand äußerster Erschöpfung und endgültiger psychischer Entkräftung war und eine gleichgültige Haltung gegenüber seiner Umwelt einnahm. Auch bei weiblichen Häftlingen wurden vom Zustand des Muselmanns gesprochen; eine weibliche Form des Begriffs gab es nicht.
42 Hedi Fried, Nachschlag für eine Gestorbene. Ein Leben bis Auschwitz und ein Leben danach, Hamburg 1995, S. 154.
43 Interview des Verfassers mit Ewa Makovényi am 14. 11. 2000 in Budapest.
44 Ebenda; ANg, OHP, Ng 2.8., 1606: Interview mit Teresa Stiland am 30. 11. 1991.
45 Vgl. Dagmar Schroeder-Hildebrand, „Ich sterbe vor Hunger!" Kochrezepte aus dem Konzentrationslager Ravensbrück, Bremen 1999.

erinnerten sich an große Familienfeste, besondere Feiertage und andere schöne Ereignisse der Vergangenheit. Aber auch Pläne für die Zukunft wurden entworfen. Diese Gespräche verhalfen den Frauen zur Flucht aus der Realität, aus dem Grauen des Lageralltags. Durch diese Tagträume verloren sie den Glauben und die Hoffnung an eine bessere Zukunft, an ein Leben ohne KZ-Haft, nicht ganz aus den Augen.[46] Helena Katz ist heute der Ansicht, dass diese Gespräche ihr abends zu einer „seelischen Ruhe" verhalfen.[47] Die tschechische Überlebende Ruth Elias schreibt in ihren Erinnerungen:

> „Wenn wir abends von der Arbeit kamen, uns auf unserem Block befanden und ruhten, um Kräfte für den kommenden Tag zu sammeln, trachteten wir immer, über bestimmte Themen zu diskutieren. Wir hatten keine Bücher, keine Zeitungen, absolut nichts, was uns intellektuell hätte sättigen können. In meiner langen Haftzeit habe ich die Erfahrung gemacht, daß Häftlinge, welche Gleichgültigkeit und Interesselosigkeit erfaßt hat, zum Sterben verurteilt sind. Wenn wir dies je bei jemandem bemerkten, versuchten wir, ihn aus der Lethargie dadurch herauszubekommen, daß wir ihn mit irgendetwas beschäftigten. Es entwickelte sich deshalb bei uns eine ganz rege Tätigkeit, welche ich als geistigen Widerstand bezeichnen möchte, denn wir wußten, daß die Nazis nicht nur unseren Körper, sondern auch unseren Geist töten wollten. [...] Wir saßen deshalb abends in Gruppen und diskutierten über die verschiedenen Themen. Meistens begannen die Diskussionen mit Phantasie-Kochen, und wenn wir ‚gesättigt' waren, schwenkte das Gespräch auf etwas vor der Inhaftierung Erlebtes ab. Man sprach über Schulfächer, Bücher, Musik und Sport."[48]

Der Glaube an eine bessere Zukunft war Bestandteil des Kampfes ums Überleben, da er körperlich und seelisch Halt gab. Gerade die jüngeren Frauen hielten sich daran fest, wie Judith Perlaki oder Hana Weingarten schildern, weil sie ihre Zukunft noch vor sich hatten, leben wollten und die Hoffnung nie verloren hatten, dass ihre Zeit im KZ bald zu Ende sei.[49]

Für viele Frauen waren kulturelle und religiöse Aktivitäten in den Lagern von Neuengamme ein weiteres Mittel im Kampf ums Überleben.[50] Auch sie

46 Michael Pollak, Die Grenzen des Sagbaren. Lebensgeschichten von KZ-Überlebenden als Augenzeugenbericht und als Identitätsarbeit, Frankfurt am Main/New York 1988, S. 51 f.
47 Interview des Verfassers mit Helena Katz am 20. 9. 2000 in Toronto.
48 Elias, Hoffnung, S. 217 f.
49 Interview des Verfassers mit Judith Perlaki am 18. 10. 2001 in North Bergen; Interview des Verfassers mit Hana Weingarten am 23. 2. 2000 in Tel Aviv.
50 Vgl. Christoph Daxelmüller, Kulturelle Formen und Aktivitäten als Teil der Überlebens-

waren Ablenkung vom Lageralltag, stifteten individuelle und kollektive Identität und dienten der Selbstbehauptung der Frauen gegenüber ihren Peinigern.[51] Das Leben jüdischer Häftlinge aus akademischen Familien war bis zur Deportation kulturell geprägt. Auch wenn die Frauen Bücher, Zeitungen oder Notentexte bei der Einlieferung ins KZ abgeben mussten, so konnte ihnen niemand ihre erlernten Bildungsinhalte, ihre kulturelle Sozialisation nehmen. Deshalb tauschten die Häftlinge ihr Wissen während der Haftzeit mündlich aus. Dieses Nacherzählen von literarischen Werken wie Gedichten oder Romanen aus dem Gedächtnis oder das Erinnern von Opernarien, Volksliedern oder Jugendliedern setzte Kreativität für das Überleben der Haft frei. Die Frauen versuchten, den unmenschlichen Lebensbedingungen im Lager ihre positiven Lebenserfahrungen entgegenzusetzen. Wie sich Überlebende erinnern, erzählten sich die Frauen auch von Filmen oder Vorträgen, bei denen angeregt und kontrovers diskutiert wurde. Andere sprachen von Erlebnissen aus dem eigenen Leben wie von Reisen oder großen Familienereignissen. In Einzelfällen kam es sogar auch zu Theateraufführungen. Da in allen Lagern aber jede Form von heimlicher kultureller Betätigung disziplinarische Strafen zur Folge haben konnte, geschahen die meisten kulturellen Aktivitäten im Geheimen.[52]

Die Frauen gingen ihren kulturellen Neigungen meist in den Abendstunden oder am Sonntag nach, wenn sie in ihren Schlafbaracken eingeschlossen auf ihren Pritschen saßen. So berichtet Edith Mayer vom Lager Hamburg-Eidelstedt zum Beispiel, dass die Frauen am Silvesterabend 1944 im Zimmer eine Bühne aus Holzkisten errichteten, auf der einige Häftlinge der Baracke tschechische und deutsche Lieder und ungarische Tänze mit Gesang vorführten.[53]

Auch wenn kulturelle Aktivitäten in erster Linie am Abend oder am Sonntag stattfanden, so schildern Überlebende außerdem, dass auch beim Arbeitseinsatz von literarischen Werken erzählt bzw. Lieder gesungen wurden. Gerade der Gesang während der Arbeit half, die lange Arbeitszeit kürzer erscheinen zu lassen bzw. die unerträgliche Kälte bei der Trümmerbeseitigung im Hamburger Stadtgebiet im Winter 1944/45 kurzzeitig zu vergessen. Auch religiöse Aktivitäten waren im Überlebenskampf sehr bedeutend,[54] da sie psychisch stabilisierend,

---

und Vernichtungsstrategien in den Konzentrationslagern, in: Herbert/Orth/Dieckmann (Hrsg.), Konzentrationslager, Bd. 2, S. 983–1005.
51 Vgl. Thomas Rahe, Kultur im KZ. Musik, Literatur und Kunst in Bergen-Belsen, in: Füllberg-Stolberg u. a., Frauen, S. 193–206, hier S. 205.
52 Vgl. Susanne Minhoff, „Ein Symbol der menschlichen Würde". Kunst und Kultur im KZ Ravensbrück, in: Füllberg-Stolberg u. a., Frauen, S. 207–220, hier S. 209.
53 Interview des Verfassers mit Edith Mayer am 24. 2. 2000 in Beth Yizchak.
54 Hierbei gilt zu beachten, dass es oft zu Überschneidungen der religiösen und kulturellen Aktivitäten im Lager kam. Gedichte, die geschrieben wurden, konnten Gebete zum Inhalt

gemeinschaftsbildend und gegen die Zerstörung der jüdischen Identität wirken konnten. So berichten ungarische Überlebende, wie wichtig für sie im Lager der Halt war, den sie durch die jüdische Religion erfahren konnten. Individuelles regelmäßiges Beten oder auch das Begehen von religiösen Festen in Gemeinschaft mit anderen Frauen diente der Wahrung der eigenen Identität als Jüdin und half gegen die Monotonie des Lagerlebens.[55] Natürlich waren die Voraussetzungen für ein religiöses Leben im KZ sehr schlecht. Alle Häftlinge mussten am Sabbat oder an jüdischen Feiertagen arbeiten. Speisegesetze konnten ebenso wie das Sprechen von Gebeten zur vorgeschriebenen Zeit nicht eingehalten werden. Dennoch versammelten sich manche Frauen besonders am Freitagabend anlässlich des Sabbats in den Schlafbaracken zum Gebet und zündeten – sofern sie welche in den Trümmern gefunden hatten – Kerzen an. Jom Kippur, Pessach, Rosch ha-Schana und auch Chanukka wurden in den einzelnen Lagern von Neuengamme in unterschiedlicher Form begangen. Teilweise verzichteten die Frauen sogar auf ihre Tagesration Essen und fasteten am Jom Kippur. Gerade das Fasten half vielen Frauen ihre kollektive Identität als Jüdinnen zu bewahren.

Ein weiterer wichtiger Aspekt für das Überleben der KZ-Haft stellten die hauswirtschaftlichen Fertigkeiten dar, die den Frauen durch ihre geschlechtsspezifische Sozialisation vertraut waren. Dieser Fähigkeiten konnten sie sich während ihrer Haft in Neuengamme bedienen. Hauswirtschaftliche Techniken und Kenntnisse wie Nähen, Stricken oder Kochen halfen bei der Verbesserung der Lebenssituation im KZ.[56] Durch die Fertigung zusätzlicher wärmender Kleidungsstücke aus Stoffresten, die sie in Bombentrümmern fanden, waren sie gegen die Kälte der Wintermonate besser geschützt. Ebenso kannten sie sich mit wilden Kräutern oder Beeren aus, die sie für den Verzehr sammelten. Die meisten jüdischen Frauen wuchsen in den 1920er- und 1930er-Jahren auf und waren nach dem

---

haben. Lieder, die die Frauen sangen, hatten zum Teil auch religiösen Hintergrund, Thomas Rahe, „Höre Israel". Jüdische Religiosität in nationalsozialistischen Konzentrationslagern, Göttingen 1999, S. 124.

55 Vgl. Bella Gutterman, Der Alltag der jüdischen Häftlinge in Nebenlagern des KL Groß-Rosen im Lichte ihrer kulturellen und künstlerischen Tätigkeit, in: Staatliches Museum Groß-Rosen (Hrsg.), Die Völker Europas im KL Groß-Rosen, Wałbrzych 1995, S. 37–58, hier S. 55; Helga Embacher, Frauen in Konzentrations- und Vernichtungslagern – weibliche Überlebensstrategien in Extremsituationen, in: Robert Streibel/Hans Schafranek (Hrsg.), Strategien des Überlebens. Häftlingsgesellschaften in KZ und Gulag, Wien 1996, S. 145–167, hier S. 151.

56 Vgl. Sybil Milton, Women and the Holocaust. The Case of German and German-Jewish Women, in: Renate Bridenthal/Atina Grossmann/Marion Kaplan (Hrsg.), When Biology became Destiny. Women in Weimar and Nazi Germany, New York 1984, S. 297–333, hier S. 311 ff.; Gerhard Botz, Binnenstrukturen, Alltagsverhalten und Überlebenschancen in Nazi-Konzentrationslagern, in: Streibel/Schafranek, Strategien, S. 45–71, hier S. 68.

zu der Zeit gültigen Rollenverständnis erzogen worden.[57] Violet Righter, Überlebende der Bremer Frauenlager, berichtet von ihrer Familie, dass ihre Brüder dazu angehalten wurden zu studieren, um eine Berufsausbildung als Zahnarzt oder Jurist zu absolvieren. Sie und ihre Schwestern dagegen wurden von der Mutter auf das Führen eines Haushaltes vorbereitet, um nach einer Heirat einen eigenen Haushalt zu übernehmen. Dabei erwarb sie, ähnlich wie andere Mädchen der Zeit auch, hauswirtschaftliche Kenntnisse, die für die Zeit im KZ nützlich waren.[58]

Ruth Bondy, die nach ihren Aufenthalten im Ghetto Theresienstadt und im Vernichtungslager Auschwitz-Birkenau in drei Hamburger Frauenaußenlagern inhaftiert war, beschreibt sehr anschaulich, wie die Frauen den katastrophalen Zustand ihrer Kleidung verbesserten:

„Den Frauen war es innerhalb von nur vierundzwanzig Stunden gelungen, die [...] willkürlich zugeteilte Kleidung ihren Körpermaßen anzupassen und schadhafte Stellen auszubessern; als Nähnadeln benutzten sie Holzsplitter, die Fäden zogen sie aus der einen Decke, die man ihnen gegeben hatte. Manche Frauen lernten, mit im Ofen erhitzten Backsteinen zu bügeln."[59]

Sofern bei der Änderung der Kleidungsstücke Stoffreste abfielen, fertigten die Häftlinge daraus Unterwäsche oder andere Kleidungsstücke wie ein Kopftuch. Ebenso verfuhren die Frauen auch mit „organisierten" Stoffresten aus den Bombentrümmern. So berichtet Violet Righter, dass sie eines Tages mit einer Gruppe Frauen das Bremer Stadttheater von Trümmern zu säubern hatte. Dabei gelang es den Häftlingen, den Stoff von einigen Theaterstühlen abzutrennen und Kleider der Requisitenkammer zu entwenden. Das Material schmuggelten die Frauen unter ihren Kleidern ins Lager, wo sie sich daraus in den Abendstunden etwas Zusätzliches zum Anziehen schneiderten.[60]

Auch Kenntnisse, die die Frauen aus ihrer traditionellen Rolle als Hausfrau und Köchin im Umgang mit Lebensmitteln hatten, waren im KZ sehr hilfreich. Mit nur wenigen Mitteln waren sie in der Lage, Mahlzeiten herzustellen oder knappe Nahrungsmittel zu strecken. Dank ihrer Erfahrungen konnten sie genießbare Pflanzen und Früchte, die sie am Straßenrand oder auf Feldern fanden und pflückten, bestimmen und von giftigen unterscheiden. Eine besondere Bezugsquelle für weitere Lebensmittel stellten die Keller der bombardierten Häu-

57   Vgl. Dalia Ofer/Leonore J. Weitzmann, Women in the Holocaust, New Haven/London 1998, S. 3 ff.
58   Interview des Verfassers mit Violet Righter am 20. 9. 2000 in Toronto.
59   Ruth Bondy, Frauen in Theresienstadt und im Familienlager in Auschwitz-Birkenau, in: Barbara Distel (Hrsg.), Frauen im Holocaust, Gerlingen 2001, S. 117–141, hier S. 137.
60   Interview des Verfassers mit Violet Righter am 20. 9. 2000 in Toronto.

ser dar, in die die Häftlinge bei der Trümmerbeseitigung zu gelangen versuchten. Wie Überlebende berichten, konnten die Frauen relativ problemlos während des Arbeitseinsatzes auf die Suche nach etwas Essbarem gehen, da es den Bewachern an genügend Personal fehlte, um alle Frauen gleichzeitig zu beobachten. Außerdem vermieden sie aus Sicherheitsgründen das Betreten der Ruinen. Da fiel es so schnell nicht auf, wenn sich Häftlinge für eine kurze Zeit von der Gruppe entfernten und nach Lebensmitteln suchten. Ewa Makovényi, Überlebende der Bremer Frauen-Außenlager, berichtet:

> „Einmal haben wir im Keller [...] etwas Käse, Käse in einem Fass gefunden. [...] Ein anderes Mal haben wir Marmelade gefunden, [...] ein weiteres Mal haben wir Gurken gefunden. Nun ja, eben das, was im Keller war. [...] Und dann haben wir alle etwas davon genommen."[61]

Damit die Frauen bei dieser Suche nicht doch von einer Aufseherin oder einem Wachmann entdeckt wurden, trafen sie Absprachen mit ihrer Vorarbeiterin – die selbst Häftling war – um die Frauen zu warnen. Fira Braun erinnert sich, dass ihre ungarische Vorarbeiterin immer „Bewegung, Bewegung" schrie, wodurch alle wussten, dass ein Mitglied des Bewachungspersonals in der Nähe war.[62]

Nach dem Bericht von Agnes Erdély benutzten die Frauen die verlassenen Keller auch, um Lebensmittel zu kochen. Eines Tages fand sie mit ihrer Arbeitskolonne nach einem Bombenangriff auf Bremen plötzlich ein totes Pferd in einer Straße. Die Frauen warteten daraufhin auf einen Moment, in dem der Wachposten der Frauen die Gruppe nicht im Blick hatte. Schnell zogen sie den Kadaver in eine Häuserruine und schleppten das Pferd in den Keller. Einige Häftlinge schlachten das Tier und zündeten ein Feuer an. Aus Ziegelsteinen bauten sie einen Grill, um das Fleisch zu braten. Damit die Aufseher keinen Verdacht schöpften, arbeiteten die meisten Frauen gruppenweise in den Trümmern weiter, während abwechselnd ein Teil von ihnen im Keller das Fleisch briet und verzehrte.[63]

Ein weiterer wichtiger Aspekt in Kampf ums Überleben waren die Kontakte zu Kriegsgefangenen, Werksangehörigen, zur Zivilbevölkerung und auch zu einigen Mitgliedern des Bewachungspersonals. Die Frauen erhielten durch sie zusätzliche Lebensmittel oder Kleidungsstücke. Obwohl die SS immer bemüht war, während des Arbeitseinsatzes KZ-Häftlinge von Kriegsgefangenen und Zivilarbeitern zu trennen, konnte sie diese Praxis besonders seit 1944 nicht mehr durchsetzen. Bei den immer häufigeren Bombenangriffen ging das Bewachungspersonal in die

---

61 Interview des Verfassers mit Ewa Makovényi am 14. 11. 2000 in Budapest.
62 Interview des Verfassers mit Fira Braun am 23. 2. 2000 in Ramat Gan.
63 Interview des Verfassers mit Agnes Erdély am 15. 11. 2000 in Budapest.

Luftschutzbunker und ließ die Häftlinge mit Kriegsgefangenen am Arbeitsplatz vorübergehend zurück, wodurch problemlos Kontakte aufgenommen wurden. Viele Überlebende erinnern sich bis heute besonders daran, dass die Kriegsgefangenen den Frauen immer wieder Lebensmittel aus den Paketen, die sie vom Roten Kreuz bekamen, zukommen ließen.[64] Darüber hinaus kam es immer wieder vor, dass Werksangehörige oder einzelne Personen aus der Zivilbevölkerung den Frauen heimlich etwas Essbares auf den Weg, in die Materialschublade oder nachts in die Bauruinen legten. Ebenso haben auch Mitglieder des männlichen Bewachungspersonals – hier besonders die Wehrmachtssoldaten oder die Beamten vom Zoll – den Frauen während der Arbeit zusätzliche Pausen verschafft, ihnen Lebensmittel zukommen lassen oder aber weggesehen, wenn die Frauen sich Nahrungsmittel oder Kleidungsstücke organisierten. So schildert Helena Katz zum Beispiel, dass bei der Trümmerbeseitigung im Hamburger Stadtgebiet die dort wachhabenden Zollbeamten die Frauen in vielerlei Hinsicht unterstützten. Sie trieben sie nicht an, wenn sie nur langsam arbeiteten, und gönnten ihnen zusätzliche Pausen. Außerdem sahen sie oft weg, wenn jemand etwas in den Trümmern fand oder sogar für einige Minuten in dem Schutt verschwand, um etwas Brauchbares zu suchen.[65]

Es war nicht erlaubt, „organisierte" Lebensmittel oder Kleidungsstücke mit ins Lager zu nehmen. Deswegen wurden die Frauen oft am Lagertor von der Lagerältesten oder dem Lagerführer kontrolliert und gegebenenfalls mit Schlägen bestraft. Um diese Kontrolle ohne Probleme durchlaufen zu können, bot ein älterer Wehrmachtssoldat in Bremen – wie Agnes Erdély sich erinnert – einigen Häftlingen an, gefundene Lebensmittel für sie ins Lager zu schmuggeln. Kurz vor Ankunft am Lagertor überreichten die Frauen ihm deshalb ihre Fundsachen. Nachdem alle Kontrollen abgeschlossen waren, warf der Wachmann die Lebensmittel in einem unbeobachteten Moment über den Lagerzaun, wo die Frauen sie in Empfang nahmen.[66]

Wie die Beispiele zeigen, waren die vielfältigen Kontakte der Frauen zu den verschiedenen Personengruppen im Überlebenskampf sehr wichtig. Möglicherweise traten besonders männliche Kriegsgefangene, Werksangehörige und Mitglieder des Bewachungspersonals weiblichen Häftlingen offener entgegen als männlichen Gefangenen, eben weil sie Frauen waren. Gerade das Verhalten der Wachmänner, was nach den sehr unterschiedlichen Berichten von Überlebenden heute fast wie ein Vater-Tochter-Verhältnis geschildert wird, war ganz offensichtlich von einen Gefühl des Mitleids und der Fürsorge bestimmt. Weitere verglei-

---

64 Ellger, Zwangsarbeit, S. 302 ff.
65 Interview des Verfassers mit Helena Katz am 20. 9. 2000 in Toronto.
66 Interview des Verfassers mit Agnes Erdély am 15. 11. 2000 in Budapest.

chende Forschungen zu weiblichen und männlichen Häftlingen müssten zeigen, ob das Verhalten der männlichen Bewacher oder Werksangehörigen gegenüber den Frauen und Männer unterschiedlich oder ähnlich war. Zumindest berichten männliche Überlebende von genau den gleichen Männern, dass einige den männlichen KZ-Gefangenen mit großer Gewaltbereitschaft gegenübertraten.[67]

Wie ich gezeigt habe, entwickelten die Frauen vielfache Strategien, mit deren Hilfe sie versuchten, sich vor einer sogenannten „Rücküberstellung" und dem damit verbundenen Tod zu schützen. Diesen Strategien, die teilweise in unterschiedlicher Form und Kombination zum Tragen kamen, war es zu verdanken, dass trotz der katastrophalen Haftbedingungen und der unerträglichen Arbeitsbelastung in den Frauenlagern die meisten Frauen die Haftzeit bis zu den strapaziösen Räumungstransporten überlebten. Begünstigt wurde das Überleben sicherlich auch durch ihr vorwiegend noch junges Alter, wodurch sie den täglichen körperlichen Belastungen des Lageralltags überhaupt standhalten konnten.

---

67 Vgl. zum Beispiel Leonie Güldenpfennig, Gewöhnliche Bewacher. Sozialstruktur und Alltag der Konzentrationslager-SS Neuengamme, in: KZ-Gedenkstätte Neuengamme (Hrsg.), Entgrenzte Gewalt. Täterinnen und Täter im Nationalsozialismus. Beiträge zur Geschichte der nationalsozialistischen Verfolgung in Norddeutschland 7 (2003), S. 66–78.

MARC SCHEMMEL

Zwischen Kooperation und Widerstand

Handlungsspielräume von Funktionshäftlingen im KZ Neuengamme

Ich möchte mich bedanken, dass ich hier die Ergebnisse meiner Arbeit vorstellen darf.[1] Zum Aufbau des Beitrages: Ich werde 1. zunächst kurz darlegen, warum ich mich dieses Themas angenommen habe. Dann werde ich 2. die erkenntnisleitenden Fragen und den Aufbau meiner Arbeit vorstellen und daran anschließend 3. auf die Forschungs- und Quellenlage eingehen. Sodann werde ich 4. die wichtigsten Ergebnisse meiner Arbeit darlegen, bevor ich schließlich 5. zu einer Schlussbetrachtung über Neuengammer Funktionshäftlinge zwischen Kooperation und Widerstand gelange.

1. Spielräume von Funktionshäftlingen in Neuengamme: Warum dieses Thema?

Erwähnen möchte ich zunächst, dass ich zur Geschichte des KZ Neuengamme und dem Thema „Funktionshäftlinge" auch eine persönliche Beziehung habe, da mein Großvater, Herbert Schemmel, von 1940–1945 selbst Häftling des Stammlagers Neuengamme war, dort als langjähriger Lagerschreiber eine exponierte Rolle in der Häftlingsgesellschaft innehatte und auch eine wichtige Quelle für meine Arbeit war. Im Rahmen meines Studiums an der Universität Hamburg hatte ich mich in verschiedenen Seminaren und Übungen mit der Geschichte und einzelnen Aspekten des KZ Neuengamme auseinandergesetzt. Auf besonderes Interesse stießen bei mir dabei Arbeiten über Hierarchien, Abhängigkeits- und Spannungsverhältnisse in der Häftlingsgesellschaft der Konzentrationslager. Die hierzu vorliegenden Untersuchungen bezogen sich dabei aber nur selten auf die konkreten Situationen einzelner Lager.

Eine Gruppe von Opfern – das möchte ich hier bewusst betonen – wurde dabei lange vernachlässigt: die Gruppe der Funktionshäftlinge. Funktionshäft-

---

1 Marc Schemmel, Zwischen Kooperation und Widerstand. Funktionshäftlinge im KZ Neuengamme, Saarbrücken 2007.

linge wurden von den Machthabern zu Teilen ihrer Verfolgungs- und Vernichtungsmaschinerie gemacht, insgesamt stellten sie etwa zehn Prozent der Häftlinge. Das Wirken der Funktionshäftlinge wurde in den 1990er-Jahren auch wissenschaftlich kontrovers diskutiert, hier insbesondere das Handeln der kommunistischen Häftlinge des Konzentrationslagers Buchenwald und die Arbeit von Lutz Niethammer,[2] die unter ehemaligen Häftlingen sowie Historikerinnen und Historikern heftige Debatten auslöste.

Die Geschichte des KZ Neuengamme ist mittlerweile hinlänglich bekannt; eine Reihe von Quellenrecherchen zu Einzelaspekten der Geschichte des KZ Neuengamme stand aber noch aus. Dazu zählte unter anderem auch eine genauere Betrachtung der Regeln und Normen, denen sich die Häftlinge im Konzentrationslager unterworfen sahen, ebenso wie eine Aufarbeitung der sozialen Strukturen innerhalb der Neuengammer Häftlingsgesellschaft, der Möglichkeiten für Solidarität und den Auseinandersetzungen unter den KZ-Insassen. Viele KZ-Gefangene – nicht nur in Neuengamme – sahen dabei die Funktionshäftlinge als ihre direkten Verfolger und Handlanger der SS an. Ihre exponierte Stellung stellte sie über den Rest der Häftlinge. Zwar gewährte die SS ihnen für ihre Kooperation partiellen Schutz vor Deportation und Vernichtung, dennoch waren sie oftmals die letzten Opfer des Vernichtungssystems.

2. Zu den erkenntnisleitenden Fragen und zum Aufbau der Arbeit

2.1 Die erkenntnisleitenden Fragen
Vor dem eben geschilderten Hintergrund sollten in meiner Arbeit Antworten auf folgende Fragen gefunden werden:

- Wer waren die Neuengammer Funktionshäftlinge?
- Welche Einflussmöglichkeiten hatten die Funktionshäftlinge in Neuengamme?
- Wie wurden die Funktionshäftlinge und ihr Wirken von den übrigen KZ-Insassen wahrgenommen?
- Waren die Funktionshäftlinge Handlanger der SS oder nutzten sie ihre „Spielräume" zugunsten der Mithäftlinge?
- Ist es überhaupt möglich, ein einheitliches Bild der sogenannten „Häftlingsselbstverwaltung" zu zeichnen?

---

2   Lutz Niethammer, Der „gesäuberte Antifaschismus". Die SED und die roten Kapos von Buchenwald, Berlin 1994.

Eine einheitliche Beurteilung des Funktionshäftlingssystems unterliegt gewissen Problemen und Anforderungen. Hierzu erklärt Karin Orth zutreffend:

„Erst wenn die verschiedenen Perspektiven der beteiligten Personen und Gruppen zusammengetragen, quellenkritisch bewertet und in ihrem strukturellen Zusammenhang betrachtet werden, ist es möglich, das System der Funktionshäftlinge in den Konzentrationslagern zu analysieren."[3]

Dieser Forderung versuche ich in meiner Arbeit dadurch gerecht zu werden, dass die unterschiedlichen Gruppen im Lager beschrieben und die Protagonisten des Funktionssystems vorgestellt und aus der Perspektive von Mitgefangenen beleuchtet werden.

2.2 Zum Aufbau der Arbeit

Im ersten Teil wird – sozusagen als Grundlage für die Arbeit – ein Überblick über die Organisationsstrukturen in den nationalsozialistischen Konzentrationslagern gegeben. Dabei werden der Aufbau und die Kategorisierungen in den Lagern beschrieben und die Strukturen der Lager-SS sowie das Funktionssystem der Häftlinge aufgezeigt. Abschließend wird die von der SS vorgenommene Einordnung der Häftlinge, das sogenannte „Winkelsystem", dargestellt. Im folgenden zweiten Teil wird dann auf die Gegebenheiten im KZ Neuengamme eingegangen. Die Geschichte des Konzentrationslagers Neuengamme sowie die signifikanten Ereignisse und die Eigenheiten des Lagers werden chronologisch beschrieben. Anschließend werden die verschiedenen Häftlingsgruppen in Neuengamme vorgestellt. Hierbei wird auch untersucht, inwieweit Häftlinge der jeweiligen Gruppen die Möglichkeit hatten, an exponierte Funktionen im Lager zu gelangen. Dieser Themenkomplex wird abgeschlossen durch eine Betrachtung der Verhältnisse in der Häftlingsgemeinschaft. Aufgezeigt werden dabei auch die vorhandenen Ressentiments zwischen einzelnen Häftlingsgruppen und die damit verbundenen Kämpfe um die Vormachtstellung im Funktionssystem.

Im dritten Teil folgt die Darstellung des Funktionshäftlingssystems im KZ Neuengamme. Es wird untersucht, welche Häftlingsgruppen dieses System dominierten und welche generellen Einschätzungen über das Funktionssystem in den Häftlingsberichten zu finden sind. Darauf aufbauend werden die wichtigsten Neuengammer Funktionshäftlinge und ihre Einsatzbereiche vorgestellt. Auf ihr

---

3 Karin Orth, Gab es eine Lagergesellschaft? „Kriminelle" und politische Häftlinge im Konzentrationslager, in: Norbert Frei/Sybille Steinbach/Bernd C. Wagner (Hrsg.), Ausbeutung, Vernichtung, Öffentlichkeit. Neue Studien zur nationalsozialistischen Lagerstruktur, München 2000, S. 109–133, hier S. 118.

Handeln wird dabei ebenso eingegangen wie auf die jeweiligen Arbeitsbedingungen in den Kommandos. Der vierte Teil geht der Frage nach Widerstands- und Solidaritätshandlungen im Lager nach. Hier folgt dann auch ein Exkurs über die Forschungskontroverse zu den Funktionshäftlingen im KZ Buchenwald. Denn seit Mitte der 1990er-Jahre kam es verstärkt zu Auseinandersetzungen zwischen Historikerinnen und Historikern, aber auch ehemaligen KZ-Häftlingen über das Wirken der Buchenwalder Funktionshäftlinge. Angestoßen wurden diese Debatten durch vermeintliche „Enthüllungen" über einzelne kommunistische Funktionshäftlinge im KZ Buchenwald und den Umgang mit deren Rolle im antifaschistischen Selbstverständnis der DDR.

Nach der Vergegenwärtigung dieser Forschungskontroverse folgt eine Darlegung der unterschiedlichen Ansichten über die Verwendung des Widerstands-Begriffs im Zusammenhang mit den Konzentrationslagern. Anschließend wird auf die Neuengammer Widerstands- und Solidaritätsbemühungen eingegangen. Da es in den Häftlingsberichten eine Vielzahl von Erlebnissen gibt, die von den Berichtenden mit den Begriffen „Widerstand" und „Solidarität" versehen wurden, musste bei der Wiedergabe dieser Ereignisse eine Auswahl solcher Berichte erfolgen, die aus der Masse der Ausführungen hervorstechen. Nach einem Blick auf das Verhältnis zwischen den Neuengammer Funktionshäftlingen und der Lager-SS werden die erkenntnisleitenden Fragen dieser Arbeit aufgegriffen und abschließend diskutiert.

3. Zu Quellenlage und Forschungsstand

Da fast alle Originalakten kurz vor Ende des Krieges vernichtet wurden, waren die Häftlingsberichte sowie Unterlagen aus Nachkriegsprozessen und staatsanwaltschaftlichen Ermittlungsakten die wichtigsten Quellen zur Forschung über das KZ Neuengamme. Der wissenschaftliche Umgang mit Erlebnisberichten als Geschichtsquellen ist schwierig, soll aber an dieser Stelle nicht weiter vertieft werden. Hermann Kaienburg hat hierzu treffend bemerkt:

> „Allen Darstellungen von Zeugen, handele es sich um Aussagen vor Gericht oder um schriftliche bzw. mündliche Berichte, ist gemeinsam, dass in ihnen Ereignisse und Erlebnisse rückwirkend aus der Erinnerung einzelner oder mehrerer beschrieben werden. Diese oft mit dem Etikett der Unzuverlässigkeit versehene Geschichtsquelle ist keine Neuentdeckung der vergangenen Jahre – wenn auch z. T. mit neuen Begriffen operierend (‚Oral History') –, sondern man hat sich ihrer in der Geschichtsforschung sehr häufig bedient. Über das KZ Neuengamme liegen solche Quellen in vielfältiger Form vor.

Ihre Vorteile gegenüber amtlichen NS-Dokumenten sind offensichtlich; sie sind die wichtigsten Quellen für die Erforschung des KZ-Geschehens."[4]

Über das KZ Neuengamme liegt mittlerweile eine beachtliche Zahl an Häftlingsberichten vor. In der Arbeit wurde versucht – soweit möglich –, den jeweiligen Berichten Informationen über ihre Verfasser beizufügen. Dadurch wird der Blickwinkel der Berichtenden nachvollziehbarer. Eine weitere wichtige Quelle für die Arbeit ist eine vierbändige Videodokumentation über das Leben des ehemaligen Lagerschreibers des KZ Neuengamme, Herbert Schemmel, gewesen. Darüber hinaus sind vor allem die Zeugenaussagen in der Hauptverhandlung des Curio-Haus-Prozesses am 28./29. März 1946 von erheblicher Bedeutung.

Weiterführende Erkenntnisse zu einzelnen Vorgängen im Lager finden sich auch in den nach dem Krieg von deutschen Staatsanwaltschaften durchgeführten Ermittlungsverfahren zum KZ Neuengamme. Diese Aussagen gewinnen vor allem deshalb an Bedeutung, weil hierbei auch eine Reihe von ehemaligen „grünwinkligen" Häftlingen vernommen wurde. Berichte dieser Häftlingsgruppe über das KZ Neuengamme sind ansonsten nur in geringer Anzahl zu finden. Ausarbeitungen zur Organisation und zu den Entwicklungen in den nationalsozialistischen Konzentrationslagern liegen inzwischen in großer Zahl vor. Ab Ende der 1970er-/Anfang der 1980er-Jahre wurde auch die Frage nach Widerstandsmöglichkeiten im KZ Gegenstand wissenschaftlicher Arbeiten, so unter anderem bei Hermann Langbein[5] und in den Editionen von Peter Steinbach und Johannes Tuchel.[6] Zu den Binnenstrukturen in den Konzentrationslagern legte Falk Pingel 1978 eine umfassende Arbeit vor.[7] 1993 brachte Wolfgang Sofsky eine soziologische Untersuchung der Häftlingsgesellschaft in den nationalsozialistischen Konzentrationslagern unter dem Titel die „Ordnung des Terrors" heraus.[8] Der 1996 von Robert Streibel und Hans Schafranek herausgegebene Sammelband richtete den Blick auf die Überlebensstrategien von Häftlingsgruppen im KZ.[9]

---

4 Hermann Kaienburg, „Vernichtung durch Arbeit". Der Fall Neuengamme. Die Wirtschaftsbestrebungen der SS und ihre Auswirkungen auf die Existenzbedingungen der KZ-Gefangenen, Bonn 1990, S. 21.
5 Hermann Langbein, ... nicht wie die Schafe zur Schlachtbank. Widerstand in den nationalsozialistischen Konzentrationslagern 1938–1945, Frankfurt am Main 1980.
6 Peter Steinbach/Johannes Tuchel (Hrsg.), Widerstand gegen den Nationalsozialismus, Berlin 1994.
7 Falk Pingel, Häftlinge unter SS-Herrschaft. Widerstand, Selbstbehauptung und Vernichtung im Konzentrationslager, Hamburg 1978.
8 Wolfgang Sofsky, Die Ordnung des Terrors. Das Konzentrationslager, Frankfurt am Main 1993.
9 Robert Streibel/Hans Schafranek (Hrsg.), Strategie des Überlebens. Häftlingsgesellschaften in KZ und GULag, Wien 1996.

Das Thema der Funktionshäftlinge in den nationalsozialistischen Konzentrationslagern spielte in der Öffentlichkeit zunächst nur eine geringe Rolle. Zwischen den 1950er-Jahre und den 1980er-Jahren blieben Ausarbeitungen hierzu die Ausnahme. Hans Günther Adler veröffentlichte 1960 eine soziologische Analyse zur Problematik der sogenannten Selbstverwaltung im KZ.[10] Daneben wurde in Erinnerungsberichten einzelner Häftlinge, z. B. bei Jean Améry[11] oder Primo Levi,[12] auf das Wirken von exponierten Häftlingen eingegangen. Veröffentlichte Erinnerungsberichte hatten überwiegend solche Häftlinge verfasst, die im Lager auch selbst führende Funktionen übernommen hatten. Hierzu zählten insbesondere Berichte deutscher Kommunisten. Dagegen sind Veröffentlichungen von Häftlingen aus anderen Häftlingsgruppen wenig bis gar nicht zu finden. Dadurch, dass Berichte von Homosexuellen, Zeugen Jehovas sowie sogenannten „BVern" („Berufsverbrecher") und „Asozialen" kaum vertreten sind, wurde das Bild über die Häftlingsgesellschaften einseitig von den „politischen Häftlingen" gezeichnet. Zur Diskussion über die Rolle der Buchenwalder Funktionshäftlinge liegen mehrere Ausarbeitungen vor. Die kontroversen Thesen Niethammers wurden unter anderem in Beiträgen von Jürgen Danyel[13] oder Beate Dorfey[14] aufgegriffen und diskutiert. Zur Geschichte des KZ Neuengamme lieferte Werner Johe eine erste überblicksartige Darstellung,[15] aber erst 1990 legte Hermann Kaienburg eine umfassende Ausarbeitung zum Stammlager Neuengamme vor.[16] Auch ehemalige Neuengammer Häftlinge publizierten Bücher. Exemplarisch seien hier Heinrich Christian Meier, Rudi Goguel und Fritz Bringmann genannt. In weit größerer Anzahl gibt es Veröffentlichungen ehemaliger ausländischer Häftlinge, u. a. die Erinnerungen von Bogdan Suchowiak, Jørgen Barfød oder Albert van de Poel. Betrachtet man die gesamte Forschungslage zur Gruppe der Funktionshäftlinge in den Konzentrationslagern, ist die Feststellung von Karin Orth aus dem Jahr 2000 weiter gültig:

---

10 Hans Günther Adler, Selbstverwaltung und Widerstand in den Konzentrationslagern der SS, in: Vierteljahrshefte für Zeitgeschichte 8 (1960), S. 221–236.
11 Jean Améry, Jenseits von Schuld und Sühne. Bewältigungsversuche eines Überwältigten, München 1966.
12 Primo Levi, Ist das ein Mensch? Erinnerungen an Auschwitz, Frankfurt am Main 1979.
13 Jürgen Danyel, Wandlitz auf dem Ettersberg? Zur Debatte um die roten Kapos von Buchenwald, in: Zeitschrift für Geschichtswissenschaft 43 (1995), S. 159–166.
14 Beate Dorfey, Zur Problematik des kommunistischen Widerstandes im Konzentrationslager Buchenwald. Der Fall des Trierer Kommunisten Hans Eiden, in: Zeitschrift für Geschichtswissenschaft 43 (1995), S. 515–534.
15 Werner Johe, Neuengamme. Zur Geschichte der Konzentrationslager in Hamburg, 5., durchgesehene und erweiterte Auflage, Hamburg 1986 (Erstveröffentlichung 1981).
16 Kaienburg, Vernichtung.

„Es gibt bis heute keine historisch-analytische Monografie, die das System der Funktionshäftlinge in den nationalsozialistischen Konzentrationslagern empirisch untersucht. Trotz der Fülle der veröffentlichten und unveröffentlichten Berichte fehlen darüber hinaus quellenkritische Untersuchungen zur Frage, wie dieses Material zu analysieren und zu interpretieren ist."[17]

Erst mit dem 1998 von Hermann Kaienburg veröffentlichten Aufsatz: „,Freundschaft? Kameradschaft? ... Wie kann das dann möglich sein?' Solidarität, Widerstand und die Rolle der ,roten Kapos' in Neuengamme",[18] fand eine erste intensivere wissenschaftliche Auseinandersetzung mit der Rolle der Neuengammer Funktionshäftlinge statt.

4. Zu den Ergebnissen der Arbeit

4.1 Wie entstand das Funktionssystem in den Konzentrationslagern?
Die „indirekte Herrschaft" von Häftlingen war kein alleiniges Phänomen der nationalsozialistischen Konzentrationslager, sondern in den meisten Zwangslagern des 20. Jahrhunderts zu finden. Die den jeweiligen Lagern Herrschenden gaben ausgewählten Häftlingen Verhaltensstandards vor, deren Einhaltung sie mit weitgehend freier Hand umzusetzen hatten.[19] In seinem 1960 erschienenen Beitrag über die „Selbstverwaltung" in den Konzentrationslagern hat Hans Günther Adler angeführt, dass die Abtretung von Verwaltungsaufgaben an Häftlinge durch die SS ihre Ursache in einer Geringhaltung der Kosten und der Tatsache hatte, dass sich in Reihen der Lager-SS fast ausnahmslos faule und korrupte Zeitgenossen befunden hätten.[20] Diese Ansicht deckt sicherlich nicht alle mit dieser Maßnahme verbundenen Absichten der SS ab. Durch die Instrumentalisierung ausgesuchter Häftlinge für ihre Zwecke versuchte die SS, ein System der Häftlingsselbstkontrolle aufzubauen. Das Funktionssystem spielte Häftlinge gegeneinander aus, schürte Neid unter den Gefangenen und nahm eine bewusste Klassifizierung

---

17 Orth, Lagergesellschaft, S. 112.
18 Hermann Kaienburg, „,Freundschaft? Kameradschaft? ... Wie kann das dann möglich sein?' Solidarität, Widerstand und die Rolle der ,roten Kapos' in Neuengamme, in: KZ-Gedenkstätte Neuengamme (Hrsg.), Abgeleitete Macht – Funktionshäftlinge zwischen Widerstand und Kollaboration, Bremen 1998, S. 18–50.
19 Lutz Niethammer, Häftlinge und Häftlingsgruppen im Lager. Kommentierende Bemerkungen, in: Christoph Dieckmann/Ulrich Herbert/Karin Orth (Hrsg.), Die nationalsozialistischen Konzentrationslager. Entwicklung und Struktur, Bd. 2, Göttingen 1998, S. 1046–1060, hier S. 1050.
20 Adler, Selbstverwaltung, S. 223.

der Häftlinge vor. Für die Umsetzung ihrer Interessen übte die SS Druck auf die Funktionshäftlinge aus und versuchte durch Spitzel, Widerstandsbewegungen im Lager zu unterwandern. Wolfgang Sofsky gelangte zu der Ansicht: „Während Unzählige im Elend verhungerten, führten wenige Häftlinge ein geradezu luxuriöses Leben. Während viele an körperlicher Plackerei zugrunde gingen, brauchten andere gar nicht zu arbeiten."[21] Diese Aussage ist meines Erachtens in ihrer Absolutheit nicht tragbar. Denn: Funktionshäftlinge waren zwar weit mehr als andere Häftlinge begünstigt, von „einem luxuriösen Leben im Lager" kann bei einer genauen Betrachtung aber nicht die Rede sein. Der jederzeit drohende Verlust ihres Amtes und die Angst, bei illegalen Aktionen aufzufliegen, waren für viele Funktionshäftlinge allgegenwärtig. Der SS-Oberführer Theodor Eicke (Inspekteur der Konzentrationslager und SS-Wachverbände) hatte im Auftrag Himmlers ab 1934 die Reorganisation der Konzentrationslager nach dem Vorbild des von ihm seit 1933 geführten KZ Dachau vorgenommen. Eicke hatte ein detailliertes Organisationsschema für das Lagerleben entwickelt, das für alle Konzentrationslager verbindlich war. Das von Eicke eingeführte System der Funktionshäftlinge basierte dabei auf dem sogenannten Führerprinzip. Jeder „Führer" oder Funktionshäftling verfügte demnach über Autorität gegenüber Untergebenen, hatte sich aber höhergestellten Häftlingen oder SS-Männern gegenüber zu verantworten. Das Führerprinzip verfolgte in der Theorie eine klare Kommandostruktur von oben nach unten, die aber in der Praxis durch Macht- und Kompetenzstreitigkeiten sowie der Ausnutzung vorhandener Freiräume nie gänzlich aufrechterhalten werden konnte. 1940 wurde dann auf dem Grundsatz des Führerprinzips Eickes System der Funktionshäftlinge eingeführt. Ausgesuchte Häftlinge erhielten fortan Verwaltungs- und Kontrollaufgaben. Die SS konnte mit dieser Maßnahme auf der einen Seite Personal einsparen und andererseits ein perfides System der Lagerbeherrschung installieren. Heinrich Himmler beschrieb 1944 in seiner Sonthofener Rede vor Generälen der Wehrmacht die Wirkung des Führerprinzips folgendermaßen:

„Denn sehen Sie, diese rund 40 000 deutschen politischen und Berufsverbrecher – ich bitte sie nicht zu lachen – sind mein ‚Unteroffizierskorps' für diese ganze Gesellschaft. Wir haben hier – das ist eine Einteilung, die Obergruppenführer Eicke durchführte, der überhaupt diese Organisation dieses verdienstvollen Niederhaltens des Untermenschen geschaffen hat – so genannte Kapos eingesetzt. Also einer ist der verantwortliche Aufseher, ich möchte sagen, Häftlingsältester über dreißig, vierzig, über hundert andere Häftlinge. In dem Moment, wo er Kapo ist, schläft er nicht mehr bei denen. Er ist

---

21 Sofsky, Ordnung, S. 137.

verantwortlich, dass die Arbeitsleistung erreicht wird, dass bei keinem eine Sabotage vorkommt, dass sie sauber sind, dass die Betten gut gebaut sind. [...] Er muss also seine Männer antreiben. In dem Moment, wo wir mit ihm nicht zufrieden sind, ist der nicht mehr Kapo, schläft er wieder bei seinen Männern. Dass er dann von denen in der ersten Nacht totgeschlagen wird, das weiß er."[22]

4.2 Zur „Ordnung des Terrors"
Wolfgang Sofsky definierte in seiner soziologischen Studie zur „Ordnung des Terrors" den tieferen Sinn der von der SS vorgenommenen Klassifikationen der Häftlinge: „Die soziale Distanz- und Rangskala bezeichnete den Abstand der Häftlingsklassen zum Zentrum absoluter Macht. Je weiter eine Kategorie von der SS entfernt war, desto geringer ihre soziale Stellung und desto höher der Vernichtungsdruck."[23]

Die von der SS vergebene Funktionsmacht sowie die jeweilige soziale Stellung der Häftlinge bestimmte die Struktur der Häftlingsgesellschaft. An der Spitze dieser Gesellschaft fanden sich die deutschen nichtjüdischen „kriminellen" und politischen Gefangenen. Sie bildeten sozusagen die Oberschicht im Lager, und sie bemühten sich auch am intensivsten um Funktionsposten im Lager. Diese Bemühungen führten nicht selten zu erbitterten Kämpfen zwischen den „Kriminellen" und „Politischen" um die zu vergebenen Positionen. Auf der zweiten Stufe der Häftlingsgesellschaft fanden sich deutsche „Asoziale" und Bibelforscher sowie tschechische und nordeuropäische Häftlinge wieder. Eine Stufe darunter standen Polen, Franzosen und Italiener. Das unterste Ende der Skala umfasste Häftlinge, die sich andauernden Repressalien ausgesetzt sahen, darunter die jüdischen und sowjetischen Gefangenen sowie die Homosexuellen und Zigeuner.[24]

Häftlinge entwickelten bestimmte Strategien, um sich dem Machtzentrum in der Häftlingsgesellschaft anzunähern. Unter anderem versuchten Häftlinge, der Lager-SS durch offensichtlichen Gehorsam ihre Loyalität zu zeigen. Dies konnte durch besonders brutales Vorgehen gegen Mithäftlinge geschehen oder durch eine demonstrative Ergebenheit gegenüber der Lager-SS. Eine weitere Strategie war die Bildung von Korruptionsgemeinschaften zwischen Funktionshäftlingen und der SS. Dadurch bildete sich eine Art ökonomischer Interessenausgleich. Häftlinge schmuggelten oder besorgten Waren für die SS und hofften im Gegenzug auf eine bevorzugte Behandlung. Flogen solche Geschäfte auf, hatte dies für die Häftlinge häufig weitreichende Konsequenzen. Sie verloren meist ihre Ämter

---

22 Sonthofener Rede vom 21. 6. 1944, zit. nach: Kaienburg, Vernichtung, S. 66.
23 Sofsky, Ordnung, S. 138 f.
24 Ebenda, S. 149–151.

und mussten harte Bestrafungen ertragen. Das Dasein der Funktionshäftlinge war in allen Lagern bestimmten Merkmalen unterworfen. So waren sie stets zu absolutem Gehorsam verpflichtet und abhängig vom Schutz anderer. Privilegierte Häftlinge hatten Intrigen und Angriffe von Mithäftlingen abzuwehren und waren angewiesen auf Gehilfen. Sie nahmen eine Position zwischen der SS und den weiteren Häftlingen ein, die sie zur Beaufsichtigung von Untergebenen ermächtigte.[25]

4.3 Zu den Organisationsstrukturen der Funktionshäftlinge in den Konzentrationslagern

Der Begriff „Selbstverwaltung", wie ihn z. B. auch Wolfgang Sofsky gebraucht, ist irreführend, denn er klingt nach Basisdemokratie und Häftlings-Selbstbestimmung. Aber genau dies war nicht der Fall. Die Funktionshäftlinge mussten im Sinne der SS funktionieren. Taten sie es nicht, erhielt ein anderer Häftling den frei gewordenen Posten. Das Funktionssystem der Häftlinge war Teil einer perfiden Taktik der SS, denn es wurde – so der ehemalige Häftling Hermann Langbein – „geschaffen, um als verlängerter Arm der SS deren Terror auch in den letzten Winkel des Lagers zu tragen".[26] So machte das System einen Teil der Häftlinge zu Mittätern. Der Funktionshäftling befand sich in einer extremen Abhängigkeit.

Der SS-Führungsstruktur stand eine entsprechend gegliederte Häftlingsverwaltung gegenüber. Alle Bezeichnungen, die den Zusatz „-älteste" trugen, z. B. Lagerälteste, deuteten darauf hin, dass es sich bei diesen Personen um Häftlinge handelte, die von der SS mit besonderen Aufgaben betraut wurden. Wie bei der SS-Führungsstruktur gab es bei der inneren Organisation der Funktionshäftlinge einen obersten Chef. Der Lagerführung auf Seiten der SS entsprach der Lagerälteste unter den Häftlingen. Er war der oberste Funktionshäftling, wurde von der SS ernannt und besaß Befehlsgewalt über alle Gefangenen im Lager. Der Lagerälteste war der verantwortliche Vertreter des Häftlingslagers gegenüber der SS. An ihn hielt sich die SS, wenn sie etwas zu verfügen hatte. Es war daher wichtig für die SS, in der Funktion des Lagerältesten einen Häftling zu haben, der ihr genehm war. Der Lagerälteste hatte entscheidenden Einfluss darauf, welcher Gefangene Funktionshäftling werden konnte. Er hatte das Vorschlagsrecht bei der Besetzung von Funktionshäftlingsposten.[27] Die Schreibstube im Häftlingslager hatte ihr Pendant im SS-Rapportführer. Dabei unterstand die Schreibstube nur zeitweilig und nicht überall der Aufsicht eines SS-Mannes. In diesem Bereich wurde die

---

25 Ebenda, S. 152–168.
26 Langbein, Schafe, S. 43.
27 Eugen Kogon, Der SS-Staat. Das System der deutschen Konzentrationslager, 6. Aufl., München 1979, S. 86.

gesamte innere Verwaltung des Schutzhaftlagers, unter anderem die Karteiführung, die Einweisung der Häftlinge in die Baracken und die Appellvorbereitung organisiert. Die Einflussmöglichkeiten der dort eingesetzten Funktionshäftlinge waren dementsprechend groß.[28] Die Arbeitsstatistik bzw. das Arbeitseinsatzbüro auf Seiten der Häftlingsverwaltung unterstand dem SS-Arbeitsdienstführer bzw. dem Arbeitseinsatzführer. Im Arbeitseinsatzbüro wurden unter anderem die von den Häftlingen erlernten Berufe erfasst. Zudem wirkte das Arbeitseinsatzbüro an der Zusammenstellung von Transporten für die Außenkommandos mit. Die zahlreichen Arbeitskommandos im Lager wurden von sogenannten Kapos befehligt. Allen Kapos übergeordnet war der Erste Kapo oder Arbeitsdienstkapo. Dieser wiederum war dem SS-Arbeitsdienstführer zugeordnet. Die Kapos waren Aufsichtspersonen, die einteilten, aber nicht selbst arbeiteten. Ihnen standen ausgewählte Vorarbeiter zur Seite.[29] An der Spitze der Häftlingswohnbaracken standen die Blockältesten. Sie wurden vom Lagerältesten eingesetzt und konnten wiederum Stubenälteste und Stubendienste ernennen. Das Blockpersonal hatte sich um Kleidung, Essen und Hygiene in den Unterkünften zu kümmern. Hieraus ergaben sich viele Möglichkeiten der Begünstigung, aber natürlich auch der Benachteiligung.

Jede Funktionsstellung im Lager bedeutete eine Privilegierung. Es war dabei entscheidend, wie sie genutzt wurde.[30] Die Funktionshäftlinge waren natürlich bemüht, ihre bevorrechtigte Position zu behalten.

4.4 Häftlingsgruppen im KZ Neuengamme

Aus der Gruppe deutscher politischer Häftlinge rekrutierte die SS in Neuengamme eine große Zahl von Funktionshäftlingen. Die deutschen Kommunisten in Neuengamme hatten meist schon vorher in anderen Konzentrationslagern eingesessen. Ein großer Teil kannte sich bereits aus dem KZ Sachsenhausen, einige waren bereits vor 1936 zusammen in Esterwegen gewesen. Die gemeinsamen Lagererfahrungen boten günstigere Voraussetzungen für ihren Zusammenhalt. Ihre Kenntnisse verhalfen ihnen auch, sich schnell im Lager zurechtzufinden und in wichtige Funktionen zu gelangen. Obwohl die Gruppe der deutschen Kommunisten in Neuengamme nur wenige Hundert Häftlinge zählte, stellten sie einen großen Teil der Funktionshäftlinge im Lager. Dabei gab es aber in der gesamten Lagerzeit keine einheitliche Linie der politischen Häftlinge. Vielmehr wirkten einzelne Gruppen an verschiedenen Stellen im Lager.[31]

---

28   Ebenda, S. 87.
29   Ebenda, S. 87–89.
30   Herbert Obenaus, Der Kampf um das tägliche Brot, in: Dieckmann/Herbert/Orth (Hrsg.), Konzentrationslager, Bd. 2, S. 841–873, hier S. 844.
31   Kaienburg, Freundschaft, S. 30 f.

Auch ohne ausgeprägte Häftlingsorganisation konnten die politischen – gemeint sind hierbei in erster Linie die kommunistischen – Häftlinge in vielen Bereichen auf das Lagergeschehen einwirken. In vielen Häftlingsberichten wird dabei der Gruppe der politischen Häftlinge bescheinigt, dass sie besonders solidarisch und fair mit ihren Mithäftlingen umging. Ebenso wird erwähnt, dass unter ihnen die Anzahl korrupter Funktionshäftlinge geringer war als bei Positionsträgern anderer Häftlingsgruppen. Von Seiten ausländischer Häftlinge wurden nach dem Krieg aber auch Vorwürfe gegen kommunistische Häftlinge erhoben, z. B. hätten sie sich bei ihren Solidaritätsaktionen zu sehr auf ihre eigenen Genossen konzentriert. So hätten sie Kommunisten vor Transporten in berüchtigte Außenlager bewahrt und sie stattdessen durch einen anderen Häftling ersetzt.[32] Richtig ist, dass deutsche Kommunisten vorrangig in Positionen im Lagerbereich gelangten und es ihnen dadurch möglich war, ihre Kontakte untereinander auszubauen und Hilfeleistungen zu organisieren. Im Laufe der Zeit bezogen die Kommunisten in ihre Aktivitäten auch immer mehr Häftlinge ein, die andere politische Einstellungen vertraten, wie z. B. Sozialisten, Sozialdemokraten, Liberale, und auch Angehörige des Strasser-Flügels.[33]

Die sogenannten kriminellen Häftlinge bildeten den Grundstock der Gefangenen im Lager. Bereits ab 1938 wurden sie nach Neuengamme gebracht. Das Bild, das heutzutage in der Öffentlichkeit von den „kriminellen" KZ-Häftlingen gezeichnet wird, ist dabei fast ausnahmslos negativ. Gerade in den Berichten ehemaliger politischer Häftlinge zeigt sich, dass zwar durchaus positive Taten einzelner „grüner" Funktionäre hervorgehoben werden, diese jedoch stets als singuläre Beispiele einer an sich besonders grausamen Häftlingsgruppe stehen.[34] Auch bei den Berichten ehemaliger Häftlinge über die Gruppe der „kriminellen" Häftlinge in Neuengamme wird deutlich, dass sie bei ihrer Beurteilung zumeist mit einer negativen Grundhaltung dieser Gruppe gegenübertraten. Der Zusammenhalt unter den als „Berufsverbrecher" (BVer) bezeichneten Häftlingen beschränkte sich auf überschaubare, kleine Gruppen. In ihren Funktionen achteten besonders die Alteingesessenen im Lager darauf, dass ihren Kameraden nichts passierte.

Vereinzelt werden auch „grüne" Häftlinge hervorgehoben, die sich an einer gruppenübergreifenden Zusammenarbeit beteiligten. Dabei können derartige Formen des Zusammenhalts nicht als Widerstandshandlungen bezeichnet werden. Sie verdeutlichen aber, dass es unter den Funktionshäftlingen mit grünem Winkel, neben den berüchtigten Schlägern, auch humane „Grüne" gab.[35]

---

32 Ebenda, S. 18.
33 Ebenda, S. 34.
34 Orth, Lagergesellschaft, S. 111.
35 Kaienburg, Freundschaft, S. 35.

Einen engen Gemeinschaftsgeist im Konzentrationslager hatten die Zeugen Jehovas oder Bibelforscher; zu anderen Häftlingsgruppen unterhielten die Zeugen Jehovas aber so gut wie keine Verbindungen. In der Regel lehnten sie aus Glaubensgründen auch die Teilnahme an Widerstandsaktionen im Lager ab.[36] Ihre eigenen Aktivitäten dagegen verstärkten die Bibelforscher im Laufe der Zeit. So veranstalteten sie konspirative Treffen, um sich heimlich mit der Lektüre des Wachturms zu beschäftigen.[37] Über den Zusammenhalt und die Standhaftigkeit der Neuengammer Bibelforscher finden sich in Berichten ehemaliger Neuengammer Häftlinge immer wieder bewundernde Aussagen.

Von der Häftlingsgruppe der Homosexuellen gibt es so gut wie keine schriftlichen Erinnerungsberichte über die Lagerzeit in Neuengamme. Generell waren die Gruppen der Homosexuellen in den KZs sehr heterogen zusammengesetzt. In Neuengamme bildeten die Homosexuellen eine vergleichsweise kleine Häftlingsgruppe, die fast ausschließlich aus deutschen Häftlingen bestand. Die Homosexuellen waren in Neuengamme häufig Opfer brutaler Misshandlungen seitens der SS und des Lagerältesten. Dennoch hatten sie als Deutsche die Möglichkeit, in bessere Arbeitskommandos zu gelangen. Obwohl sie in verschiedenen Bereichen des Lagers arbeiteten und wohnten, gelang es ihnen, Kontakte und Freundschaften untereinander aufzubauen.[38]

Die Gruppe der sogenannten „Asozialen" vereinte Menschen unterschiedlichster Herkunft. Neben Zuhältern, Landstreichern, Taschendieben und Alkoholikern trugen auch Menschen wegen sogenannten „Arbeitsvertragsbruchs" den schwarzen Winkel, die öfters zu spät zur Arbeit erschienen oder unberechtigt im Urlaub gewesen waren. Durch diese Zusammensetzung ergaben sich keine prägnanten Strukturen dieser Häftlingskategorie.[39] Zwar verband die Gruppe der „Asozialen" zumeist die gemeinsame Erfahrung wirtschaftlicher Not und gesellschaftlicher Missachtung, dennoch entwickelten sie in den Konzentrationslagern keine Strategien kollektiven Handelns. Versuche von Personen aus dieser Häftlingsgruppe, sich anderen Häftlingsgruppen anzuschließen, blieben die Ausnahme.[40]

Beispiele von „Asozialen" in Funktionspositionen sind für das KZ Neuengamme nur in wenigen Fällen bekannt. Ehemalige Häftlinge erwähnen lediglich einige Kapos mit schwarzem Winkel.

---

36 Detlef Garbe, Zwischen Martyrium und Widerstand. Die Zeugen Jehovas im „Dritten Reich", München 1993, S. 430.
37 Archiv der KZ-Gedenkstätte Neuengamme (ANg), Häftlingsberichte 1268, S. 22: Richard Rudolph, Gespräch/Überarbeitete Biographie, 20. 10. 1997.
38 Kaienburg, Freundschaft, S. 35 f.
39 Kogon, SS-Staat, S. 69.
40 Pingel, Häftlinge, S. 86 f.

Hans Günther Adler kam zu der Einschätzung: „Selbst Juden konnten, wenn es – selten genug – ihre Stellung erlaubte, sogar ohne Anschluss an eine Gruppe oder nur mit einem kleinsten Kreise von Mitarbeitern viel für andere Häftlinge tun, falls sie genügend Mut, Entschlossenheit und vor allem Charakterstärke besaßen."[41] Für Neuengamme sind derartige Fälle nicht bekannt. Auch war es niemandem aus der Gruppe der jüdischen Häftlinge möglich, im Stammlager jemals in eine hervorgehobene Häftlingsposition zu gelangen.

In Neuengamme und seinen Außenlagern waren Menschen aus über 20 Nationen inhaftiert. Im Zuge der Vergrößerung des Lagers gelang es auch polnischen Häftlingen, in gehobene Positionen der Häftlingsverwaltung zu kommen. Eine nicht unwesentliche Rolle spielte dabei die Frage ihrer Häftlingsnummer. Je länger der Aufenthalt und je niedriger somit die Häftlingsnummer des Häftlings, desto größer waren seine Möglichkeiten, Funktionsposten zugewiesen zu bekommen. Auch von tschechischen, belgischen und niederländischen Funktionshäftlingen wird berichtet.[42]

4.5 Das Verhältnis der Häftlingsgruppen untereinander

Zwischen den politischen und den „kriminellen" Häftlingen – den „Roten" und den „Grünen" – kam es in vielen Konzentrationslagern zu harten Auseinandersetzungen um die Funktionsposten. Die Dominanz „grüner" Häftlinge im Funktionssystem wird vielfach gleichgesetzt mit einem von Brutalität bestimmten Lageralltag. Daraus resultiert die Schlussfolgerung, dass der vermehrte Einsatz von politischen Gefangenen in Häftlingspositionen zu einer Verbesserung der Lebensumstände im Lager führte. Zu den Neuengammer Verhältnissen gibt es verschiedene Einschätzungen: Sie reichen von einem „verbitterten Kampf gegeneinander" bis zu durchaus „solidarischem Miteinander"; auch hier kommt es darauf an, wer diese Einschätzungen jeweils vornahm. Auch zwischen verschiedenen ausländischen Häftlingsgruppen gab es Kämpfe und Ressentiments. Bei bereits bestehenden Kontroversen zwischen nationalen Gruppen setzte die SS ganz bewusst das Prinzip des gegenseitigen Ausspielens von Häftlingsgruppen ein.[43] Besonders gespannt war dabei das Verhältnis zwischen den polnischen und den französischen Häftlingen. Um diese nationalen Ressentiments zu schüren, schickte die SS 1944/45 in die Unterkünfte der Franzosen fast ausschließlich polnische Stubendienste.[44]

---

41 Adler, Selbstverwaltung, S. 231.
42 Schemmel, Zwischen Kooperation und Widerstand, S. 47–52.
43 Obenaus, Kampf, S. 843 f.
44 Hermann Kaienburg, Das Konzentrationslager Neuengamme 1938–1945, Bonn 1997, S. 232.

4.6 Funktionshäftlinge im KZ Neuengamme

Mit Funktionen wurden in Neuengamme zunächst ausschließlich deutsche Häftlinge betraut. Die wichtigsten Ämter im Neuengammer Funktionssystem bekleideten bis Ende 1940 Häftlinge mit grünem Winkel. Die BVer bildeten die Lagerelite, da sie zum größten Teil bereits seit 1938 im Lager waren und dementsprechend niedrige Häftlingsnummern hatten. Im Zuge des Lagerauf- und -ausbaus wurden ab dem Frühjahr 1940 von der SS auch politische Häftlinge in wichtigen Funktionen eingesetzt, da Fachkräfte auf handwerklichem, organisatorischem und verwaltungstechnischem Gebiet benötigt wurden. Häftlinge, die die entsprechenden Qualifikationen mitbrachten, waren oftmals eher in Reihen der Politischen zu finden.

Ab Ende 1940/Anfang 1941 konnten immer mehr politische Häftlinge einflussreiche Positionen übernehmen. Im Januar 1941 ging das Amt des Lagerältesten von einem BVer auf einen politischen Häftling über. Der vermehrte Einsatz von politischen Häftlingen in Funktionsposten resultierte auch aus der Bevorzugung durch den SS-Schutzhaftlagerführer Wilhelm Schitli.[45] Viele politische Häftlinge, die aus Sachsenhausen nach Neuengamme überstellt wurden, kamen in verhältnismäßig guten Kommandos unter. Obwohl es den politischen Häftlingen allmählich gelang, die Macht im Funktionssystem zu übernehmen, hatten sie aber nicht die Möglichkeit, für sämtliche Ämter, wie z. B. die der Block- und Stubenältesten, eigene Leuten zu stellen. Dies ergab sich allein schon aus der geringen Anzahl politischer Häftlinge im Lager. Daher wurden auch weiterhin BVer, „Asoziale" und später auch SVer („Sicherungsverwahrte") von der SS für Funktionen vorgeschlagen. Nach und nach wurden aber auch Posten an ausländische Häftlinge vergeben. So konnten Polen, Tschechen, Belgier, Holländer und in einigen Fällen auch Sowjetrussen an wichtige Funktionen im Lager, z. B. im Arbeitseinsatz, der Schreibstube, im SS-Lager oder im Revier, gelangen.[46] Ab 1942 führten Veränderungen im System der Lagerbeherrschung in einigen Bereichen zu Verbesserungen für die Häftlinge. Die Lagerführung delegierte aufgrund der angespannten Personallage noch mehr Verantwortung an die Funktionshäftlinge. Diese konnten fortan in den Verwaltungsbereichen des Häftlings- und SS-Lagers sowie in den neu errichteten Wirtschaftsbetrieben leitende Aufgaben übernehmen.[47] Anfang November 1944 wurden von der SS zahlreiche politische Häftlinge, unter ihnen auch viele Funktionshäftlinge, ohne vorherige Befragung zur SS-Einheit Dirlewanger eingezogen.[48] Auch in Neuengamme kam den

---

45 Kaienburg, Freundschaft, S. 26.
46 ANg, Nachlass Hans Schwarz (NHS): Ewald Gondzik, Der Arbeitseinsatz im KL Neuengamme, Mikolow vom 1. 7. 1964, S. 1.
47 Kaienburg, Vernichtung, S. 345.
48 Langbein, Schafe, S. 354 und S. 464, Anm. 24.

Funktionshäftlingen und den im SS-Bereich tätigen Häftlingen eine bevorzugte Behandlung zu. Die Verpflegung war ausreichend, und sie erhielten ordentliche Kleidung. Um frei von Ungeziefer zu sein, hatten sie auch häufiger die Möglichkeit, sich zu waschen.[49] Einquartiert wurden sie im Block 1 bzw. in besonderen Unterkünften, deren Belegschaft nie 300 Häftlinge überschritt.[50] Die hygienischen Verhältnisse in diesen Unterkünften waren erheblich besser als bei den anderen Häftlingen.[51] Auch hatten sie verstärkt Gelegenheit zum Kantinenkauf. Funktionshäftlingen war es zudem eher möglich, illegale Geschäfte mit Lebensmitteln zu tätigen. Häufig drückte die SS bei ihnen ein Auge zu.[52] Die Darstellung der einzelnen Neuengammer Funktionshäftlinge, ihrer Einsatzbereiche und ihres Wirkens nimmt einen Großteil meiner Arbeit ein. Aus Platzgründen kann hier nicht näher darauf eingegangen werden.[53]

4.7 Widerstands- und Solidaritätsaktionen unter den Neuengammer Häftlingen
Die Grenzen, innerhalb derer solidarische Handlungen möglich waren, zogen nicht die Häftlinge. Vielmehr, so Johannes Tuchel, hätte selbst die beste Häftlingsorganisation keine Chance gegenüber der SS und der Gestapo, den tatsächlich Handelnden, gehabt.[54] Größere Möglichkeiten zur Durchführung von Widerstands- und Solidaritätsaktionen boten sich im Zuge des immensen Anwachsens des Lagers. Die an den privilegierten Positionen im Lager tätigen Häftlinge bestimmten dabei im hohen Maße darüber, wie wirksam sich Widerstandsbemühungen gestalteten.[55] Wie bei vielen Fragen zu den Lebensumständen in Neuengamme gibt es auch bei der Beurteilung von Widerstands- und Hilfsaktionen im Lager seitens der Überlebenden divergierende Ansichten.

Im Lager gingen besondere Widerstands- und Solidaritätsaktivitäten immer wieder vom Krankenrevier aus. Von hier wurden nach der Einlieferung sowjetischer Häftlinge im Herbst 1941 Hilfsaktionen für die Kriegsgefangenen organisiert. Lebensmittel- und Geldsammlungen fanden statt, um den Kriegsgefangenen das Bewusstsein zu vermitteln, dass sie in ihrer Situation nicht allein waren.[56]

49 Kaienburg, Vernichtung, S. 365.
50 Ebenda, S. 447.
51 Ebenda, S. 366.
52 ANg, NHS: August Bruns, Wie ich das KZ-Neuengamme erlebte, Göttingen o. D. (1968), S. 4.
53 Vgl. hierzu Schemmel, Kooperation und Widerstand, S. 57–127.
54 Johannes Tuchel, Möglichkeiten und Grenzen der Solidarität zwischen einzelnen Häftlingsgruppen im nationalsozialistischen Konzentrationslager, in: Streibel/Schafranek, Strategie, S. 220–235, hier S. 232.
55 Langbein, Schafe, S. 43.
56 Ebenda, S. 57.

Ebenso gelang es engagierten Häftlingen im Revier, zum Tode verurteilten Häftlingen das Leben zu retten.[57] Ein weiterer Bereich, in dem Häftlinge Möglichkeiten hatten, Hilfe zu organisieren, waren die Verwaltungsebenen. Hier wurden immer wieder Solidaritätsmaßnahmen des Arbeitseinsatzes, insbesondere der Häftlinge André Mandrycxs und Albin Lüdke, beschrieben. Auch Mitarbeiter der Schreibstube versuchten, wenn möglich, Mitgefangenen zu helfen. In einigen Fällen gab es in Neuengamme auch gruppenübergreifende Aktionen, die zwar nicht als Widerstandshandlungen zu werten sind, die aber dennoch das Vorurteil widerlegen, im Lager wären konspirative Aktionen stets nur im Rahmen einzelner Gruppen möglich gewesen. Widerstand gegen die Machthaber demonstrierten die Häftlinge auch in symbolischen Aktionen.

Die aus der Not geborene Lagerkameradschaft, so der ehemalige Häftling Walter Heise, half den Häftlingen, sich der Hölle der Unmenschlichkeit entgegenzustellen.[58] Überliefert ist zumindest eine bekannt gewordene Sabotageaktion im Lager: Der belgische Kommunist Pierre de Tollenaere sabotierte bei Jastram Schweißarbeiten an Schiffen. Der Kommandant ließ daraufhin ein Exempel statuieren. De Tollenaere wurde an einem Sonntag im Dezember 1944 auf dem Appellplatz vor Mithäftlingen erhängt.[59] Sabotagehandlungen wurden laut Albin Lüdke auch in den Walther-Werken geleistet. Die Produktion sollte hierbei durch innere Sabotage verschleppt werden. Nach Aussage Lüdkes sei dies auch gelungen.[60] Die Themen Bespitzelungen[61] und Selbstjustiz[62] im Lager, die in meiner Arbeit näher behandelt werden, können hier nicht eingehender erörtert werden.

4.8 Gab es Häftlingsorganisationen im Lager?

Fest steht heute, dass es von Seiten der Häftlinge sehr wohl Bemühungen gab, geheime Organisationen im Lager aufzubauen. Diese Anstrengungen nahmen zu, als sich die Anzeichen einer deutschen Niederlage im Krieg mehrten.[63] Da an diesen geheimen Aktivitäten nur wenige Häftlinge beteiligt waren, ist es verständlich, dass Überlebende später meinten, es hätte nie Häftlingsorganisationen in Neuengamme gegeben. In Neuengamme gelang es aber nicht, eine allumfassende Häftlingsorganisation aufzubauen.[64] Vielmehr existierten mehrere Widerstands-

---

57 Detlef Garbe, Editorial, in: Abgeleitete Macht, S. 7–17, hier S. 12.
58 ANg, NHS: Walter Heise, Vom Regen in die Traufe, o. O., 21./22. 7. 1960, S. 4.
59 Kaienburg, Vernichtung, S. 444–445; Langbein, Schafe, S. 324.
60 Wiedergegeben bei: Langbein, Schafe, S. 324.
61 Schemmel, Kooperation und Widerstand, S. 138 f.
62 Ebenda, S. 137 f.
63 Kaienburg, Freundschaft, S. 39.
64 ANg, Häftlingsberichte 516, S. 6: Karl Kampfert/Miroslav Krčmař, Gespräch mit Hermann Kaienburg, Hamburg 5. 5. 1985.

gruppen politischer und ausländischer Häftlinge nebeneinander. Die Führungen dieser Gruppen kannten sich und suchten wohl auch in bestimmten Fragen miteinander Kontakt.[65]

Die Situation der Neuengammer Funktionshäftlinge und ihre Bemühungen, eine illegale Widerstandsorganisation aufzubauen, sind aber nicht mit denen in Dachau, Buchenwald oder Sachsenhausen zu vergleichen. Der ehemalige Häftling Fritz Bringmann fasst die Anstrengungen der politischen Häftlinge um den Aufbau einer Widerstandsorganisation in Neuengamme folgendermaßen zusammen: „Die antifaschistischen Kämpfer bildeten im KZ Neuengamme zwar nur eine kleine, aber sehr feste Gemeinschaft, die an den Sorgen und Nöten des Einzelnen Anteil nahm und dadurch einen Einfluss ausübte, der weit über ihre Gruppe hinausging. Die politischen Gefangenen waren bemüht, unterschiedliche Einstellungen, bedingt durch die gesellschaftliche Herkunft oder Parteizugehörigkeit, mit Geduld und Sachlichkeit zu überwinden, um eine gemeinsame antinazistische Basis herzustellen, die der Stärkung des Lebenswillens diente."[66]

Von Interesse, aber wenig beleuchtet ist das Verhältnis zwischen den Neuengammer Funktionshäftlingen und der Lager-SS. Auf den ersten Blick unterlagen die Funktionshäftlinge dem ausgeweiteten System von Spitzeln im Lager, die von der SS durch Belohnungen und Drohungen zur Beschaffung von Informationen getrieben wurden.[67] Für die Funktionshäftlinge erwuchs aber nicht zuletzt auch aus der Korrumpierbarkeit der SS die Möglichkeit, Bindungen zu knüpfen und somit auch ihre eigene Klientel zu bedienen.[68] In meiner Arbeit stelle ich einige der in Berichten wiedergegebenen speziellen Verhältnisse dar.[69]

5. Neuengammer Funktionshäftlinge zwischen Kooperation und Widerstand – Schlussbetrachtung

Der schmale Grat zwischen Machtmissbrauch und verantwortungsbewusstem Handeln, auf dem die Funktionshäftlinge wandelten, ist schlussendlich Ausdruck des perfiden, von der SS installierten Lagersystems. Obwohl in vielen Bereichen mit weitreichenden Kompetenzen ausgestattet, waren sie in erster Linie immer noch Gefangene und abhängig von der SS. Die Funktionäre wirkten, wie Primo

---

65 ANg, Häftlingsberichte 447, S. 5: Karl Kampfert, Der Widerstandskampf im Konzentrationslager Neuengamme, Vortrag, München 16.–19. 1. 1978.
66 Fritz Bringmann, KZ Neuengamme. Berichte, Erinnerungen, Dokumente, Neumünster 1993, S. 36.
67 Kaienburg, Vernichtung, S. 345.
68 Obenaus, Kampf, S. 848.
69 Schemmel, Zwischen Kooperation und Widerstand, S. 146–149.

Levi schrieb, in einer „Grauzone".[70] Ihnen wurden Handlungsspielräume zugestanden, die sie zum Vorteil, aber auch zuungunsten der Mitgefangenen nutzen konnten. Bei ihrer Funktionsmacht handelte es sich um eine von der SS verliehene Herrschaft. Das System forderte vom Funktionshäftling, seine Stellung vor der SS wie auch gegenüber den Häftlingen abzusichern.[71] Auch Funktionshäftlinge waren zuerst einmal Opfer, keine Täter. Sie wurden vom Regime aufgrund ihrer politischen Gesinnung, ihrer sozialen Herkunft, ihrer Religion oder ihrer sexuellen Neigung zu Gegnern erklärt.

In der Fachliteratur und auch in den Häftlingsberichten wird fast durchgehend mit den klassischen Einteilungen der Häftlingsgruppen gearbeitet. In vielerlei Hinsicht ist dies auch durchaus geboten, dennoch aber nicht frei davon, durch vorschnelle Verallgemeinerungen den differenzierenden, kritischen Blick zu verlieren. Häftlingsgruppen waren keineswegs homogen. Jede Häftlingsgruppe definierte sich noch einmal selbst. Jede Gruppe ist daher hinsichtlich ihre einzelnen Charaktere und ihres Handelns zu beurteilen. Das Verhalten einzelner Häftlinge kann nicht stellvertretend für das Bild einer gesamten Häftlingsgruppe herangezogen werden.

Funktionshäftlinge symbolisierten für viele den personifizierten Verlust moralischen Handelns im Konzentrationslager, da sie sich, die soziale Hierarchie in den Lagern akzeptierend, mit den vorgegebenen Verhältnissen arrangierten, um ihre Position zu halten. Die Abhängigkeitsverhältnisse, die Zwangs- und Drucksituationen, denen sich Funktionshäftlinge ausgesetzt sahen, geraten dabei häufig in Vergessenheit. Auch sie wurden von der SS missbraucht, indem ihnen moralische Entscheidungen über Mithäftlinge überantwortet wurden. Eine pauschale Verurteilung der Funktionshäftlinge ist mit Blick auf die komplexen Verhältnisse in den Lagern nicht zulässig. Auch für die Neuengammer Funktionshäftlinge bestand das Dilemma darin, in erster Linie als Erfüllungsgehilfen der SS zu wirken. Der Spielraum für Solidaritäts- oder gar Widerstandsaktivitäten war sehr begrenzt. Dennoch haben sich Funktionshäftlinge immer wieder um organisierte Hilfe für Mitgefangene bemüht.

Wie Hermann Kaienburg anmerkte, hätte die Solidarität deutscher Kommunisten – wie in Buchenwald – auch in Neuengamme „primär den eigenen Genossen, darüber hinaus zum Teil auch anderen politischen Häftlingen" gegolten.[72] Dies war aber kein symptomatisches Phänomen unter den kommunistischen Häftlingen. So versuchten unter anderem auch die Zeugen Jehovas und Häftlinge

---

70 Der ehemalige Auschwitz-Häftling Primo Levi hat die Ebene zwischen der SS und den Häftlingen, in der sich die Funktionshäftlinge bewegten, als „Grauzone" des KZ bezeichnet, in: Primo Levi, Die Untergegangen und die Geretteten, München 1993, S. 30.
71 Obenaus, Kampf, S. 846.
72 Kaienburg, Freundschaft, S. 42.

anderer Nationen, wenn möglich, Angehörigen ihrer eigenen Gruppe zu helfen. Eine Reduzierung der Sichtweise ausschließlich auf die kommunistischen Häftlinge, allein weil sie vermehrt in Funktionsposten gelangten, wird der Thematik nicht gerecht.

Der Häftling Jozef Sandnik war überzeugt: „Der Mensch, der das nicht erlebt hat, kann das nicht verstehen."[73] In der Tat sind für den außenstehenden Betrachter die Abhängigkeitsverhältnisse, die Zwangssituationen und der alltägliche Ablauf im Lager nur schwer nachzuvollziehen. Um sich aber ein genaueres Urteil erlauben zu können, müssten im Falle der Neuengammer Funktionshäftlinge nicht überwiegend Quellenaussagen ehemaliger politischer Häftlinge untersucht werden, sondern im verstärkten Maße auch die Sichtweisen von KZ-Insassen anderer Häftlingsgruppen.

Die leitende Frage, ob die Neuengammer Funktionshäftlinge die ihnen verliehene Macht zur Kooperation mit den Machthabenden oder ob sie die verbliebenen Handlungsspielräume im Sinne der Mitgefangenen nutzten, kann nicht pauschal beantwortet werden. Letztlich muss möglichst jeder Funktionshäftling und sein Handeln separat beurteilt werden. Abschließend soll daher noch einmal Hermann Kaienburg zitiert werden, der die komplexen Fragen nach den Widerstandsmöglichkeiten der Neuengammer Häftlinge auf einen wesentlichen Aspekt reduzierte: „Die KZ-Gefangenen, die in Neuengamme Widerstand leisteten, waren keine übermenschlichen Helden, sondern normale Menschen mit ihren individuellen Stärken und Schwächen."[74]

---

73 Bericht des ehemaligen Häftlings Jozef Sandnik, zit. in: Ulrike Jureit, Jozef Sandnik: „Als ich eine Nummer war...". Ein Überlebender des Konzentrationslager Neuengamme erinnert sich an Hamburg, in: Ulrike Jureit/Beate Meyer (Hrsg.), Verletzungen. Lebensgeschichtliche Verarbeitung von Kriegserfahrungen, Bonn 1997, S. 134–144, hier S. 142.
74 Kaienburg, Freundschaft, S. 44.

GEORG ERDELBROCK

Ein Transport polnischer Häftlinge und der Versuch seiner Rekonstruktion

Im KZ Neuengamme bildeten die 16 900 polnischen Häftlinge nach den sowjetischen Gefangenen die größte nationale Gruppe.[1] Diese war nicht homogen. Grob lässt sie sich in vier Gruppen einteilen:

1. Tausende Männer, denen die Geheime Staatspolizei Widerstandstätigkeit vorwarf oder die sie der polnischen „Intelligenz" zurechnete,
2. verhaftete Zwangsarbeiter,
3. Zivilbevölkerung, die während und nach dem Warschauer Aufstand verschleppt wurde,[2]
4. Jüdinnen und Juden, die zum Großteil nach der Liquidierung des Ghettos in Litzmannstadt über Auschwitz in die Außenlager des KZ Neuengamme kamen.

Nach Sichtung des Quellenbestandes entschied ich mich, das Schicksal der 1001 Gefangenen, die im März 1943 von Auschwitz nach Hamburg überstellt wurden, zum Gegenstand meiner Abschlussarbeit zu machen. Sie gehörten zu den insgesamt 4500 polnischen politischen Gefangenen, die zwischen Frühjahr 1941 und Sommer 1944 in fünf großen Transporten aus Auschwitz nach Neuengamme überstellt wurden,[3] und ich hoffte, auf diese Weise zu repräsentativen Erkenntnis-

---

1   Hermann Kaienburg, Das Konzentrationslager Neuengamme 1938–1945. Hrsg. von der KZ-Gedenkstätte Neuengamme, Bonn 1997, S. 85. Das von Wiesław Steckiewicz in der KZ-Gedenkstätte Neuengamme geführte Datenbankprojekt zur Erfassung personenbezogener Quellen polnischer Gefangener nennt derzeit 16 275 Häftlinge namentlich. Steckiewicz rechnet damit, dass sich die von Kaienburg angeführte und bis 2005 in der Literatur tradierte Opferzahl nach den Auswertungen auch namentlich belegen lässt.
2   Georg Erdelbrock, Das Schicksal der bei der Niederschlagung des Warschauer Aufstandes in das KZ Neuengamme und seine Außenlager deportierten Polinnen und Polen, in: Markus Krzoska/Peter Tokarski (Hrsg.), Die Geschichte Polens und Deutschlands im 19. und 20. Jahrhundert. Ausgewählte Beiträge, Osnabrück 1998, S. 162–178.
3   Archiv der KZ-Gedenkstätte Neuengamme (ANg), Ng 3.2.1: Transporte nach Neuengamme, Männer.

sen für die Geschichte polnischer politischer Gefangener im KZ Neuengamme zu kommen. Diesen Transport wählte ich, da zu ihm die meisten schriftlichen Erinnerungsberichte Überlebender, Interviewaufzeichnungen und in Fragebögen überlieferte Angaben zur Haftzeit im KZ Neuengamme vorlagen. Ferner sind zu dieser Häftlingsüberstellung einzelne Dokumente der SS erhalten geblieben, einschließlich der Anweisung, die der Häftlingsüberstellung vorausging: Richard Glücks, Chef der Amtsgruppe D des SS-Wirtschafts-Verwaltungshauptamtes (WVHA), informierte in einem Fernschreiben an den Kommandanten des KZ Neuengamme am 3. März 1943, dass das KZ Auschwitz „1000 polnische Häftlinge, davon vornehmlich Facharbeiter der Bauindustrie", zum KZ Neuengamme überstelle.[4]

Von dieser Meldung ausgehend, stellte ich mir folgende Fragen: Was waren die Gründe für die Überstellung der Häftlinge nach Hamburg? Wofür benötigte die SS „Facharbeiter der Bauindustrie" im KZ Neuengamme? Überstellte die SS tatsächlich Facharbeiter und setzte sie als solche im KZ Neuengamme ein? Welche Rolle übernahmen diese polnischen Gefangenen im KZ Neuengamme und wie gestaltete sich ihr weiteres Schicksal bis zum Kriegsende?

1. Zweck und Ergebnis der im KZ Auschwitz durchgeführten Zusammenstellung des Häftlingstransports nach Neuengamme im März 1943

Aufgrund der Forschungsergebnisse von Andreas Ehresmann lässt sich gut nachvollziehen, welche Baumaßnahmen im Frühjahr 1943 im KZ Hamburg-Neuengamme geplant waren, für deren Durchführung die SS aus Auschwitz „Facharbeiter der Bauindustrie" überstellen sollte. 1943 projektierte die Zentralbauleitung der Waffen-SS und Polizei Hamburg-Neuengamme die Umsetzung von zwei Bauvorhaben durch Häftlingsarbeit: die Errichtung der „Metallwerke Neuengamme" und den Bau von zwei steinernen, je zweigeschossigen Häftlingsunterkünften. Der Planungsbeginn dieser Bauvorhaben lag zum Teil schon Monate zurück und war nur ein Teil umfangreicher Umbaupläne. Die Überstellung von Häftlingen aus Auschwitz nach Neuengamme war aber nicht nur damit verbunden, dass bis 1943 Reichssicherheitshauptamt und WVHA die Zahl der ins KZ Auschwitz eingelieferten Häftlinge jährlich um Zehntausende gesteigert hatten und dort scheinbar Arbeitskräfte für andere Lager verfügbar waren, sondern auch mit dem geplanten Abtransport der jüdischen Häftlinge aus den im Altreich gelegenen Konzentrationslagern nach Auschwitz und Majdanek. Am 5. Oktober

---

4 ANg, Ng 3.2.3.1: Fernschreiben des WVHA vom 3. 3. 1943: An den Kommandanten des K. L. Neuengamme. Betr.: Häftlingsüberstellung.

1942 hatte Gerhard Maurer, Chef des Amtes D II (Arbeitseinsatz der Häftlinge) der Amtsgruppe D des WVHA, die Überstellung aller 1600 jüdischen Häftlinge aus den Konzentrationslagern „im Reichsgebiet" nach Auschwitz und Majdanek angekündigt und am gleichen Tag in einem Schreiben an den Kommandanten des KZ Auschwitz mitgeteilt, dass für die jüdischen Häftlinge „als Ersatz Polen, Ukrainer o. a. Häftlinge benötigt werden".[5]

Durch wiederholte Lagersperrung aufgrund von Fleckfieber war das WVHA zu einer Verschiebung der Häftlingsüberstellung gezwungen. Erst am 25. Februar 1943 erhielt vor dem Hintergrund der Transportanforderung vom Oktober 1942 und der anschließenden Lagersperre der SS-Standortarzt des KZ Auschwitz, Dr. Eduard Wirths, vom Chef des Amts D III (Sanitätswesen und Lagerhygiene) des WVHA die Anweisung, den Endtermin des Quarantäne-Aufenthalts der 6000 polnischen Auschwitz-Häftlinge mitzuteilen, die an Konzentrationslager im Reichsinnern überstellt werden sollten.[6] Am 3. März 1943 forderte das WVHA von der Lagerführung des KZ Auschwitz, einen Transport mit 5000 gesunden, arbeitsfähigen polnischen Häftlingen zusammenzustellen. Unter diesen sollten 4000 Metallarbeiter und 1000 Bauarbeiter sein. Gleichfalls kündigte das WVHA die Überstellung von 15 000 arbeitsfähigen Juden aus der Berliner Rüstungsindustrie an, die am Leben zu erhalten und den Auschwitzer Buna-Werken zuzuführen seien.[7]

Der Abtransport von Häftlingen aus Auschwitz in Lager im Altreich geschah auch unter Einbeziehung sicherheitspolitischer Überlegungen: Da die Bevölkerung um das KZ Auschwitz herum polnisch war und die Möglichkeit eines Kontakts zur Zivilbevölkerung und zur Widerstandsbewegung, zu Fluchtversuchen oder sogar zur Organisierung eines allgemeinen Aufstandes bestand, bemüht sich die SS, die Anzahl der im Lager befindlichen Polen so weit wie möglich zu reduzieren.[8] Rudolf Höß, bis November 1943 Kommandant des KZ Auschwitz, berichtete später in seinen autobiografischen Aufzeichnungen, dass 1943 ein „genereller Befehl kam, dass alle Polen nach Lagern im Reich zu überführen seien".[9] Diese Sicherheitserwägungen betrafen nicht nur den Abtransport aus dem KZ Auschwitz, sondern auch die dorthin übersandten Transporte aus

---

5   Runderlass des WVHA an die Kommandanten der Konzentrationslager vom 5. 10. 1942, zit. nach Falk Pingel, Häftlinge unter SS-Herrschaft. Widerstand, Selbstbehauptung und Vernichtung im Konzentrationslager, Hamburg 1978, S. 140.
6   Danuta Czech, Kalendarium der Ereignisse im Konzentrationslager Auschwitz-Birkenau 1939–1945, Reinbek bei Hamburg 1989, S. 422.
7   Franciszek Piper, Arbeitseinsatz der Häftlinge aus dem KL Auschwitz, Oświęcim 1995, S. 64.
8   Piper, Arbeitseinsatz, S. 330.
9   Rudolf Höß, Kommandant in Auschwitz. Autobiographische Aufzeichnungen. Hrsg. von Martin Broszat, 7. Aufl., München 1979, S. 104.

anderen auf Reichsgebiet liegenden Konzentrationslagern. So hatte das WVHA dem Arbeitseinsatzführer des KZ Auschwitz in einem Telegramm am 7. August 1942 mitgeteilt, dass sich unter den vom Lager bestellten Bergleuten keine Polen befinden dürften.[10] Infolge dieser Umverteilungspolitik kam es bis Ende 1943 zur Verlegung von mindestens 25 000 Häftlingen (hauptsächlich polnischer politischer Gefangener) in andere Konzentrationslager;[11] der Beginn dieser Deportationen mit den Transporten im März 1943 wurde als „Polenaktion" bezeichnet.[12] Je 1000 Polen sollten am 10. März 1943 nach Buchenwald und Neuengamme, am 12. März 1943 nach Flossenbürg und Groß-Rosen und am 13. März 1943 nach Sachsenhausen verlegt werden. Dabei stellte die Arbeitseinsatzabteilung des KZ Auschwitz die Transporte mit Rücksicht auf die von dem jeweiligen Lager geforderten Berufe zusammen.[13] Im April wurden in zwei weiteren Transporten 2236 Polen nach Mauthausen überstellt.[14]

Für die Rekonstruktion, inwiefern bei der Transportzusammenstellung im März 1943 die Vorgaben des WVHA umgesetzt wurden, waren die im KZ Neuengamme erstellten und nach Oranienburg ins WVHA übersandten sogenannten Häftlingskarten Schlüsseldokumente.

In 645 Fällen konnte vor allem aus diesen überlieferten Häftlingskarten sowie ergänzend aus Standesamts- und Bestattungsregistern entnommen werden, ob die ausgewählten Häftlinge als „Facharbeiter der Bauindustrie" gelten konnten. Demnach waren lediglich ca. 280 Häftlinge in Bauberufen qualifiziert; dies waren über 100 Tischler, Zuschneider und Tischlerlehrlinge, jeweils je ca. 40 Maler und Zimmerleute, 23 Maurer, je 10 bis 20 Ingenieure und Schlosser und jeweils weniger als zehn Glaser, Betonarbeiter, Bautechniker und Dachdecker.

Schon fünf Monate vor diesem Transport hatte der Leiter der Abteilung III A gegenüber dem WVHA erklärt, „dass eine Überstellung von polnischen Häftlingen nach anderen Lagern bedingt durch den Facharbeitermangel der jüdischen Zugänge unmöglich ist".[15] Im März 1943 hatte die Arbeitseinsatzabteilung des KZ Auschwitz offensichtlich immer noch Schwierigkeiten, eine der Anforderung entsprechende Zahl von Facharbeitern zu schicken, denn die Mehrzahl der Häftlinge eignete sich ihrem angegebenen Beruf zufolge nicht dazu, sie als Fachleute

---

10 Piper, Arbeitseinsatz, S. 331.
11 Piper, Arbeitseinsatz, S. 64.
12 Henryk Świebocki, Widerstand. Auschwitz 1940–1945. Studien zur Geschichte des Konzentrations- und Vernichtungslagers Auschwitz, Bd. IV. Hrsg. von Wacław Długoborski/Franciszek Piper, Oświęcim 1999, S. 117.
13 Piper, Arbeitseinsatz, S. 64.
14 Czech, Kalendarium, S. 428, S. 438 ff., S. 466 f.
15 ANg, Ng 2.6.6: Leiter der Abteilung III A (Arbeitseinsatz), KZ Auschwitz an das WVHA, Amt D II, Betreff: Jüdische Häftlinge, 10. 10. 1942.

für Bauvorhaben im KZ Neuengamme einzusetzen. Dies bezieht sich vor allem auf die ca. 120 Landwirte oder Landarbeiter und die Gruppen der je ca. 20 Häftlinge zählenden Schneider, Büroangestellten, Kaufleute, Schüler und Studenten.

Beispiel einer Häftlingskarte aus der WHVA-Häftlingskartei

Bei der Auswertung der Berufsangaben gab es neben der Feststellung, dass nur ein Teil der Häftlinge in Bauberufen qualifiziert war, eine weitere Erkenntnis: Die Anzahl von Musikern war mit 28 im Vergleich zu Berufsgruppen wie Eisenbahner, Bäcker, Friseure u. a. mit jeweils etwa zehn Häftlingen überproportional hoch. Da zwölf der Musiker noch weitere Berufe hatten, relativierte sich diese Erkenntnis zwar wieder; aber Berichte Überlebender enthalten Hinweise, Musiker seien gezielt ausgewählt worden, um im KZ Neuengamme im Lagerorchester zu spielen. Diese Berichte wollte ich mithilfe der Häftlingskarten bestätigen, obwohl das unmöglich erschien. Zwar geben die Eintragungen in Feld 23 (siehe Abbildung) der Karten darüber Auskunft, als was ein Häftling im KZ Neuengamme eingesetzt wurde, man kann aber keinen Eintrag wie „eingesetzt als Musiker" finden. Die Tätigkeit der Mitglieder des Lagerorchesters beschränkte sich nämlich nicht auf das Musizieren, sondern sie wurden wie die anderen Häftlinge auch zu diversen Arbeiten gezwungen. Da das Lagerorchester allerdings morgens beim Ausrücken der Arbeitskommandos und abends bei deren Rückkehr ins Lager spielen musste, konnten die Häftlinge nur zu Arbeiten innerhalb des „Schutzhaftlagers" eingesetzt werden.[16] Dort waren einige der Musiker als Stubendienste und Schneider eingesetzt. Es gelang mir, eine Liste mit den Namen der meisten polnischen Orchestermitglieder zu bekommen,[17] und nach Ermittlung der jeweiligen Häftlingsnummern der Orchestermitglieder konnte durch die Häftlingskarten z. B. bestätigt werden, dass der Musiker Wiesław Maciejko als Stubendienst eingesetzt war und im Lagerorchester spielte.[18] Auch im Falle des „Schumachers [sic]" Jan Kudynowski lässt sich aufgrund der Quellenlage sowohl der Arbeitseinsatz als Stubendienst wie auch die Mitgliedschaft im Lagerorchester belegen.[19] Dank der erhaltenen Namensliste und der Möglichkeit, über die Rekonstruktion von Häftlingsnummern die Häftlingskarten der Orchestermitglieder zu finden, lassen sich unter den Mitgliedern des Lagerorchesters auch sieben Musiker finden, die als „Hilfsarbeiter" in der Kartei geführt wurden.

Letztlich ist anzunehmen, dass es sich bei der hohen Zahl deportierter Musiker um eine gezielte Auswahl durch die Arbeitseinsatzabteilung des KZ Auschwitz im Auftrag der Neuengammer Lager-SS handelte. Das Lagerorchester in Neuengamme setzte sich vermutlich schon 1942, spätestens 1943, bedingt durch die Neuzugänge aus Auschwitz, vor allem aus Berufsmusikern zusammen.[20] Die Verlegung von Musikern an der Arbeitseinsatzplanung des WVHA vorbei geschah vermutlich auf spezielles Betreiben des Ersten Schutzhaftlagerführers des KZ Neuengamme, Albert Lütkemeyer. Berichte über die Selektion in Auschwitz und über die Zeit nach der Überstellung ins KZ Neuengamme belegen, dass ihm viel an Musikern lag.[21] Lütkemeyer reiste zur Überwachung der Transportzusammenstellung mit dem Lagerarzt des KZ Neuengamme nach Auschwitz,

16 Vgl. Milan Kuna, Musik an der Grenze des Lebens. Musikerinnen und Musiker aus böhmischen Ländern in nationalsozialistischen Konzentrationslagern und Gefängnissen. Übersetzt von Eliška Nováková, 2. Aufl., Frankfurt am Main 1998, S. 45.
17 Siehe Registratur der KZ-Gedenkstätte Neuengamme, 36–550.3/6, Korrespondenz mit ehemaligen Häftlingen und Angehörigen: Kopie des Programmheftes „Polsk Afton" vom „Polnischen Abend" am 4. 10. 1945 in Malmö in Anlage zum Schreiben von Jan Kudynowski an den Verfasser vom 24. 10. 2003.
18 ANg, Ng 3.3: Auswertung von Effektenliste; ANg, Ng 3.5.2: Laborbuch; ANg, Ng 2.6.1.8: Janusz Kahl, Namensliste; ANg, Ng 2.6.1: Häftlingskarteikarten.
19 Siehe ANg, Ng 2.9.1540: Jan Kudynowski, Lebensgeschichtliches Interview mit Ulrike Jureit am 1. 10. 1992 in Stockholm; ANg, Ng 2.6.1, Nr. 17.926: Häftlingskarteikarten.
20 Kudynowski, Schreiben, S. 1.
21 So berichtet der tschechische Überlebende Miroslav Krčmař, wie Lütkemeyer im KZ Neuengamme 1942 mittels der Häftlingsakten einen tschechischen Hornisten ausfindig machte, den er dann ins KZ Sachsenhausen überstellte, da dort ein „guter Trompetenbläser" gesucht wurde, ANg, Ng 2.9.516, S. 13: Karl Kampfert, Karl/Miroslav Krčmař, Gespräch am 5. 5. 1985 in Hamburg.

wo er die Häftlinge musterte und auch gezielt nach Musikern Ausschau hielt.[22] Zwar blieb das Auschwitzer Lagerorchester mit seinen Instrumenten vor Ort, es lässt sich aber belegen, dass neben weiteren Musikern, mindestens drei Häftlinge, die im Lagerorchester des KZ Auschwitz spielten, im März 1943 ins KZ Neuengamme überstellt wurden.[23]

Anhand der Häftlingskarten ließ sich neben beruflicher Qualifikation und Nationalität ein weiteres Kriterium rekonstruieren, nach dem die SS den Transport zusammengestellt hatte: In Feld 3 der Häftlingskarten (siehe Abbildung) sind die Einlieferungsdaten ins Konzentrationslager genannt. Eine Filterung der 627 Karten nach diesen Daten zeigt, dass allein ca. 180 Häftlinge in den ersten Monaten des Bestehens des Konzentrationslagers, d. h. im Jahr 1940, nach Auschwitz verschleppt worden waren. Weitet man das Einlieferungsdatum bis zum Juni 1941 aus, d. h. auf alle Einlieferungen in das KZ Auschwitz im ersten Jahr seines Bestehens, lassen sich durch die WVHA-Karten allein über 280 „alte" Häftlinge nachweisen.

Die Lagerführung schob also im Rahmen der „Polenaktion" nicht nur generell polnische Häftlinge ab, sondern entledigte sich insbesondere der „alten" Häftlinge, d. h. der Häftlinge mit niedrigen Nummern. Diese waren am längsten in Auschwitz gewesen; sie hatten nicht nur viel durchgemacht, sondern auch Erfahrung sammeln können, aufgrund derer es ihnen mit Glück möglich gewesen war, mehrere Jahre zu überleben. Die Widerstandsorganisation im KZ Auschwitz war von diesen Gefangenen aufgebaut worden, und 1943 zielte die Lagerführung des KZ Auschwitz darauf ab, sie zu zerschlagen, indem sie die „alten Nummern" abtransportierte.[24]

Die meisten der „alten Nummern" waren entweder „Touristen", militärdiensttaugliche Männer, die beim Versuch, die südliche Grenze Polens zu passieren, um

---

22 Dem Überlebenden Adam Jurkiewicz zufolge soll Lütkemeyer den Häftlingen „im Halbton" gesagt haben, dass sich in Neuengamme auch ein Lagerorchester befände und sie ihre Instrumente mitnehmen sollten, vgl. ANg, Ng 2.9.435, S. 4 f.: Adam Jurkiewicz, Bericht. Übersetzt von Martha Palszewska. Überarbeitet von Ingrid Humbla/Bernt Roder, ohne Datum. Der Überlebende Stanisław Czernicki fasste kurz zusammen, Lütkemeyer habe sich „ein paar Musikanten und 1000 gesunde Männer" ausgesucht, ANg, Ng 2.9.1336, S. 1: Stanisław Czernicki, Die Flucht. Interview. Zur Verfügung gestellt von Jan Szwed, ohne Datum. „Gesunde Leute [...] auch mit Musikern" nennt als Auswahlkriterien ebenfalls Georges Kulongowski, ANg, Ng 2.9.529, S. 21: Gespräch mit Georges Kulongowski am 30. 1. 1987 in Hannover.
23 Adam Kopyciński, Skład orkiestry obozowej w Oświęcimiu [Die Besetzung des Lagerorchesters in Auschwitz], in: Przegląd Lekarski 22 (1966), Folge II/1, S. 217–219, hier S. 218; „Polsk Afton"-Liste. Kopyciński schreibt „Królikowski"; im „Laboruntersuchungsbuch 3" gibt es drei Einträge mit „Kulikowski", ANg, Ng 3.5.3: Laborbuch.
24 Świebocki, Widerstand, S. 104.

nach Ungarn zur polnischen Armee zu gelangen, verhaftet worden waren,[25] oder Gymnasiasten,[26] Studenten,[27] Lehrer, Geistliche, Angehörige von Adel und Militär, die zur polnischen „Intelligenz" zählten. Zu den im Jahr 1940 nach Auschwitz Verschleppten gehörten aber auch Menschen, die bei Straßenrazzien als Geiseln verhaftet worden waren,[28] oder die tatsächlich in irgendeiner Weise konspirativ tätig waren.[29]

Die im Laufe der Jahre 1941 und 1942 ins KZ Auschwitz und dann auch im März 1943 nach Neuengamme verschleppten Polen waren hauptsächlich wegen konspirativer Tätigkeit in „Schutzhaft" genommen worden. Dieses konnte z. B. der bloße Besitz eines polnisch-nationalistischen Gedichts[30] oder auch das Verstecken von Pfadfinderausrüstungen[31] gewesen sein.

2. Die Überstellung ins KZ Neuengamme

Meine Suche nach Informationen über die Auswahlkriterien, nach denen die SS Häftlinge zur Überstellung ins KZ Neuengamme bestimmte, ergab ein detailliertes Bild, wie Auswahl und Abtransport der Gefangenen letztendlich erfolgten. Der Ablauf dieser Überstellung kann für alle Häftlingsüberstellungen zwischen Lagern, die dem WVHA unterstanden, allgemeine Gültigkeit beanspruchen: Nachdem die Arbeitseinsatzabteilung des KZ Auschwitz Listen der zu Deportierenden zusammengestellt hatte, wurden diese Häftlinge beim oder nach dem

25 Siehe z. B. Joanna Cieślak/Antoni Molenda, Tadeusz Pietrzykowski „Teddy" (1917–1991). Hrsg. vom Towarzystwo Opieki nad Oświęcimiem – Oddział Wojewódzki, Katowice 1995, S. 47 ff.
26 Siehe z. B. das Schicksal der Jugendlichen aus Rzeszów, Georg Erdelbrock (Red.), „Und vielleicht überlebte ich nur deshalb, weil ich sehr jung war". Verschleppt ins KZ Neuengamme: Lebensschicksale polnischer Jugendlicher. Hrsg. von der KZ-Gedenkstätte Neuengamme/Projektgruppe für die vergessenen Opfer des NS-Regimes, Bremen 1999, S. 12–21. Die Häftlingskarten weisen acht der nach Neuengamme überstellten ersten Auschwitz-Häftlinge als Schüler aus, ANg, Ng 2.6.1.
27 Die Häftlingskarten weisen 20 der nach Neuengamme überstellten Häftlinge als Studenten aus, ANg, Ng 2.6.1.
28 Z. B. Nikodem Pieszczoch; Irena Strzelecka, Die ersten Polen im KL Auschwitz, in: Hefte von Auschwitz 18 (1990), S. 5–145, hier S. 24.
29 Jan Karcz beispielsweise war aus der Kriegsgefangenschaft geflohen und begann mit Gleichgesinnten, Waffen zu sammeln und Flugblätter herzustellen, ANg, Ng 2.9.452, S. 1–6: Jan Karcz, Bericht. Verfasst am 15. 7. 1969.
30 ANg, Videoarchiv, 2002/4227: Hieronim Kuczyński, Lebensgeschichtliches Interview mit dem Verfasser vom 29. 4. 1998 in Hamburg-Blankenese.
31 ANg, Ng 2.9, ohne Signatur und Paginierung: Mirosław Firkowski, Lebensgeschichtliches Interview mit dem Verfasser vom 15. 6. 2001 in Hamburg-Neuengamme.

Abendappell von den anderen Häftlingen im Lager getrennt. Am Morgen des 10. März 1943 begann im Stammlager des KZ Auschwitz die Selektion, über die Adam Jurkiewicz Folgendes berichtet:

> „Zur Abnahme des Transportes kam persönlich der Lagerführer aus Neuengamme gemeinsam mit einer Eskorte von SS-Männern. [...] In seiner Anwesenheit wurde der Gesundheitszustand der Häftlinge festgestellt, welche für den Transport vorgesehen waren. Das fand hinter den Wohnblöcken auf der Birkenallee statt. Die Ärztekommission in Anwesenheit der Lagerführer aus Auschwitz und Neuengamme stellte sich vor der Wand des Blockes 3 auf. Uns entkleidete Häftlinge führte man auf die Allee und stellte uns in Reihen zusammen, um uns dann in ein paar Metern Abstand vor der Kommission laufen zu lassen, welche nach den Bewegungen und des Körperbaues der Häftlinge ihre körperliche Konstitution und vermutete Arbeitsleistung abschätzte."[32]

Die zum Abtransport Bestimmten wurden nach der Selektion zur „Sauna" zum Duschen gebracht und nach einer Entlausung mit neuer Häftlingskleidung und Holzschuhen ausgestattet. Eine „gründliche Reinigung und Entlausung" sowie die Einkleidung „aus den dort lagernden neuen Bekleidungsbeständen" schrieb auch das WVHA vor.[33] Der Abmarsch zur „Sauna" und die anschließende Neueinkleidung hatten für die Häftlinge zur Folge, dass sie all ihre persönliche Habe verloren, die sie sich während der Zeit im KZ Auschwitz mühevoll organisiert hatten. Nach der mittäglichen Essensausgabe und der Ausgabe von Reiseproviant an die Gefangenen verließen die Häftlinge zu Fuß das Lager, wobei sie noch einmal eilig durchsucht wurden. Sie marschierten zur Bahnrampe, wo sie in Gruppen von je etwa 40 bis 50 Häftlingen auf Güterwaggons verteilt wurden.[34] Per Fernschreiben meldete die Arbeitseinsatzabteilung des KZ Auschwitz an die Arbeitseinsatzabteilung des KZ Neuengamme den Abtransport der Häftlinge.[35]

---

32 ANg, Ng 2.9.435, S. 2: Adam Jurkiewicz, Bericht. Übersetzt von Martha Palszewska, überarbeitet von Ingrid Humbla/Bernt Roder.

33 ANg, Ng 3.2.3.1: Fernschreiben des WVHA vom 3. 3. 1943: An den Kommandanten des K.L. Neuengamme. Betr.: Häftlingsüberstellung.

34 Diese Zahl lässt sich aus der Rechnung der Reichsbahndirektion Regensburg an das KZ Flossenbürg ableiten: Für den „Gesellschaftssonderzug", der am 1. 12. 1943 1000 Häftlinge nach Auschwitz brachte, setzte die Reichsbahn „25 G Wagen mit Heizeinrichtung" ein, Dokument abgedruckt bei: Johannes Tuchel, Die Inspektion der Konzentrationslager 1938–1945. Das System des Terrors, Berlin 1994, S. 132.

35 ANg, Ng 3.2.3.1: Fernschreiben der Abteilung III a, KZ Auschwitz vom 10. 3. 1943: An K.L. Neuengamme, Arbeitseinsatz. Betr.: Häftlingsüberstellung.

Die Häftlinge konnten während der Zugfahrt lediglich auf dem Boden der mit Stroh ausgestreuten Waggons sitzen. Auch wenn der Zug unterwegs hielt, hatten sie keine Möglichkeit, draußen ihre Notdurft zu verrichten, sondern mussten sich der im Waggon befindlichen Kübel bedienen. In der Mitte jedes Waggons hielten sich zwei SS-Männer auf, denen als Sitzgelegenheit Bänke zur Verfügung standen. Die Wachmannschaften gehörten zum KZ Neuengamme und waren in Auschwitz im Haus der Waffen-SS untergebracht, um dann den Transport außerhalb des KZ Auschwitz zu übernehmen.[36]

Der Bahntransport der Häftlinge aus Auschwitz endete am 12. März 1943 am Staatsbahnhof Bergedorf-Nord oder nach Übernahme des Zugs durch eine Lokomotive der Bergedorf-Geesthachter Eisenbahn Aktiengesellschaft am Bahnhof Curslack-Neuengamme der Vierländer Bahn. Die wenigen Aussagen, die es über die Ankunft und den Marsch zum Konzentrationslager gibt, sind uneinheitlich, sodass der genaue Ankunftsort unklar ist. Es gibt aber keinen Bericht darüber, dass der Zug über ein Anschlussgleis, das Ende 1942 schon provisorisch verlegt gewesen sein soll, direkt auf das Gelände des Konzentrationslagers gerollt wäre, was im Frühjahr 1943 bereits möglich war.[37]

Direkt nach der Ankunft im „Schutzhaftlager" des KZ Neuengamme wurden die Gefangenen zum Häftlingsbad geführt: „Im Umkleideraum musste man zuerst die aus Auschwitz mitgebrachte Kleidung ordentlich zusammenlegen […], das Ganze mit dem Gürtel von der Hose zusammenbinden."[38] Nach der Dusche erhielten die Häftlinge andere Kleidung: Zivilkleidung, die durch mit Ölfarbe aufgemalte Kreuze und aufgenähte Flicken aus anderem Stoff als Häftlingskleidung kenntlich gemacht worden war. Die Zivilkleidung brachte die SS seit Anfang 1943 aus Auschwitz und Majdanek aus dem Besitz der dorthin zur Ermordung Deportierten nach Neuengamme. Etwa zeitgleich, im Februar 1943, gab es eine Anordnung des WVHA, die Kleidung polnischer und russischer Häftlinge nach Kenntlichmachung durch Farbzeichen als Arbeitskleidung zu verwenden. Dies geschah auch mit der persönlichen Kleidung der Neuzugänge aus dem KZ Auschwitz. Wenige Wochen später konnten die Polen feststellten, dass ihre private Kleidung von anderen Häftlingen getragen wurde.[39]

Auf die an die Häftlinge ausgegebenen Jacken und Hosen wurden Stoffstreifen mit aufgedruckten Häftlingsnummern genäht; jeder Häftling musste sich außerdem mit einer Schnur eine Blechmarke mit der eingestanzten Nummer

---

36 ANg, Ng 3.2.3.1: Fernschreiben des WVHA vom 3. 3. 1943: An den Kommandanten des K. L. Neuengamme. Betr.: Häftlingsüberstellung.
37 Rolf Wobbe, Chronik der Vierländer Eisenbahn, Hamburg 1984, S. 81.
38 Stanisław Osika, Bericht, in: Erdelbrock, „Und vielleicht …", S. 59–68, hier S. 59.
39 ANg, Ng 2.9.839, S. 11: Zbigniew Piotrowski, Gespräch, Juli 1984, Warschau; Osika, Bericht, S. 60.

um den Hals hängen. Die SS vergab an die 1001 Häftlinge aus Auschwitz die Häftlingsnummern 17 900 bis 18 900.[40] Ein roter Winkel und der Buchstabe „P" neben der Häftlingsnummer auf der Kleidung kennzeichneten die Gefangenen als polnische politische „Schutzhäftlinge".

Nach dem Duschen und der Kleiderausgabe wurden die Häftlinge auf Quarantäne-Blocks verteilt, wo sie gemäß der Anweisung des WVHA drei Wochen verbringen sollten, um dann für „Baumaßnahmen" im KZ Neuengamme eingesetzt zu werden.[41] Als Quarantäne-Baracken wurden die Blocks Nr. 5, Nr. 6 und Nr. 7 genutzt, wo jeweils ein deutscher Häftling, der schon länger im KZ Neuengamme inhaftiert war, die Funktion des Blockältesten übernahm.[42] Während der ersten Zeit der Quarantäne wurden von der Politischen Abteilung und der Arbeitseinsatzabteilung des KZ Neuengamme die Häftlingsakten angelegt bzw. kontrolliert und vervollständigt.[43]

3. Der Arbeitseinsatz der Überstellten im KZ Neuengamme in der Zeit der Quarantäne

Die Anordnungen des WVHA, die aus Auschwitz ins KZ Neuengamme überstellten Häftlinge drei Wochen unter Quarantäne zu stellen und sie nach deren Ablauf für „Baumaßnahmen" einzusetzen, wurden von der Lagerführung nur teilweise befolgt.[44] Zwar isolierte sie die Quarantänehäftlinge von den übrigen Häftlingen, setzte diese aber schon seit dem dritten oder vierten Tag nach der Ankunft im KZ Neuengamme in geschlossenen Gruppen zur Arbeit ein.[45] Dass dies nicht für alle

---

40 ANg, Ng 3.2.1: Transporte nach Neuengamme, Männer.
41 ANg, Ng 3.2.3.1: Fernschreiben des WVHA vom 3. 3. 1943: An den Kommandanten des K. L. Neuengamme. Betr.: Häftlingsüberstellung.
42 Blockältester von Block Nr. 5 war Willy Warning, von Block Nr. 7 Erich Meissner, ANg, Ng 2.9.1144, S. 3: Franciszek Wojcikowski, Fragebogen, ohne Datum; „Teddy" Pietrzykowski schrieb sarkastisch: „Wir sind in Block 5 gekommen – Quarantäneblock in der Villa von Warning", ANg, Ng 2.9.824, S. 1: Tadeusz Pietrzykowski, Bericht, ohne Datum.
43 Aus den im KZ Neuengamme geführten Häftlingsakten der Neuzugänge aus Auschwitz sind lediglich einzelne Dokumente mit Angaben zu „Personalien" und „Lebenslauf" erhalten, ANg, Ng 3.1.2: Einlieferungsbögen.
44 ANg, Ng 3.2.3.1: Fernschreiben des WVHA vom 3. 3. 1943: An den Kommandanten des K. L. Neuengamme. Betr.: Häftlingsüberstellung.
45 Infolge der verheerenden Folgen der Fleckfieberepidemie Anfang 1942 wurden die Quarantänebestimmungen zunächst eingehalten; seit 1943 holte die SS bei Bedarf Häftlinge aus den Quarantäneblocks zur Arbeit, Hermann Kaienburg, „Vernichtung durch Arbeit". Der Fall Neuengamme. Die Wirtschaftsbestrebungen der SS und ihre Auswirkungen auf die Existenzbedingungen der KZ-Gefangenen, Bonn 1990, S. 397.

Häftlinge galt, lässt sich beispielsweise durch den Bericht von Jan Rączka rekonstruieren, der aussagt, drei Wochen nicht gearbeitet zu haben, also genau so lange, wie das WVHA für die Quarantäne vorgesehen hatte.[46]

Im Folgenden werden Kommandos und Baustellen aufgeführt, wo der Einsatz großer Gruppen der Quarantänehäftlinge erfolgte. Da diese Arbeitskommandos in der bisherigen Literatur über das KZ Neuengamme bereits ausführlich dargestellt sind, erfolgt hier nur eine numerische Auflistung:

1. Kommando Klinkerwerk, Tongrube
2. Kommando „Fertigungsstelle": Bau der „Metallwerke Neuengamme". Die Quarantänehäftlinge waren dort in folgenden Arbeitsgruppen bzw. für folgende Arbeiten eingesetzt: Planierung des Geländes, „Betonkolonne",[47] Entladekommando am Hafen,[48] Transportgruppe, Schienenkommando,[49] Zaunbau-Kommando[50]. Wenige wurden auch zu Zimmerer- und Maurerarbeiten eingesetzt.
3. Baustelle Steinhaus II[51]
4. Kommando „Elbe"[52]

Es lässt sich zusammenfassen, dass fast alle Häftlinge, die am 12. März 1943 im KZ Neuengamme aus Auschwitz eingetroffen waren, während ihrer dreiwöchigen Quarantänezeit in geschlossenen Gruppen zur Arbeit gezwungen wurden. Dabei setzte die SS die Häftlinge nicht gemäß ihrer Fachkenntnisse ein, sondern ließ sie schwere Hilfsarbeiten auf den im Frühjahr 1943 bestehenden Baustellen des Konzentrationslagers verrichten. Dies zeigt, „dass nicht immer Arbeitskräfte in ausreichender Zahl für die Arbeitsvorhaben zur Verfügung standen".[53] Die Ein-

---

46 ANg, Ng 2.9.862, S. 3: Jan Rączka, Fragebogen, ohne Datum.
47 Nicht identisch mit dem Arbeitskommando, das Betonteile im Klinkerwerk fertigte, sondern verantwortlich für die Herstellung des Betons für Fundamente etc.
48 Auf dem Wasserweg wurden für die Errichtung der Walther-Werke erforderliche Baustoffe wie Sand und Kies angeliefert.
49 Dieses Kommando war für die Verlegung und Unterhaltung der Feldbahnschienenstrecken vom Hafen zur Baustelle und auf derselben zuständig.
50 Dieses Kommando hatte den neuen Lagerabschnitt, auf dem die Walther-Werke errichtet wurden, einzuzäunen, d. h. die Betonpfähle aufzustellen und Drähte zu ziehen.
51 Die Bezeichnung Steinhaus II stammt aus der Nachkriegszeit. Die Nummerierung richtet sich nach der Lage des Gebäudes vom ehemaligen Lagereingang aus gesehen. Direkt neben dem ehemaligen Eingang steht das Steinhaus I, das als Häftlingsunterkunft jedoch später gebaut wurde.
52 Laut Kaienburg zählte seit 1942 das verkleinerte Kommando „Elbe" zum Kommando Klinkerwerk; Kaienburg, Vernichtung, S. 400.
53 Kaienburg, Vernichtung, S. 398.

sätze in den Tongruben und am Stichkanal dienten vor allem dazu, die Häftlinge zu terrorisieren und zu vermeiden, „unnütze Esser" in den Quarantänebaracken ernähren zu müssen. Trotz schwerster Arbeit und Terrors gelang es allen Häftlingen, die aus Auschwitz Erfahrungen im Überlebenskampf mitbrachten, die Zeit der Quarantäne lebend zu überstehen; an Gesundheit büßten sie jedoch schon in den ersten drei Wochen ihrer Haft im KZ Neuengamme ein.

Den Häftlingen, die im KZ Auschwitz schon Überlebensstrategien entwickelt hatten, war bewusst, dass die Arbeit in diesen Kommandos ihre völlige körperliche Auszehrung und den anschließenden Tod bedeutete. Deshalb versuchten einige, auf eigene Faust das Kommando zu wechseln, was mit Glück gelingen konnte. Ein Teil der Häftlinge wurde Anfang April 1943 dann durch die Arbeitseinsatzabteilung in „bessere" Kommandos versetzt. Bessere Kommandos waren Arbeitseinsätze, die unter Dach erfolgten und dadurch vor Witterungseinflüssen geschützt waren, aber auch Kolonnen, wo die Gefangenen zwar schwere Arbeit leisten mussten, sie aber eventuell weniger misshandelt oder ihnen Prämien oder Essenszulagen zuteil wurden. Selbst härteste Arbeitskommandos, bei denen die Häftlinge Lebensmittel organisieren konnten, zählten zu „besseren" Kommandos.[54]

Ein kleiner Teil kam aufgrund besonderer Fähigkeiten in „bessere" Arbeitskommandos innerhalb des „Schutzhaftlagers". Ein weiterer Teil der Häftlinge wurde, teilweise erst Wochen oder Monate nach Ende der Quarantäne, für einen fachlich qualifizierteren Einsatz aus den Massenkommandos herausgenommen. Der Großteil der Neuzugänge aus Auschwitz blieb nach dem Ende der Quarantäne in den Massenkommandos bei Tiefbau- und Transportarbeiten. Die Berichte einiger Überlebender, sie seien gar nicht oder nur sehr kurz in Quarantäne gewesen, gehen auf den über das Ende der Quarantäne hinaus anhaltenden Massenarbeitseinsatz in den Tiefbau- und Transportkommandos zurück. Die körperliche Verfassung dieser Häftlinge verschlechterte sich rapide. Vier Häftlinge des Transports starben in den ersten zwei Monaten nach der Quarantäne.[55]

4. Polen im Lagerorchester und in weiteren besonderen Arbeitseinsätzen

Für die Gründung des Orchesters im KZ Neuengamme kann kein genaues Datum angegeben werden. Ähnlich wie in Auschwitz gestaltete sich der Übergang fließend – vom Musizieren einzelner, privilegierter Häftlinge bis zum Zusammenspiel von Musikern, das dann als „Kapelle" von den Häftlingen wahrgenommen

---

54 Vgl. Kaienburg, Vernichtung, S. 432–438.
55 ANg, Ng 4.4: Totenbücher (Revier).

wurde. Die ersten Instrumente gab es im KZ Neuengamme schon 1940. Herbert Schemmel, seit Ende Juni 1940 im Lager und von Januar 1941 bis April 1945 Lagerschreiber, berichtet, dass es einige Geiger gegeben habe, die eine besondere Genehmigung zum Instrumentenbesitz bzw. Musizieren gehabt hätten.[56] Das abendliche Beisammensein privilegierter Häftlinge auf dem Block war offensichtlich bis zum Ausbruch der Fleckfieberepidemie Ende 1941 die einzige Gelegenheit, bei der musiziert wurde.

Die Quarantäne des gesamten KZ Neuengamme vom 28. Dezember 1941 bis 31. März 1942, die verhängt worden war, um die Ausweitung der Epidemie auf SS-Personal und umliegend wohnende Bevölkerung zu verhindern, bot denjenigen Häftlingen, die nicht an Fleckfieber erkrankt waren, die Möglichkeit, sich kulturell zu betätigen.[57] Möglich war dies, da die Häftlinge nicht zur Arbeit ausrückten und relativ unbehelligt von der SS blieben. Der seit Juni 1941 im KZ Neuengamme inhaftierte Heinrich Christian Meier berichtet: „In der Quarantäne hörte ich zum ersten Male Musik, d. h. zu Weihnacht 1941 spielte uns die Kapelle im Krankenbau etwas vor, wovon ich tief ergriffen war."[58]

Ab Mitte 1942 erfolgte dann die Gründung eines Blasorchesters, das beim Aus- und Einmarsch der Arbeitskommandos Marschmusik zu spielen hatte. Herbert Schemmel führt die Gründung dieses Orchesters auf eine „weiche Welle" der SS zurück, als „plötzlich diese sogenannten Vergünstigungen, Zeitungen, es gab die Lagerkapelle, unser Orchester" kamen.[59]

Diese Schilderung deckt sich mit der Angabe des Musikwissenschaftlers Milan Kuna, es habe im August 1942 eine Anordnung aus dem Reichssicherheitshauptamt gegeben, die Grundlage für das Entstehen aller KZ-Orchester gewesen sei.[60] Auch wenn diese Anordnung eher als Sanktionierung längst bestehender Lagerorchester einzuschätzen ist, wie z. B. des inoffiziellen Streichorchesters, das schon während der Lagerquarantäne bestand, hatte sie für das KZ Neuengamme wohl insofern größere Bedeutung, als ein Blasorchester gegründet wurde,[61] das zum Aus- und Einmarsch der Arbeitskolonnen Marschmusik zu spielen hatte.

Während das Blasorchester morgens und abends zum Spielen der Marschmusik in immer der gleichen Besetzung antrat, wurde für sonntägliche Konzerte

---

56 ANg, Ng 2.9.922, S. 8: Herbert Schemmel, Gespräch vom 5. 10. 1984.
57 Kaienburg, Konzentrationslager, S. 232.
58 ANg, Ng 2.9.686, S. 2: Heinrich Christian Meier, Kulturelles in Neuengamme, ohne Datum.
59 ANg, Ng 2.9.923, S. 51: Herbert Schemmel, Interview, durchgeführt am 20. 5. 1981 durch Ludwig Eiber.
60 Kuna, Musik, S. 42.
61 Die großen Konzentrationslager verfügten häufig über mehrere Orchester bzw. unterschiedliche Besetzungen für Kammermusik oder Jazz, vgl. z. B. das Kapitel „Streichquartette in anderen Lagern", in: Kuna, Musik, S. 251–262.

– diese fanden im SS-Lager oder auch auf dem Appellplatz statt –, für abendliche Musik in einzelnen Blocks oder für Aufführungen an Feiertagen die Besetzung gemischt.

Das Orchester[62] im KZ Neuengamme wurde durch die Überstellung von Musikern aus dem KZ Auschwitz mit dem Transport vom 10. März 1943 personell wesentlich verändert,[63] auch Streicher dürften dann beim Orchester, das morgens und abends am Tor zum Aus- und Einmarsch der Häftlinge musizierte, mitgespielt haben. Oben konnte dargestellt werden, dass gezielt Musiker für den Transport nach Neuengamme selektiert wurden. Nach oder vielleicht sogar schon während der Quarantäne wurden dann insgesamt mindestens elf der Berufsmusiker sowie die als Schuhmacher, Student und Landwirt registrierten Häftlinge Jan Kudynowski, Jerzy Wanatowski[64] und Tadeusz Dudzik ins Lagerorchester übernommen und in Block Nr. 6 untergebracht.[65]

Die Häftlinge, die nicht wie z. B. Dudzik in Auschwitz im Lagerorchester gespielt und ihr Instrument mit nach Neuengamme gebracht hatten, schrieben nach Hause, um sich ihre Instrumente schicken zu lassen. Dies geschah schon in der ersten Woche der Quarantäne. Wiesław Maciejkos Postkarte wurde am 19. März 1943 abgestempelt, er schrieb: „Liebe Mutti und Tante. Beachte meine neue Adresse. Sende mir sofort mein Waldhorn (in F) mit Futteral. Gut verpackt nach hier. Nächstens mehr."[66] Jan Kudynowski schrieb sogar zweimal nach Hause, denn als Tenorhornspieler war er von einem besseren Musiker verdrängt worden, weshalb er auf Trompete umstieg.[67]

---

62 Im Folgenden wird der Singular gebraucht, da meistens das Blechorchester spielte, dessen Mitglieder dann auch zusammen mit den Streichern bei größeren musikalischen Darbietungen auftraten.

63 Den Erinnerungsberichten zufolge waren die Mitglieder des Lagerorchesters hauptsächlich Tschechen und Polen. Jan Kudynowski berichtet, dass das Orchester zu 90 % aus Polen bestanden habe, Kudynowski, Schreiben, S. 1.

64 Wanatowski hatte wie Kudynowski in Auschwitz nicht im Orchester gespielt. In Neuengamme war er dann bis Kriegsende im Orchester; er spielte Flöte bzw. Pikkoloflöte, Registratur der KZ-Gedenkstätte Neuengamme, 36–550.3/6, Korrespondenz mit ehemaligen Häftlingen und Angehörigen: Schreiben von Jerzy Wanatowski an den Verfasser vom 18. 11. 2003.

65 ANg, Ng 2.9.1211, S. 25: Roman Stypułkowski, Bericht, ohne Datum; ANg, Ng 2.10: Absenderangaben der Postkarte von Wiesław Maciejko, Poststempel 19. [3. 1943]; Kopie des Briefes von Jan Kudynowski in Anlage zu Kudynowski, Schreiben.

66 Maciejko, Postkarte, Rückseite. Offenbar hatte Maciejko in Auschwitz auf einem Instrument gespielt, das seit der Ankunft und Ermordung seines jüdischen Besitzers im Depositen-Magazin des Stammlagers gelagert hatte, bis es zur Nutzung im Lagerorchester aus dem Magazin entnommen worden war.

67 Kudynowski, Interview, S. 20.

Über die Gruppe der Musiker hinaus lassen sich noch mehr Polen ausmachen, die das Glück hatten, eine bessere Arbeit innerhalb des „Schutzhaftlagers" zu bekommen. Zuerst sind weitere acht Stubendienste zu nennen. Von insgesamt zwölf erfassten Posten als Stubendienst waren damit neun an sie vergeben.[68] Daneben gab es vier Pfleger, weitere fünf Schneider und vier Friseure.[69] Bei diesen kleinen Gruppen kann allerdings auch nicht ausgeschlossen werden, dass sie im SS-Lager eingesetzt wurden, wo es die gleichen Arbeitsbereiche gab.

Als Ergebnis der Untersuchung des Arbeitseinsatzes der im März 1943 aus Auschwitz überstellten Polen lässt sich festhalten, dass die Neuzugänge nach der Quarantäne oder im weiteren Verlauf ihrer Haft im KZ Neuengamme in fast allen lagerinternen Kommandos Verwendung fanden.

Polen mit Deutschkenntnissen setzte die Häftlingsverwaltung als Dolmetscher ein, und zwar nicht nur bei den Arbeitskommandos, um Störungen des Arbeitsablaufs durch Verständigungsschwierigkeiten zu vermeiden, sondern auch als Stubendienste in den Unterkunftsbaracken.

Diese Häftlinge waren die ersten, die nach der Ankunft im KZ Neuengamme eine Funktion bekamen. Aufgrund seiner Deutschkenntnisse bekam auch Zdzisław Sokół einen Posten als Stubendienst, nach einer kurzen Zeit als solcher wurde er dann als Lagerläufer eingesetzt,[70] der dem Lagerältesten Jakob Fetz unterstand. Damit war Sokół neben den „alten Nummern" Ewald Gondzik und Paul Staszek aus dem Arbeitseinsatzbüro und Wawrzyniec Węclewicz aus der Politischen Abteilung einer der wenigen Polen in hoher Funktion.[71] Neben den Stubendiensten erhielten zudem Häftlinge in den Arbeitskommandos Dol-

---

68 Auswertung der Häftlingskarten nach den Einträgen in Feld 23.
69 Auswertung der Häftlingskarten nach den Einträgen in Feld 23.
70 Der „Lagerläufer" war ein Häftling, der immer am Lagertor bereitstand und jederzeit der SS und der Häftlingsverwaltung für Botengänge zur Verfügung zu stehen hatte. Eine Beschreibung der Aufgaben findet sich in: ANg, Ng 2.9.985, S. 12: Zdzisław Sokół, Gespräch, August 1984 in Warschau.
71 Da der Lagerläufer innerhalb der großen Postenkette weitgehend uneingeschränkte Bewegungsfreiheit genoss und Kontakte zu allen Funktionshäftlingen und Arbeitskommandos unterhalten konnte, ist es bedauerlich, dass Marc Schemmel in seiner Magisterarbeit bzw. seinem Beitrag in diesem Band diesen Posten überhaupt nicht einbezieht. – Blockälteste konnten Polen im Stammlager offenbar generell nicht werden. Der einzige Pole, der ein solches Amt innehatte, Wacław Dyba, hatte sich als Deutscher ausgegeben, deshalb trug er kein „P" im Winkel. 1944 wurde Dyba wie andere deutsche Häftlinge zur SS-Sonderformation Dirlewanger eingezogen, Hermann Kaienburg, „Freundschaft? Kameradschaft? ... Wie kann das dann möglich sein?" Solidarität, Widerstand und die Rolle der „roten Kapos" in Neuengamme, in: KZ-Gedenkstätte Neuengamme (Hrsg.), Abgeleitete Macht – Funktionshäftlinge zwischen Widerstand und Kollaboration. Beiträge zur Geschichte der nationalsozialistischen Verfolgung in Norddeutschland 4 (1998), S. 18–50; Bogdan Suchowiak, Neuengamme, Warszawa 1979, S. 109.

metscher-Funktionen, in denen sie von der existenzvernichtenden Arbeit ausgenommen wurden.

In folgenden Kommandos und Arbeitsbereichen wurden aus Auschwitz überstellte Häftlinge nach dem Ende der Quarantäne weiterhin eingesetzt:

1. Klinkerwerk: Formgebung, Steinsetzung, Feuerung, Sortierung, Handwerkerkolonne, Kesselhaus,
2. Messap (Deutsche Meßapparate GmbH),
3. Jastram (Hamburger Motorenfabrik Carl Jastram),
4. Walther-Werke: Bau, dann Produktion,
5. Industriehof: Handwerkerkolonne, Transportkolonne,
6. DAW (Deutsche Ausrüstungswerke): Tischlerei.

Da das WVHA „vornehmlich Facharbeiter der Bauindustrie" aus Auschwitz für die Bauvorhaben im KZ Neuengamme überstellen ließ, ist anzunehmen, dass die Handwerker, die nach wochenlanger Schaufel- oder Transportarbeit dann gemäß ihrer Berufe eingesetzt wurden, vor allem bei der Fertigstellung der Walther-Werke arbeiteten. Bekannt ist dies jedoch nur von wenigen. Sie wurden in kleinen Handwerkerkolonnen eingesetzt, die ihren Berufen entsprachen. Es gab Zimmerer-, Maurer-, Glaser-, Dachdecker- und Klempnerkolonnen, Tischler und Malerwerkstätten. Diese Kolonnen waren vor allem im Klinkerwerk, im Industriehof und in den Werkstätten der DAW eingesetzt, bzw. dort befanden sich Werkstätten, in denen die polnischen Handwerker zusammen mit „alten" Häftlingen des KZ Neuengamme arbeiteten.[72]

Es erfolgte also ein qualifizierter Arbeitseinsatz in allen Lagerbereichen, ohne dass der Schwerpunkt auf den Bauvorhaben lag und ohne dass die Häftlinge aus Auschwitz als geschlossene Gruppen eingesetzt wurden. Sie teilten dementsprechend ihr Schicksal mit den Polen und Häftlingen anderer Nationalität, die vor oder auch nach ihnen ins KZ Neuengamme kamen und als Handwerker eingesetzt wurden.

Die Existenzbedingungen der Handwerker unterschieden sich von denen der Häftlinge in den Massenarbeitskommandos wesentlich, nicht nur weil Handwerker leichter zusätzliche Lebensmittel oder andere Dinge für den täglichen Bedarf

---

72 Der beschriebene Einsatz der Handwerker lässt sich durch die Übereinstimmung der Einträge in den Feldern 11, 12, 13 und 23 der Häftlingskarten belegen. In zwei Fällen bestätigen die Einträge „Jhof-Dachdecker", dass es sich bei den Häftlingen um Handwerker aus der Dachdeckerkolonne des Industriehofes handelte. Quellen wie das Kapobuch der Elektrikerkolonne oder Prämienhefte einzelner Kommandos lassen weitere Rückschlüsse auf den Einsatz der polnischen Handwerker zu; siehe z.B. ANg, Ng 5.6: Kapobuch Elektriker.

wie z. B. Seife organisieren konnten, sondern auch, weil sie extra untergebracht waren.[73] Neben den Vorteilen, zum Teil in trockenen, beheizten Werkstätten zu arbeiten und geschützt vor Misshandlungen durch SS-Leute zu sein – damit der Produktionsablauf nicht gestört wurde –, war die gesonderte Unterbringung auch ein Vorteil für jene Polen, die nach und nach aus den Massenkommandos herausgenommen und in den Kommandos Jastram und Messap eingesetzt wurden. Schon von 1942 an wurde Block Nr. 17 nur von Häftlingen dieser Kommandos belegt. Neben den Handwerkern in den verschiedenen Kolonnen und Werkstätten und den Facharbeitern in den Rüstungsbetrieben gab es noch einige Polen unter den Neuzugängen, die im Laufe der Zeit Arbeitsstellen als Handwerker im SS-Lager einnahmen oder Funktionen in verschiedenen Arbeitskommandos übertragen bekamen. Diese Häftlinge hatten nicht nur wie die Handwerker gute Möglichkeiten, etwas zu organisieren, sondern sie wurden auch wie die höchsten Funktionshäftlinge im sogenannten Prominentenblock, Block Nr. 1 untergebracht. Franciszek Wojcikowski kam beispielsweise von der Flickschneiderei in der Bekleidungskammer zur Schneiderei im SS-Lager und wechselte deshalb von Block Nr. 7 zu Block Nr. 1.[74] „Teddy" Pietrzykowski wurde von Walter Block, Kapo der „Fertigungsstelle", in eine Funktion eingesetzt und kam ebenfalls in Block Nr. 1 unter.[75]

Die Einsetzung in Funktionen war jedoch keine dauerhafte Garantie für bessere Existenzbedingungen im Lager. Mit Ausnahme der Stubendienste verloren alle neuen polnischen Funktionshäftlinge nach einem „Fehlverhalten" ihre Funktion und wurden, nachdem sie zusammengeschlagen worden waren oder auf dem Bock eine offizielle Prügelstrafe erhalten hatten, wieder zur „normalen Arbeit" geschickt. Dabei war die Enthebung aus der Position, je niedriger sie war, umso schlimmer. D. h., als abgelöster Dolmetscher in der Tongrube musste der Häftling wieder selber mitschaufeln, ein entlassener Schreiber musste wieder körperliche Arbeiten verrichten, der Lagerläufer Sokół wurde wieder Stubendienst.

5. Fluchten polnischer Häftlinge

Nach ihrer Ankunft im KZ Neuengamme nahmen die Häftlinge nicht nur Unterschiede zum KZ Auschwitz bezüglich des Lageraufbaus wahr – das KZ Neuengamme machte auf sie „den Eindruck eines kleinen und armen Lagers"[76] –,

---

73 ANg, Ng 2.9.839, S. 7 ff.: Zbigniew Piotrowski, Gespräch, Juli 1984, Warschau.
74 Wojcikowski, Fragebogen, S. 3, 5, 16.
75 Pietrzykowski, Bericht, S. 1; ANg, Ng 2.10: Absenderangaben des Briefes von Tadeusz „Teddy" Pietrzykowski vom 11. 9. 1943.
76 Osika, Bericht, S. 59.

sondern auch in Bezug auf die Häftlingsbehandlung. So bemerkte Jurkiewicz erstaunt, dass ein nach einem Fluchtversuch ins Lager zurückgebrachter polnischer Häftling nicht erhängt wurde, sondern „nur" eine Prügelstrafe erhielt und in die Strafkompanie eingewiesen wurde.[77] Aufgrund dieser Beobachtung, die keineswegs repräsentativ für die Behandlungen wiedererfasster Flüchtlinge war,[78] beschloss Jurkiewicz zu flüchten.[79] Auf der Baustelle von Steinhaus II lernte er Kazimierz Stramek kennen, der ebenfalls am 12. März 1943 von Auschwitz nach Neuengamme gekommen war. Mit Stramek plante Jurkiewicz eine nächtliche Flucht aus dem Stammlager. Da sie aber keine Möglichkeit hatten, sich unbemerkt dem Lagerzaun zu nähern, den sie mit einer zuvor organisierten Zange, deren Griffe sie isoliert hatten, durchtrennen wollten, resignierten sie. Dann hörten sie, dass zwei Polen aus ihrem Transport, unter ihnen Jurkiewicz' Schulkamerad Jan Szewczyk, aus dem Außenlager in Hannover-Stöcken geflüchtet waren. Sie meldeten sich im November/Dezember 1943 ebenfalls zu einem Transport nach Stöcken, von wo Jurkiewicz am 7. Dezember 1943 flüchten konnte. Stramek wurde beim Fluchtversuch erschossen.[80]

Der Pole Anton Madejeczyk, auch ein Häftling aus dem Transport vom März 1943, plante ebenfalls, aus dem Stammlager zu fliehen. Im Gegensatz zu Jurkiewicz und Stramek wollte er aber während der Arbeitszeit flüchten. Allein aus den wenigen zeitgenössischen Quellen, auf die sich diese Arbeit stützen kann, lassen sich Madejeczyks Flucht und ihre Folgen rekonstruieren. Eine Schadensmeldung der Verwaltung des Klinkerwerks hielt fest: „Am 25. Mai 1944 entwich der Häftling 18130 Madejczyk, Anton, von der Arbeitsstelle. Im Rahmen der Suchaktion mussten wir die Arbeit einstellen."[81] Der Name Anton Madejeczyk findet sich auf der Liste eines Häftlingstransports zum Außenlager des KZ Buchenwald in Langensalza wieder, datiert auf den 18. November 1944,[82] was eindeutig auf einen

---

77 Jurkiewicz, Bericht, S. 25 f.
78 „Ab etwa 1943" sollen ausländische Häftlinge nach Fluchtversuchen hingerichtet worden sein, Kaienburg, Konzentrationslager, S. 230. Für 1944 lassen sich zahlreiche Hinrichtungen belegen.
79 Jurkiewicz, Bericht, S. 27. Für die im Folgenden genannten Umstände der Flucht siehe ebenda, S. 27–32.
80 Irena Strzelecka, Verzeichnis der Häftlinge vom Tarnower Transport nach der laufenden Lagernummer (31–758) unter Berücksichtigung der Nummern ohne Namensbestimmung, in: Hefte von Auschwitz 18 (1990), S. 68–128, hier S. 83; ANg, Ng 4.4: Totenbücher (Revier).
81 ANg, Ng 2.4.3: Deutsche Erd- und Steinwerke G. m. b. H., Klinkerwerk Hamburg-Neuengamme: Gesamtmeldung zur Ausgleichskasse im Jahr 1945 vom 26. 1. 1945. 2) VG 6–8 Schaden nach Flucht des Häftlings Madejeczyk, Schadensberechnung.
82 ANg, Ng 3.2.4.2: Aufstellung der vom KL Neuengamme zum KL Buchenwald, SS-Kommando Langensalza, überstellten Häftlinge. Langensalza, 18. 11. 1944.

gescheiterten Fluchtversuch schließen lässt, der nicht mit der Hinrichtung des Geflohenen endete, sondern mit der Einweisung in die Strafkompanie, wie es Jurkiewicz beobachtet hatte.

Der Transport nach Langensalza dürfte auch mit Madejeczyks Einweisung in die Strafkompanie im KZ Neuengamme in Verbindung gestanden haben, denn das Buchenwalder Außenlager war ein Strafkommando, in das die SS aus etlichen Konzentrationslagern Häftlinge überstellte, die den Fluchtpunkt trugen. Es ist deshalb davon auszugehen, dass die anderen drei Häftlinge, die auch von Auschwitz nach Neuengamme kamen und deren Namen auf derselben Liste des Straftransports stehen, ebenfalls versucht hatten zu flüchten.[83]

Die anderen aus Auschwitz gekommenen Polen, die eine Flucht wagten, unternahmen diese wie Jurkiewicz aus einem Außenlager: Eugeniusz Motz flüchtete aus der II. SS-Baubrigade, als diese in Hamburg-Hammerbrook stationiert war; Stanisław Czernicki und Bolesław Maciaszek aus dem Außenlager in Beendorf. Die Flucht aus Beendorf bewerkstelligten Czernicki und Maciaszek gewaltsam: Als am 7. Oktober 1944 abends der Lagerkommandant mit dem Großteil der Wachsoldaten seinen Geburtstag im Dorf feierte, überwältigten die beiden die zwei einzigen Wachen, raubten deren Uniformen und traten den Marsch bis nach Polen an, wo sie unter falscher Identität bis zum Kriegsende von weiterer KZ-Haft verschont blieben. Verzichtet man auf die Berücksichtigung der Fluchten, die im Chaos der letzten Kriegswochen vor und bei der Räumung des KZ Neuengamme und seiner Außenlager gelangen, sind die Fluchten der am 12. März 1943 aus Auschwitz nach Neuengamme gekommenen Häftlinge die einzigen bekannten Fluchten polnischer Häftlinge, die erfolgreich waren.

6. Fußballspiele mit Beteiligung polnischer Häftlinge

Mitte 1942 sanktionierte die SS im Zuge ihrer „weichen Welle" nicht nur das Lagerorchester im KZ Neuengamme, sondern gestattete auch die Ausweitung kulturel-

---

83   Schreiben von Frank Baranowski vom 21. 11. 2003; vgl. Frank Baranowski, Rüstungsproduktion in Deutschlands Mitte von 1923 bis 1945. Südniedersachsen mit Braunschweiger Land sowie Nordthüringen inklusive der Südharzregion – eine vergleichende Betrachtung des zeitlich versetzten Aufbaus zweier Rüstungszentren, Duderstadt 2010 (im Erscheinen). – Der Fluchtpunkt war eine Markierung, die die nach einer Flucht wiederergriffenen Häftlinge auf Brust und Rücken tragen mussten. Sie bestand aus einem roten Punkt und einem Kreis, die formal beim Schießen als Zielscheibe dienen sollten. Auf einigen Listen von Transporten nach Langensalza ist explizit vermerkt, dass die Überstellten mit dem Fluchtpunkt gekennzeichnete Häftlinge waren, ANg, Ng 3.2.4.2: Transporte Neuengamme – Buchenwald.

ler und sportlicher Aktivitäten.[84] So wurde von Mitte 1942 an sonntags auf dem Appellplatz Fußball gespielt. Dies betraf aber nicht die Masse der Tausenden von Häftlingen, die unter Hunger, Entkräftung und Krankheit litten, sondern „nur etliche Gruppen von Funktionshäftlingen, welche durch eine schwere körperliche Arbeit nicht heruntergekommen waren, und auch besser ernährte Häftlinge (Küche, Proviantlager)".[85] Der vergleichsweise gute körperliche Zustand der am 12. März 1943 aus dem KZ Auschwitz in Neuengamme eingetroffenen Häftlinge machte es möglich, dass einige von ihnen auch an Fußballspielen teilnehmen konnten. Spielten die Mannschaften bis dahin eigentlich immer mit gemischten Nationalitäten, kam es nun auch zu einem „Länderspiel". „Fußballspiele wurden ziemlich oft im Lager organisiert, und zuerst wurden die Mannschaften unabhängig von der Häftlingskategorie und der Nationalität zusammengestellt. Aber nach dem Eintreffen der 1001 Polen (meistens Funktionshäftlinge) aus Auschwitz, wurde ein Fußballspiel Auschwitz (100 Prozent Polen) contra Neuengamme organisiert, wobei Auschwitz der Sieger wurde."[86]

Da bei einem Sieg ihrer Mannschaft die „Länderspiele"[87] immer gut für das Selbstbewusstsein der polnischen Häftlinge waren, wurden „Nationalmannschaften" später verboten.[88] Der sportliche Erfolg der „Auschwitzer" hatte nicht nur einen positiven Einfluss auf das Selbstbewusstsein der Polen im KZ Neuengamme, laut Jurkiewicz trug es auch dazu bei, dass die Mehrzahl der Polen weniger schlecht von deutschen Funktionshäftlingen behandelt wurden als zuvor. Für Jurkiewicz selbst und die anderen Sportler hatte der sportliche Erfolg vor allem einen materiellen Nutzen. Jurkiewicz hatte dafür folgende Strategie:

„Der Kapitän der Mannschaft ‚Die Roten',[89] in welcher ich im linken Flügel spielte, war der Oberkapo des Kommandos Klinkerwerk [...] mit Vornamen

---

84 Schemmel, Interview, S. 51.
85 Die Funktionshäftlinge Mathias Mai, Walter Block und Erich Meissner werden vom ehemaligen Lagerschreiber Herbert Schemmel, der selbst Torwart war, als „Mannschaftsführer" genannt; Schemmel, Gespräch, S. 11. Er berichtete auch, die Fußball spielenden Funktionshäftlinge hätten sich auch eigens gute Spieler „aufgepäppelt", ebenda, S. 53.
86 ANg, Ng 2.9.1024, S. 5: Bogdan Suchowiak, Das Kulturleben im Konzentrationslager Neuengamme als Form der Selbstverteidigung der Häftlinge, ohne Datum.
87 „Später wurde[n] auch eine polnische und eine tschechische Mannschaft aufgestellt. Da spielte die beste deutsche Mannschaft gegen die Polen usw. Polen gegen Deutsche spielten zwei oder drei Mal", Schemmel, Gespräch, S. 13.
88 Herbert Schemmel berichtet, man habe „meist 3 : 3 gespielt, damit es keinen Ärger gab", wofür der Schiedsrichter, der tschechische Häftling Miroslav Losenický, gesorgt habe, Schemmel, Gespräch, S. 13.
89 Jede Mannschaft trug farbige Dresse, die in den Schneiderwerkstätten aus Stoffresten gefertigt wurden, Schemmel, Gespräch, S. 11.

Toni. [...] Während der Fußballspiele bemühte ich mich im Allgemeinen, keine Tore zu schießen. Meine Aufgabe war, eine günstige Position zum Torschießen für den Toni auszuarbeiten, der der Angriffsleiter war. Ich musste so schnell wie möglich den Ball auf den Flügel leiten, und in dem Moment, wo noch kein Gedränge vor dem Tor war, so in den Strafraum zielen, dass Toni durch einen Kopfball ein Tor erzielen konnte. Wenn eine solche Aktion erfolgreich gewesen war, erzählte Toni es mit Stolz in der Reihe seiner Freunde, und ich hatte eine spezielle Lebensmittelzugabe – außer meiner Lagersuppe –, die ich täglich von Toni in der Mittagszeit bekommen habe."[90]

Dass es unter den lebensvernichtenden Bedingungen im KZ Neuengamme ein Fußballspiel „Neuengamme gegen Auschwitz" geben konnte, ist ein weiterer Hinweis auf die Besonderheit der Geschichte des von mir untersuchten Transports. In der Gunst der zuschauenden Häftlinge stand Boxen allerdings weit vor Fußball, und polnischer Boxsport begann im KZ Neuengamme ebenfalls nach der Ankunft der Häftlinge aus Auschwitz im März 1943. Verbunden war dies mit „Teddy" Pietrzykowski.

7. Boxen – Tadeusz „Teddy" Pietrzykowski

Zu den ersten Häftlingen des KZ Auschwitz, die im Rahmen der „Polenaktion" im März 1943 nach Neuengamme überstellt wurden, gehörte der polnische Boxer „Teddy" Pietrzykowski. Bereits am 13. März 1941 boxte Teddy, polnischer Vize- und Warschauer Meister im Bantamgewicht, zum ersten Mal in einem Konzentrationslager. Der deutsche Kapo Walter Dünning wollte im KZ Auschwitz boxen und konnte Teddy für ein halbes Brot und Margarine als Siegerprämie als Gegner gewinnen. Als der viel kräftigere Dünning den Kampf wegen eines Gesichtstreffers aufgab, bekam Teddy die Prämie. Außerdem hatte er noch die Anerkennung der deutschen Kapos gewonnen, die ihm anschließend zu einem besseren Arbeitskommando verhalfen.[91]

Die Boxkämpfe sicherten ihm bis zu seiner Überstellung nach Neuengamme das Überleben. Teddy bestritt ungefähr 40 Boxkämpfe im KZ Auschwitz, die er mit einer Ausnahme alle gewann. Nicht nur, dass er sich mit einem Sieg zusätzliche Nahrung sicherte, für die polnischen Mithäftlinge war es etwas Besonderes, wenn unter seinen Gegnern Deutsche waren, die er beim Faustkampf bezwang. In den Augen der polnischen Häftlinge zahlte Teddy den Deutschen im über-

---

90 Jurkiewicz, Bericht, S. 19.
91 Cieślak/Molenda, „Teddy", S. 90.

tragenen Sinne das heim, was sie ihnen im Lager tagtäglich antaten. Die Nachricht von Teddys Ankunft in Neuengamme verbreitete sich blitzschnell unter den dort schon inhaftierten Polen. Auch der Konzentrationslager-SS dürfte bereits bekannt gewesen sein, dass sich unter den Häftlingen ein guter Boxer befand, denn Schutzhaftlagerführer Albert Lütkemeyer kannte Teddy persönlich von einem Boxturnier 1938 in Posen, bei dem er als Ringrichter fungiert hatte. Bei der Selektion in Auschwitz hatte er Teddy wiedererkannt. Kurz nach der Ankunft boxte Teddy während der Quarantäne in Block Nr. 5 einen Sparringskampf gegen Jerzy Muchowiec.[92] Schon wenige Tage später musste er auf dem Appellplatz in einem aufgebauten Ring zur Unterhaltung von SS und Funktionshäftlingen antreten.

Wie in Auschwitz wurden Teddys Kämpfe im KZ Neuengamme hauptsächlich von Funktionshäftlingen organisiert. Sonntags, vor oder nach dem Fußball, wurde auf dem Appellplatz ein Ring aufgebaut,[93] die übrigen Häftlinge konnten dann, sofern sie nicht arbeiten mussten, dazukommen.

Von Teddys 20 Boxkämpfen fand mindestens einer im Kantinengebäude des SS-Lagers vor zahlreichen uniformierten Gästen „aus Hamburg" statt. Er besiegte dort das Schwergewicht „Charly" Hottenbacher, genannt „Hammerschlag".[94] Teddys Bericht, dass er nach einem verlorenen Kampf aus dem Stammlager „fliehen" musste, zeigt, in welch ambivalentem Verhältnis er zur SS stand.[95] Wie bedeutend seine Boxkämpfe für die Selbstbehauptung der Polen im KZ Neuengamme waren, wird daran deutlich, dass in den Erinnerungen der Häftlinge seine Verlegung in ein anderes Lager als Flucht vor der „Rache" der Konzentrationslager-SS gewertet wird und Abschiebung eines Häftlings, der für die SS als Unterhaltungsobjekt ausgedient hatte.[96]

---

92 Cieślak/Molenda, „Teddy", S. 72.
93 Schemmel, Gespräch, S. 18.
94 Cieślak/Molenda, „Teddy", S. 94 f. Karl Hottenbacher war von Beruf Installateur und Boxer, er befand sich seit November 1936 in verschiedenen Gefängnissen und Lagern, seit dem 20. 11. 1941 im KZ Neuengamme, Schreiben von Christian Römmer, KZ-Gedenkstätte Neuengamme, an den Verfasser vom 19. 11. 2003, mit Anlage.
95 Nach eigenen Angaben hatte Teddy zum neuen SS-Lagerarzt Benno Adolf ein persönliches Verhältnis aufbauen können. Er habe diesem Boxen beigebracht und sei von ihm gewarnt worden, als „Deutsche danach trachteten" [Übersetzung G. E.], ihn umzubringen. Mit der Hilfe von Benno Adolfs Freund, dem Führer der Wachkompanie, sei es ihm gelungen, in ein Außenlager verlegt zu werden, ANg, Ng 2.9, ohne Signatur, S. 29: Tadeusz Pietrzykowski, Bericht vom 28. 11. 1976 für das Staatliche Museum Auschwitz-Birkenau. Den Hinweis auf diesen Bericht verdanke ich Bernhard Strebel.
96 Osika, Bericht, S. 62.

8. Überstellungen in Außenlager und andere Konzentrationslager

Für die Zeit im Stammlager Neuengamme ließ sich das Schicksal der am 12. März 1943 aus Auschwitz im KZ Neuengamme eingetroffenen Polen mit den vorhandenen Quellen relativ gut rekonstruieren. Ganz anders verhielt es sich bei denen, die in Außen- oder andere Konzentrationslager überstellt wurden. Gerade einmal für ca. 50 Häftlinge ließ sich nachweisen, dass sie in Außenlager gebracht wurden. Die meisten von ihnen kamen nach Salzgitter (Drütte) und Hannover-Stöcken, aber allein 15 waren einzeln in verschiedenen Außenlagern. Für wenig mehr als 100 Polen ließ sich die Verlegung in ein anderes Konzentrationslager nachweisen, dabei gab es aber nur zwei große Gruppen, die zusammen weiterüberstellt wurden: 43 Häftlinge waren vom Arbeitseinsatzbüro im KZ Auschwitz als unentbehrliche Facharbeiter reklamiert worden und wurden im Mai 1943 nach Auschwitz zurückgebracht, 52 Häftlinge aus dem Auschwitz-Transport vom März 1943 wurden in eine SS-Baubrigade übernommen, wo sie knapp zehn Prozent der Häftlinge stellten. Warum ihr Anteil unter den überführten 525 Häftlingen – unter ihnen 160 „politische Polen" – so groß war, ließ sich nicht feststellen. Diese neu aufgestellte SS-Baubrigade sollte zum Bau von Stellungen und Nachschubanlagen für die V1- und V2-Raketen an der Westfront eingesetzt werden.[97]

9. Bilanz

Festzuhalten ist, dass die Zahl der Todesopfer unter den im März 1943 nach Neuengamme überstellten polnischen Häftlingen wesentlich geringer als die des ersten großen Transports aus Auschwitz vom April 1941 war: Aus diesem Transport starb der erste Häftling am Tag der Ankunft, sechs Wochen später waren schon 57 Polen umgekommen.[98] Von den Häftlingen des von mir untersuchten Transports starb hingegen keiner innerhalb der ersten Wochen, nach sechs Wochen war ein Pole umgekommen. Über die Gründe der geringeren Sterblichkeit können ohne ausführliche Forschungen zum Auschwitz-Transport vom April 1941 nur Vermutungen angestellt werden. Gründe für die geringere Sterblichkeit 1943 könnten beispielsweise die veränderte Arbeitssituation oder der gute körperliche Zustand der Neuzugänge vom März 1943 sein. In Bezug auf die veränderte Arbeitssituation ist zu bemerken, dass der Bau des Klinkerwerks und die Verbreiterung und

---

[97] Georg Erdelbrock, Geschichte eines Transports. Das Schicksal der im März 1943 in das KZ Neuengamme überstellten Häftlinge aus Auschwitz. Unveröffentlichte Magisterarbeit, Universität Hamburg, Hamburg 2003, S. 85–92.

[98] Diese und folgende Angaben aus der Anlage „Polentransporte" zum Schreiben von Christian Römmer, KZ-Gedenkstätte Neuengamme, an den Verfasser vom 21. 11. 2003.

Vertiefung der Dove Elbe sowie die provisorische Herstellung des Stichkanals, wo die Häftlinge 1941 zu schwerster Zwangsarbeit eingesetzt wurden, im Frühjahr 1943 abgeschlossen waren und nur noch ein Teil der Häftlinge nach der Quarantäne in vergleichbaren Massenkommandos weiterbeschäftigt wurde. Aus diesen wechselten sie dann nach und nach in „bessere" Kommandos, um z. B. in der Rüstungsproduktion und in den Handwerkerkommandos zum Lagerausbau eingesetzt zu werden. Die Zahl der Todesopfer aus dem Transport vom 12. März 1943 blieb nicht auf die zehn Todesfälle in den Außenlagern und die 23 im Stammlager begrenzt: 118 weitere Polen gehörten nachweislich zur Gruppe der Gefangenen, die bei dem britischen Luftangriff am 3. Mai 1945 auf die KZ-Schiffe in der Lübecker Bucht ums Leben kamen.[99]

Addiert man die Zahl der 153, die entweder im KZ Neuengamme selbst, in einem seiner Außenlager oder beim Untergang der KZ-Schiffe in der Lübecker Bucht umkamen, mit der Zahl der in andere Lager Überstellten sowie mit der Zahl von einigen Zehn bekannten Überlebenden, so lässt sich der Verbleib von ca. 300 Häftlingen des 1001 Männern zählenden Transportes belegen. Wenn es auch gelungen ist, den Hintergrund der Überstellung, den Transport und den Arbeitseinsatz der Gefangenen im KZ Neuengamme zu rekonstruieren, so ist es doch enttäuschend, nur den Verbleib von weniger als einem Drittel der im März 1943 von Auschwitz nach Hamburg überstellten Häftlinge belegen zu können. Wenngleich neuere Forschungen diese Zahlen vervollständigen können, so muss davon ausgegangen werden, dass sich das Schicksal von mehr als der Hälfte der Häftlinge dieses Transports niemals wird klären lassen, nicht zuletzt aufgrund der vielen Menschen, die kurz vor Kriegsende bei der Räumung der Lager starben, ohne dass ihr Tod jemals verzeichnet worden wäre.

---

99 Von diesen sind 108 namentlich in der Totenbuch-Datenbank erfasst, zehn namentlich unbekannte Opfer konnten durch die Sichtung der Auflistung der bei den Leichen gefundenen Häftlingsnummern dem Transport zugeordnet werden, darüber hinaus stehen auf den Bergungs- und Exhumierungslisten vier weitere Opfer, deren Zugehörigkeit zur hier untersuchten Gruppe möglich, aber auch zweifelhaft ist, KZ-Gedenkstätte Neuengamme (Hrsg.), Die Toten. Konzentrationslager Neuengamme. CD-ROM, Hamburg 2005; ANg, Hans-Schwarz-Nachlass 13-7-7-4: Grab- und Gedenkstätten, Leichenbergung auf der Thielbek; ebenda: Leichenbergung Sierksdorf, Neustadt, Haffkrug.

STEFFEN KREISL

„Sonderbehandlung" für „Verräter"?

Die Haftbedingungen italienischer Häftlinge im KZ Neuengamme

Im Gegensatz zu den italienischen Militärinternierten, den Zwangsarbeitern und den aus rassistisch-ideologischen Gründen deportierten Juden ist die Geschichte der mindestens 23 826 politischen Deportierten aus Italien nicht geschrieben. Infolge der fehlenden Auseinandersetzung werden italienische KZ-Häftlinge in der Fachliteratur nur am Rande oder gar nicht erwähnt.[1] Darüber hinaus ist eine mangelnde Sensibilität für die Unterscheidung der italienischen Opfergruppen festzustellen. Wer die Gefangenen waren, was ihre Deportationsgeschichte und ihre Haftbedingungen maßgeblich bestimmte, wird nicht vermittelt. Das bloße Benennen der KZ-Haft erzeugt stattdessen den Eindruck, dass bereits alles Wissenswerte gesagt sei.[2] Die Existenz der italienischen Häftlingsgruppe wird dadurch zwar nicht geleugnet, die Menschen und ihr Schicksal muten aber mitunter wie eine gespenstisch homogene und anonyme Masse an. Weder ein würdiges Gedenken der Opfer, noch die Annäherung an die Besonderheiten ihrer KZ-Haft sind auf dieser Grundlage möglich.

Wie die Veröffentlichung des „Libro dei deportati" im Januar 2009 zeigt, entsprechen die in der Forschung kursierenden Annahmen von einer 90-prozentigen Mortalität italienischer KZ-Häftlinge nicht der Quellenlage. Im Gegensatz zu den in die Vernichtungslager im deutsch besetzten Polen deportierten italienischen Juden weist der erstmalig auf repräsentativer Ebene durchgeführte Datenabgleich für politische Deportierte eine KZ-Sterblichkeit von ca. 42,5 Prozent nach.[3] Für die Forschung kommen diese Erkenntnisse einem Paradigmenwechsel gleich, denn die bislang vorherrschende Einordnung der Haftbedingungen der Italiener beruhte auf der Annahme, dass die Behandlung als „Verräter" die Funktion des

---

1 Karin Orth, Das System der Nationalsozialistischen Konzentrationslager. Eine politische Ordnungsgeschichte, Hamburg 1999, S. 97–99.
2 Michael Koglin, Italien in Hamburg. Hrsg. von der ZEIT-Stiftung Ebelin und Gerd Bucerius, Hamburg 2004, S. 77–91.
3 Brunello Mantelli/Nicola Tranfaglia (Hrsg.), Il libro dei deportati, Vol. 1: I deportati politici 1943–1945. Bearbeitet von Giovanna D'Amico/Giovanni Villari/Francesco Cassata. T. 3: Q–Z, Milano 2009, S. 2402.

nationalsozialistischen Rassismus ersetzte. Infolgedessen galt die Stellung italienischer Häftlinge innerhalb der KZ-Zwangsgesellschaft als sehr niedrig, obgleich noch höher als die der sowjetischen und jüdischen Gefangenen.[4] Derartige Interpretationen rekurrieren auf eine idealtypische Häftlingshierarchie und gehen von einer „Sonderbehandlung" der Italiener aus.[5]

Zwar steht außer Frage, dass der nationalsozialistische Vorwurf des „Verrats" sowie die durch nichtitalienische Mithäftlinge erfolgte Stigmatisierung als „Faschisten" die (Über)lebensbedingungen der Italiener maßgeblich bestimmten. Weder die zwischen den Konzentrationslagern erheblich divergierenden Sterblichkeiten, noch die mit 43,2 Prozent im Vergleich zu anderen Lagern hohe Mortalität der italienischen Häftlinge im KZ Neuengamme können auf diese Weise jedoch erklärt werden.[6] Auf der Grundlage einer Analyse der Selbst- und Fremdwahrnehmung wird im Folgenden daher den Fragen nachgegangen, was den italienischen „Lageralltag" im KZ Neuengamme bestimmte, wie die italienischen Häftlinge von ihren Mitgefangenen wahrgenommen wurden, welche Position sie innerhalb der Häftlingshierarchie besetzten und ob es eine „Sonderbehandlung" durch die Nationalsozialisten gegeben hat.

---

[4] Vgl. für das KZ Neuengamme: Susanne Wald, „Und aus dem Inferno der Toten kehrte ich lebend zurück". Italienische Häftlinge im Konzentrationslager Neuengamme, unveröffentlichtes Manuskript, S. 1–10, bes. S. 1–3 (im Folgenden zitiert als „Wald, Inferno"); Marion Koch, Italiener im KZ Neuengamme, in: KZ-Gedenkstätte Neuengamme (Hrsg.), Häftlinge im KZ Neuengamme. Verfolgungserfahrungen, Häftlingssolidarität und nationale Bindung, Hamburg 1999, S. 67–73, bes. S. 71 f. Für andere KZ vgl. Gabriele Bergner, Aus dem Bündnis hinter den Stacheldraht. Italienische Häftlinge im KZ Dachau 1943–45. Deportation und Lebensbedingungen, Bonn 2002, S. 195; Olaf Mußmann, Italienische Häftlinge im KZ Mittelbau-Dora, in: Dachauer Hefte 14 (1998), S. 245–254, bes. S. 247, S. 252. Lediglich Harry Stein, Italiener im Konzentrationslager Buchenwald, in: Siegfried Seifert (Hrsg.), Animo italo-tedesco. Studien zu den Italien-Beziehungen in der Kulturgeschichte Thüringens, Bd. 2, Weimar 1997, S. 131–149, liefert gar keine Erklärungsansätze.

[5] Problematisch erscheint, dass keine der in Anm. 4 genannten Studien das Konzept der „Sonderbehandlung" definiert. Dies wäre allerdings notwendig, da die „Sonderbehandlung" im nationalsozialistischen Sprachgebrauch eine euphemistische Verschleierung für das Ermorden von Menschen darstellte. Im Rahmen der vorliegenden Studie wird davon ausgegangen, dass eine „Sonderbehandlung" von italienischen Häftlingen vorliegt, wenn die ihnen widerfahrene Behandlung eindeutig als eine häftlingsgruppenspezifische Diskriminierung durch die Nationalsozialisten zu verstehen ist.

[6] Mantelli, Libro, Vol. 1, T. 3, S. 2551. Lediglich in den KZ Mauthausen und Bergen-Belsen war die Mortalität höher als in Neuengamme.

1. Vom einzigen zum deportierten Verbündeten

Nach dem italienischen Kriegseintritt 1940 offenbarte sich auf militärischer, wirtschaftlicher und politischer Ebene das an die eigenen Grenzen gestoßene Kriegspotenzial des „einzig wirklichen Bündnispartners" des Deutschen Reiches.[7] Infolge der militärischen Niederlagen und der innenpolitischen Diskreditierung des faschistischen Regimes Italiens, bereitete sich die deutsche Militärführung seit Frühjahr 1943 auf dessen Kriegsaustritt vor.[8] Nach dem Staatsstreich durch konservative und militärische Eliten am 25. Juli 1943 nutzte die deutsche Führung den Bündniszustand zur Infiltrierung Italiens mit Wehrmachtstruppen. Auf diese Weise konnte die Entwaffnung des italienischen Heeres und die Übernahme der lokalen Gewalt nach der Kapitulation am 8. September 1943 umgehend vollzogen werden. Italien wurde von den Nationalsozialisten in „Operationszonen", die „faktisch Deutschland angegliedert" waren, und die formal unabhängige, mit dem aus der Gefangenschaft befreiten Mussolini an der Spitze als Kollaborationsregime fungierende, „Republica Sociale Italiana" unterteilt.

Der Grundgedanke der Besatzung bestand darin, durch brutale und systematische Repression die Entstehung einer Widerstandsbewegung zu verhindern. Während bei den rassistisch-ideologisch motivierten Deportationen der Juden eine Unterscheidung der Gefangenen nicht „nötig" war, wurde die „Gefährlichkeit" der im Rahmen der „Bandenbekämpfung" gefangen genommenen Oppositionellen durch die Geheime Staatspolizei bestimmt.[9] Den als „Bandenmitglieder" eingestuften Gefangenen stand, sofern sie nicht direkt ermordet wurden, die Deportation ins KZ bevor. Als „bandenunverdächtig" Eingestufte wurden nicht freigelassen, sondern zur Zwangsarbeit ins „Reichsgebiet" verschleppt. Als „bandenverdächtig" Beurteilte wurden entweder ins KZ deportiert oder zur Zwangsarbeit verschleppt.

Die willkürliche Beurteilung durch die Sicherheitspolizei, das „operative Gehirn"[10] der Verfolgung, verdeutlicht, wie sehr das Schicksal der Gefangenen durch die sich überlagernden Interessen der polykratischen Besatzungsstruktur

---

7 Wolfgang Schieder, Das faschistische Italien, in: Norbert Frei/Hermann Kling (Hrsg.), Der nationalsozialistische Krieg, Frankfurt am Main/New York 1990, S. 48–61, hier S. 48.
8 Lutz Klinkhammer, Zwischen Bündnis und Besatzung. Das nationalsozialistische Deutschland und die Republik von Salò 1943–1945, Tübingen 1993, S. 29.
9 Brunello Mantelli, Deportazione dall'Italia (aspetti generali), in: Enzo Collotti/Renato Sandri/Frediano Sessi (Hrsg.), Dizionario della Resistenza, Vol. 1: Storia e geografia della Liberazione, Torino 2000, S. 124–140, hier S. 137.
10 Rosella Ropa, La deportazione politica dall'Italia. Memoria, storia, ricerca, in: Istituto Statale d'Istruzione Superiore Maria Montessori (Hrsg.), Un itinerario della memoria. Educare attraverso i luoghi, Roma 2004, S. 100–127, hier S. 107.

bestimmt war, und wie sie die Deportation zum „rischio diffuso"[11] (verbreiteten Risiko) für die nichtkollaborierende Bevölkerung Italiens machte.

2. Italienische Häftlinge im KZ Neuengamme

In Italien entwickelte sich die „Deportationsmaschinerie" von lokalen Aktionen der ersten Besatzungsmonate zum zentralen Element der systematischen Judenverfolgung und der repressiven „Bandenbekämpfung". Vom 16. September 1943 bis zum 22. April 1945 verließen insgesamt 123 Deportationstransporte das italienische Herrschaftsgebiet, von denen 44 Juden deportierten.[12] Die Dimension der Transporte, die sich auf nahezu die gesamte Besatzungszeit erstreckten, reichte von einigen Dutzend bis zu 1790 Menschen.[13] Für die Mehrzahl der politischen Deportierten waren Dachau und Mauthausen die ersten Stationen einer langen und leidvollen Odyssee innerhalb des KZ-Systems. Im Zuge dieser Entwicklungen wurden mindestens 939 Italiener zu Häftlingen im KZ Neuengamme.[14] Für einen mit 41 Prozent verhältnismäßig hohen Anteil der italienischen Deportierten war es das erste KZ im „Reichsgebiet".[15] Bis auf vier Fälle wurden alle italienischen Häftlinge erst nach dem 8. September 1943 ins KZ Neuengamme eingeliefert und die kleine Häftlingsgruppe auf die Außenlager (AL) weiterverteilt.[16]

Zwar handelte es sich bei den italienischen Häftlingen mehrheitlich um Männer, mittlerweile ist jedoch belegt, dass im Neuengammer KZ-System auch mindestens 65 Italienerinnen inhaftiert waren.[17] Im Gegensatz zu ihren männ-

11 Giuseppe Mayda, Storia della deportazione dall'Italia 1943–1945. Militari, ebrei e politici nei Lager del Terzo Reich, Torino 2002, S. 230.
12 Mantelli, Deportazione, S. 138.
13 Bergner, Bündnis, S. 145.
14 Mantelli, Libro, Vol. 1, T. 3, S. 2399 f. Neben den 936 von Mantelli nachgewiesenen politischen Häftlingen sind in den Häftlingsdatenbanken (Hdb) des Archivs der KZ-Gedenkstätte Neuengamme (ANg) drei italienische Juden verzeichnet. Die Einordnung der Sterblichkeit erfolgt im Hinblick auf die politischen Deportierten, da bezüglich ihres Schicksals wissenschaftlich erhobene Statistiken vorliegen.
15 Ebenda, S. 2388.
16 Anhand der Totenbuch-Druckfassung des ANg lässt sich nachvollziehen, dass italienische Häftlinge insgesamt in mindestens 26 AL des KZ Neuengamme inhaftiert waren. Für eine Auflistung der AL und diesbezügliche Forschungsliteratur vgl. Steffen Kreisl, Die Selbst- und Fremdwahrnehmung italienischer Häftlinge im KZ Neuengamme. Unveröffentlichte Magisterarbeit, Universität Hamburg, Hamburg 2009, S. 51.
17 Koch, Italiener, thematisiert die Frage der Geschlechter gar nicht, die Erkenntnisse zu weiblichen Häftlingen aus Italien beruhen auf Mantelli, Libro, Vol. 1, T. 3, S. 2400, und Wald, Inferno, S. 7 f. Italienische Selbstzeugnisse zeigen jedoch, dass viele Italienerinnen in den Hdb des ANg nicht erfasst sind und der Forschungsstand also zu hinterfragen ist.

lichen Landsleuten, deren Einlieferung ab Oktober 1943 nachgewiesen ist, sind „Überstellungen" von Italienerinnen aus dem KZ Ravensbrück erst ab Herbst 1944 belegt. Der mit 54 Deportierten größte nachgewiesene Transport ist auf den 27. Oktober 1944 datiert.[18] Die Frage, welche Bedeutung das Geschlecht für die italienischen Inhaftierten hatte, begründet sich nicht zuletzt durch die Sterblichkeiten. So weisen die Häftlingsdatenbanken (Hdb) des Archivs der KZ-Gedenkstätte Neuengamme (ANg) und das Totenbuch der KZ-Gedenkstätte für Neuengamme nur zwei verstorbene Italienerinnen aus.[19] Die Vernachlässigung der Geschlechterfrage steht exemplarisch für die unzureichende Erforschung der Geschichte der italienischen Häftlingsgruppe, deren Einbeziehung für eine Annäherung an die Lagerbedingungen der italienischen Häftlinge im KZ Neuengamme und zur Erklärung ihrer mit 43,2 Prozent sehr hohen Sterblichkeit von großer Bedeutung ist.

3. Die Täterkategorien: Nummer, „Winkel" und Nationalität

Erniedrigung, Entwürdigung und Entindividualisierung bestimmten das Leben der Häftlinge in den Konzentrationslagern. Die Nummernzuweisung war dabei „die allen Klassifizierungen grundlegende Kategorie [ihrer] Recht- und Würdelosigkeit".[20] Die hohen Nummern der italienischen Häftlinge stehen darüber hinaus symbolisch für ihre späte Ankunft und die Verteilung auf die Außenlager.[21]

Neben der Nummer bildeten die Häftlingswinkel eine weitere Kategorisierung durch die Nationalsozialisten. Genauere Forschungen darüber, wie die Praxis der Winkelzuweisung im KZ Neuengamme aussah, liegen nicht vor. Den Unterlagen im Archiv der KZ-Gedenkstätte Neuengamme zufolge war der Großteil der Italiener (614) als „Schutzhäftlinge" oder „Politische" in das KZ Neuengamme eingeliefert worden, darunter alle nachgewiesenen Frauen. Ein als „Rotspanier" und zwei als „Partisan" registrierte Italiener haben vermutlich ebenfalls den „roten Winkel" zugewiesen bekommen. Die Kennzeichnung der drei als „Juden" internierten Italiener war hingegen Ausdruck der rassistisch-ideologisch motivierten Verfolgung jüdischer Menschen. Mindestens 90 italienische Häftlinge waren

---

18 ANg, Hdb: „Transporte nach Neuengamme. Transporte Frauen".
19 Mantelli, Libro, Vol. 1, T. 3, S. 2403.
20 Annette Eberle, Häftlingskategorien und Kennzeichnungen, in: Wolfgang Benz/Barbara Distel (Hrsg.), Der Ort des Terrors. Geschichte der nationalsozialistischen Konzentrationslager, Bd. 1: Die Organisation des Terrors, München 2005, S. 91–109, hier S. 91.
21 Christian Römmer, Die Vergabe von Häftlingsnummern im KZ Neuengamme. Unveröffentlichte Recherche, Hamburg 2006, S. 3.

als „Berufsverbrecher" registriert und mussten einen „grünen Winkel" tragen. Bei 86 von ihnen könnte es sich um entwaffnete italienische Soldaten gehandelt haben.²² Die 26 als „asozial" stigmatisierten italienischen Gefangenen hatten eine besondere Deportationsgeschichte. Nachdem sie aufgrund der verweigerten Kollaboration aus Italien in das KZ Dachau deportiert und dort als „Schutzhäftlinge" registriert worden waren, wurde ihnen im Zuge von Widerstandshandlungen der schwarze Winkel für „Arbeitszwang Reich" (AZR) zugewiesen.²³

Die Winkelzuweisungen verdeutlichen die Tendenz zur Homogenisierung der italienischen Häftlingsgruppe als politische Verfolgte.²⁴ Die Bedeutung der Winkelzuweisung als restriktives Degradierungsinstrument und als wirksame Maßnahmen zur Hierarchisierung der Häftlingszwangsgesellschaft belegt hingegen die Geschichte der AZR-Häftlinge.

Komplexer gestaltet sich die Beurteilung der Nationalitätszuweisung. Angaben von zentraler nationalsozialistischer Stelle zufolge wurde den Gefangenen vor der Deportation ins „Reichsgebiet" durch die vor Ort tätige politische Abteilung „ihre" Nationalität zugewiesen.²⁵ Aufgrund der faschistischen Expansionsbestrebungen betrafen die Deportationen aus dem besetzten Italien nicht nur Menschen italienischer Herkunft. Dies galt insbesondere für die „Operationszone Adriatisches Küstenland" (OZAK), denn das deutsche Annexionsgebiet schloss die italienisch verwalteten Gebiete Jugoslawiens ein. Viele der aus diesen Regionen deportierten Menschen wurden infolgedessen, unabhängig von ihrer Nationalität, in den KZ als „Jugoslawen" und „Slowenen" registriert oder ganze Deportationszüge pauschal als „Italiener-Transporte" behandelt.²⁶ Das auf der KZ-Häftlingskleidung zu tragende Nationalitätskürzel „I" war daher kein Beleg für die italienische Herkunft der Häftlinge. Infolge dieser Praxis waren zahlreiche Häftlinge im KZ Neuengamme fälschlicherweise als „Italiener" registriert. Diese Menschen trugen die Last einer doppelten Identität, denn egal, welcher Bevölkerungsgruppe sie sich zugehörig fühlten, nach außen waren sie „Italiener". Bei der Nationalitätenzuweisung verfolgten die NS-Institutionen demnach nicht das Ziel, den Deportierten zweifelsfrei die „richtige" Nationalität zuzuweisen, um im KZ dann eine der nationalsozialistischen Ideologie entsprechende rassistische Hierarchisierung vornehmen zu können. Vielmehr überwogen pragmatische Entscheidungen zur Erleichterung der Praxis bzw. der Schaffung eindeutiger Handlungsrichtlinien.

22 Wald, Inferno, S. 5.
23 Bergner, Bündnis, S. 186–190.
24 Es ist daher davon auszugehen, dass der Großteil der in dieser Statistik nicht erfassten Italiener ebenfalls den „roten Winkel" tragen musste.
25 Bergner, Bündnis, S. 190.
26 ANg, Häftlingsberichte (HB), ohne Signatur, S. 10: Milos Poljansek, Interview vom 19.11.1999.

4. Italienische KZ-Häftlinge aus der Sicht ihrer Mitgefangenen

Die randständige Rolle der Italiener in der Häftlingszwangsgesellschaft des KZ Neuengamme spiegelt sich in Anzahl und Umfang der von nichtitalienischen Mithäftlingen überlieferten Erinnerungen an diese Häftlingsgruppe.[27] Die mit der späten Ankunft und der Verteilung auf die Außenlager verbundene Isolation der Italiener ist dabei ein zentrales Element: „Als die ersten 500 Italiener ankamen, hat sich niemand darum gekümmert. Weil man gehört hatte, dass sie aus den Gefängnissen in Norditalien kamen, und unserer Ansicht nach gab es in Italien noch keine Widerstandskämpfer." Die Wahrnehmung als „Faschisten" war dem belgischen Häftling Michael Ausloos zufolge dafür verantwortlich, dass die Italiener „von den anderen im Stich gelassen" wurden.[28] Die hohe Sterblichkeit stellt auch in anderen Überlebendenberichten ein zentrales Charakteristikum der italienischen Häftlingsgruppe dar. Als Todesursache wird jedoch nicht die ausbleibende Solidarität der Häftlingszwangsgesellschaft, sondern die schlechte Behandlung durch die SS, vor allem für die Ankunft der ersten „Italiener-Transporte" im Herbst 1943, betont. Andere Überlebende liefern hingegen rassistisch konnotierte Erklärungen unter Verweis auf die südeuropäische Herkunft oder differenzieren die italienische Mortalität nicht weiter.[29]

Die unpersönliche Form der Mehrzahl der Erinnerungen macht deutlich, dass die Überlebenden während ihrer Gefangenschaft im KZ Neuengamme keinen engeren Kontakt zu Italienern hatten. Es ist daher nicht verwunderlich, dass die italienischen Häftlinge als homogene Gruppe von „Verrätern", „Soldaten" und „Faschisten" erinnert werden.[30] Einen Gegensatz zu diesen Beschreibungen bilden die Ausführungen des sowjetischen Schutzhäftlings A. M. Machnew über das KZ-Außenlager Bremen-Farge und die Arbeiten in der U-Boot-Bunkerwerft „Valentin": „Und von all diesen [Italienern] lebte schließlich nur noch einer: Lucio." Machnew ist nicht nur der einzige nichtitalienische Überlebende, der den Namen eines italienischen Mithäftlings erwähnt, er berichtet auch verhältnis-

---

27 Die Untersuchung (Stand: Juni 2009) beruht auf acht Selbstzeugnissen nichtitalienischer ehemaliger KZ-Häftlinge und ist demnach nicht als repräsentative Auswertung, sondern als der Quellenlage entsprechende Annäherung zu betrachten. Neben Überlebendeninterviews und Erinnerungsberichten handelt es sich dabei auch um zwei Zeichnungen. Keine dieser Quellen richtet den Blick auf weibliche KZ-Häftlinge aus Italien.
28 Zit. nach: Wald, Inferno, S. 6.
29 Bogdan Suchowiak, Neuengamme, Warszawa 1979, S. 90; ANg, HB 1643, S. 1: Wassilij Iwanow Groch, Erinnerungsbericht vom 22. 9. 1999.
30 Vgl. die vermutlich nach der Befreiung aus der KZ-Haft entstandene Zeichnung „Italiener med Autostrada" von Poul Edouard Mahler sowie deren Einordnung in Kreisl, Fremdwahrnehmung, S. 73–75 und S. 119.

mäßig genau über dessen Schicksal. Ihm zufolge konnte Lucios Überleben nur durch die „Unterstützung des Kochs" und des Blockältesten gesichert werden.[31] Die Beschreibung verdeutlicht die tödlichen Bedingungen in Bremen-Farge und betont, dass es sich bei der Häftlingssolidarität gegenüber Lucio um eine Ausnahme handelte, während das Gros der italienischen Häftlinge einen einsamen Tod starb.

5. Die Haftbedingungen in der Erinnerung italienischer Überlebender

Die Rituale bei der Einweisung ins KZ erzeugten für die Häftlinge einen „Zustand vollkommener Würdelosigkeit" und eine Negation aller „Grundannahmen der menschlichen Existenz".[32] In den italienischen Selbstzeugnissen[33] werden sie daher als „riti di annullamento" (Entwertungsriten) beschrieben.[34] Neben der Entindividualisierung und dem Bruch mit dem vorherigen Leben verstärkte der späte Einweisungszeitpunkt die Hilflosigkeit der italienischen Häftlinge und führte dazu, dass die Italiener nach ihrer Ankunft niemanden hatten, der ihnen zeigen konnte, worauf sie im Lager zu achten hatten.[35] Sofern die italienischen KZ-Häftlinge nicht direkt aus Italien ins KZ Neuengamme deportiert wurden, ging ihrer Deportation eine Selektion voraus, die für sie neben Unsicherheit und Angst auch die Hoffnung auf eine Verbesserung der eigenen Situation bedeutete. Vor allem für die Italienerinnen zeigen die Erinnerungsberichte, dass sie sich bei der Deportation aus dem KZ Ravensbrück nach Neuengamme nicht darüber bewusst waren, in einen anderen Hauptlagerkomplex „überstellt" zu werden.

Der Nationalitäteneinteilung kam für die Italiener innerhalb der „KZ-Einweisungsrituale" eine besondere Bedeutung zu. Den Hauptanknüpfungspunkt

---

31 ANg, HB 635, S. 1: A. M. Machnew, Erinnerungsbericht vom 28. 9. 1968. Vgl. auch die Zeichnung „Der einzige Italiener im Block 4" von René Baumer sowie deren Einordnung in Kreisl, Fremdwahrnehmung, S. 70–73 und S. 118.
32 Wolfgang Sofsky, Die Ordnung des Terrors. Das Konzentrationslager, Frankfurt am Main 1997, S. 101.
33 Im ANg sind nach der Befreiung entstandene italienische Selbstzeugnisse von zehn ehemaligen Häftlingen und der zeitgenössische Briefverkehr eines Italieners einzusehen. Die folgende Untersuchung (Stand: Juni 2009) ist nicht als repräsentative Auswertung, sondern als der Quellenlage entsprechende Annäherung zu betrachten. Quellenbelege werden exemplarisch angeführt.
34 Rinaldo Rinaldi, Là, fuori dal filo, nessuno ci sente ... Rinaldo Rinaldi. Prigioniero nei campi di concentramento. Hrsg. von Maurizio Cippitani/Patrizia Pochesci, Latina 2002, S. 57.
35 Vgl. ANg, HB 1842, S. 36: Gino Sirola, unveröffentlichter Erinnerungsbericht aus dem Jahr 1964.

bildete dabei ihre Stellung innerhalb der KZ-Hierarchien, die von den Überlebenden im Vergleich zu anderen nationalen Gruppen als schlechter erinnert wird. Infolgedessen hätten sich zahlreiche Italiener aus der italienisch-slowenischen Grenzregion als „Jugoslawen" ausgegeben.[36] Besonders hervorzuheben sind in diesem Kontext die Erinnerungen von Gino Sirola. Seiner Schilderung zufolge entzog er sich der Diskriminierung als „Faschist" durch seine nichtitalienischen Mithäftlinge, indem es ihm gelang sich „zwei neue Nummern [...], die das Kürzel JU anstatt I" hatten, zu besorgen.[37] Zwar erscheint die Möglichkeit eines inoffiziellen Nationalitätenwechsels durchaus realistisch, gerade aber im Hinblick auf die Haftbedingungen der „slawischen" Gefangenen bleibt eine damit verbundene Verbesserung der Überlebensbedingungen kritisch zu hinterfragen. Zur weiteren Beurteilung wären Studien zu den Haftbedingungen der nationalen Häftlingsgruppen notwendig. Außerdem erscheint die Einbeziehung der Geschlechterperspektive wichtig. Der Umstand, dass weibliche Häftlinge in den Frauenaußenlagern des KZ Neuengamme in ihren nationalen Zusammenhängen verblieben, kann erklären, warum die Zuweisung der italienischen Nationalität für sie keine vergleichbar große Bedrohung wie für die Männer darstellte.[38] Im Gegensatz zur Nationalitäten- wird die Winkelzuweisung von den italienischen Häftlingen mehrheitlich nicht als Bedrohung erinnert. Anhand der in den Selbstzeugnissen geäußerten abfälligen Bemerkungen über „kriminelle" Mithäftlinge mit dem „grünen Winkel" zeigt sich jedoch, dass die nationalsozialistische Hierarchisierung bei den Italienern ihre Wirkung erzielte.[39]

In den italienischen Erinnerungen an die Zwangsarbeit spiegeln sich die Verteilung auf die Außenlager und die dort herrschenden mörderischen Bedingungen.[40] Erinnert wird dabei besonders die Schwere der Arbeit u. a. in den Bauaußenlagern, die Trümmerbeseitigung, die zermürbende Schichtarbeit und die den winterlichen Witterungsbedingungen unangemessene Häftlingskleidung.[41]

36 Rinaldi, Filo, S. 161.
37 ANg, Sirola, S. 42. Vgl. auch ANg, HB 1740, S. 8: Renato Russi, Interview vom 21. 1. 1998.
38 Marc Buggeln, Arbeit & Gewalt. Das Außenlagersystem des KZ Neuengamme, Göttingen 2009, S. 276–282.
39 ANg, Sirola, S. 39.
40 Vgl. ANg, Hdb, Das Totenbuch – Druckfassung: Italiener. Von den angegebenen 344 italienischen Häftlingen ist allein für 195 (56,7 Prozent) der Tod in einem der Neuengammer AL nachgewiesen. Die auf den Schiffen „Cap Arcona" und „Thielbek" in der Lübecker Bucht sowie den Todesmärschen Gestorbenen sind in dieser Zahl nicht eingerechnet. Darüber hinaus ist zu bedenken, dass Mantelli, Libro, Vol 1, T. 3, S. 2551, insgesamt 404 italienische Tote nachweist, also 60 mehr als in den Hdb des ANg. Außerdem sind Transporte von „arbeitsunfähigen" Häftlingen aus den AL in das Hauptlager Neuengamme in der Berechnung der AL-Mortalität nicht berücksichtigt.
41 ANg, HB 1752, S. 26: Elena Recanati, Interview vom 30. 3. 1982; ANg, HB 1891, S. 2: Angelo Artuffo, Interview vom 21. 1. 1998.

Die Angst vor besonders schwerer Sklavenarbeit führte dazu, dass italienische Häftlinge sich „freiwillig" für „Verlegungen" meldeten, um nicht wieder in ein bestimmtes Arbeitskommando zurückkehren zu müssen.[42] Die Befürchtung, dass es in einem anderen Lager schlimmer werden könne, war demnach kleiner als die Angst vor dem, was bei Fortsetzung der bisherigen Arbeit kommen konnte. Die Zwangsarbeit stellte für die italienischen Häftlinge daher das entscheidende Moment für die Aufteilung ihrer nationalen Bezugsgruppe und die damit verbundene Isolation dar.[43] Das Bedrohungspotenzial der Sklavenarbeit macht die ihr in den Erinnerungen zugesprochene überlebenswichtige Funktion nachvollziehbar. Die Zufriedenheit der SS und eine gute körperliche Verfassung nährten die Hoffnung der italienischen Häftlinge auf eine Verbesserung der eigenen Situation und dienen in der Erinnerung als Erklärung des eigenen Überlebens im Gegensatz zum Tod der Mithäftlinge.[44]

Für die Herausbildung von Gruppenstrukturen waren Häftlinge gleicher Herkunft und Gesinnung wichtig, die über Lagererfahrung verfügten und Funktionspositionen besetzten. Die gemeinsame Herkunft bedeutete nicht nur kulturelle Werte und Verfolgungserfahrungen zu teilen, sondern ermöglichte ein gegenseitiges Verstehen in dem „Mischmasch der Sprachen".[45] Der Umstand, dass die italienische Häftlingsgruppe sehr klein und auf die Außenlager verteilt war, erschwerte derartige Gruppenbildungsprozesse. Vor allem bei den männlichen Häftlingen manifestierte sich deshalb eine starke Verbundenheit zu Einzelpersonen, deren Tod eine sehr isolierende Wirkung besaß. Rinaldo Rinaldi bezeichnete die Freundschaft zu seinem italienischen Mithäftling Giuseppe Boldi als „das einzig Schöne", was ihm im KZ Neuengamme widerfuhr.[46] Die Italienerinnen berichten hingegen von einem wesentlich stärkeren Gruppenzusammenhalt, was darauf zurückzuführen ist, dass weibliche KZ-Häftlinge häufig in ihren nationalen Bezugsgruppen belassen wurden und sich dadurch mit den Mitgefangenen oder gar Familienangehörigen eine Kollektivität entwickeln konnte. Die Bedeutung des Gruppengefühls für die Moral und die Hoffnung der weiblichen KZ-Häftlinge ist in der Retrospektive deutlich zu spüren.[47] Die Entfaltung von Kollektivstrukturen war demzufolge nicht der Ausdruck einer biologischen Geschlechterdifferenz, sondern das Abbild der unterschiedlichen Behandlung von

---

42 ANg, HB 1890, S. 15: Rinaldo Rinaldi, Videointerview vom 25. 6. 1998.
43 ANg, HB ohne Signatur, S. 40: Ernesto Grillo, Interview vom 19. 1. 1998.
44 Luciana Pramotton/Chiara Minelli (Hrsg.), Storie e Storia. Émil Chanoux, Primo Levi, Émile Lexert e Ida Desandré tra Resistenza e deportazione, Aosta 2001, S. 162.
45 ANg, Artuffo, S. 8.
46 Rinaldi, Filo, S. 58.
47 Piera Sonnino, Nacht von Auschwitz. Das Schicksal einer italienischen Familie, Hamburg 2006, S. 86.

männlichen und weiblichen Häftlingen durch die Täter und Folge „geschlechtsspezifisch erlernte[r] Haltungen, Praktiken und Fertigkeiten".[48]

Anstelle einer genauen Differenzierung der eigenen Bezugsgruppe wird in den Erinnerungen der italienischen Überlebenden mehrheitlich auf ein wenig differenziertes nationales Kollektiv rekurriert. Die Frage, wie homogen die Gruppe der italienischen Häftlinge im KZ Neuengamme trotz ihrer heterogenen Zusammensetzung tatsächlich agierte, kann anhand der Überlebendenberichte nicht beantwortet werden. Gerade die Tatsache, dass sowohl ehemalige Soldaten der faschistischen Armee, als auch Partisanen unter dem „roten Winkel" und der italienischen Nationalität subsumiert waren, unterstreicht das Erkenntnispotenzial einer weiteren Untersuchung der häftlingsgruppeninternen Strukturen.

6. Die Stellung in der Häftlingszwangsgesellschaft aus italienischer Sicht

Italiener sprechen sich im Verhältnis zu anderen Nationalitäten eine besonders schlechte Stellung im KZ Neuengamme zu, die sie vor allem auf die ihnen entgegengebrachte Verurteilung als „Faschisten" durch nichtitalienische Mithäftlinge und eine „Sonderbehandlung" als „Verräter" durch die Nationalsozialisten zurückführen. Einvernehmlich berichten sie von italophoben Beschimpfungen wie „Mussolini" statt von nationalitätsübergreifender Häftlingssolidarität. Elena Recanati verdeutlicht in ihren Erinnerungen, wie sich die Ausgrenzungsebenen für sie als italienische Jüdin überlagerten: „... ich bin immer verfolgt worden [...], weil ich Jüdin war, weil ich Italienerin war, weil ich Frau war."[49] Das den Italienern durch die Ausgrenzungen entgegengebrachte Ausmaß an Isolation vermittelt Angelo Artuffo: „Zwei ganze Jahre, ohne von irgendjemand Nachricht zu erhalten, über nichts. Da zu sein und nicht zu wissen, wann es aufhörte. Für die anderen waren es 2 Jahre. Für mich 2 Jahrhunderte."[50] Allerdings können nicht alle im Lager vorherrschenden Konflikte als Ausdruck einer italophoben Grundstimmung interpretiert werden. Der in den Überlebendenerinnerungen präsente Kampf ums Essen ist eher ein Beleg für die jeden Gemeinschaftssinn zerstörende Wirkung des Hungers.[51] Auch die Ausgrenzungen bei der Zwangsarbeit müssen vor dem Hintergrund betrachtet werden, dass italienische Häftlinge kaum Funktionspositionen besetzten und die Handlungsspielräume der kleinen Häftlingsgruppe deshalb stark eingeschränkt waren.[52]

48 Buggeln, Arbeit, S. 513.
49 ANg, Recanti, S. 42 f.
50 ANg, Artuffo, S. 21.
51 ANg, HB ohne Signatur, S. 6: Salvatore Vitiello, Übersetzung eines RAI-Interviews.
52 ANg, HB 1856, S. 50: Ida Desandré, Interview vom 16./17. 9. 2003.

Die Rassismus zwischen den Häftlingsgruppen erzeugenden nationalsozialistischen Hierarchisierungen lassen sich zudem genauso an den Ressentiments der italienischen Häftlinge gegenüber ihren nichtitalienischen Mitgefangenen nachvollziehen.[53] Auch beim Kontakt zur Zivilbevölkerung auf den Märschen zur Zwangsarbeit und Einsätzen in den Städten trafen italienische Häftlinge nicht auf Unterstützung, sondern auf Gleichgültigkeit und Ablehnung. Salvatore Vitiello erinnert stellvertretend: „Sie brachten uns vorwiegend nach Hamburg, um Trümmer zu beseitigen, oder auch in Fabriken. Zu den wenigen Zivilpersonen, die wir auf dem Weg trafen, waren die Kontakte gleich null, auch deswegen, weil sie in der Mehrheit, wenn sie uns sahen, den Blick abwendeten."[54]

Bei der ausbleibenden Solidarität der deutschen Zivilbevölkerung handelte es sich nicht um eine häftlingsgruppenspezifische Erfahrung, dennoch hatte sie die weitere Isolation der Italiener zur Folge. Die einzige überlieferte Form von Solidarität gegenüber italienischen KZ-Häftlingen ist für die Frauenaußenlager nachgewiesen, wo Italienerinnen in einigen Fällen Kontakt zu Kriegsgefangenen hatten.[55] Die Bereitschaft der italienischen Militärinternierten, Essen oder Kleidung abzugeben, war den Frauen aus dem eigenen Herkunftsland gegenüber scheinbar sehr groß. Dies wird auch daran gelegen haben, dass die Italienerinnen die Möglichkeit hatten, mit den durch Zwangsarbeit ausgebeuteten Soldaten auf Italienisch zu kommunizieren.[56]

Die im Vergleich zu anderen Häftlingsnationalitäten als schlechter wahrgenommene Behandlung durch die Nationalsozialisten wird für die im Herbst/Winter 1943 zum Teil noch in Uniform eingelieferten ehemaligen Soldaten durch nichtitalienische Häftlinge bestätigt.[57] Beleidigungen als „Verräter", „Badoglio" oder „Bandit" sowie brutales Vorgehen erinnern jedoch auch andere italienische Häftlinge.[58]

Einigkeit herrscht in den italienischen Selbstzeugnissen darüber, dass das Verhalten der SS im Vergleich zum restlichen KZ-Bewachungspersonal gewalttätiger war. Der Umstand, dass Italienerinnen seitens der Nationalsozialisten weniger Gewalt und mehr Hilfsbereitschaft als ihre männlichen Landsleute erinnern, erklärt, warum vor allem die Männer ein idealtypisches Bild der Häftlingshierarchien entwickelten, an deren Ende sie die eigene Gruppe sahen: „Italiener, danach die Russen, wir waren die Schlechtbehandelten."[59]

53 ANg, Russi, S. 12.
54 ANg, Vitiello, S. 5.
55 Buggeln, Arbeit, S. 281.
56 ANg, Recanati, S. 27.
57 ANg, Rinaldi, Videointerview, S. 5.; Michael Ausloos, nach: Wald, Inferno, S. 6.
58 ANg, Russi, S. 27.
59 ANg, Grillo, S. 44.

Zur Bestätigung der ideologisch motivierten „Sonderbehandlung" von italienischen Häftlingen wird in der Forschung auf die „Autobahn" bzw. die „Straße" verwiesen.[60] Dabei handelte es sich um eine in den KZ existierende Form der Rasur, bei der den Häftlingen zusätzlich zu den kurz geschorenen Haaren in der Mitte des Kopfes von der Stirn bis zum Nacken ein Streifen ausrasiert wurde.[61] Die Selbstzeugnisse der italienischen Häftlinge stellen die Interpretation der „Straße" als Ausdruck einer „Sonderbehandlung" zumindest für das KZ Neuengamme infrage, denn nicht alle Überlebenden kommen auf sie zu sprechen.[62] Darüber hinaus betonen lediglich zwei der männlichen Überlebenden, dass sie die „Autobahn" als Bestrafung für den „Verrat" erhielten.[63] Zwei andere italienische ehemalige Häftlinge erinnern sogar, dass nicht nur sie, sondern auch andere nationale Häftlingsgruppen bzw. alle Häftlinge die „Straße" rasiert bekamen.[64] Die Erinnerungen der Italienerinnen belegen, dass die „Autobahn"-Rasur in keinem Fall eine „Sonderbehandlung" für alle italienischen Häftlinge darstellte, sondern höchstens für die Männer.

Weitere Fragen nach Ablauf, Funktion und Regelmäßigkeit der „Autobahn"-Rasur lassen sich hingegen nicht klären. Der Blick auf andere Konzentrationslager lässt die Existenz einer zentralen Verfügung zur „Sonderbehandlung" der italienischen Häftlinge als unwahrscheinlich erscheinen und öffnet stattdessen den Raum für die Frage nach Handlungsspielräumen, Tätermotivationen und der Praxis des KZ-„Alltags".

Auch das in der Forschung betonte Postverbot ist kein Beleg für die „Sonderbehandlung" italienischer KZ-Häftlinge.[65] Zwar kann davon ausgegangen werden, dass italienische Häftlinge mehrheitlich keinen Briefverkehr nach außen führten; vereinzelt ist in italienischen Erinnerungsberichten zum KZ Neuengamme gar von einem Schreibverbot die Rede. Im Gegensatz dazu ist aber der Postverkehr von zwei italienischen Häftlingen belegt. Der Umstand, dass dieser auf Deutsch und nicht auf Italienisch stattfand, legt die Schlussfolgerung nahe, dass es kein generelles Schreibverbot für Italiener gab, sofern diese auf Deutsch

---

60 Vgl. für das KZ Neuengamme Koch, Italiener, S. 71; Wald, Inferno, S. 1.
61 Rinaldi, Filo, S. 55.
62 ANg, HB ohne Signatur: Mattia Alberto Ansaldi, Übersetzung eines RAI-Interviews; ANg, Russi.
63 ANg, HB 1735, S. 7: Bruno Fabretti, Interview vom 29. 3. 1998; ANg, Vitiello, S. 4.
64 ANg, Artuffo, S. 26; ANg, Grillo, S. 44. Die „Straße" ist aus der Neuengammer Häftlingskunst zudem als Motiv für nichtitalienische Häftlinge überliefert. Vgl. Maike Bruhns, „Die Zeichnung überlebt ..." Bildzeugnisse von Häftlingen des KZ-Neuengamme, Hamburg 2007, S. 47, S. 149.
65 Wald, Inferno, S. 1.

schrieben.⁶⁶ Für eine differenzierte Einordnung dieses Phänomens fehlen jedoch Erkenntnisse darüber, wie die Möglichkeit zu schreiben zwischen den einzelnen Lagern des KZ-Systems variierte und von der italienischen Stellung in der Häftlingshierarchie sowie den Handlungsspielräumen der Täter abhing.⁶⁷ Ähnliches lässt sich auch für die Versorgung von italienischen Häftlingen durch das Rote Kreuz feststellen. Für das KZ Neuengamme liegen keine genauen Erkenntnisse darüber vor, auf welche Weise das Internationale Rote Kreuz und dessen Ländervertretungen die nationalen Häftlingsgruppen versorgten bzw. wie die Verteilungspraxis durch die Nationalsozialisten aussah.⁶⁸

Zwar vermitteln die Erinnerungen der italienischen Überlebenden den Eindruck, dass ihre Häftlingsgruppe keine Pakete erhalten hat, eine „Sonderbehandlung" der italienischen Häftlingsgruppe beweisen sie aber nicht.⁶⁹ Einmal mehr scheint in der KZ-Forschung eine differenzierende, multikausale Herangehensweise nötig, um das komplexe Phänomen der Rot-Kreuz-Pakete einordnen zu können. Zudem müssen die Fragen nach dem Missbrauch der Rot-Kreuz-Sendungen durch die KZ-Verwaltung und das Wachpersonal bzw. dem Diebstahl durch Mithäftlinge für die Außenlager je nach Einzelfall und Quellenlage beurteilt werden, bevor generalisierend von einer „Sonderbehandlung" ausgegangen werden kann.

7. Ausblick

Die Untersuchung der Selbst- und Fremdwahrnehmung italienischer Häftlinge konnte zeigen, dass ihre hohe Sterblichkeit im KZ Neuengamme mit dem ideologisch motivierten Primat des „Verräters" oder „Faschisten" nicht abschließend zu erklären ist. Stattdessen trugen die späte Einlieferung und die damit zusammenhängende Isolation infolge der Verteilung auf das expandierende Außenlagersystem wesentlich dazu bei, dass die kleine Häftlingsgruppe in der hierarchisch auf-

---

66 ANg, HB ohne Signatur, S. 18: Rinaldo Rinaldi, Audiointerview vom 21. 1. 1998; ANg, Rispo, Brief vom 8. 10. 1944. Dort heißt es im „Auszug aus der Lagerordnung": „Jeder Häftling darf im Monat 2 Briefe oder Postkarten empfangen und absenden."
67 Vgl. zum Forschungsstand Hermann Kaienburg, „Vernichtung durch Arbeit". Der Fall Neuengamme. Die Wirtschaftsbestrebungen der SS und ihre Auswirkungen auf die Existenzbedingungen der KZ-Gefangenen, Bonn 1990, S. 317. Auch die Forschungslage zu anderen Konzentrationslagern kann keine weiteren Erklärungsansätze für die geringe Zahl der überlieferten Briefe italienischer KZ Häftlinge beisteuern. Vgl. Stadt Bozen, Assessorat für Kulturwesen (Hrsg.), Briefe aus dem Lager. Kartenbriefe und Postkarten aus den NS-Lagern in Italien jenseits der Alpen, 2. Aufl., Bozen 2000.
68 Kaienburg, Vernichtung, S. 321 f.
69 Wald, Inferno, S. 1.

gebauten Häftlingszwangsgesellschaft kaum Funktionspositionen oder andere, das Überleben begünstigende Positionen besetzte. Der Blick auf die italienischen Häftlinge verdeutlicht damit am Beispiel des KZ Neuengamme das Potenzial der bislang vernachlässigten nationalen Häftlingsgruppen zur Erforschung der KZ-Binnenstrukturen und verweist auf die Einbeziehung multikausaler Erklärungsansätze, die sowohl geschlechtsspezifische Bedingungen als auch Unterschiede zwischen den verschiedenen Außenlagern eines Hauptlagerkomplexes reflektieren.

II. Das Ende des KZ-Systems und die deutsche Gesellschaft nach 1945

DETLEF GARBE

Die Räumung der Konzentrationslager in Norddeutschland und die deutsche Gesellschaft bei Kriegsende

Das Ende des KZ Neuengamme stellt in der sechseinhalbjährigen Geschichte des Lagers nur einen sehr kurzen Abschnitt dar: Die Phase der Lagerräumungen dauerte nur rund sechs Wochen von Ende März bis Anfang Mai 1945. Betrachtet man diese Zeitspanne jedoch intensiver, so entdeckt man, dass innerhalb kürzester Zeit sehr viele Ereignisse zeitlich parallel verliefen, dass Zehntausende Häftlinge von der SS auf den Straßen und Schienenwegen Norddeutschlands wie ziellos vorangetrieben wurden, dass einerseits das Schwedische Rote Kreuz Tausende skandinavische Häftlinge in Neuengamme aus der Gewalt der SS befreien konnte, dass aber zur gleichen Zeit die SS zur Vereitlung einer Befreiung durch die Alliierten Häftlinge in großer Zahl ermordete, dass Neuengamme im Unterschied zu den anderen KZ-Hauptlagern, in denen die kranken Häftlinge zurückgelassen wurden, vollständig geräumt wurde und deshalb den Befreiern und damit der Nachwelt kein mit anderen Konzentrationslagern vergleichbares Bild des Schreckens bot.

Die unterschiedlichen Ereignisse, ihre Dramatik und vermeintliche Widersprüchlichkeit bedürfen zweifellos der Erklärung. Auch wenn die letzten Kriegswochen auf Seiten der SS durch eine sich zunehmend auflösende Ordnung, durch die Unterbrechung von Verkehrswegen und Befehlssträngen, durch eine hektische Betriebsamkeit, von ungebrochenem Behauptungswillen ebenso wie von der Angst vor den herannahenden alliierten Truppen bestimmt waren, gilt es zu fragen, welche Gesichtspunkte bei der Räumung des Neuengammer Lagerkomplexes leitend gewesen sind, ob es einen Masterplan gegeben hat oder ob die Entscheidungen im Wesentlichen nur auf die sich schnell veränderte Kriegslage reagierten.

Für die Überlebenden des KZ Neuengamme bedeuteten die letzten Wochen vor der Befreiung vielfach eine ungeahnte Steigerung der bereits zuvor erlittenen Qualen; in ihren Erinnerungen hat sich diese Zeit oftmals als die schrecklichste ihrer gesamten Gefangenschaft eingeprägt. Bezeichnungen wie „Sterbelager" und „Todesmärsche" lassen erahnen, was die Häftlinge in dieser Phase höchster physischer und psychischer Belastung erleiden mussten. Tatsächlich hat auch die Forschung bis heute keine Begriffe gefunden, die die Ereignisse, als die SS die Häftlinge zu Fuß oder in Güterwaggons vor den näher rückenden alliierten Truppen von einem Lager ins andere trieb, angemessen bezeichnen. Begriffe wie „Räumung", „Auflösung" oder gar „Evakuierung" können das Grauen nicht abbilden, von dem das Schlusskapitel der Konzentrationslager berichtet.

Bei aller Unterschiedlichkeit der einzelnen Situationen war das Prinzip immer das gleiche: Näherte sich die Front, so löste die SS die Konzentrationslager auf. Bei ihrem Abzug nahm sie die Häftlinge mit; zurück blieben in der Regel nur die marschunfähigen, schwer kranken Häftlinge. Die anderen wurden mit dem Vorrücken der alliierten Streitkräfte von der SS immer weiter getrieben, oftmals von Lager zu Lager. Der Grundsatz lautete: Eine Übergabe der Häftlinge kommt nicht infrage. Die SS wollte die Häftlinge vielmehr bis zuletzt in ihrer Gewalt behalten. Weshalb, ist nicht geklärt.

Die Forschung hält unterschiedliche Antworten parat. Daniel Goldhagen, durch dessen umstrittenes Buch in den 1990er-Jahren auch die Diskussion über die „Todesmärsche" neuen Auftrieb erhielt, gibt in seinem Kapitel „Marschieren wohin und wozu?" eine eindeutige Antwort: Für ihn waren die Märsche und Züge die unmittelbare Fortsetzung dessen, was die SS zuvor mit den Gaskammern bezweckte: ein Mittel zur nunmehr „mobilen Vernichtung der Juden". Goldhagen resümiert: „Bis zum letzten Moment brachten die Deutschen, die den Holocaust freiwillig, pflichttreu und entschlossen vollstreckt hatten, Juden um. Sie fuhren selbst dann noch damit fort, als sie ihre Gefangennahme riskierten."[1]

Zu Recht bestreiten hingegen zahlreiche Forscherinnen und Forscher eine derartige, lineare Vernichtungsstrategie, die die Phase der „Todesmärsche" ausschließlich als Teil der Shoah verortet. Schon vor vielen Jahren wies Herbert Obenaus darauf hin, dass der „Vernichtungswille, dem die Häftlinge der Konzentrationslager ausgeliefert waren und der sich bei den Juden zum Ausrottungswillen steigerte, [...] in den letzten Monaten des Krieges eigentümlich gebrochen" erscheint.[2] Zudem stellten gerade die „Todesmärsche" die einzige Phase in der Geschichte der Konzentrationslager dar, in der sich die Bedingungen für jüdische und nichtjüdische Häftlinge anglichen.

Die Einstufungen nach den rassistischen Kriterien der NS-Ideologie verloren zunehmend ihre Bedeutung. Wer auf den Märschen nicht Schritt hielt, wurde

---

1 Daniel Jonah Goldhagen, Hitlers willige Vollstrecker. Ganz gewöhnliche Deutsche und der Holocaust. Taschenbuchausgabe, Berlin 1998, S. 436.
2 Herbert Obenaus, Die Räumung der hannoverschen Konzentrationslager im April 1945, in: Rainer Fröbe u. a., Konzentrationslager in Hannover. KZ-Arbeit und Rüstungsindustrie in der Spätphase des Zweiten Weltkriegs, T. 2, Hildesheim 1985, S. 493–544, hier S. 493.

ausnahmslos erschossen, egal ob er Jude war oder nicht. In den Sterbelagern der letzten Wochen trafen der Hunger und der Typhus Häftlinge aller Gruppen gleichermaßen.

In ihrer 1999 erschienenen Studie über das KZ-System unterstreicht Karin Orth, dass lediglich „als faktisches Geschehen das Bemühen der SS" feststehe, die KZ-Häftlinge bis zum Schluss in ihrer Gewalt zu behalten: „Zu welchem Zweck auch immer – als Arbeitssklaven, die eine uneinnehmbare Festung für den ‚Endkampf' errichten sollten, als Opfer eines ebenso totalen wie apokalyptischen Untergangs, als Geiseln für etwaige Verhandlungen mit den Westmächten oder als Verfügungsmasse für den erwarteten antikommunistischen Neubeginn."[3]

Das vorrangige Ziel der SS war – wie es auch der oft zitierte, überlieferte Funkspruch des Reichsführer-SS vom 18. April 1945 an den Lagerkommandanten des KZ Flossenbürg zum Ausdruck bringt –, die Häftlinge nicht in die Hände der Alliierten fallen zu lassen.[4] Die SS führte die „Evakuierung" nicht durch, um einen möglichst effektiven Massenmord durchführen zu können. Sie räumte die Lager auch nicht freiwillig, sondern nur unter dem Druck des Vormarsches der alliierten Truppen. Die Lagerräumungen in Richtung auf frontfernere Gebiete, die mit einem beträchtlichen Aufwand von Personal und kriegswichtigen Transportmitteln durchgeführt wurden, dienten dazu, die Verfügungsgewalt über die KZ-Häftlinge bis zum Schluss nicht aus der Hand zu geben.

Wie die Selektionen zeigen, die in der Regel vor der endgültigen Räumung eines Lagers stattfanden, orientierte sich die SS dabei am weiteren Nutzwert der Häftlinge. Kranke und schwache Häftlinge wurden aufgegeben, zurückgelassen, dem Hungertod ausgesetzt oder direkt getötet, während bei den „marschfähigen" Häftlingen eine erneute Nutzung ihrer Arbeitskraft in Betracht kam.

Obgleich die Auflösung der Lager häufig in großer Eile erfolgte und sich aufgrund der zahlreichen situativ bedingten Ereignisse zunächst nur schwer eine Struktur erkennen lässt, so lag den Räumungen doch ein von der SS aufgestellter Stufenplan zugrunde, dessen zentrale Elemente sich in allen Konzentrationslagern beobachten lassen. Folgende Schritte lassen sich erkennen: Rückführung der Häftlinge aus den Außenlagern ins Stammlager, Aussonderung der „nicht marschfähigen" Gefangenen, Rekrutierung deutscher Häftlinge für den Kampf-

---

3   Karin Orth, Das System der nationalsozialistischen Konzentrationslager, Hamburg 1999, S. 332.
4   Stanislaw Zámecnik [d. i. Stanislav Zámečník], Kein Häftling darf lebend in die Hände des Feindes fallen. Zur Existenz des Himmler-Befehls vom 14./18. April 1945, in: Dachauer Hefte 1 (1985), S. 219–231. Der Wortlaut des nur in Abschrift erhaltenen Befehls lautete: „Die Übergabe kommt nicht in Frage. Das Lager ist sofort zu evakuieren. Kein Häftling darf lebend in die Hände des Feindes fallen. Die Häftlinge haben sich grauenhaft gegen die Zivilbevölkerung in Buchenwald benommen." Ebenda.

einsatz in SS- und Wehrmachtverbänden, Vernichtung der Lagerakten, Fluchtvorbereitungen der SS, Abmarsch oder Abtransport der Häftlinge, Aufräumarbeiten durch ein Restkommando von Häftlingen und Abmarsch des Restkommandos mit den letzten SS-Leuten.[5]

Das Chaos der „Todesmärsche" und „Evakuierungstransporte", das gegen Kriegsende zum bestimmenden Bild wurde, war keineswegs intendiert oder eine Folge konzeptionslosen Handelns. Es war vielmehr durch die immer geringeren Handlungsmöglichkeiten, den Mangel an Transportkapazitäten und die sich geografisch verengenden Räume bedingt.

Von den Lagerräumungen waren fast alle Häftlinge unmittelbar betroffen. Schätzungen zufolge befanden sich in den letzten beiden Monaten 250 000 KZ-Häftlinge auf Transporten oder wurden von der SS in Fußmärschen vorwärts getrieben.[6] Auch über die Gesamtzahl der Häftlinge, die bei den Lagerräumungen zu Tode kamen, liegen nur Schätzungen vor. Demnach ist davon auszugehen, dass von den 714 000 Häftlingen, die sich Mitte Januar 1945 in den Konzentrationslagern befanden, zwischen einem Drittel und der Hälfte, d. h. ca. 250 000 bis 350 000 Häftlinge, in der Endphase ums Leben kamen.[7]

Im Folgenden sollen die Ereignisse, die sich in den letzten sechs Kriegswochen bei der Räumung des KZ Neuengamme und der Außenlager zutrugen, im Zusammenhang überblicksartig dargestellt werden.

Das KZ Neuengamme mit seinen zahlreichen Außenlagern im norddeutschen Raum war eines der letzten großen Konzentrationslager, das die SS räumen ließ. Kurz vor Kriegsende befanden sich noch über 50 000 Menschen in den Händen der Neuengammer Lagerverwaltung – Menschen, die monate- oder jahrelange Zwangsarbeit im KZ bis dahin überlebt hatten und auf die baldige Befreiung hofften.[8]

---

5 Joachim Neander, Das Konzentrationslager Mittelbau in der Endphase der NS-Diktatur, 3. Aufl., Clausthal-Zellerfeld 1999, S. 112 ff.

6 Shmuel Krakowski, Todesmärsche, in: Wolfgang Benz/Hermann Graml/Hermann Weiß (Hrsg.), Enzyklopädie des Nationalsozialismus, Stuttgart 1997, S. 759–761, hier S. 260.

7 Orth, Konzentrationslager, S. 335. Die Zahlen für das KZ Neuengamme, dessen Häftlingszahl am 15. 1. 1945 laut der im SS-Wirtschafts-Verwaltungshauptamt geführten Liste 48 164 betrug (Institut für Zeitgeschichte [IfZ], Fa 183), bewegen sich am oberen Rand der Schätzungen, denn es kann aufgrund der erhaltenen Unterlagen und gesicherter Annahmen davon ausgegangen werden, dass von Mitte Januar 1945 bis zum Kriegsende nahezu 25 000 Häftlinge starben.

8 Dem Bericht des SS-Standortarztes Dr. Alfred Trzebinsky an das Wirtschafts-Verwaltungshauptamt der SS vom 29. 3. 1945 (abgedruckt in Hermann Kaienburg, Das Konzentrationslager Neuengamme 1938–1945. Hrsg. von der KZ-Gedenkstätte Neuengamme, Bonn 1997, S. 123–126) zufolge befanden sich am 25. 3. 1945 genau 39 880 Häftlinge, davon 12 073 Frauen, in den Außenlagern und bis zu 14 000 Häftlinge im Hauptlager.

1. Sukzessive Auflösung der Außenlager

Unter dem Druck der im Westen immer weiter vorrückenden britischen und US-amerikanischen Truppen sah sich die SS Ende März 1945 gezwungen, die ersten Außenlager des KZ Neuengamme zu räumen. Initiativen zu Lagerräumungen gingen teilweise auch von den Wirtschaftsunternehmen aus, die sich kurz vor Kriegsende der KZ-Gefangenen entledigen wollten.[9] Die Auflösung des Außenlagerkomplexes begann mit der Räumung der beiden im Emsland gelegenen Lager Meppen-Versen und Dalum am 26. März 1945. Genauso rasch, wie die alliierten Truppen vom Rhein an die Elbe vorrückten, vollzog sich dann die weitere Entwicklung: In der ersten Aprilwoche folgte die Räumung des Lagerstützpunktes Porta Westfalica, der Außenlager in Wilhelmshaven, Hannover, Braunschweig, Salzgitter und der beiden Bremer Frauenlager Obernheide und Uphusen. Vom 7. April an wurden die restlichen Bremer sowie die im Hamburger Stadtgebiet gelegenen Außenlager geräumt.

Bis Mitte April 1945 war die Mehrzahl der damals noch bestehenden 57 Außenlager des KZ Neuengamme aufgelöst, die Häftlinge in eiligst herbeigeschafften Güterwaggons, per Lastwagen oder auf Fußmärschen vor den herannahenden alliierten Truppen weggeführt worden. Mit Nahrung – wenn überhaupt – für ein bis zwei Tage versehen, waren manche Transporte über eine Woche unterwegs. Bahntransporte irrten aufgrund von Gleiszerstörungen und alliierten Luftangriffen teilweise wie ziellos durch die Gegend. Nicht selten erhielten die für die Räumung verantwortlichen SS-Führer innerhalb kurzer Zeit neue, sich sogar widersprechende Befehle. Die hygienischen Verhältnisse in den total überfüllten Waggons waren katastrophal, die Häftlinge erhielten kaum noch Essbares, selbst mit Wasser wurden sie nicht mehr versorgt, es kam zu Massakern durch Wachmannschaften, an den Ankunftsorten der Transporte herrschten ebenfalls Hunger und Seuchen. Bei den oft tagelangen Fußmärschen, die eine Tortur für die bereits geschwächten, ohne ausreichende Kleidung und vernünftiges Schuhwerk ausgestatteten Häftlinge waren, erschossen die SS-Wachmannschaften diejenigen, die das Tempo nicht halten konnten und zurückblieben.

Zunächst wurden aus den Außenlagern im Emsland, Wilhelmshaven und einem kleinen Teil der Bremer und Hamburger Lager vor allem noch arbeitsfähige Häftlinge ins zunehmend überfüllte Stammlager zurückgeführt. Das völlig überbelegte Lager in Neuengamme war jedoch schon bald nicht mehr in der Lage, noch weitere Häftlinge aufzunehmen.

---

9   Marc Buggeln, Arbeit & Gewalt. Das Außenlagersystem des KZ Neuengamme, Göttingen 2009, S. 628 ff.

2. „Mouroir" – Die Auffanglager

Die weitaus meisten Transporte aus den Außenlagern führten die Häftlinge deshalb in sogenannte Auffanglager. Hierbei handelte es sich um einen Lagertypus, der nur in den letzten Wochen vor Kriegsende existierte und in dessen Bezeichnung „Auffanglager" das Provisorium zum Ausdruck kommt. Französischsprachige ehemalige Häftlinge haben für diese Lager noch einen anderen Begriff geprägt: „mouroir", Sterbelager. In ihnen endeten die „Todesmärsche" und Räumungstransporte, ohne dass diese Lager auf die enorme Zahl von aufzunehmenden Häftlingen auch nur im Geringsten vorbereitet gewesen wären. Der Kriegsverlauf gestattete es der SS auch kaum noch, entsprechende Vorbereitungen zu treffen. Die Auffanglager waren häufig Notlösungen zur Aufnahme der Häftlinge, weil alle anderen Lager überfüllt oder wegen zerstörter Bahnstrecken und der näher rückenden Fronten nicht mehr erreichbar waren.

Einige Tausend männliche Häftlinge, aus dem Stammlager abgeschobene Kranke und Häftlinge aus den Außenlagern in Hannover, teilweise auch aus Salzgitter, sowie mehr als 6000 Häftlinge, zumeist Jüdinnen, aus den Frauenaußenlagern des KZ Neuengamme kamen in das Konzentrationslager Bergen-Belsen.[10] Dass neben der geografischen Nähe auch an der Wertehierarchie der SS orientierte Selektionsprinzipien zum Tragen kamen, bestätigte im Curio-Haus-Prozess der Neuengammer Kommandant Max Pauly, demzufolge der Höhere SS- und Polizeiführer befohlen hatte, „dass kranke Häftlinge, Juden und Jüdinnen nach Bergen-Belsen zu schicken waren".[11]

Die Häftlinge nahmen ebenfalls wahr, dass sich die Zusammenstellung der Räumungstransporte an bestimmten Vorgaben orientierte. So findet sich im Tagebuch von Odd Nansen unter dem Datum des 7. April 1945 folgender Eintrag:

> „Das Hauptrevier [im Stammlager] wird ‚evakuiert'. Alle Tuberkulosen und alle, die nicht im Laufe von drei bis vier Wochen gesund werden können, sollen weg. Es heißt, nach Bergen-Belsen, aber wir wissen, was das bedeutet. Alle Juden im Lager – und hier gibt es merkwürdigerweise immer noch welche – sollen mit, dazu noch einige andere Gefangene. In diesem Augenblick geht

---

10 Thomas Rahe/Arnold Jürgens, Das Lager II: Bergen-Belsen in den letzten Tagen vor der Befreiung, in: Detlef Garbe/Carmen Lange (Hrsg.), Häftlinge zwischen Vernichtung und Befreiung. Die Auflösung des KZ Neuengamme und seiner Außenlager durch die SS im Frühjahr 1945, Bremen 2005, S. 95–103; Stiftung Niedersächsische Gedenkstätten (Hrsg.), Bergen-Belsen. Kriegsgefangenenlager 1940–1945, Konzentrationslager 1943–1945, Displaced Persons Camp 1945–1950. Katalog der Dauerausstellung. Redaktion: Marlis Buchholz, Celle/Göttingen 2009, S. 224 ff.

11 Public Record Office, WO 309/408: Aussage Max Pauly vom 30. 3. 1946.

Hundertschaft um Hundertschaft zum Tor hinaus. Ich war gerade draußen und sah sie mir an. [...] Ein wandelnder Zug lebendiger Leichen. Einige werden von den Kameraden mitgeschleppt, andere liegen anscheinend leblos auf dem Beton. Wie unbegreiflich schrecklich ist dies doch alles!"[12]

Bergen-Belsen, das die SS im Frühjahr 1943 zunächst als „Aufenthaltslager" eingerichtet hatte, in dem ausländische Juden als Geiseln und potenzielle Austauschhäftlinge gefangen gehalten wurden, diente bereits seit März 1944 unter der euphemistischen Bezeichnung „Erholungslager" als Auffang- und Sterbelager für kranke und körperlich ausgezehrte Häftlinge aus anderen Konzentrationslagern. Mit der dramatischen Zunahme der Überbelegung ab Ende 1944, als viele „Evakuierungstransporte" aus den im Osten geräumten Konzentrationslagern Bergen-Belsen erreichten, begann das große Massensterben.

In dem völlig überfüllten Lager mangelte es an allem; eine Typhusepidemie kostete Tausende das Leben. Für die zumeist erst in der zweiten Aprilwoche aus den Neuengammer Außenlagern in Bergen-Belsen eintreffenden Transporte gab es nichts mehr: keinen Platz, keine Nahrung und kaum Wasser. Bergen-Belsen, das als einziges großes Hauptlager nicht „evakuiert" wurde (was angesichts der Verhältnisse auch kaum möglich gewesen wäre), wurde im Rahmen eines lokalen Waffenstillstands am 15. April 1945 an die britischen Truppen übergeben. Den Befreiern bot sich ein Bild des Schreckens: Auf dem Lagergelände fanden sie Tausende von unbeerdigten Leichen und 56 000 von Auszehrung, Krankheit und Tod gezeichnete Frauen, Männer und Kinder vor, von denen im ersten Vierteljahr nach der Befreiung trotz großer medizinischer Anstrengungen nahezu jeder Vierte verstarb.

Da Bergen-Belsen ab der zweiten Aprilwoche als Aufnahmelager ausfiel, musste die SS neue Auffanglager suchen. Zum Zielort von 9000 Häftlingen, vor allem aus den Außenlagern im Emsland, in Wilhelmshaven und Bremen, aber auch aus einigen Hamburger Außenlagern, wurde vom 12. April an Sandbostel bei Bremervörde. In dem dort seit 1939 bestehenden großen Kriegsgefangenenlager (Stalag X B Sandbostel) war ein separater Bereich für die Unterbringung von KZ-Häftlingen frei gemacht worden.[13] Auch hier waren die Verpflegung und

12 Odd Nansen, Von Tag zu Tag. Ein Tagebuch. Aus dem Norwegischen übertragen von Ingeborg Goebel. Hamburg 1949. Abschrift durch Hans-Oluf Martensen, Hamburg 2009, S. 205. Odd Nansen, Sohn des Polarforschers Fridtjof Nansen, war von Anfang 1942 bis März 1945 im KZ Sachsenhausen und dann mehrere Wochen im KZ Neuengamme inhaftiert. Odd Nansen gelang es, die gesamte Zeit über ein Tagebuch zu führen und dieses im Zuge der Aktion der „Weißen Busse" mit nach Norwegen zu nehmen.
13 Klaus Volland, Das Stalag X B Sandbostel als Auffanglager für KZ-Häftlinge, in: Garbe/ Lange, Häftlinge, S. 117–125.

Versorgung der Menschen, von denen viele im Zuge von Krankentransporten ins Lager kamen, völlig unzureichend. Zahllose Häftlinge gingen an körperlicher Auszehrung und Krankheiten zugrunde; der Hunger trieb Häftlinge zum Leichenkannibalismus. In der Nacht vom 19. auf den 20. April 1945 kam es während eines Luftalarms zu einer Revolte einiger Hundert Häftlinge, die eine Küchenbaracke stürmten, um an Nahrungsmittel zu gelangen. In der gleichen Nacht verließ die SS mit einigen Hundert noch „marschfähigen" Häftlingen das Lager. Mit dem Schiff „Olga Siemers" gelangten sie durch den Nord-Ostsee-Kanal und über die Ostsee am 30. April bis nach Flensburg. Dort wurden sie am 4. Mai zusammen mit Häftlingen aus dem Stammlager Neuengamme auf dem Schiff „Rheinfels" untergebracht. Ihre Freiheit erlangten sie erst nach Kriegsende am 10. Mai.[14]

Nach dem Abmarsch der SS blieben die übrigen KZ-Häftlinge im Auffanglager Sandbostel weitgehend sich selbst überlassen; sie wurden von den im benachbarten Lager untergebrachten Kriegsgefangenen notdürftig versorgt. Den britischen Soldaten, die am 29. April in Sandbostel eintrafen und das Lager übernahmen, boten sich die gleichen Bilder wie zwei Wochen zuvor in Bergen-Belsen. In Sandbostel starben in der Zeit vom 12. bis 29. April 1945 sowie in den Wochen im Krankenhaus Rotenburg und anderen Lazaretten an den Haftfolgen annähernd 3000 KZ-Häftlinge und damit jeder Dritte.

Neben Bergen-Belsen und Sandbostel wurde noch ein drittes Lager zum Auffanglager für „evakuierte" Häftlinge aus Außenlagern des KZ Neuengamme: das erst im Februar 1945 eingerichtete und noch im Aufbau befindliche Außenlager Wöbbelin bei Ludwigslust.[15] Das Lager wurde nie richtig fertiggestellt. Die über 5000 Häftlinge, die aus Kaltenkirchen, aus den Lagern in Porta Westfalica und vor allem aus den Außenlagern im Raum Braunschweig – Salzgitter kommend von Mitte April an dort eintrafen, mussten in den wenigen halbfertigen Baracken leben. Im ganzen Lager gab es nur eine Wasserpumpe. Die SS ließ die vermutlich über 1000 Häftlinge, die verhungerten oder an Krankheiten zugrunde gingen, in Massengräbern nahe dem Lagergelände verscharren. Am 1. Mai unternahm die SS den Versuch, die Häftlinge noch per Bahn nach Lübeck zu transportieren, um sie dort auf Schiffen unterzubringen. Da die Gleise durch Fliegerangriffe der Alliierten zerstört waren, gelang dies jedoch nicht. Am 2. Mai 1945 erreichten Soldaten der 82. US-Luftlandedivision Wöbbelin. Diese ließen die Leichen durch die deutsche Bevölkerung exhumieren und am 7. und 8. Mai in Ludwigslust (zwi-

---

14 Ulf Lüers, „Die Toten über Bord geworfen ...". KZ-Häftlingstransporte nach Flensburg im April/Mai 1945, in: Stadtarchiv Flensburg (Hrsg.), Verführt. Verfolgt. Verschleppt. Aspekte nationalsozialistischer Herrschaft in Flensburg 1933–1945. Redaktion: Broder Schwensen/Gerhard Paul/Peter Wulf, Flensburg 1996, S. 276–323.
15 Carina Baganz, Zehn Wochen KZ Wöbbelin. Ein Konzentrationslager in Mecklenburg 1945. Hrsg. von den Mahn- und Gedenkstätten Wöbbelin, Wöbbelin 2000.

schen Schloss und Schlosskirche), in Schwerin und Hagenow auf zentralen Plätzen öffentlich bestatten. Die drei Auffanglager, in die insgesamt nahezu 25 000 Häftlinge des KZ Neuengamme gelangten, waren oder wurden zu Sterbelagern. Nahezu ohne Nahrung und unter unbeschreiblichen hygienischen Verhältnissen gingen Tausende hier im April 1945 an Hunger und Krankheiten zugrunde: 1000 Häftlinge in Wöbbelin und 3000 in Sandbostel; nicht bekannt ist, wie hoch die Zahl der Opfer mit Neuengammer Lagernummern unter den über 25 000 Toten ist, die in Bergen-Belsen in den letzten Wochen vor und noch im ersten Vierteljahr nach der Befreiung starben.

Einige der Räumungstransporte erreichten auch andere Zielorte. So gelangten mehrere Tausend Häftlinge, Männer und Frauen, aus den beiden, zuletzt durch eintreffende Krankentransporte stark überfüllten Außenlagern in Salzgitter-Watenstedt/Leinde in mindestens zwei Güterzügen nach tagelangen Irrfahrten schließlich am 14. April in das KZ Ravensbrück. Die Männer wurden kurz darauf bei der Räumung des KZ Ravensbrück zu Fuß in Richtung Nordwesten, wahrscheinlich mit dem Ziel Ostsee, weitergetrieben. Einige erreichten das Auffanglager Wöbbelin, andere kamen bis Malchow in Mecklenburg, wo sie am 2. Mai von US-amerikanischen Truppen befreit wurden. Wie viele der Frauen aus dem Außenlager Watenstedt/Leinde bei der Räumung des KZ Ravensbrück Ende April 1945 noch in Fußmärschen das Lager verlassen mussten, ist nicht bekannt.

Viele Entwicklungen waren situativ und Folge der für die SS durch das Kriegsgeschehen zunehmend begrenzten Möglichkeiten. So gab es im Zuge der Lagerräumungen Geschehensabläufe, die den ursprünglichen Absichten zuwiderliefen. Ein Zug mit weit über 2000 Frauen, der am 8. April 1945 das Außenlager Helmstedt-Beendorf verlassen hatte und der nach tagelanger Fahrt über Magdeburg und Stendhal zunächst für drei Tage im mecklenburgischen Sülstorf Station machte, wo die SS eine große Zahl von Toten verscharren ließ, fuhr anschließend mangels Alternative zurück nach Westen und erreichte schließlich am 20. April Hamburg – genau zu dem Zeitpunkt, an dem mit der vollständigen Räumung des Neuengammer Stammlagers begonnen wurde, um alle KZ-Häftlinge aus dem Gebiet der Hansestadt fortzuschaffen. Die stark geschwächten Frauen, von denen etliche noch nach der Ankunft starben, wurden provisorisch in den zuvor geräumten Lagern Eidelstedt, Langenhorn und Sasel sowie im Lager Wandsbek (Drägerwerk) untergebracht, das im Unterschied zu den mit Jüdinnen belegten Hamburger Frauenaußenlagern nicht geräumt worden war. Die meisten Frauen aus Wandsbek wurden durch das Schwedische Rote Kreuz gerettet. Sie konnten am 1. Mai 1945 mit einem Zug Hamburg verlassen, fuhren nach Padborg in Dänemark und von dort weiter zur medizinischen Rekonvaleszenz nach Schweden. Die anderen in den Außenlagern Eidelstedt, Langenhorn und Sasel einquartierten Frauen wurden zwischen dem 3. und 5. Mai 1945 befreit.

3. Massenmorde kurz vor dem Eintreffen der Alliierten

In der Regel war es den Häftlingen nicht bekannt, wohin die Räumungstransporte gehen sollten. Wenn aufgrund der totalen Überfüllung, des Herannahens alliierter Truppen und veränderter Befehlslage die ursprünglichen Zielorte aufgegeben oder die Transporte aufgrund zerstörter Verkehrswege, drohender Luftangriffe und zwingender Versorgungsgründe von den SS-Kommandoführern umdirigiert wurden, empfanden es die Häftlinge und wohl auch die beteiligten Wachmannschaften so, als ob sie ziellos hin und her irrten und völliges Durcheinander herrschte. Im Empfinden der Häftlinge schien die Räumung der Lager keiner Logik zu unterliegen – es sei denn derjenigen, noch möglichst viele von ihnen zu Tode zu bringen.

Die Strapazen der Märsche, die Enge in den Güterwaggons und auf den Ladeflächen der Lastwagen, die zunehmende Nervosität der Wachmannschaften und der rücksichtslose Schusswaffengebrauch, die Fliegerangriffe, der Hunger und noch mehr der Durst galten als Vorzeichen der drohenden Vernichtung und überlagerten immer mehr die Hoffnung auf die baldige Befreiung.

Vollends außer Kontrolle schien die Lage dort zu geraten, wo die Transporte aufgrund der Frontlage und fehlender Kapazitäten nicht mehr fortgesetzt werden konnten und sich in einer ausweglosen „Sackgasse" befanden. In solchen Situationen sahen sich die SS-Kommandoführer und die Begleitmannschaften vor die Alternative gestellt, sich abzusetzen und die Häftlinge freizugeben oder sich auf andere Weise der Häftlinge zu entledigen. Zu den bekanntesten Verbrechen der Endphase zählt das „Massaker von Gardelegen".

Zwischen dem 9. und dem 11. April 1945 endeten in der Altmark mehrere große Räumungstransporte aus Außenlagern des KZ Mittelbau-Dora und ein Krankentransport mit Neuengamme-Häftlingen, der am 8. April in Hannover-Stöcken Richtung Osten aufgebrochen war,[16] über Fallersleben und Wolfsburg per Bahn Mieste erreichte, dort seine Fahrt aufgrund zerstörter Gleisanlagen nicht fortsetzen konnte und die letzten 20 Kilometer bis Gardelegen zu Fuß zurücklegte. Hier befanden sich die Transporte in einem durch die nördlich und südlich bereits bis an die Elbe vorgestoßenen US-amerikanischen Truppen gebildeten Kessel.

Nach Absprache mit dem NSDAP-Kreisleiter Gerhard Thiele trieb die SS am Abend des 13. April 1945 die Häftlinge in eine außerhalb der Stadt gelegene Feldscheune des Gutes Isenschnibbe. SS Leute entzündeten das in der Scheune gelagerte und zuvor mit Benzin getränkte Stroh. 1016 Häftlinge verbrannten und

---

16 Vermutlich sollte der Transport, ebenso wie die am Vortag aus Salzgitter-Watenstedt/Leinde per Bahn abtransportierten Häftlinge, das KZ Ravensbrück ansteuern.

erstickten oder wurden bei dem Versuch, den Flammen zu entkommen, von der SS erschossen.[17]

Auch in den alten Residenzstädten Celle und Lüneburg ereigneten sich entsetzliche Verbrechen an Neuengamme-Häftlingen. Bei einem Bombenangriff der US-Luftwaffe auf den Güterbahnhof Celle wurde am Abend des 8. April 1945 ein Zug, der etwa 3420 KZ-Häftlinge aus den Neuengammer Außenlagern Drütte und Salzgitter-Bad sowie aus dem Buchenwalder Außenlager Holzen nach Bergen-Belsen oder Neuengamme bringen sollte, durch die Explosion eines auf dem Nachbargleis stehenden Munitionszuges verheerend getroffen.[18] Hunderte von Häftlingen verbrannten in den verschlossenen Waggons, die sie nicht verlassen konnten. Diejenigen, die sich aus den Waggons befreien und fliehen konnten, suchten Schutz in der Stadt und im nahe gelegenen Wald. Auf Befehl von Generalmajor Paul Tzschökell, des Stadtkommandanten von Celle, begannen am nächsten Tag Einheiten der SS, der Wehrmacht und Polizisten, teilweise unterstützt von der Hitlerjugend und auch von Zivilisten, die Häftlinge wieder zusammenzutreiben. Bei diesem Geschehen, das in der regionalen Öffentlichkeit später zynisch als „Celler Hasenjagd" bezeichnet wurde, wurden mindestens 170 Häftlinge erschossen oder erschlagen. Die Mehrzahl der Überlebenden des Bombenangriffs wurde ab dem Mittag des 9. April zu Fuß nach Bergen-Belsen getrieben. 300 verletzte, nicht „marschfähige" Häftlinge wurden weitgehend unversorgt in Baracken der Celler Heidekaserne untergebracht, wo die Überlebenden am 12. April von britischen Truppen befreit wurden.

In Lüneburg wurde ebenfalls bei einem alliierten Bomberangriff auf den Bahnhof am 7. April 1945 ein Zug mit ca. 400 nicht „marschfähigen" Häftlingen aus dem Außenlager Wilhelmshaven-Alter Banter Weg getroffen. Dabei starben über 200 Häftlinge. Hier kam es nicht sofort danach, sondern einige Tage später zu einem Massaker. Überlebende, die nach dem Angriff auf einem Feld zusammengetrieben wurden, brachte die SS am nächsten Tag nach Bergen-Belsen. Nach den Entkommenen wurde mehrere Tage gefahndet; in der Lüneburger Zeitung wurde die Bevölkerung unter der Überschrift „Achtet auf entwichene KZ-Häftlinge!"[19] zur Mithilfe aufgefordert. Die zur Bewachung eingesetzten Marinesoldaten und

---

17 Diana Gring, Todesmärsche und Massaker in der Endphase: Ansätze zur Spezifizierung und zur kriminalphänomenologischen Einschätzung am Beispiel der NS-Verbrechen von Gardelegen im April 1945, in: Garbe/Lange, Häftlinge, S. 155–165.
18 Neue Forschungsergebnisse zu den Ereignissen in Celle sind jüngst vorgelegt worden, Bernhard Strebel, Celle April 1945 revisited. Ein amerikanischer Bombenangriff, deutsche Massaker an KZ-Häftlingen und ein britisches Gerichtsverfahren, Bielefeld 2008.
19 Lüneburger Zeitung, 11. 4. 1945, Seite 1; vgl. Immo de Vries, Kriegsverbrechen in Lüneburg. Das Massengrab im Tiergarten. Hrsg. von der Geschichtswerkstatt Lüneburg e. V., Lüneburg 2000.

der einzige verbliebene SS Mann, Gustav Alfred Jepsen, ermordeten am 11. April 1945 zwischen 60 und 80, zum Teil beim Bombenangriff verletzte Häftlinge und setzten sich dann ab.

Die Motive, die diesen Massakern zugrunde lagen, waren vielschichtig: Wut über die allliierten Angriffe, Verzweiflung angesichts der sich abzeichnenden Niederlage, Hass auf die Häftlinge und das Streben nach Beseitigung von Zeugen der eigenen Verbrechen, schließlich Feigheit und der Wunsch, sich der Gefangenen und damit der übertragenen Aufgabe zu entledigen, um sich absetzen zu können. Von Entdeckungen wie der in Gardelegen wurde die Wahrnehmung Deutschlands durch die Alliierten maßgeblich beeinflusst. Und Ereignisse dieser Art wurden in späteren Berichten herangezogen, wenn es darum ging, die Vernichtungsabsicht der SS bei der Auflösung der Lager zu belegen.

Dass sich das Schicksal von KZ-Häftlingen auch anders gestalten konnte, zeigt das Geschehen in dem nur 40 Kilometer von Gardelegen entfernten Salzwedel.[20] Nachdem kurz zuvor noch über 1000 Frauen aus den geräumten Außenlagern Porta Westfalica-Hausberge und Fallersleben in Salzwedel eingetroffen waren, konnten Angehörige der 9. US-Armee dort am 14. April 1945 ca. 3000 zumeist jüdische Frauen befreien. Das Nebeneinander der Befreiung des Frauenlagers in Salzwedel, das anscheinend aufgrund einer Entscheidung des dortigen Lagerführers neben dem Lager in Hamburg-Wandsbek als einziges Außenlager des KZ Neuengamme nicht geräumt wurde, und des am Tag zuvor in Gardelegen verübten Massakers zeigt, wie hauchdünn die Grenze zwischen Leben und Tod, zwischen Vernichtung und Befreiung in jenen letzten Kriegstagen war und wie stark die Ereignisse von lokalen Entscheidungen abhängig waren.

4. Evakuierung der skandinavischen Häftlinge mit den „Weißen Bussen"

Mit der Auflösung des KZ Neuengamme verbinden sich darüber hinaus zwei historische Ereignisse, die aber in ihrer Wirkung und Wahrnehmung völlig gegensätzlich waren und den Zwiespalt zwischen Vernichtung und Befreiung besonders drastisch zeigen: die Rettung der skandinavischen KZ-Häftlinge durch das Schwedische Rote Kreuz und die Verbringung der in Neuengamme verbliebenen Häftlinge auf KZ-Schiffe.

Die Befreiung sämtlicher dänischen und norwegischen Gefangenen im Rahmen einer koordinierten Rettungsaktion konnte nur gelingen, weil beharrliche

---

20 Dietrich Banse, 14. April 1945: Der Tag der Befreiung des Außenlagers Salzwedel aus der Sicht der Befreiten, der Befreier und der Bevölkerung von Salzwedel, in: Garbe/Lange, Häftlinge, S. 87–93.

Bemühungen skandinavischer Stellen gegen Kriegsende auf eine zunehmende Bereitschaft zu Zugeständnissen seitens der SS-Führung stießen.[21] Bereits zur Jahreswende 1943/44 gab es in Dänemark erste Überlegungen für eine Rückführung nach Deutschland deportierter Landsleute, die ihren Ursprung in Hilfsaktionen (vor allem Paketsendungen) für skandinavische Gefangene hatten, die aus dem neutralen Schweden unterstützt wurden. Frühzeitig begannen in Deutschland stationierte Pfarrer der dänischen und schwedischen Seemannsmissionen damit, in deutschen Gefängnissen und Lager einsitzende Dänen und Norweger zu registrieren und deren Aufenthaltsorte festzustellen.

Zeitgleich mit den dänischen Bemühungen setzte sich auch die norwegische Exilregierung in Schweden für eine Rückführung der norwegischen Gefangenen aus Deutschland ein. Niels Christian Ditleff, ihr Repräsentant, stand diesbezüglich in engem Kontakt mit Graf Folke Bernadotte, dem Vizepräsidenten des Schwedischen Roten Kreuzes. Auf Ditleffs Bitte hin reiste Bernadotte Anfang 1945 mehrmals nach Berlin und Lübeck zu Geheimgesprächen mit dem Reichsführer SS Heinrich Himmler und dem Chef des Reichssicherheitshauptamtes Ernst Kaltenbrunner. Da Himmler auf die Dienste Bernadottes bei der Kontaktaufnahme zu den Briten und bei der Vermittlung eines die totale Niederlage abwendenden, die Weiterführung des Krieges gegen die Rote Armee ermöglichenden Waffenstillstandes an der Westfront hoffte und da Bernadotte Vermittlerdienste in Aussicht stellte, kam es zu einer Reihe von Abmachungen. Nach und nach rang Graf Bernadotte dem Reichsführer SS wichtige Zugeständnisse ab.

Mitte Februar sagte Himmler die Zusammenlegung aller in deutschen Gefängnissen und Konzentrationslagern inhaftierten Dänen und Norweger zu. Neuengamme bot sich als das am weitesten im Norden Deutschlands gelegene Konzentrationslager für diesen Zweck und die später beabsichtigte Überführung der Gefangenen nach Schweden an.

Dies war der Beginn einer beispiellosen Hilfsaktion. Innerhalb der folgenden Wochen fuhren 36 Busse und weitere Fahrzeuge des Schwedischen Roten Kreuzes, mit einer Sondererlaubnis der SS versehen, zahlreiche deutsche Gefängnisse und Lager an, um Tausende von dänischen und norwegischen Gefangenen nach Neuengamme zu bringen.[22] Dort wurde im März 1945 ein eigenes, von den Häft-

---

21 Manfred Warnecke, „Und plötzlich war es so, als hätten wir all unser Grauen abgeschüttelt". Die Rettungsexpedition „Weiße Busse" im Frühjahr 1945, in: Internationale wissenschaftliche Korrespondenz zur Geschichte der deutschen Arbeiterbewegung 40 (2004) 4, S. 488–509; Michael Grill, „Neuengamme war die erste Etappe auf dem Weg in die Heimat und in die Freiheit" – Das Skandinavierlager in Neuengamme und die Rückführung der skandinavischen Häftlinge mit den „Weißen Bussen", in: Garbe/Lange, Häftlinge, S. 185–215.

22 Die Unterbringung der weiblichen Gefangenen, die im Rahmen der Aktion der „Weiße Busse" nach Hamburg gebracht wurden, erfolgte im Außenlager Wandsbek.

lingen anderer Nationen abgetrenntes „Skandinavierlager" eingerichtet, zu dem das Personal des Roten Kreuzes Zutritt erhielt.

Um die vier Häftlingsblocks in dem erst wenige Monate zuvor fertiggestellten, fast 3000 qm großen Steingebäude, das sich wegen seiner Lage unmittelbar an der Lagerstraße gut für eine Separierung eignete, für diesen Zweck nutzen zu können, musste dieses zunächst frei gemacht werden. Seit seiner Fertigstellung Ende 1944 hatte das zweigeschossige Steingebäude als Unterkunft („Schonungsblocks") für mehrere Tausend, nur noch bedingt arbeitsfähige Menschen gedient, die meist aus den Außenlagern zurückgeschickt worden waren und in Neuengamme vor allem zu Flechtarbeiten eingesetzt wurden.

Um die völlig überbelegten Unterkünfte, die aufgrund der hohen Todesrate auch als „Sterbeblocks" bezeichnet wurden, räumen zu können, bediente sich die SS der Mithilfe des Schwedischen Roten Kreuzes und der skandinavischen Häftlinge. Das Heraustragen der oft sterbenskranken Mithäftlinge, die nicht wussten, ob dies Hilfe oder die drohende Vernichtung bedeutete, beschreiben sowohl die dänischen und norwegischen Häftlinge wie auch die schwedischen Busfahrer als einen der schwersten Momente.

Etwa 2000 der dort zuvor untergebrachten Häftlinge anderer Nationen, darunter viele Polen und Franzosen, ließ die SS Ende März mit den „Weißen Bussen" in Außenlager nach Hannover und Salzgitter (Watenstedt/Leinde) bringen. Die Häftlinge waren maßlos enttäuscht, als sie merkten, dass die Busse sie nicht in die Freiheit, sondern in andere Lager brachten. Sie fühlten sich vom Roten Kreuz, auf dessen Hilfe sie gehofft hatten, verraten.[23] Dieses Ereignis bot in den letzten Jahren in Schweden und Norwegen einen weiteren Anlass für die dort mit Vehemenz geführte Debatte über die Ambivalenzen der schwedischen Neutralität im Zweiten Weltkrieg.[24]

---

23 Hier bestätigte sich – so Katharina Hertz-Eichenrode – „ein altes Prinzip in der Funktionsweise der Konzentrationslager: Hilfe und Rettung für die einen war in der Regel nur auf Kosten anderer Häftlinge möglich, nur dass sich in diesem speziellen Fall Außenstehende, nämlich das Rote Kreuz, ohne es zu wollen, zum Helfershelfer der SS machte", Katharina Hertz-Eichenrode, Die Auflösung des KZ Neuengamme im Frühjahr 1945, in: dies. (Hrsg.), Ein KZ wird geräumt. Häftlinge zwischen Vernichtung und Befreiung. Die Auflösung des KZ Neuengamme und seiner Außenlager durch die SS im Frühjahr 1945. Katalog zur Wanderausstellung. Hrsg. im Auftrag des Freundeskreises KZ-Gedenkstätte Neuengamme. Bd. 1: Texte und Dokumente, Bremen 2000, S. 31–63, hier S. 51.
24 Izabela A. Dahl, Die „Weißen Busse" und Folke Bernadotte. Zur Rezeption der Hilfsaktion in Deutschland und Skandinavien, in: Dachauer Hefte 24 (2008), S. 203–219; Claudia Lenz, Vom Heldentum zum moralischen Dilemma. Die „Weißen Busse" und ihre Deutungen nach 1945, in: Beiträge zur Geschichte der nationalsozialistischen Verfolgung in Norddeutschland 10 (2007), S. 68–80.

Um sich selbst vor Ort von den eingeleiteten Hilfsmaßnahmen überzeugen zu können, besuchte Graf Bernadotte am 30. März 1945 das „Skandinavierlager". Nachdem Himmler Anfang April der Bitte des Grafen zugestimmt hatte, kranke und entkräftete Dänen und Norweger aus Neuengamme nach Schweden evakuieren zu dürfen, fuhren von da an mehrfach kleinere Transporte mit Kranken über Dänemark nach Schweden. Zeitgleich mit der Anordnung der Räumung des Hauptlagers am 19. April 1945 durch den Höheren SS- und Polizeiführer traf auch die aus Berlin erwartete Genehmigung zum Abtransport aller skandinavischen Häftlinge aus Neuengamme ein. Für die große Rettungsaktion wurden alle verfügbaren Kräfte aufgeboten: Mit 120 Bussen und anderen Fahrzeugen, von denen viele kurzfristig in Dänemark bereitgestellt, weiß gestrichen und mit dem Zeichen des Roten Kreuzes versehen worden waren, verließen am 20. April die letzten 4200 Insassen des „Skandinavierlagers" in sechs, im Abstand von jeweils etwa einer Stunde aufbrechenden Konvois das KZ Neuengamme. Bei ihrer Ankunft in Padborg, wo das Dänische Rote Kreuz in Erwartung eine Quarantänestation zur medizinischen Erstversorgung eingerichtet hatte, wurden die Häftlinge von der Bevölkerung begeistert empfangen. Von dort aus fuhren die Busse weiter nach Schweden, wodurch die Häftlinge unwiderruflich ihre Freiheit erhielten. Insgesamt konnten 6000 dänische und norwegische Gefangene im Rahmen der Aktion der „Weißen Busse" – auch als „Bernadotte-Aktion" bezeichnet – aus Neuengamme gerettet werden.

In der bis zum Kriegsende verbleibenden Zeit gelang es dem Schwedischen Roten Kreuz anschließend noch, bis zu 15 000 weitere KZ-Häftlinge anderer Nationalität zu retten, darunter über 7000 Frauen aus dem KZ Ravensbrück und etwa 2000 Frauen aus Außenlagern des KZ Neuengamme. Sie alle wurden zunächst in Padborg versorgt, bevor sie endgültig aus dem deutschen Machtbereich in das neutrale Schweden gebracht wurden.

5. Die Räumung des Stammlagers

Nachdem die letzten skandinavischen Häftlinge und Rot-Kreuz-Mitarbeiter Neuengamme verlassen hatten, begann die SS noch am 20. April mit der Räumung des Stammlagers Neuengamme. Die im Lager verbliebenen 10 000 Häftlinge erwartete jedoch kein glückliches Ende.

Zunächst kam es zu einem Verbrechen, das die SS auch vor den Häftlingen zu verheimlichen suchte.[25] Zwei Stunden nachdem der letzte dänische Bus

---

25 Günther Schwarberg, Der SS-Arzt und die Kinder vom Bullenhuser Damm, Neuauflage, Göttingen 2001.

abgefahren war, brachte ein Lastwagen 20 jüdische Kinder, zwei niederländische Häftlingspfleger und zwei französische Häftlingsärzte in das seit Oktober 1944 als KZ-Außenlager genutzte, seit der Lagerräumung am 11. April leer stehende Schulgebäude am Bullenhuser Damm im kriegszerstörten Stadtteil Hamburg-Rothenburgsort. Die Kinder, zehn Mädchen und zehn Jungen im Alter von fünf bis zwölf Jahren, hatte der Lungenfacharzt Dr. Kurt Heißmeyer im November 1944 aus Auschwitz-Birkenau nach Neuengamme bringen lassen, um an ihnen – wie zuvor schon an über 100 erwachsenen Häftlingen – medizinische Experimente mit Tbc-Erregern vorzunehmen. Um die Spuren zu verwischen, wurden die Kinder und die vier zur Betreuung eingesetzten Häftlingsärzte und -pfleger in der Nacht vom 20. auf den 21. April 1945 von SS-Männern im Keller des Schulgebäudes an Heizungsrohren erhängt. Wenige Stunden nach dieser Tat wurden 24 sowjetische Kriegsgefangene aus dem Außenlager Spaldingstraße in die Schule gebracht und ebenfalls ermordet.

Auch andere Häftlinge, die die SS und Gestapo als besonders „gefährlich" erachtete, wurden im Zuge der Lagerräumung ermordet. So wurden 71 aus Fuhlsbüttel überstellte Polizeihäftlinge, viele von ihnen Angehörige Hamburger Widerstandsgruppen, am 21. und 23. April im Arrestbunker getötet.

Die vollständige Räumung des Stammlagers organisierte der Höhere SS- und Polizeiführer Nordsee Henning Graf von Bassewitz-Behr, der die Befehlsgewalt über das KZ Neuengamme im Fall alliierter Feindannäherung ausübte, gemeinsam mit Hamburgs Gauleiter und Reichsverteidigungskommissar Karl Kaufmann. Ihre Entscheidungen und ihr Handeln sind im Gesamtzusammenhang der Vorbereitungen auf das Kriegsende in Hamburg zu sehen. Kaufmann hatte sich Mitte April unter dem Einfluss enger Weggefährten sowie des Rüstungsministers Albert Speer, des Kampfkommandanten von Hamburg, Generalmajor Alwin Wolz und maßgeblicher Vertreter der Wirtschaft, die eine weitere Zerstörung der nach den Bombenangriffen des Jahres 1943 schwer geschädigten Stadt, der Fabrikationsanlagen und der Werften bei einer militärischen Verteidigung Hamburgs fürchteten, dazu durchgerungen, die Stadt entgegen dem Befehl Hitlers kampflos an die Briten zu übergeben.[26] Führende Vertreter der Hamburger Wirtschaft hatten bereits seit Januar 1945 über den Abtransport der KZ-Häftlinge bei Annäherung des Feindes beraten.[27]

---

26 Manfred Asendorf, 1945. Hamburg besiegt und befreit, Hamburg 1995; Frank Bajohr, Hamburgs „Führer". Zur Person und Tätigkeit des Hamburger NSDAP-Gauleiters Karl Kaufmann (1900–1969), in: Frank Bajohr/Joachim Szodrzynski (Hrsg.), Hamburg in der NS-Zeit. Ergebnisse neuerer Forschungen, Hamburg 1995, S. 59–91.

27 Karl-Heinz Roth, Ökonomie und politische Macht: Die „Firma Hamburg" 1930–1945, in: Angelika Ebbinghaus/Karsten Linne (Hrsg.), Kein abgeschlossenes Kapitel: Hamburg im 3. Reich, Hamburg 1997, S. 15–176, hier S. 132 ff.

Die Betriebe, die sich zuvor um den Arbeitseinsatz von Häftlingen bemüht hatten, waren nun bestrebt, diese wieder loszuwerden. Im April konnten sie ihre Position auch gegenüber der politischen Führung durchsetzen. Am 12. April wurde in einer Besprechung bei Gauleiter Kaufmann beschlossen, dass die bei Blohm & Voss eingesetzten Häftlinge abtransportiert werden sollten, was dann auch umgehend geschah. Die am 13. April 1945 von der Gauwirtschaftskammer vertraulich verbreiteten „Richtlinien für die Betriebe bei einer Evakuierung im Falle unmittelbarer Feindbedrohung" bestimmten: „KZ-Häftlinge (männliche und weibliche) werden spätestens bei ‚Alarm Küste' abtransportiert. Die Herausführung zu einem früheren Zeitpunkt wird seitens der Gauwirtschaftskammer angestrebt."[28]

Die Wirtschaftsvertreter teilten die Sorge der Verwaltung vor Plünderungen, die man nach dem Ende der Kampfhandlungen durch befreite Zwangsarbeiterinnen und Zwangsarbeiter sowie KZ-Häftlinge erwartete. Zudem befürchteten sie Repressalien der Sieger, sollten diese bei der Einnahme der Stadt auf halbverhungerte Häftlinge und Opfer von Gräueltaten stoßen. Deshalb sollten die „KZ-Elendsgestalten" und möglichst auch die ausländischen Zwangsarbeiterinnen und Zwangsarbeiter noch vor der Übergabe an die Briten aus der Stadt fortgeschafft werden.

Kaufmann und Bassewitz-Behr einte fortan das Interesse, den Alliierten möglichst geordnete Verhältnisse präsentieren zu können. Da Bassewitz-Behr keine Ausweichlager mehr zur Aufnahme der Neuengamme-Häftlinge fand, schlug Kaufmann die Unterbringung auf Schiffen vor. In dem 1946 gegen ihn geführten Ermittlungsverfahren erklärte Bassewitz-Behr dazu: „Da durch die Verlegung auf Schiffe mir die Frage der Beschaffung von Versorgungsanlagen (Küchen, Latrinen, usw.), die bei Neueinrichtung eines Lagers so schnell kaum hätten beschafft werden können, und die Frage der Bewachung des Lagers (keine Einzäunung notwendig) sehr einfach zu lösen schien, griff ich diesen Vorschlag auf und beauftragte [den Kommandanten des KZ Neuengamme] Pauly, sich sofort mit dem Reichskommissar für die Seeschifffahrt in Verbindung zu setzen und mit dessen Beauftragten an Ort und Stelle die Möglichkeit der Einrichtung eines Ausweichlagers auf diesen Schiffen zu prüfen."[29]

28 Zit. nach Ludwig Eiber, Das KZ-Außenlager Blohm & Voss im Hamburger Hafen, in: Hermann Kaienburg (Hrsg.), Konzentrationslager und deutsche Wirtschaft 1939–1945, Opladen 1996, S. 227–238, hier S. 236.
29 Public Record Office WO 309/408: Schriftliche Aussage von Henning Graf von Bassewitz-Behr, Höherer SS- und Polizeiführer, am 7. 3. 1946; zur Rolle des HSSPF Nordsee bei der Räumung des KZ Neuengamme vgl. Tino Jacobs, Himmlers Mann in Hamburg. Georg Henning Graf von Bassewitz-Behr als Höherer SS- und Polizeiführer im Wehrkreis X 1943–1945, Hamburg 2001, S. 114 ff.

6. Inferno auf den KZ-Schiffen

Vom 20. April 1945 an wurden die Häftlinge aus Neuengamme in großer Eile zumeist mit Zügen fortgeschafft. In den Tagen vom 21. bis 26. April erreichten Transporte mit über 9000 Häftlingen des KZ Neuengamme den Lübecker Hafen. Von hier aus wurden sie auf Schiffe verladen, die Gauleiter Kaufmann in seiner Eigenschaft als Reichskommissar für die Seeschifffahrt als „schwimmende Konzentrationslager" requiriert hatte, und zwar die Frachtschiffe „Athen", „Elmenhorst" und „Thielbek" sowie die „Cap Arcona", den großen Luxusliner der „Hamburg-Süd". Das Kommando im Lübecker Hafen führte SS-Hauptsturmführer Christoph Gehrig, der seit Juli 1944 im KZ Neuengamme als Verwaltungsleiter Dienst tat. Zu Tausenden wurden die Häftlinge in den Laderäumen der Frachtschiffe untergebracht. Diese waren in keiner Weise für die Unterbringung von Menschen ausgestattet.

Aufgrund der Überfüllung und des Mangels an Nahrung und Trinkwasser herrschten auf den Schiffen unbeschreibliche Verhältnisse.

Das Schwedische Rote Kreuz erreichte es, dass zwei kleinere schwedische Schiffe, die Fahrzeuge und Lebensmittelpakete für die Aktion der „Weißen Busse" nach Lübeck gebracht hatten, auf ihrer Rückfahrt französische, belgische und niederländische Häftlinge mitnehmen durften. An Bord der „Lillie Matthiessen" und der „Magdalena" gelangten mehrere Hundert Menschen nach Malmö und entgingen so der Katastrophe.

Der Kapitän der „Cap Arcona" Heinrich Bertram weigerte sich mit Unterstützung seiner Reederei zunächst, Häftlinge an Bord zu nehmen, wurde aber von der SS massiv unter Druck gesetzt, sodass er seinen Widerstand schließlich aufgab. Vom 26. April an pendelte die „Athen" zwischen dem Lübecker Hafen und dem in der Neustädter Bucht wegen eines Maschinenschadens manövrierunfähig vor Anker liegenden Luxusdampfer hin und her und brachte insgesamt über 5000 Häftlinge an Bord der „Cap Arcona". Auf der zuletzt als Lazarettschiff eingesetzten einstigen „Königin des Südatlantiks" herrschten nun katastrophale Zustände. Halb verrückt vor Durst und Hunger vegetierten die Häftlinge in ihren eigenen Exkrementen vor sich hin. Die Zahl der Toten nahm von Tag zu Tag zu. Die „Cap Arcona" war mit bis zu 7000 Häftlingen an Bord zeitweilig so überfüllt, dass 2000 Häftlinge wieder von Bord genommen werden mussten.

Angesichts derartiger Zustände sowie ihrer Erfahrungen mit der SS kann es nicht überraschen, wenn die überlebenden Häftlinge nur eine Vermutung hatten, was mit ihnen geschehen sollte. Demzufolge habe die SS die Versenkung der Schiffe mitsamt ihrer Ladung beabsichtigt, um sich der Häftlinge zu entledigen. Auch in der Forschung findet sich die Vermutung, dass es das Ziel der SS gewesen sei, die KZ-Häftlinge mit den Schiffen „in der Ostsee untergehen zu lassen".[30] Als andere Möglichkeit wird genannt, dass die SS den Briten bewusst eine „hinterhältige Falle"[31] gestellt und darauf spekuliert habe, dass diese die Schiffe versenken würden. Es ist jedoch unklar, ob Bassewitz-Behr und Kaufmann tatsächlich über das Vorhaben hinaus, die Häftlinge möglichst rasch aus Hamburg fortzuschaffen, weitere Pläne hatten. Eindeutige Vorbereitungen für eine Versenkung der Schiffe wurden jedenfalls nicht getroffen. Des Weiteren spricht gegen diese Annahme beispielsweise das mehrtägige Ankern der voll beladenen Schiffe oder die Anwesenheit von 400 Marinesoldaten und 70 Besatzungsmitgliedern allein an Bord der „Cap Arcona". Nach dem Krieg erklärten Bassewitz-Behr und Kaufmann den britischen Vernehmern, dass sie die Absicht gehabt hätten, die Schiffe mit den Häftlingen dem Schwedischen Roten Kreuz zu übergeben. Auch dafür gibt es keine Bestätigung.

Am 2. Mai 1945, wenige Stunden vor der Einnahme Lübecks durch britische Truppen, wurde die „Thielbek", die bis dahin noch im Lübecker Hafen gelegen hatte, in die Neustädter Bucht geschleppt, wo sie in unmittelbarer Nachbarschaft der „Cap Arcona" und der „Athen" vor Anker ging. Auf den drei Schiffen befanden sich insgesamt über 9000 Häftlinge, ein viertes Schiff, die „Deutschland", lag zur Aufnahme weiterer Häftlinge bereit. Am Mittag des 3. Mai geschah dann die Tragödie: Im Rahmen eines von ca. 200 Flugzeugen der Royal Air Force in der Kieler und Lübecker Bucht geführten Großangriffs, der Absetzbewegungen deutscher Truppenteile über die Ostsee verhindern sollte und bei dem insgesamt 23 Schiffe versenkt und 115 Schiffe beschädigt wurden, nahmen britische Jagdbomber die „Cap Arcona" und die „Thielbek" unter Raketenbeschuss. Der Staffel der Royal Air Force, die den Einsatz flog, war zu diesem Zeitpunkt nachgewiesenermaßen nicht bekannt, dass sich an Bord der Schiffe KZ-Häftlinge befanden.

Glück hatten nur die Menschen an Bord der „Athen", die kurz zuvor in den Neustädter Hafen beordert worden war, um dort noch weitere Häftlinge aufzunehmen. Sie wurde nur von drei kleinen Bomben getroffen und überstand den

---

30 Wilhelm Lange, Cap Arcona – Das tragische Ende einiger Konzentrationslager-Evakuierungstransporte im Raum der Stadt Neustadt in Holstein am 3. Mai 1945. Dokumentation. Erstellt im Auftrag des Magistrats der Stadt Neustadt in Holstein, 4. Aufl., Eutin/Neustadt in Holstein 2005 (1. Aufl. 1988), S. 105. Zur Kritik an der Position Langes bzw. zu den Argumenten, die gegen eine Versenkungsabsicht der SS sprechen, vgl. Herbert Diercks/Michael Grill, Die Evakuierung des KZ Neuengamme und die Katastrophe am 3. Mai 1945 in der Lübecker Bucht. Eine Sammelrezension, in: Beiträge zur Geschichte der nationalsozialistischen Verfolgung in Norddeutschland 2 (1995), S. 175–183.

31 Faltblatt „Cap Arcona 3. Mai 1945. Gedenkstätten – Museen – Friedhöfe". Hrsg. vom Förderkreis Cap Arcona-Gedenken, Redaktion: Wilhelm Lange/Hugo Rübesamen/Marina Safarjan/Sven Schiffner, Grevesmühlen 2009.

Angriff mit 1998 Häftlingen an Bord ziemlich unbeschadet. Für die über 4200 auf der „Cap Arcona" und die ca. 2800 auf der „Thielbek" eingepferchten Häftlinge wurde der Angriff zur Katastrophe. Beide erhielten jeweils mehrere Volltreffer und gerieten in Brand. Die „Thielbek" sank innerhalb kürzester Zeit, die „Cap Arcona" kenterte, ragte aufgrund der geringen Wassertiefe aber mit der Steuerbordseite weiterhin aus dem Wasser und brannte aus. Da die meisten Häftlinge in den unteren Decks und Laderäumen eingesperrt waren, bestand für sie kaum eine Rettungsmöglichkeit. Die wenigen Rettungsboote nutzten die an Bord befindlichen SS-Männer, Marinesoldaten und Besatzungsmitglieder für sich. Die Häftlinge, die ins Wasser sprangen, hatten bei einer Wassertemperatur von sieben Grad und angesichts ihres geschwächten Zustands kaum eine Chance. Sie klammerten sich an im Wasser schwimmende Holzteile. Andere Häftlinge kehrten nach dem Kentern der „Cap Arcona" zum Schiff zurück und versuchten die noch glühend heiße Bordwand zu erklettern. Hinzu kam, dass ahnungslose britische Tiefflieger die Schiffbrüchigen völkerrechtswidrig mit Bordwaffen beschossen. Von Land aus gestartete Rettungsaktionen galten vor allen den Bewachungsmannschaften. Auf Häftlinge, die sich zu retten versuchten, wurde von SS und Marinesoldaten der Garnison Neustadt geschossen. Nur etwa 400 Häftlinge überlebten den Angriff auf die „Cap Arcona" und die „Thielbek", während 6600 Häftlinge – wenige Stunden, bevor britische Truppen Neustadt erreichten – an Bord verbrannten, in der Ostsee ertranken oder bei Rettungsversuchen erschossen wurden.

Viele Details sind bekannt, doch zur Verantwortung der Briten gibt es bis heute offene Fragen. Wie der Untersuchungsbericht von Major Noel O. Till über das Unglück in der Neustädter Bucht vom September 1945 bestätigt, war bereits kurz nach der Einnahme Lübecks am Abend des 2. Mai ein britischer Offizier durch einen Vertreter des Schwedischen Roten Kreuzes über die Anwesenheit von KZ-Häftlingen auf den Schiffen informiert worden. Da diese Nachricht nicht schnell genug an die verantwortlichen Stellen weitergegeben wurde, konnte der angeordnete Angriff nicht mehr rechtzeitig gestoppt beziehungsweise die Piloten mit entsprechenden Hinweisen versehen werden. In der an Tragödien nicht armen Geschichte des Zweiten Weltkrieges hat – ungeachtet der Verantwortung der SS – der versehentliche Angriff auf die KZ-Schiffe eine besondere Bedeutung. Unmittelbar vor ihrer möglichen Befreiung starben Tausende von Häftlingen, die die Allliierten herbeisehnten, im von britischen Bombern entfachten Feuer.

Der Untergang der KZ-Häftlingsschiffe, bei dem es sich zugleich um eine der folgenschwersten Schiffskatastrophen aller Zeiten handelt, die „Todesmärsche" und die fürchterlichen Verhältnisse in den Sterbelagern Bergen-Belsen, Sandbostel und Wöbbelin – das Ende des KZ Neuengamme war ein Inferno. Die Zahl der Häftlinge, die in den letzten drei Kriegswochen umkamen, lässt sich nur schätzen. Sie dürfte bei über 16 000 liegen.

7. Die Verwischung der Spuren

Gezielt ließ die SS die Spuren ihrer Verbrechen verwischen. Nachdem der Großteil der Häftlinge das Stammlager in Neuengamme verlassen hatte, musste ein über 700 Mann starkes Kommando das Lager aufräumen. Häftlinge, die diesem Restkommando angehörten, berichten, dass sämtliche Baracken von Stroh und Unrat gereinigt, teilweise sogar die Wände frisch gekalkt und verräterische Gegenstände wie Galgen und Prügelbock beseitigt wurden. Neben Aufräumungs- und Demontagearbeiten ordnete die SS die Vernichtung sämtlicher Kommandanturakten, der Unterlagen der Politischen Abteilung (Lager-Gestapo), der Karteien und alles weiteren im Lager befindlichen Schriftgutes an.

Auch wurden Wertgegenstände gezielt beiseitegeschafft. Mit der Bahn und auf Lastwagen wurden Lebensmittel, Gemälde, Zigaretten und andere wertvolle Habe aus nicht verteilten Paketen des Roten Kreuzes und Häftlingseffekten unter anderem in den Heimatort des KZ-Kommandanten Max Pauly nach Wesselburen abtransportiert. Wie die Sicherstellung von Werten auf die Häftlinge wirkte, zeigt folgender Bericht von Gustav Auschner, der seit dem 1. März 1940 als Zeuge Jehovas im KZ Neuengamme einsaß:

„Als im April 1945 die Häftlingstransporte nach Lübeck gingen, das Lager allmählich geräumt wurde, sagte uns plötzlich [SS-Unterscharführer Hugo] Schnepel: ‚Die Kaninchen kommen auf mein Besitztum nach Beidenfleth/ Holstein.' Das war wie ein Aprilscherz. Menschen waren zur Vernichtung bestimmt und Kaninchen sollten am Leben bleiben? [...] Auf dem Lagerbahnhof standen [sic] eine Anzahl von Güterwagen und nun wurden die Kaninchenställe aufgeladen, die Kaninchen in Kisten verpackt und aufgeladen. Am 25. April 1945 nachts fuhr tatsächlich der Zug nach Wilster in Holstein. 14 Häftlinge – alle Zeugen Jehovas – fuhren mit. Auf eine ganz wunderbare Weise fuhren wir in die Freiheit. Auf dem Bahnhof von Wilster wurden Ställe und Kaninchen ausgeladen und nach Beidenfleth auf Schnepels Besitztum gebracht."[32]

Nachdem am 29. April 368 Häftlinge zwangsweise zur SS-Sonderformation Dirlewanger eingezogen worden waren und am 30. April weitere ca. 350 Häftlinge unter dem Kommando des Schutzhaftlagerführers Anton Thumann und des

---

32 Archiv der KZ-Gedenkstätte Neuengamme (ANg), Ng 2.8/31: Bericht Gustav Auschner vom 5. 3. 1964; vgl. auch Manfred Otto Niendorf, Angorakaninchen und Bibelforscher aus Neuengamme, in: Heimatbuch der Gemeinde Dammfleth, Dammfleth 1990, S. 150 f.

Rapportführers Wilhelm Dreimann in Richtung Norden aufgebrochen waren,[33] verließen die letzten Häftlinge und SS-Leute das Lager Neuengamme am 2. Mai 1945. Als die ersten britischen Soldaten kurz darauf das vollständig geräumte Lager erkundeten, war es menschenleer.

Die 170 Gebäude und Baracken zeugten zwar von der Größe, doch fanden sie nicht – wie in den anderen KZ-Hauptlagern – zu Skeletten abgemagerte Menschen und Leichenberge vor. So gingen die Bilder des Schreckens nicht von hier aus, sondern von Bergen-Belsen, von Sandbostel und Wöbbelin, von Gardelegen und weiteren Orten von Massakern an Neuengamme-Häftlingen in die Welt. In Neuengamme verbarg der Ort hingegen weitgehend das, was sich dort zugetragen hatte.

Die vollständige Räumung des KZ Neuengamme bei Kriegsende, die so vielen Menschen den Tod brachte, begünstigte in Hamburg die jahrzehntelang, bis Anfang der 1980er-Jahre aufrechterhaltene Legende, in der sich gern als weltoffen etikettierenden Hansestadt sei es während der Nazi-Herrschaft weit gemäßigter zugegangen als anderswo. Noch 1967 war in der offiziösen Heimatchronik der Freien und Hansestadt Hamburg zu lesen, dass in Hamburg „unter der NS-Herrschaft ein milderes Parteiklima als in anderen Gauen Deutschlands geherrscht" habe und die Verbrechen im KZ Neuengamme „so gut wie unbemerkt von der Öffentlichkeit" hinter deren Rücken stattgefunden hätten.[34]

8. Die zunehmende Sichtbarkeit des KZ-Elends

Doch wie sichtbar waren die KZ-Verbrechen für die Bevölkerung tatsächlich?

Von den Ereignissen, die sich im Zuge der Räumung des KZ Neuengamme und der Außenlager zugetragen haben, war nahezu der gesamte norddeutsche Raum betroffen. In den letzten Kriegswochen waren zehntausende KZ-Häftlinge auf den Straßen und Schienenwegen Norddeutschlands unterwegs. Damit wurden das Elend, der erbärmliche Zustand der unterernährten, geschwächten und in Lumpen gekleideten KZ-Gefangenen und die brutale Gewalt der SS-Bewacher, die die Menschen ohne Rücksicht mit Gebrüll, Hundegebell und Schlägen vorantrieben, für die anliegende Bevölkerung sichtbar – auch wenn viele hinter den Gardinen ihrer Fenster verborgen nur heimliche Blicke auf die Marschkolonnen

---

33 Die Häftlinge erreichten Lübeck nicht mehr und mussten daraufhin ihren Weg bis nach Flensburg fortsetzen, wo sie mit Häftlingen aus Sandbostel zusammentrafen. Gemeinsam kamen sie am 4. 5. 1945 auf das Schiff „Rheinfels", auf dem sie erst am 10. 5. durch britische Truppen befreit wurden.

34 Erich von Lehe/Heinz Ramm/Dietrich Kausche, Heimatchronik der Freien und Hansestadt Hamburg, 2. Aufl., Köln 1967, S. 208 und 210.

warfen. Damit dynamisierte sich gegen Kriegsende – wenn auch sicherlich von der SS nicht so intendiert – der Prozess der zunehmenden Sichtbarkeit der Lagerrealität.

War das Bild der deutschen Gesellschaft von den Konzentrationslagern in den Vorkriegsjahren von der nationalsozialistischen Propaganda und der Presseberichterstattung über die vermeintlichen „Erfolge" bei der „Umerziehung" von kommunistischen und marxistischen Staatsfeinden bestimmt und hatten in dieser Zeit lediglich jene Menschen eine realistische Vorstellung vom Terror der SS in den Lagern, die zu den Regimegegnern gehörten oder Kontakte zu ihnen hatten, die von Entlassenen die Wahrheit erfuhren oder die sich Informationen aus ausländischen Medien verschafften, so veränderte sich dies in der zweiten Kriegshälfte zusehends. Schon mit der Einbeziehung der Konzentrationslager in die Kriegswirtschaft und dem Ausbau des Systems der Außenlager waren die ursprünglich weitgehend von der Öffentlichkeit abgeschlossenen Lager stärker wahrnehmbar.

Mit dem Einsatz von Baubrigaden zur Beseitigung von schweren Luftkriegsschäden, vor allem aber mit der Einrichtung von auf Firmengeländen, teilweise inmitten der Städte gelegenen Außenlagern und den täglichen Wegen zwischen den Einsatzorten und den Lagern, die teilweise in Marschkolonnen, aber auch mit LKW, Lorenbahnen, Hafenschiffen oder wie in Hamburg sogar in der S-Bahn (die Wagen mit den Häftlingen waren an die normalen Züge angekoppelt) zurückgelegt wurden, waren die KZ-Häftlinge zunehmend auch für die Bevölkerung sichtbar. Wo die Arbeitsplätze nicht oder nur schwer abgrenzbar waren, so beispielsweise in der Fabrikproduktion oder auf den Werften, kamen die Häftlinge mit ausländischen Zwangsarbeitern und deutschen Belegschaftsmitgliedern in Berührung; dies konnte auch das Verbot jeder Kontaktaufnahme nicht verhindern. In Häftlingsberichten wird von mitleidsvollen Blicken, aufmunternden Worten und auch von kleinen Zeichen der Solidarität, etwa heimlich überlassenen Nahrungsmitteln, berichtet. Die üblichen Reaktionen der – durch eigene Leiderfahrungen in den letzten Kriegsjahren ohnehin weitgehend abgestumpften – Bevölkerung jedoch werden mit Verachtung, Gleichgültigkeit und Wegschauen beschrieben.[35] Viele scheinen die harte, rücksichtslose Behandlung der zu Verbrechern, Volksfeinden und Untermenschen erklärten KZ-Häftlinge offen oder stillschweigend gebilligt haben, zumal in der Bevölkerung nach der Aufnahme der alliierten Flächenbombardements auf deutsche Städte und angesichts der zunehmenden Nachrichten über eigene schwere Kriegsverluste Vergeltungs- und Rachegedanken durchaus verbreitet waren.

---

35 Hermann Kaienburg: „… sie nächtelang nicht ruhig schlafen ließ". Das KZ Neuengamme und seine Nachbarn, in: Dachauer Hefte 12 (1996), S. 34–57.

Klaus Bästlein hat bereits vor vielen Jahren in seiner Pionierstudie zur Geschichte des Außenlagers Husum-Schwesing darauf hingewiesen, wie vielfältig und unterschiedlich die Reaktionsweisen der Bevölkerung waren, wenn die Kolonnen des Morgens und des Abends zur Arbeit durch Husums Straßen zogen:

> „Während die einen über das, was sich vor ihren Augen abspielte, so schockiert waren, dass sie noch heute darüber zu weinen beginnen, glaubten die anderen die von der Nazi-Partei und sonstigen Stellen ausgestreuten Behauptungen, dass es sich bei den Häftlingen um ‚Banditen, Saboteure und Kriminelle' handelte. In Eiseskälte verharrend, standen sie am Straßenrand, manche blickten den sich dahinschleppenden Menschen höhnisch hinterher, und einige hatten offensichtlich ihren Spaß an den Gestalten des Elendszuges wie an vorgeführten Zirkus-Kreaturen. [...] Andere leerten aus den Fenstern in den engen Straßen Husums ihre Abfalleimer über den Köpfen der Häftlinge, die begierig nach Kartoffelschalen und anderem Essbaren schnappten. Husum im Herbst 1944. Unfassliche Bilder aus einer schleswigschen Kleinstadt, dem Zentrum Nordfrieslands."[36]

Wohl berichtet Klaus Bästlein von mutigen Aktionen Einzelner, etwa von einem Eisenbahner, der sich weigerte, die in Viehwaggons gepferchten Häftlinge zu fahren, oder von einigen Landwirten aus der Bredstedter Umgebung, die sogar mit einem Schreiben an den Kommandanten des KZ Neuengamme gegen die Behandlung der im mörderischen Panzergrabenbau auf oder nahe ihren Feldern eingesetzten Häftlinge Einspruch erhoben haben sollen. Doch verweist er darauf, dass diese nicht hoch genug einzuschätzenden Akte der Mitmenschlichkeit am Gesamtbild wenig zu ändern vermögen. Den Häftlingen, denen die deutsche Bevölkerung als Zuschauer an den Straßenrändern und an den Arbeitsstellen begegnete, schlug eine „stumpfe, lähmende Passivität" entgegen – „eine Passivität aus Gleichgültigkeit und Angst".[37]

Hatte die SS 1943/44 bei Häftlingstransporten noch versucht, durch Absperrmaßnahmen und Sichtbarrieren den Blick einzuschränken, konnte und wurde bei den Räumungstransporten und „Todesmärschen" bei Kriegsende seitens der Wachmannschaften kaum noch Kraft und Zeit darauf verwendet, die grauenvolle Zustände vor der Öffentlichkeit zu verbergen. Vor aller Augen wurden Bewohner,

---

36 Klaus Bästlein (Hrsg.), Das KZ Husum-Schwesing. Außenkommando des Konzentrationslagers Neuengamme. Materialien zu einem dunklen Kapitel nordfriesischer Geschichte, Bredstedt/Bräist 1983, S. 46.
37 Ebenda.

die mit einem Eimer Wasser und oder einem Stück Brot helfen wollten, zurückgestoßen und geschlagen; Häftlinge, die nicht mehr marschieren konnten und zusammenbrachen, wurden unter den Blicken der Öffentlichkeit erschossen. Doch es gab allenfalls individuelle Reaktionen, von Äußerungen kollektiven Protests ist aus dieser Zeit nichts bekannt. Auch wenn in den Bahnhöfen bei tagelangen Aufenthalten Dutzende und Aberdutzende Häftlinge verhungerten und das Schreien der eingeschlossenen Menschen nach Wasser überall vernehmbar war, blieben es – um einen Romantitel von Willi Bredel über das Schicksal eines Räumungstransports aus dem Neuengammer Außenlager Helmstedt-Beendorf bei seiner Irrfahrt durch Mecklenburg aufzugreifen – „schweigende Dörfer".[38]

Natürlich dürfte die Angst vor der SS und den vielen Parteigängern des Regimes eine Rolle gespielt haben. Doch war ein anderer Aspekt vermutlich noch bestimmender. Nach zwölf Jahren Naziherrschaft waren die Einzelnen anscheinend oftmals nicht mehr in der Lage, den Unrechtscharakter gravierender Menschenrechtsverletzungen überhaupt zur Kenntnis zu nehmen. Sie waren bestimmt vom eigenen Leid, das ihnen mit zunehmender Kriegsdauer widerfahren war, sie trauerten um gefallene Soldaten, waren traumatisiert von den Flächenbombardements in den Städten und den Tieffliegerbeschüssen auf dem Lande, gelähmt vor Entsetzen über die sich entgegen aller Endsieg-Propaganda unzweifelhaft vollziehende totale Niederlage, in angstvoller Erwartung vor den heranrückenden alliierten Soldaten, beschäftigt mit Fluchtvorbereitungen oder zumindest mit der Beseitigung belastender Dinge, mit der Befeuerung der Öfen und Herde mit Hitlers „Mein Kampf" und den anderen Schriften der Parteiverlage. Apathisch, ängstlich und längst nicht mehr fähig zur Empathie war der Großteil der Bevölkerung in den letzten Kriegstagen wohl ausschließlich und einzig um sich selbst bedacht. Für fremdes Leid, erst recht dem der als gefährliche Sträflinge stigmatisierten Konzentrationäre, war hier kein Raum.

---

38 Willi Bredel, Das schweigende Dorf, Berlin (Ost) 1953.

BERNHARD STREBEL

Massaker an KZ-Häftlingen in Celle im April 1945 und ihre Nachwirkungen

Am 8. und 9. April 1945 kreuzten sich in Celle die Lebenswege dreier erfolgreicher Amateurboxer. Der polnische Vizemeister im Bantamgewicht und Widerstandskämpfer Tadeusz Pietrzykowski und der sowjetische Boxmeister Kostja Konstantinow befanden sich als KZ-Häftlinge in einem Räumungstransport aus dem Neuengammer Außenlager Drütte, der am 8. April 1945 auf dem Güterbahnhof in einen amerikanischen Bombenangriff geriet. Otto Amelung gehörte zu den Zivilisten aus Celle, die sich in den Stunden danach an der Ermordung überlebender Häftlinge beteiligten. Sein größter Erfolg war 1932 die norddeutsche Meisterschaft im Weltergewicht gewesen. Im gleichen Jahr hatte sich Amelung im Alter von 19 Jahren der NSDAP angeschlossen.

Konstantinow kam bei dem Bombenangriff ums Leben. Pietrzykowski überlebte Celle und wurde eine Woche später nach fast fünfjähriger KZ-Haft in Bergen-Belsen befreit. Amelung erschoss am 9. April 1945 vier am Boden liegende Häftlinge. Im britischen „Celle Massacre Trial" 1947/48 gehörte er zu den wenigen geständigen Angeklagten und wurde zum Tode verurteilt.

Damit sind bereits die wesentlichen Punkte meines Beitrags, der sich in vier Abschnitte gliedert, angesprochen. Zunächst geht es um den KZ-Zug aus Drütte und den Angriff, im zweiten Teil um die Stunden und Tage danach und im dritten um den „Celle Massacre Trial". Den Abschluss bilden Überlegungen dazu, wie es zu diesen Häftlingsmorden kommen konnte sowie Anmerkungen zum Umgang mit den Verbrechen in Celle.[1]

Vorab einige Anmerkungen zur insgesamt unbefriedigenden Quellenlage: Vergleichsweise gut dokumentiert (durch Fotos, Filme und Dokumente) sind der amerikanische Angriff und die Befreiung einer kleineren Zahl von Häftlingen in Celle am 12. April 1945 durch Einheiten der 15th Scottish Division.[2] Einen

---

1 Der Beitrag fasst die Ergebnisse meiner Studie zusammen: Celle April 1945 revisited. Ein amerikanischer Bombenangriff, deutsche Massaker an KZ-Häftlingen und ein britisches Gerichtsverfahren, Bielefeld 2008. Dort auch ausführlichere Quellennachweise.
2 Air Force Historical Research Center, Alabama, B 5799, Bl. 475–487: Mission Summary #104, 8. 4. 1945 (Bericht zum Angriff); National Archives, Washington, 342-FH-3A,

zentralen Quellenbestand bilden die Akten des „Celle Massacre Trial".[3] Aufgrund des vielfach widersprüchlichen und wechselhaften Aussageverhaltens der Beschuldigten und einiger Zeugen ist die Mehrzahl der Aussagen allerdings kaum in eine allgemeine Rekonstruktion der Ereignisse zu integrieren. Zeitgenössische Dokumente aus Celle liegen nicht vor. Einiges wurde gar nicht erst schriftlich festgehalten, andere Unterlagen wurden vernichtet oder manipuliert. Die meisten offiziellen Äußerungen von Celler Seite erweisen sich bei eingehender Quellenkritik als – zum Teil gezielte – Desinformation, insbesondere der „dokumentarische Bericht" des damaligen Stadtkommandanten, Generalmajor Paul Tzschökell.[4] Die bisherigen Darstellungen folgten diesen Lesarten weitgehend.[5] Entsprechend groß ist der Korrekturbedarf.

Der KZ-Zug

Anfang 1945 war der Zweite Weltkrieg schon seit Längerem entschieden. Worum es ging, waren der Zeitpunkt und damit der Preis der bedingungslosen Kapitulation Deutschlands. In besonderem Maße prekär gestaltete sich die Situation der 700 000 KZ-Häftlinge. Bis zuletzt hielt die SS an dem wahnhaften Bestreben fest, möglichst keine Häftlinge lebend in die Hände der Alliierten fallen zu lassen. Hektische Räumungstransporte in letzter Minute, unter katastrophalen Bedingungen und verbunden mit zahlreichen Mordtaten, sowie Auffanglager, die sich binnen kurzer Zeit zu Sterbelagern entwickelten, prägten die letzte Phase des sich in Auflösung befindlichen KZ-Systems.

In Nordwestdeutschland – insbesondere im Bereich der Lüneburger Heide – waren in den ersten beiden Aprilwochen zahlreiche Transporte mit etwa 60 000 Häftlingen aus Neuengamme, Bergen-Belsen und Mittelbau-Dora unterwegs. Der Zug, der sich am Abend des 7. April 1945 in Drütte in Bewegung setzte, bestand

---

21063 bis 21069 (Luftfotos der Schäden kurz nach dem Angriff); Imperial War Museum, London, BU 3480-3493, No. 5 Army and Photographic Unit (Fotos zur Befreiung) und A 70 297/1-4 (Filme zur Befreiung).

3   Public Record Office (künftig: PRO), Kew, WO 309/90 und WO 208/4666 (Ermittlungen); ebenda, FO 1060/4133 (Prozessakten).

4   Paul Tzschökell, Schicksalstage in der Heide (15-teilige Serie, kombiniert mit den Erinnerungen des „Landsers" Klaus Wittke), in: Hannoversche Presse, 2.–25. 5. 1950.

5   Bis vor Kurzem galt die in variierten Versionen (erstmals 1989) veröffentlichte kleine Studie von Mijndert Bertram als grundlegend, zuletzt erschienen unter dem Titel 8. April 1945. Celle – ein Luftangriff, ein Massenmord und die Erinnerung daran, in: Detlef Garbe/Carmen Lange (Hrsg.), Häftlinge zwischen Vernichtung und Befreiung. Die Auflösung des KZ Neuengamme und seiner Außenlager durch die SS im Frühjahr 1945, Bremen 2005, S. 127–144.

aus etwa 50 bis 55 offenen Güterwaggons, in denen jeweils 60 bis 70 Häftlinge zusammengepfercht waren. Es handelte sich um insgesamt etwa 3400 Häftlinge: 2600 Männer aus Drütte, 370 Männer aus Holzen sowie 450 Frauen aus Salzgitter-Bad. Betreiber der Außenlager in Drütte (das ab Oktober 1942 bestand) und Salzgitter-Bad (ab Spätsommer 1944) waren die Reichswerke „Hermann Göring". Beide Außenlager gehörten zum KZ Neuengamme und dienten der Herstellung von Munition. Das Außenlager Holzen in der Nähe von Holzminden wurde im September 1944 eingerichtet. Es war Bestandteil eines umfangreichen Untertageverlagerungsprojekts und unterstand dem KZ Buchenwald bei Weimar.

In Drütte waren es die Häftlinge aus der Sowjetunion, in Salzgitter-Bad die Polinnen, die mit jeweils 50 Prozent die mit Abstand größte Nationalität stellten. Bei den Häftlingen aus der Sowjetunion handelte es sich in allen drei Außenlagern mehrheitlich um „Ostarbeiter", die zuvor zur Zwangsarbeit nach Deutschland verschleppt worden waren. Die Polinnen waren meist im Verlauf der blutigen Niederschlagung des Warschauer Aufstandes ab August 1944 in die Konzentrationslager deportiert worden.

Die Angaben zur Räumung der Außenlager im Raum Salzgitter sind widersprüchlich. Soweit ersichtlich setzten sich die Wachmannschaften in allen drei Außenlagern zu weiten Teilen aus „volksdeutschen" SS-Männern und aus Soldaten zusammen, die die Wehrmacht 1944 an die SS abgegeben hatte. Verantwortlicher Transportführer des KZ-Zuges war der 57-jährige SS-Sturmscharführer Emil Ehrenberg, ein ehemaliger Wehrmachtangehöriger.[6] Sicher ist außerdem, dass sich Bewachungspersonal aus allen drei Außenlagern (also auch Aufseherinnen aus Salzgitter-Bad) in dem Zug befand – in welchem Umfang, muss offen bleiben.

Der Zug fuhr über Braunschweig und Gifhorn und bog kurz vor Celle auf die Nord-Süd-Verbindung von Hannover nach Hamburg. Unterwegs gelang etwa 60 Häftlingen die Flucht. Etwa gegen 16 Uhr traf der Zug in Celle ein. Technische Probleme machten einen längeren Aufenthalt nötig.

Der Angriff

Celle, die „alte Herzogstadt in der Heide", war weder eine Hochburg der Nationalsozialisten noch ein Hort des Widerstands. Mit dem NS-Regime hatte sich das

---

6   Die Rolle des Lagerführers von Drütte, SS-Obersturmführer Karl Wiedemann, ist nicht mehr restlos zu klären. Er selbst behauptete in Nachkriegsvernehmungen – entgegen anderslautenden Aussagen – am 6. oder 7. 4. 1945 nach Neuengamme zurückgerufen worden zu sein und Drütte dem Lagerführer des benachbarten Außenlagers Watenstedt übergeben zu haben.

protestantisch geprägte konservative Milieu in den Jahren zuvor einvernehmlich arrangiert und wirtschaftlich in erheblichem Maße von Aufrüstung und Kriegswirtschaft profitiert. Gegen Kriegsende zählte die Stadt etwas über 50 000 Einwohner, darunter mehr als 10 000 Flüchtlinge und Evakuierte. Vom alliierten Luftkrieg war Celle bis dahin weitgehend verschont geblieben.

Der Angriff der 9th US-Airforce auf den Güterbahnhof am 8. April 1945, der um 18.11 Uhr begann, war ein taktischer Routineangriff und zählt in der Gesamtschau des alliierten Luftkrieges keineswegs zu den großen und massiven Bombardements. Sein Ziel bestand darin, den Vormarsch der 2. Britischen Armee in westlicher Richtung zu unterstützen und auf der wichtigen Nord-Süd-Bahnachse die Nachschubwege nach Hannover zu unterbinden, das kurz vor seiner Einnahme durch amerikanische Truppen stand.

50 Minuten dauerte der Angriff, der in drei Wellen erfolgte, unterbrochen von Pausen von jeweils einer Viertelstunde. Die erste Welle war gleichzeitig die heftigste. Das Gaswerk und die Bahnunterführung, wo viele Menschen Schutz gesucht hatten, sowie der vordere Teil des KZ-Zuges erhielten dabei die entscheidenden Treffer. Bei den beiden folgenden Angriffswellen wurde ein nicht unerheblicher Teil der Bomben auf bereits getroffene Bereiche abgeworfen, sodass diese auf den nachträglichen Nahaufnahmen besonders verwüstet aussehen. Schätzungsweise 400 bis 500 Häftlinge kamen bei dem Angriff ums Leben. Unter den Zivilisten aus Celle waren 122 Tote zu beklagen, mehrheitlich ältere Menschen und Kinder. Hinzu kommen 38 Männer, die größtenteils dem Wachpersonal des KZ-Zuges zuzuordnen sind.[7] Die hohe Zahl an Menschenverlusten war nicht beabsichtigt und wurde von den Amerikanern nicht einmal bemerkt.

Für die Häftlinge war der Angriff eine ähnlich fürchterliche Tragödie wie die britische Bombardierung der mit mehreren Tausend Häftlingen aus Neuengamme vollgepferchten Schiffe „Cap Arcona" und „Thielbeck" am 3. Mai 1945 in der Neustädter Bucht. Die Fassungslosigkeit darüber, so kurz vor der Befreiung von ihren natürlichen Verbündeten attackiert zu werden, spiegelt sich in allen Erinnerungen wider. „Wir sahen die erschrockenen Gesichter der Deutschen und einen kurzen Augenblick waren wir sogar stolz darauf, dass wir so mächtige Freunde und Befreier hatten. [...] Wollten sie uns bombardieren? Nein, das war doch unmöglich ...", schreibt der damals 20-jährige Pole Jerzy Giergielewicz.[8]

---

7 Angaben nach kritischer Auswertung der widersprüchlichen Unterlagen im Stadtarchiv Celle, insbesondere der Beerdigungsregister des Waldfriedhofes und des Stadtfriedhofes, Amt 67. Bislang waren die Angaben der Stadtverwaltung, die teilweise jeder Quellengrundlage entbehren, so interpretiert worden, dass dem Angriff etwa 800 Zivilisten und über 2000 Häftlinge zum Opfer fielen.

8 Jerzy Giergielewicz, Endstation Neuengamme, Außenlager Drütte. Der Weg eines 17-Jährigen aus Warschau durch vier Konzentrationslager, Bremen 2002, S. 78.

Die Dramen, die sich am Güterbahnhof abspielten, lassen sich nur noch bruchstückhaft rekonstruieren. Während des Halts waren einige Türen der Waggons zur Verteilung von Brot geöffnet worden. Auch ein Teil des Wachpersonals befand sich bereits außerhalb der Waggons. Wer von den Häftlingen konnte, versuchte, sich aus dem Zielgebiet zu entfernen, und wurde dabei von Angehörigen der SS-Wachmannschaften unter Beschuss genommen.

Die Stunden und Tage danach

Wenig später erweiterte sich der Kreis der Verfolger. Nicht wenige Zivilisten fühlten sich animiert, sich ebenso wie die SS-Wachmannschaften zu verhalten. Im Verlauf dieser weitgehend unkoordinierten Hetzjagden wurden weitere Häftlinge getötet. Als am ärgsten behielten Überlebende ältere Volkssturmmänner und Hitlerjungen in Erinnerung.

Am späten Abend war der Großteil der überlebenden Häftlinge an mehreren Sammelplätzen im Neustädter Holz, westlich der Bahnlinie, zusammengetrieben worden. Die meisten Häftlinge beschreiben die folgende Nacht als vergleichsweise ruhig. Zwei junge Sloweninnen jedoch erinnern sich mit Schrecken an Vergewaltigungen durch Funktionshäftlinge und Wachpersonal.

Derweil berieten Vertreter von SS, Wehrmacht, NSDAP und der Stadt Celle über das weitere Vorgehen. Das Kommando zog Generalmajor Paul Tzschökell an sich. Der 49-Jährige hatte 16 Jahre im Polizeidienst gestanden und war seit November 1944 Kommandant der Heeresgasschutzschule in Celle und damit auch Standortältester. Um Mitternacht ließ er seinen Einsatzplan auf einer grundlegenden Besprechung in der Kreisleitung bekannt geben.[9] Der spätere polizeiliche Einsatzleiter Otto Schwandt beschreibt den Verlauf der Zusammenkunft:

„[Es] wurde die Lage genau bekannt gegeben und zum Ausdruck gebracht, dass Plünderungen vorgekommen, die Sträflinge sich in den Besitz von Waffen gesetzt hätten, ihre Wärter eingeschlossen haben und eine Befriedung dieser Gegend mit allen Mitteln zu erfolgen hat. Von der Schusswaffe ist rücksichtslos Gebrauch zu machen. Zum Einsatz gelangten eine SS-Kompanie, eine Wehrmachtskompanie und eine Gruppe von der Polizei."[10]

---

9 Tzschökell stahl sich (bis vor Kurzem erfolgreich) mit der Behauptung aus seiner maßgeblichen Verantwortung, der von ihm befohlene Einsatz sei bereits gegen 24 Uhr beendet gewesen, vgl. Tzschökell, Schicksalstage.
10 PRO, FO 1060/4133: Schriftliche Erklärung Schwandt (als Beschuldigter im Vorfeld des „Celle Massacre Trial"), 29. 3. 1946.

Tatsächlich jedoch versuchten die Entflohenen nur, sich irgendwie durchzuschlagen. Verzweifelt baten sie um Wasser und Essbares. Einige nahmen in vorübergehend verlassenen Wohnungen Lebensmittel und neutrale Kleidung an sich, insbesondere, wenn sie versuchen wollten, ihren Peinigern zu entkommen. Neun verletzte Häftlinge fanden Aufnahme im St.-Josef-Stift, einem katholischen Krankenhaus. Mehrere Anwohnerinnen gaben Häftlingen Wasser und versuchten, Erste Hilfe zu leisten. Zwei flüchtige Franzosen berichten, dass sie von einem Kind eine Steckrübe zugesteckt bekamen. Mit Unterstützung von ausländischen Zivilarbeitern und Kriegsgefangenen konnten sich mindestens 42 Häftlinge erfolgreich einer Wiederergreifung entziehen. Diese Ausnahmen zeigen vor allem, dass es möglich war, sich anders zu verhalten.

Tzschökells Einsatzplan entsprechend durchkämmten am frühen Morgen des 9. April 1945 eine 100 Mann starke SS-Werferabteilung aus dem nahe gelegenen Lachendorf, 80 Soldaten von der Heeresgasschutzschule und 20 Celler Polizisten das Gelände westlich der Bahnlinie in Richtung Neustädter Holz. Dabei wurden weitere Häftlinge niedergeschossen, vor allem durch SS-Männer und Wehrmachtssoldaten. Der damals zwölfjährige Adolf Völker, der mit seiner Familie aus Furcht vor weiteren Bombenangriffen die Nacht im Neustädter Holz verbracht hatte, wurde Augenzeuge dieser Aktion:

„Und dann hörte man ein ganz großes Geschrei. Nämlich dann kam eine Schützenkette von der Bahn her, die nun diese Häftlinge, die sich da im Felde versteckt hatten, die in den Lauben der dazwischen liegenden Schrebergärten übernachtet hatten, die sich verkrochen haben aus Angst, denn auch die waren ja in Panik geraten durch die Bomben, trieben die vor sich her und haben auf alles geschossen, was Häftlingskleidung anhatte und sich bewegt hat."[11]

Der 20-jährige Ukrainer Wassilij Krotjuk hatte bei dem Angriff einen zerschmetterten Oberschenkel und Splitterverletzungen davongetragen und sich mit anderen Häftlingen zunächst in einem Keller versteckt:

„Nach ihnen [den anderen Häftlingen] kroch ich mit Mühe und Not heraus, und nach etwa hundert Metern stieß ich an dem Weg auf einen Misthaufen [...], und ich grub mich in den Mist ein. Lange grub ich mich ein, einige Male verlor ich das Bewußtsein, aber ich grub den Haufen so, daß ein Guckloch blieb. Vor mir war ein Platz oder ein Feld, von der Größe eines Quadratkilometers, auf dem sie Häftlinge erschossen. Sie schossen! Sowohl Soldaten, als

---

11 Archiv der Gedenkstätte Bergen-Belsen: Völker, Audiobericht, undatiert [1980er-Jahre].

auch Zivilisten, manche stehend, manche auf Knien, sowohl mit Maschinengewehren, als auch mit Gewehren. Ein Teil der Häftlinge blieb offensichtlich auf Gnade hoffend stehen, aber ein Teil lief nach allen Seiten auseinander. [...] In dem Mist verbrachte ich zwei Tage, viele Male verlor ich das Bewußtsein, und da war ein großes Verlangen zu trinken."[12]

Im Anschluss an diese Durchkämmaktionen kam es zu mehreren Massakern, von denen das von Celler Polizisten verübte am besten dokumentiert ist. Ihnen wurde der Befehl von Tzschökell übermittelt, eine Gruppe von 30 bis 40 Häftlingen zu erschießen, bei denen es sich angeblich um Plünderer gehandelt haben soll. Die Häftlinge mussten sich in einer Mulde auf den Boden legen. Die Polizisten eröffneten das Feuer und rannten dann schießend denjenigen Häftlingen hinterher, die zu entkommen versuchten. Wieder waren Celler Bürger bei der Jagd dabei, Anwohner, wie der 32-jährige Otto Amelung, Celles erfolgreichster Boxer der Vorkriegszeit. Der Wehrmachtseinheit lag ebenfalls ein ausdrücklicher Befehl von Tzschökell vor, die Gefangenen zu erschießen. Als sie wieder abzog, zeigte sich der direkte Vorgesetzte – wie einer der Soldaten, Eberhard Streland, später aussagte – sehr verärgert darüber, dass „nur fünf Häftlinge umgelegt worden waren".[13] Darüber hinaus liegen konkrete Hinweise auf Häftlingstötungen durch weitere Soldaten und durch Volkssturmmänner vor. Insgesamt fielen mindestens 170 Häftlinge den Hetzjagden und Massakern zum Opfer.

Gegen Mittag des 9. April 1945 nahm das Morden in der Umgegend des Neustädter Holzes ein Ende – unter welchen Umständen, konnte nicht zweifelsfrei geklärt werden. Nach den Berichten zweier Überlebender war es Transportführer Ehrenberg, der weitere Erschießungen verhinderte, indem er darauf bestand, seine menschliche Fracht in Bergen-Belsen abliefern zu müssen. Wenig später wurden 2000 bis 2500 Häftlinge in mehreren Gewaltmärschen dorthin getrieben. Wer das Tempo nicht mithalten konnte, den erschoss die SS kurzerhand.

In Bergen-Belsen gehörten die Häftlinge aus dem Drütte-Zug mit zu den letzten, die in das bereits vollkommen überfüllte und von einer Fleckthyphusepidemie heimgesuchte Lager getrieben wurden. Im März hatten die Existenzbedingungen in Bergen-Belsen ein Niveau erreicht, das „schlechthin nicht mehr zu unterbieten war".[14] Anfang April waren täglich zwischen 600 und 700 Todesfälle zu verzeich-

---

12 Archiv der KZ-Gedenkstätte Neuengamme, Ng 2.9.1137, Wassilij Lukjanowitsch Krotjuk, Bericht, Charkow 1993.
13 PRO, WO 309/374: Schriftliche Erklärung Streland, 6. 12. 1945. Strelands Aussage bildete den Ausgangspunkt für die britischen Ermittlungen, die dann – wenngleich auf Umwegen und mit erheblichen Verzögerungen – im „Celle Massacre Trial" mündeten.
14 Eberhard Kolb, Bergen-Belsen. Vom „Aufenthaltslager" zum Konzentrationslager 1943–1945, Göttingen 1996, S. 42 f.

nen. Das Entsetzen über die katastrophalen Zustände in Bergen-Belsen nimmt in den meisten Berichten Überlebender aus dem Drütte-Zug einen breiten Raum ein. Als britische Truppen das KZ am 15. April 1945 erreichten, fanden sie etwa 10 000 unbestattete Leichen und rund 55 000 größtenteils halb verhungerte, dem Sterben nahe Menschen vor. Trotz intensiver Hilfsbemühungen der Briten starben noch einmal mehr als 13 000 Häftlinge in den ersten drei Monaten nach der Befreiung.

Wie viele Häftlinge aus dem Drütte-Zug kurz vor oder in den Wochen nach der Befreiung zu Tode kamen, ist nicht überliefert. Für die Deportierten aus Frankreich ist dokumentiert, dass über ein Drittel der Befreiten in den darauffolgenden Wochen an den unmittelbaren Folgen der KZ-Haft und der Typhusepidemie starb.

Zurück nach Celle: Etwa 300 kranke und verletzte Häftlinge hatte die SS dort zurückgelassen. Auf Anweisung von Tzschökell wurden sie in einen verdreckten, mit Stroh ausgelegten Pferdestall auf dem Gelände der Heidekaserne gepfercht und blieben bis zum Einmarsch der 15th Scottish Division am Morgen des 12. April 1945 weitgehend unversorgt. Die Schotten hatten bis dahin noch keine KZ-Häftlinge zu Gesicht bekommen. Dementsprechend groß waren das Entsetzen und die Empörung. Der Chronist der 15th Scottish Division beschreibt die Situation in der Rückschau als ein Belsen im Kleinen, in dem sich einige Hundert Tote und Sterbende befanden.[15] Auf den britischen Aufnahmen vom 12. April ist jedoch „nur" ein Toter zu sehen. Somit war die Situation in Celle mit dem Grauen in Bergen-Belsen, das die britische Wahrnehmung sehr nachhaltig prägte, ganz offensichtlich nicht vergleichbar.

„Celle Massacre Trial"

Ein Dreivierteljahr später, im Januar 1946, begannen die Briten zu ermitteln. Sehr bald konzentrierten sie sich auf mutmaßliche Direkttäter aus Celle. Allerdings erwies sich das zweiköpfige Ermittlungsteam der Royal Air Force Police als hoffnungslos überfordert, was sich schon daran zeigt, dass der Verantwortung von Tzschökell, der in britischer Kriegsgefangenschaft saß, nicht weiter nachgegangen wurde. Auf übergeordneter Ebene unterblieb eine Koordination mit den parallel dazu laufenden Ermittlungen in Sachen Drütte und die Klärung der nationalen Zusammensetzung der Häftlinge in dem KZ-Zug. Vor einem Militärgericht aber waren nur Kriegsverbrechen gegen Angehörige alliierter Nationen verhandelbar,

---

15   H. G. Martin, The history of the Fifteenth Scottish Division 1939–1945, Edinburgh/London 1948, S. 309.

sodass befürchtet wurde, die Beschuldigten würden trotz der schwerwiegenden Beweise von dieser Unsicherheit profitieren. So kam es erst im Dezember 1947 – 18 Monate nach Abschluss der Ermittlungen – zu einem Verfahren vor einem britischen Gericht der Kontrollkommission, dem „Celle Massacre Trial".[16] Dass der Prozess überhaupt stattfand, ist auf die von der War Crimes Section wiederholt hervorgehobene Abscheulichkeit der Geschehnisse zurückzuführen:

> „Mir scheint, es wäre bemerkenswert, wenn ein derartiger Fall nicht vor ein Gericht käme, da er ein außerordentlich starkes Beispiel für eine spontane und freiwillige Beteiligung von deutschen Zivilisten an einer besonders abstoßenden und unmenschlichen Serie von Morden ist."[17]

Bei fünf der 14 Angeklagten handelte es sich um Celler Polizisten; ein weiterer Beamter hatte sich nach seinem Geständnis das Leben genommen. Bei den anderen handelte es sich um Zivilisten in dem Sinne, dass sie während der Ereignisse nicht in militärische oder paramilitärische Befehlsstrukturen eingebunden waren. Die Mehrzahl der Angeklagten (neun) gehörte den Jahrgängen 1891 bis 1901 an und war demnach zur Tatzeit 44 bis 54 Jahre alt. Soweit aus ergänzenden Unterlagen ersichtlich, waren sieben Angeklagte Mitglied der NSDAP gewesen.

Hinsichtlich des Verhaltens der Beschuldigten, der Strategien der Verteidiger und der Urteilsfindung der Briten lassen sich grob zwei Gruppen von Angeklagten unterscheiden: erstens die Leugner und zweitens die Geständigen. Die Hälfte der angeklagten Celler Bürger, darunter ein Justizangestellter, ein Heizungsbaumeister, ein Kaufmann, ein Baukontrolleur und ein Schriftsetzer, leugneten jede Tatbeteiligung. Zeugen, die beobachtet hatten, wie sie Häftlinge gejagt und misshandelt, selber geschossen oder andere dazu aufgestachelt hatten, wurden als Verleumder hingestellt, ihre Aussagen als bloßes Nachbarschaftsgezänk abgetan. Implizit wurde den Belastungszeugen damit unterstellt, die Verbrechen im Nachgang des Bombenangriffs und den britischen Prozess für ihre persönlichen Interessen missbraucht zu haben. Tatsächlich sah das Gericht die Tatvorwürfe als so weit in Zweifel gezogen, dass es dem Grundsatz „in dubio pro reo" folgend entschied und sechs Angeklagte aufgrund unzureichender Beweise freisprach.

In den anderen Fällen lagen Geständnisse vor, auch wenn diese zum Teil später widerrufen wurden. Der polizeiliche Einsatzleiter Schwandt und sein Stellvertreter Albert Sievert beriefen sich auf den Rahmenbefehl von Tzschökell. Der

---

16 In bisherigen Darstellungen wurde der „Celle Massacre Trial", der zeitgenössischen Berichterstattung folgend, fälschlicherweise als Militärprozess bezeichnet.
17 PRO, WO 309/90: Major Gerald Draper (War Crimes Section), Vermerk für Group Captain Somerough (Leiter der War Crimes Group), 4. 7. 1946 (deutsche Übersetzung B. S.).

damals 31-jährige Polizist Ahlborn berief sich auf den von Schwandt weitergeleiteten Befehl. Trotz seiner Beteuerung, sich zunächst vehement geweigert zu haben, gestand Ahlborn in seiner schriftlichen Erklärung wenige Zeilen später:

> „Da krachten auch schon die ersten Schüsse rechts von mir, als ich auf den ersten Häftling von links schoß. Dann lief ich hinter ihnen und schoß nach ihnen. Dabei schoß ich einen an, weil der Häftling noch nicht tot war, gab ich ihm einen Kopfschuß. Dann lief ich weiter in Richtung Fuhrberger Straße Während des Laufens schoß ich weiter auf die fliehenden KZ-Häftlinge. Hatte aber des öfteren Ladehemmung. Das eine Magazin war nicht in Ordnung."[18]

Es sei alles „wie ein Wahn" gewesen. Die ganze Zeit über hätte ihn sein Kollege Peters, „ein großer Nazi", bei dem er „mit allem rechnen" musste, beobachtet und durch „Du Feigling – du Feigling"-Zurufe aufgehetzt. Als Ahlborn dies zu Papier brachte, lebte der Kollege Peters nicht mehr. Er war beim Einmarsch der Briten am 12. April 1945 ums Leben gekommen.

Zwei Jahre später leugnete Ahlborn vor Gericht sämtliche gestandenen Taten und gab an, in der Untersuchungshaft habe er einen Mitangeklagten mit einem blauen Auge herumlaufen gesehen, da habe er gewusst, was das für ihn hätte bedeuten können.[19] Mit anderen Worten: Aus Angst vor Misshandlungen habe er sich schriftlich zu nicht begangenen Morden bekannt und damit die Todesstrafe riskiert. Der Zivilist und Boxer Otto Amelung erklärte den Briten gegenüber, Ahlborn habe ihn zweimal aufgefordert, Häftlinge zu erschießen, das erste Mal mit der Bemerkung „ich kann nicht mehr, ich habe schon 26 erschossen". Die erste „Zumutung" (Amelung) habe er verweigert und sich entfernt. Amelung führte weiter aus:

> „Als ich zu den kleinen Tannen kam, kam Ahlborn hinter mir hergelaufen und der Polizist Decker hatte 4 KZ-Häftlinge bei sich. Diese sollten auch erschossen werden. Da Ahlborn sein Magazin wohl leer geschossen hatte, rief Ahlborn Decker zu: ‚Gib Du ihm doch Deine Pistole.' Darauf reichte mir Decker seine Pistole, [und] unter dem Zurufen von Ahlborn, ‚Mach zu, Du bist doch auch ein alter Soldat'. Da ich erst zögerte, diese Leute zu erschießen, wurde ich wieder von Ahlborn getrieben. Auf Befehl von Ahlborn mußten sie sich auf den Bauch legen, und ich mußte diese Leute auf Befehl und Treiben von Ahlborn erschießen."[20]

---

18 PRO, FO 1060/4133: Erklärung Ahlborn, 15. 3. 1946.
19 Ebenda: Aussage Ahlborn im „Celle Massacre Trial", 5. 5. 1948.
20 Ebenda: Schriftliche Erklärung Amelung, 7. 3. 1946.

Vor Gericht musste Amelung einräumen, dass Ahlborn über ihn als Zivilisten bzw. gerade entlassenen Soldaten keine Befehlsgewalt hatte. Amelung machte nunmehr – wenig überzeugend – geltend, sich als gestandener Boxer von Ahlborn lebensgefährlich bedroht gefühlt zu haben.[21] Spätestens mit Deckers Pistole in der Hand aber hätte Amelung den Spieß umdrehen und Ahlborn in seine Schranken weisen können. Aber auch Jakob Decker – der sich bis dahin herausgehalten hatte – konnte nicht erklären, warum er die Anweisung des niedriger gestellten Ahlborn befolgte und seine Pistole als Mordwaffe zur Verfügung stellte.

Alwin Schuchardt, der sich während des Angriffs mit anderen Feuerwehrmännern vom Fliegerhorst Wietzenbruch auf dem Weg zum Löscheinsatz am Güterbahnhof befand, gab den Briten gegenüber an, einem Häftling auf Anweisung seines Vorgesetzten aus eineinhalb Metern auf die rechte Schläfe geschossen zu haben.[22] Außerdem soll Schuchardt wenig später einen weiteren Häftling, der ihn noch in holprigem Deutsch „nicht schießen, Kommisör" angefleht hatte, durch Kopfschuss getötet haben. Vor Gericht widerrief Schuchardt seine ursprüngliche Aussage und behauptete nun, nur sein Vorgesetzter Hoffmann habe geschossen. Mit dem Hauptzeugen für den zweiten Mord liege er seit Sommer 1945 im Streit.[23]

Am 14. Mai 1948 schließlich verkündete das Hochgericht der Kontrollkommission die Urteile. Amelung, Ahlborn und der junge Soldat Fritz Joost, dem zur Last gelegt wurde, einen schwer verletzten Häftling getötet zu haben, erhielten die Todesstrafe. Für das Weiterleiten des Schießbefehls wurde der polizeiliche Einsatzleiter Otto Schwandt zu zehn Jahren, sein Vertreter Albert Sievert zu fünf Jahren Haft verurteilt. Der Polizist Decker erhielt wegen Beihilfe zu Amelungs Morden eine Haftstrafe von sieben Jahren. Der Feuerwehrmann Schuchardt wurde zu zehn Jahren Haft verurteilt, die übrigen sieben Angeklagten aus Mangel an Beweisen freigesprochen.

Die Todesurteile wurden bald aufgehoben oder auf dem Gnadenweg in Haftstrafen umgewandelt. Letztlich hatte keiner der Verurteilten das volle Strafmaß zu verbüßen. Als letzte wurden Ahlborn und Amelung Anfang Oktober 1952 nach sechseinhalb Jahren Haft entlassen.

Ermittlungen auf deutscher Seite erbrachten in keinem Fall einen hinreichenden Tatverdacht gegen eine noch greifbare Person, obwohl der „Celle Massacre Trial" gezeigt hatte, dass sich die Morde zum Teil in aller Öffentlichkeit und in Anwesenheit zahlreicher Schaulustiger abgespielt hatten. Das letzte Verfahren

---

21 Ebenda: Aussage Amelung im „Celle Massacre Trial", 3. 5. 1948.
22 Ebenda: Schriftliche Erklärung Schuchardt, 28. 3. 1946.
23 Ebenda: Aussage Schuchardt im „Celle Massacre Trial", 30. 4. 1948. Hoffmann gehörte weder zu den Angeklagten noch zu den im „Celle Massacre Trial" geladenen Zeugen.

wurde im Sommer 2007 eingestellt. Der „Celle Massacre Trial" wurde somit zu einem Schlussstrich unter die strafrechtliche Verfolgung, obwohl er nicht mehr als ein erster Anfang sein konnte.

Versuch einer Bilanz

Über 60 Jahre nach den Ereignissen ergibt sich aus der Zusammenschau der fragmentarischen Quellen unterschiedlichster Herkunft in mehrfacher Hinsicht nur noch ein bruchstückhaftes Bild. Hinsichtlich der Häftlingsmorde in Celle am 8. und 9. April 1945 ist nur noch die Spitze eines zweifelsohne größeren Eisberges auszumachen. Die Beweggründe der Verantwortlichen und Direkttäter bleiben – selbst bei den wenigen geständigen Angeklagten – weitgehend im Dunkeln. Die Bedeutung politischer und ideologischer Vorprägung lässt sich – soweit überhaupt etwas darüber bekannt ist – kaum gewichten. Es kann lediglich vermutet werden, dass eine mehr oder weniger stark ausgeprägte Verbundenheit mit dem NS-Regime in vielen Fällen den Orientierungsrahmen bildete, in den konkreten Tatsituationen jedoch nicht den Ausschlag gab.

Eine vorhergehende Brutalisierung und Abstumpfung ist für den Großteil der Wachmannschaften anzunehmen, auch wenn viele erst seit wenigen Monaten im KZ-Dienst standen. Bei den übrigen Direkttätern – insbesondere denen aus Celle – bleibt unersichtlich, ob sie zuvor über das Leben eines Menschen entschieden oder gar einen Menschen getötet hatten.

Grundlegend waren Tschökells Befehle, die den Rahmen für die folgenden Exzesse bildeten. Die Falschmeldung von den gemeingefährlichen und gewalttätigen Sträflingen spielte dabei eine entscheidende Rolle. Anknüpfend an bisherige Ausgrenzungs- und Verfolgungslegitimierungen des NS-Regimes deklarierte sie die Häftlinge noch einmal ausdrücklich zu bedrohlichen Feinden der Celler „Volksgemeinschaft".

Ein Befehlsnotstand im Sinne einer Gefährdung von Leib und Leben bestand in keinem Fall. Im Gegenteil: Entscheidend war nicht, welche Folgen eine Weigerung gehabt hätte, sondern die Gewissheit, dass die Häftlingsmorde durch einen Rahmenbefehl gedeckt waren und somit keine Konsequenzen haben würden. So erklärte denn auch Einsatzleiter Schwandt gegenüber den britischen Ermittlern: „Bei Gott und der Welt wäre mir damals nie in den Sinn gekommen, dass ich dafür von einer fremden Macht zur Rechenschaft gezogen werden würde."[24]

Gefragt war außerdem nicht mechanischer Gehorsam, sondern Eigeninitiative, da die Häftlinge zumeist in unkontrollierten Situationen und ohne konkrete

---

24 Ebenda: Schriftliche Erklärung Schwandt, 29. 3. 1946.

Einzelbefehle getötet wurden. Folgt man den Darstellungen einiger Direkttäter (zum Beispiel Ahlborn und Amelung) im „Celle Massacre Trial", so spielte die Befürchtung, sich als Versager und Feigling zu blamieren, eine ebenso wichtige Rolle wie die Vorwegnahme tatsächlicher oder vermeintlicher Erwartungen.

Der Umgang mit den Häftlingsleichen lässt sich nur als achtlos bezeichnen. Im „KZ-Quartier" auf dem Waldfriedhof in Celle liegen insgesamt 199 Tote aus dem Drütte-Zug. 106 Opfer des Massakers waren noch vor dem britischen Einmarsch hastig dort begraben, weitere 57 zunächst in Massengräbern im Neustädter Holz verscharrt worden. Seit Ende 1948 kennzeichneten drei große Holzkreuze das „KZ-Quartier" und wiesen es als „Ruhestätte für Opfer des Zweiten Weltkrieges" aus. Wo die Leichen derjenigen Häftlinge ruhen, die bei dem Bombenangriff umgekommen sind, ist bis heute ungeklärt.[25]

Die Auskünfte der Stadtverwaltung – zumeist auf Anweisung der britischen Besatzungsverwaltung – zu Zahl und Identität der Opfer waren wenig präzise, widersprüchlich und zuweilen regelrecht irreführend. So enthält auch das von der Gedenkstätte Neuengamme herausgegebene „Totenbuch", das sich auf diese Angaben stützt, zahlreiche falsche bzw. zweifelhafte Angaben zum Todesort Celle. Eine Überprüfung ergab, dass es sich bei 14 der namentlichen Einträge um Justizgefangene handelt, die im Zuchthaus Celle zu Tode gekommen waren. Die Mehrzahl der übrigen 54 Einträge bezieht sich sehr wahrscheinlich auf Überlebende aus Bergen-Belsen, die von Mai bis November 1945 in einem der Celler Hilfskrankenhäuser an den Folgen der KZ-Haft gestorben waren. Ein Zusammenhang mit dem Drütte-Zug oder Neuengamme ist in den meisten Fällen nicht ersichtlich.[26]

Hingegen konnten anhand des ausgewerteten Materials – insbesondere im Abgleich der Beerdigungsregister mit fragmentarisch erhaltenen KZ-Unterlagen – 33 auf dem Waldfriedhof bestattete Häftlinge aus dem Drütte-Zug nament-

25 Auf dem Waldfriedhof lassen sich 27 Gräber mit Angriffsopfern nachweisen. Somit ist davon auszugehen, dass sich in den zugeschütteten Bombenkratern – und damit unter den Bahngleisen – noch Leichen und Leichenteile befinden, sehr wahrscheinlich aber nicht – wie bislang angenommen – 75 bis 80 Leichen pro Krater. Dass die Briten – so eine weitere langlebige Legende – die Krater mit Pionierfahrzeugen zuschütteten und diese damit wissentlich zu Massengräbern machten, muss als unwahrscheinlich gelten. Vielmehr scheint es sich um eine Projektion von entsprechenden Bildern aus dem befreiten KZ Bergen-Belsen zu handeln. Die besonderen Umstände (10 000 unbestattete Leichen, eine weiterhin hohe Sterberate und die Typhusepidemie), die dies in Bergen-Belsen erforderlich machten, waren in Celle nicht gegeben.
26 KZ-Gedenkstätte Neuengamme (Hrsg.), Die Toten. Konzentrationslager Neuengamme. CD-ROM, Hamburg 2005. Überprüft wurden die Angaben durch einen Abgleich der Friedhofsunterlagen (StA Celle, Amt 67). Insbesondere die Beerdigungsregister waren damals von der Stadtverwaltung nicht mit der gebotenen Sorgfalt ausgewertet worden.

lich identifiziert werden.²⁷ Die 17-jährige Polin Barbara Dobrowolska war zusammen mit ihrer Mutter und ihrer Schwester Mitte August 1944 aus dem aufständischen Warschau nach Ravensbrück und einen Monat später nach Salzgitter-Bad deportiert worden. Sie gehörte zu einer Gruppe von vier Häftlingen, die am 11. oder 12. April 1945 bei Dasselbruch von Luftwaffensoldaten wegen angeblichen Spionageverdachts erschossen wurden.

Der damals 48-jährige Pole Telesfor Świercz war im Mai 1943 nach Auschwitz und drei Monate später nach Neuengamme deportiert worden. Im Dezember 1944 hatte seine Frau ein letztes Mal eine der standardisierten Karten aus Drütte erhalten. 50 Jahre später wusste die Tochter noch immer nicht, wo und unter welchen Umständen ihr Vater ums Leben gekommen war. Die von ihr genannte Häftlingsnummer fand sich im November 1945 bei einer in der Fuhrberger Straße verscharrten Leiche mit zertrümmertem Schädel.

Der Angriff und die anschließenden Hetzjagden und Massaker stellten in Celle 40 Jahre lang ein Tabuthema dar. Schnell wurden sie von der Geschichte einer wagemutigen Rettung der Stadt überformt. Insbesondere Tzschökell und der langjährige Oberbürgermeister Ernst Meyer, damals oberster Dienstherr der beteiligten Polizisten, machten geltend, die bedingungslose Verteidigung Celles durch den fanatischen NSDAP-Kreisleiter, Willy Milewski, verhindert zu haben. Vorgetragen wurde diese amtliche Lesart zuletzt 2005, am 60. Jahrestag des Kriegsendes. Dabei war es Tzschökell höchstpersönlich, der Milewski 1948 in dessen Spruchgerichtsverfahren auf ganzer Linie entlastete und damit die Rettungsgeschichte als Legende entlarvte.²⁸ Zwei Jahre später lancierte Tzschökell seinen bereits erwähnten „dokumentarischen Bericht" in der SPD-nahen „Hannoverschen Presse". Die Massaker kamen darin nicht vor. Die Hetzjagden stellte Tzschökell als Feuergefechte zwischen seinen Männern und bewaffneten Häftlingen dar und behauptete entgegen seiner Aussagen von 1948, Celle vor den zerstörerischen Ambitionen Milewskis gerettet zu haben.²⁹

Anfang der 1980er-Jahre thematisierten lokale Initiativen das Drama erneut öffentlich und durchbrachen damit die Tabuisierung. Seitdem ist der Gedenkstein auf dem Waldfriedhof den „Opfern der NS-Gewaltherrschaft" gewidmet. Seit 1992 erinnert ein unscheinbares Mahnmal in den Triftanlagen an die Hetzjagden und ihre Opfer, allerdings ohne die maßgeblich Verantwortlichen zu benennen und ohne die Beteiligung von Zivilisten zu erwähnen.³⁰ Tzschökells irreführende

---

27 Vgl. die namentliche Aufstellung in: Strebel, Celle April 1945 revisited, S. 173. Bis auf zwei Ausnahmen handelt es sich um mutmaßliche Massakeropfer.
28 Bundesarchiv Koblenz, Z 42 II/1049: Tzschökell, Aussagen im Spruchgerichtsverfahren gegen Milewski, 14. 9. 1947 (schriftlich) und 11. 5. 1948 (als Zeuge vor Gericht).
29 Tzschökell, Schicksalstage.
30 Klaus Neumann, Eine „Hasenjagd" in Celle, in: RWLE Möller Stiftung (Hrsg.), „Hasen-

Darstellung blieb bis vor Kurzem unhinterfragt, auch in der kleinen Studie von Mijndert Bertram, der 1989 im Auftrag der Stadt Celle einen ersten Versuch unternahm, das komplexe Drama in seinen groben Umrissen nachzuzeichnen.[31] Ende 2006 unterstützte die Stadt Celle ein grundlegendes Forschungsprojekt der Stiftung Niedersächsische Gedenkstätten, auf dessen Ergebnissen dieser Beitrag basiert.

Celle ist kein Einzelfall. Weder die blutigen Ereignisse am 8. und 9. April 1945 noch deren Leugnung und Verdrängung in den Jahrzehnten danach sind beispiellos. Erinnert sei nur an die Massenmorde von Gardelegen oder die „Mühlviertler Hasenjagd" auf entkommene Häftlinge des KZ Mauthausen. Zweifelsohne lassen sich die Massaker an der „Heimatfront" nicht mit den Massenerschießungen in Babij Jar oder den Morden in den Gaskammern von Auschwitz gleichsetzen. Dafür fanden sie mitten in Deutschland, direkt vor der Haustür der Volksgemeinschaft statt, in nicht wenigen Fällen – wie in Celle – unter deren aktiver Beteiligung. „Kinder mit Steckrüben" hingegen blieben bis zum Schluss die Ausnahme.

Ausgrenzung und (der weitgehende Mangel an) Zivilcourage spielten in Celle am 8. und 9. April 1945 eine maßgebliche Rolle, ebenso wie bei der Nachgeschichte. Die beim Bombenangriff und den anschließenden Massakern ums Leben gekommenen Häftlinge blieben weit über das Kriegsende hinaus ausgegrenzt. Bis zur offiziellen Anerkennung des Umstandes, dass das blutige Drama kurz vor Ende des Zweiten Weltkrieges ebenso Bestandteil der Celler Geschichte ist wie die noch heute identitätsstiftende Funktion als ehemalige welfische Residenzstadt, dauerte es mehrere Jahrzehnte. Zu verdanken ist dies vor allem dem zivilgesellschaftlichen Engagement von wenigen Einzelpersonen und Initiativen.

jagd" in Celle. Das Massaker am 8. April 1945, Celle 2005, S. 33–63 (deutsche Übersetzung des Kapitels aus: ders., Shifting Memories. The Nazi Past in the New Germany, Ann Arbor 2000, S. 41–68); vgl. Bertram, 8. April 1945, S. 140–144; Reinhard Rohde, Verdrängen – vergessen – vergegenwärtigen. Erinnerungspolitik – Was prägt(e) in Celle die Auseinandersetzung mit dem Nationalsozialismus?, in: RWLE Möller Stiftung (Hrsg.), Gedächtnislücken? Erinnerungs- und Gedächtniskultur nach 1945 in Celle, Celle 2006, S. 33–55.

31 Mijndert Bertram, April 1945. Der Luftangriff auf Celle und das Schicksal der KZ-Häftlinge aus Drütte, Celle 1989; vgl. Anm. 5.

MARCO KÜHNERT

Die Ermordung sowjetischer Gefangener am Bullenhuser Damm und die Reaktionen von Justiz und Memorialkultur

Deportierte aus der Sowjetunion waren eine der größten nationalen Häftlingsgruppen in den „Kriegs-Konzentrationslagern", und sie gehörten in diesen auch zu den größten Opfergruppen.[1] Die Bedeutung der sowjetischen KZ-Häftlinge spiegelt sich jedoch in der (west)deutschen Erinnerungskultur nur unzureichend wider. Sie sind keine gängigen Topoi in Gedenkreden oder an Gedenktagen. Weder tauchen sie prominent in der Schulbuchliteratur auf, noch stehen sie im Mittelpunkt von Dokumentar- oder Spielfilmen. Selbst an den Orten ihrer früheren Leiden, in den KZ-Gedenkstätten, werden sie wenig wahrgenommen und nur knapp präsentiert. Sie stehen hier weder im Mittelpunkt von Webseiten oder Ausstellungen, noch in dem der alltäglichen gedenkstättenpädagogischen Arbeit.

Im KZ Neuengamme bildeten die Sowjets die größte nationale Gruppe: Mit 21 000 zivilen männlichen und 2000 zivilen weiblichen Häftlingen (ohne Gefangene aus dem Baltikum), 1000 Rotarmisten, die im Oktober 1941 an das inmitten des Schutzhaftlagers errichtete „Kriegsgefangenen-Arbeitslager" überstellt worden waren, und weiteren 491 im August 1941, September 1942 und November 1942 zur sofortigen Tötung eingelieferten Kriegsgefangenen stellten sie annähernd ein Viertel der mehr als 100 000 Häftlinge des größten Konzentrationslagers in Nordwestdeutschland.[2]

1 So waren im KZ Buchenwald am 25. 12. 1943 von insgesamt 37 200 Häftlingen fast 14 500 sowjetischer Herkunft, mithin 39 Prozent und somit mehr als doppelt so viele wie die zweitgrößte, die polnische Häftlingsgruppe, Ausstellungskatalog der Gedenkstätte Buchenwald (Hrsg.), Konzentrationslager Buchenwald 1937–1945, 5. Aufl., Göttingen 2007, S. 155. Von den 56 000 Toten des Lagers Buchenwald waren die mit Abstand meisten, nämlich etwa 15 000, sowjetische Häftlinge, mithin mehr als doppelt so viele wie die 7000 ermordeten polnischen Gefangenen, Manfred Overesch, Buchenwald und die DDR. Oder die Suche nach Selbstlegitimation, Göttingen 1995, S. 207 ff. Im KZ Dachau stellten sowjetische Häftlinge mit über 24 000 Personen (von über 200 000 Gefangenen insgesamt) die zweitgrößte nationale Gruppe nach den fast 38 000 polnischen Häftlingen, http://www.gedenkstaettenpaedagogik-bayern.de/haeftlingsgesellschaft.htm (Zugriff am 7. 3. 2010).

2 Die Zahlen sind hauptsächlich entnommen: Ausstellungskatalog der KZ-Gedenkstätte Neuengamme (Hrsg.), Zeitspuren, Bremen 2005, S. 26.

1. Morde am Bullenhuser Damm

Die geringe memorialkulturelle Erfassung und Präsentation dieser Gruppe gilt auch für die KZ-Gedenkstätte Neuengamme, einschließlich der ihr zugehörigen Außenstelle Gedenkstätte Bullenhuser Damm in Hamburg-Rothenburgsort, obwohl dort im April 1945 ein Massenmord an sowjetischen Gefangenen begangen wurde. Das zum Tatzeitpunkt bereits geräumte Außenlager Bullenhuser Damm wurde in der Nacht vom 20. auf den 21. April 1945 zum Schauplatz eines „Kriegsendphasenverbrechens": Im Zuge der Lagerauflösung wurden hier mindestens 24 sowjetische Gefangene von Angehörigen der Neuengammer Lager-SS ermordet. Der konkrete Hintergrund für diese Tötungsaktion ist bis heute nicht erforscht. Rezeptionsgeschichtlich ist die Tötung dieser Häftlinge komplett überschattet von der zeitgleich erfolgten Ermordung 24 weiterer Gefangener: 20 jüdischer Kinder unterschiedlicher Nationalität (die meisten von ihnen, 14 Kinder, stammten aus Polen) im Alter von vier bis zwölf Jahren sowie vier erwachsenen KZ-Häftlingen, zwei niederländischen und zwei französischen Widerstandskämpfern, die in Neuengamme als Betreuer dieser Kinder im Krankenrevier eingesetzt waren.

An den Kindern, zehn Jungen und zehn Mädchen, waren im KZ Neuengamme Tuberkuloseversuche durchgeführt worden. Zur Verschleierung der an ihnen begangenen Medizinverbrechen wurden sie und ihre Betreuer erhängt. Im Gegensatz zu den getöteten Sowjets ist im Falle dieser Opfer der Tathintergrund bekannt: Es handelte sich um eine „Zeugenbeseitigung", da britische Truppen kurz vor der militärischen Einnahme Hamburgs und somit vor der Befreiung des Konzentrationslagers Neuengamme standen.

Die Mordnacht hat als „Kindermord vom Bullenhuser Damm" Eingang in die kollektive Erinnerung gefunden. Seit der 1979 begonnenen Berichterstattung des Journalisten Günther Schwarberg über diesen Fall[3] entwickelte er sich zu einem bekannten und wirkungsmächtigen Holocaust-Narrativ. Die diesem Narrativ am stärksten zugehörige und weitverbreitete Assoziation ist – neben den Morden selbst – der Tatkomplex der medizinischen Versuche, die an den Kindern vorgenommen wurden. Eine Wahrnehmung der Taten als „Kriegsendphasenver-

---

3 Günther Schwarberg, Der SS-Arzt und die Kinder. Bericht über den Mord vom Bullenhuser Damm, Hamburg 1979. Das Buch basierte auf seiner gleichnamigen sechsteiligen Artikelserie im Magazin „Stern", die kurz zuvor, im Januar 1979, erschienen war. Freilich waren Schwarbergs Artikelreihe und das Buch nicht die ersten Publikationen über die Morde. Der ein Jahr zuvor erschienene Bericht des Widerstandskämpfers und KZ-Überlebenden Fritz Bringmann, Kindermord am Bullenhuser Damm. SS-Verbrechen in Hamburg 1945: Menschenversuche an Kindern, Frankfurt a. M. 1978, hatte allerdings nicht annähernd so viel Aufsehen erregt.

brechen", dem insgesamt mindestens 48 Menschen zum Opfer gefallen sind, ist hingegen nicht gegeben. Die Konzeption der Gedenkstätte Bullenhuser Damm – mit ihren drei verschiedenen Ausstellungen von 1979 bis heute[4] – ist ein Musterbeispiel der Verdrängung einer ganzen Opfergruppe am Erinnerungsort selbst. Die Gedenkstätte ist weitgehend auf den Aspekt des Kindermordes reduziert: Die Sowjets führen dort ein nur „schattenhaftes Dasein".[5] Zwar erinnert seit 1985 auf dem Gelände eine von der Sowjetunion gestiftete und vom Moskauer Bildhauer Anatoli Mossijtschuk gefertigte Plastik an sie. Doch wurde diese außerhalb des „Rosengartens für die Kinder vom Bullenhuser Damm" aufgestellt. Die 1994 konzipierte und 1999/2000 erweiterte dritte Ausstellung in der Gedenkstätte widmet bis heute nicht eine einzige Wandtafel den sowjetischen Mordopfern.

Neben der Geschichte des Gedenkens am Bullenhuser Damm ist es vor allem ein von der Staatsanwaltschaft Hamburg von 1964 bis 1967 geführtes Ermittlungsverfahren, anhand dessen sich die Marginalisierung der Sowjets aufzeigen lässt. Das im Jahre 1967 eingestellte Verfahren richtete sich gegen den ehemaligen SS-Obersturmführer Arnold Strippel, der nach einer mehrjährigen Laufbahn in verschiedenen Konzentrationslagern (u. a. Buchenwald, Lublin-Majdanek, Vught) gegen Kriegsende, und somit zum Tatzeitpunkt, Stützpunktleiter der im Hamburger Stadtgebiet gelegenen Außenlager des KZ Neuengamme war.[6] Strippel galt als verdächtig, an den Morden befehlshabend beteiligt gewesen zu sein. Hinsichtlich der Morde an den Kindern und ihren Betreuern wurde das Verfahren gegen Strippel jedoch aus Mangel an Beweisen eingestellt. Hinsichtlich der sowjetischen Gefangenen wurde das Verfahren dagegen aus rechtlichen Gründen eingestellt: Die Staatsanwaltschaft hielt es für möglich, dass die Sowjets aufgrund eines „rechtmäßigen Todesurteils" erhängt worden seien. Dieser Teil der Einstellungsverfügung blieb jedoch bis heute weitgehend unbeachtet. Die Kritik

---

4   Eine vierte Ausstellung wird derzeit erarbeitet und soll 2011 der Öffentlichkeit übergeben werden.
5   So formulierte es der Historiker Thorsten Börnsen, der für den Landesjugendring Hamburg e. V. im Rahmen „alternativer Stadtrundfahrten" museumspädagogische Veranstaltungen in der Gedenkstätte Bullenhuser Damm in Hamburg durchführt. Persönliches Gespräch am 22. 11. 2007.
6   Archiv der KZ-Gedenkstätte Neuengamme (ANg), Sammlung Günther Schwarberg (SGS) 8. 1. 153–213: Strafsache 147 Js 45/67, 62-seitiger Einstellungsbeschluss vom 30. 6. 1967 (im Folgenden zitiert als „Einstellungsverfügung"). Eine 40-seitige Abschrift der Einstellungsverfügung war am 24. 8. 1967 vom Leitenden Oberstaatsanwalt beim Landgericht Hamburg, Helmut Münzberg, der Arbeitsgemeinschaft Neuengamme e. V. (AGN) übermittelt worden. Die Abschrift war bis 2007 als Teil des Nachlasses Hans Schwarz („Hans-Schwarz-Archiv") in der Forschungsstelle für Zeitgeschichte Hamburg (FZH) verfügbar. Das Hans-Schwarz-Archiv befindet sich heute im Archiv der KZ-Gedenkstätte Neuengamme.

an der Verfügung greift meist den Umstand an, dass die Staatsanwaltschaft die Erhängungen der Kinder nicht als „grausam" im Sinne des Mordparagrafen 211 StGB gewertet hatte. Diese juristisch korrekte Wertung wurde von der Anklagebehörde – sprachlich verunglückt – damit begründet, dass den Kindern „über die Vernichtung ihres Lebens hinaus kein weiteres Übel zugefügt worden" sei.[7] Die Verfügung wird insbesondere wegen dieser Formulierung – und insoweit zu Unrecht – als Beispiel einer Justiz betrachtet, die Nazi-Verbrecher nicht mit dem erforderlichen Nachdruck verfolgte, obwohl diese rechtliche Würdigung keinerlei Folgen für die Entscheidung hatte: Die Erhängungen der Kinder und ihrer Betreuer wurden nämlich gleichwohl aufgrund anderer gesetzlicher Merkmale als „Morde" im Sinne des § 211 StGB beurteilt.

Die Staatsanwaltschaft bewertete jedoch die Erhängungen der Sowjets abweichend: Sie verneinte in ihrem Falle das Vorliegen von Mordkriterien und stellte insoweit das Verfahren gegen Strippel aus rechtlichen Gründen ein. Dabei bezog sie eine Perspektive, die über den Weg der Schuldumkehr aus den Opfern potenzielle Verbrecher machte. Öffentliche Kritik an dieser Entscheidung ist bis heute ausgeblieben.

2. Das Tatgeschehen und die unmittelbare juristische Verfolgung der Morde

Aufgrund des stetigen Vormarschs britischer Truppen Richtung Hamburg begann die Lager-SS um den 20. April 1945 mit der Räumung des Hauptlagers Neuengamme. Im Block IV a des Krankenreviers befanden sich zu diesem Zeitpunkt die 20 jüdischen Kinder, die am 29. November 1944 mit einem Sondertransport aus dem Konzentrationslager Auschwitz in Neuengamme eingetroffen waren. An ihnen wurden im KZ Neuengamme unter Leitung des SS-Arztes Dr. Kurt Heißmeyer Tuberkuloseversuche durchgeführt, wie zuvor bereits, seit Sommer 1944, an erwachsenen Häftlingen. Ebenfalls im Block IV a befanden sich die vier erwachsenen Gefangenen, die den Kindern als Häftlingsärzte (zwei französische Professoren) und Häftlingspfleger (zwei niederländische Arbeiter) zugewiesen waren.

Zur Verschleierung der in Neuengamme begangenen Medizinverbrechen wurde entschieden, dass sämtliche Zeugen der Tuberkuloseversuche zu töten waren. Aus unbekanntem Grund wurde zeitgleich entschieden, sechs sowjetische Gefangene, die in Neuengamme gerade im Arrestbunker einsaßen, ebenfalls zu töten. Daher wurden am Abend des 20. April 1945 die 24 Gefangenen aus dem Revier IV a und die sechs Sowjets auf einen LKW verladen, der sie Richtung

---

7   Einstellungsverfügung, S. 30 f.

Rothenburgsort transportierte. Dort befand sich das bereits einige Tage zuvor geräumte Außenlager Bullenhuser Damm in einem solitär stehenden Schulgebäude. Nach ihrer Ankunft wurden die 30 Gefangenen in die Kellerräume der Schule verbracht und dort erhängt. Die 20 Kinder wurden zuvor noch vom Neuengammer Standortarzt Dr. Alfred Trzebinski mit Morphiumspritzen narkotisiert.

Während dieser Erhängungen fuhr der LKW weiter Richtung Hammerbrook, um aus dem dortigen Neuengammer Außenlager Spaldingstraße weitere 18 bis 24 (die genaue Zahl ist unklar) sowjetische Gefangene abzuholen und sie ebenfalls zum Außenlager Bullenhuser Damm zu verbringen. Nach der dort erfolgten neuerlichen Ankunft wurden sie in Sechsergruppen in den Keller geführt und dort aus nicht bekannten Gründen erhängt. Einer Gruppe von fünf oder sechs der Gefangenen soll während des Absteigens vom LKW die Flucht gelungen sein. Daher hat sich allgemein die Auffassung durchgesetzt, dass in der Mordnacht neben den 20 Kindern und ihren vier Betreuern insgesamt 24 sowjetische Häftlinge getötet worden seien.[8] Der Verbleib der Leichname ist ungeklärt. Vielfach wird angenommen, dass sie nach Durchführung der Tötungsaktion wiederum per LKW zur Kremierung ins Hauptlager Neuengamme zurücktransportiert worden sind.

Die Morde am Bullenhuser Damm eignen sich nicht als Beispiel für ein juristisch nicht aufgearbeitetes und somit ungesühnt gebliebenes NS-Verbrechen, wenngleich dies aufgrund der gescheiterten Versuche, Arnold Strippel für seine mögliche Beteiligung an den Morden zur Verantwortung zu ziehen, vor allem von Günther Schwarberg, aber auch von anderen Kritikern stets behauptet wurde. Tatsächlich wurden die meisten der an der Mordaktion beteiligten SS-Leute schon kurz nach Kriegsende von den britischen Besatzungsbehörden zur Verantwortung gezogen. Die nachfolgend aufgeführten Tatbeteiligten wurden 1946 während des „Neuengamme Concentration Camp Case" vom britischen Militärgerichtshof zum Tode verurteilt und in Hameln exekutiert:[9]

---

8 Tatsächlich ist die Auffassung in der gesamten Literatur zum Thema Bullenhuser Damm vorherrschend, dass es sich um 24 sowjetische Kriegsgefangene gehandelt habe. Die Quellenlage reicht jedoch nicht aus, um substanzielle Behauptungen über den zivilen oder militärischen Status der sowjetischen Häftlinge machen zu können. Einen konkreten Hinweis, dass diese Häftlinge tatsächlich Rotarmisten gewesen sein könnten, findet sich im Archiv der KZ-Gedenkstätte Neuengamme bislang nicht.

9 Der „Neuengamme Concentration Camp Case" wird meist als „Curiohaus-Prozess" bezeichnet, weil der britische Militärgerichtshof seinen Sitz im (unzerstörten) Hamburger Curiohaus nahm. In dem Verfahren vom 18. 3. bis 3. 5. 1946 waren 14 SS-Offiziere und Aufseher des KZ Neuengamme angeklagt. Der Plural „Curiohaus-Prozesse" bezieht sich auf die insgesamt sieben Stammlager-Folgeprozesse, die bis 1948 vor dem Gerichtshof stattfanden. Darüber hinaus gab es bis 1948 weitere 26 Folgeprozesse zu Verbrechen in den

Beteiligter	Funktion	Tatbeteiligung
Max Pauly	Lagerkommandant	Tötungsbefehl
Dr. Alfred Trzebinski	Standortarzt	Narkotisierung der Kinder
Wilhelm Dreimann	Rapportführer	Erhängungen
Adolf Speck	Block- und Kommandoführer	LKW-Transporte

Zwei weitere Tatbeteiligte wurden 1946 im Rahmen des Nachfolgeprozesses „Neuengamme Case No. 3" vom britischen Militärgerichtshof zum Tode verurteilt und in Hameln exekutiert:

Beteiligter	Funktion	Tatbeteiligung
Ewald Jauch	Außenlagerkommandant	Verbringung in die Kellerräume
Johann Frahm	Blockführer	Erhängungen

Ebenfalls beteiligt war vermutlich Peter Wiehagen, Blockführer (LKW-Transporte). Wiehagen starb am 3. Mai 1945 beim Untergang des Häftlingsschiffs „Cap Arcona" in der Lübecker Bucht. Der Tatbeteiligung höchst verdächtig war Stützpunktleiter Arnold Strippel. Ihm wurde vor allem von Dr. Trzebinski vorgeworfen, tatsächlich der befehlshabende SS-Offizier vor Ort gewesen zu sein. Da die britischen Militärbehörden seiner jedoch nicht habhaft werden konnten, konnte Strippel nicht abgeurteilt werden. Spätere Versuche in den Jahren 1964/67, 1973/79 und 1983/87, ihn wegen der Morde am Bullenhuser Damm gerichtlich zu belangen, scheiterten.

3. Die sowjetischen Gefangenen im Hamburger Ermittlungsverfahren gegen Arnold Strippel 1964–1967: Keine Mordmerkmale, keine Rechtswidrigkeit, keine Schuldhaftigkeit

Nach einer Strafanzeige der Lagergemeinschaft Buchenwald am 21. Dezember 1963 nahm die Staatsanwaltschaft Hamburg 1964 die Ermittlungen gegen Arnold Strippel auf. Dies war das erste Ermittlungsverfahren der Hamburger Justiz wegen der Morde am Bullenhuser Damm. Das Ermittlungsverfahren wurde mit Verfügung vom 30. Juni 1967 eingestellt (s. o.), sodass es nicht zur Anklageerhebung und Eröffnung eines Hauptverfahrens beim Landgericht Hamburg gegen

Außenlagern. Eine gute Übersicht bietet Hermann Kaienburg, Die britischen Militärgerichtsprozesse zu den Verbrechen im Konzentrationslager Neuengamme, in: KZ-Gedenkstätte Neuengamme (Hrsg.), Die frühen Nachkriegsprozesse, Bremen 1997, S. 56–64.

Strippel kam. Der Leitende Oberstaatsanwalt Helmut Münzberg differenzierte in seiner Einstellungsverfügung erheblich zwischen den verschiedenen am Bullenhuser Damm getöteten Häftlingen.

Obgleich alle 48 Opfer in derselben Nacht von denselben Tätern und unter denselben Umständen erhängt wurden, kam Münzberg zu völlig unterschiedlichen Schlussfolgerungen in der rechtlichen Würdigung des Falles. Im Ergebnis wurde die Anklageerhebung gegen Strippel hinsichtlich der 20 Kinder und ihrer vier Betreuer zwar aus Mangel an Beweisen abgelehnt;[10] es wurde allerdings festgestellt, dass in sämtlichen 24 Fällen Mordkriterien gemäß § 211 StGB vorlagen. Das Vorliegen solcher Kriterien und somit die rechtliche Einschätzung der Erhängungen als „Mord" wurde hinsichtlich der 24 sowjetischen Getöteten jedoch verneint.

Eine Anklageerhebung gegen Strippel kam ihretwegen somit nicht mehr infrage, da außer Mord und Beihilfe zum Mord alle weiteren in der NS-Zeit begangenen Verbrechen bereits als verjährt galten; dies schloss Totschlag (§ 212 StGB), den Münzberg bezüglich der Erhängungen der Sowjets für nicht völlig ausgeschlossen hielt, ein.

Fehlendes Mordmerkmal „Heimtücke": Die „Tötung der Russen"[11] wurde nach Wertung der Anklagebehörde nicht heimtückisch durchgeführt. Ohne genauere Angaben zu den Spezifika der KZ-Haft von sowjetischen Gefangenen zu machen, ging sie davon aus, dass schon ihre „Behandlung [...] durch die SS während ihrer Haftzeit [...] sie auf das Äußerste argwöhnisch und mißtrauisch gemacht haben" muss. Die sowjetischen Häftlinge hätten „stündlich damit rechnen [müssen], von der SS liquidiert zu werden".[12] Weiter habe der Tathergang gegen eine heimtückisch ausgeführte Tötungshandlung gesprochen: „Nun wurden sie mitten in der Nacht auf einem bewachten Lkw zu einem einsam gelegenen Gebäude gefahren, jeweils zu viert von dem Lkw heruntergeholt und in den Keller dieses Gebäudes geführt. Keiner der in den Keller Gebrachten kam zurück. Alle diese Menschen können, als sie in den Tod gingen, unmöglich arglos gewesen sein; das beweist schon die Tatsache ihres verzweifelten Fluchtversuchs."[13]

Fehlendes Mordmerkmal „Grausamkeit": Das Vorliegen des Mordmerkmals der Grausamkeit wurde ohne detaillierte Angabe von Gründen verneint; die zur Verneinung dieses Mordmerkmals hinsichtlich der Tötung der Pfleger und Ärzte

---

10 Unzulänglichkeiten in der Ermittlungsarbeit, die zu dieser Einschätzung der Beweislage führten und die dann später, insbesondere von Günther Schwarberg, zu Recht angeprangert wurden, sind hier nicht Thema und spielten auch für die rechtliche Würdigung der Tötung der sowjetischen Häftlinge keine Rolle.
11 Einstellungsverfügung, S. 36.
12 Ebenda.
13 Ebenda. „Heimtücke" gemäß § 211 StGB liegt vor, wenn das Opfer „arg- und wehrlos" war.

getroffenen Ausführungen würden „vollen Umfanges auch für die Tötung der Russen gelten".[14]

Fehlendes Mordmerkmal der „niedrigen Beweggründe": Die Beweggründe für die Erhängungen vermochte die Staatsanwaltschaft Hamburg nicht zu ermitteln. Münzberg war sich „nicht einmal sicher, ob bezüglich der Russen Tötungsbefehle aus Berlin vorgelegen haben", denen möglicherweise sogar „rechtmäßige Todesurteile zugrunde" lagen.[15] „Niedrige Beweggründe" im Sinne des § 211 StGB seien zwar durchaus denkbarer Hintergrund für die Erhängungen, aber dies sei nicht nachweisbar: „Waren die Russen (was möglich, keineswegs jedoch bewiesen ist) nach dem Willen der Befehlsgeber nur deshalb zu töten, weil sie als ‚Untermenschen' nach Auffassung der nationalsozialistischen Machthaber keine Daseinsberechtigung hatten, dann waren die Beweggründe für ihre Tötung rassisch bedingt und damit ‚niedrig' i. S. des § 211 StGB."[16]

Ebenso sei es jedoch möglich, dass es sich um eine legale Exekution der Sowjets gehandelt haben könnte, sodass nicht nur kein Mord, sondern überhaupt kein Straftatbestand vorliegen würde: „Hatten die Russen jedoch, was ebenso denkbar ist, irgendein Verbrechen begangen, für das szt. auch jeder Nichtrusse mit dem Tode bestraft worden wäre, und lagen den Exekutionsbefehlen [...] rechtmäßige Todesurteile zugrunde, dann erfüllte die Tötung der Russen lediglich den äußeren Tatbestand des § 212 StGB.[17] Da sich nicht mehr feststellen läßt, welches das Motiv für die Tötung der Russen gewesen ist, muß im folgenden von der für den Beschuldigten günstigsten Möglichkeit ausgegangen werden, nämlich davon,

---

14 Ebenda, S. 37. Für sämtliche 48 Opfer hat die Staatsanwaltschaft Hamburg das Mordmerkmal der „Grausamkeit" zu Recht verneint, da neben der eigentlichen Tötungshandlung keine zusätzlichen Handlungen (wie etwa Folterungen) an den Häftlingen vorgenommen worden sind. Diese juristische Würdigung Münzbergs entsprach nicht nur der damaligen ständigen Rechtsprechung des Bundesgerichtshofes (BGH), sondern bis heute auch der Rechtsprechung und Rechtslehre in der Bundesrepublik.
15 Ebenda. Hier bezog er sich auf die Aussagen von Max Pauly, Dr. Alfred Trzebinski und insbesondere Ewald Jauch. Soweit sich Münzberg in seiner Einstellungsverfügung auf Aussagen anderer Tatbeteiligter bezogen hat, lagen ihm diese in Form der deutschen Übersetzung der britischen Protokolle der „Curiohaus-Prozesse" vor. Diese Protokolle lagerten seinerzeit in der britischen Botschaft in Bonn und wurden, soweit sie die Taten am Bullenhuser Damm betrafen, der Staatsanwaltschaft Hamburg zur Verfügung gestellt.
16 Ebenda.
17 Hätte hier ein „echtes" Totschlagsdelikt vorgelegen, wäre es seit dem 8. 5. 1960 verjährt gewesen. Mit „äußerem Tatbestand" ist gemeint, dass zwar auch bei Vollstreckung eines legalen Todesurteils eine Tötungshandlung durchgeführt wird, sodass rein „äußerlich" (tatbestandlich) ein Totschlag gemäß § 212 StGB vorliegt, aber aufgrund mangelnder Rechtswidrigkeit diese Tötungshandlung nicht strafbar ist.

daß es sich bei den Russen um rechtmäßig zum Tode Verurteilte gehandelt hat."[18] Nach allem führte dies zu der Einschätzung, „daß der Beschuldigte wegen der ihm zur Last gelegten Beteiligung an der Tötung der Russen strafrechtlich nicht zur Verantwortung gezogen werden kann".[19]

4. „Legale" Hinrichtung? Widersprüche und Versäumnisse im Ermittlungsverfahren

In der Einstellungsverfügung findet sich eine Vielzahl von Widersprüchen und ermittlungstechnischen Versäumnissen, auf die hier nicht detailliert eingegangen werden kann.[20] Anhand der staatsanwaltlichen Vermutung, dass es sich bei der Erhängung der Sowjets um eine legale Hinrichtung gehandelt haben könnte, soll exemplarisch aufgezeigt werden, wie sehr die Hamburger Anklagebehörde bei den unterschiedlichen Opfergruppen zweierlei Maß angelegt hat:

Hinsichtlich der Morde an den 20 Kindern wurde zutreffend festgestellt, dass die Täter „aus Angst vor Strafe ein erhebliches Interesse daran" hatten,[21] die im KZ Neuengamme begangenen Medizinverbrechen zu verschleiern, und daher die Tötungen der Kinder und ihrer Betreuer „so unauffällig wie möglich" durchführten.[22] So erklärte sich auch „der umständliche Transport der Kinder zum einsam gelegenen Lager B. D., die Begleitung des Kindertransportes durch den Standortarzt persönlich und die heimliche lautlose Tötung zur Nachtzeit",[23] die „in einem finsteren Keller"[24] erfolgt sei. Die gesamten Tatumstände seien somit Beweis für den Charakter der Tötungen als Verdeckungstat gemäß § 211 StGB[25] und begründeten auch bereits für sich die rechtliche Verantwortlichkeit und somit Schuldhaftigkeit der an den Morden beteiligten SS-Leute.[26]

Es ist aus dem Text der Verfügung nicht ersichtlich, weshalb diesen Erwägungen bei der rechtlichen Bewertung der Erhängungen der sowjetischen Gefangenen keinerlei Bedeutung zugemessen wurde. Die Überlegungen zum Transport

18 Einstellungsverfügung, S. 37 f.
19 Ebenda, S. 38.
20 Hier sei auf die ausführliche Darstellung verwiesen: Marco Kühnert, Die Ermordung sowjetischer Kriegsgefangener am Bullenhuser Damm. Der Umgang mit einem NS-Kriegsverbrechen in Justiz und Memorialkultur. Unveröffentlichte Magisterarbeit, Universität Hamburg, Hamburg 2008.
21 Einstellungsverfügung, S. 26.
22 Ebenda, S. 27.
23 Ebenda.
24 Ebenda, S. 30.
25 Die Tötung eines Menschen mit der Absicht, dadurch eine andere Straftat zu verdecken, ist eines der Mordkriterien gemäß § 211 StGB.
26 Einstellungsverfügung, S. 32 ff.

von Neuengamme zum Bullenhuser Damm gelten in gleichem Maße für die sechs sowjetischen Häftlinge, die sich auf demselben Transport befunden hatten. Darüber hinaus gilt für sämtliche Opfer, dass sie „mitten in der Nacht in einem finsteren Keller" getötet worden sind. Es finden sich keinerlei Überlegungen Münzbergs, ob es sich angesichts der Umstände bei der „Tötung der Russen" nicht auch um eine Tat mit Verdeckungsabsicht gehandelt haben könnte. Hinsichtlich der sechs aus dem Hauptlager zum Bullenhuser Damm transportierten Gefangenen ist sogar ein vergleichbarer Hintergrund (Verschleierung von Medizinverbrechen) nicht gänzlich auszuschließen.

Die vom Lager Spaldingstraße zum Bullenhuser Damm transportierten und dort ermordeten sowjetischen Häftlinge könnten durchaus, angesichts der bereits kurz vor Hamburg stehenden britischen Truppen, als Zeugen von im KZ Neuengamme begangenen Verbrechen beseitigt worden sein. Des Weiteren hätte es nachdenklich machen müssen, dass „rechtmäßige Todesurteile" auch unter dem NS-Regime und während des Krieges nicht zwingend „heimlich und lautlos" oder üblicherweise „mitten in der Nacht in einem finsteren Keller" vollstreckt worden sind. Sie waren Verfahrensabläufen unterworfen, die einen Anstrich von Legalität zumindest vortäuschen sollten. Daher sprach der gesamte Tathergang eindeutig gegen die Vermutung einer „legalen" Hinrichtung. Schließlich hätte die Staatsanwaltschaft erkennen müssen, dass Exekutionsbefehle der SS generell keine Legalität besitzen konnten. Statt dies pflichtgemäß zu konstatieren, stellte sie sich hingegen die Frage, „was die dem KZ übergeordneten SS-Dienststellen in Berlin bewogen hat, die Tötung der Russen anzuordnen".[27] Die Legalitätsvermutung war schon deshalb irrig, weil die SS vom Internationalen Militärgerichtshof in Nürnberg im Jahre 1946 zur „verbrecherischen Organisation" erklärt worden war. Der verbrecherische Charakter der „SS-Dienststellen in Berlin" kann Münzberg auch nicht entgangen sein, denn wären die Sowjets, so heißt es in der Verfügung, „nach dem Willen der Befehlsgeber nur deshalb zu töten, weil sie als ‚Untermenschen' [...] keine Daseinsberechtigung hatten", dann hätte es sich um Morde gemäß § 211 StGB gehandelt; dieser Beweggrund war aber lediglich „möglich, keineswegs jedoch bewiesen".[28] Schon der Umstand, dass er hier den vorgesetzten SS-Dienststellen einen solchen rassistischen Beweggrund generell zutraute, hätte als klares Indiz für die kriminelle Verfasstheit dieser Dienststellen angenommen werden müssen.

---

27 Ebenda, S. 37.
28 Ebenda.

5. „In jener Nacht wurden in der Schule am Bullenhuser Damm auch 24 russische Häftlinge ermordet."

Dieser am 20. April 1995 vor dem Plenum der Hamburgischen Bürgerschaft und in Anwesenheit von Vertretern der russischen, französischen und niederländischen Generalkonsulate sowie des israelischen Botschafters in Deutschland, Avi Primor, von der damaligen Bürgerschaftspräsidentin Ute Pape (SPD) gesprochene Satz befand sich in ihrer „Erklärung zum Gedenken an die Kinder vom Bullenhuser Damm".[29] Er blieb die einzige Erwähnung der sowjetischen Opfer während der Feierstunde anlässlich des 50. Jahrestages des Mordgeschehens.

Diese Marginalisierung hatte im Jahre 1995 bereits eine lange Vorgeschichte. Sie zog sich durch die gesamte Geschichte der erinnerungskulturellen Erfassung der Mordtaten. Sie nahm ihren Anfangspunkt im Jahre 1963 mit dem Anbringen der ersten Gedenktafel und dauert bis heute an.[30] Diese seit Jahrzehnten währende Verdrängung der Sowjets aus der Rezeption des Tatkomplexes Bullenhuser Damm hat viele Hintergründe, von denen einer die fehlende Personalisierung ist: Ihre Biografien sind, anders als die von mittlerweile fast allen Kindern (und ihren Betreuern), bis heute nicht erforscht. Ein weiterer Grund ist das besondere Entsetzen, das wohl die meisten Menschen erfasst, wenn kleine Kinder Opfer von Mordtaten werden. Darüber hinaus aber haben die verschiedenen Akteure des Erinnerns stets diesen Teil des Tatgeschehens, nämlich die Erhängungen der 20 Kinder, in den Mittelpunkt der Memorialisierung gerückt. Als Günther Schwarberg 1979 seine Artikelserie im „Stern" veröffentlichte und im gleichen Jahr eine erste, provisorische Gedenkstätte mit Ausstellung in den Kellerräumen der Schule am Bullenhuser Damm einrichtete, begann damit die zweite und eigentliche Phase des öffentlichen Gedenkens an den Bullenhuser Damm. In Hamburg wuchs langsam und ganz allmählich das Wissen um die NS-Verbrechen sowie die Bereitschaft, sich mit ihnen auseinanderzusetzen.[31] Einerseits vermochte gerade der Mord an Kindern das Ausmaß der nationalsozialistischen Massenverbre-

---

29 Das Manuskript der Rede ist abgedruckt in: ANg, SGS 15. 2. 120: Presseinformation der Bürgerschaftskanzlei vom 20. 4. 1995.
30 Mit der auf Initiative der Amicale Internationale de Neuengamme (AIN) erfolgten Anbringung einer ersten Gedenktafel im Treppenhaus der Schule Bullenhuser Damm, die freilich verschwieg, dass es sich um jüdische Kinder handelte und die die sowjetischen Opfer gänzlich unerwähnt ließ, begann am 30. 1. 1963 eine erste Phase der halbwegs öffentlichen Erinnerung an die Opfer der Mordaktion. Schon in den 1950er-Jahren hatten allerdings Mitglieder der Lagergemeinschaft Neuengamme Kranzniederlegungen in den Kellerräumen des Schulgebäudes durchgeführt.
31 Die Gedenkfeiern am 20. 4. 1979 in der Schule Bullenhuser Damm hatten etwa 2000 Besucherinnen und Besucher. Im Rahmen dieser Feiern gründete Schwarberg zusammen mit einigen Angehörigen die „Vereinigung Kinder vom Bullenhuser Damm e. V.".

chen in all ihrer Radikalität zu exemplifizieren. Andererseits erschien es – bei allem Entsetzen – in gewisser Hinsicht leichter, dieser Kinder, und somit eo ipso unschuldigen Opfern, zu gedenken. Sowjets hingegen waren nicht mit dem Begriff der Unschuld konnotiert – und nicht einmal im KZ-Zusammenhang als NS-Opfergruppe memorialisiert. Christian Streits Einschätzung zufolge hätte schon die Konsolidierung der westdeutschen Nachkriegsgesellschaft auf der Basis des Kalten Krieges und seiner Ideologie eine Empathie mit sowjetischen NS-Opfern verhindert, denn war nicht „der Krieg im Osten [...] im Grunde gerechtfertigt, sogar notwendig gewesen und nur durch eine von der Wehrmacht ungewollte und bekämpfte Überlagerung durch die Verbrechen der SS pervertiert worden. Der nationalsozialistische Antibolschewismus konnte so, seiner antisemitischen Komponente entkleidet, nahezu bruchlos in den Antibolschewismus des Kalten Krieges übergehen."[32] Der fehlenden Erwähnung der ermordeten Sowjets auf der Gedenktafel von 1963 und ihrer weitgehenden Nichtbeachtung in Schwarbergs Artikelserie 1979 folgte 1980 die Einweihung der neuen, nun offiziellen Gedenkstätte Bullenhuser Damm unter dem Motto „Nie wieder Kindermord!".[33] Diese eingeschränkte Lesart sollte sich fortsetzen.

1982 wurde die Gedenkstätte in die Zuständigkeit der Kulturbehörde übergeben. In der Obhut des Museums für Hamburgische Geschichte wurde von Ludwig Eiber eine neue Ausstellung konzipiert. Die Hamburger Presse berichtete aus diesem Anlass über die „Gedenkstätte für ermordete Kinder vom Bullenhuser Damm"[34] und über „Gedenken an Leiden und Tod 20 jüdischer Kinder".[35] Am 20. April 1985 erfolgte anlässlich des 40. Jahrestages der Mordaktion die Einweihung des durch die Hamburger Künstlerin Lili Fischer gestalteten „Rosengartens für die Kinder vom Bullenhuser Damm" durch den damaligen Ersten Bürgermeister Klaus von Dohnanyi (SPD). Auch dieser feierliche Akt war auf die Kinder als Opfergruppe reduziert: Es wurde keine Erinnerungstafel für die getöteten Sowjets im Garten befestigt. Andererseits markierte diese Gedenkfeier den ersten und bis heute einzigen „Bruch" in der Kontinuität der Ausblendung: Neben dem Eingang zum Rosengarten wurde eine Bronzeskulptur des Moskauer Bildhauers Anatoli Mossijtschuk aufgestellt, die ebenfalls am 20. April 1985 eingeweiht wurde. Sie ist

---

32 Christian Streit, Keine Kameraden. Die Wehrmacht und die sowjetischen Kriegsgefangenen 1941–1945, Neuausgabe, Bonn 1991 (zuerst 1978), S. 10.
33 Ein Foto des Transparents mit dieser Aufschrift, im Rücken Günther Schwarbergs hängend, der sich vor einem Podest mit Mikrofonen befindet, ist abgedruckt in: Günter Schwarberg, Meine zwanzig Kinder, Göttingen 1996, S. 142. Die Bildunterschrift lautet: „Gedenkkundgebung für die zwanzig Kinder auf dem Hof der Schule am Bullenhuser Damm mit mir am Mikrofon."
34 Reinbeker Zeitung, 21. 4. 1982.
35 Die Welt, 21. 4. 1982.

den am Bullenhuser Damm ermordeten sowjetischen Häftlingen gewidmet und stellt einen Menschen dar, der Stacheldraht zerreißt. Die Inschrift lautet: „Zum Gedenken an die sowjetischen Staatsbürger, die am 20. April 1945 von den Nazis in der Schule Bullenhuser Damm ermordet wurden."[36] Jedoch war diese Aufstellung keine durch die Stadt Hamburg, sondern eine durch die Sowjetunion selbst betriebene Würdigung.[37]

Bezeichnenderweise hatte sich aber die eingeschränkte Wahrnehmung des Gedenkortes Bullenhuser Damm bereits so sehr verfestigt, dass es zu Kuriositäten in der Berichterstattung kam. In der „UZ" vom Mai 1985 wurden anlässlich des 40. Jahrestages des Kriegendes unter der Überschrift „Mahnmale gegen den Krieg" Fotos von Skulpturen, Denkmalen und Memorialbauwerken in der Sowjetunion abgebildet. Darunter eines mit der Skulptur Mossijtschuks, die sich zum Zeitpunkt der Aufnahme noch in dessen Moskauer Atelier befand. Die Bildunterschrift lautete: „Der sowjetische Bildhauer Anatoli Mossijtschuk schuf diese Plastik für die ermordeten Kinder vom Bullenhuser Damm in Hamburg."[38]

---

36 Die Skulptur war ursprünglich von Mossijtschuk als Denkmal für die im KZ Dachau ermordeten sowjetischen Häftlinge angefertigt worden: „Doch leider weigerten sich die bayrischen Behörden zum Unterschied vom Hamburger Senat kategorisch, die Aufstellung der Skulptur auf dem Gelände des einstigen KZ-Lagers zu erlauben." Mossijtschuk im Gespräch mit N. Sholkwer. Das Zusammentreffen Sholkwers mit Mossijtschuk ist beschrieben in der deutschsprachigen Moskauer Wochenzeitung „Neue Zeit", N. Sholkwer, Denkmal in Hamburg, in: Neue Zeit, Nr. 19/1985 (Mai 1985).
37 Der genaue Hintergrund, wie es zur Aufstellung der Skulptur kam, ist heute schwer zu ermitteln. Es handelte sich wohl um einen Auftrag des sowjetischen Kultusministeriums: Die Plastik wurde der Gedenkstätte offiziell am 20. 4. 1985 vom sowjetischen Generalkonsul in Hamburg, Juri Barmitschew, überreicht. Mossijtschuk erklärte, dass Vertreter der AIN sowohl das „Sowjetische Komitee der Kriegsveteranen" als auch den Hamburger Senat gebeten hätten, einer Würdigung der am Bullenhuser Damm ermordeten Sowjets zuzustimmen. Er habe darauf im Juli 1984 einen Entwurf vorgelegt, der von der Stadt Hamburg im Dezember 1984 genehmigt worden sei, vgl. ebd.
38 Mahnmale gegen den Krieg, in: Unsere Zeit, 8. 5. 1985.

KATHRIN HEROLD

Proteste von Roma und Sinti an den KZ-Gedenkstätten Bergen-Belsen, Dachau und Neuengamme. Der nationalsozialistische Antiziganismus in der Erinnerungspolitik[1]

Die Hamburger Organisation „Rom & Cinti Union" (RCU) rief im Sommer 1989 zur Besetzung der KZ-Gedenkstätte Neuengamme auf. Die Eröffnungskundgebung bezog sich auf den Jahrestag einer nationalsozialistischen „Erfolgsmeldung": „Am 29. August 1942 meldeten die Befehlshaber der deutschen Besatzungsmacht in Jugoslawien: ,Serbien einziges Land, in dem Juden- und Zigeunerfrage gelöst.'"[2] Einen Monat später, am 2. Oktober 1989, räumte die Hamburger Polizei das Gelände des ehemaligen Konzentrationslagers. Trotz eindeutiger rechtlicher Situation, dem Begehen von Hausfriedensbruch, bemühte sich der Hamburger Senat um eine Rechtfertigung des Polizeieinsatzes:

„[...] auch und gerade angesichts der deutschen Verantwortung für das, was in der NS-Zeit geschah, ist die Instrumentalisierung einer Gedenkstätte zur Ausübung massiven Drucks auf diesen Staat unzulässig. Sie ist Missbrauch, der nicht geduldet werden kann. Das Leid der Roma und Sinti in der NS-Zeit berechtigt nicht zu rechtswidrigen Handlungen heute. Die Initiatoren dieser Besetzung versuchen, die kollektive Scham der Deutschen für ihre PR-Zwecke zu missbrauchen."[3]

Während also auf der einen Seite eine direkte Bezugnahme auf historische Daten und Ereignisse stattfand und die Abschiebungen von Roma-Flüchtlingen in

---

1 Dieser Beitrag ist nicht zuletzt Ausdruck und Zwischenstand eines kontinuierlichen Austauschs mit Yvonne Robel, zuletzt im Rahmen der Durchführung des Seminars „Geschichtspolitik und Antiziganismus" am Studienzentrum der KZ-Gedenkstätte Neuengamme am 12. 12. 2009. Siehe den Tagungsbericht von Astrid Homann/Julia Brandt vom 16.1.2010, http://hsozkult.geschichte.hu-berlin.de/tagungsberichte/id=2950 (Zugriff am 27. 6. 2010).
2 Archiv der KZ-Gedenkstätte Neuengamme (ANg): Flugblatt zum 29. 8. 1989, RCU.
3 ANg: Presseerklärung des Hamburger Senats, 2. 10. 1989.

Kontinuität und zum Teil auch in direkten Vergleich mit den Verbrechen während des Nationalsozialismus gestellt wurden, verwies die andere Seite auf ihre Verantwortung für einen korrekten Umgang mit jener Erinnerung, um sie vor Missbrauch bzw. Instrumentalisierung zu schützen. Die RCU indessen beharrte darauf, dass der jahrzehntelange Umgang der Stadt Hamburg mit dem Ort des ehemaligen KZ Neuengamme – gemeint ist der Bau zweier Gefängnisse auf dem Gelände – die eigentliche Verhöhnung der Opfer sei und eben dies einen Missbrauch der Erinnerung darstelle.

Zu ähnlich konfrontativen Auseinandersetzungen kam es im Jahr 1993, als zum Jahrestag des ersten Hamburger Deportationstransports von Roma und Sinti, dem 16. Mai 1940, erneut die KZ-Gedenkstätte besetzt werden sollte. Hintergrund war nun zusätzlich die bedrohliche rassistische Stimmung verknüpft mit der politischen Debatte um den sogenannten Asylkompromiss – eine Debatte, die mit der faktischen Abschaffung des Grundrechts auf Asyl in jenen Tagen ihren Höhepunkt fand. Diesmal wurde die Aktion „Fluchtburg" jedoch durch eine zweiwöchige Belagerung durch Hundertschaften der Hamburger Polizei verhindert.[4] Auch in Süddeutschland suchten Roma im Frühjahr 1993 die KZ-Gedenkstätte Dachau auf, um dort gegen Abschiebungen zu protestieren.

Die beschrieben Ereignisse aus den Jahren 1989 und 1993 markieren nicht die ersten Male, in denen Romaorganisationen, Überlebende des Völkermords, Angehörige, Einzelpersonen und ganze Familien eine KZ-Gedenkstätte aufsuchten, um an Stätten der Verfolgung ihren aktuellen Anliegen Gehör zu verschaffen. Bereits zehn Jahre zuvor, im Oktober 1979, war die Gedenkstätte Bergen-Belsen Austragungsort einer internationalen Gedenkkundgebung. Ostern 1980 organisierten Sinti aus Süddeutschland einen zweiwöchigen Hungerstreik an der KZ-Gedenkstätte Dachau, und im Sommer 1983 suchte die RCU zum ersten Mal die KZ-Gedenkstätte Neuengamme auf, um dort zu protestieren.

1. Diskurse um Erinnern und Vergessen

Bislang ist die Literatur, die sich explizit mit Entstehung und Entwicklung einer Gedenk- oder Erinnerungskultur bezogen auf die Opfergruppe Roma und Sinti auseinandersetzt, überschaubar. Einer der zentralen Texte bleibt meines Erachtens das Buch des einst bedeutenden Protagonisten der Bürgerrechtsbewegung und

---

4 Für eine ausführliche Darstellung der hier erwähnten Bleiberechtsaktionen vgl. Kathrin Herold, „Das Leid der Roma und Sinti in der NS-Zeit berechtigt nicht zu rechtswidrigen Handlungen heute." Bleiberechtskämpfe Hamburger Roma an der KZ-Gedenkstätte Neuengamme, in: Markus End/Kathrin Herold/Yvonne Robel (Hrsg.), Antiziganistische Zustände. Zur Kritik eines allgegenwärtigen Ressentiments, Münster 2009, S. 131–156.

heutigen Vorsitzenden des „Zentralrats Deutscher Sinti und Roma" Romani Rose „Bürgerrechte für Sinti und Roma. Das Buch zum Rassismus in Deutschland".[5] In diesem Band werden die in den 1970er- und 1980er-Jahren geführten Kämpfe um Anerkennung als Opfer des nationalsozialistischen Völkermords, für Entschädigungszahlungen, gegen Vertreibungen und Polizeidiskriminierungen beschrieben. Diese Kämpfe sind Konsequenz und damit Bestandteil des bundesdeutschen Umgangs mit dem Völkermord an Sinti und Roma.

Innerhalb der Forschung, die teils auch die Lücken der Gedenkpolitik nach 1945 aufzeigt, werden Roma und Sinti häufig als „vergessene Opfergruppe" bezeichnet. Eine euphemistische Formulierung, wenn man davon ausgeht, dass das hier vermeintlich unbewusste „Vergessen" doch aus erinnerungstheoretischer Sicht als „Nicht-erinnern-Wollen" gewertet werden muss, und sich damit vielfältige Verweise auf gesellschaftspolitische Ursachen und Wirkungen von (Nicht)erinnerung eröffnen. Darüber hinaus handelt es sich bei denjenigen, die in der gängigen rassistischen Definition der nationalsozialistischen Täterinnen und Täter als „Zigeuner", „Zigeunermischlinge" und „nach Zigeunerart umherziehende Personen" klassifiziert wurden,[6] nicht um eine willkürlich betroffene Gruppe, die in der kollektiven Erinnerung vergessen wurde. Roswitha Scholz kommt in ihrer Analyse zur Funktion des Antiziganismus bzw. des „Zigeunerstereotyps" innerhalb der Arbeitsgesellschaft zu dem Schluss, „dass der ‚Zigeuner' in der rassistisch-asozialen Konstruktion gewissermaßen der *Allerletzte* [sei], der noch unter den Überflüssigen überflüssig ist. Er stellt somit das abschreckende Beispiel schlechthin für den *Normalen* dar."[7]

Ich werte die Proteste an den Gedenkstätten also als erinnerungspolitische Handlungen, in denen mit Geschichtsdeutungen u. a. auch zur Legitimierung politischer Projekte operiert wird.[8] Die Verbindung von Erinnerung und Legitimität legt nahe, dass das Operieren mit Erinnerung innerhalb pluralistischer Gesellschaften auch immer ein Ringen um Macht und Diskurshegemonie ist. Und zwar in dem Sinne, dass mithilfe von Vergangenheitsdeutung, also jenem

---

5   Romani Rose, Bürgerrechte für Sinti und Roma. Das Buch zum Rassismus in Deutschland. Hrsg. vom Zentralrat Deutscher Sinti und Roma, Heidelberg 1987.
6   Zum Beispiel im sogenannten Runderlass „Bekämpfung der Zigeunerplage" des Reichsführers SS, Heinrich Himmler, vom 8. 12. 1938; vgl. Michael Zimmermann, Rassenutopie und Genozid. Die nationalsozialistische „Lösung der Zigeunerfrage", Hamburg 1996, S. 148.
7   Roswitha Scholz, Antiziganismus und Ausnahmezustand. Der „Zigeuner" in der Arbeitsgesellschaft, in: End/Herold/Robel, Zustände, S. 24–40, hier S. 32 (Hervorhebung im Original).
8   Michael Kohlstruck, Erinnerungspolitik. Kollektive Identität, Neue Ordnung, Diskurshegemonie, in: Birgit Schwelling (Hrsg.), Politikwissenschaft als Kulturwissenschaft, Wiesbaden 2004, S. 173–193, hier S. 176.

Rückgriff auf Geschehenes oder Ausgebliebenes, ein normativer Rahmen zur Beurteilung gegenwärtiger Ereignisse und Handlungen produziert wird.[9]

Der Erinnerungspolitik zum Völkermord an Sinti und Roma nachzuspüren, greift meines Erachtens zu kurz, wenn die Beachtung des weiter fortwirkenden Antiziganismus dabei außen vor gelassen wird. Es gilt somit, nach der Wirkmächtigkeit der antiziganistischen Ressentiments nicht nur bei der Verfolgung und Vernichtung durch die Nationalsozialisten, sondern auch im Umgang mit dem Völkermord nach 1945 innerhalb der bundesdeutschen Gesellschaft, der Medien sowie der staatlichen Organe zu fragen. Dementsprechend ist festzustellen, dass sich die spezifischen Erinnerungskämpfe von Roma und Sinti, auf die im Folgenden näher eingegangen werden soll, immer in Reaktion auf den nachwirkenden Antiziganismus in der Bundesrepublik formierten.

Hinsichtlich gesellschaftlicher Reaktionen, also eines Aufgreifens dieser Themen und eines bestimmten „Sprechens darüber", muss davon ausgegangen werden, dass auch in Prozessen der bundesdeutschen Gedenkkultur zum Völkermord an Sinti und Roma antiziganistische Motive eingeschrieben sind und Roma als „die Anderen" konstruiert werden. Dabei mag sich die Frage stellen, ob grundsätzlich die Alteritätskonstruktionen hegemonialer Diskurse – also die Abspaltung und Konstruktion von jeweils „Anderen", seien es „Zigeuner", „Homosexuelle" oder „Migranten" – diesen „Anderen" zugleich die Konstitution eigener Sprecher- und Subjektpositionen ermöglichen, indem sie gewissermaßen das Vokabular bereitstellen. Ist nicht das hegemoniale Sprechen über „Zigeuner" bzw. über „Sinti und Roma" gewissermaßen die Voraussetzung, als Roma oder Sinti zu sprechen?[10]

2. Antiziganismus vor, während und nach dem Nationalsozialismus

Zunächst möchte ich kurz erläutern, worauf ich mich mit der Verwendung des Begriffs „Antiziganismus" beziehe. Antiziganismus heute bedeutet in vielen europäischen Ländern offene Gewaltanwendung gegen Roma und andere als

---

9   Michael Schwab-Trapp, Diskurs als soziologisches Konzept, in: Reiner Keller u. a. (Hrsg.), Handbuch Sozialwissenschaftliche Diskursanalyse. Bd. 1: Theorien und Methoden, Opladen 2001, S. 261–283, hier S. 274. Als häufige Verhandlungsstrategie von Deutungsmacht benennt Schwab-Trapp die „historische Kontextualisierung".

10 Dieser Gedanke in Anlehnung an postkoloniale Ansätze zum „Sprechen der Subalternen", insbesondere nach Gayatri Chakravorty Spivak, Can the Subaltern Speak? Postkolonialität und subalterne Artikulation. Mit einer Einleitung von Hito Steyerl, Wien 2007, soll hier lediglich als Hinweis stehen. Zu Fragen nach Identitätskonstruktionen und Positionen von Sprechenden verweise ich auf Arbeiten von Isidora Randjelović und Elisabeta Jonuz.

„Zigeuner" bezeichneten Menschen, etwa seitens des Staates, der Mehrheitsbevölkerung oder rechter Gruppierungen. Die Wirkmächtigkeit von Diskriminierungen gegenüber Roma lässt sich am Fortleben der stets auch kulturell vermittelten stereotypen Denkmuster und Bilder vom „Zigeuner" ablesen. Die gängigsten Stereotype sind, dass Roma einen verbreiteten Hang zum Diebstahl und per se viele Kinder hätten, dass sie sich regulärer Arbeit verweigerten oder dass sie (in Wohnwagen) umherzögen. Nicht zu vergessen sind auch die weitverbreiteten Beschreibungen von Roma als frei, wild oder musikalisch. Gerade in der „Zigeunerromantik" der deutschen Schlagermusik, aber nicht nur dort, offenbart sich ein „Zusammenhang entfremdeter Arbeit und untertäniger Ohnmacht mit sehnsüchtigem Protest".[11] Es sind die Bilder vom „Zigeuner", der zwar arm und mittellos, dafür reich an Lebensfreude, Emotionalität und Freiheit ist, die bis heute die Fantasie anregen. Solche Stereotype, romantisierend oder ablehnend, sind fester Bestandteil des Abbildens, Schreibens und Sprechens über „Roma". Ursachen des Antiziganismus sind jedoch nicht in vermeintlichen „Eigenschaften" oder „kulturellen Eigenheiten" einer bestimmten Personengruppe zu finden, sondern in den Strukturen der Mehrheitsgesellschaft.

„Wer den Antiziganismus erklären will, muß den Völkermord an Sinti und Roma meinen", formuliert Franz Maciejewski in Anlehnung an Max Horkheimer und verweist auf die Rassenkonstruktionen, auf deren Basis die Betroffenen während des Nationalsozialismus der physischen Vernichtung preisgegeben wurden.[12] Ein zielgerichtetes Denken der Täter also, das für mehrere Hunderttausend Sinti und Roma im Morden mit Giftgas, in Massenerschießungen v. a. im Zuge des Vernichtungskrieges von Wehrmacht und SS-Einsatzgruppen in Osteuropa, in der „Vernichtung durch Arbeit" in deutschen Konzentrationslagern mündete.

Mit Einrichtungen wie der „Zigeunerzentrale", einem 1899 ins Leben gerufenen „Zigeunernachrichtendienst" bei der Polizeidirektion München, wurde ein Apparat zur Erfassung und Kontrolle institutionalisiert, den die Nationalsozialisten ausbauten. Im „Bayerischen Zigeuner- und Arbeitsscheuen-Gesetz" von 1926 werden Zigeuner und Landfahrer gleichgesetzt. Herbert Heuß erläutert eindrücklich anhand der polizeilichen Begriffsdiskussionen jener Zeit, wie allein „staatliche Definitionsmacht [...] aus Gruppen unterschiedlichster Herkunft ein ‚Zigeunerproblem' kreiert".[13]

---

11 Wulf D. Hund, Das Zigeuner-Gen. Rassistische Ethik und der Geist des Kapitalismus, in: ders., Rassismus. Die soziale Konstruktion natürlicher Ungleichheit, Münster 1999, S. 75–93, hier S. 76.
12 Franz Maciejewski, Elemente des Antiziganismus, in: Jacqueline Giere (Hrsg.), Die gesellschaftliche Konstruktion des Zigeuners. Zur Genese eines Vorurteils, Frankfurt am Main 1992, S. 9–28, hier S. 9.
13 Herbert Heuß, Die Migration von Roma aus Osteuropa im 19. und 20. Jahrhundert. His-

Die Zwangssterilisierungen nicht nur von Sinti und Roma infolge des „Gesetzes zur Verhütung erbkranken Nachwuchses" vom 14. Juli 1933 markieren den Beginn nationalsozialistischer Verfolgung und der nun einsetzenden Vernichtungsabsichten.[14]

1937 begann die „Rassenhygienische Forschungsstelle" ihre „quasi erkennungsdienstlichen, anthropometrischen und genealogischen Untersuchungen an Sinti und Roma".[15] Die zur „Rassenbestimmung" erstellten Gutachten lieferten die Grundlage für Zwangssterilisation, Deportation in Vernichtungslager oder einstweilige „Festsetzung". Im Zuge der erstmals im April 1938 von der Gestapo und anschließend von der Kriminalpolizei durchgeführten „Aktion Arbeitsscheu Reich"-Razzien wurden u. a. jene Personen, die „durch geringfügige, aber sich immer wiederholende Gesetzesübertretungen sich der in einem nationalsozialistischen Staat selbstverständlichen Ordnung nicht fügen wollen (z. B. Bettler, Landstreicher (Zigeuner), Dirnen, Trunksüchtige" in Konzentrationslager verschleppt.[16] Die Verwobenheit des nationalsozialistischen Antiziganismus mit der Verfolgung als „asozial" konstruierter Personen spiegelt sich im tradierten Bild vom Arbeit verweigernden, faulen, umherziehenden „Zigeuner", der gleichzeitig die Rebellion gegen die Zwänge der bürgerlichen Arbeitsdisziplin verkörpert, worin seine besondere „Gefahr" lauert.[17]

Ein weiteres „Zigeunerbild", das zur Kennzeichnung des „Anderen" bemüht wurde, ist das vom „Spion" oder „Agenten". Mit dem ersten Auftauchen der Fremdbezeichnung „Zigeuner" im 15. Jahrhundert in Dokumenten des Freiburger Reichstags wurden „Zigeuner" als „Spione der Türken" beschrieben und fortan als „Vogelfreie" verfolgt.[18] Während des Zweiten Weltkrieges tauchte das Bild vom „Zigeuner als natürlicher Spion" im Zusammenhang mit Massentö-

torische Anlässe und staatliche Reaktion – Überlegungen zum Funktionswandel des Zigeuner-Ressentiments, in: Giere, Konstruktion, S. 109–131, hier S. 120.

14   Michael Zimmermann, Rassenutopie und Genozid. Die nationalsozialistische „Lösung der Zigeunerfrage", Hamburg 1996, S. 86.
15   Ebenda, S. 140.
16   Aus den Durchführungsrichtlinien zum „Grunderlass Vorbeugende Verbrechensbekämpfung", zit. nach: Wolfgang Ayaß, Die Einweisung von „Asozialen" in Konzentrationslager. Die „Aktion Arbeitsscheu Reich" und die kriminalpolizeiliche Praxis bei der Verhängung von Vorbeugungshaft, in: Dietmar Sedlaczek u. a. (Hrsg.), „Minderwertig" und „asozial", Stationen der Verfolgung gesellschaftlicher Außenseiter, Zürich 2005, S. 89–105, hier S. 91 f.
17   Vgl. Hund, Zigeuner-Gen, S. 79 ff.; ders., Romantischer Rassismus. Zur Funktion des Zigeunerstereotyps, in: ders. (Hrsg.), Zigeunerbilder. Schnittmuster rassistischer Ideologie, Duisburg 2000, S. 9–30, hier S. 20 ff.
18   Wolfgang Wippermann, „Wie die Zigeuner". Antisemitismus und Antiziganismus im Vergleich, Berlin 1997, S. 50.

tungen in den besetzten osteuropäischen Gebieten auf. Daneben wurde es zur Begründung für den Ausschluss deutscher Sinti aus der Wehrmacht bemüht.[19]

Ebenso wie die wissenschaftliche Rassenlehre ihre Vorläufer im 19. Jahrhundert hat,[20] sind auch die Feindbilder vermeintlich Arbeitsscheuer, Faulheit und Agententätigkeit keine Erfindungen der Nazis. Diese konnten auf einen existierenden und unhinterfragten Bildervorrat zurückgreifen. Die Verfolgung der Betroffenen wurde in ihrer versachlichten Praxis des Tötens und schließlich Massenvernichtens in einer vorher nicht gekannten Weise radikalisiert.

Für die Lücken in der Gedenkpolitik sind meiner Ansicht nach zwei Faktoren verantwortlich. Einerseits die Intensität der Nachverfolgung, d. h. die Kontinuität des Antiziganismus in seinen konkreten Ausformungen wie der fortgesetzten Diskriminierung, der kriminalpolizeilichen Erfassung und Kontrolle sowie einer wissenschaftlichen Erforschung unter dem Blick, bestimmte Personen als „Zigeuner", „Landfahrer" oder anderweitig „fremd" zu stigmatisieren. Zum anderen das völlige Ausbleiben einer Wahrnehmung der Taten gegen diese Personengruppen als willentliche. Genauso wenig wie der eliminatorische Antisemitismus und die Shoah war der Vernichtungsantiziganismus Thema in den Nachkriegsgesellschaften in Ost und West. Damit einher ging das völlige Ausbleiben jeglicher Empathie mit den Opfern. Diese Situation mag eine Beobachtung Hermann Langbeins[21] am Rande des Auschwitz-Prozesses 1963 illustrieren:

> „Ich sehe den Zigeuner vor mir, der neulich als Zeuge im Auschwitz-Prozess ausgesagt hat. In der Verhandlungspause ist er schüchtern-verlegen in einem Winkel gestanden, und die vielen Zuhörer und Journalisten, die sonst mitfühlende Worte für die Zeugen finden, gingen an ihm vorbei – an ihm, der seine Familie verloren hatte, der sterilisiert wurde, nur deswegen, weil er Zigeuner ist und die Nationalsozialisten dieses Volk missachteten."[22]

Von elementarer Bedeutung für die fortgesetzte staatliche Verfolgung von Menschen als „Zigeuner" war das Wirken der Bayerischen „Landfahrerzentrale", die

---

19 Zimmermann, Rassenutopie, S. 193–199.
20 Als Begründer einer Entwicklung hin zur Rassifizierung der „Zigeuner" gilt Heinrich Moritz Gottlieb Grellmann, Die Zigeuner. Ein historischer Versuch über die Lebensart und Verfassung, Sitten und Schicksahle dieses Volkes in Europa, nebst ihrem Ursprunge, Leipzig/Dessau 1783.
21 Zur Rolle Hermann Langbeins, des politisch Verfolgten und Überlebenden mehrerer KZ, siehe Edgar Bamberger (Hrsg.), Der Völkermord an den Sinti und Roma in der Gedenkstättenarbeit, Tagung im Berliner Reichstag am 15. und 16. Dezember 1993, Heidelberg 1994, S. 30.
22 Zit. nach: Volker Hedemann, „Zigeuner!" Zur Kontinuität der rassistischen Diskriminierung in der alten Bundesrepublik, Hamburg 2007, S. 185.

ihre Arbeit 1953 wieder aufnahm. Das zugrunde liegende Gesetz hieß fortan schlicht „Landfahrerordnung".

Des Weiteren sind die personellen Kontinuitäten zu nennen, z. B. von Mitarbeitenden der „Rassenhygienischen Forschungsstelle" im Bereich der „neuen Zigeunerforschung" oder auch in Behörden, die Gutachten erstellten, auf deren Basis Wiedergutmachungsanträge abgelehnt wurden.

Ebenfalls nachhaltig auf die Überlebenden, die neben ihren Staatsbürgerpapieren nicht selten jegliche sozialökonomische Grundlage verloren hatten, wirkte die ausgebliebene Entschädigung. Die Verweigerung erfolgte zunächst auf Grundlage des bis 1963 gängigen Argumentationsverfahren bundesdeutscher Gerichte, die die Zigeunerverfolgung der Nazis vor 1943 als kriminalpräventive Maßnahme gewertet und damit quasi nachträglich legitimiert hatten.[23] Eine Änderung im Umgang mit Entschädigungen setzte im Prinzip erst Mitte der 1980er-Jahre ein, basierend auf der im Jahre 1982 erstmaligen politischen Verlautbarung eines Vertreters der Bundesrepublik, Helmut Schmidt, die Verantwortung für den Völkermord an Sinti und Roma anzuerkennen, sowie der offiziellen Anerkennung im Rahmen einer Bundestagsdebatte durch Kanzler Helmut Kohl 1985.

3. Erinnerungspolitische Kämpfe und Reaktionen der Mehrheitsgesellschaft bis in die 1980er-Jahre

Der Kampf um gesellschaftliche Anerkennung hält bis heute an. Das erste Etappenziel, die Gründung des „Zentralrats deutscher Sinti und Roma" 1982, konnte nur durch mühsame und hartnäckige Erinnerungsarbeit erreicht werden.

Ein erstes Einfordern von Bürgerrechten durch Sinti und Roma in der Bundesrepublik fand bereits in der unmittelbaren Nachkriegszeit statt. Doch erst im Laufe der 1970er-Jahre konnten die Verbände erstmals stärkeres öffentliches Interesse erreichen. Wegweisend hierfür war die internationale Gedenkkundgebung am 27. Oktober 1979 an der KZ-Gedenkstätte Bergen-Belsen. Sie trug den Titel „In Auschwitz vergast, bis heute verfolgt" und wurde vom „Verband Deutscher Sinti" sowie dem internationalen „Dachverband Romani-Union" veranstaltet und von der „Gesellschaft für bedrohte Völker" unterstützt. Der „Verband deutscher Sinti" ließ eine Gedenktafel an der dortigen Mahnmal-Mauer anbringen.[24] Bei

---

23 Arnold Spitta, Entschädigung für Zigeuner? Geschichte eines Vorurteils, in: Ludolf Herbst/ Constantin Goschler (Hrsg.), Wiedergutmachung in der Bundesrepublik Deutschland, München 1989, S. 385–401.

24 Bereits 1974 wurde ein von Vinzenz Rose (Verband Deutscher Sinti) finanziertes Mahnmal im Gedenken an den Völkermord an den Sinti und Roma im ehemaligen „Zigeunerlager" in Auschwitz-Birkenau errichtet, als erstes Denkmal an einem Ort der Vernichtung.

der Kundgebung ging es um Anerkennung des Tatbestandes des Völkermordes an den Roma und Sinti und daraus resultierend die Übernahme einer Verantwortung für die heute Lebenden. Eine Entschädigung der Opfer neben der Einbeziehung der historischen Tatsachen in den Schulunterricht wurde gefordert. Der generelle Abbau von Diskriminierungen und besonders Zugang zu allen Campingplätzen waren weitere Punkte. Die Veranstaltung war mit mehreren Tausend Gästen gut besucht, zahlreiche Prominente aus Kirchen und Parteien waren geladen. Hier möchte ich nun eine weitere Perspektive einbeziehen, nämlich die in den Gedenkreden geäußerten Sichtweisen.

Im folgenden Beispiel, einem Auszug aus der Rede von Delphine Brox, Abgeordnete der Partei „Die Grünen" in der Bremer Bürgerschaft, kommt auf frappierende Weise die Verschränkung ihrer eigenen zivilisationskritischen, „antimodernen" Haltung mit antiziganistischen Bildern zum Ausdruck:

> „Mit viel Mühe kämpft ihr Zigeuner um ein Recht, das wir Menschen einmal alle gehabt haben, frei über diese Erde zu ziehen, weil die Erde allen gehört, ihre Früchte zu sammeln, ihre Tiere zu jagen, die eigenen Herden weiden zu lassen, von Fleck zu Fleck zu ziehen, zu bleiben, wo es gut ist. Dagegen hat sich die Seßhaftigkeit breit gemacht. Städte und Straßen aus Beton, Leitplanken, Zäune, Stacheldraht, Privateigentum, Schlagbäume, Behörden, Büros, Mauern überall. Daß man Eure Eltern, Eure Schwestern und Brüder auch hier eingezäunt und dann umgebracht hat, kann man ohnehin nicht wiedergutmachen. Aber wo bleibt ein Weg, eine Raststatt, ein Rastplatz für Euch Sinti und Roma, wo bleibt Euer Paß, wo bleiben Eure Rechte? Wir Grünen, die wir uns zusammengetan haben, weil wir das Leben bedroht sehen, sind Eure Freunde. Wir kämpfen mit Euch um unsere Autonomie und das Recht, anders zu sein."[25]

An diesem Beispiel wird deutlich, wie eine linke Politikerin besonders wohlmeinend romantisierende Konstruktionen tradiert. Für Brox verkörpern Roma und Sinti das andere Leben, ein naturverbundenes Dasein, das sich in antagonistischer Weise zu dem von kapitalistischer Kultur und Technik dominierten Leben verhält. Es ist dies genau jener Zusammenhang vom auf Roma und Sinti projizierten sehnsüchtigen Protest als vermeintliches Gegenmodell zur entfremdeten Arbeit, der oben bereits angedeutet wurde.

---

25 Delphine Brox, „Von Euch Zigeunern wollen wir lernen", in: Sinti und Roma im ehemaligen KZ Bergen-Belsen am 27. Oktober 1979. Erste deutsche und europäische Gedenkkundgebung „In Auschwitz vergast, bis heute verfolgt". Eine Dokumentation der „Gesellschaft für bedrohte Völker" und des „Verbands deutscher Sinti", Göttingen 1980, S. 95 f.

Diese Praxis, Orte zu wählen, an denen das Thema zumindest mit etwas Öffentlichkeitsarbeit nur schwer ignoriert werden konnte, setzte sich in der Folgezeit fort: zum Beispiel an der KZ-Gedenkstätte in Dachau, mit einem im Vorfeld als unbefristet angekündigten und schließlich zweiwöchigen Hungerstreik Ostern 1980. Die dort aktive Gruppe forderte neben Entschädigung insbesondere eine verbindliche Auskunft über den Verbleib der Akten des SS-Reichssicherheitshauptamtes, die in Wiedergutmachungsverfahren aufgetaucht waren und angeblich inzwischen vernichtet wurden, eine „moralische Wiedergutmachung" in Form einer Entschuldigung des bayerischen Innenministers Gerold Tandler für das Wirken der bayerischen „Landfahrerzentrale" bis in die 1960er-Jahre sowie für die fortgesetzten Diskriminierungen.

Bereits die Ankündigung des Hungerstreiks griffen im Vorfeld viele Medien auf, und man begann, über Hintergründe zu berichten. Sie führte jedoch auch zum Verbot des angekündigten Gedenkgottesdienstes mit anschließendem Hungerstreik. Das bayerische Finanzministerium als Hausherr der KZ-Gedenkstätte Dachau begründete das Verbot u. a. mit folgenden Worten: „Ein KZ ist schließlich keine Hayd-Park-Corner [sic!]. Es dient reinen Gedächtnisfeiern und ist zur Geltendmachung von aktuellen politischen Forderungen nicht geeignet."[26]

Neben dem Unvermögen, zwischen einem KZ und einer KZ-Gedenkstätte zu unterscheiden, legt der Vergleich mit der Speakers' Corner im Hyde Park in London nahe, dass jene Sinti, die den Gedenkgottesdienst angekündigt hatten, zu einem x-beliebigen, unpassenden Thema Verlautbarungen machen wollten. Auch hier wird der Gruppe ihr Anspruch auf den Gedenkort als Symbol umkämpfter Geschichtspolitik versagt und impliziert, eine Gedächtnisfeier, also Gedenkkultur, sei frei jeglichen Aushandelns von Deutungsmacht.[27]

Dank der ungeheuren öffentlichen Aufmerksamkeit gelang es den Aktivisten in Dachau jedoch trotz Verbots, ihre Aktion durchzuführen und damit weiterhin medial die Debatte zu bestimmen. Der politische Kompromiss, der auch zum Ende des Hungerstreiks führte, beinhaltete zwar das Eingeständnis, dass

26 Zit. nach: „Ein KZ hat nichts mit Gegenwart zu tun", in: taz, 2. 4. 1980.
27 Auch in Hamburg reagierte die Kulturbehörde als Hausherrin der KZ-Gedenkstätte Neuengamme auf den angekündigten Gedenkgottesdienst am 16. 5. 1993 durch die RCU unter dem Motto „Fluchtburg Neuengamme" mit rigoroser Verteidigung ihrer Definitionshoheit: „Die Funktion als Gedenkstätte [werde] durch eine solche Aktionsform beeinträchtigt", weshalb es nicht zu dulden sei, „wenn die KZ-Gedenkstätte in der Auseinandersetzung um die Asylproblematik instrumentalisiert und in ihrem Zweck umbestimmt" werde, ANg: Presseerklärung der Kulturbehörde, 12. 5. 1993. Die Argumentation wurde vom zuständigen Bezirksamt auch unter Bezugnahme auf das „Gesetz über Grün- und Erholungsanlagen" rechtlich untermauert, gegen das „eine Besetzung und Benutzung des Gedenkstättengeländes für die Errichtung eines Flüchtlingslagers verstoße". ANg: Brief des Bezirksamts Bergedorf an Rudko Kawczynski, 12. 5. 1993.

der Abbau von Diskriminierungen noch nicht erreicht sei, jedoch gab es keine Entschuldigung durch das Bayerische Innenministerium, da, so die Begründung, das Gesetz seinerzeit demokratisch und rechtsstaatlich erwirkt worden sei.[28]

Zeitnah – im September 1983 – wurde auch an der KZ-Gedenkstätte Neuengamme nach monatelangen zermürbenden Auseinandersetzungen um die Möglichkeit einer Akteneinsicht im Hamburger Staatsarchiv ein eintägiger Hungerstreik mit dem Ziel durchgeführt, mithilfe dieser Akten Rückschlüsse auf Täterinnen und Täter ziehen zu können. Auch der Hamburger Kriminalpolizei unterstand ein sogenanntes „Fachdezernat 633" – tätig als Sammel- und Auswertungsstelle für Nachrichten über „Landfahrer" – das über Akten verfügte, die z. T. Genealogien aus der Vorkriegszeit enthielten.[29] Diese Akten wurden just 1980 – im Jahr des Dachauer Hungerstreiks – an das Staatsarchiv übergeben, dort jedoch unter Verweis auf Datenschutz unter Verschluss gehalten.[30]

Auch wenn eine mediale Aufmerksamkeit zum Thema der offensichtlichen Verbindung polizeilicher Kontroll- und Verfolgungspolitik in der Bundesrepublik zur „Zigeunererfassung" vor und während des Nationalsozialismus nur in geringem Maße geschaffen werden konnte, führte der eintägige Hungerstreik an der KZ-Gedenkstätte Neuengamme immerhin dazu, sich das Recht auf Sichtung der Akten zu erstreiten. Äußerungen von Hamburger Politikern bezogen sich dabei nicht auf die Chance, juristische Konsequenzen aus den Akten zu ziehen, sondern kreisten um „moralische Verantwortung", weshalb den Roma und Sinti Einsicht in „ihre" Akten gewährt werden sollte.

Es ging der RCU jedoch weder um Eingeständnisse bundesdeutscher Gedenkbefindlichkeiten noch um moralische Ansprüche. Die RCU forderte und fordert konkrete Verbesserungen der Lebenssituation von Roma in Hamburg sowie ein Ende der Diskriminierungen. Eine Verschiebung im Erinnerungsdiskurs, d. h. eine Anerkennung des Opferstatus inklusive aktiver Auseinandersetzung und Ahndung der begangenen Verbrechen, ist nicht Ziel dieser Politik, sondern deren Voraussetzung.

---

28 Die Sondererfassung von Roma und Sinti blieb gängige Praxis. 1998 reichte der Zentralrat Deutscher Sinti und Roma eine Verfassungsbeschwerde gegen den Freistaat Bayern ein. 2005 schließlich versicherte der Innenminister, dass jede Art der Sondererfassung von nun an verhindert werde, Anja Tuckermann, „Denk nicht, wir bleiben hier!" Die Lebensgeschichte des Sinto Hugo Höllenreiner, München 2008, S. 300.

29 Es handelte sich hierbei um 1120 Akten. Angelegt worden waren sie um 1950 von einer Dienststelle der Kriminalpolizei als Sammel- und Auswertungsstelle für Nachrichten über Landfahrer, die 1971 aufgelöst wurde, ANg: Antwort des Senats auf die Anfrage des Abgeordneten Dr. Voscherau, Bürgerschaftsdrucksache 11/925, 2. 8. 1983.

30 Yaron Matras, Roma und Sinti in Hamburg. Hrsg. vom Ausländerbeauftragten des Senats der Freien und Hansestadt Hamburg, Hamburg [1991], S. 31.

4. Unter anderen Vorzeichen: 1989

Unter den Vorzeichen drohender Abschiebungen nach Südosteuropa und angesichts gewaltsamer Ausschreitungen gegen die dortige Minderheit führten Vertreter der RCU im Februar 1989 einen Hungerstreik im damaligen Dokumentenhaus der KZ-Gedenkstätte Neuengamme durch. Angesichts der Zusage des Senats, mithilfe eines vorläufigen Aufschubs nach einer Problemlösung zu suchen, wurde der Protest nach zwei Wochen beendet. Da sich die Lösungsansätze für die Aktivistinnen und Aktivisten als inakzeptabel erwiesen,[31] entschloss man sich zur Besetzung des Gedenkstättengeländes. Der erinnerungspolitische Akteur, die RCU und durch sie vertretene Roma und Sinti sowie Mitarbeitende, blieb derselbe; das neue Thema Abschiebung löste die alten Themen um Anerkennung und einen Platz im Gedenken der Hansestadt nicht ab, sondern kam lediglich hinzu.

In den beiden im Frühjahr 1989 in der Hamburger Bürgerschaft geführten parlamentarischen Debatten um die Frage eines „Bleiberecht[s] für Sinti und Roma" erschien eine Bezugnahme auf den Völkermord mittlerweile als Teil des politisch korrekten Sprechens.[32]

„Die Zigeuner wurden durch die NS-Gewaltverbrecher fabrikmäßig ermordet. Der Völkermord an den Zigeunern ist eine Tatsache, die wir aus unserem Bewußtsein nicht verdrängen dürfen. [...] Wir sind aus den Gründen, die in der Vergangenheit liegen, zu einem besonders sensiblen Umgang mit diesen Menschen verpflichtet. Auch das kann Wiedergutmachung sein." - so der Abgeordnete Robert Vogel (FDP). Im selben Redebeitrag argumentiert er jedoch in einer Art und Weise, in der „die Nomaden" als Ursache der Probleme erscheinen: „Nomaden lassen sich vielleicht im Winter, und wenn sie zum Herumziehen zu alt sind, seßhaft machen. Unter Zwang gelingt das nicht. Hier bedarf es eines sehr behutsamen Einflusses: erste Erfolge bei uns in der Bundesrepublik ermutigen dazu."[33]

Dass antiziganistische Vorurteile und die sich häufig daraus ableitende Gewalt eine akute und lebensbedrohliche Situation insbesondere für Roma in prekären Lebensverhältnissen bedeuteten, wurde jedoch außer bei den Grünen/der Grün-Alternativen Liste (GAL) nicht dahingehend thematisiert, dass eine humanitäre Verantwortung schlicht aus der Gegenwart abzuleiten gewesen wäre. Dagegen wurden von Innensenator Werner Hackmann Bilder einer angeblich drohenden

---

31   Zur Kritik an den diskutierten Modellprojekten vgl. Yaron Matras, Partnerschaft um jeden Preis, Hamburger Rundschau, 10. 8. 1989.
32   ANg: Hamburger Bürgerschaftssitzungen am 18. 1. 1989, Plenarprotokoll 13/47 (PP 13/47) sowie am 1. 3. 1989, Plenarprotokoll 13/43 (PP 13/43).
33   ANg, PP 13/43, S. 2627.

Flüchtlingsflut bedient[34] und darauf verwiesen, dass die Frage der Integrationsfähigkeit der deutschen Bevölkerung zu beachten sei.[35] Die Abgeordnete Petra Brinkmann (SPD) sorgte sich um die Gleichbehandlung von Asylbewerbern; und da sie in Jugoslawien keine politische Verfolgung der betroffenen Roma-Familien ausmachte, erschien es ihr fragwürdig, „das Schuldigwerden der Deutschen an der Verfolgung der Roma und Sinti im Dritten Reich wiedergutzumachen [...], indem man Asyl gewährt."[36]

Die Definitionsmacht, wem ein Anrecht auf Erinnerung am Ort des ehemaligen KZ zustehe, wurde durch die mit heftiger Empörung flankierte Räumung der KZ-Gedenkstätte Neuengamme im Herbst 1989 letztlich so weit infrage gestellt, dass ein stiller politischer Erfolg erzielt werden konnte. Ein Großteil der an der Besetzung beteiligten Flüchtlingsfamilien erhielt Aufenthaltspapiere in Hamburg, verbunden mit der indirekten Bedingung, dass man von das Image der Stadt schädigenden Protestformen Abstand zu nehmen habe.[37]

5. Weiterhin kein Bleiberecht und Schutz vor Verfolgung

Die sich Anfang der 1990er-Jahre vollziehende Verlagerung und Zentralisierung von ausländerrechtlichen Fragen auf die Bundesebene führten sicherlich dazu, solche „lokal" erkämpften Erfolge weiter zu erschweren. Entsprechend blieb trotz medialer Aufmerksamkeit die politische Wirkung der Bleiberechtsproteste des Jahres 1993 in Hamburg gering. Dass seither die KZ-Gedenkstätte Neuengamme nicht mehr besetzt wurde, mag nicht zuletzt mit ihrer endgültigen Etablierung 2005 und ihrer heutigen Rolle innerhalb der bundesdeutschen Gedenkkultur zusammenhängen. Anders als 1989, als noch die beiden Gefängnisse das Gelände besetzt hielten, bietet die Einrichtung wohl heute nicht mehr per se das, was sie damals als umkämpften Ort offenkundig ausmachte. Anders als in der Debatte zum „Asylkompromiss" 1993, als sich bundesweit Gedenkstättenleiter und -mitarbeitende mit einem offenen Brief an die SPD wandten und eindrücklich vor

---

34 ANg, PP 13/47, S. 2893: Hackmann rechnete vor, dass bereits 700 jugoslawische Roma einen Asylantrag gestellt hätten und somit potenziell mit weiteren 600 000 Roma aus Jugoslawien zu rechnen sei.
35 ANg, PP 13/43, S. 2626: Es sei darauf Rücksicht zu nehmen, dass es „bedauerlicherweise bei Teilen unserer Bevölkerung immer noch eine Ausländerfeindlichkeit zu registrieren gibt".
36 ANg, PP 13/43, S. 2624.
37 Laut Interviews mit dem damaligen Vorsitzenden der RCU, Rudko Kawczynski, am 1. 3. 2006, sowie mit Yaron Matras, damals Pressesprecher der RCU, am 29. 8. 2005. Vgl. „Zugeständnisse in der Roma-Frage?", taz, 11. 12. 1989.

der Abschaffung des Grundrechts auf Asyl warnten,[38] gibt es in der aktuellen Bleiberechtsdebatte für Roma aus dem Kosovo keine Interventionen durch heute weit mehr gesellschaftlich anerkannte Erinnerungsfachleute der KZ-Gedenkstätten und ähnlicher Institutionen. Zum 71. Jahrestag des sogenannten Runderlasses von Himmler zur „Regelung der Zigeunerfrage" am 8. Dezember 2009 verfasste lediglich die „Vereinigung der Verfolgten des Naziregimes/Bund der Antifaschistinnen und Antifaschisten" (VVN/BdA) gemeinsam mit Pro Asyl und dem Flüchtlingsrat einen Aufruf mit der Forderung „Historische Verantwortung wahrnehmen: bedingungsloser Schutz für Roma". Und auch der Zentralrat Deutscher Sinti und Roma appellierte an die Bundesregierung und warnte vor Abschiebungen in den Kosovo.

Bei der Gedenkveranstaltung zum 64. Jahrestag des Endes des KZ Neuengamme am 3. Mai 2009 erinnerte der Überlebende, einst politisch verfolgte Dr. Emil Lakatos aus Ungarn an die aktuelle Bedrohung und vor allem an die Morde an Roma in seinem Land und forderte alle Anwesenden auf, sich dem erstarkenden Nationalismus und damit einhergehender rechter Gewalt entgegenzustellen.

Die Gewährung eines „Lebens in Sicherheit und Würde" für diese Minderheit, wie die Forderung im Moment lautet, wozu ein Bleiberecht für die meist seit mehr als zehn Jahren ausländerrechtlich „geduldeten" Roma-Flüchtlinge aus dem Kosovo nur ein geringer Beitrag wäre, bleibt in der Bundesrepublik Deutschland einstweilen politisch nicht durchsetzbar.[39]

---

38 ANg: „Sind wir schon wieder soweit?", Offener Brief von Gedenkstättenmitarbeiterinnen und -mitarbeitern an den SPD-Parteitag, undatiert.
39 Antwort der Bundesregierung auf eine Kleine Anfrage der Fraktion Die Linke zu „Abschiebungen in den Kosovo", BT-Drucksache 17/423, 12. 1. 2010.

III. Täter und ihre Repräsentation in KZ-Gedenkstätten

SVEN FRITZ

Die SS-Ärzte des KZ Neuengamme: Praktiken und Karriereverläufe

In jüngster Zeit rücken im Rahmen der neueren NS-Täterforschung auch die SS-Ärzte in den nationalsozialistischen Konzentrationslagern in den Fokus der Forschung.[1] Biografische Studien belegen das steigende Interesse an dieser Tätergruppe, auch wenn eine systematische gruppenbiografische Untersuchung bis heute aussteht. Der vorliegende Aufsatz zu den SS-Ärzten des KZ Neuengamme ist aus der Magisterarbeit des Autors hervorgegangen, deren Intention eine erste Annäherung an diese Gruppe war. Die zentralen Quellenbestände bildeten die Personalakten der SS-Führer und die Akten des Rasse- und Siedlungshauptamtes aus den Beständen des Bundesarchivs in Berlin. Herangezogen wurden außerdem Berichte ehemaliger Häftlinge des KZ Neuengamme und anderer Lager sowie Akten alliierter und bundesdeutscher Gerichts- und Ermittlungsverfahren.

Auf dieser Quellengrundlage ließen sich insgesamt 22 biografische Skizzen anfertigen, in denen die Karrierewege der Ärzte nachgezeichnet werden konnten. Zusätzlich wurden die so gewonnenen soziostrukturellen Daten auf Muster hinsichtlich des sozialen Hintergrundes der Lagerärzte, ihres Zugangs zur SS

---

1 Konrad Beischl, Dr. med. Eduard Wirths und seine Tätigkeit als SS-Standortarzt im KL Auschwitz, Würzburg 2005; Ulrich Völklein, Dr. med. Eduard Wirths. Ein Arzt in Auschwitz. Eine Quellenedition, Norderstedt 2005; ders., Der Märchenprinz. Eduard Wirths. Vom Mitläufer zum Widerstand. Als SS-Arzt im Vernichtungslager Auschwitz, Gießen 2006; zur Kritik an Völklein siehe Helgard Kramer, Sammelrezension zu Völklein, Eduard Wirths und Völklein, Märchenprinz: http://www.hsozkult.geschichte.hu-berlin.de/rezension/id=8665 (Zugriff am 25. 12. 2009); Christian Dirks, Die Verbrechen der Anderen. Auschwitz und der Auschwitz-Prozess der DDR. Das Verfahren gegen den KZ-Arzt Dr. Horst Fischer, Paderborn u. a. 2006; Gerhard Hoch, Sie stören das schöne Bild der Erinnerung. Dr. Johannes Nommensen. Vom Missionarssohn zum KZ-Arzt in Dachau, Ravensbrück und Neuengamme, in: Informationen zur Schleswig-Holsteinischen Zeitgeschichte 47 (2006), S. 4–59; Marco Pukrop, Dr. med. Heinrich Rindfleisch. Eine Lagerarztkarriere im KZ Majdanek, in: Wojciech Lenarczyk u. a. (Hrsg.), KZ-Verbrechen. Beiträge zur Geschichte der nationalsozialistischen Konzentrationslager und ihrer Erinnerung, Berlin 2007, S. 33–51; ders., Dr. med. Oskar Hock, „Leitender Arzt" der Konzentrationslager, in: Zeitschrift für Geschichtswissenschaft 57 (2009), S. 794–810.

sowie der Karrierewege innerhalb der SS und des KZ-Systems untersucht, um auf diese Weise zu ersten Aussagen über spezifische Merkmale der Gesamtgruppe zu gelangen.[2]

1. Die Sanitätsabteilung des KZ Neuengamme als Teil des KZ-Systems

Von 1938 bis zu Beginn des Jahres 1940 bestand das KZ Neuengamme als Außenlager des KZ Sachsenhausen und verfügte über keine eigene Sanitätsabteilung. Die medizinische Versorgung des Lagers übernahm der im Ort Neuengamme ansässige Arzt Dr. Müller.[3] Erst mit der Umwandlung in ein eigenständiges Konzentrationslager in der ersten Jahreshälfte 1940 lässt sich der Einsatz von SS-Ärzten nachweisen. Zwischen Januar 1940 und der Räumung des Lagers im April 1945 versahen insgesamt mindestens 22 SS-Führer als Ärzte ihren Dienst im KZ Neuengamme.[4] An ihrer Spitze stand der SS-Standortarzt, der die Verantwortung für alle medizinischen und sanitären Belange des gesamten Hauptlagers und der zahlreichen Nebenlager trug. Ihm unterstand eine unterschiedliche Anzahl an SS-Lagerärzten, deren Aufgabenbereich vor allem die medizinische Betreuung des Schutzhaftlagers umfasste. Im Hauptlager des KZ-Neuengamme bedeutete dies in der Regel die Anwesenheit je eines Standort- und Lagerarztes sowie, mit Einrichtung der Zahnstation im Winter 1941/42, eines SS-Zahnarztes. Den Ärzten unterstanden SS-Männer im Mannschaftsrang, die sogenannten Sanitätsdienstgrade (SDG). Die eigentliche Betreuung der kranken Häftlinge leisteten

---

2   Die Vorgehensweise orientierte sich an Karin Orths wegweisender Studie zur Gruppe der Abteilungsleiter in den NS-Konzentrationslagern, die jedoch die SS-Ärzte ausgeschlossen hatte: Karin Orth, Die Konzentrationslager-SS. Sozialstrukturelle Analysen und biographische Studien, Göttingen 2000.

3   Hermann Kaienburg, Vernichtung durch Arbeit. Der Fall Neuengamme. Die Wirtschaftsbestrebungen der SS und ihre Auswirkungen auf die Existenzbedingungen der KZ-Gefangenen, Bonn 1990, S. 152.

4   Standortärzte: Karl Matz (Anfang 1940 bis evtl. Frühjahr 1940), Dr. Wittmann (evtl. Frühjahr 1940), Julius Muthig (Juli 1940 bis Herbst 1941), Johannes Nommensen (Herbst 1941 bis Juni/Juli 1942), Eduard Wirths (14. 7. 1942 bis 1. 9. 1942), Franz von Bodmann (Herbst 1942), Richard Trommer (Ende 1942 bis Juli 1943), Alfred Trzebinski (August 1943 bis Mai 1945); Lagerärzte: Herbert Louis (Frühjahr 1940), Erich Schultz (Sommer 1940), Franz Metzger (Oktober 1940 bis August 1941), Karl Gustav Böhmichen (10. 9. 1941 bis Frühjahr 1942), Sigbert Ramsauer (Frühjahr 1942 bis Sommer 1943), Wilhelm Jäger (Herbst 1942 bis September 1943), Benno Adolph (11. 9. 1943 bis Sommer 1944), Hans Joachim Geiger (Sommer 1944 bis Winter 1944), Fritz Klein (Winter 1944/45), Rolf König (Winter 1944/45), Bruno Kitt (Februar 1944 bis Mai 1945); Zahnärzte: Hans Wolfarth (9. 11. 1941 bis Januar 1942), Joachim Schlorf (30. 1. 1942 bis Februar 1943), Alfred Kaiser (20. 11. 1943 bis September 1944), Willi Schatz (Herbst 1944 bis Mai 1945).

jedoch die Funktionshäftlinge in den Krankenrevieren. Bis 1942 wurden diese Häftlingspfleger ausschließlich von medizinisch nicht vorgebildeten Häftlingen gestellt, erst danach gestattete die SS die Verwendung von inhaftierten Ärzten und Pflegern.[5]

Disziplinarisch unterstanden die in der Sanitätsabteilung eingesetzten SS-Männer dem Kommandanten, ihre fachlichen Weisungen erhielten sie jedoch von der ihnen übergeordneten SS-Sanitätsdienststelle. Dies war der „Leitende Arzt KL" bei der Inspektion der Konzentrationslager (IKL) bzw. nach Eingliederung der IKL in das SS-Wirtschaftsverwaltungshauptamt (WVHA) der Chef des Amtes D III „Sanitätswesen und Lagerhygiene". Leiter des Amtes D III wurde, nachdem der Posten des obersten KZ-Arztes zunächst einer hohen personellen Fluktuation unterworfen war, im Februar 1941 der SS-Standartenführer Enno Lolling.[6] Der als Morphinist und Trinker geltende Lolling beschränkte sich in seiner Arbeit weitgehend auf Verwaltungsarbeit, sodass „die bestimmende fachliche Aufsicht [...] vom Chef des SS-Sanitätsamtes und damit letztlich vom ‚Reichsarzt-SS' ausgeübt" wurde.[7] Damit konnte der Heinrich Himmler direkt unterstellte „Reichsarzt-SS und Polizei", Ernst Robert Grawitz, über die Amtsgruppe D im WVHA auf die Sanitätsabteilungen in den Konzentrationslagern Einfluss nehmen. Diese Unterstellungsverhältnisse erschwerten den Lagerkommandanten den Zugriff auf die Sanitätsabteilung, sodass die Krankenreviere, Revierschreibstuben und Sanitätsräume relativ autonome Bereiche innerhalb des Lagers darstellten – nicht zuletzt, da kein Mitglied des Kommandanturstabes in der Lage war, die Arbeit der SS-Ärzte fachlich zu beurteilen. Dies sicherte den SS-Ärzten eine relative Selbstständigkeit im Umgang mit ihren Aufgaben.[8]

2. Aufgabenbereiche der Sanitätsabteilung

Als Teil des KZ-Systems war auch die Sanitätsabteilung in das Prinzip der „Vernichtung durch Arbeit" eingebunden und unterlag dem systemimmanenten Widerspruch zwischen einer ökonomisch motivierten Ausbeutung der Häftlinge und ihrer physischen Vernichtung. Die Sanitätsabteilung sollte für eine medizinische Minimalversorgung der Häftlinge sorgen, verfügte dafür jedoch weder über

---

5 Kaienburg, Vernichtung, S. 179.
6 Zur Besetzung des Postens „Leitender Arzt KL" vgl. Pukrop, Dr. med. Oskar Hock, S. 801f. und S. 807 ff.
7 Günter Morsch, Organisation- und Verwaltungsstruktur der Konzentrationslager, in: Wolfgang Benz/Barbara Distel (Hrsg.), Der Ort des Terrors. Geschichte der nationalsozialistischen Konzentrationslager. Band 1, München 2005, S. 58–75, hier S. 69.
8 Ebenda.

die nötigen personellen noch über die materiellen Ressourcen. Gleichzeitig fehlte dem SS-Personal jegliches Interesse, die Lebensumstände der Häftlinge durch sanitäre und medizinische Betreuung zu verbessern.

Aufgrund der mehr als unzureichenden hygienischen Bedingungen im KZ Neuengamme gehörte vor allem die Seuchenbekämpfung zu den zentralen Aufgaben der Sanitätsabteilung. Der Ausbruch einer Flecktyphusepidemie im Winter 1941/42 zog jedoch offenbar keine größere Aktivität der Ärzte nach sich. Vielmehr überließen sie die Gefangenen sich selbst und verhinderten durch eine Lagerquarantäne lediglich das Übergreifen der Seuche auf die SS.[9] Erst nach mehreren Wochen verabreichten sie Medikamente, bei denen es sich um noch ungeprüfte Präparate der IG Farben handelte, die im Auftrag des Hamburger Tropeninstitutes an den Häftlingen getestet wurden.[10] Anstatt Epidemien zu verhindern – der Krankheit fielen über 1000 Häftlinge zum Opfer – nutzten die SS-Ärzte sie als Möglichkeit, die Häftlingszahl zu verringern. Darüber hinaus entledigten sich die Ärzte kranker und nicht mehr arbeitsfähiger Häftlinge durch deren Selektion und Deportation in andere Lager, v. a. in die KZ Dachau und Lublin-Majdanek.[11]

Die SS-Ärzte beschränkten sich jedoch nicht auf die Auslagerung des Krankenmordes, sondern betrieben ihn aktiv auch im Lager selbst. Seit April 1941 selektierte eine Ärztekommission in mindestens zehn Konzentrationslagern im Rahmen der Aktion „14 f 13" kranke und entkräftete Häftlinge zur Ermordung in den Euthanasieanstalten. Diese Kommission, die in Neuengamme im Januar 1942 zu ihrem Einsatz „zur Ausmusterung von Häftlingen" eintreffen sollte,[12] nahm ihre Tätigkeit dort wegen der Fleckfieberepidemie erst im April 1942 auf. Inzwischen waren die Neuengammer SS-Ärzte selbstständig zur Tat geschritten: Bereits im Januar 1942 hatten sie damit begonnen, systematisch kranke Häftlinge aus den Revierbaracken nach kurzer Begutachtung zur Tötung vor Ort zu selektieren. Diese Praxis wurde von verschiedenen Ärzten bis zum Eintreffen des Standortarztes Alfred Trzebinski im Sommer 1943 angewandt und forderte über 1000 Opfer.[13]

Auch an den zwei durchgeführten Vergasungen sowjetischer Kriegsgefangener wirkte das Sanitätspersonal federführend mit.[14] Der Standortarzt Franz

---

9   Kaienburg, Vernichtung, S. 176 ff. und S. 361 ff.
10 Ebenda, S. 178.
11 Ebenda, S. 174 und S. 375.
12 Ankündigung der Ärzte-Kommission vom 10. 12. 1941 an die Lagerkommandanten, veröffentlicht in: Johannes Tuchel, Die Inspektion der Konzentrationslager 1938–1945. Das System des Terrors, Berlin 1994, S. 79.
13 Kaienburg, Vernichtung, S. 179 f.
14 Freundeskreis e. V. (Hrsg.), Curiohaus-Prozess. Verhandelt vor dem britischen Militärge-

von Bodmann bestimmte die Sanitätsdienstgrade, die die Vergasung durchführen sollten, und gab die Anweisungen zur notwendigen Menge an Giftgas. Der für den Einsatz von Zyklon B auf einem Lehrgang der IKL in Oranienburg geschulte Sanitätsdienstgrad Wilhelm Bahr besorgte dann mehrere Kanister des zur Ungezieferbekämpfung im Lager vorrätigen Gases. Er übernahm zusammen mit dem SDG August Bühning auch das Einbringen des Giftes in den zur Gaskammer umgebauten Arrestbunker des Lagers. Währenddessen überwachten die SS-Ärzte zusammen mit dem restlichen Kommandanturstab den Vorgang aus sicherer Entfernung.

Nicht nur die Ermordung der Häftlinge, sondern auch die Ausplünderung der Leichen sowie die Verwaltung der Todesfälle gehörten zum ärztlichen Aufgabenbereich. Die SS-Zahnärzte, die neben der Versorgung der SS-Angehörigen und ihrer Familien für die Häftlingszahnstation zuständig waren, leiteten auch die Sicherstellung des Zahngoldes toter Häftlinge. Erst wenn die Leichen als „zahnärztlich besichtigt" klassifiziert waren,[15] wurden sie zur Verbrennung freigegeben und Totenscheine mit gefälschten Todesursachen angefertigt.

Auch die Durchführung medizinischer Versuche an Häftlingen hatten die SS-Ärzte zu verantworten. Dies waren erstens die Experimente des Hamburger Instituts für Schiffs- und Tropenkrankheiten, dessen Direktor Professor Peter Mühlens 1942 an Fleckfieber erkrankte Häftlinge versuchsweise mit Sulfonamid behandelte.[16] Zweitens handelte es sich um Versuche des Professors Ludwig Werner Haase von der Berliner Reichsanstalt für Wasser- und Luftgüte, bei denen Ende 1944 Entgiftungsverfahren für mit den Giftgasen Lost und Stickstofflost verseuchtes Wasser erprobt wurden.[17] Drittens führte, ebenfalls gegen Ende des Jahres 1944, Dr. Kurt Heißmeyer – unter Mitwirkung der Neuengammer SS-Ärzte Alfred Trzebinski, Bruno Kitt und Rolf König – an über 100 erwachsenen Häftlingen sowie 20 jüdischen Kindern Tbc-Versuche durch. Bei diesen Versuchen starben mindestens 30 Häftlinge, die Kindergruppe wurde im April 1945 im

---

richt in der Zeit vom 18. März bis zum 3. Mai 1946 gegen die Hauptverantwortlichen des KZ Neuengamme, 3 Bände, Hamburg 1969, hier Band 3, S. 280 ff. (im Folgenden zitiert als „Freundeskreis, Curiohaus-Prozess").

15 Bundesarchiv Berlin (BArch), SAPMO, BY 5V 297/70, Kopie im Archiv der KZ-Gedenkstätte Neuengamme: Bericht des ehemaligen Häftlings Paul Weissmann vom 26. 2. 1946.

16 Detlef Garbe, Neuengamme-Stammlager, in: Benz/Distel, Der Ort des Terrors, Band 5, S. 315–346, hier S. 334 f.; Karl Heinz Roth, Eppendorfer Institute im Zeichen des „Vierjahresplans", in: Angelika Ebbinghaus/Heidrun Kaupen-Haas/Karl-Heinz Roth, Heilen und Vernichten im Mustergau Hamburg. Bevölkerungs- und Gesundheitspolitik im Dritten Reich, Hamburg 1984, S. 119–123, hier S. 129 f.

17 Garbe, Neuengamme-Stammlager, S. 335; Jürgen Kalthoff/Martin Werner, Die Händler des Zyklon B. Tesch & Stabenow. Eine Firmengeschichte zwischen Hamburg und Auschwitz, Hamburg 1998, S. 193.

Außenlager Bullenhuser Damm ermordet.[18] Schließlich führten auch die Hamburger Dräger-Werke an weiblichen Häftlingen Versuche zur Überlebensfähigkeit in Luftschutzbunkern ohne Luftzufuhr durch, bei denen es jedoch zu keinen Todesfällen kam.[19]

Zu den Aufgaben der SS-Ärzte gehörte darüber hinaus eine Reihe weiterer Tätigkeiten, die hier nur kurz benannt werden sollen. SS-Ärzte überwachten den Vollzug der drakonischen Prügelstrafen, waren bei den im Lagerbereich durchgeführten Exekutionen anwesend und trugen die Verantwortung für die medizinischen und sanitären Zustände in den Außenlagern.[20] Sie waren für die medizinische Betreuung der SS-Truppe des Lagers zuständig und erledigten auch die „Erbgesundheits-Untersuchungen" für das SS-Rasse- und Siedlungshauptamt. Der Standortarzt war zudem für Kontakte zu Firmen zuständig, die die Belange der Sanitätsabteilung berührten. Im Fall des KZ Neuengamme war dies etwa die Phrix-Werke AG in Wittenberge, die eine offenbar wertlose Nahrungsergänzung, die sog. Phrix-Hefe, lieferte.[21] In regelmäßigen Abständen informierte der Standortarzt das Amt D III im WVHA über die medizinischen und sanitären Zustände im Stammlager und den Außenlagern. Die stereotyp abgefassten Schreiben verschleierten jedoch zumeist die den vorgesetzten Stellen ohnehin bekannten Zustände und stellten lediglich eine bürokratische Formalie dar.[22]

3. Die SS-Ärzte des KZ Neuengamme in soziostrukturellen Daten

Die überwiegende Mehrheit der in dieser Untersuchung erfassten Ärzte, nämlich 20 der insgesamt 22 Personen, wurde zwischen 1900 und 1915 geboren. Sie gehörten somit zur „Kriegsjugendgeneration",[23] deren Angehörige auf die als Schande

---

18 Garbe, Neuengamme-Stammlager, S. 335; Ernst Klee, Auschwitz, die NS-Medizin und ihre Opfer, Frankfurt am Main 2004, S. 167–172; Günther Schwarberg, Der SS-Arzt und die Kinder. Bericht über den Mord vom Bullenhuser Damm, Hamburg 1979.
19 Hermann Kaienburg, Das Konzentrationslager Neuengamme 1938–1945, Bonn 1997, S. 252 f.
20 Vgl. die Aussage von Alfred Trzebinski, Freundeskreis, Curiohaus-Prozess, Band 3, S. 364; Fritz Bringmann, KZ Neuengamme. Berichte, Erinnerungen, Dokumente, Frankfurt am Main 1981, S. 48 f.; Fritz Bringmann, Erinnerungen eines Antifaschisten 1924–2004, Hamburg 2004, S. 107.
21 Aussage von Alfred Trzebinski, Freundeskreis, Curiohaus-Prozess, Band 3, S. 331; Kaienburg, Vernichtung, S. 378.
22 Ebenda, S. 339 f.
23 Zum Generationenschema vgl. Ulrich Herbert, Drei politische Generationen im 20. Jahrhundert, in: Jürgen Reulecke (Hrsg.), Generationalität und Lebensgeschichte im 20. Jahrhundert, München 2003, S. 95–114; Ulrich Herbert, Best. Biographische Studien über

empfundene deutsche Niederlage im Ersten Weltkrieg und die Krisen der Weimarer Republik mit völkischem Radikalismus, Ablehnung der Demokratie und einem rassebiologisch begründeten Antisemitismus reagierten. Die Bereitschaft, ihre radikalen Ansichten in die Tat umzusetzen, ließen sie zur „vornehmlichen Trägergruppe der NS-Diktatur" werden.[24]

Ein Vergleich mit den von Ernst Klee publizierten biografischen Daten von 174 KZ-Ärzten[25] bestätigt den generationellen Trend ebenso wie die von Karin Orth für die übrigen KZ-Abteilungsleiter ermittelten Zahlen.[26] Während in Klees Stichprobe über 80 Prozent der Ärzte zwischen 1900 und 1915 geboren wurden, gehörten etwa zwei Drittel der von Orth untersuchten KZ-Abteilungsleiter zur Kriegsjugendgeneration. Damit reihen sich die Ärzte nahtlos in die relativ junge Funktionselite der Konzentrationslager-SS ein. Unterschiede zu den genannten Studien zeigen sich bei der Religionszugehörigkeit: Neun der Neuengammer SS-Ärzte wuchsen zunächst im evangelischen, fünf im katholischen Glauben auf, für fünf weitere Ärzte ist lediglich die Gottgläubigkeit überliefert. Drei Ärzte traten während ihrer SS-Dienstzeit aus der evangelischen und vier aus der katholischen Kirche aus. Damit war die konfessionelle Bindung der Neuengammer Ärzte etwas höher als bei der Gruppe der KZ-Abteilungsleiter, von der nahezu alle Mitte der 1930er-Jahre aus der Kirche austraten.[27]

Rückschlüsse auf das soziale Herkunftsmilieu der Neuengammer Ärzte lassen sich, wenn auch nur bedingt, aus den Berufen ihrer Väter ziehen. Die zwölf Ärzte, zu denen diese Informationen vorlagen, entstammten demnach überwiegend der bürgerlichen Mittelschicht,[28] die von den Krisen der Weimarer Republik und der Gefahr des sozialen Abstiegs besonders stark betroffen war. Gleichzeitig waren sie damit jedoch auch mitten in der Weimarer Gesellschaft – und nicht in einer sozialen Randgruppe – angesiedelt. Alle Angehörigen der untersuchten Gruppe schlossen die Schulausbildung mit dem Abitur ab und begannen im Anschluss daran ein Medizinstudium. Damit unterscheiden sie sich deutlich von der Gruppe der KZ-Abteilungsleiter, die zum größten Teil über einen Volks-

---

Radikalismus, Weltanschauung und Vernunft, 1903–1989, Bonn 1996; Michael Wildt, Generation des Unbedingten. Das Führungskorps des Reichssicherheitshauptamtes, Hamburg 2002, S. 23 ff.
24 Herbert, Generationen, S. 114.
25 Klee, Auschwitz, S. 47–59.
26 Orth, Konzentrationslager-SS, S. 87.
27 Ebenda.
28 Vier Väter waren als mittlere bis gehobene Beamte beschäftigt, drei waren Gymnasiallehrer. Drei hatten handwerkliche oder kaufmännische Berufe, einer war Angestellter. Daneben war ein Vater als Architekt, ein weiterer als Missionar tätig. Nur einer arbeitete als Dentist im medizinischen Bereich.

schulabschluss verfügten.²⁹ Sieben Ärzte des KZ Neuengamme absolvierten ihr Studium bereits vor 1933, die Mehrheit von 15 Ärzten schloss die Ausbildung erst nach 1933 ab und unterlag dadurch stärker dem Einfluss der zunehmenden Militarisierung des Studiums und der Durchsetzung rassekundlicher Anteile in ihrem Fach.³⁰ Zudem erschien das im Studium immer stärker geforderte Engagement in NS-Formationen vielen Medizinstudenten offenbar als karrieredienliche Maßnahme und insbesondere die SS erhielt aus ihren Reihen starken Zulauf.

Michael Kater hat in seiner umfangreichen Studie ermittelt, dass etwa neun Prozent aller zwischen 1933 und 1939 zugelassenen Mediziner der SS angehörten, sodass Ärzte im Jahr 1937 etwa 1,7 Prozent aller SS-Mitglieder stellten. Im Vergleich mit anderen Berufsgruppen waren Ärzte in der SS demnach um das siebenfache überrepräsentiert und wurden damit nur noch von der Berufsgruppe der Juristen übertroffen. Kater nennt als Gründe für dieses Ungleichgewicht vor allem zwei Umstände: Gegenüber der SA war die SS insbesondere nach 1934 die weitaus prestigeträchtigere Organisation, die mit verantwortungsvollen Führungspositionen und einem wachsenden Ausmaß an realer Macht lockte. Überdies hätten sich sowohl Ärzte als auch Juristen in ihrer Selbstwahrnehmung als Säulen einer eher traditionell geprägten Gesellschaft gesehen und deshalb in besonderem Maße nach sozialer Absicherung und Bestätigung gesucht, die ihnen in der sich wandelnden Gesellschaftsordnung neben der Armee vor allem durch die SS geboten worden sei. Damit macht Kater im Kern Opportunismus als treibende Kraft aus.³¹

Die Gruppe der Neuengammer Ärzte bestätigt die skizzierten Beobachtungen: Über zwei Drittel traten während oder direkt nach ihrem Studium, also als junge, am Anfang ihres Berufslebens stehende Männer, in die SS ein. Mit 13 Ärzten wurde etwas mehr als die Hälfte der Gruppe in dieser Zeit auch NSDAP-Mitglied. Mit Kriegsbeginn begann für die SS-Ärzte die Einberufung zur bewaffneten SS. Dies bedeutete in der Regel eine dreimonatige militärische Grundausbildung sowie die Teilnahme an einem vierwöchigen Sanitäts-Führeranwärter-Lehrgang, dem eine mindestens viermonatige Verwendung als Arzt bei der kämpfenden Truppe folgen sollte.³² Am Ende stand dann die Aufnahme in das SS-Führer-

---

29 Orth, Konzentrationslager-SS, S. 88.
30 Zur Entwicklung des Medizinstudiums nach 1933 vgl. Michael H. Kater, Ärzte als Hitlers Helfer, Hamburg/Wien 2000, S. 249 ff.; Peter Weingart/Jürgen Kroll/Kurt Bayertz, Rasse, Blut und Gene. Geschichte der Eugenik und Rassenhygiene in Deutschland, Frankfurt am Main 1992, S. 396 ff.; Hendrik van den Bussche, Im Dienste der „Volksgemeinschaft". Studienreform im Nationalsozialismus am Beispiel der ärztlichen Ausbildung, Hamburg 1989.
31 Kater, Ärzte, S. 127 f.
32 Laufbahnbestimmungen für SS-Ärzte, abgedruckt in: Der Reichsführer-SS (Hrsg.), Dich

korps. Zwar lassen sich die Ausbildungswege nicht für alle Neuengammer Ärzte nachvollziehen, jedoch zeichnet sich folgendes Bild ab: Diejenigen, die ohne Einschränkungen für den Frontdienst tauglich waren, wurden anscheinend auch an den Kriegsfronten eingesetzt und gelangten zumeist aufgrund von Gesundheitsschäden in den Lagerdienst.[33] Neun Ärzte wurden direkt nach der Grundausbildung in ein KZ kommandiert, ohne dass sich die Gründe hierfür nachvollziehen lassen. Ebenfalls neun Ärzte gelangten erst nach ihrem Lagerdienst an die Front. Dies könnte bedeuten, dass sich einige offenbar im Lagerdienst bewährt hatten, lange im KZ-System verblieben und erst bei der Räumung der Lager für die Fronttruppe frei wurden. Andere hingegen waren nur sehr kurz im System und wurden dann, eventuell im Austausch gegen nicht mehr an der Front einsetzbare Ärzte, versetzt. Insgesamt zwei Drittel der Neuengammer SS-Ärzte waren zwischen 1939 und 1945 an den Kriegsfronten eingesetzt. Damit unterscheiden sie sich deutlich von der Gruppe der KZ-Abteilungsleiter, von denen nur einzelne zu Fronteinsätzen kommandiert wurden.[34]

Auch bei den Versetzungen innerhalb des KZ-Systems zeigt sich eine starke Fluktuation: Mehr als die Hälfte war in mehr als drei verschiedenen Konzentrationslagern eingesetzt, wobei das KZ Auschwitz eine führende Position einnahm: Mindestens acht der Neuengammer Ärzte waren zwischenzeitlich dorthin kommandiert worden.

Zusammenfassend lässt sich konstatieren: Die SS-Ärzte des KZ Neuengamme gehörten in ihrer überwiegenden Mehrheit der Kriegsjugendgeneration an und entstammten dem bürgerlichen Mittelstand. Sie traten mehrheitlich am Anfang ihres Berufslebens in die SS ein. Bis auf wenige Ausnahmen betrieben die Männer ihre SS-Mitgliedschaft nebenberuflich und wurden erst mit Kriegsbeginn zur Waffen-SS eingezogen. Ihrer Ausbildung entsprechend wurden fast alle in kurzer Zeit in das Führerkorps aufgenommen und als Ärzte eingesetzt. Ihr Einsatz an den Kriegsfronten ist ebenso ungleichmäßig verteilt wie ihre Dienstzeiten in den Konzentrationslagern, die zwischen wenigen Wochen und fünf Jahren variieren. Die Ärzte mit längerer Dienstdauer im KZ-System gelangten vor allem in dessen Expansionsphase zwischen 1939 und 1942 in den Lagerdienst.[35] Es waren dies die Neuengammer Standortärzte Eduard Wirths, Franz von Bodmann, Richard Trommer und Alfred Trzebinski sowie die Lagerärzte Wilhelm Jäger, Alfred Kaiser, Bruno Kitt und Sigbert Ramsauer. Offenbar gelang es ihnen, sich im KZ-

---

ruft die SS, Berlin 1943, S. 52; vgl. auch Hubert Fischer, Der deutsche Sanitätsdienst 1921–1945, 7 Bände, Osnabrück 1984–1999, hier Band 3, S. 225 ff.
33 Dies betraf sechs der 22 Ärzte.
34 Orth, Konzentrationslager-SS, S. 60.
35 Karin Orth, Das System der nationalsozialistischen Konzentrationslager. Eine politische Organisationsgeschichte, Hamburg 1999, S. 67 f.

System zu etablieren und dort bis zu dessen Auflösung zu verbleiben. Wirths, von Bodmann, Trommer, Trzebinski und Ramsauer waren darüber hinaus in einem oder mehreren Lagern zum Standortarzt aufgestiegen.

Da zu Eduard Wirths und Alfred Trzebinski bereits Publikationen vorliegen,[36] sollen im Folgenden nur die Karrierewege von Franz von Bodmann, Richard Trommer und Sigbert Ramsauer in biografischen Skizzen betrachtet werden.

4. Franz von Bodmann

Franz Freiherr von Bodmann wurde am 23. März 1908 im württembergischen Zwiefaltendorf geboren.[37] Nach dem Abitur studierte er elf Semester Medizin und wurde 1934 promoviert. Während seines Studiums trat er im Mai 1932 der NSDAP[38] und 1934 der SS bei.[39] Offenbar war von Bodmann von den neuen Machthabern überzeugt: Er wurde Amtsleiter einer NSDAP-Ortsgruppe, Mitglied der NS-Volkswohlfahrt und war als Arzt beim Amt für Volksgesundheit tätig. Als Großgrundbesitzer trat er zudem der Reichsjägerschaft und dem Reichsnährstand bei. Im September 1939 absolvierte von Bodmann eine militärische Ausbildung bei der Waffen-SS und wurde vom 1. Oktober 1939 an im Rang eines aktiven Untersturmführers in der Sanitätsausbildungs-Staffel 2/79 eingesetzt. Am 1. Januar 1940 erfolgte seine Beförderung zum Obersturmführer, bevor er am 30. Juni 1940 auf eigenen Antrag aus der SS austrat.

Ein Jahr später, am 1. Juli 1941, wurde er, wahrscheinlich aufgrund seiner Einberufung als Reservist, wieder in die SS aufgenommen und kam zunächst zu seiner alten Einheit. Gleichzeitig wurde er zum Obersturmführer der Reserve befördert. Weder für seine freiwillige Entlassung noch für seine Wiederaufnahme können Gründe genannt werden. Mit seiner Wiederaufnahme in den SS-Dienst begann auch von Bodmanns Karriere als KZ-Arzt, die sich jedoch nur anhand von bruchstückhaften Quellen und auf Grundlage von teilweise widersprüchlichen Angaben in der Literatur rekonstruieren lässt. Zieht man alle Informationen in Betracht, so ergibt sich folgendes Bild:

---

36 Zu Alfred Trzebinski: Schwarberg, Arzt; zu Wirths: Beischl, Eduard Wirths; Völklein, Dr. med. Eduard Wirths; ders., Märchenprinz. Vgl. Kramer, Sammelrezension.
37 Wenn nicht anders vermerkt, wurden die Angaben zu Lebenslauf und Dienstlaufbahn aus Bodmanns SSO-Akte entnommen: BArch, ehemals Berlin Document Center (BDC), SSO 300 A: Personalakte Franz von Bodmann, 23. 3. 1908.
38 NSDAP-Nummer 1 098 482. Von Bodmann war Träger des „Ehrenwinkels der Alten Kämpfer" und des bronzenen Dienstabzeichens der NSDAP.
39 Seine SS-Nummer lautete 263 787.

Ab Sommer 1941,[40] wahrscheinlich Ende Juli oder Anfang August, arbeitete von Bodmann als Lagerarzt in Auschwitz, wo er im August zusammen mit anderen Ärzten Häftlinge zur Tötung durch Phenolinjektionen selektierte.[41] Während andere SS-Ärzte sich dabei aber meist auf die Selektionen beschränkten und das eigentliche „Abspritzen" den SDG überließen, tötete von Bodmann eigenhändig und besonders grausam: Statt in das Herz injizierte er das Gift häufig in eine Vene und verlängerte so die Todesqualen.[42] Er blieb wahrscheinlich zum Spätsommer 1942 in Auschwitz und arbeitete zeitweilig als Lagerarzt des Frauenlagers,[43] wo er wegen seines sadistischen Verhaltens von den Häftlingen gefürchtet wurde. Der von ihm geleitete Revierblock erhielt von den Häftlingen die Bezeichnung „Mordzentrale des Baron von Bodmann"[44] und wurde nach Möglichkeit gemieden, da von Bodmann dort Selektionen für die Gaskammern vornahm und entkräftete oder schwangere Häftlinge durch Phenolinjektionen tötete. Außerdem verweigerte er in mehreren Fällen die Behandlung von durch die SS angeschossenen Frauen und ließ diese vor den Augen der anderen Häftlinge im Krankenbau verbluten.[45]

Im Mai 1942 ersetzte von Bodmann den Auschwitzer Standortarzt Siegfried Schwela, der an Typhus erkrankt und verstorben war.[46] Von Bodmann verblieb in dieser Stellung wenigstens bis Juni,[47] spätestens aber bis September 1942.[48] Wo er sich in den folgenden Wochen aufhielt, lässt sich nicht nachvollziehen, eventuell war er jedoch zunächst wegen einer Typhuserkrankung in einem Lazarett

---

40 Eventuell war von Bodmann auch zunächst für kurze Zeit in Dachau. Dies legt die Aussage des SS-Arztes Julius Muthig nahe, der Bodmann in Dachau getroffen haben will und ab Sommer 1940 in Dachau war. Staatsarchiv Hamburg (StaHH), 2100 UJS 2/81, Ordner Nr. 5, Bl. 776–778, hier Bl. 777: Vernehmungsprotokoll Julius Muthig vom 14. 6. 1983.
41 Danuta Czech, Kalendarium der Ereignisse im Konzentrationslager Auschwitz-Birkenau 1939–1945, Reinbek bei Hamburg 1989, S. 108. Laut Klee befand er sich im Juli 1941 in Majdanek oder einem kleineren Lager in der Nähe von Lublin; Schwindt nennt ihn jedoch erst für 1943 als Lagerarzt in Majdanek, Klee, Auschwitz, S. 48; Barbara Schwindt, Das Konzentrations- und Vernichtungslager Majdanek. Funktionswandel im Kontext der „Endlösung", Würzburg 2005, S. 174.
42 Hermann Langbein, Menschen in Auschwitz, Wien 1987, S. 379; Robert J. Lifton, Ärzte im Dritten Reich, Stuttgart 1988, S. 297 ff.
43 Czech, Kalendarium, S. 209.
44 Franziska Jahn, Auschwitz (Frauenabteilung), in: Benz/Distel, Der Ort des Terrors, Band 4, S. 523–528, hier S. 526; Bernhard Strebel, Das KZ Ravensbrück. Geschichte eines Lagerkomplexes, Paderborn 2003, S 350.
45 Langbein, Menschen, S. 379 f.
46 Czech, Kalendarium, S. 209.
47 Klee, Auschwitz, S. 48.
48 Ab dem 19. 9. 1942 war der SS-Hauptsturmführer Dr. Kurt Uhlenbrock Standortarzt von Auschwitz, Czech, Kalendarium S. 290 und S. 1119.

und anschließend für kurze Zeit in Oranienburg.[49] Nach Aussage des ehemaligen Lagerarztes Franz Metzger, der 1942 Standortarzt im KZ Niedernhagen (Wewelsburg) war, hielt sich von Bodmann im Sommer 1942 für einige Tage „besuchsweise" im KZ Niedernhagen auf, hatte dort aber keine dienstliche Funktion.[50] Im Herbst 1942 kam von Bodmann als neuer Standortarzt nach Neuengamme, wo er die Tötungen durch Phenolinjektionen fortführte und die Vergasung der sowjetischen Kriegsgefangenen im September und November 1942 leitete. Laut Aussage des SDG Willi Bahr habe von Bodmann „eine Predigt gehalten" und darauf gedrungen, dass Bahr und der SDG Bühning „diese Russen vergasen sollten, noch im Laufe des Tages".[51]

Die nächste Station in von Bodmanns Karriere war das KZ Majdanek, wo er im Februar 1943 eintraf und zusammen mit dem SS-Arzt Heinrich Rindfleisch, der einen Monat später eintraf, als Lagerarzt tätig war.[52] Während dieser Zeit vollzog sich in Majdanek der Übergang von einem Konzentrations- zu einem Vernichtungslager; die von den SS-Ärzten durchgeführten Selektionen bei der Ankunft neuer Häftlingstransporte gehörten seit Juli 1942 zum Lageralltag.[53]

Es ist unklar, wann von Bodmann Majdanek verließ, sodass sich die folgenden Stationen nur schlecht rekonstruieren lassen. Unstrittig ist seine Tätigkeit im KZ Vaivara, wo er zwischen Frühjahr 1943 und Winter 1944 für eine nicht näher eingrenzbare Zeit als Standortarzt arbeitete.[54] Am 14. September 1944 wurde er zum SS-Führungshauptamt in die Amtsgruppe D (Sanitätswesen der Waffen-SS) versetzt und war ab Oktober außerdem beim „Hauptamt Volksdeutsche Mittelstelle" beschäftigt. Ende 1944 hatte von Bodmann damit über drei Jahre lang in verantwortlicher Position in verschiedenen Konzentrations- und Vernichtungslagern gearbeitet und dabei grausame Mordaktionen nicht nur angeordnet, sondern sie auch immer wieder bereitwillig selbst durchgeführt. Seine Taten waren von Mitleidslosigkeit und individueller Grausamkeit gekennzeichnet. Trotzdem

---

49   Langbein berichtet, von Bodmann sei nach einer Typhuserkrankung nicht wieder zurückgekommen, laut MacLean war von Bodmann außerdem während eines nicht weiter spezifizierten Zeitraumes im Jahr 1942 in Oranienburg. Vgl. Langbein, Menschen, S. 379; French L. MacLean, The Camp Men. The SS Officers who ran the Nazi Concentration Camp System, Atglen 1999, S. 45.
50   StaHH, 2100 UJS 2/81, Ordner Nr. 5, hier Bl. 789: Aussage von Franz Metzger, Vernehmungsprotokoll vom 5. 8. 1983.
51   Freundeskreis, Curiohaus-Prozess, Band 3, S. 286.
52   Schwindt, Majdanek, S. 174.
53   Ebenda, S. 289.
54   Toomas Hiio, Estonia 1940–1945. Reports of the Estonian International Commission for the Investigation of Crimes against Humanity, Tallinn 2006, S. 772; Klee, Auschwitz, S. 48; MacLean, Camp Men, S. 45. MacLean nennt für das Jahr 1943 zudem das KZ Natzweiler, ohne jedoch eine Quelle anzugeben.

scheint es, als habe er nicht allen an ihn gestellten Erwartungen als SS-Mann entsprochen, denn seit seiner Ernennung zum Obersturmführer im Januar 1940 war er nicht mehr befördert worden. Möglicherweise ist der Grund dafür in einem Verhältnis zu einem weiblichen Häftling in Auschwitz zu suchen, das Hermann Langbein überliefert.[55] Am 15. Dezember 1944 verzeichnet seine Personalakte die Versetzung zur 5. SS-Panzerdivision „Wiking", deren Mitglieder Anfang 1945 an der Bewachung der Todesmärsche ungarischer Juden in das KZ Mauthausen beteiligt waren.[56] Schließlich gelangte von Bodmann in den österreichischen Ort Markt Pongau, wo er am 25. Mai 1945 Selbstmord beging.[57]

5. Richard Trommer

Richard Trommer wurde am 16. Juni 1910 im unterfränkischen Münnerstadt geboren.[58] Er studierte Medizin in Würzburg, Frankfurt am Main und Kiel und absolvierte am 1. Mai 1936 das medizinische Staatsexamen in Würzburg.[59] Während seiner Studienzeit, im März 1933, trat der Katholik Trommer der NSDAP, im Mai 1933 dem Nationalsozialistischen deutschen Studentenbund (NSdStB)[60] und im Juni 1933 der SS bei.[61] In den Semesterferien von September bis Oktober desselben Jahres besuchte er ein SS-Wehrsportlager im hessischen Oberursel. Nach dem Examen arbeitete Trommer bis Mai 1937 als Medizinalpraktikant in der Psychiatrischen und Nervenklinik in Würzburg. Die dortige NSDAP-Ortsgruppe charakterisierte ihn als „charakterfest und ruhig".[62] Im Mai 1937 nahm er eine Stelle als Assistenzarzt in Berlin an, in der er bis Mai 1938 verblieb. Anschließend beschäftigte ihn das Amt für Volksgesundheit, für das er von Mai bis November 1938 als Arzt in verschiedenen Regionen arbeitete. Nach seiner Heirat zog er im November 1938 mit seiner Frau nach Wesermünde und nahm eine Stelle als

---

55 Langbein, Menschen, S. 459.
56 Eleonore Lappin, Die Todesmärsche ungarischer Juden durch Österreich im Februar 1945. Elektronische Publikation, http://www.ejournal.at/Essay/todmarsch.html (Zugriff am 15. 12. 2009).
57 Klee, Auschwitz, S. 48; MacLean, Camp Men, S. 45.
58 Wenn nicht anders vermerkt, wurden die Angaben zu Lebenslauf und Dienstlaufbahn Trommers SSO-Akte entnommen: BArch (ehemals BDC), SSO 190 B, Personalakte Richard Trommer, 16. 6. 1910.
59 BArch (ehemals BDC), RD G 328: RuSHA-Akte Richard Trommer, Lebenslauf von 1939.
60 Ebenda.
61 Ebenda. Seine SS-Nummer lautete 106 394. Trommer war seit dem 15. 6. 1933 SS-Anwärter und wurde am 6. 11. 1933 zum SS-Mann in der Sanitätsstaffel I/56 befördert.
62 Schreiben der Ortsgruppe Würzburg vom 31. 7. 1937, ebenda.

Hilfsarzt beim örtlichen Gesundheitsamt an.⁶³ Bis zu diesem Zeitpunkt scheint Trommers Engagement in der SS nicht besonders ausgeprägt gewesen zu sein, da er 1939 trotz sechsjähriger Mitgliedschaft noch immer den Rang eines Sturmmannes bekleidete. Im November 1941 wurde er zur Waffen-SS eingezogen, zum Untersturmführer der Reserve in der Sanitätsausbildungs-Staffel 55 befördert und in das KZ Flossenbürg versetzt,⁶⁴ wo er wahrscheinlich bis zum Herbst 1942 blieb.⁶⁵ Während seiner Tätigkeit dort verschlechterten sich die Lebensbedingungen der Häftlinge derart, dass sich die Todesrate im Verhältnis zum Vorjahr verdoppelte.⁶⁶ Im Frühjahr 1942 besuchte überdies die Ärztekommission der Aktion „14 f 13" Flossenbürg, woraufhin mindestens 230 Häftlinge für die Ermordung in der Euthanasieanstalt Bernburg selektiert wurden.⁶⁷

Im Anschluss an seine Dienstzeit in Flossenbürg wurde Trommer, wahrscheinlich im November/Dezember 1942, neuer Standortarzt des KZ Neuengamme.⁶⁸ Auch Trommer führte die Praxis der Giftmorde fort. Nach Aussage ehemaliger Häftlinge habe er außerdem die von der Gesundheits- und Fürsorgebehörde angeforderten Kastrationen vorgenommen, die als „sein Steckenpferd" galten. Allerdings habe er sich nicht nur auf die angeforderten Eingriffe beschränkt, sondern auch „aus eigener Initiative Kastrationen" vorgenommen.⁶⁹

Im Sommer 1943 wurde Trommer, seit 21. Juni 1943 Hauptsturmführer, als Standortarzt in das KZ Ravensbrück versetzt, wo er den nach Buchenwald versetzten Gerhard Schiedlausky ersetzte.⁷⁰ In Ravensbrück nahm Trommer mit

---

63 Lebenslauf von 1939, ebenda.
64 SSO-Akte Richard Trommer. Klee bezeichnet Trommers Funktion in Flossenbürg als Standortarzt; Klee, Auschwitz, S. 58.
65 Der Bericht der ehemaligen Häftlinge Eduard Zuleger und Günther Wackernagel vermerkt für Trommers Ankunft in Neuengamme, er sei dem Kommandanten Max Pauly gefolgt und „als SS-Standortarzt vom KL Stutthof" gekommen. Dies würde bedeuten, dass Trommers Dienstzeit in Flossenbürg kürzer war, als oben vermutet. Jedoch ist dieser Bericht der einzige Hinweis auf eine mögliche Anwesenheit Trommers in Stutthof, ANg, Hans-Schwarz-Archiv, Ordner 13-7-4-2: Abschrift des Berichtes von Günther Wackernagel und Eduard Zuleger vom 9. 6. 1945.
66 Jörg Skriebeleit, Flossenbürg-Stammlager, in: Benz/Distel, Der Ort des Terrors, Band 4, S. 17–66, hier S. 40.
67 Ebenda, S. 37 f.; Strebel, Ravensbrück, S. 64.
68 Die Datierung MacLeans, der lediglich das Jahr 1942 als Dienstzeit nennt, ist demnach ungenau; MacLean, Camp Men, S. 241.
69 Wackernagel/Zuleger, Bericht.
70 Klee, Auschwitz, S. 58; Silke Schäfer, Zum Selbstverständnis von Frauen im Konzentrationslager. Das Lager Ravensbrück, Berlin 2002, S. 89. Schäfer ist sich hinsichtlich der Unterstellungsverhältnisse nicht sicher und gibt an, Trommer könne auch als Lagerarzt dem Standortarzt Percival Treite untergeordnet gewesen sein. Dies erscheint jedoch unwahrscheinlich, da Trommer als Hauptsturmführer einen höheren Rang als der Obersturm-

dem Lagerarzt Dr. Treite Zwangssterilisationen an Frauen und Mädchen aus der Gruppe der inhaftierten Sinti und Roma vor.[71] Außerdem selektierte er im Frühjahr 1945 zusammen mit den Lagerärzten etwa 2000 Frauen, die dann im ehemaligen Mädchenkonzentrationslager Uckermark, das seit Januar als Sterbe- und Vernichtungslager für Häftlinge aus Ravensbrück diente, ermordet wurden.[72] Trommer blieb wahrscheinlich bis zur Auflösung des Lagers und dem Beginn der Todesmärsche Ende April 1945 in Ravensbrück. Sein weiterer Lebensweg ist unbekannt, er gilt seit 1945 als verschollen.[73]

6. Sigbert Ramsauer

Sigbert Ramsauer wurde am 19. Oktober 1909 im österreichischen Klagenfurt geboren.[74] Er studierte in Innsbruck und Wien Medizin und wurde im Juni 1940 promoviert. Der Katholik Ramsauer engagierte sich schon früh in nationalsozialistischen Organisationen: Zunächst gehörte er einer Abteilung der paramilitärisch organisierten Heimwehr an, trat dann jedoch am 31. Mai 1933 der in Österreich illegalen NSDAP in der Ortsgruppe Innsbruck bei.[75] Entweder 1933 oder 1935 wurde er auch SS-Mitglied.[76] Als solches war er zwischen 1936 und 1938 der SS-Reitereinheit 9/III/11 in Wien zugeteilt, mit der er auch an den gewalttätigen Auseinandersetzungen mit dem „Freiwilligen Schutzkorps" teilnahm. 1938 wurde er als Mitglied der SS-Einheit 1/R 18 in Baden geführt, im gleichen Jahr trat er aus der katholischen Kirche aus. Nach seiner Einberufung 1940 absolvierte er von Juli bis September desselben Jahres einen SS-Führerlehrgang in Prag. Im November 1940 wurde Ramsauer im Rang eines Untersturmführers zur I. SS-Totenkopf-Reiterstandarte versetzt, die im besetzten Polen stationiert war und mit der er von Juli bis November 1941 am Krieg gegen die Sowjetunion teilnahm. Am 1. Novem-

---

führer Treite hatte. Auch Strebel gibt Trommer als Standortarzt an, Strebel, Ravensbrück, S. 61.
71 Schäfer, Selbstverständnis, S. 150.
72 Zum „Jugendschutzlager" Uckermark siehe Schäfer, Selbstverständnis, S. 199 f. und S. 154 f.; Strebel, Ravensbrück, S. 476–488. Zu Trommers Verhalten bei den Selektionen siehe Strebel, Ravensbrück, S. 465.
73 Schäfer, Selbstverständnis, S. 153; Klee, Auschwitz, S. 85.
74 Wenn nicht anders vermerkt, wurden die Angaben zu Lebenslauf und Dienstlaufbahn Ramsauers SSO-Akte entnommen: BArch (ehemals BDC), SSO 006 B, Personalakte Sigbert Ramsauer, 19. 10. 1909.
75 BArch (ehemals BDC), Bestand Parteikorrespondenz, Akte Sigbert Ramsauer, Pk 011: NSDAP-Personalfragebogen. Seine NSDAP-Mitgliedsnummer war 6 103 648.
76 Ramsauer gibt in seinem Lebenslauf den 31. 5. 1933 als Eintrittsdatum in die SS an. Der Personalbogen verzeichnet jedoch das Jahr 1935 als Eintrittsdatum.

ber 1941 erfolgte, wahrscheinlich aufgrund einer Verletzung, seine Versetzung zur IKL. Ramsauer war anscheinend zunächst Lagerarzt im KZ Dachau,[77] wo er nach Aussagen ehemaliger Häftlinge an medizinischen Versuchen beteiligt war[78] und auch in Eigeninitiative Operationen übte, bei denen seine Opfer häufig verbluteten.[79] Ab Dezember 1941 war Ramsauer als Lagerarzt im KZ Mauthausen, bevor er im Frühjahr oder Sommer 1942 in das KZ Neuengamme kam.[80] Dort führte er die Praxis der Ermordung von Häftlingen durch Giftinjektionen fort und setzte offenbar auch eigenhändig die tödlichen Spritzen.[81]

Nach eigener Aussage wurde Ramsauer, seit April 1942 Obersturmführer, vom KZ Neuengamme zunächst wieder in das KZ Dachau versetzt.[82] Laut seiner Personalakte kam er dann am 15. Juni 1943 als Lagerarzt erneut nach Mauthausen, war zwischenzeitlich im Lagerkomplex Gusen und ab Ende 1943 vor allem als Standortarzt der beiden Außenlager am Loiblpass eingesetzt. Der Lagerkommandant Franz Ziereis beurteilte ihn als sehr ehrgeizigen, in militärischen Umgangsformen zwar nachlässigen, dafür aber ideologisch gefestigten Offizier.[83] Auch sein Vorgesetzter im WVHA, Standartenführer Enno Lolling, schrieb im Dezember 1943 eine nur mittelmäßige Beurteilung.[84] Anscheinend war Ramsauer ein mäßig qualifizierter Arzt, der sich darüber hinaus auch nicht konfliktlos in die militärische Hierarchie einordnete und zu Widerspruch neigte.[85] Die Kritik sei-

77 Klee, Auschwitz, S. 57; MacLean, Camp Men, S. 184.
78 Stanislav Zámecnik [d. i. Stanislav Zámečník], Erinnerungen an das Revier in Dachau, in: Wolfgang Benz/Barbara Distel (Hrsg.), Medizin im NS-Staat. Täter, Opfer, Handlanger, Dachau 1988, S. 128–144, hier S. 138.
79 Laut der Aussage des ehemaligen Häftlingsarztes Dr. František Bláha starben Ramsauers Opfer nach dilettantisch vorgenommenen Blasenspiegelungen durch „komplett abgerissene Harnleiter mit Ausblutung in der Bauchhöhle", Klee, Auschwitz, S. 34.
80 Ebenda, S. 56.
81 ANg, WO 309/872: Eidesstattliche Erklärung von Matthias Mai vom 12. 1. 1946.
82 Aussage Ramsauers in einem Dokumentarfilm; Egon Hummer (Buch und Regie), Schuld und Gedächtnis. Fragen an österreichische Nationalsozialisten, Wien 1992.
83 SSO-Akte Sigbert Ramsauer: Beurteilung vom 23. 11. 1943. „Der SS-Obersturmbannführer Dr. Sigbert Ramsauer ist ein offener Charakter. Seine Dienstauffassung ist getragen von einem gut ausgeprägten Ehrgeiz. Sein Auftreten im Dienst ist zwar etwas lässig, doch ist dies auf seine Landsmannschaft zurückzuführen. Als illegaler Nationalsozialist in der Ostmark ist er von der nationalsozialistischen Weltanschauung durchdrungen. Seine Leistungen als Arzt vermag ich nicht zu beurteilen, jedoch ist mir Ramsauer auch in dieser Hinsicht als Streber bekannt. [...] Ich halte Dr. Ramsauer durchaus für beförderungswürdig."
84 Ebenda: Beurteilung vom 3. 12. 1943. „Ramsauer versieht seinen ärztlichen Dienst im Aussenlager Loiblpass zur Zufriedenheit. Seine soldatische Haltung ist bestimmt und zielbewusst. Er hat sich in den letzten Monaten zu seinem Vorteil entwickelt und bemüht sich, vorhandene Lücken in seinen Kenntnissen auszufüllen."
85 Ebenda: Beurteilung vom 6. 8. 1944. „Ramsauer ist als Lager- und Truppenarzt im KLM./Arb.-Lager Loiblpaß tätig. [...] Er ist von explosivem und offenem Charakter."

ner Vorgesetzten kann Ramsauer sich jedoch kaum aufgrund mangelnder Härte gegenüber den Häftlingen zugezogen haben. So tötete Ramsauer nach Häftlingsaussagen auch im Lager Loiblpass persönlich durch Benzininjektionen.[86] Nach Erinnerungen ehemaliger Häftlinge habe Ramsauer geäußert: „Ich bin hier, um zu lernen, und nicht um diese Banditen zu kurieren."[87]

Sigbert Ramsauer wurde im Oktober 1947 durch ein britisches Militärgericht zu lebenslanger Haft verurteilt,[88] jedoch bereits im April 1954 wieder entlassen. In der Folgezeit praktizierte er als selbstständiger Arzt in seiner Heimatstadt Klagenfurt und im dortigen Landeskrankenhaus, wo ihm der Aufstieg zum Chefarzt gelang.[89] Noch kurz vor seinem Tod offenbarte Ramsauer in einem Filminterview mit antisemitischen und rassistischen Äußerungen eine nur schwer erträgliche Menschenverachtung.[90] Sigbert Ramsauer starb am 13. Juni 1991 in Klagenfurt.[91]

7. Nachkriegskarrieren

Abschließend sei noch ein kurzer Blick auf die Nachkriegskarrieren der Neuengammer SS-Ärzte geworfen. Sechs von ihnen haben den Krieg bzw. die unmittelbare Nachkriegszeit nicht überlebt,[92] drei wurden durch alliierte Gerichte zum Tode verurteilt und hingerichtet.[93] Der Lebensweg eines Arztes nach 1945 bleibt ungeklärt.[94]

So bleiben zwölf Ärzte, denen offenbar die Eingliederung in die westdeutsche oder österreichische Gesellschaft gelang – mit Ausnahme des Österreichers Ramsauer lebte keiner der zwölf nach Kriegsende für längere Zeit in einem anderen Land als der BRD. Drei von ihnen wurden wegen ihrer Verbrechen angeklagt. Der Lagerarzt Hans-Joachim Geiger wurde 1947 von einem britischen Militärge-

---

86 Florian Freund, Loiblpaß (Nord und Süd), in: Benz/Distel, Der Ort des Terrors, Band 4, S. 400–404, hier S. 403.
87 Frantisek Janouch [d. i. František Janouch], Selbst der Teufel würde erröten. Briefe meines Vaters aus der Hölle von Auschwitz und aus dem KZ am Loiblpass, Wien 2006, S. 83.
88 Freund, Loiblpaß, S. 404. Zwei der Mitangeklagten erhielten Todesstrafen, die übrigen Haftstrafen zwischen drei und 20 Jahren. Ein Angeklagter wurde freigesprochen.
89 Klee, Auschwitz, S. 56.
90 Hummer, Schuld. Nach medizinischen Experimenten befragt, sagte Ramsauer: „An irgendjemandem […] musste man ja die Versuche machen. Heute macht man's halt mit Affen."
91 Ernst Klee, Das Personenlexikon zum Dritten Reich. Wer war was vor und nach 1945, Frankfurt am Main 2005, S. 479.
92 Erich Schultz, Franz von Bodmann, Rolf König, Eduard Wirths, Richard Trommer, Wilhelm Jäger.
93 Bruno Kitt, Alfred Trzebinski, Fritz Klein.
94 Hans Wolfahrt.

richt wegen seiner Tätigkeit im Mauthausener Nebenlager Ebensee zu 20 Jahren Gefängnis verurteilt,[95] Sigbert Ramsauer erhielt 1947 eine lebenslange Haftstrafe. Beide waren 1954 wieder in Freiheit. Die bundesdeutsche Justiz sprach außerdem den Zahnarzt Willi Schatz im Frankfurter Auschwitz-Prozess frei, wenn auch „trotz erheblicher Zweifel".[96] Alle drei praktizierten weiterhin als Ärzte. Gänzlich ohne juristische Verfolgung blieben neun der ehemaligen KZ-Ärzte. Von diesen arbeiteten sieben auch weiterhin als Ärzte.[97] Für die verbleibenden zwei ist dies nicht sicher, aber wahrscheinlich.[98]

8. Ausblick

Der hier vorgelegte Betrachtung der SS-Ärzte eines Konzentrationslagers zeigt: Vielen zentralen Fragen zu dieser Tätergruppe kann erst in einer breiter angelegten empirischen Studie nachgegangen werden. So wäre zunächst nach den Wegen in das KZ-System zu fragen: Was waren die Gründe für eine Versetzung in den KZ-Dienst und wie hoch war der Anteil der Ärzte, die bereits vor Kriegsbeginn in den Konzentrationslagern tätig waren? Daneben gilt es, den beobachteten Trend einer Verstärkung des ärztlichen Personals in der Expansionsphase des Lagersystems näher zu untersuchen und in Beziehung zur Entwicklung des KZ-Systems zu setzen. Ferner müssten die Karrierewege innerhalb dieses Systems ausgeleuchtet werden, um zu klären, wie die Personalpolitik bezüglich der Versetzung zwischen den einzelnen Lagern aussah. Eng damit verknüpft wäre die Frage nach der Rolle der Lager, die gleichzeitig als Vernichtungsstätten dienten. War die personelle Fluktuation des medizinischen Personals dort größer als in anderen Lagern und entwickelten sie sich so möglicherweise zu Dienstorten mit prägendem Einfluss auf eine größere Anzahl von KZ-Ärzten? Überhaupt ist die Frage nach der SS-ärztlichen Ausbildung in der Forschung bisher unbeachtet geblieben, sodass etwa über die Inhalte der SS-ärztlichen Führerkurse und Fortbildungen kaum Informationen vorliegen. Schließlich ist für die langjährigen KZ-Ärzte danach zu fragen, wie sie sich in die Gemeinschaft der Konzentrationslager-SS integrierten, von der sie sich in zentralen Aspekten unterschieden.

95 Lebenslauf von Hans-Joachim Geiger, in: Hans-Joachim Geiger, Über einen Fall einer Pseudomonas aeruginosa-Meningitis ohne nachweisbare Infektionspforte mit Ausgang in Heilung, Coburg 1955, S. 31.
96 Friedrich-Martin Balzer/Werner Renz (Hrsg.), Das Urteil im Frankfurter Auschwitz-Prozess (1963–1965). Erste selbstständige Veröffentlichung, Bonn 2004, S. 504.
97 Karl Matz, Julius Muthig, Johannes Nommensen, Benno Adolph, Alfred Kaiser, Karl Gustav Böhmichen, Joachim Schlorf.
98 Herbert Louis, Franz Metzger.

CHRISTINE ECKEL

Fotografien in den „Täterausstellungen" der KZ-Gedenkstätten Ravensbrück und Neuengamme im Vergleich[1]

Gedenkstätten an den Orten ehemaliger Konzentrations- und Vernichtungslager können als Gedächtnisorte mit identitätsstiftendem Charakter bezeichnet werden, die den Übergang vom kommunikativen Gedächtnis der Mitlebenden zum kulturellen Gedächtnis der Gesellschaft mitgestalten.[2] Diese Orte vereinen unterschiedliche Funktionen: Sie sind Tatorte, Leidensorte, symbolische und konkrete Friedhöfe, politische Denkmale, historische Museen und Lernorte sowie schließlich Orte für individuelle und kollektive Projektionen. Gleichzeitig handelt es sich um Austragungsstätten gezielter Erinnerungs- und Vergessenspolitik.[3] Damit spiegelt sich in der Entstehungsgeschichte wie auch im Wandel von KZ-Gedenkstätten der Umgang mit dem Nationalsozialismus, mit seinen Opfern und Tätern wider. Die Gestaltung eines Ortes und insbesondere die dort gezeigten Ausstellungen sind Ausdruck einer bestimmten Erinnerung an einem bestimmten Ort zu einer bestimmten Zeit. Sie bilden den gesellschaftlichen Wandel im Umgang mit der NS-Vergangenheit ab und konkretisieren spezifische Diskurse und Geschichtsbilder.[4]

1   Dieser Beitrag basiert auf der Magisterarbeit der Verfasserin: „Täterausstellungen" in KZ-Gedenkstätten. Möglichkeiten und Grenzen der Präsentation neuerer Forschungsergebnisse unter besonderer Berücksichtigung der KZ-Gedenkstätte Neuengamme und der Mahn- und Gedenkstätte Ravensbrück. Unveröffentlichte Magisterarbeit, Universität Hamburg, Hamburg 2007.
2   Einen Überblick über die umfangreiche Literatur zur Erinnerungskultur zum Nationalsozialismus geben Aleida Assmann/Ute Frevert, Geschichtsvergessenheit, Geschichtsversessenheit. Vom Umgang mit deutschen Vergangenheiten nach 1945, Stuttgart 1999.
3   Volkhard Knigge, Museum oder Schädelstätte? Gedenkstätten als multiple Institutionen, in: Stiftung Haus der Geschichte der Bundesrepublik Deutschland (Hrsg.), Gedenkstätten und Besucherforschung, Bonn 2004, S. 17–33, hier S. 26 ff.
4   Zur neueren Entwicklung der KZ-Gedenkstätten: Detlef Garbe, Von der Peripherie in das Zentrum der Geschichtskultur. Tendenzen der Gedenkstättenentwicklung, in: Bernd Faulenbach/Franz-Josef Jelich (Hrsg.), „Asymmetrisch verflochtene Parallelgeschichte?" Die Geschichte der Bundesrepublik und der DDR in Ausstellungen, Museen und Gedenk-

Auch die „neuere Täterforschung"⁵ des vergangenen Jahrzehnts hat ihren Niederschlag in der Darstellung der NS-Täter an den Orten ehemaliger Konzentrationslager gefunden. In der Mahn- und Gedenkstätte Ravensbrück wurde 2004 die Ausstellung „Im Gefolge der SS: Aufseherinnen in Ravensbrück"⁶ eröffnet, 2005 folgte in der KZ-Gedenkstätte Neuengamme die Ausstellung „Dienststelle KZ Neuengamme: Die Lager-SS".⁷

Ausstellungen in KZ-Gedenkstätten konzentrierten sich lange Zeit auf die Gewaltverbrechen und die Leiden der Opfer und hatten damit einen in erster Linie aufklärenden, dokumentierenden und beweisenden Charakter. Der Täteraspekt wurde bis in die 1990er-Jahre nur wenig thematisiert, meist handelte es sich um vereinzelte Darstellungen „berüchtigter" Kommandanten oder durch besondere Brutalität hervorgetretene Angehörige des Wachpersonals.⁸ Die oben genannten Ausstellungen sind demnach die ersten, die an Orten ehemaliger Konzentrationslager in Form von separaten Ausstellungen die „Täter vor Ort" thematisieren. Zu fragen ist, wie diese Ausstellungen in die Entwicklungsgeschichte der Gedenkstätten einzuordnen sind, in welchem Bezug sie zum neueren Täterdiskurs stehen und welche Möglichkeiten sie bieten, neuere Forschungsergebnisse zu präsentieren.

stätten, Essen 2005, S. 59–84; Herbert Obenaus, Gedenkstättenarbeit in Deutschland – die Erinnerung an zwei Diktaturen, in: Wolfgang Jüttner/Oskar Negt/Heinz Thörmer (Hrsg.), Leitlinien politischen Handelns, Hannover 2005, S. 72–84.

5 Zur neueren Täterforschung: Gerhard Paul, Von Psychopathen, Technokraten des Terrors und „ganz gewöhnlichen Deutschen". Die Täter der Shoah im Spiegel der Forschung, in: ders. (Hrsg.), Die Täter der Shoah, Fanatische Nationalsozialisten oder ganz normale Deutsche? Dachau 2002, S. 13–89; Stefan Hördler, Aspekte der Täterforschung, in: ders./ Petra Fank (Hrsg.), Der Nationalsozialismus im Spiegel des öffentlichen Gedächtnisses. Formen der Aufarbeitung und des Gedenkens, Berlin 2005, S. 23–45; Hans Mommsen, Probleme der Täterforschung, in: Helgard Kramer (Hrsg.), NS-Täter aus interdisziplinärer Perspektive, München 2006, S. 425–433; Peter Longerich, Tendenzen und Perspektiven der Täterforschung, in: Aus Politik und Zeitgeschichte 55 (2007) 14/15, S. 3–7.

6 Simone Erpel (Hrsg.), Im Gefolge der SS. Aufseherinnen des Frauen-KZ Ravensbrück. Begleitband zur Ausstellung, Berlin 2007.

7 KZ-Gedenkstätte Neuengamme (Hrsg.), Zeitspuren. Die Ausstellungen, Bremen 2005.

8 Wulff E. Brebek, Zur Darstellung der Täter in Ausstellungen von Gedenkstätten der Bundesrepublik – eine Skizze, in: Annegret Ehmann/Wolf Kaiser u. a. (Hrsg.), Praxis der Gedenkstättenpädagogik. Erfahrungen und Perspektiven, Opladen 1995, S. 296–300; Detlef Garbe, Die Täter. Kommentierende Bemerkungen, in: Ulrich Herbert/Karin Orth/Christoph Dieckmann (Hrsg.), Die nationalsozialistischen Konzentrationslager, Entwicklung und Struktur, Bd. 2, Frankfurt a. M. 2002, S. 822–838, hier S. 824; Tomasz Kranz, NS-Täter als Thema der Dauerausstellungen am Ort ehemaliger Vernichtungslager. Das Beispiel der Gedenkstätten Majdanek und Belzec, in: GedenkstättenRundbrief 141 (2008), S. 31–36.

1. Täterforschung und Ausstellungen

Die neueren Forschungen zu NS-Tätern versuchen, die jahrzehntelang vorherrschenden Typisierungen des „ideologischen Überzeugungstäters", des „Exzesstäters", „Schreibtischtäters" oder „Befehlsempfängers" um differenziertere und dynamischere Täterbilder zu erweitern. Neuere Forschungsarbeiten lösen sich von starren intentionalistischen oder strukturalistischen Interpretationsmustern und fragen nach dem Verhältnis von Intention, Disposition, sozialer Praxis und situativer Dynamik von Gewalt sowie nach Handlungsoptionen und -spielräumen.[9] Untersucht werden die Lebenswelten der Täter zwischen Ideologie, Karriere und „Normalität"; kollektivbiografische Untersuchungen wenden sich generationsspezifischen Prägungen und Sozialisationsprozessen zu. Darüber hinaus wenden sich neuere Publikationen mit rezeptionsgeschichtlichen Fragestellungen der Entstehung und Tradierung von Täter- und Täterinnenbildern sowie ihrer gesellschaftlichen Funktion für die Gegenwart zu.

Die neueren Forschungsansätze haben zu einer stärkeren Öffnung des Täterbegriffs beigetragen: Das „Täterspektrum" entspricht nicht mehr der aus der juristischen Strafverfolgung stammenden Definition, sondern hat sich auf bisher weniger betrachtete gesellschaftliche Gruppen erweitert.

Die Frage ist nun, was diese Forschungstendenzen für die Darstellung der „Täter vor Ort" bedeuten und wie sich fehlende, eindeutige Erklärungsmuster und Typisierungen bei gleichzeitig zunehmenden Forschungsergebnissen umsetzen lassen. Wie kann einerseits vermieden werden, dass bei einem strukturalistischen Ansatz der konkrete Akteur in den Hintergrund tritt, und wie kann andererseits verhindert werden, dass personalisierende, biografische Darstellungen die Handlungen der Personen „in die Trivialität des Unsagbaren"[10] abgleiten lassen? Wie können die Handlungen der Einzelnen eingebettet in die konkreten politischen Rahmenbedingungen, Karriereabläufe sowie individuelle und kollektive Handlungsspielräume dargestellt und dabei individualpsychologische Erklärungen vermieden werden? Zur systematischen Untersuchung von Ausstellungen in KZ-Gedenkstätten und insbesondere zur Darstellung der Täter liegen bisher nur wenige wissenschaftliche Arbeiten vor.[11] Konkrete Überlegungen zur

---

9 Gerhard Paul/Klaus-Michael Mallmann, Sozialisation, Milieu und Gewalt. Fortschritte und Probleme der neueren Täterforschung, in: dies. (Hrsg.), Karrieren der Gewalt. Nationalsozialistische Täterbiographien, Darmstadt 2004, S. 1–32, hier S. 1.
10 Mommsen, Probleme der Täterforschung, S. 426.
11 Cornelia Brink, Visualisierte Geschichte. Zu Ausstellungen an Orten nationalsozialistischer Konzentrationslager, in: Brigitte Bönisch-Brednich u. a. (Hrsg.), Erinnern und Vergessen. Vorträge des 27. Volkskundekongresses in Göttingen 1989, Göttingen 1991, S. 581–588; Cornelia Brink, Je näher man es anschaut, desto ferner blickt es zurück. Aus-

Täterdarstellung wurden meist auf Tagungen und Workshops formuliert, die in Zusammenhang mit der Erarbeitung neuer Ausstellungsprojekte stattfanden und die in erster Linie den Umgang mit Täterquellen, insbesondere mit Fotografien und Objekten, thematisierten.[12] Überlegungen zur Gefahr der Verharmlosung durch fehlende oder zurückhaltende Kommentierungen standen dem Ruf nach Vermeidung einer „aggressive[n] Fürsorge des Besuchers"[13] gegenüber. Durch angewandte Quellenkritik und Multiperspektivität sowie durch die Abkehr von einer „Betroffenheitspädagogik", die zwar emotional wirke, letztlich aber nichts erkläre, sollte eine kritische Haltung bei den Besuchern entstehen. Erklärungsversuche von Gedenkstätten wurden grundsätzlich infrage gestellt: So könne die Darstellung eines historischen Abschnitts als Prozess, der von Kausalitäten und Motiven bestimmt war, „dem Geschehen einen Sinn verleihen, das sinnlos war".[14] Verbrechen sollten benannt werden, ohne die Handelnden zu dämonisieren oder Stereotype zu tradieren; Ziel sei es, die Auseinandersetzung mit den Handlungsspielräumen der Täter zu fördern.

stellungen in KZ-Gedenkstätten, in: Ehmann/Kaiser, Praxis der Gedenkstättenpädagogik, S. 55–74; Anke Griesbach, Ausstellungen in KZ-Gedenkstätten. Eine Untersuchung am Beispiel der KZ-Gedenkstätten Bergen-Belsen, Neuengamme, Mittelbau-Dora und Breitenau. Unveröffentlichte Magisterarbeit, Universität Hannover, Hannover 2003. Zu den hier untersuchten „Täterausstellungen" liegen vor: Eva Hildisch, Die Darstellung der nationalsozialistischen Täter in den Ausstellungen der deutschen Gedenkstätten am Beispiel von Neuengamme und Ravensbrück. Unveröffentlichte Magisterarbeit, Universität Freiburg, Freiburg 2007; Jana Jelitzki/Mirko Wetzel, Über TäterInnen sprechen. Die Darstellung nationalsozialistischer Täterschaft in der pädagogischen Arbeit von KZ-Gedenkstätten. Unveröffentlichte Diplomarbeit, Alice Salomon Hochschule Berlin, Berlin 2007.
12 Siehe die Tagungen: Täter und Tatgehilfen im Nationalsozialismus. Zur Darstellung der Täter in den Gedenkstätten (Hannover, 1996); Präsentation von SS-Personal in KZ-Gedenkstätten. Quellen und Überlieferungen (Fürstenberg, 2003); NS-Täter aus interdisziplinärer Perspektive (Berlin, 2005); Wewelsburg und die SS (Büren-Wewelsburg, 2005); Die Darstellung von Täterinnen und Tätern in Gedenkstätten für NS-Opfer (Berlin, 2006).
13 Tagungsbericht von Rolf Schmolling, Präsentationen von SS-Personal in KZ-Gedenkstätten – Quellen und Überlieferungen, in: GedenkstättenRundbrief 118 (2004), S. 35–38, hier S. 37.
14 Wolf Kaiser, Gedenkstätten als Lernorte – Ziele und Probleme, http://www.ghwk.de/deut/tagung/kaiser.htm (Zugriff am 26. 3. 2007); Dietfrid Krause-Vilmar, Überlegungen für das historisch-politische Lernen zum Thema Nationalsozialismus in Gedenkstätten, http://www.ghwk.de/deut/tagung/krause.htm (Zugriff am 26. 3. 2007).

2. SS-Angehörige im KZ-Dienst und KZ-Aufseherinnen im SS-Gefolge

Die Ravensbrücker Ausstellung widmet sich ausschließlich den weiblichen Angehörigen des KZ-Personals: Neben der Tätigkeit als Aufseherin konnten einige Frauen in der KZ-Hierarchie aufsteigen und etwa als Oberaufseherin leitende Funktionen übernehmen oder aufgrund ihrer Qualifikation in anderen, neu entstehenden Lagern eingesetzt werden. Während sich zunächst viele Frauen auf eigene Initiative bewarben, wurden ab 1942 im Zuge der Expansion des KZ-Systems und damit des erhöhten Bedarfs an Bewachungspersonal vermehrt auch Frauen Aufseherinnen, die durch das Arbeitsamt vermittelt oder „dienstverpflichtet" worden waren. Ein weiterer Teil der Aufseherinnen wurde durch ihre Arbeitgeber, wenn diese Firmen KZ-Häftlinge beschäftigten, zu dieser Arbeit aufgefordert oder eingeteilt.[15] Ein Großteil der Frauen, die in den ersten Jahren des KZ Ravensbrück ihre Tätigkeit aufnahmen, war vorher im Gefängnis- oder Fürsorgewesen, als Haushaltshilfen oder in der Gastronomie tätig gewesen und verfügte über eine durchschnittliche Schulbildung. Die Zusammensetzung der Frauen, die später in den KZ-Dienst traten, ist hingegen heterogener. Insgesamt ist zu den Aufseherinnen anzumerken, dass zu ihnen kaum zeitgenössische Quellen aus NS-Provenienz existieren, auch wenn diese Frauen Teil der SS-Organisation waren. So sind neben den Berichten ehemaliger Häftlinge[16] Ermittlungs- und Prozessunterlagen die wichtigsten Quellen aus der Nachkriegszeit.[17]

Die Neuengammer SS-Ausstellung, die sich auch den Aufseherinnen in den 24 Frauenaußenlagern widmet, betrachtet an erster Stelle die mindestens 4000 SS-Männer, die im Lagerkomplex Neuengamme tätig waren. Der Forschungsstand unterscheidet sich, je nachdem ob die Mitglieder der Konzentrationslager-

---

15   Erpel, Im Gefolge der SS; Barbara Distel, Frauen in nationalsozialistischen Konzentrationslagern – Opfer und Täterinnen, in: Wolfgang Benz/Barbara Distel (Hrsg.), Der Ort des Terrors. Geschichte der nationalsozialistischen Konzentrationslager, Bd. 1: Die Organisation des Terrors, München 2005, S. 197–209; Gudrun Schwarz, SS-Aufseherinnen in nationalsozialistischen Konzentrationslagern (1933–1945), in: Dachauer Hefte 10 (1994), S. 32–49.
16   Insa Eschebach, SS-Aufseherinnen des Frauenkonzentrationslagers Ravensbrück. Erinnerungen ehemaliger Häftlinge, in: WerkstattGeschichte 13 (1996), S. 39–48.
17   Irmtrud Heike, Ehemalige KZ-Aufseherinnen in westdeutschen Strafverfahren, in: KZ-Gedenkstätte Neuengamme (Hrsg.), Schuldig. NS-Verbrechen vor deutschen Gerichten, Bremen 2005, S. 89–101; Anette Kretzer, „His or her special job". Die Repräsentation von NS-Verbrecherinnen im ersten Hamburger Ravensbrück-Prozess und im westdeutschen Täterdiskurs, in: KZ-Gedenkstätte Neuengamme (Hrsg.), Entgrenzte Gewalt. Täterinnen und Täter im Nationalsozialismus, Bremen 2002, S. 134–150; Ulrike Weckel/Edgar Wolfrum (Hrsg.), „Bestien" und „Befehlsempfänger". Frauen und Männer in NS-Prozessen nach 1945, Göttingen 2003.

SS oder der Wachmannschaften untersucht werden. Die erste Gruppe – der Verwaltungskern der KZ, d. h. die Lagerkommandanten, Adjutanten, die Leiter des Schutzhaftlagers, des Arbeitseinsatzes, der Verwaltung, der Politischen Abteilung sowie die Standortärzte und Führer der Wachmannschaften – besetzte verantwortliche Positionen im Lager, konnte dort Karriere machen, blieb meist dauerhaft in den KZ stationiert und wurde nur selten zu anderen SS-Dienststellen oder an die Front versetzt. Über diese relativ kleine Gruppe lassen sich mithilfe von SS-Verwaltungsakten und Akten aus Ermittlungs- und Strafverfahren soziostrukturelle und biografische Angaben machen.[18]

Für die weitaus größere und heterogenere Gruppe der Wachmannschaften können nur wenig allgemeine Aussagen getroffen werden: Während in den ersten Jahren das KZ-Personal aus freiwilligen SS-Mitgliedern bestand, veränderte es in den Folgejahren seine Zusammensetzung. Da nun auch sogenannte Volksdeutsche, Mitarbeiter des Zolls, sowie Angehörige der Polizei und der Wehrmacht hinzugezogen wurde, stellte die SS Anfang 1945 nur noch etwa die Hälfte der Wachmänner.[19]

Die Quellen zur Neuengammer SS stammen größtenteils aus zeitgenössischen Verwaltungsvorgängen sowie Ermittlungs- und Strafverfahren aus der Nachkriegszeit.[20] Quellen, die einen Einblick in die Motive, die Mentalität und das Selbstverständnis dieser Personen geben können, sind selten.

---

18   Karin Orth, Die Konzentrationslager-SS. Soziostrukturelle Analysen und biografische Studien, Göttingen 2000. Für das KZ Neuengamme vgl. Sven Fritz, Die SS-Ärzte des KZ Neuengamme Unveröffentlichte Magisterarbeit, Universität Hamburg, Hamburg 2008.
19   Miroslav Kárný, Waffen-SS und Konzentrationslager, in: Herbert/Orth/Dieckmann, Die nationalsozialistischen Konzentrationslager, Bd. 2, S. 787–799; Leonie Güldenpfennig, Gewöhnliche Bewacher. Sozialstruktur und Alltag der Konzentrationslager-SS Neuengamme, in: KZ-Gedenkstätte Neuengamme, Entgrenzte Gewalt, S. 66–78; Karin Orth, Bewachung, in: Benz/Distel, Der Ort des Terrors, Bd. 1, S. 126–140; Markus Kompisch, Zöllner an der „inneren Front". Der Einsatz der Zollgrenzschutzangehörigen im Wachdienst in den Außenlagern des KZ Neuengamme. Unveröffentlichte Magisterarbeit, Universität Hamburg, Hamburg 2008.
20   Hermann Kaienburg, Die britischen Militärgerichtsprozesse zu den Verbrechen im Konzentrationslager Neuengamme, in: KZ-Gedenkstätte Neuengamme (Hrsg.), Die frühen Nachkriegsprozesse, Bremen 1997, S. 56–63; Alyn Bessmann/Marc Buggeln, Befehlsgeber und Direkttäter vor dem Militärgericht. Die britische Strafverfolgung der Verbrechen im KZ Neuengamme und seinen Außenlagern, in: Zeitschrift für Geschichtswissenschaft 53 (2005), S. 522–542; Sabine Homann-Engel: „Und am Schluß kommt ein Freispruch raus." Ermittlungs- und Strafverfahren gegen SS-Angehörige des KZ Neuengamme in Hamburg, in: KZ-Gedenkstätte Neuengamme, Schuldig, S. 58–65.

3. Kriterien für die Untersuchung der Ausstellungen

Der erste Schritt der Untersuchung betrachtet den Aufbau der Ausstellungen, wobei grundsätzlich zwischen einem narrativen und einem dokumentierend-argumentierenden Ansatz zu unterscheiden ist.[21] Folgt der Aufbau einer Chronologie, richten sich die Abschnitte nach den einzelnen Abteilungen des Lagers oder werden ganz andere thematische Zugänge gewählt? Beschränkt sich die Darstellung auf die Zeit des Bestehens eines Konzentrationslagers oder wird mit der Thematisierung der Nachgeschichte und der erfolgten und auch versäumten Strafverfolgung der Täter ein Gegenwartsbezug geschaffen?

Zu fragen ist im Sinne einer dokumentierend-argumentierenden Darstellung nach der Transparenz der Ausstellung: Wird offengelegt, welche Ziele die Ausstellung verfolgt und wie die Inhalte in den Forschungsstand einzuordnen sind? Präsentiert die Ausstellung eine abgeschlossene Sichtweise oder lässt sie Raum für Fragen und Kontroversen?

Auch der Ort und die Gestaltung der Ausstellung spielen für ihre Aussage eine Rolle: Handelt es sich um einen historischen, sogenannten „authentischen" Ort auf dem Gelände des ehemaligen Konzentrationslagers und wie verhält sich dieser zu den Orten des Gedenkens? Wird eine neutrale oder eine sogenannte „auratisierende" Präsentationsweise gewählt?

Zuletzt können die verwendeten Perspektiven betrachtet werden. Wie werden vorhandene Selbstzeugnisse der SS präsentiert, kommentiert und kontrastiert? Wird die „Tätersicht" mit Häftlings- und Zuschauerperspektive kontrastiert und welchen Raum nehmen die Häftlinge und ihre Erfahrungen ein? Welche emotionalen Zugänge ergänzen eine sachlich-dokumentierende Darstellung?

Im Anschluss an die Untersuchung des Aufbaus der Ausstellungsinhalte können die unterschiedlichen Präsentationsmedien betrachtet werden. Zu fragen ist hier, wie Fotografien, Biografien, Dokumente, Selbstzeugnisse, Objekte, audiovisuelle Medien und Inszenierungen präsentiert und kontextualisiert werden und ob die Quellenkritik Entstehungszusammenhänge wie Intention und Überlieferung berücksichtigt. Bevor auf die Verwendung von Fotografien in den Ausstellungen eingegangen wird, sollen die Gemeinsamkeiten und Unterschiede

---

21 Volkhard Knigge bezeichnet das Narrativ als „story", d. h. eine den Ausstellungsstücken vorausgehende chronologisch-semantische Entität, die die Anordnung des Ausstellungsgutes im Sinne einer Metabotschaft regelt. Dokumentierend-argumentierende Ausstellungen sind nach wissenschaftlichen Erkenntnissen geordnet, verstehen die präsentierten Texte, Fotos und Dokumente als Anstöße für die historische Vorstellungskraft und Reflexion und arbeiten mit multiperspektivischen Ansätzen. Volkhard Knigge, Gedenkstätten und Museen, in: ders./Norbert Frei (Hrsg.), Verbrechen erinnern. Die Auseinandersetzung mit Holocaust und Völkermord, München 2002, S. 378–389, hier S. 385.

im Aufbau beider Ausstellungen kurz skizziert werden:[22] Beide Ausstellungen, die sich abseits vom ehemaligen Häftlingslager und vom heutigen Gedenkbereich befinden, werden in ehemaligen SS-Bauten gezeigt: die Ravensbrücker Ausstellung in einem Haus in der ehemaligen SS-Siedlung, die Neuengammer Ausstellung in den ehemaligen Garagen des SS-Lagers. In beiden Fällen wird versucht, einer eventuellen „Auratisierung" vorzubeugen: Sei es in Ravensbrück mit der Brechung der wohnlichen Atmosphäre oder in Neuengamme mit einer sachlichen und zurückhaltenden Gestaltung. In beiden Fällen wurde von der Wiederherstellung eines Originalzustandes abgesehen, vielmehr wurden die verschiedenen „Zeitschichten" kenntlich gemacht, die die verschiedenen Nachnutzungen der Gebäude hinterließen.

Grundsätzlich unterscheiden sich die Ausstellungen in der Art der Präsentation: Im Gegensatz zur Ravensbrücker Ausstellung, die die Informationen in erster Linie auf Stellwänden direkt zugänglich macht, präsentiert die – deutlich umfangreichere – Neuengammer Ausstellung viele Informationen erst auf der zweiten und vor allem auf der dritten Rezeptionsebene.[23]

Beide Ausstellungen stellen bereits am Anfang die Verbrechen der SS in den Vordergrund und setzen damit einer befürchteten Verharmlosung dieser Verbrechen eine klare Aussage entgegen. In Ravensbrück werden im Eingangsbereich Videointerviews von Überlebenden gezeigt, sodass die begangenen Verbrechen der Aufseherinnen und die persönlichen Erfahrungen der Häftlinge als Leitgedanke der Ausstellung deutlich werden. Auf der ersten Tafel wird auf die Intention und Fragestellung der Ausstellung eingegangen und es werden Fragen nach den Motiven der Frauen, nach der juristischen Ahndung ihrer Verbrechen und nach dem gesellschaftlichen Umgang mit dem weiblichen Bewachungspersonal nach 1945 gestellt.

Danach beginnt die eigentliche Ausstellung mit der Rolle der Aufseherinnen in der KZ-Hierarchie und ihrer Rekrutierung, wobei die Handlungsspielräume zwischen Freiwilligkeit und Dienstverpflichtung explizit genannt werden.

---

22 Zu den ursprünglichen Ausstellungskonzepten und ihrer tatsächlichen Umsetzung: Insa Eschebach, Das Aufseherinnenhaus. Überlegungen zu einer Ausstellung über SS-Aufseherinnen in der Gedenkstätte Ravensbrück, in: GedenkstättenRundbrief 75 (1997), S. 1–12; KZ-Gedenkstätte Neuengamme (Hrsg.), Werkhefte zur Neugestaltung der KZ-Gedenkstätte Neuengamme. Werkheft 3: Die Konzentrationslager-SS in Neuengamme. Konzeptskizze einer Ausstellung, Hamburg 2003.

23 Unter der ersten Rezeptionsebene werden hier die Einleitungs- und Haupttexte sowie die illustrierenden Fotos oder Dokumente verstanden. Die zweite Ebene bietet zusätzliche Informationen und Objekte, die sich auch auf Stellwänden oder Tischen befinden, aber von der Gestaltung her in den Hintergrund treten. Die dritte Rezeptionsebene umfasst Video- und Hörstationen sowie Ordner und Mappen, die dem Besucher vertiefende Informationen bieten.

Im Anschluss daran folgen die Abschnitte „Alltag und Gewalt", „Beteiligung an Verbrechen", Abschnitte zum Alltag der Aufseherinnen, zur Strafverfolgung und Presseberichterstattung, zur Rezeption von Täterinnen und schließlich die „Gegenwart der Vergangenheit", ein Abschnitt, der sich den Familien der Aufseherinnen, aber auch ehemaliger Häftlinge widmet.

Den Auftakt zur Neuengammer Ausstellung bildet die Strafverfolgung durch alliierte, west- und ostdeutsche Instanzen. Auf der ersten Ausstellungstafel werden nicht wie in Ravensbrück Fragen formuliert: Nach einer kurzen Einleitung – in der bereits die Verantwortung der SS und auch die „Attraktivität" des Arbeitsplatzes im KZ benannt werden – rückt hier die unzulängliche Strafverfolgung der Täter nach 1945 in den Vordergrund. Als Grund für diesen Einstieg wird im Ausstellungskonzept angeführt, dass der überwiegende Teil der Quellen zur SS und ihrer Verbrechen im Kontext der Nachkriegsprozesse entstanden sei und damit die Rezeptionsgeschichte des Dritten Reiches maßgeblich bestimmt habe.[24] In der Ausstellung selbst wird der Hinweis auf die Quellenlange allerdings nicht explizit formuliert.

Im Anschluss an den Abschnitt zur Strafverfolgung entspricht der Ausstellungsaufbau der Organisationsstruktur, also den einzelnen Abteilungen des KZ Neuengamme. Es schließen sich Abschnitte zum Alltag der SS, dem KZ als „normalem" Arbeitsplatz sowie zur Geschichte der Lager-SS nach Kriegsende an. Themen, die in der Ravensbrücker Ausstellung kaum Erwähnung finden, sind die Abschnitte zur allgemeinen Geschichte der SS und zu den Beziehungen des KZ Neuengamme zu seiner Umgebung.

4. Fotografien als Quellen und Ausstellungsmedien

In beiden Ausstellungskonzepten gab es die zentrale Forderung, jede Verharmlosung der Verantwortung der Lager-SS und der KZ-Aufseherinnen für die Verbrechen zu vermeiden. Gerade beim Umgang mit Täterquellen wie z.B. Briefen, Fotos und Aussagen stellt sich die Frage, wie diese präsentiert werden können. Wie kann das Nebeneinander von alltäglicher Gewalt und normaler Freizeit aufgezeigt werden, wenn diese Gewalt in nur wenigen Dokumenten, Briefen oder Fotografien festgehalten wurde? Und können diese Quellen kommentarlos reproduziert werden? Beide Ausstellungen begegnen dieser Problematik, indem sie mit kontrastierenden Perspektiven auf den Alltag der SS arbeiten und den SS-Dokumenten, Aussagen oder Fotografien Berichte ehemaliger Häftlinge gegenüberstellen. Insbesondere der Umgang mit SS-Fotografien ist an dieser Stelle hervorzu-

---

24 KZ-Gedenkstätte Neuengamme, Werkheft 3, S. 12.

heben, weil nicht zuletzt diese Quellengattung den „Täterblick" am deutlichsten visualisiert.

Der Umgang mit visuellen Erzeugnissen sowie deren musealer Verwendung ist erst in den letzten 15 Jahren im Rahmen des visual turn verstärkt in den Fokus der Geschichtswissenschaft gerückt. Da Fotografien einen spezifischen Bedeutungsrahmen konstituieren, Sichtweisen konditionieren, Wahrnehmungsmuster prägen und historische Deutungsweisen transportieren, stellt sich die Frage nach ihrer Bedeutung für die Erinnerungskultur zum Nationalsozialismus.[25] Daraus folgt, dass sie nicht nur in ihrer Bedeutung als Abbildungen, sondern auch als eigenständige Bildakte behandelt werden sollten. Für die Verwendung von Fotografien in Ausstellungen können drei Bilddimensionen unterschieden werden:[26] Die schematisch-dokumentarische Dimension beschreibt die Erwartung von Referenzgewissheit, d. h., dass die Betrachter von einem direkten, ursächlichen Bezug oder gar einer Übereinstimmung zwischen Aufnahme und Geschehen ausgehen. Diese Erwartung blendet zunächst eventuelle Inszenierungen oder Einflussnahme aus.

Die ikonisch-medienästhetische Dimension verweist auf die Präsentationsform: Da Fotografien immer in einen medienästhetischen Kontext übersetzt werden, für den sie ursprünglich nicht gedacht waren, erhalten sie neue Bedeutungsschichten. Die Frage ist, ob die Ausstellungsbesucher Hinweise erhalten, die ihnen diese Überlagerungen bewusst machen und ihnen zu einem besseren Verständnis von Fotografien als historischer Quelle verhelfen.

Eine dritte, eidetisch-affektive Bilddimension betrachtet Traditionen des öffentlichen Bildgebrauchs. So können besonders anschauliche, „ausdrucksstarke" und den Sehkonventionen folgende Fotografien die Differenz zwischen dem affektiven Angebot der Aufnahme und ihrem medialen sowie historischen Ursprung verwischen. Je weniger ein Bild „durchschaut" wird, desto undurchschaubarer werden seine emotionalen Effekte auf die Besucher.

Diese drei zusammenhängenden Bilddimensionen zeigen, wie vieldeutig und besetzungsoffen das Medium Fotografie ist und welche Bedeutung die Quellenkritik hat. Die Frage danach, was wann wo von wem für wen und wofür fotogra-

---

25   Cornelia Brink, Ikonen der Vernichtung. Öffentlicher Gebrauch von Fotografien aus nationalsozialistischen Konzentrationslagern nach 1945, Berlin 1998; Habbo Knoch, Die Tat als Bild. Fotografien des Holocaust in der deutschen Erinnerungskultur, Hamburg 2001; Gerhard Paul, Von der Historischen Bildkunde zur Visual History. Eine Einführung, in: ders. (Hrsg.), Visual History. Ein Studienbuch, Göttingen 2006, S. 7–38.
26   Zum Folgenden: Habbo Knoch, Fenster der Tat. Fotografien von NS-Verbrechen in zeithistorischen Ausstellungen, in: Rainer Schulze/Wilfried Wiedemann (Hrsg.), Augenzeugen. Fotos, Filme und Zeitzeugenberichte in der neuen Dauerausstellung der Gedenkstätte Bergen-Belsen, Hintergrund und Kontext, Celle 2007, S. 13–34, hier S. 19 ff.

fiert wurde, ermöglicht den Betrachtern eine kritische Auseinandersetzung mit der Wirkung von Fotografien und den eigenen Sehgewohnheiten. Habbo Knoch zufolge sollten Fotografien nicht als „Spiegel", sondern vielmehr als „Fenster" der vergangenen Wirklichkeit verstanden werden: Sie stellen einen vielfältig geformten Zeitmoment dar, der für einen bestimmten Zweck gespeichert und oft nur zufällig überliefert wurde und durch die Präsentation in einer Ausstellung eine neue Bedeutungsebene erhält.

5. Fotografien von Opfern und Verbrechen

Im Rückblick wird das Defizit deutlich, das lange Zeit in Ausstellungen zur NS-Geschichte herrschte: Fotografien besaßen für Historiker lediglich einen geringen Quellenwert, für Pädagogen hingegen einen hohen Motivationswert. Im Rahmen der später als „Betroffenheitspädagogik"[27], „moralische Schockpädagogik"[28] oder gar als „Leichenbergpädagogik"[29] bezeichneten Darstellungsart spielten die Aufnahmen der Toten eine wichtige Rolle, da sie neben ihrer Funktion als Beweise für die Verbrechen Empathie mit den Opfern erzeugen sollten.[30] Kritiker weisen auf die Problematik dieser konfrontativen Darstellungsweise hin: Schreckensbilder allein erklärten nichts, sondern führten vielmehr zu Sprachlosigkeit bei den Besuchern, da diese mit einer Wirklichkeit konfrontiert würden, die sie zunächst nicht zu fassen vermögen.[31] Auch trete mit der Verwendung dieser Bilder die Würde und Individualität der Abgebildeten in den Hintergrund.[32]

Da Bilder der Opfer meist nicht als eigenständige Quellen, sondern nur als „Blickfang" oder Illustration der Ausstellungstexte verwendet wurden, wurden sie je nach Bedarf verändert, z. B. durch die Verwendung von Ausschnitten und

---

27 Heike Kuhls, Erinnern lernen? Pädagogische Arbeit in Gedenkstätten, Münster 1996, S. 40.
28 Miriam Niroumand in: taz, 26. 2. 1993, zit. nach: Brink, Ikonen, S. 204.
29 Gerhard Schoenberner in: Frankfurter Rundschau, 26. 11. 1987, zit. nach: Brink, Ikonen, S. 204.
30 Die Ausstellungen der 1960er- und 1970er-Jahre wurden demnach als Orte einer kathartischen Konfrontation mit der Vergangenheit präsentiert, in der die Fotos für sich allein sprechen sollten. Als Prototyp dieser Auffassung, die „entmenschte Täter und hilflose Opfer" gegenübergestellt, nennt Volkhard Knigge die Ausstellung aus dem Jahre 1965 in Dachau, ders., Museum oder Schädelstätte, S. 23.
31 Knoch, Die Tat als Bild, S. 877 f.; Detlev Claussen, Grenzen der Aufklärung – Zur gesellschaftlichen Geschichte des modernen Antisemitismus, Frankfurt am Main 1987, S. 151.
32 Matthias Heyl, Bildverbot und Bilderfluten, in: Bettina Bannasch/Almuth Hammer (Hrsg.), Verbot der Bilder – Gebot der Erinnerung. Mediale Repräsentationen der Shoah, Frankfurt am Main 2004, S. 117–129, hier S. 126.

Vergrößerungen. Viele solcher „Blickfänge" oder „Ikonen der Vernichtung", die über einen langen Zeitraum wiederholt in die Öffentlichkeit gelangten, fanden ihren Platz im kollektiven Gedächtnis. Cornelia Brink zufolge beinhalten und transportieren diese Bilder symbolische Bedeutungen und suggerieren dem Betrachter durch das Phänomen des Wiedererkennens, dass er im Besitz der Erkenntnis dessen sei, was diese Bilder repräsentierten.[33]

6. „Täterfotografien"

Da Ausstellungen in erster Linie über Visualisierungen kommunizieren, stellt sich für die Darstellung von Tat und Tätern das Problem, dass die überlieferten Fotografien aus den Lagern die Verbrechen meist nicht abbilden und aufgrund der arbeitsteiligen Handlungsstruktur ihre Dimension und der Beitrag des einzelnen Täters nicht deutlich werden.[34]

Nach Kriegsende war zunächst die strafrechtliche Dimension für die Kategorisierung und Visualisierung der Täter ausschlaggebend. Da der juristisch perspektivierte Tätertyp im Vordergrund stand, wurden von den Tätern v. a. Porträt- und Passfotografien gezeigt, die entweder aus der NS-Zeit stammten (z. B. aus Personalakten) oder aus Ermittlungs- und Prozessunterlagen aus der Nachkriegszeit, auf denen sie als Angeklagte zu sehen waren. Solche Bilder wurden häufig in starker Vergrößerung oder in „dramatischer" Inszenierung präsentiert.[35]

Eine zweite Gruppe von „Täterfotografien" bilden die offiziellen Aufnahmen der Konzentrationslager. Sie reproduzieren den „Täterblick", wobei die Wahl der Motive und die Art der Darstellung bestimmten Intentionen folgen: Es wurde das aufgenommen, was für dokumentationswürdig gehalten wurde, z. B. der Aufbau des Lagers oder Belege des „geregelten" Lageralltags. Damit geben diese Fotografien eine bestimmte Realität vor, die die Verbrechen und Gewalttaten ausblendet und damit eine „Unschärfe der Erinnerung" erzeugt.[36]

Die Realität der Vernichtungspolitik in den Konzentrationslagern wurde auf diese Weise in eine Ikonografie der Säuberung, Erziehung und Produktivität ein-

---

33 Brink, Ikonen, S. 237 f.; dies., Je näher man es anschaut, S. 57 ff. Zur Kritik am Ikonenbegriff vgl. Knoch, Die Tat als Bild, S. 32 ff. und S. 925.
34 Brebek, Darstellung der Täter, S. 298.
35 Cornelia Brink zeigt dies am Beispiel des Dokumentations- und Informationszentrums (DIZ) Emslandlager, wo die Stehpulte in der Ausstellung auf Großfotos der Wachmannschaften ausgerichtet waren, vgl. dies., Je näher man es anschaut, S. 67. Ähnliches galt für die Ausstellung im Museum Wewelsburg, bei der ein Großporträt von Heinrich Himmler eine zentrale Rolle spielte, vgl. Brebek, Darstellung der Täter, S. 297.
36 Knoch, Die Tat als Bild, S. 187.

geordnet und die Vernichtung elliptisch ausgelassen.[37] Somit erfordert der Charakter der überlieferten SS-Fotografien eine quellenkritische Präsentation, um die suggestive Kraft sowie die hohe Glaubwürdigkeit des visuellen Mediums aufzubrechen. Dies kann durch Angaben zur Herkunft des Bildes und seiner Überlieferungsgeschichte erfolgen: Mit welcher Intention wurden die Bilder von wem, zu welchem Zeitpunkt und in welchem Entstehungszusammenhang aufgenommen? Was zeigen sie und was zeigen sie nicht? Unter welchen Umständen wurden die Aufnahmen überliefert? Welche Symbolkraft besitzen sie? Fraglich ist, ob ein multiperspektivischer Ansatz, also die Kontrastierung mit Häftlingsaussagen oder Kommentaren, die Täterperspektive brechen und ein Gegengewicht zu dem inneren Bild der Ausstellungsbesucher schaffen kann – der visuelle Eindruck ist oft stärker.[38]

Eine dritte Gruppe von Täterfotografien bilden private Aufnahmen der SS-Männer und Aufseherinnen. Diese nicht-offiziellen Erinnerungsfotos und „Schnappschüsse" bilden oft alltägliche Motive ab und geben Einblick in die Normalität der Menschen an ihrem Arbeitsplatz. Die Vereinbarkeit ihrer Arbeit im KZ und einer fröhlichen Freizeitgestaltung wirkt auf Besucher in der Regel befremdlich[39] – und bietet damit die Möglichkeit, sich der Mentalität von SS-Angehörigen oder Aufseherinnen anzunähern.

---

37 Knoch, Die Tat als Bild, S. 99; ders., Der Holocaust und die fotografische Ordnung des Sehens, in: Bannasch/Hammer, Verbot der Bilder, S. 167–188, hier S. 181; Harold Marcuse, Die museale Darstellung des Holocaust an Orten ehemaliger Konzentrationslager in der Bundesrepublik, in: Bernhard Moltmann u. a. (Hrsg.), Erinnerung. Zur Gegenwart des Holocaust in Deutschland-West und Deutschland-Ost, Frankfurt a. M. 1993, S. 79–97, hier S. 80; Sybil Milton, Die Konzentrationslager der dreißiger Jahre im Bild der in- und ausländischen Presse, in: Herbert/Orth/Dieckmann, Die nationalsozialistischen Konzentrationslager, Bd. 1, S. 135–147.

38 Sandra Starke, Rezension der Ausstellung „Von der Sachsenburg nach Sachsenhausen. Bilder aus dem Fotoalbum eines KZ-Kommandanten", http://hsozkult.geschichte.hu-berlin.de/rezensionen/id=46&type=rezausstellungen (Zugriff am 15. 1. 2010).

39 Diese Irritation wird beispielsweise in der Berichterstattung anlässlich der Veröffentlichung des SS-Albums des Auschwitz-Adjutanten Karl-Friedrich Höcker deutlich: „SS-Offiziere aus Auschwitz, die sich in Liegestühlen räkeln, mit Helferinnen schäkern und fröhlich musizieren – während nebenan zahllose Menschen in den Gaskammern sterben: In Washington sind Fotos aufgetaucht, die den Zynismus der NS-Tötungsmaschinerie in einzigartiger Weise deutlich machen", http://www.spiegel.de/panorama/zeitgeschichte/0,1518,506782,00.html (Zugriff am 15. 1. 2010).

7. Die Verwendung von Fotografien in den Ausstellungen – Beispiele

Der Mahn- und Gedenkstätte Ravensbrück liegt neben den Fotografien von Aufseherinnen aus Personalakten und Strafverfahren ein offizielles SS-Album[40] des Lagers vor. Im ersten Raum „Aufseherinnen in der SS-Hierarchie" wird das Album als Faksimile in einer Vitrine präsentiert. Der einführende Text erläutert die Entstehungsbedingungen und die Intention des Albums,[41] während beim virtuellen Durchblättern an einem Bildschirm auf die visuelle Auslassung der Härte der Lebens- und Arbeitsbedingungen hingewiesen wird.[42] Damit wird dem Besucher zu Ausstellungsbeginn die Möglichkeit gegeben, offizielle SS-Fotografien und ihre Aussagen kritisch zu betrachten. Wenn im weiteren Verlauf der Ausstellung Fotos aus diesem Album verwendet werden, geschieht dies immer mit dem Hinweis, dass es sich um ein „Propagandafoto aus dem SS-Album" handelt.

Auch der KZ-Gedenkstätte Neuengamme liegt ein großer Bestand an SS-Fotografien vor. Der ehemalige Häftling Heinz Masset konnte bei der Räumung des Lagers zahlreiche Fotografien verstecken, die er später zu einem Album zusammenstellte, grafisch gestaltete, mit Kommentaren versah und damit die Fotos in einen neuen Kontext stellte.[43] Die Ausstellung präsentiert das „Masset-Album" jedoch nicht als eigenständige Quelle in seiner Gesamtheit, auch wenn im Foyer kurz auf die Überlieferung des Albums eingegangen wird.[44] Auf den Charakter

---

40 Das Album gelangte in den 1950er-Jahren in den Besitz der Mahn- und Gedenkstätte Ravensbrück, seine Herkunft und Überlieferung bleiben jedoch unklar; Ute Wrocklage, Das SS-Fotoalbum des Frauen-Konzentrationslagers Ravensbrück, in: Erpel, Im Gefolge der SS, S. 233–251.

41 „Die Anfertigung des SS-Fotoalbums geht wahrscheinlich auf eine Anordnung des Leiters der Inspektion der Konzentrationslager, SS-Gruppenführer Richard Glücks, zurück. Er wies 1940 die KZ-Kommandanten an, die Lager fotografisch dokumentieren zu lassen. 92 im großformatigen Album arrangierte Propagandafotos sollten die Leistungen des Nationalsozialismus hervorheben. Die Aufnahmen erzeugen den Schein von Ordnung und Effizienz. Das Album beginnt mit einem Besuch Himmlers am 14. 1. 1941. Es folgen Lageransichten und Bilder vom Ausbau des Lagers sowie Fotos von Häftlingen bei der Arbeit."

42 „In der Mitte des Albums erscheinen überhaupt erst Häftlinge – bei der Zwangsarbeit. Das ist auch der einzige Kontext, in dem sie dargestellt werden. Bei allen Fotos bleiben die Schwere der Arbeit, der Hunger, die Schikanen und Strafen unsichtbar. Diese Auslassung korrespondiert damit, dass die Verursacher der Gewalt ebenfalls fast gänzlich fehlen."

43 Das Album gelangte 1981 in den Besitz der Gedenkstätte, nachdem Heinz Masset es in den 1950er-Jahren erfolglos dem Staatsarchiv Hamburg zum Kauf angeboten hatte; Ute Wrocklage, Neu entdeckte Fotografien aus dem KZ Neuengamme aus den Beständen des Public Record Office, in: KZ-Gedenkstätte Neuengamme (Hrsg.), Abgeleitete Macht. Funktionshäftlinge zwischen Widerstand und Kollaboration, Bremen 1998, S. 146–159.

44 „Die Fotos stammen aus einer Sammlung von Aufnahmen, die die SS-Männer Albert Ernst und Josef Schmitt während ihrer Dienstzeit im KZ Neuengamme aufgenommen

offizieller SS-Fotografien wird im Laufe der Ausstellung nicht eingegangen, auch wenn immer wieder einzelne Aufnahmen zum Zweck der Illustration verwendet werden. Stammen sie aus dem „Masset-Album", wird dies kurz vermerkt, aber nicht weiter ausgeführt. Problematisch wird dies beispielsweise, wenn zur Veranschaulichung der Freizeitgestaltung der SS-Männer die Aufnahme einer Weihnachtsfeier der SS im KZ Neuengamme gezeigt wird: Zu sehen ist nicht nur das Foto, sondern die gesamte Seite aus dem Album samt der Bildbeschriftung. Für den Besucher bleibt völlig unklar, wer die Bildunterschrift erstellt hat.[45]

Insgesamt beziehen sich die erläuternden Kommentare der Ravensbrücker Ausstellung häufiger auf die Bildinhalte als die der Neuengammer Ausstellung, die öfter auf die Überlieferungsgeschichte Bezug nehmen. Deutlich wird dies besonders bei der Präsentation von Privatfotografien der SS-Angehörigen oder Aufseherinnen. Beiden Gedenkstätten liegen private Alben von SS-Männern bzw. Aufseherinnen vor. In dem Album einer Aufseherin, das sie für ihren Sohn erstellte, finden sich zwischen Städteansichten und Familienfotos auch zwei Aufnahmen aus dem KZ Ravensbrück. Diese beiden Fotos werden nicht aus ihrem Kontext herausgelöst, sondern zusammen mit anderen Fotos aus dem Album gezeigt.[46] Der Kommentar präsentiert die Aufnahmen als Quellen zur Mentalität und Selbstwahrnehmung der Aufseherin: So lässt das Album „auf eine Art ‚Berufsethos' der Hundeführerin schließen, für die das Frauen-KZ ein ganz normaler Arbeitsplatz war und den sie für ihren Sohn festhielt". Ähnlich werden weitere Fotografien von Aufseherinnen kommentiert, die Freizeitmotive abbilden.[47]

---

hatten. 1945 kamen diese in den Besitz des ehemaligen Häftlings Heinz Masset, der im Krankenrevier des KZ Neuengamme gearbeitet und die Bombardierung der ‚Cap Arcona' am 3. Mai 1945 in der Lübecker Bucht überlebt hatte. Er stellte die Fotos später zu einem Album zusammen und versah sie mit ausführlichen Kommentierungen. 1981 wurde dieses Album von der KZ-Gedenkstätte Neuengamme erworben."

45 Der handschriftliche Kommentar unter dem Foto lautet: „Weihnachtsfeier der SS im KZ. Feiern dieser Art trugen schon immer den Stempel des Schlemmens und Schwelgens. Selten gewordene Artikel wie Rum, Steinhäger, Rosinen und Weihnachtsstuten, sowie die gute Rauchware ist eine Selbstverständlichkeit für die SS des KZ Neuengamme gewesen." Die Bildunterschrift lautet: „Weihnachtsfeier des Neuengammer KZ-Personals. Foto aus dem sogenannten ‚Masset-Album'."

46 Das erste Foto zeigt den Wachhund der Aufseherin in ihrer Wohnung in der SS-Siedlung, das zweite zeigt sie zusammen mit ihrem Hund bei einer „Dressurübung", bei der der Hund auf die Bewachung von Häftlingen abgerichtet wird. Auf dem Foto ist eine als Häftling verkleidete Frau und im Hintergrund die Lagermauer des KZ Ravensbrück zu sehen. Vgl. Insa Eschebach, Das Fotoalbum von Gertrud Rabestein, in: Erpel, Im Gefolge der SS, S. 252–264.

47 In dem Abschnitt „Nach Dienstschluss" lautet der Kommentar zu den Fotos: „Einen Eindruck vom dem, was die Aufseherinnen für erinnerungswürdig hielten, vermitteln Fotoalben und Fotos aus ihrer Dienstzeit in Ravensbrück. Sie nahmen die Einrichtung

Im Vergleich zu diesen deutlichen Interpretationen sind die Kommentare zu den Privataufnahmen von SS-Mitgliedern in der Neuengammer Ausstellung zurückhaltender: An einer Stelle wird auf den Kontrast zwischen abgebildeter Normalität und alltäglicher Gewalt hingewiesen,[48] ansonsten werden diese Bilder, die sich meist in Themenmappen auf der dritten Ebene finden, wenig interpretiert. So wird einem Fotoalbum neben Informationen zur Überlieferungsgeschichte folgender Kommentar vorangestellt: „Fotos aus dem KZ Neuengamme vom Frühjahr 1940 bis zum September 1941 haben vor allem Bataillonsappelle, Flaggenparaden, die Vorgesetzen sowie Kompaniekollegen – überwiegend Gruppenbilder vor der Kommandantur oder beim Aufmarsch – als Motiv." Zu fragen bleibt, welche Aussage die unkommentierte Abbildung solcher doch recht banalen Fotografien beinhaltet.

In einem weiteren Beispiel gibt die Bildunterschrift die abgebildete Situation ungeprüft wieder. So heißt es zu einer Aufnahme von zwei SS-Männern, die lässig und fröhlich Arm in Arm für die Kamera posieren: „Zwei SS-Männer in Kameradenpose." Die Aufnahme gehört zu dem Bereich „Geschichte der SS", der einen Überblick über ihre Struktur, aber auch ihre Faszination geben soll. Warum das Foto an dieser Stelle ohne weitere Erläuterung gezeigt wird, erschließt sich dem Besucher nicht, obwohl es sich beispielsweise eignen würde, das verbreitete Bild des „kameradschaftlichen Männerbundes" zu thematisieren.

Die angeführten Beispiele zeigen deutlich die Unterschiede in der Präsentation von SS-Fotografien. In Ravensbrück erfolgt die stärkere Kommentierung und Interpretation nicht nur bei Fotografien, sondern auch bei der Präsentation von Interviews mit ehemaligen Aufseherinnen.[49] Diese Vermeidung einer Ver-

---

ihrer Wohnungen auf und dokumentierten Wochenendausflüge in die Umgebung. Die Fotos zeigen aber auch, dass die Frauen stolz auf ihre Positionen waren. Sie ließen sich in Uniform, allein, mit Freundinnen oder Kollegen fotografieren oder posierten mit Diensthunden."

48   So lautet der Kommentar zu einer Mappe im Abschnitt „Alltag der SS", die vier Fotos enthält: „Freizeit der Lager-SS. Die Fotos, die SS-Männer des KZ Neuengamme in ihrer Freizeitgestaltung dokumentieren, vermitteln den Eindruck einer Normalität des Alltags im KZ Neuengamme, der sich zwischen Dienst und Freizeit abspielte. Während des Dienstes hatten die SS-Männer aber auch täglich aktiv oder passiv mit Hungernden und Sterbenden, Misshandlungen, Strafen und Exekutionen zu tun." Die Fotos zeigen eine Gruppe fröhlicher SS-Männer, die an einem Barackenfenster posieren, einen SS-Mann auf einem Pferd beim Springen, SS-Männer bei der Vorbereitung eines Boxkampfes, an dem auch Häftlinge teilnehmen mussten, SS-Männer beim Sport außerhalb des Lagergeländes.

49   Im Abschnitt „Die Gegenwart der Vergangenheit" lautet der Kommentar zu zwei Interviews mit ehemaligen Aufseherinnen: „Beide Frauen blenden in ihren Erinnerungen die Verbrechen im KZ und das Elend der Häftlinge aus oder verleugnen diese sogar. Vielmehr stellen sie sich selbst als Opfer dar."

harmlosung ihrer Taten birgt die Gefahr der oben erwähnten „aggressiven Fürsorge" der Besucher. Im Gegensatz dazu erscheint in Neuengamme die Präsentation der SS-Fotografien durch die fehlende Kommentierung an manchen Stellen wahllos, und es bleibt unklar, welche Aussage damit getroffen werden soll. Ob die Fotos von marschierenden Wachbataillonen und Männern in „Kameradenpose" dem Anspruch des Ausstellungskonzeptes, bei den Besuchern „mehr Fragen als Antworten zu erzeugen",[50] gerecht wird, bleibt offen.

8. Fazit

Deutlich wird bei der Analyse der Ausstellungen das Defizit, das angesichts der Quellenlage vorhanden ist. Da es für die Gewalttaten und Verbrechen keine entsprechenden Abbildungen gibt, muss die abgebildete „Realität" durch Zeugnisse von Häftlingen ergänzt werden, auch wenn der visuelle Eindruck von Fotografien einen stärkeren Eindruck hinterlässt. Ebenso muss der Ausstellungstext die „elliptische Auslassung" auffüllen: Beide Ausstellungen benennen an mehreren Stellen die Gewalttaten, Misshandlungen und Morde und daneben die Motive und Anreize für den Eintritt in die SS bzw. die Annahme einer Arbeit als KZ-Aufseherin sowie deren individuelle Handlungsspielräume.

Keine der Ausstellungen präsentiert Tätertypologien, wie es z. B. noch in den ersten Konzepten zur Neuengammer Ausstellung vorgesehen war.[51] Auch die in früheren Ausstellungen vorherrschende Dichotomisierung zwischen durchweg brutaler, allmächtiger SS und hilflosen Häftlingen ist zugunsten der Darstellung der Grauzonen von Täterschaft aufgebrochen. Die Ausstellungen versuchen, die Normalität der Lebenswelten der SS zu zeigen. Damit verdeutlichen sie, dass es sich um Menschen mit unterschiedlichen Lebenswegen handelte, die Familien hatten, ihren Arbeitsplatz teilweise schätzten und die sich nur selten offen der verlangten Ausübung von Gewalt, Misshandlung und auch Morden widersetzten, diese stattdessen entweder aktiv betrieben oder sich damit auf unterschiedliche Weise arrangierten. Dass sie sich, ob ideologisch überzeugt oder nicht, der normativen Grenzüberschreitung des mörderischen KZ-Systems sehr wohl bewusst waren, dokumentieren die Verhaltensweisen gegen Kriegsende: Sei es das opportunistische Mitleid mit den Häftlingen, um die eigene Haut zu retten, oder die

---

50 KZ-Gedenkstätte Neuengamme, Werkheft 3, S. 13.
51 In einem frühen Konzept waren folgende Abschnitte vorgesehen: „Der Blick der Häftlinge auf die SS: Gewalttäter – Ordnungshüter – Bürokraten" oder auch „SS-Abteilungsleiter: Willfährige Erfüllungsgehilfen"; Archiv der KZ-Gedenkstätte Neuengamme (ANg): Insa Eschebach/Christl Wickert, Konzeptskizze für die Werkstatt-Ausstellung zur Konzentrationslager-SS in der KZ-Gedenkstätte Neuengamme, 22. 10. 2002.

eskalierende Gewalt auf den Todesmärschen, die das Ziel hatten, die Spuren der Verbrechen zu beseitigen und eine Strafverfolgung zu verhindern.

Obgleich die Ausstellungen die Quellenkritik für die Besucher in vielen Bereichen kenntlich machen, gehen sie nicht so weit, die problematische Quellenlage zur SS an sich zu thematisieren. Damit bleibt fraglich, ob die Besucher angeregt werden, sich kritisch dem Thema und seiner Darstellung zu nähern. Andererseits wäre das Ziel, in einer dokumentierend-argumentierenden Ausstellung die wissenschaftliche Vorgehensweise samt ihrer Komplexität und Kontroversen zu veranschaulichen, zu hoch gesteckt. Damit rückt die Vermittlung von Quellenkompetenz in den Bereich der pädagogischen Arbeit, die die häufig zu große Komplexität von Ausstellungen „auffangen" muss. Denn allein schon der multiperspektivische Ansatz, der mit einem geradlinigen Narrativ bricht, kann bei Schulgruppen, also einem Großteil der Besucher, zu Unverständnis führen. So führt Matthias Heyl für die Ravensbrücker Ausstellung aus: „Oft fällt es Jugendlichen nicht ganz einfach, die unterschiedlichen Ebenen der Ausstellungsgestaltung [...] zu erfassen. Die Videoinstallation mit Überlebendenaussagen und die Fotos der Aufseherinnen im Treppenaufgang werden oft bestaunt, aber eine balancierte Kombination aus thematischem Interesse, Vorwissen und quellenkritischer Distanz, die zum Erfassen der Komplexität beitrüge, findet sich unter den Jugendlichen selten. Symptomatisch ist die etwas hilflose Frage, die zumindest vom Interesse zeugt, die Schülerin Heike aus B. stellt: ‚Welche sind jetzt Nazis, welche Opfer?'"[52]

Deutlich wird an dieser Stelle das Defizit einer Besucherforschung zu den neueren „Täterausstellungen", die noch am Anfang steht. Weitere Untersuchungen könnten die Klammer zwischen dem wissenschaftlichem Anspruch, neuere Erkenntnisse der Täterforschung in ihrer Komplexität umzusetzen, und der tatsächlichen Rezeption bei den Besuchern schließen.

---

52 Vortrag von Mathias Heyl auf der Tagung „Perpetrator Research in a Global Context", die im Januar 2009 in Berlin stattfand, http://www.bpb.de/files/VZCLYT.pdf (Zugriff am 22.2.2010).

JANA JELITZKI · MIRKO WETZEL

10 Thesen zur pädagogischen Vermittlung von nationalsozialistischer Täterschaft

„Es gibt Fragen, auf die die Antwort zu geben unmöglich ist", schrieb Imre Kertész, „doch ebenso unmöglich ist es, sie nicht zu stellen."[1] Eine dieser Frage ist, wie es möglich war, dass im Nationalsozialismus deutsche Männer und Frauen in ganz Europa Millionen Jüdinnen, Juden, Sinti, Roma, sowjetische Kriegsgefangene, Behinderte, Homosexuelle, sogenannte Asoziale, Kriminelle und politische Gegnerinnen und Gegner systematisch verfolgten und ermordeten. Die Suche nach Antworten führt unweigerlich zur Konfrontation mit den Tätern und Täterinnen, zur Wendung des Blicks auf die individuellen und sozialen Bedingungen ihres Handelns, ihr Selbstverständnis und ihre Ideologie.

In den letzten Jahren entstanden zahlreiche wissenschaftliche Arbeiten über die nationalsozialistischen Akteure, die sicherlich keine abschließende Erklärung, aber doch eine Vielzahl von unterschiedlichen Annäherungen an die Verantwortlichen der NS-Verbrechen anbieten. In unserer Studie „Über Täter und Täterinnen sprechen" haben wir untersucht, wie diese Ergebnisse der Täterforschung in die Gedenkstättenpädagogik integriert werden.[2] Wann und wozu wird in pädagogischen Angeboten an Gedenkstätten über Täter und Täterinnen gesprochen? Wie wird der historische Komplex „Täterschaft" kontextualisiert? Mit welchen Schwierigkeiten sehen sich die Pädagoginnen und Pädagogen konfrontiert, und wie gehen sie mit ihnen um? Welche methodischen Ansätze und welche Zugänge werden für diese Auseinandersetzung gewählt?

Zur Beantwortung der Fragen haben wir mit Pädagogen aus den Gedenkstätten Neuengamme und Ravensbrück gesprochen, Konzepte und Ansätze aus der Bildungsarbeit beleuchtet sowie Ausstellungen aus den beiden Gedenkstätten auf ihre Täterdarstellung hin analysiert. Basierend auf dieser Studie haben wir zehn Thesen zur Integration des Themenkomplexes Täterschaft in die Gedenkstättenpädagogik entwickelt, die wir im Folgenden vorstellen möchten. Diese Über-

---

1   Imre Kertész, Galeerentagebuch, Berlin 1993, S. 58.
2   Jana Jelitzki/Mirko Wetzel, Über Täter und Täterinnen sprechen. Nationalsozialistische Täterschaft in der pädagogischen Arbeit von KZ-Gedenkstätten, Berlin 2010.

legungen möchten wir primär als Anregungen verstanden wissen, das eigene Sprechen über die Täter und Täterinnen zu reflektieren, um die Kernkompetenz der Gedenkstättenpädagogik – die Vermittlung historischen Wissens über die Geschichte des Nationalsozialismus am jeweiligen Ort – qualifiziert weiterzuentwickeln. In diesem Sinne wollen wir Pädagogen und Pädagoginnen als allererstes einladen, darüber nachzudenken, wie und warum sie in pädagogischen Settings über die nationalsozialistischen Akteure sprechen – oder auch nicht. Wenn wir für diesen Reflexionsprozess Denkanstöße liefern könnten, wäre unser Ziel erreicht.

1. Geschichte verstehen

Ausgangspunkt und zentraler Inhalt pädagogischer Vermittlung an Gedenkstätten ist die Geschichte des Nationalsozialismus und seiner Verbrechen. Dies schließt den Themenkomplex der Täterschaft unweigerlich mit ein, weil die nationalsozialistischen Massenverbrechen sich ohne den Blick auf die Gruppe der Tatverantwortlichen nicht hinreichend erklären oder verstehen lassen. Sie waren es, die die Verbrechen planten und umsetzten. Wird bei der für die historisch-politische Bildung zur Geschichte des Nationalsozialismus leitenden Frage „Wie konnte das geschehen?" die Auseinandersetzung mit der Täterschaft ausgespart, entsteht ein verzerrtes Bild einer „Tat ohne Täter", das auch den Abwehr- und Distanzierungsbemühungen in der deutschen Gesellschaft entgegenkommt.

Die Beschäftigung mit den Tätern und Täterinnen ist dabei nicht an den historischen Ort eines ehemaligen Konzentrationslagers gebunden, sondern grundsätzlich ein unerlässlicher Bestandteil der Wissensvermittlung zur nationalsozialistischen Verfolgung und Vernichtung, in welchem pädagogischen Kontext und an welchem Ort auch immer. Hier sei an Theodor W. Adornos Forderung einer „Wendung aufs Subjekt" erinnert: der Auseinandersetzung mit Täter und Täterinnen mehr Gewicht zu verleihen, um so die Mechanismen erkennen zu können, die Täterschaft möglich werden ließen.[3]

Wie für die Annäherung an die Geschichte der nationalsozialistischen Massenverbrechen im Allgemeinen, so ist auch für das Verständnis der Gedenkstätten die Täterauseinandersetzung wichtig. Die Gedenkstätten werden letztlich erst durch die Beschäftigung mit den Tätern und Täterinnen, die den Ort visuell geformt haben, erklär- und dekonstruierbar. Die äußere, heute noch sichtbare Form der ehemaligen Konzentrationslager ist Ausdruck der Ideologie, Hierarchien und Organisationsformen der Nazis. Entsprechend ist die in Gedenkstätten

---

[3] Theodor W. Adorno, Erziehung nach Auschwitz, in: Gesammelte Schriften 10.2, Frankfurt a. M. 1977, S. 674–690, hier S. 676.

gern vorgenommene Teilung historischer Orte in „Täterorte", wie das Haus der Wannsee-Konferenz, und „Opferorte", wie KZ-Gedenkstätten, nicht aufrechtzuerhalten. Auch KZ-Gedenkstätten sind „Täterorte" bzw. genauer Tat- und Mordorte, an denen die Beschäftigung mit den Geschichten der Verfolgten ohne die Auseinandersetzung mit den Verfolgenden zur enthistorisierten Vermittlung der nationalsozialistischen Verbrechen als „Tat ohne Täter" geriete. Die Verbrechen und ihre Bedingungen, Ausgangspunkt aller Vermittlungsarbeit an Gedenkstätten, erschließen sich in KZ-Gedenkstätten wie an allen anderen Bildungs- und Gedenkorten zur NS-Geschichte erst als Thema, wenn die Täter und Täterinnen mit dem gesellschaftlichen und organisatorischen Hintergrund, vor dem sie handelten, in die Auseinandersetzung einbezogen werden. Das soll weder die Verdrängung anderer historischer Perspektiven bedeuten, noch geht es darum, dass die Stimme der Tatverantwortlichen gleichberechtigt neben der der Verfolgten steht, vielmehr ist dies als Plädoyer für die Beschäftigung mit der gesamten nationalsozialistischen Gesellschaft, den verschiedenen gesellschaftlichen Gruppen, ihren Geschichten und Schuldanteilen zu verstehen.

2. Kontinuität, Verantwortung und Haftung

Die Konfrontation mit Täterschaft ist in Deutschland insofern von besonderer Bedeutung, als die heutige deutsche Gesellschaft in der Kontinuität der NS-Gesellschaft steht – die Bundesrepublik Deutschland ist nicht zuletzt Rechtsnachfolgerin des „Dritten Reiches". Diese Kontinuität ist noch immer sicht- und erfahrbar. Das bedeutet für die politische Bildung, dass Schuld, Verantwortung und Haftung für die Verbrechen und ihre Folgen auch heute wichtige Themen sind, zu denen die Adressaten und Adressatinnen eine Haltung entwickeln sollen. Will man diese Themen in der Pädagogik jenseits von Schlussstrichforderungen und pauschalen Aussagen über kollektive Schuld oder Unschuld bearbeiten, macht es Sinn, sich die Handlungen einzelner Täter und Täterinnen, deren Folgen sowie den Umgang und die Aufarbeitung nach 1945 anzusehen, d. h. von konkreten Fällen auszugehen. Anhand dieser Beispiele kann die Vielschichtigkeit der Aufarbeitung der Vergangenheit sichtbar werden.

3. Konfrontation der Perspektiven

Der Grund für die Auseinandersetzung mit den Tätern und Täterinnen liegt in den von ihnen begangenen Verbrechen. Daraus folgt, dass die Täterperspektive in der pädagogischen Arbeit mit der Perspektive der Verfolgten konfrontiert und kontrastiert werden muss. Das folgt nicht nur dem Anspruch, die Opfer als Subjekte in der Geschichte darstellen zu wollen, ihnen – wo es geht – ein Gesicht, einen Namen und auch eine Geschichte (wieder)zugeben, es ist auch pädagogisch sinnvoll. Denn die Täter und Täterinnen sprachen selten über ihre Taten, das Fehlen persönlicher Zeugnisse wie beispielsweise Briefe oder Tagebücher, die von einer Beschäftigung zeugen, scheint hier symptomatisch. Denn eine solche schien kaum stattzufinden, entsprechend bleiben die Verbrechen in den Täterdarstellungen selbst oft unsichtbar. Wenn sie doch einmal über die Taten sprachen, geschah dies größtenteils im Rahmen ihrer juristischen Verfolgung bei Vernehmungen oder in Prozessen – wobei hinzugefügt werden muss, dass auch dort die dezidierte Beschreibung des Grauens meist den ehemaligen Häftlingen überlassen wurde.

Anknüpfend an die „Gesellschaft des Holocaust" (Matthias Heyl) soll in der pädagogischen Arbeit über die Rolle der Tatverantwortlichen hinaus auch die der Zuschauer und Zuschauerinnen, der Helfenden, Mitläufer und Mitläuferinnen und aller anderen Akteure einbezogen werden, um den Eindruck der Alternativlosigkeit des Handelns der Täter und Täterinnen zu vermeiden.[4] Durch das Aufzeigen der vielen möglichen Positionen, die Menschen innerhalb der NS-Gesellschaft einnehmen konnten, kann deutlich werden, dass die Täter und Täterinnen Entscheidungen über ihren Weg getroffen haben.

Die Aufnahme des Themenkomplex der Täterschaft soll also keineswegs eine Verdrängung anderer historischer Perspektiven bedeuten, sondern als Erweiterung des Blicks verstanden werden.

4. Komplexität und Konkretion

Blickt man auf die historische Entwicklung der Täterforschung und deren Ergebnisse zurück, begegnen einem vielerorts monokausale oder vereinfachende Erklärungsmodelle. Bei der Erklärung von individuellem Handeln einzelner Täter und Täterinnen erfreuen sich beispielsweise pathologisierende Deutungsmuster einer erstaunlichen Hartnäckigkeit. Hiervon gilt es in der pädagogischen Arbeit Abstand zu nehmen – im historischen Lernen ist die Komplexität historischer Prozesse aufzuzeigen. Geschichte ist vielgestaltig, widersprüchlich und nicht linear, und dies muss sich in der Vermittlung wiederfinden. Das bedeutet, die Vielgestaltigkeit der Akteure offenzulegen, Ausnahmen, wie widersprüchliches oder abweichendes Verhalten, zu thematisieren, Erklärungsmodelle nicht

---

4   Matthias Heyl, Erziehung nach Auschwitz. Eine Bestandsaufnahme. Deutschland, Niederlande, Israel, USA, Hamburg 1997, S. 220–225.

vorzugeben, sondern verschiedene anzubieten. Es geht darum, unterschiedliche Deutungen der Geschichte oder Interpretationen überlieferter Fakten, wie sie uns besonders bei der Darstellung der beteiligten Männer und Frauen häufig begegnen, als solche sichtbar zu machen und zur Diskussion zu stellen.

Sichtbar werden kann diese Komplexität, wenn verschiedene, konkrete historische Situationen und Akteure in den Mittelpunkt der Auseinandersetzung gerückt werden, in denen die Heterogenität der Täter oder Täterinnen, ihrer Motive, ihrer Weltanschauung und ihres Handelns sichtbar wird. Es geht darum, Handlungs- und Entscheidungsspielräume aufzuzeigen, die Einzelne unterschiedlich nutzten, und darüber nachzudenken, was die Bedingungen und die Grundlagen der jeweiligen Entscheidung gewesen sein mögen. Dabei möchten wir Handlungsspielräume in beide Richtungen verstanden wissen: als Möglichkeit zur Hilfe oder der Verweigerung, aber auch als vorauseilender Gehorsam oder als Eigeninitiative.

5. Normalität

Durch die Arbeiten von Daniel Goldhagen und Christopher Browning aus den 1990er-Jahren hat der Begriff der „Normalität", der „Gewöhnlichkeit" oder auch der „ganz normalen Männer" und seltener der „ganz normalen Frauen" Einzug in den öffentlichen Diskurs und auch die Gedenkstättenpädagogik erhalten.[5] Der Begriff, der scheinbar so eindeutig ist, wird jedoch häufig mit unterschiedlichen Bedeutungen gefüllt. Hierbei haben sich drei Bedeutungen etabliert:

1. Normalität in Bezug auf das Individuum bzw. seinen Charakter: Hier bezieht sich Normalität auf die psychische Verfasstheit der Täter und Täterinnen und bedeutet im Wesentlichen das Fehlen psychischer Auffälligkeiten bzw. Krankheiten.
2. Normalität hinsichtlich der gesellschaftlichen Gruppen: Normalität verweist hier auf die Unterschiedlichkeit bzw. Durchschnittlichkeit der Täter und Täterinnen in Geschlecht, Herkunft, Bildung, Alter, sozialer Schicht etc., mit der Schlussfolgerung, dass sich keine gesellschaftliche Gruppe immun gegen die nationalsozialistische Ideologie gezeigt hat.
3. Normalität in Bezug auf die nationalsozialistische Gesellschaft: Die Täter und Täterinnen stellten keine vom Rest der Gesellschaft isolierte Gruppe dar

---

5   Christopher Browning, Ganz normale Männer. Das Reserve-Polizeibataillon 101 und die „Endlösung" in Polen, Reinbek 1993; Daniel Jonah Goldhagen, Hitlers willige Vollstrecker. Ganz gewöhnliche Deutsche und der Holocaust, Berlin 1996.

und waren nicht notwendigerweise fanatische NS-Ideologen. Dies verweist auf den gesellschaftlichen Konsens jener Zeit: Rassismus, Antisemitismus, Exklusion und Diskriminierung war durch die „Verschiebung des Referenzrahmens" normal geworden. „Ganz normale Männer" bedeutet in diesem Falle, dass die Täter wussten, dass sie auf das Einverständnis der Mehrheit der Gesellschaft zählen konnten.[6]

Der Begriff der Normalität ist vieldimensional und deshalb nicht unkritisch verwendbar. Wegen der Wirkmächtigkeit des Deutungsmusters „Normalität" halten wir es für wichtig, in der pädagogischen Arbeit zu klären, was damit gemeint ist. Es bedarf einer genauen Bestimmung, was unter „Normalität" gefasst wird und welche sozialen Grenzen oder psychologischen Annahmen den Rahmen dieser Kategorie bilden. Aus gedenkstättenpädagogischer Perspektive würden wir vorschlagen, Normalität zunächst einmal als eine historisch spezifische und keinesfalls als eine allgemein gültige oder unserem Alltag identische Normalität zu fassen und zu beschreiben. Die oben ausgeführten Überlegungen zur Kategorie Normalität, einmal als die der Täter und Täterinnen und einmal als die der NS-Gesellschaft, aufnehmend, sollte sich dieser historischen Normalität unter mindestens drei Perspektiven zugewendet werden: erstens durch gruppen- und einzelbiografische Beispiele, zum Beispiel anhand der Konzentrationslager-SS der Ebene der Protagonisten und Protagonistinnen und ihrem Normalitätsempfinden innerhalb des jeweiligen sozialen Kosmos; zweitens der Ebene des gesellschaftlichen Mainstreams, etwa durch die Beschreibung von alltäglichen und öffentlichen Diskriminierungen. Neben diesen zwei sozialen gilt es, die psychologische Dimension von Normalität zu bedenken: Die NSDAP war kein Hort von Psychopathen, nichtsdestotrotz kann und sollte immer wieder betont werden, dass einige Männer und Frauen sadistische Züge entwickelten, weil sie die Möglichkeit dazu erhielten und nicht umgekehrt – ohne ausschließen zu wollen, dass es auch diese Fälle gab.

6. Gender

Die gesellschaftliche Normalität des Nationalsozialismus, die Machtkonstellationen und das Zusammenspiel verschiedener Tätergruppen waren durch Geschlechterordnungen bestimmt. Deshalb ist – unabhängig davon, zu welchen konkreten historischen Ereignissen gearbeitet wird – eine Analyse der beteiligten

---

6 Harald Welzer, Täter. Wie aus ganz normalen Menschen Massenmörder werden, Frankfurt a. M. 2005, S. 73 f.

Tätergruppen, Individuen und Institutionen unter der Kategorie Gender unerlässlich. Wir gehen davon aus, dass der Nationalsozialismus ein gemeinschaftliches Projekt von (nicht-verfolgten) Männern und Frauen war, an dem sie bedingt durch die Geschlechterordnung in unterschiedlichem Maße beteiligt waren. Daraus folgt auch, dass Gender nicht auf die Analyse weiblicher Identität reduziert werden darf, unabdingbar scheint uns eine wissenschaftliche Auseinandersetzung (und deren Einbeziehung in die Bildungsarbeit) mit Maskulinitätsvorstellungen und deren Bedeutung.

Die zweite Dimension der Kategorie Geschlecht bezieht sich auf die Rezeption der NS-Geschichte, die immer auch von Geschlechtervorstellungen geprägt wird. Deutlich wird das unter anderem in der Gestaltung der Gedenkstätten selbst. So war beispielsweise vor Kurzem in einer Ausstellung der Gedenkstätte Sachsenhausen folgende Bildunterschrift zu lesen: „Hier waren Widerstandskämpfer sowie Frauen und Kinder inhaftiert." Solche Geschlechterbilder sind auch bei Jugendlichen heute präsent, sie strukturieren deren Aneignung von Geschichte in pädagogischen Prozessen. Bei der Auseinandersetzung mit Tätern und Täterinnen wird dies vor allem deutlich, wenn es um Gewaltausübung, Macht oder Waffen geht. Männliche und weibliche Jugendliche gehen mit solchen Themen auf unterschiedliche Art und Weisen um. Dies gilt es in der pädagogischen Arbeit zu reflektieren.

7. Bilder im Kopf

Die insbesondere medial vermittelten Bilder von Tätern und Täterinnen sind wirkmächtig und beeinflussen die pädagogische Arbeit. Filme wie „Der Vorleser"[7] nach dem Buch von Bernhard Schlink, in dem eine ehemalige Aufseherin als der Unterschicht zugehörige Analphabetin geschildert wird und ihre Taten damit implizit entschuldigt werden, vermitteln starke Bilder, die auch die weitere Aneignung von NS-Geschichte beeinflussen. Sollen diese Bilder nicht einfach fortgeschrieben werden, müssen sie aufgegriffen, analysiert und dekonstruiert werden.

Wir verstehen Gedenkstättenpädagogik damit auch als erinnerungspolitische Arbeit, die einerseits von kulturell und politisch geprägten Geschichtsbildern abhängt und andererseits den Teilnehmenden dabei hilft, sich innerhalb dieser Erinnerungskultur als Subjekte zu begreifen und positionieren. Letztlich muss es in der Gedenkstättenpädagogik also darum gehen, ihre Adressaten und Adressatinnen dabei zu unterstützen, sich der Geschichtsbilder und Deutungsmuster, die sie in der Familie, Schule und durch die Medien bereits entwickelt haben, bewusst

---

7 Stephen Daldry, Der Vorleser, 124 Min., USA/Deutschland 2008.

zu werden. Es sollte deutlich werden, dass die Vorstellung, die Menschen sich von Geschichte machen, häufig primär von gegenwärtigen Bedürfnissen geprägt ist, und dass das in besonderem Maße für die Vorstellung der Deutschen von „den Nazis" gilt. Die Voraussetzung dafür, dass eine solche Auseinandersetzung gelingen kann, ist, dass sich die Pädagogen und Pädagoginnen bewusst sind, dass sie selber Teil einer Institution sind, die Deutungsmuster herstellt, und dass sie selber in ihrer Darstellung der Geschichte Deutungen (re)produzieren und weitergeben. Sind sie sich dessen nicht bewusst, besteht die Gefahr, dass gesellschaftlich hegemoniale Abwehr- und Distinktionsstrategien, wie die Dämonisierung oder Pathologisierung der Täter und Täterinnen, im pädagogischen Prozess aufgerufen, nicht reflektiert und damit plausibilisiert werden.

8. Zugänge

Wir halten weder einen ausschließlich auf Strukturgeschichte noch einen rein auf Biografien basierten Zugang zur Auseinandersetzung mit Täterschaft für sinnvoll. Die NS-Verbrechen waren staatlich geplant und organisiert und zugleich Kollektivtaten, weshalb die Beschäftigung mit den gesellschaftlichen, politischen, institutionellen, ideologischen und organisatorischen Strukturen von hoher Bedeutung ist. Die Täter und Täterinnen geraten hier zu Recht als Funktionsträger in den Blick. Die Arbeit mit ihren Biografien stößt unweigerlich an methodische und inhaltliche Grenzen, da sie nur einen winzigen Ausschnitt und nicht das Ausmaß des Verbrechens abbilden können und für sich allein keine Erklärungen bieten.

Und doch halten wir die Arbeit mit repräsentativen Biografien für sinnvoll, um die Täter und Täterinnen als historische Subjekte mit (strukturell bedingt unterschiedlich großen) Handlungs- und Entscheidungsspielräumen und individueller Tatbeteiligung darstellen zu können. Besonders interessant sind die Wechselwirkungen, also die Wirkung des organisatorischen Handlungsrahmens auf die Menschen und umgekehrt, der Einfluss der Individuen auf die Strukturen. Es ist also wichtig, die Biografien in ihrem sozialen und organisatorischen Kontext zu verorten. Erst der Blick auf die gesellschaftlichen Bedingungen des Handelns Einzelner eröffnet die Möglichkeit, die Handlung selbst zu verstehen.

Die Herausforderung besteht darin, ein ausgewogenes Verhältnis zwischen einem biografischen und einem strukturgeschichtlichen Zugang zu finden. Gerade die Wechselwirkungen zwischen den Strukturen und den in ihnen Handelnden sind in der historisch-politischen Bildungsarbeit nachzuzeichnen. Angesichts der Heterogenität der verschiedenen Tätergruppen sollte dies auch vergleichend vorgenommen werden, damit die Unterschiedlichkeit etwa zwischen dem

Bewachungspersonal und den höheren Dienstgraden der Konzentrationslager-SS deutlich wird. Fragen für die pädagogische Annäherung an das System Struktur – Individuum könnten sein: Welches Selbstverständnis hatte die Organisation und ihre Mitglieder? Wie war die Organisation aufgebaut und wer prägte sie maßgeblich? Welche Gestaltungsräume hatten die einzelnen Täter und Täterinnen in ihrem Aufgabenbereich? Wie sah die Ausbildung aus? Welche strukturellen Bedingungen begünstigten verbrecherisches Handeln und ließen mögliche Hinderungsgründe zurücktreten? Wie wurde konformes oder nicht-konformes Verhalten sanktioniert? Welcher Stellenwert kann dem sozialen Bezugsrahmen zugeschrieben werden? Wie mag das enge kameradschaftliche Netz auf die Mitglieder gewirkt haben? Idealerweise wäre in die Beschäftigung mit den strukturellen und ideologischen Bedingungen immer deren Wirkung auf die jeweils einzelnen Täter und Täterinnen einzubinden und umgekehrt zu fragen, inwieweit einzelne Personen Einfluss auf die strukturelle Ebene nehmen konnten. Denn die Organisationsstruktur bestand nicht einfach, sondern wurde von den Nationalsozialisten organisiert und verändert, wobei gilt: je höher der Posten, desto größer der Einfluss und die Verantwortlichkeit. Doch Handlungs- und Entscheidungsspielräume hatten eben nicht nur höhere Dienstgrade, sondern alle Beteiligten.

9. Haltung

Ein Zugang, der Biografie und Strukturgeschichte verbindet, beinhaltet die Chance, eine Diskussion über individuelle Tatbeteiligung und Motivationen anzuregen. Diese Auseinandersetzung mit den gewöhnlichen Männern und Frauen, die uns weder biografisch noch gesellschaftlich besonders fernstehen, ihren Entscheidungen und ihrem Verhalten kann auch Fragen wie „Wie haben sich meine (Ur)großeltern damals verhalten?" oder „Wie hätte ich mich damals verhalten?" anstoßen. Eine solche Herangehensweise birgt die Gefahr, dass sich die Adressaten und Adressatinnen zu sehr mit den Tätern und Täterinnen identifizieren. Eine gewisse Distanz zum Objekt der Beschäftigung ist nötig, soll die Auseinandersetzung produktiv bleiben.

Anzustreben wäre also eine empathische Annäherung an die Tatverantwortlichen, die Distanz wahrt und damit die Möglichkeit zu einer kritischen Reflexion der Selbstdarstellungen und Schuldabwehrstrategien offenhält. Empathie meint in diesem Sinne, sich auf die Perspektive der Täter und Täterinnen, ihre Denkmuster und die Sinnzusammenhänge einzulassen, in denen sie handelten. Es gilt, das Erschreckende dieser Auseinandersetzung an sich heranzulassen, ohne davon überwältigt zu werden und den eigenen Standpunkt zu vergessen.

10. Gegenwartsbezogenes Lernen

Wir halten es für sinnvoll, wenn der Fokus von Gedenkstättenpädagogik auf der Vermittlung von historischen Prozessen liegt. Nichtsdestotrotz ergeben sich daraus selbstverständlich Anschlussmöglichkeiten für persönliche und politische Bildungsprozesse in Bezug auf die Gegenwartsgesellschaft. Beispielsweise können die Teilnehmenden in pädagogischen Angeboten zur Beschäftigung mit den Tätern und Täterinnen verstehen, wie schnell sich die Grenzen dessen, was von Einzelnen als normal wahrgenommen wird, verschieben können. Die Reflexion über den historischen Prozess kann bei ihnen zu einem Bewusstsein über die immerwährende Gefährdung menschenrechtlicher und demokratischer Standards führen. Insofern kann Gedenkstättenpädagogik prinzipiell auch handlungsrelevant werden.

Die Auseinandersetzung mit den nationalsozialistischen Massenverbrechen in gedenkstättenpädagogischen Projekten kann Anstoß zur Herausbildung eines Bewusstseins über die „radikale Unselbstverständlichkeit des (gesellschaftlich) Guten" sein.[8] Die Werte allerdings, die dieses gesellschaftlich Gute ausmachen, sind an Gedenkstätten kaum zu vermitteln. Die Gedenkstätten stehen mit ihrer Geschichte denkbar größter Verbrechen für die absolute Abwesenheit von demokratischen Standards und Menschenrechten. Und letztlich ist auch nicht vorauszusehen, welche Schlüsse die Adressatinnen und Adressaten, abhängig von ihrem sozialen, kulturellen oder politischen Hintergrund, aus der Geschichte ziehen. Unter Umständen liegen ihnen andere Gegenwartsbezüge sehr viel näher, als die von uns Pädagogen und Pädagoginnen mühsam konstruierten. Ob, wie und was die Besucher und Besucherinnen aus der Geschichte lernen, sollte ihnen selbst überlassen bleiben. Deshalb halten wir es auch für sinnlos, solche Bildungsprozesse als Ziele auf die Agenda der Gedenkstättenpädagogik zu setzen. Stattdessen plädieren wir dafür, das Lernen über die Geschichte ins Zentrum der Bemühungen zu stellen.

---

[8] Volkhard Knigge, Statt eines Nachworts. Abschied der Erinnerung. Anmerkungen zum notwendigen Wandel der Gedenkkultur in Deutschland, in: ders./Norbert Frei, Verbrechen erinnern. Die Auseinandersetzung mit Holocaust und Völkermord, München 2002, S. 423–440, hier S. 432 f.

IV. Historische Relikte (Bild, Schrift, Gebäude) als Quellen und Medien der Erinnerung

CHRISTIANE HESS

Félix Lazare Bertrand – Zeichnungen aus dem KZ Neuengamme[1]

Das Bild der Lager vermittelte sich „der Öffentlichkeit nach dem Krieg und bis heute vor allem über Fotografien einer sehr unterschiedlichen Produzentenschaft", resümiert die Kunsthistorikerin Karin Gludovatz.[2] Fragen nach der Konstruktion der Bilder, den Perspektiven der Täter und Opfer wie auch den Rezeptionsweisen sind vor allem in Bezug auf die Fotografien und Filme im Zusammenhang mit der Befreiung der Lager durch die Alliierten untersucht worden.[3]

Blickt man in die Ausstellungen und Archive der KZ-Gedenkstätten und Widerstandsmuseen, lassen sich dort neben den Fotografien, die im Auftrag der SS entstanden sind, zahlreiche andere Bildproduktionen finden, Zeichnungen, Grafiken, Aquarelle und – sogar Ölgemälde.[4]

1   Dieser Artikel ist eine überarbeitete Zusammenfassung meiner 2007 abgeschlossenen Magistraarbeit, Christiane Heß, Zwischen „Kunst" und Dokument. Zeichnungen aus dem KZ Neuengamme. Unveröffentlichte Magistraarbeit, Universität Hamburg, 2 Bde., Hamburg 2007. Für Kritik und Anregungen möchte ich mich an dieser Stelle ganz herzlich bei Andreas Ehresmann, Anat Frumkin, Judith Henning, Julia Kramer, Olaf Kruithoff, Susann Lewerenz und Regina Mühlhäuser bedanken. Er erscheint im französischen Original u. d. T. Félix Lazare Bertrand – Dessins du Camp de Neuengamme, in: Témoigner. Entre histoire et mémoire. Revue pluridisciplinaire de la Fondation Auschwitz, Bruxelles, Nr. 109 (Oktober/Dezember 2010).

2   Karin Gludovatz, Widerständiges Material. Zeichnungen aus nationalsozialistischen Konzentrations- und Vernichtungslagern, in: Clemens Krümmel/Alexander Roob (Hrsg.), Tauchfahrten. Zeichnung als Reportage, Düsseldorf 2004, S. 38–45, hier S. 38.

3   Vgl. dazu grundlegend: Detlef Hoffmann, Fotografierte Lager. Überlegungen zu einer Fotogeschichte deutscher Konzentrationslager, in: Fotogeschichte 14 (1994), 54, S. 3–20; Cornelia Brink, Ikonen der Vernichtung. Öffentlicher Gebrauch von Fotografien aus nationalsozialistischen Konzentrationslagern nach 1945, Berlin 1998; Clément Chéroux (Hrsg.), Mémoire de camps. Photographies de camps de concentration et d'extermination nazis (1933–1999), Paris 2001; Habbo Knoch, Die Tat als Bild. Fotografien des Holocaust in der deutschen Erinnerungskultur, Hamburg 2001.

4   Mary S. Costanza, Bilder der Apokalypse. Kunst in Konzentrationslagern und Ghettos, München 1983; Ziva Amishai-Maisels, Kunst, in: Israel Gutman/Eberhard Jäckel/Peter Longerich (Hrsg.), Enzyklopädie des Holocaust. Die Verfolgung und Ermordung der europäischen Juden, Bd. II, Berlin 1993, S. 835–845; Irena Szymańska, Kunst im Konzentrationslager Auschwitz, in: Dachauer Hefte 18 (2002), S. 73–96; Stefanie Endlich, Kunst

In den nationalsozialistischen Konzentrationslagern gab es für die Häftlinge – wenn überhaupt – kaum andere Möglichkeiten, Bilder herzustellen, als zu zeichnen, um die Verbrechen der Nationalsozialisten, ihren Alltag oder auch Mithäftlinge zu dokumentieren bzw. zu porträtieren.[5]

Schon direkt nach dem Ende des Zweiten Weltkriegs wurden die Zeichnungen und andere Artefakte, die in den Lagern entstanden waren, gesucht, gefunden, gesammelt und teilweise ausgestellt. Gedenkstätten wie die in Buchenwald, Theresienstadt und Auschwitz haben seit den 1960er-Jahren ihre Sammlungen in eigenen Kunst-Ausstellungen präsentiert.[6]

Im Rahmen der KZ-Gedenkstätte Neuengamme war dies aus unterschiedlichen Gründen nicht der Fall. Erst 1981 wurde auf dem Gelände des ehemaligen Konzentrationslagers Neuengamme ein Dokumentenhaus errichtet, das sowohl eine kleine Ausstellung als auch ein Archiv beinhaltete. Von diesem Zeitpunkt an begannen die Mitarbeiterinnen und Mitarbeiter der Gedenkstätte, vor Ort Dokumente und auch Artefakte systematisch zu sammeln und zu erfassen.[7]

Die meisten der heute bekannten Bildproduktionen befinden sich in Sammlungen und Archiven von Museen und Gedenkstätten in Frankreich, Dänemark und den Niederlanden oder aber in Privatbesitz von Überlebenden und Angehörigen. Einige Zeichnungen sind jedoch auch bei der Drucklegung der frühen Veröffentlichungen von 1945–1947 verloren gegangen. Im Archiv der KZ-Gedenkstätte Neuengamme selbst befinden sich daher nur sehr wenige Originale; die meisten der weit über 500 Bilder sind Reproduktionen unterschiedlichster Qualität.[8]

Welche Bedeutung haben diese Bildproduktionen für eine Auseinandersetzung mit der Geschichte der Konzentrationslager? Was kann man von ihnen

---

    im Konzentrationslager, in: Wolfgang Benz/Barbara Distel (Hrsg.), Der Ort des Terrors. Geschichte der nationalsozialistischen Konzentrationslager, Bd. 1: Die Organisation des Terrors, München 2005, S. 276–295.

5   Ausnahmen bilden die wenigen erhaltenen Fotografien, die Mitglieder des Sonderkommandos aus Auschwitz-Birkenau zeigen; Chéroux, Mémoire, S. 86–91.

6   Sybil Milton, Kunst als historisches Quellenmaterial in Gedenkstätten und Museen, in: Wulff E. Brebeck u. a. (Hrsg.), Über-Lebens-Mittel. Kunst aus Konzentrationslagern und in Gedenkstätten für die Opfer des Nationalsozialismus, Marburg 1992, S. 44–63; Michaela Haibl, Konzentrationslager oder „Künstlerkolonie"? Zur Problematik der Rezeption und Präsentation von Artefakten aus Konzentrationslagern, in: Helge Gerndt u. a. (Hrsg.), Der Bilderalltag. Perspektiven einer volkskundlichen Bildwissenschaft, Münster 2005, S. 275–295, hier S. 279.

7   Detlef Garbe, Die Arbeit der KZ-Gedenkstätte Neuengamme 1981–2001. Rückblicke – Ausblicke. Eine Dokumentation der Aktivitäten 20 Jahre nach der Eröffnung des Dokumentenhauses in Hamburg-Neuengamme, Hamburg 2001, S. 18–20, 43–45.

8   Maike Bruhns, „Die Zeichnung überlebt ..." Bildzeugnisse von Häftlingen des KZ Neuengamme, Bremen 2007, hier besonders S. 15.

erfahren? Die Zeichnungen, ihre Erzählstrategien und das visuelle Vokabular können beispielsweise Auskunft über Perspektiven und Blicke von ehemaligen Häftlingen auf die Lager und den Alltag in den Lagern geben. Dabei transportieren sie Zeichen und Spuren mit persönlichen, historischen, kulturellen, symbolischen Bedeutungen; sie verweisen auf die Produzentinnen und Produzenten der Bilder und deren Geschichten.[9] Oder, wie es der Historiker Nicolas Stargardt formulierte, die Zeichnungen geben Einblicke in die „moral and emotional map" der jeweiligen Produzenten und Produzentinnen.[10] Das bedeutet, dass in Zeichnungen nicht nur Erlebnisse und Erfahrungen von Häftlingen im Lager repräsentiert werden, sondern auch die Konflikte der Möglichkeiten von Integration und Trennung der beiden Welten, der Welt des Lagers und der erlebten, vorkonzentrationären Welt außerhalb, sichtbar werden. Diese „Relikte aus dem Kraftfeld der Kunst"[11] müssen in ihren Erzähl- und Ausdrucksweisen umfassend kontextualisiert werden. Daher erscheinen im Anschluss daran auch Fragen nach den Verwendungsweisen der Zeichnungen nach 1945 und Praktiken der Reproduktion, des Veröffentlichens, Sammelns und Ausstellens von Interesse. Die Zeichnungen transportieren nicht nur Spuren der Vergangenheit, ihre Wege, Nachnutzungen und die Überlieferungsgeschichte sind ihnen ebenso eingeschrieben und sollten bei einer Analyse miteinbezogen werden.[12]

Im Fokus dieses Textes steht ein ausgewählter Bestand von Zeichnungen, die – im Verborgenen – zwischen 1944 und 1945 im KZ Neuengamme entstanden sind. Das Konzentrationslager Neuengamme bei Hamburg, von 1938 bis 1940 Außenlager des KZ Sachsenhausen, war ab 1940 das größte Konzentrationslager Norddeutschlands. Über 90 000 Männer und Frauen aus Europa wurden in dieses Konzentrationslager und seine 85 Außenlager deportiert.[13]

9 Rosamunde Neugebauer, Zeichnen im Exil – Zeichen des Exils? Handzeichnung und Druckgraphik deutschsprachiger Emigranten ab 1933, Weimar 2003, S. 511.
10 Nicholas Stargardt, Children's Art of the Holocaust, in: Past & Present 47 (1998), 161, S. 191–235, hier S. 234.
11 Detlef Hoffmann, Relikte aus dem Kraftfeld der Kunst. Bilder, gefertigt in deutschen Konzentrationslagern, in: Anne Bernou-Fieseler/Fabien Théofilakis (Hrsg.), Das Konzentrationslager Dachau. Erlebnis, Erinnerung, Geschichte. Deutsch-Französisches Kolloquium zum 60. Jahrestag der Befreiung des Konzentrationslagers Dachau, München 2006, S. 271–293.
12 Marianne Hirsch/Leo Spitzer, Testimonial Objects. Memory, Gender and Transmission, in: Marie-Aude Baronian/Stephan Besser/Yolande Jansen (Hrsg.), Diaspora and Memory. Figures of Displacement in Contemporary literature, Arts and Politics. Amsterdam/New York 2006, S. 137–164.
13 Hermann Kaienburg, „Vernichtung durch Arbeit". Der Fall Neuengamme. Die Wirtschaftsbestrebungen der SS und ihre Auswirkungen auf die Existenzbedingungen der KZ-Gefangenen, Bonn 1990; Marc Buggeln, Arbeit & Gewalt. Das Außenlagersystem des KZ Neuengamme, Göttingen 2009.

Mehr als 100 Zeichnungen und Skizzen fertigte der französische Architekt und Lokalpolitiker Félix Lazare Bertrand an, der seit Sommer 1944 als sogenannter Sonderhäftling im KZ Neuengamme inhaftiert war. Nach seiner Rückkehr im Mai 1945 bearbeitete Bertrand seine Zeichnungen, sortierte und kommentierte sie. Noch vor seinem Tod im Jahr 1959 wurden die Zeichnungen in Frankreich ausgestellt und seither mehrfach reproduziert. Die Zeichnungen Bertrands befinden sich heute in den Archiven des „Musée de la Résistance et Déportation" (MRD) in Besançon und des „Musée de l'Ordre de la Libération" (MOL) in Paris.[14]

Im Folgenden werden einige Aspekte der Bildproduktion im KZ Neuengamme vorgestellt. Darüber hinaus werden an ausgewählten Beispielen die Entstehungsbedingungen und die sozialen und kommunikativen Funktionen von Zeichnungen im Lager vorgestellt. Abschließend wird ein Blick auf die Verwendungsweisen und die Rezeption der Zeichnungen geworfen. Lazare Bertrand kommentierte seine Zeichnungen nach seiner Rückkehr selbst. Ein Mithäftling reproduzierte die Zeichnungen Bertrands nach dessen Tod und trug zu deren Verbreitung bei.

1. Künstlerische Bildproduktionen im KZ Neuengamme

Wie in fast allen nationalsozialistischen Lagern und Ghettos gab es auch im KZ Neuengamme und seinen Außenlagern künstlerische Bildproduktionen. In der bisher erschienenen Literatur zu künstlerischen Bildproduktionen aus den Lagern werden diese grob unterschieden in „illegale" Werke, d. h. solche, die im Geheimen produziert wurden, und „Auftragsarbeiten", d. h. solche, die offiziell für die SS produziert wurden.[15] Bislang können über 40 Frauen und Männer für das KZ Neuengamme und seine Außenlager benannt werden, die zwischen 1938 und 1945 als KZ-Häftlinge, aber auch nach ihrer Befreiung, Skizzen, Zeichnungen, Grafiken und Gemälde fertigten.[16] Dabei weisen die Arbeiten stilistisch eine große Bandbreite auf; auch die biografischen Voraussetzungen und Erfahrungen von Verfolgung und KZ-Haft variieren deutlich.[17] Die meisten heute bekannten „heimlichen" Arbeiten aus dem KZ Neuengamme entstanden in den letzten Kriegsjahren, zwischen 1944 und 1945. Es gibt dagegen nur wenige Hinweise auf Bildproduktionen vor dieser Zeit. Zumeist handelt es sich dabei um Auftragsar-

---

14 Herzlichen Dank an dieser Stelle an Marie-Claire Ruet (MRD) und Vladimir Trouplin (MOL) für die Unterstützung bei der Recherche.
15 Michaela Haibl, „Überlebensmittel" und Dokumentationsobjekt. Zeichnungen aus dem Konzentrationslager Dachau, in: Dachauer Hefte 18 (2002), S. 42–64, hier S. 47.
16 Bruhns, Zeichnung; Heß, „Kunst".
17 Bruhns, Zeichnung, S. 14.

beiten der SS. Neben den SS-Fotografien, die z. B. Wandbilder im Inneren und an den Außenwänden von Baracken zeigen, lassen sich in nur in wenigen Berichten von Überlebenden Hinweise auf künstlerische Arbeiten finden, die von der SS in Auftrag gegeben wurden.[18] Eigene künstlerische Tätigkeit musste vor der SS geheim gehalten werden, häufig aber auch vor den Funktionshäftlingen. Meistens erfuhren davon nur einige Häftlinge in der eigenen Baracke.[19] Obwohl teilweise auf Materialien aus den handwerklichen Betrieben und den Büros zurückgegriffen werden konnte, musste bei der Materialbeschaffung improvisiert werden. Gezeichnet wurde auf Streichholzschachteln, Rückseiten von Briefmarken und Packpapier, Bescheinigungen aus den Büros der SS oder auf Stoffstücken. Als Zeichengeräte dienten vor allem Bleistifte, aber auch selbstgemachte Farben, Tusche und Tinte.[20]

Zum Teil wurden die Zeichnungen datiert und signiert. Der französische Künstler und Widerstandskämpfer Réne Baumer zeichnete im Außenlager Hannover-Stöcken Porträts seiner Mitgefangenen. Er nutzte einen anderen Namen, Réne Ramage, den er nach seiner Rückkehr bei einigen seiner Zeichnungen ausradierte und dafür den Namen Baumer einsetzte.[21] Die Zeichnungen wurden in den Baracken in den Strohsäcken versteckt oder aber in kleinen versteckten Taschen direkt am Körper getragen, wie dies beispielsweise der Norweger Odd Magnussen berichtet.[22]

Die Motive der Zeichnungen, die – im Verborgenen – von den Häftlingen produziert wurden, zeigen vor allem Situationen des KZ-Alltags: Appell stehen, Warten vor der Baracke oder beispielsweise die Ausgabe der Suppe, in kleinen Gruppen zusammenstehende Häftlinge. Darin unterscheiden sich Bildproduktionen aus dem KZ Neuengamme nicht von denen anderer Konzentrationslager.[23] Darstellungen von Gewalt, Schlägen der SS oder den Toten finden sich zumeist erst in den Bildern, die nach dem „Öffnen der Lager" entstanden sind.[24]

18 Heß, „Kunst", S. 32–36.
19 Thomas Rahe, Häftlingszeichnungen aus dem Konzentrationslager Bergen-Belsen, Loheide 1993, S. 8.
20 Costanza, Bilder, S. 153–162; Gludovatz, Material, S. 41.
21 Rainer Fröbe, Exkurs: René Baumer – Ein Zeichner im KZ. Kunst, Widerstand und Identität im Konzentrationslager, in: ders. u. a. (Hrsg.), Konzentrationslager in Hannover. KZ-Arbeit und Rüstungsindustrie in der Spätphase des Zweiten Weltkriegs, Hildesheim 1985, S. 109–130.
22 Lars To, Vi Ventet. Wir warteten. Nachrichtenbunker ‚Fuchsbau', Fürstenwalde 1996, S. 5.
23 Ziva Amishai-Maisels, Depiction and Interpretation. The influence of the Holocaust on the Visual Arts, Oxford 1993.
24 Georges Didi-Huberman, Das Öffnen der Lager und das Schließen der Augen, in: Ludger Schwarte (Hrsg.), Auszug aus dem Lager. Zur Überwindung des modernen Raumparadigmas, Bielefeld 2007, S. 11–45.

2. Die Zeichnungen von Lazare Bertrand

Félix Lazare Bertrand war als einer der mehr als 300 französischen Sonderhäftlinge, die den Status von Geiseln hatten, über das Internierungslager Compiègne im Juli 1944 in das KZ Neuengamme deportiert worden. Die Gruppe der Sonderhäftlinge war getrennt von den anderen Häftlingen untergebracht, vom 20. Oktober 1944 an im Bereich des sogenannten Sonderlagers. Die französischen Sonderhäftlinge mussten nicht am Appell teilnehmen und wurden nicht zur Zwangsarbeit eingesetzt. Im Lager traf Lazare Bertrand auf einen Arbeitskollegen, den Architekten und Résistance-Kämpfer Ernest Gaillard, der ihn mit Informationen, Papier, Stiften wie auch mit Lebensmitteln versorgte. Bertrand fertigte seit Anfang August 1944 Zeichnungen an und schrieb darüber hinaus ein Tagebuch, sowohl im KZ Neuengamme als auch während seiner Evakuierung über Theresienstadt, Prag und Würzburg nach Frankreich bis zum 19. Mai 1945.[25]

Während die Zeichnungen vor allem den Blick nach außen, auf die anderen Mithäftlinge und die Situationen im Lager zeigen, reflektiert Bertrand in seinen Aufzeichnungen die Bedingungen der Inhaftierung der Gruppe der Sonderhäftlinge und ihre psychischen und physischen Folgen.

Bertrand hat zum Zeichnen mehrere Papiersorten benutzt und konnte auf Bleistift und – seltener – auf farbige Stifte zurückgreifen.[26] Auf einer der ersten Zeichnungen schrieb er mit Bleistift die Farben des abgebildeten Gebäudes dazu.[27] Später scheint Bertrand meist über genug Papier verfügt zu haben, was auch die Größe der Zeichnungen von durchschnittlich 20 cm x 25 cm vermuten lässt; nur in wenigen Fällen deuten Skizzen auf den Rückseiten der Blätter auf einen Mangel an Papier bzw. einen sparsamen Umgang mit dem Material hin.[28]

In den ersten kleinen Skizzen deutet Bertrand die verschiedenen Tätigkeiten und Situationen an, die für ihn sichtbar waren. So dokumentierte er das Geschehen auf dem Appellplatz und die Situationen vor den Baracken, wenn verschiedene Arbeitskommandos, die in seiner näheren Umgebung tätig waren, ihre Aufgaben erledigen mussten, z. B. Suppenfässer tragen, den Appellplatz walzen oder schwere Lasten transportieren. Dabei wechselte sein Fokus immer wieder von

---

25 Joël Drogland, Les Carnets de Lazare Bertrand. Maire de Sens, otage de déporté a Neuengamme, Auxerre 1999.

26 MOL, Dossiers de Restauration École de Conde, Paris, ohne Signatur: Bertrand benutzte dünnes rotes, leicht liniertes Papier, etwas gröberes hellgelbes, raueres dunkleres und ins Orange-Bräunliche übergehendes Papier, Zahlungsscheine der Deutschen Ausrüstungswerke, Velin-Papier (feines Pergament-Papier) sowie Papier mit Wasserzeichen.

27 MOL, N 3890.

28 Ute Haug, Die Rückseite als historische Quelle, in: Uwe M. Schneede (Hrsg.), Parcours. Die Rücken der Bilder, Hamburg 2004, S. 27–34; Costanza, Bilder, S. 162.

Architekturzeichnungen hin zu Genreszenen oder auch Porträts, zu Darstellungen der verschiedenen Häftlingstypen. Auch Kapos oder andere Funktionshäftlinge werden in seinen Zeichnungen dargestellt. SS-Angehörige sind hingegen nur selten sein Motiv.[29] Die Wahl der Sujets erklärte sich nicht zuletzt daraus, dass Bertrands Zeichnungen und die gewählten Motive von dem Radius, in dem er sich bewegen konnte und durfte, abhängig waren.

3. Die Latrine als Bildmotiv

Die überfüllten Baracken, das Warten und Anstehen bei der Ausgabe der Suppe gehören zu den wiederkehrenden Motiven, die sich auch schon in den Zeichnungen aus den Internierungslagern finden lassen, wie die Kunsthistorikerin Rosamunde Neugebauer betont.[30] Ein ähnlich häufiges Sujet sind die Latrinen, sowohl als Ort der Arbeit im Konzentrationslager wie auch als der Ort, an dem die

Abb. 1: Félix Lazare Bertrand, La Vidange des Chiottes, 1. 8. 1944, Bleistift auf Papier, 10,6 cm x 15 cm. MOL, N 3891

---

29 Im Zusammenhang mit der differenzierten Darstellung von SS-Angehörigen und Kapos vgl. Karsten Uhl, The Auschwitz Sketchbook, in: David Mickenberg u. a. (Hrsg.), The Last Expression. Art and Auschwitz, Evanston Ill. 2003, S. 95–101, hier S. 97 f.
30 Neugebauer, Zeichnen, S. 64.

unwürdigen Bedingungen im Lager, die körperlichen Auswirkungen von Unterernährung, Hunger und Krankheiten, der Mangel an Intimität und Hygiene am deutlichsten vor Augen geführt werden.

Auf den 1. August 1944 ist die Zeichnung „La Vidange des Chiottes"[31] datiert, Lazare Bertrand zeichnete das sogenannte Latrinenkommando (Abb. 1). Vier Häftlinge leeren die Latrine einer Baracke mit Eimern und schütten deren Inhalt in einen Jauchewagen. Auf dem Wagen steht die Zahl 4711. Aus einem Barackenfenster schaut ein weiterer Häftling und macht eine Geste, als ob er sich die Nase zuhalte. Die Häftlinge sind jedoch ohne Gesichtszüge gezeichnet, sie gleichen sich in Kleidung und Statur. In der Skizzenhaftigkeit der Zeichnung aber stellt Bertrand detailliert verschiedene Arbeitsschritte und Aufgaben vor. Er zeichnet die Anlage der Latrinen und Details der Baracken mit dem geübten Auge eines Architekten und verdeutlicht darüber hinaus mit der Geste des Häftlings am Fenster auch den Gestank dieser Arbeit.

Das Latrinenkommando gehörte zu den Innenkommandos des Konzentrationslagers. Das Kommando wurde im KZ Neuengamme nach Aussagen mehrerer Überlebender „4711" genannt, in zynischer Anlehnung an das bekannte Kölner Duftwasser.[32] Das Arbeitskommando wurde vor allem mit Häftlingen besetzt, die einen niedrigeren Status in der Häftlingshierarchie innehatten. Während der Arbeitszeit waren diese Häftlinge vor der unmittelbaren Gewalt der SS jedoch etwas geschützter, da diese sich den stinkenden Latrinen und dem Kommando gewöhnlich nicht näherten.[33]

Das Motiv des Latrinenkommandos findet sich auch auf anderen Bildern wieder. Der Norweger Ragnar Sörensen zeichnete – vermutlich nach dem 15. März 1945 – im sogenannten Skandinavierlager im KZ Neuengamme in ein kleines Heft.[34] In seiner Darstellung des Latrinenkommandos sind die Figuren mit wenigen Strichen dargestellt. Die Zahl 4711 ist deutlich sichtbar aufgezeichnet. Im Vordergrund sitzt ein Häftling auf einem Eimer. Hier wird die demütigende Situation der öffentlichen Toilette deutlich veranschaulicht. Der dänische Grenzgendarm Hans Peter Sørensen veröffentlichte 1948 eine Mappe mit 20 Lithografi-

---

31 „Die Entleerung der Latrinen".
32 Zu Sprache und Sprechen im KZ vgl. Wolf Oschlies, „Lagerszpracha", Zur Theorie einer KZ-Spezifischen Soziolinguistik, in: Friedhelm Beiner (Hrsg.), Janusz Korczak. Zweites Wuppertaler Korczak-Kolloquium 1984. Korczak-Forschung und Rezeption, Wuppertal 1984, S. 260–287; Nicole Warmbold, Lagersprache. Zur Sprache der Opfer in den Konzentrationslagern Sachsenhausen, Dachau, Buchenwald, Bremen 2008.
33 Heinrich Christian Meier, Im Frühwind der Freiheit, Hamburg 1954, S. 166; Kaienburg, Vernichtung, S. 197.
34 Zu den Biografien von Ragnar Sörensen und Hans Peter Sørensen siehe Bruhns, Zeichnung, S. 77–79, S. 305.

en.³⁵ Ein Blatt zeigt die schwere Arbeit des Latrinenkommandos. Sørensen kommentierte diese Arbeit in einer Bildunterschrift:

„Hier ist die Kolonne, die das Lager abfuhr, um die Latrinen zu leeren. Wenn man weiß, dass jede Woche Hunderte an Durchfall starben, ist klar, dass dieses Gewerbe gesundheitsgefährdend war."³⁶ Nach der Zwangsinternierung durch die Nationalsozialisten und angesichts der katastrophalen Zustände in den Konzentrationslagern war die Motivation groß, diese Lebensbedingungen – und damit auch den Ort der Latrine – zu dokumentieren und zu kommentieren. Denn trotz der fehlenden Intimität, des Gestanks, der Krankheiten war die Latrine ein Ort im Lager, der als Versteck, als Ort des „Organisierens" galt und in der Wahrnehmung der Häftlinge eine mehrfache Bedeutung erhielt.³⁷

4. Die sozial-kommunikative Funktion von Zeichnungen im Konzentrationslager

Zeichnen im Lager konnte mehrere Funktionen erfüllen. „Heimlich" Zeichnungen zu fertigen, war zunächst ein individueller Akt, der als Strategie zum Über-Leben verstanden werden kann, in dem Sinne, dass Zeichnen als kulturelle Praktik auch zur Wiederherstellung menschlicher Würde beitragen konnte.³⁸ Zumeist wussten nur wenige andere Bescheid, einzelne Mithäftlinge aus den Baracken oder aber von den Arbeitsstätten, aus denen Material besorgt wurde. Daher kann eine Zeichnung auch als ein „Sozialmedium" bezeichnet werden.³⁹ Die Kommunikation über Materialien oder das gemeinsam organisierte Verstecken der Bilder lassen sich als die zentralen sozialen Funktionen beschreiben. Darüber hinaus unterstützten Mithäftlinge die Bildproduzenten durch das Tauschen von Zeichnungen gegen Lebensmittel wie Brot oder Zigaretten. So können die Zeichnungen, anders formuliert, als „Teil des sozialen Lebens in den Baracken" verstanden werden.⁴⁰

---

35 Die Originalskizzen sind verschollen; ebenda, S. 77.
36 „Her er Holdet, som kørte rundt i Lejren og tømte W. C. erne. Naar man ved, at der døde flere Hundrede i hver Uge af Dysenteri, er man klar over, at Hvervet var sundhedsfarligt", zit. nach ebenda, S. 94.
37 Neugebauer, Zeichnen, S. 68–75.
38 Diane Afoumado, La „Preuve pour après" ou la résistance spirituelle de deux déportées à Ravensbrück, in: Bulletin du Centre d'histoire de la France contemporaine 13 (1992), S. 75–86.
39 Hans Dieter Huber, „Draw a distinction." Ansätze zu einer Medientheorie der Handzeichnung, in: Deutscher Künstlerbund e. V. (Hrsg.), zeichnen. Der deutsche Künstlerbund in Nürnberg 1996. 44. Jahresausstellung Germanisches Nationalmuseum Nürnberg, Berlin 1997, S. 8–21.
40 Rahe, Häftlingszeichnungen, S. 8.

Auch bei Bertrand spielte die soziale und kommunikative Funktion der Zeichnungen eine große Rolle. Die Bilder, die Bertrand fertigte – die architektonischen Entwürfe für seine Mithäftlinge ebenso wie die Porträtzeichnungen von anderen Gefangenen, die er den Porträtierten dann überließ – waren Teil des sozialen Lebens in den Baracken. Porträts selbst haben verschiedene Funktionen für den Zeichner und die Dargestellten. Sie wurden im Lager als Zeichen von Dank, Zuwendung oder Sympathie verschenkt, gegen andere Dinge getauscht, aus dem Lager geschmuggelt, als dokumentierte Lebenszeichen im Sinne einer Fotografie gesehen, versteckt oder zur Aufbewahrung weitergegeben.

Die Zeichnung des US-amerikanischen Arztes Dr. Sumner Waldron Jackson ist eines der wenigen Bilder, die Bertrand mit einem Namen versah und so einer konkreten Person zuordnete. Ein Häftling in ziviler Kleidung steht allein vor einer Baracke (Abb. 2). Er ist im Profil dargestellt und trägt eine mehrmals geflickte Hose mit einem großen roten Kreuz und einer Nummer „USA 3" sowie eine dunkle Jacke, ebenfalls mit einem roten Strich markiert. Hinten an der Hose ist ein Hut befestigt. Das Haar ist kurz geschoren. Sein Blick richtet sich auf die Unterkunftsbaracken im Hintergrund. Dort sind mehrere Gruppen von Häftlingen hinter einem Zaun angedeutet, weitere arbeiten davor. In dieser Zeichnung stellt Lazare Bertrand den individuellen Häftling der nicht näher definierten

Abb.2: Félix Lazare Bertrand, 4. 8. 1944, Bleistift und roter Stift auf Papier, 16,5 cm x 22 cm. MOL, N 4184

Gruppe von KZ-Häftlingen gegenüber. Auf der Rückseite des Blattes vermerkte er nachträglich:

„La [unleserlich] de Jackson m'avait paru tellement curieuse au point de vue vestimentaire que j'avais fait ce croquis qui dans mon esprit faisait un rapprochement entre l'admirable figure de cet homme et son accoutrement. Ce n'est qu'un peu plus tard que j'ai connu Jackson [...] et qu'il a signé le croquis. Jackson est mort dans le noyades de Lübeck seul son fils, que je n'ai pas connu au camp est revenu."[41]

So lässt sich auch die schwungvolle Unterschrift neben dem Porträtierten genauer einordnen. Nachdem sie einander vorgestellt wurden, signierte Jackson die Zeichnung und Lazare Bertrand ergänzte seinen Titel. Die soziale Interaktion der beiden Personen hat sich somit in die Zeichnung eingeschrieben.[42]

Die Aussage Bertrands über die „Aufmachung" Jacksons lässt sich mit Berichten anderer Überlebender vergleichen, die diese Einkleidung, vor allem mit markierter Zivilkleidung, als eine „Verwandlung in einen Konzentrationär" wahrnahmen. Seit 1943 wurde im KZ Neuengamme zivile Kleidung ausgegeben und durch das Einnähen von Stoffresten wie auch das Auftragen von Strichen bzw. Kreuzen in gelber und roter Farbe als Häftlingskleidung gekennzeichnet.[43] In den Beschreibungen Überlebender finden sich Vergleiche wie „Maskerade, Clown und Harlekin".[44] Anhand dieser Zeichnung und des nachträglichen Kommentars wird hier besonders deutlich, wie Lazare Bertrand arbeitete: Er zeichnete, was ihm im Laufe des Tages auffiel und was er beobachten konnte, vor allem die unterschiedlichen Typen der Häftlinge und ihre Kleidung. Durch das persönliche Kennenlernen konnte Bertrand die Zeichnung konkreter zuordnen, sodass sie

41 „Die [...] von Jackson ist mir im Hinblick auf seine Kleidung sehr merkwürdig vorgekommen, deshalb machte ich diese Zeichnung, die in meinem Verständnis eine Beziehung zwischen der bewundernswerten Figur dieses Mannes und seiner Aufmachung herstellt. Etwas später habe ich dann Jackson kennengelernt [...], und er hat die Zeichnung signiert. Jackson ist im Unglück von Lübeck umgekommen, nur sein Sohn, den ich nicht kennenlernte im Lager, kehrte zurück."
42 Dr. Sumner Waldron Jackson, geb. 7. 10. 1885 in Spruce Head, USA. Jackson war gemeinsam mit seiner französischen Ehefrau Toquette Mitglied der Résistance. Jackson ertrank am 3. 5. 1945 bei der Bombardierung der „Cap Arcona" in der Neustädter Bucht. Zur Biografie Jacksons vgl. Hal Vaughn, Doctor to the Resistance. The Heroic true story of an american surgeon and his family in occupied Paris, Dulles, Virginia 2004.
43 Kaienburg, Vernichtung, S. 357–361.
44 Bärbel Schmidt, Geschichte und Symbolik der gestreiften KZ-Häftlingskleidung. Phil. Diss., Universität Oldenburg, Oldenburg 2000, S. 132–136, www.bis.uni-oldenburg.de/dissertation/2000/schges00/schges00.html (Zugriff am 30. 12. 2005).

nun als Porträt einer bestimmten Person in ihrer Umgebung fungierte.[45] Durch die Erläuterungen Bertrands wird ebenso deutlich, dass er bei einem Teil seiner Zeichnungen eine nachträgliche Verortung der Szenen vornahm und darüber hinaus den historischen Kontext kommentieren wollte. Sein Tagebuch schrieb er nach seiner Rückkehr ab und erklärte verschiedene Aussagen.[46] Auch seine Zeichnungen kommentierte er mit „exact"[47] oder „Sur le vif et absolument exact pour les acteurs".[48] Als subjektive Repräsentationen des Erlebten und Gesehenen schienen die Zeichnungen für Lazare Bertrand angreifbar zu sein.[49] Der Kommentar des zweiten Bildbeispiels zielte neben der Bestätigung der Genauigkeit noch auf einen anderen Aspekt: Bertrand verwies darauf, dass die Kleidung nicht zum Habitus der Person Jacksons gepasst habe. Bertrands soziale Disposition und seine kulturelle Identität spiegelten sich hier wider.[50]

5. „Die Rezeption verändert das Faktum."[51] – Verwendungsweisen der Zeichnungen

Nicht nur Bertrand veränderte seine Zeichnungen, auch andere verwendeten diese weiter. Anlässlich der Einweihung des Mahnmals der Gedenkstätte des KZ Neuengamme bei Hamburg am 7. November 1965 veröffentlichte die „Vereinigte Arbeitsgemeinschaft der Verfolgtenverbände" (VAN Hamburg) eine Postkartenserie mit Schwarz-Weiß-Abbildungen. Unter den Motiven befindet sich auch ein Aquarell, das unter anderem das Krematorium des KZ Neuengamme darstellt. Rückseitig ist vermerkt, das es sich hierbei um eine „im Lager illegal angefertigte Zeichnung eines dort inhaftierten französischen Künstlers" handle.[52] Abgebildet war dort jedoch ein Aquarell, das der bereits erwähnte Ernest Gaillard im Jahr 1964 auf eine Fotoreproduktion einer Zeichnung Bertrands gemalt hatte. Die Zeichnung, die dem Bild zugrunde liegt, hatte Félix Lazare Bertrand im Dezember 1944 heimlich im KZ Neuengamme gefertigt, sie zeigt das Häft-

45 Vgl. den Tagebucheintrag von Bertrand vom 10. 8. 1944, in: Drogland, Carnets, S. 44.
46 MRD, Journal Lazare Bertrand.
47 MOL, N 4197.
48 MOL, N 4200. „Nach dem Leben und absolut exakt wie die Akteure".
49 Vgl. Ziva Amishai-Maisels, The Complexities of Witnessing, in: Holocaust and Genocide Studies 2 (1987), S. 123–147, hier S. 142.
50 Vgl. Maja Suderland, Territorien des Selbst. Kulturelle Identität als Ressource für das tägliche Überleben im Konzentrationslager, Frankfurt a. M./New York 2004, S. 15–43.
51 Ruth Klüger, Missbrauch der Erinnerung. KZ-Kitsch, in: dies., Von hoher und niedriger Literatur, Göttingen 1995, S. 29–44, hier S. 41.
52 Vereinigte Arbeitsgemeinschaft der Verfolgtenverbände (Hrsg.), Postkarten-Serie zur Einweihung der Gedenkstätte Neuengamme am 7. November 1965, Hamburg 1965.

lingsbordell, einen Wachturm, den Lagerzaun sowie das Krematorium. Sowohl das Häftlingsbordell als auch das Krematorium waren im KZ „verbotene" Orte; eine visuelle Darstellung barg ein großes Risiko. Bertrand betiteltete die Zeichnung mit „Mirador, Crematoire et ... ‚Maison' ... 19. 12. 44".

Ernest Gaillard nutze eine Fotoreproduktion dieser Zeichnung und übermalte sie (Abb. 3). Links sieht man die Baracke des KZ-Bordells, rechts hinter dem Zaun sind die Baracken des Industriehofs angedeutet. Die Farbgebung wird hier von Grün- und Rottönen dominiert; der Rauch, der aus dem Schornstein des Krematoriums aufsteigt, wird betont.

Gaillard schickte das Bild am 3. September 1964 an den deutschen Häftlingsverband des KZ Neuengamme – die Arbeitsgemeinschaft Neuengamme: „Pour mes camerades Neuengamme. Fraternellement Gaillard. K.L.N. 23279. Le Crématoire et le Pouff ..."[53] In einem Antwortbrief an ihn heißt es: „Mit Deiner Erlaubnis haben wir von dem Bild, das Du dem Internationalen Comité übermittelt hast, das das Krematorium von Neuengamme zeigt und uns an den Tod

Abb. 3: Félix Lazare Bertrand, 19. 12. 1944, Bleistift auf Papier, 19,6 cm x 21,9 cm. MOL, N 3885

53 ANg, HSN, ohne Signatur: Ernest Gaillard, 1964, Ölfarbe auf Fotopapier, 19,1 cm x 25 cm.

zehntausender Kameraden erinnert, eine Reproduktion machen lassen."[54] Das Krematorium wurde als das zentrale Sujet wahrgenommen, alles andere wie z. B. das Lagerbordell ausgeblendet. Auch die Vorlage, die Zeichnung Bertrands selbst, spielte in diesem Falle keine Rolle. Das bedeutet weiterhin, dass die Zeichnungen nicht unbedingt an ihre Produzentinnen und Produzenten gebunden sind, sondern auch unabhängig von ihnen Bedeutung erhalten können.

Der Ort des Krematoriums war zentral für die Memorialkultur des KZ Neuengamme, der „Ausgangspunkt jeglichen Kampfes um Gedenken", wie der Architekturhistoriker Andreas Ehresmann resümiert.[55] Im visuellen Gedächtnis des KZ Neuengamme spielen die Fotografien und Zeichnungen des Krematoriums eine große Rolle. Das Aquarell Gaillards wurde seit 1965, anders als die Zeichnung Bertrands, mehrfach reproduziert und gezeigt, sowohl in Farbe als auch schwarz-weiß, im Quer- oder Hochformat, in einer der ersten Ausstellungen sowie in mehreren Publikationen und Broschüren über das KZ Neuengamme. Je nach Ort der Veröffentlichung wurde die Bildunterschrift dabei weggelassen.

6. Resümee

Viele der Zeichnungen Félix Lazare Bertrands sind Bestandteil des visuellen Gedächtnisses des KZ Neuengamme. Eine Auseinandersetzung mit diesen Zeichnungen erfordert eine multiperspektivische Herangehensweise. Die unterschiedlichen Kontexte, Entstehungsbedingungen und biografischen Vorraussetzungen sind trotz ähnlicher Sujets zu berücksichtigen. In einer Analyse geht es nicht darum, eine „KZ-Wirklichkeit" zu rekonstruieren, sondern die verschiedenen Perspektiven von Häftlingen auf sich selbst und andere und ihre Beobachtungen des KZ-Alltags herauszuarbeiten.

Für Lazare Bertrand selbst bedeutete das Zeichnen spätestens ab Herbst 1944 auch eine Strategie, mit dem Hunger und der Isolation seiner Gefangenschaft als Geiselhäftling umzugehen. Zeichnen gehörte für ihn schon vor der Verhaftung zu seiner kulturellen Identität, zu seiner Form der Verarbeitung und Repräsentation von Erfahrungen und Erlebnissen. Als ausgebildeter Architekt konnte er die bauliche Struktur des Lagers präzise erfassen.[56] Zentraler Bestandteil seiner

---

54 ANg, HSN 13-8-7: Brief der Arbeitsgemeinschaft Neuengamme an Ernest Gaillard vom 8. 9. 1964.
55 Andreas Ehresmann, Die Krematorien des KZ Neuengamme. Genese, Rezeption und Memorialkultur, in: Janine Doerry u. a. (Hrsg.), NS-Zwangslager in Westdeutschland, Frankreich und den Niederlanden. Geschichte und Erinnerung, Paderborn 2008, S. 193–207, hier S. 205.
56 Vgl. die Aussage von M. Domèce vom 21. 9. 1995, in: Drogland, Carnets, S.12.

Zeichnungen sind die Kommentare und Titel. Sie verweisen auf die Auseinandersetzung Bertrands mit seinen Zeichnungen und einer erwarteten Rezeption durch andere. Seine Zeichnungen wurden seit Ende der 1960er-Jahre durchaus reproduziert und in verschiedenen Kontexten präsentiert. Interessant ist jedoch, dass die Person Lazare Bertrand dabei kaum thematisiert wurde. Daher weisen die Zeichnungen nicht immer nur auf ihre Produzenten und Produzentinnen hin, sondern auch auf die erinnerungskulturellen Kontexte.

UTE WROCKLAGE

KZ-Fotografien als historische Quellen

1. Einleitung

Im Allgemeinen wird unsere Vorstellung vom Nationalsozialismus hauptsächlich durch die Bildwelt der Nazis geprägt. Ebenso ist das Bild von den Konzentrationslagern, dem Ort, seinen Gebäuden oder der Häftlingsarbeit durch die überlieferten fotografischen Aufnahmen geformt, die – bis auf wenige Ausnahmen – von Fotografen aus den Reihen der SS angefertigt wurden. Neben den zur privaten Erinnerung hergestellten Aufnahmen, die in den Fotoalben der SS-Wachmänner und des SS-Personals schlummern, sind die ab 1940 angefertigten Fotos der Konzentrationslager in offiziellem Auftrag der SS-Hauptämter bzw. ab 1942 des SS-Wirtschaftsverwaltungshauptamtes entstanden.

Einige dieser Fotos besitzen inzwischen symbolischen Charakter, sie haben sich – nach einem Buchtitel von Cornelia Brink – zu „Ikonen der Vernichtung" entwickelt. Diese immer wiederkehrenden Fotos sind mit der Geschichte der NS-Verbrechen so eng verknüpft, dass sie für die Geschichte selbst genommen werden, jeder weiß, was sie sagen und beweisen sollen, ohne die Bilder noch genau anzusehen.[1] Aus diesem Grund werden sie zur Darstellung dieses Zeitabschnitts, seien sie gedruckter, filmischer oder szenografischer Art, immer wieder eingesetzt. Ihr Symbolcharakter hat andererseits auch dazu beigetragen, dass sie sich in einem langjährigen Forschungsvakuum befanden, weil diese Fotos „stärker als andere Fotografien [...] den moralischen Anspruch [erheben], sie nicht zu hinterfragen".[2]

Das Wissen um die Geschichte der Konzentrationslager war nach dem Krieg lange Zeit durch die persönlichen Berichte und Erfahrungen der Überlebenden geprägt, bevor die Forschung begann, sich intensiver mit den „Tätern" und den „ganz normalen Männern" zu befassen.[3] Auch die fotografischen Überlieferungen wurden – und werden teilweise noch immer – im Kontext der „Opfer"-Per-

---

1 Cornelia Brink, Ikonen der Vernichtung. Öffentlicher Gebrauch von Fotografien aus nationalsozialistischen Konzentrationslagern nach 1945, Berlin 1998, S. 9.
2 Ebenda.
3 Nach einem Buchtitel von Christopher Browning, Ganz normale Männer. Das Reserve-Polizeibataillon 101 und die „Endlösung" in Polen, Reinbek 1993.

spektive analysiert und interpretiert. Dieser Blickwinkel steht den Bildinhalten der SS-„Täter"-Fotos oftmals konträr gegenüber. Die Abwesenheit des Terrors, der Gewalt und der schlechten Lebensbedingungen in den Fotografien versuchten die Bildnutzer mit persönlichen Erlebnissen und Erfahrungen der Überlebenden zu füllen.

Heinz Masset, ein Überlebender des KZ Neuengamme, lenkt in seiner Bildlegende zur Abbildung 1 die Aufmerksamkeit auf einen Funktionshäftling, der in dem Foto eine kaum erkennbare Randfigur ist. Ihm geht es in seiner mit Originalfotos der Neuengammer SS-Lagerleitung aufbereiteten Ausstellung nicht um diesen einen Kapo, über den der Betrachter nichts weiter erfährt. Der gekennzeichnete Kapo wird zur Verkörperung eines Systems, mit dem sich die Lager-SS der Unterstützung bereitwilliger Funktionshäftlinge, hier als „Deutsche" bezeichnet, vergewisserte, indem sie ihnen Vergünstigungen und „besseres" Essen anbot. Noch größer wird die Kluft zwischen Dargestelltem und Mitgeteiltem, wenn wir auf dem Foto das Haus des Kommandanten, im Hintergrund das Klinkerwerk auf freier Fläche ohne einen Menschen sehen und in der Bildlegende von der Sklavenarbeit gesprochen wird, die visuell keinerlei Entsprechung findet.[4]

Abb. 1: Eines der von Heinz Masset gestalteten Blätter (DIN-A-4 Format) für seine „Neuengamme Ausstellung", 1946. Das Foto von der Strafkompanie entstand ca. 1943. Archiv der KZ-Gedenkstätte Neuengamme (ANg)

---

4   Die Beschriftung von Heinz Masset unter dem Foto des Kommandantenhauses lautet: „Im Zeitalter des Fortschritts! Rechts des Kommandanten Wochenendhaus, links das gewaltige Klinkerwerk. Von Häftlingen aus allen Teilen der Welt erbaut, und dort zur Sklavenarbeit für das Nazi-SS-Regime gezwungen." Archiv der KZ-Gedenkstätte Neuengamme (ANg).

In der Fachliteratur haben sich aufgrund dieses visuellen „Realitätsvakuums" im Laufe der Jahrzehnte verschiedene Interpretationsmuster herausgebildet: Sie seien zynisch, weil sie das Leben der Häftlinge verhöhnten, sie seien das „Resultat von Verobjektivierungsprozessen",[5] sie seien mit dem „kalten Auge" in Verbindung mit der „sadistischen Schaulust", dem voyeuristischen Blick oder „heißen Auge" auf die Szene[6] und aus einem amoralischen Umfeld heraus entstanden, als Ergebnis der Ideologie.[7] Entstehung und Zweck der Fotos wurde so auf das Profilierungsbedürfnis einzelner Lagerkommandanten zurückgeführt oder auf die Eigeninitiative einzelner SS-Männer, da sie ein seit 1937 wiederholt ausgesprochenes Fotografierverbot missachtet und für die private Erinnerung heimlich Aufnahmen hergestellt hätten.[8]

Diese Erklärungsversuche – überwiegend aus den 1990er-Jahren – nehmen die Fotografien als ein die Realität abbildendes Medium wahr; sie lassen unberücksichtigt, dass sich die Lebensumstände und der Lageralltag nicht in ihrer Komplexität darstellen lassen, was auch für schriftliche Abhandlungen der Fach- oder Erinnerungsliteratur gilt, die immer nur Facetten erschließen können. Die dargestellte Situation ist nicht die konkrete Realität, sondern vor allem eine Realität der Vorstellungen, Einstellungen und Wertungen, eine subjektiv wahrgenommene Wirklichkeit und Deutung dieser, die für den Betrachter einen Raum für weitere Deutungen und Bedeutungen wie für verschiedene Verwendungsmöglichkeiten und Gebrauchsweisen eröffnet. Diese Unbestimmtheit und Uneindeutigkeit der Fotografie kann durch den Kontext – sei er sprachlicher, schriftlicher oder bildlicher Art – nur verringert, nie aber vollkommen ausgeräumt werden.

Die Erklärungsversuche und entstandenen Legenden der letzten Jahrzehnte machen es notwendig, die Bilder zu dekontextualisieren, sie aus einer gewissen Distanz zu betrachten, um sie dann erneut zu kontextualisieren und in ihrem Entstehungsraum neu lesbar zu machen.[9] Dabei ist die Ergänzung durch Schrift-

---

5   Vgl. beispielsweise Harald Welzer, Die Bilder der Macht und die Ohnmacht der Bilder. Über Besetzung und Auslöschung von Erinnerung, in: ders. (Hrsg.), Das Gedächtnis der Bilder. Ästhetik und Nationalsozialismus, Tübingen 1995, S. 165–194, hier S. 181; vgl. auch Bernd Hüppauf, Der entleerte Blick hinter der Kamera, in: Hannes Heer/Klaus Naumann (Hrsg.), Vernichtungskrieg. Verbrechen der Wehrmacht 1941–1944, Hamburg 1995, S. 504–527, hier S. 513.
6   Dieter Reifarth/Viktoria Schmidt-Linsenhoff, Die Kamera der Täter, in: Fotogeschichte 3 (1983), S. 57–71; vgl. auch Klaus Theweleit, Männerphantasien, Bd. 2: Männerkörper, Frankfurt a. M. 1978, S. 341–350.
7   Hüppauf, Blick, S. 511; Susan Sontag, Über Fotografie, Frankfurt a. M. 1980, S. 14–18, S. 24.
8   Das Fotografierverbot galt nicht den offiziellen Lagerfotografen, sondern den für die private Erinnerung fotografierenden Knipsern und Amateuren in der Wachmannschaft und dem KZ-Personal.
9   Georges Didi-Huberman, Bilder trotz allem, München/Paderborn 2007, S. 125.

quellen unerlässlich. Das mindert nicht den Quellenwert von Bildern, sondern kontextualisiert sie in ihrer ursprünglichen Funktion, lenkt den Blick so auf ihre Urheber. Denn wie bereits Raul Hilberg 1988 in einem Interview betonte: „Es gibt keinen besseren Weg, an die Realität heranzukommen, als eben diese Perspektive der ‚Täter' zu rekonstruieren."[10] Hilberg hatte damit sicher nicht die Fotografie im Blick, gerade sie aber bietet einen Einblick in die Perspektive der SS-Täter, ihre Sichtweise auf die Konzentrationslager und den Blick auf die Verfolgten und darüber hinaus auf die interne Organisationsstruktur in der SS.

2. Fotostellen in den Konzentrationslagern

In den Konzentrationslagern wurden die offiziellen Fotoarbeiten in der Hauptsache von den Bildstellen der Politischen Abteilung, den Erkennungsdiensten, ausgeführt. 1936 wurde erstmals ein Erkennungsdienst zur fotografischen und daktyloskopischen Erfassung der Häftlinge im Konzentrationslager Dachau eingerichtet. In den frühen Lagern existierten noch keine offiziellen Fotostellen, mit Ausnahme des preußischen KZ Oranienburg, das bereits Fotos und Fingerabdrücke der eingelieferten Häftlinge abnahm.

In den neu errichteten Konzentrationslagern der zweiten Phase ab 1936 nahmen die Fotostellen ihre Arbeit nicht mit Baubeginn auf, sondern erst nach einigen Monaten, als die Lager weitgehend errichtet waren. In Mauthausen war eine

Abb. 2: Foto: Albert Ernst, Erkennungsdienstfoto von Alexander Guzik im KZ Neuengamme, 1941. Archiv der KZ-Gedenkstätte Neuengamme (ANg)

10 Raul Hilberg/Alfons Söllner, Das Schweigen zum Sprechen bringen. Ein Gespräch über Franz Neumann und die Entwicklung der Holocaust-Forschung, in: Dan Diner (Hrsg.), Zivilisationsbruch. Denken nach Auschwitz, Frankfurt a. M. 1988, S. 175–200, hier S. 197.

Erkennungsdienststelle frühestens ab Sommer oder Herbst 1939 eingerichtet,[11] als das Lager bereits ein gutes Jahr existierte. Auch in Auschwitz war der Erkennungsdienst erst ab ca. Februar 1941 arbeitsfähig, ein dreiviertel Jahr nach Inbetriebnahme der vorhandenen Gebäude einer ehemaligen Kaserne als KZ. Im KZ Neuengamme wurde die Stelle erst im September 1940 eingerichtet, nachdem das Lager im Frühjahr des Jahres als Hauptlager selbstständig geworden war.

Im Erkennungsdienst wurden die neu eingelieferten Gefangenen daktyloskopisch und fotografisch registriert (vgl. Abb. 2). Eine fotografische Erfassung sogenannter „Verbrecher" begann schon kurz nach Erfindung des fotografischen Verfahrens. Ab November 1841 porträtierte die Pariser Polizei jeden Festgenommenen zum Zweck einer Fahndung oder bei Verdacht einer neuen Straftat. Alphonse Bertillon, Direktor des Erkennungsdienstes in der Pariser Polizeipräfektur, systematisierte und standardisierte 1888 die erkennungsdienstliche Behandlung. Seitdem werden die Porträtaufnahmen „en face", im Profil oder zusätzlich noch mit Kopfbedeckung gemacht.

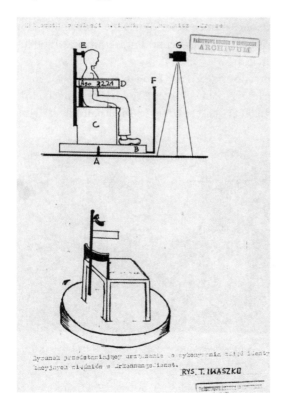

Abb. 3: Die Anlage aus Stuhl, Kopfhalter und Kamera im KZ Auschwitz, Skizze von Wilhelm Brasse vom 13. 3. 1986. Państwowe Muzeum Auschwitz-Birkenau (PMO)

11 Das sichtbare Unfassbare. Ausstellungskatalog, hrsg. vom Bundesministerium für Inneres, Wien 2005, S. 29.

Dafür entwickelte Bertillon eine Anlage, zu der eine fest installierte Kamera auf Stativ und ein Aufnahmestuhl mit Kopfhalter gehörte. In Deutschland wurde bei der Berliner und Münchener Polizei 1898 der Bertillonsche Apparat eingeführt. Eine solche Apparatur hat es ähnlich auch in den Fotoabteilungen der Erkennungsdienste in den Konzentrationslagern gegeben, wie die Zeichnung von Wilhelm Brasse, der als Häftling in der Fotostelle des Erkennungsdienstes in Auschwitz eingesetzt war, zeigt (Abb. 3). Im KZ Dachau – und von hier offenbar nach Neuengamme mitgebracht – funktionierten die Erkennungsdienstleiter den Stuhl zu einem Folterinstrument um: Sprangen die soeben Fotografierten nach Ansicht des SS-Fotografen nicht sofort auf, wenn er ihnen die Weisung dazu erteilt hatte, betätigte der SS-Fotograf über einen Auslöser eine spitze Nadel im Stuhl, die dann in das Gesäß hochschnellte.

Der eigentliche Zweck der erkennungsdienstlichen Fotografie ist es, ein identifizierbares Objekt von einer Person herzustellen.[12] Vor 1933 entschied ein Polizeibeamter *nach* der Vernehmung und dem persönlichen Kontakt mit dem Delinquenten, ob er erkennungsdienstlich behandelt werden sollte. Mit dem Erlass zur Einrichtung eines Erkennungsdienstes von der Bayerischen Politischen Polizei vom 19. Mai 1936 in den Konzentrationslagern wurden persönliche Bezugnahme und Entscheidung ausgeschaltet. Erfasst wurde jeder, der ins Konzentrationslager eingeliefert wurde. Der nationalsozialistische Partei- und Polizeiapparat hatte mit der Verhaftung und Einlieferung bereits definiert, wer „Volksfeind" war. Mit der erkennungsdienstlichen Behandlung aller in „Schutzhaft" Genommenen wurden alle in ein KZ Eingelieferten als Verbrecher kategorisiert und stigmatisiert.[13]

Mitte des Jahres 1938 ordnete Werner Best vom Geheimen Staatspolizeiamt in Berlin auf Anordnung Himmlers an, dass beim Fotografieren der Häftlinge zukünftig darauf geachtet werden solle, dass sie „nur rasiert, in möglichst anständigem Anzuge und nicht in einem übermüdeten und überanstrengten Zustand fotografiert werden", um damit „eine Beeinflussung zum Nachteil des Betroffenen" zu vermeiden.[14] Mit menschlicher Anteilnahme von Seiten Himmlers oder Bests hatte diese Anordnung wenig zu tun. Sie steht vermutlich mit einer Verwendung der Fotos zur rassekundlichen Forschung im Zusammenhang, da die

---

12 Vgl. ausführlicher Susanne Regener, Ausgegrenzt. Die optische Inventarisierung des Menschen im Polizeiwesen und in der Psychiatrie, in: Fotogeschichte 10 (1990) 38, S. 23–38, hier S. 28.

13 Bundesarchiv Berlin (BArch), R 58–264, Bl. 207: Bayerische Politische Polizei, München, vom 19. 5. 1936, betr.: „Erkennungsdienstliche Behandlung von Schutzhaftgefangenen", an alle Polizeidirektionen, Staatspolizeiämter, Bezirksämter, Bezirksamtsaußenstellen, Stadtkommissäre, Grenzpolizei- und Grenzkontrollstellen in Bayern.

14 BArch, R 58–1027, Bl. 54: Geheime Staatspolizei, Berlin, Best, an alle …, betr. Fotografieren der Häftlinge, vom 28. 7. 1938.

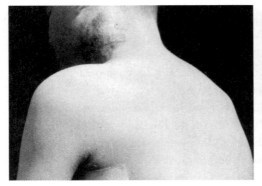 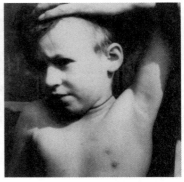

Abb. 4 und 5: Fotos: Josef Schmitt, Dokumentation der medizinischen Experimente im KZ Neuengamme, 1944 und Januar 1945. Archiv der KZ-Gedenkstätte Neuengamme (ANg)

Aufnahmen in SS-internen Schulungsmaterialen zur Rassenkunde zum Einsatz kamen und Rasseforschern zur Verfügung gestellt wurden.

Zuständig waren die Dienststellenleiter der Erkennungsdienste ebenfalls für die Dokumentation der „unnatürlichen Todesfälle" im Lager, die Selbstmorde der „in den Draht Gegangenen" – wie es in der Lagersprache hieß – und der „auf der Flucht Erschossenen". In fast allen Lagern sind Fotos der Toten erhalten geblieben. Außerdem wurden sie zur Dokumentation medizinischer Experimente hinzugezogen oder entwickelten das „streng geheime" Bildmaterial der Lagerärzte.

Im Sommer 1944 fotografierte Josef Schmitt, der ab 1942 als zweiter Lagerfotograf im KZ Neuengamme tätig war, die verschiedenen Stadien der Experimente, die der SS-Arzt Dr. Kurt Heißmeyer im Krankenrevier IV durchführen ließ.[15] Heißmeyer erschien alle acht bis zehn Tage in Neuengamme. Unter Aufsicht des Standortarztes Trzebinski mussten approbierte Häftlinge polnischen und russischen Mitgefangenen Tuberkelbazillen spritzen und nach einigen Wochen die Drüsen unterhalb der Achseln entfernen. Für die Häftlinge bedeutete dies den Tod. Ab Januar 1945 fotografierte Josef Schmitt auch die Versuche an sowjetischen Kriegsgefangenen (Abb. 4) und jüdischen Kindern (Abb. 5). Die Abzüge auf dem immer kleiner werdenden Fotopapier, zum Teil nur noch Fotopapierschnipsel, verdeutlichen zunächst einmal die materielle Situation des Papiermangels zum Ende des Krieges. Darüber hinaus aber veranschaulichen sie, dass trotz der verheerenden Kriegslage der Wille zur Fortsetzung medizinischer Experimente und der Glaube an die rassisch begründete Medizin ungebrochen waren.

15 Das Bildmaterial hat sich in den Krankenakten erhalten, die Kurt Heißmeyer mit anderen Gegenständen in seinem Garten vergraben hatte. Als er vom Ministerium für Staatssicherheit der DDR verhaftet und später angeklagt wurde, führte er die Ermittler zu den Akten, die sich heute in der Bundesbehörde für die Stasi-Unterlagen (BStU) befinden.

3. Die Fotografen

Geleitet wurden die Erkennungsdienste hauptamtlich von einem SS-Mann und einem Stellvertreter. Unter den mir bislang bekannt gewordenen Biografien befindet sich keine Person, die das Fotohandwerk erlernt hatte. Die Erkennungsdienstleiter kamen aus so unterschiedlichen Berufen wie Stuckateur-, Spengler- und Installateurmeister, Kneipenbesitzer, Absolvent einer Bau- und Kunstgewerbeschule, Lehrer, Kaufmann, Landwirt oder Landschaftsgärtner. Nur von wenigen ist bekannt, dass sie zuvor fotografische Interessen hatten. Während ihrer ersten Dienststellung in einer erkennungsdienstlichen Abteilung eines Konzentrationslagers wurden sie durch die Mitarbeit in die Fotografie eingewiesen. Zusätzlich absolvierten sie einen Kurs beim Reichskriminalpolizeiamt in Berlin, den sie mit einer Prüfung abschlossen. Die meisten SS-Männer der Erkennungsdienste waren gleichzeitig auch für die Filmvorführungen in den Konzentrationslagern zuständig.

Neben den SS-Männern waren auch Häftlinge in der Abteilung beschäftigt. Der Umfang dieser Arbeitskommandos variierte stark. Von Neuengamme ist lediglich bekannt, dass ein Häftling dort tätig gewesen sein soll, in Buchenwald und Auschwitz waren es bis zu 13 Häftlinge. Größtenteils hatten sie die Porträtaufnahmen von den neu eingelieferten Häftlingen oder auch die Passfotos für die SS und Zivilpersonen auszuführen, während die SS-Fotografen die „unnatürlichen Todesfälle" oder im Lagergelände fotografierten.[16] Die Häftlingsarbeit bestand zusätzlich in Laborarbeit (Entwickeln, Anfertigen der Kontaktabzüge, Vergrößern) und Archivierung. Von den dreiteiligen Erkennungsdienstfotos mussten jeweils drei Abzüge hergestellt werden, zwei davon kamen zur Politischen Abteilung, der dritte wurde in der Fotostelle archiviert.[17]

In Buchenwald und Auschwitz – und vermutlich auch in anderen Lagern – waren die Häftlinge auch für die Her- und Zusammenstellung wie für die grafische Beschriftung der Fotos in Fotoalben zuständig. Die entsprechenden Texte erhielten sie von den SS-Männern.[18] Aus einem Album des Lagerkommandanten Max Pauly, der ab September 1942 in Neuengamme die Leitung innehatte, sind nur wenige Seiten überliefert.

Die Inbetriebnahme des Eisenbahnanschlusses, der noch provisorischen Charakter hatte, wurde im Winter 1943/1944 fotografisch dokumentiert (Abb 6).

---

16 Państwowe Muzeum Auschwitz-Birkenau (PMO): Bericht von Bronisław Jureczek vom 3. 7. 1961.
17 Oberstaatsanwaltschaft Frankfurt, Az. 4 Js 444/59, Bd. 17, Bl. 2783–2790, hier Bl. 2786: Vernehmung von Walter, Bernhard, in Fürth durch den Oberstaatsanwalt beim Landgericht in Frankfurt a. M. am 14. 11. 1959.
18 Jureczek, Bericht.

Abb. 6: Fotos: Josef Schmitt (zugeschrieben), „Güterumschlag" und „Ankunft des 1. Zuges" im KZ Neuengamme an dem noch provisorischen Eisenbahnanschluss, Winter 1943/1944. Seite aus einem Album von Max Pauly. Archiv der KZ-Gedenkstätte Neuengamme (ANg)

Für Max Pauly war es offenbar ein großer Erfolg und Abschluss seiner Arbeit, er präsentiert sich in schmuckem Mantel und demonstrativ dominanter, Raum umgreifender Haltung vor der ersten Lokomotive. Die Beschriftungen sind auf allen erhaltenen Blättern einheitlich und vermutlich mithilfe einer Schablone angefertigt.

In einigen Konzentrationslagern, auch in Neuengamme, lässt sich ein weiterer Fotobetrieb nachweisen, der eine besondere Funktion innerhalb der SS hatte. Spätestens ab 1932 kam es zur Zusammenarbeit der NSDAP mit dem Fotoatelier Friedrich Franz Bauer in München, das dieser gemeinsam mit seinem Bruder Karl Ferdinand betrieb. Sie hatten durch ihre Fotoarbeit für die Oberammergauer Passionsspiele international große Anerkennung erhalten.[19] Für die NSDAP gestalteten sie bereits 1932 erste Fotoplakate für die Reichstagswahl. Ein Jahr danach erhielt das Unternehmen von der SS einen Auftrag zur fotografischen Erfassung des Geländes und der Gebäude einer stillgelegten Pulverfabrik in Dachau. Einige

---

19 Vgl. ausführlicher Ute Wrocklage, Der Fotograf Friedrich Franz Bauer in den 20er und 30er Jahren. Vom Kunstfotografen zum SS-Dokumentaristen, in: Dieter Mayer-Gürr (Hrsg.), Fotografie & Geschichte. Timm Starl zum 60. Geburtstag, Marburg 2000, S. 30–50.

Abb. 7: Foto: Friedrich Franz Bauer GmbH, Heinrich Himmler besucht das KZ Neuengamme, ca. Januar 1940. Nederlands Instituut voor Oorlogsdocumentatie (NIOD)

Monate später betrat Karl Ferdinand Bauer diesen Ort wieder, um für eine Bildreportage über das Konzentrationslager Dachau zu fotografieren. Einen Tag vor Erscheinen der Bildreportage „Die Wahrheit über Dachau" in der Münchener Illustrierten Presse (MIP) traten die beiden Brüder der SS bei. In kurzer Zeit avancierten sie zu „Leibfotografen" Heinrich Himmlers, den sie auf seinen Reisen im In- und Ausland mit der Kamera begleiteten. 1940 reisten einer der Brüder oder beide – dies lässt sich nicht ermitteln, weil die Negative nicht mehr erhalten sind – mit dem Reichsführer SS Himmler auch nach Neuengamme (Abb. 7).

Abb. 8: Foto: Friedrich Franz Bauer GmbH, Altes Klinkerwerk Neuengamme, 1940. Bundesarchiv Berlin, SAPMO

Außer einem Foto von Himmler im Gespräch mit anderen SS-Angehörigen entstanden weitere Aufnahmen vom alten Klinkerwerk während oder nach einem Rundgang durch die Fabrik (Abb. 8).

„Hoffotografen" wurden die Gebrüder Bauer in gewisser Weise für das KZ Dachau. Etliche Besuchsalben von Besichtigungen hoher „Politprominenz" in diesem Lager, die Himmler als Geschenk überreichte, sind in ihrem Atelier entstanden. Sie belieferten die Presse mit Fotos und eigenen Bildberichten, auch über allgemeine Themen die SS betreffend oder über die SS-eigenen Firmen, angegliederte Vereine oder Stiftungen.

Mit Einrichtung einer SS-Pressestelle im Jahre 1937 wurde das Fotoatelier ein Betrieb mit 51-prozentiger Beteiligung der SS. Die Brüder Bauer wurden auf diese Weise eng an die SS gebunden, wovon sie finanziell schließlich profitierten. Neben der Arbeit für die Presse und auf den Besichtigungsreisen Himmlers erweiterte sich ihr Unternehmen – auch auf Betreiben der SS – um einen Bild- und Postkartenvertrieb für SS-Angehörige und einen Kunstverlag, der gerahmte Porträts der NS- und SS-Prominenz im Tiefdruckverfahren offerierte.

Nach etlichen Unstimmigkeiten zwischen Oswald Pohl, dem Leiter des SS-Wirtschaftsverwaltungshauptamtes (SS-WVHA), und Friedrich Franz Bauer schied der Betrieb zum 1. März 1942 aus der Obhut der SS aus. Er erhielt zwar weiterhin Aufträge, dennoch war es für das Unternehmen, das in der Hauptsache von Aufträgen der SS und den dazugehörigen Stiftungen, Vereinen und Firmen lebte und profitierte, ein ökonomischer Schaden und ein Verlust an Privilegien.

4. Arbeitseinsatz

Viele der überlieferten fotografischen Aufnahmen aus den Konzentrationslagern haben die Schutzhäftlinge bei der Ausübung unterschiedlicher Arbeiten zum Thema.

Veranlasst wurden die Anfertigung der Dokumentation in den Werkstätten oder vom Straßenbau durch eine Verfügung der Hauptabteilung I/5 „Häftlingseinsatz" des SS-Hauptamtes Haushalt und Bauten von Mitte Februar 1941. Beauftragt waren aber nicht die Fotografen der Erkennungsdienststellen, sondern die Arbeitseinsatzführer des jeweiligen Konzentrationslagers. Zu fotografieren waren die „Arbeitsstellen der Häftlinge während der Arbeit". In einem separaten Schreiben informierte der Inspekteur der KL, Richard Glücks, die Lagerkommandanten über den Fotoauftrag der Arbeitsführer während der Arbeit. Diese separate Instruktion war notwendig, weil einige Kommandanten die Arbeit der im Januar 1940 neu geschaffenen Abteilung „Häftlingseinsatz" in gewisser Weise sabotierten, indem sie den Einsatzführern beispielsweise den Zutritt zum Lagerbüro verwei-

Abb. 9: Foto: Albert Ernst (zugeschrieben), Arbeitskommando Dove-Elbe im KZ Neuengamme, ca. 1941. Archiv der KZ-Gedenkstätte Neuengamme (ANg)

gerten oder die Arbeitsberichte nicht an die Dienststelle in Berlin weiterleiteten.[20] Da die Einsatzführer nicht den Lagerkommandanten unterstellt waren, sondern der Hauptabteilung I/5 im Berliner Hauptamt Haushalt und Bauten, sahen sich die Kommandanten in ihrer alleinigen Kontrolle und Machtstellung über ihre Lager beschnitten. Für sie wie für das KZ-Personal war die Arbeit der Gefangenen ein „Erziehungsmittel", mit dem die Häftlinge physisch und psychisch gebrochen werden sollten. An einer wirtschaftlichen Ausrichtung des Arbeitskräftepotenzials der Häftlinge, wie es mit den SS-Wirtschaftsunternehmen 1939 angestrebt war, hatte das SS-Personal in den Konzentrationslagern wenig Interesse.[21] Rechtzeitig vor Ablieferung der ersten Bildsendung an das Berliner Hauptamt zum 15. Juni 1941 erhielten die Kommandanten die Namen von zehn Beschäftigten der neu errichteten Foto- und Filmstelle in der Archivabteilung des SS-Hauptamtes Haushalt und Bauten, die jetzt die Foto- und Filmaufnahmen der Arbeitseinsätze anfertigen sollten.[22] Mit der fotografischen Erfassung der Häftlingsarbeit sollte

---

20 So verweigerte Karl Koch, Kommandant des KZ Buchenwald, dem Einsatzführer Philipp Grimm den Zutritt zum Lagerbüro. Vgl. hierzu ausführlicher Jan Erik Schulte, Zwangsarbeit und Vernichtung. Das Wirtschaftsimperium der SS. Oswald Pohl und das SS-Wirtschafts-Verwaltungshauptamt 1933–1945, Paderborn 2001, S. 379–386.
21 Ebenda, S. 380.
22 United States Holocaust Memorial Museum (USHMM), RG 04.030 M. Natzwiller (auch Staatsarchiv Nürnberg, KV-Anklage Dokumente, Nr. PS-3685): Abschrift eines Schreibens des Inspekteurs der Konzentrationslager (IKL) an die Lagerkommandanten vom 8. 5. 1941.

Links Abb. 10: Foto: Albert Ernst (zugeschrieben), „Ofenhaus I", Bau des Tunnelofens, ca. 1941/42. Bundesarchiv Berlin, SAPMO, rechts Abb. 11: Fotograf unbekannt: Julleuchter, 1941/1942. Archiv der KZ-Gedenkstätte Neuengamme (ANg)

der Verfügung gemäß der produktive Einsatz der Häftlinge bildlich festgehalten werden, die Arbeitsstellen gezeigt werden, in denen Häftlinge eingesetzt waren (W-Betriebe), die Entwicklung der mit Häftlingen arbeitenden Wirtschaftsbetriebe von der Planung bis zum fertigen Aufbau dargestellt und die verschiedenen Arbeiten von Häftlingen festgehalten werden.[23] Eine Aufgabenstellung, die mit dem Medium der Fotografie teilweise schwierig umzusetzen ist. Wie kann Produktivität oder ein Entwicklungsprozess in einer statischen Momentaufnahme festgehalten werden?

Dieses Problem scheint der Leiter des Arbeitseinsatzes (HA I/5) im Berliner Hauptamt erkannt zu haben, weshalb er einige Beispiele gleich mitlieferte.

Als motivische Anregungen schlug er „z. B. Häftlinge beim Aufsetzen eines Dachstuhles, am Spalthammer, am Schotterbrecher, an der Ziegelpresse, beim Bau eines Tunnelofens, beim Strassenbau, an einer Holzbearbeit[ung]smaschine, bei der Steinbearbeitung [...] usw." vor[24] (Abb. 9 und 10). Die von den Arbeitskommandos in Neuengamme, aber auch in anderen Konzentrationslagern entstandenen Fotografien zeigen, dass sich die jeweiligen Fotografen eng an den Vorschlägen des Arbeitseinsatzleiters orientierten.

Im Berliner Hauptamt wollte man nicht nur Gesamtansichten von der Arbeit sehen, sondern auch die „Leistungen und das Können der Häftlinge", zum einen als „Gesamtleistung" – beispielsweise eines fertigen Neubaus oder einer Ziegel-

---

23 Forschungsstelle für Zeitgeschichte in Hamburg (FZH), F–9–2, Rolle 14: Schreiben von Wilhelm Burböck, Hauptamt Haushalt und Bauten, Hauptabteilung I/5, Berlin, an die Dienststellen des Hauptamtes Haushalt und Bauten in den Konzentrationslagern, betrifft: Herstellung von fotografischen Aufnahmen durch die Einsatzführer, vom 17. 2. 1941.
24 Ebenda.

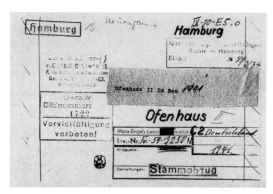

Links Abb. 12: Foto: Albert Ernst (zugeschrieben), Ofenhaus II im Bau, 1942, rechts Abb. 13: Ausschnitt der Rückseite mit SS-Archivstempel. Bundesarchiv Berlin, SAPMO

produktion – und zum anderen als „Tages- wie Einzelleistung", z. B. einer Granitvase.[25] Während der Fotograf im KZ Neuengamme die „Einzelleistung" eines Julleuchters formatfüllend ins Bild setzte (Abb. 11), fand der Fotograf im KZ Ravensbrück für die „Gesamt- und Einzelleistung" eine ganz eigene Lösung. Er integrierte die jeweils produzierten Gegenstände der einzelnen Arbeitskommandos in die Fotos. Beispielsweise platzierte er auf dem Tisch der Ravensbrücker Arbeiterinnen, die ihrer Arbeit, die Strohbänder für die Schuhe zu flechten, weiter nachgehen, einen fertigen Strohschuh.[26]

Der Erkennungsdienst in den Lagern hatte wiederum die Filme zu entwickeln und in fünffacher Ausfertigung Abzüge herzustellen. Eine Kopie war aufzukleben, mit Erläuterungen zu versehen und mit den anderen vier lose beigefügten Fotos an die Hauptabteilung des Arbeitseinsatzes nach Berlin zu schicken, die aus diesem Bildmaterial am Jahresende eine Sammlung für das Hauptamt, den Inspekteur der KL und die jeweiligen Lagerkommandanten zusammenstellen wollte. Das Ravensbrücker SS-Album ist vermutlich auf diese Anweisung zurückzuführen.

Diese 1942 begonnene Dokumentation der Arbeitseinsätze war keine einmalige Verfügung, Aufnahmen an das Hauptamt waren im vierteljährlichen Rhythmus nach Berlin zu schicken. Im Archiv des SS- Hauptamtes Haushalt und Bauten wurden die Fotos mit einem Archivstempel, in den eine fortlaufende Bild-

---

25 Ebenda.
26 Zum Ravensbrücker Album vgl. ausführlicher Ute Wrocklage, Das SS-Fotoalbum des Frauen-Konzentrationslagers Ravensbrück, in: Simone Erpel (Hrsg.), Im Gefolge der SS. Aufseherinnen des Frauen-KZ Ravensbrück, Begleitband zur Ausstellung, Berlin 2007, S. 233–251, insbesondere Abb. 6.

nummer gestempelt wurde, und handschriftlich mit der Bezeichnung des Ortes „Hamburg – Neuengamme" versehen.

Die fünffache Ausfertigung der Bilder lässt vermuten, dass die Aufnahmen unter unterschiedlichen Schlagworten archiviert wurden.

5. Baugeschichte

Eine weitere Dokumentation, die 1942 angeordnet wurde, brachte einen ähnlichen Arbeitsaufwand für die Fotostellen in den Konzentrationslagern. Nach Zusammenlegung der SS-Hauptämter Verwaltung und Wirtschaft mit dem SS-Hauptamt Haushalt und Bauten zum SS-Wirtschaftsverwaltungshauptamt ab 1. Februar 1942 richtete das Amt C für Bauwesen eine eigene Archivabteilung ein (vgl. Abb. 12 und 13). Ihr Amtsgruppenchef, Hans Kammler, forderte alle Bauinspektionen, Zentralbauleitungen und Bauleitungen im Reichsgebiet, den besetzten Gebieten und dem Generalgouvernement auf, von allen durchgeführten Baumaßnahmen Fotos anzufertigen. Sie sollten für einen Jahresabschlussbericht des Hauptamtes dienen. Außerdem sollte mit den Bildern eine Kartei aufgebaut werden. Viele Einzelaufnahmen und die erhaltenen baugeschichtlichen Alben aus Buchenwald und Auschwitz sind auf diesen Befehl, der im Folgejahr seine Fortsetzung fand, zurückzuführen.

Für Neuengamme ist ein Baualbum nicht überliefert, zahlreiche Einzelfotos aber zeigen, dass auch hier die Entwicklung der Neubauten vom Ausschachten bis zur Fertigstellung über einen längeren Zeitraum erfasst wurde (Abb. 14–16).

Auch die bereits fertiggestellten Gebäude fehlen nicht in der fotografischen Dokumentation, die 1943 noch intensiv und 1944 eher sporadisch fortgesetzt wurde.

In Auschwitz übernahm SS-Unterscharführer Dietrich Kamann die Dokumentation der Bautätigkeit. Mit einer zweiten Bildstelle in der Zentralbauleitung der Waffen-SS ist das Konzentrationslager Auschwitz eine Ausnahme. Diese Fotostelle besaß wohl eher einen halboffiziellen Status. Sie wurde erst errichtet, als man im Erkennungsdienst den Aufträgen und Anforderungen der Zentralbauleitung nicht mehr nachkommen konnte, da in regelmäßigen Zeitabständen von anfangs drei Monaten und später halbjährlich die Fotos nach Berlin geschickt werden mussten.

Die Fotos der Gebäudeerfassung und Bauarbeiten sind meistens ohne Häftlinge und Zwangsarbeiter aufgenommen. Nichts liegt herum, die Baustellen sind sauber und ordentlich, als ob sie stillgelegt seien. Das hat einerseits einen ganz pragmatischen Grund: Die Fotos entstanden oftmals an den arbeitsfreien Sonntagen. Andererseits sind diese leeren Landschaften und Architekturen seit dem

Abb. 14–16: Fotos: Albert Ernst (zugeschrieben), Ofenhaus I im Bau, 1941 bis 1942.
Bundesarchiv Berlin, SAPMO

19. Jahrhundert ein geläufiges Mittel fotografischer Gestaltung: Zur Monumentalisierung der Objekte wird auf Menschen verzichtet.[27] Das Ausmaß des Lagers und des einzelnen Bauwerks erhält so eine Größe, die durch nichts, durch keine Vergleichsmöglichkeit im Bild eingeschränkt wird.

In der NS-Kunst wird mit diesen menschenleeren Industrielandschaften allgemein der Bereich der industriellen Arbeit angesprochen, „[…] ein Menschenwerk, in dem jedes Eckchen von Arbeit spricht, ohne daß du den Arbeiter siehst", hieß es in der Zeitschrift „Kunst und Volk" von Januar 1937.[28] Die tatsächlichen

---

27 Rolf Sachsse, Probleme der Annäherung. Thesen zu einem diffusen Thema: NS-Fotografie, in: Fotogeschichte 2 (1982) 5, S. 59–65, hier S. 60.
28 Kunst und Volk 5 (Januar 1937) 1, S. 30, zit. nach: Georg Bussmann (Red.), Kunst im 3. Reich. Dokumente der Unterwerfung, Frankfurt a. M. 1979, S. 350.

Arbeitsbedingungen werden hinter dieser Betrachtung ausgeklammert. Bertolt Brecht merkte in den 1920er-Jahren an: „Die Lage wird dadurch so kompliziert, daß weniger denn je eine einfache ‚Wiedergabe der Realität' etwas über die Realität aussagt. Eine Photographie der Krupp-Werke oder der AEG ergibt beinahe nichts über diese Institute. Die eigentliche Realität ist in die Funktionale gerutscht. Die Verdinglichung der menschlichen Beziehungen, also etwa die Fabrik, gibt die letzteren nicht mehr heraus. Es ist also tatsächlich ‚etwas aufzubauen', etwas ‚Künstliches', ‚Gestelltes'."[29]

Brechts Kritik an der Vordergründigkeit und Sach- und Objektbezogenheit, die auch in den Fotos z. B. des Auschwitzer Bauleitungsalbums deutlich im Mittelpunkt stehen, sind Elemente des „Neuen Sehens", wie sie sich in der Malerei und Fotografie der 1920er-Jahre entwickelten.[30] Das Objekt, seine sachliche Gestalt, frei von subjektiver Sehweise war das Anliegen der „Neuen Sachlichkeit". So vermissten ihre Kritiker auch gerade das Emotionale, Seelische, das Gefühl und das Geistige in den Fotografien. Ebenso fehlte ihnen die Realität, die sozialen Verhältnisse, das soziale Engagement. Damit eignete sich der sachliche Stil im nationalsozialistischen Staat besonders gut für seine fotografischen Dokumentationen und Repräsentationen.[31]

So künden Einzelfotos und Alben als Teile einer zentral verwalteten Baudokumentation von der Größe des SS-Imperiums, vom Stolz der baulichen Errungenschaften einerseits, aber auch von der Schwierigkeit des Verwaltens des unüberschaubar gewordenen Baubestandes andererseits. Mit der zusätzlich zum schriftlichen Bericht angeforderten fotografischen Dokumentation konnten die schriftlichen Informationen auch in der Berliner Zentrale visuell überprüft und kontrolliert werden. Insofern sind die Fotos nicht nur Illustrationen, sondern zugleich Kontrollinstanz. Die Häftlings- und Zwangsarbeiter, die die Lager bauen mussten und zum ökonomischen Gewinn beitrugen, kommen in dieser Selbstpräsentation nicht vor.

---

29   Bertolt Brecht, Schriften zur Literatur und Kunst, Bd. 2, 1920–1929, Berlin/Weimar 1966, zit. nach: Bussmann, Kunst, S. 351 f.
30   Vgl. hierzu Rainer K. Wick (Hrsg.), Das Neue Sehen. Von der Fotografie am Bauhaus zur Subjektiven Fotografie, München 1991; speziell zur Architekturfotografie vgl. Rolf Sachsse, Photographie als Medium der Architekturinterpretation. Studien zur Geschichte der deutschen Architekturphotographie im 20. Jahrhundert, München usw. 1984, insbesondere S. 144–254.
31   Sachsse, Photographie, S. 216.

6. Zusammenfassung

Zusammenfassend kann man festhalten, dass die SS ein großes Bedürfnis an der Dokumentation und Archivierung ihrer „Ordens"-Geschichte entwickelte. Mit dem Neuaufbau des KZ-Systems, zunächst in den Reichsgrenzen, später auch in den besetzten Ländern, wurde das Bildwesen konsequent neu geregelt. Mit der immensen Ausdehnung des Lagersystems und der wirtschaftlichen Unternehmungen sank die Überschaubarkeit in den Hauptämtern der SS-Verwaltung in Berlin, die mit buchhalterischer Anschaulichkeit das Be- und Entstehende katalogisierte und damit kontrollierte. Vor allem für die Bauverwaltung wird die Übersicht über den Umbau von temporären Bauten hin zu festen, gemauerten Gebäuden ein vordringliches Anliegen. Diese immense Dokumentation – obgleich ein Vielfaches der Bilder vor dem Eintreffen der Befreiungsarmeen vernichtet wurde –, zeigt darüber hinaus, dass die Konzentrationslager als „Instrumente" im Kampf gegen den „Volksfeind" und die Nutzung billiger Arbeitskräfte wohl auf längere Sicht erhalten bleiben sollten.

Vor diesem Hintergrund erscheint die Interpretation des „kalten Auges" eine Verkürzung. Sie lässt die Entstehungshintergründe völlig außer Acht und begründet die „leeren" Bilder mit einer Psychopathologisierung der Fotografen, ohne genau zu schauen, wer die „Täter" sind. Damit sollen die Fotografen nicht rehabilitiert werden, sie waren teil des Systems, wussten um die Kaschierung der Lagerrealität, weil etliche Fotos an den arbeitsfreien Wochenenden in den sauberen Werkstätten mit einigen Häftlingen als Statisten und in einem aufgeräumten Lager entstanden. Der Berliner Verwaltung sollten ein ordentliches Lager und saubere Werkstätten vorgeführt werden. Funktion und Zweck der Fotos sind bei der Gestaltung, des In-Szene-Setzens ebenso bestimmend wie die Wahl der technischen Mittel, der Perspektive, des Bildausschnitts und auch die kulturellen Prägungen der Fotografen sowie ihre Einstellungen und Wertungen. Sie beeinflussen indirekt nicht nur die Gestaltung des Bildes, sondern auch die Wahrnehmung der Betrachter. Beim „Lesen" der Bilder ist ihre Funktion, ihre Verwendung, z. B. zur Erinnerung, für die Propaganda oder zur Katalogisierung, ebenso richtungweisend. Insofern erfüllt der sachlich beschreibende Blick auf die Lager und Werkstätten seinen Zweck für die Vorgesetzten und für die Kartei der SS-Verwaltung. Kontextualisiert in ihren Entstehungsrahmen und ihre Funktion kommt ein „Verwaltungsapparat" mit einem „Arbeitsalltag" von – in Anlehnung an Christopher Browning – „ganz normalen Bürokraten" zum Vorschein.

CHRISTIAN RÖMMER

Die Würde zurückgeben?
Warum wir Gedenkbücher erstellen

Wer in ein nationalsozialistisches Konzentrationslager eingewiesen wurde, musste alle persönlichen Gegenstände abgeben und die eigene Kleidung gegen gestreifte Häftlingskleidung tauschen. Er oder sie bekam die Haare geschoren und eine Häftlingsnummer zugeteilt, im KZ Auschwitz zeitweise sogar in den Unterarm tätowiert. „Vom Namen zur Nummer werden" – dieser Satz klingt inzwischen ein wenig abgegriffen und floskelhaft, dennoch entspricht er der Wahrnehmung der meisten Überlebenden. Ein Beispiel für die zahlreichen Zeitzeugenberichte, die die Ankunft im KZ schildern, findet sich in dem bekannten Text „Ist das ein Mensch?" von Primo Levi:

> „Noch tiefer geht es nicht; ein noch erbärmlicheres Menschendasein gibt es nicht, ist nicht mehr denkbar. Und nichts ist mehr unser: Man hat uns die Kleidung, die Schuhe und selbst die Haare genommen. [...] Mein Name ist 174 517; wir wurden getauft, und unser Leben lang werden wir das tätowierte Mal auf dem linken Arm tragen."[1]

Der Verlust des Namens war charakteristischer Bestandteil der Prozedur der Entwürdigung in den Konzentrationslagern.

So erklärt es sich vermutlich, dass das Anbringen von Gedenktafeln oder die Veröffentlichung von Gedenkbüchern für Opfer des Nationalsozialismus immer wieder damit begründet wird, man wolle den „Opfern ihre Würde zurückgeben". Dies aber ist ein Missverständnis. Wer auf menschenverachtende Weise ermordet wurde, einen würdelosen Tod starb, bekommt auch durch die Namensnennung in einem Gedenkbuch seine Würde nicht zurück. Sein Tod bleibt unwürdig.

Dennoch zählt das Sammeln und Veröffentlichen von Namen der NS-Opfer zu den selbstverständlichen Aufgaben jeder KZ-Gedenkstätte; in zahlreichen Gedenkräumen sind an den Wänden die Namen zu lesen, und fast jede KZ-

---

1   Primo Levi, Ist das ein Mensch? Ein autobiographischer Bericht, München 1992, S. 28 f.

Gedenkstätte hat mittlerweile ihr eigenes Gedenkbuch veröffentlicht.[2] Warum aber werden mit großem Aufwand Namen gesammelt und rekonstruiert? Welchen tatsächlichen Nutzen haben die erstellten Gedenkbücher, wenn man sich auf die Phrase vom „Wiedergeben der Würde" nicht einlassen mag? Bevor ich einige Antworten auf diese Frage anbiete, möchte ich verdeutlichen, wie schwierig es oftmals ist, die Namen der Opfer überhaupt zu rekonstruieren.

Kürzlich wurde ein internationales Forschungsprojekt abgeschlossen, das die Häftlingskartei des SS-Wirtschafts-Verwaltungshauptamtes (WVHA-Kartei) erfasste und auswertete.[3] Die SS hatte noch im Jahre 1944 versucht, eine zentrale Kartei aller KZ-Häftlinge aufzubauen. Mithilfe von Lochkartentechnik, dem sogenannten Hollerith-Verfahren, sollte die Arbeitskraft der Häftlinge noch effektiver ausgebeutet werden. Seit Mitte 1944 wurden in den verschiedenen KZ Häftlingskommandos gebildet, deren Aufgabe es war, die Informationen aus den in den Lagern schon seit Beginn geführten Karteien auf die neuen Hollerith-Vordrucke zu übertragen. Um später die maschinenlesbaren Lochkarten anfertigen zu können, mussten alle Texteinträge von Mitarbeitern eines SS-Statistikinstituts in Codenummern übersetzt werden. Die Codenummern entsprachen dann den Positionen der Löcher auf der Hollerithkarte. Auf den Karteikarten sind zahlreiche Daten über die KZ-Häftlinge erfasst – Nationalität, Beruf, Familienstand, die Zahl der Kinder, die Haftkategorie und das Datum der Einlieferung ins KZ. Die Namen hingegen fehlen, eine Zuordnung findet ausschließlich über die Häftlingsnummer statt. Somit scheinen in dieser historischen Quelle der Verlust des Namens und die Reduzierung eines Menschen auf eine Nummer unmittelbar ablesbar.

Jede nachträgliche Änderung im Häftlingsstand eines Lagers, z. B. neue Einlieferungen, Überstellungen von einem Konzentrationslager in ein anderes oder „Abgänge" (gemeint ist meist der Tod), musste an das zuständige Statistikinstitut gemeldet und dort in der Zentralkartei vermerkt werden. Auf dem Formular der „Überstellungsliste" befand sich ein Kontrollstreifen für die Namen der Häftlinge. Er wurde nach erfolgter Bearbeitung wieder abgetrennt. Es ist ein symbolkräftiges Detail, dass den Häftlingen für den kurzen Moment der karteimäßigen

---

2   Teilweise wurden von den Gedenkbüchern nur wenige Exemplare gedruckt, die in den Institutionen ausliegen (so in der Gedenkstätte und dem Museum Sachsenhausen oder in der KZ-Gedenkstätte Flossenbürg); teilweise wurden sie publiziert und sind im Buchhandel erhältlich; siehe z. B. Mahn- und Gedenkstätte Ravensbrück (Hrsg.), Gedenkbuch für die Opfer des Konzentrationslagers Ravensbrück 1939–1945, Berlin 2005.
3   Zur Geschichte der Kartei siehe Christian Römmer, Ein gescheitertes SS-Projekt. Die zentrale Häftlingskartei des WVHA, in: Dachauer Hefte 25 (2009), S. 135–142. Zum Forschungsprojekt siehe Christian Römmer, Digitalisierung der WVHA-Häftlingskartei. Ein Projektbericht, in: GedenkstättenRundbrief 150 (2009), S. 20–25.

Bearbeitung „zu Kontrollzwecken" der Name wieder zugewiesen und anschließend erneut genommen wurde. Dies ist einerseits zynisch, andererseits nur konsequent, wenn man eine Lochkartei führen möchte, in der alle Informationen in Ziffern umgewandelt werden können.

Das Führen der Häftlingskartei bedeutete einen gigantischen Verwaltungsaufwand, der alles andere als effizienzsteigernd wirkte. Das Projekt wurde nach wenigen Monaten aufgegeben.

Im Rahmen des Erfassungsprojektes, an dem alle großen KZ-Gedenkstätten, der Internationale Suchdienst (ITS) Bad Arolsen sowie zahlreiche weitere europäische Institutionen mitarbeiteten, wurden alle erhaltenen 149 000 Karteikarten eingescannt und die Einträge in eine Datenbank übertragen. Im Zentrum der abschließenden Projektphase stand die Rekonstruktion der Namen. Die Projektpartner waren aufgefordert, die Angaben auf den Karteikarten durch Informationen aus den weiteren ihnen vorliegenden Dokumenten zu ergänzen, vor allem um die Namen. Dies hatte hauptsächlich den Zweck, für möglichst jede Karteikarte einen schnellen Überblick zu bekommen, in welchen Gedenkstätten man mehr zum Schicksal der betreffenden Person finden kann. Weitaus symbolträchtiger aber war, dass die von den Nationalsozialisten vorgenommene Anonymisierung quasi rückgängig gemacht wurde und „aus Nummern wieder Namen wurden". Die Öffentlichkeitswirksamkeit dieses Umstandes lässt sich aus einem Pressebericht über das Projekt ablesen, in dem sogar von einem „Sieg der Humanität über die NS-Bürokratie" die Rede war.[4]

Die Rekonstruktion der Namen für die Häftlingskartei ist grundsätzlich einfach. Die Anonymität dieser Quelle taugt zwar als Symbol, ist aber eine völlige Ausnahme, denn üblicherweise nennen die Dokumente aus den Schreibstuben der Konzentrationslager die Namen der Häftlinge. Für viele KZ ist die Quellenlage relativ dicht: Auf Hunderttausenden von Häftlingspersonalkarten und Personalbögen, in Hunderten und Tausenden von Berufskarteien, Transportlisten, Bestandslisten, Sterbebüchern, Zugangsbüchern oder Blockbüchern hielt die SS die Namen der Häftlinge fest. Hinzu kommen zahlreiche Dokumente, die von anderen Stellen angelegt wurden oder erst in der Nachkriegszeit entstanden, etwa Friedhofsunterlagen, Vermissten- und Suchlisten.

Die Menge der Dokumente, mit denen man umgehen muss, führt oft nicht nur zur Rekonstruktion des Namens, sondern darüber hinaus: Immer dann nämlich, wenn einer Person nicht nur ein Name zugeordnet werden kann, sondern mehrere verschiedene Namen: die abweichenden Schreibweisen aus verschiedenen Quellen. Was ist nun zu tun? Hat man die Möglichkeit, streng quellentreu vorzugehen, lässt man alle Varianten gleichberechtigt nebeneinander stehen und bildet

---

4   Robert Probst, KZ-Nummern werden zu Namen, in: Süddeutsche Zeitung, 9.9.2008, S. 8.

so die Divergenz der historischen Quellen ab. Auch im Fall der Häftlingskartei war dies der einzig praktikable Weg. In einem Gedenkbuch ist dies allerdings schwer vorstellbar, dort soll am Ende schließlich der „richtige Name" stehen. Die Entscheidung für eine korrekte Namensschreibweise ist jedoch oft mit großen Schwierigkeiten verbunden. Man kann die Schreibweise in der zuverlässigsten Quelle auswählen. Doch welche ist das? Die von der SS angelegte Häftlingskartei, weil sie direkt im Lager, unmittelbar in der Zeit der Verfolgung entstand? Oder die Vermisstenliste aus dem Heimatland, weil hier der Name noch nicht eingedeutscht wurde? Oder darf man sich womöglich für einen Namen entscheiden, der in gar keiner der zeitgenössischen Quellen steht? Darf man beispielsweise in dem Wissen, dass dies die richtige polnische Schreibweise ist, alle polnische Vornamen wie „Mikollaj" oder „Nikolai" umstandslos in „Mikołaj" korrigieren? Ist das noch eine „Rekonstruktion von Namen" oder schon eine Neuerfindung? Und kann man überhaupt sicher sein, dass jemand Pole war, der von den Nazis als Pole kategorisiert wurde? Möglicherweise war er zwar polnischer Staatsbürger, aber ukrainischer Nationalität? Vielleicht hieß er „Микола" oder „Николай"? Dann kämen auch noch die kyrillischen Buchstaben ins Spiel und die Frage, welche adäquate Transliteration man wählen sollte ...

Eine Fülle neuer Probleme taucht auf, wenn man im Gedenkbuch nicht allein den Namen, sondern weitere persönliche Angaben nennen möchte. Besonders Fragen von Nationalität, Staatsangehörigkeit, Geburtsort und Geburtsland sind häufig sehr komplex. Tausende Österreicher oder Tschechen wurden in den NS-Dokumenten als Deutsche bezeichnet. Man findet in den Quellen rumänische Juden, die als Ungarn klassifiziert wurden, nachdem Ungarn 1940 große Teile Siebenbürgens zugesprochen bekam. Auch die damaligen politischen Verhältnisse zwischen Italien und Jugoslawien sorgen für Schwierigkeiten. Ein Beispiel aus dem WVHA-Forschungsprojekt: Für denselben KZ-Häftling legte die SS zwei Karteikarten an. Auf der einen Karte war er als Italiener, auf der zweiten als Kroate registriert. In der Folge identifizierte eine KZ-Gedenkstätte den Namen des Häftlings als „Giovanni Horvatin", eine andere Gedenkstätte als „Ivan Hrvatin". Welches ist nun der „richtige" Name?

Es ist offensichtlich, dass derlei Entscheidungen von geschulten Bearbeitern getroffen werden müssen und nicht einer automatisierten Computerprozedur überlassen werden können. Dennoch ist die Sammlung und Verarbeitung von „Häftlingsdaten" schon seit vielen Jahren nur noch mithilfe von EDV denkbar. Jede KZ-Gedenkstätte führt mittlerweile eine eigene Häftlingsdatenbank, der Computer verwaltet die Informationen zum Leben und Sterben von Hunderttausenden Menschen. Dies führt bisweilen zu paradoxen Situationen, denn wir müssen uns nicht nur mit verschiedenen Namensschreibweisen für dieselbe Person beschäftigen, sondern auch mit verschiedenen Menschen, die den gleichen

Namen hatten. Unzählige Häftlinge mit den Namen „Willi Müller", „Stanisław Nowak" oder „Wassilij Iwanow" waren in den KZ eingesperrt. So ist es nur folgerichtig, dass der Computer dann verlangt, jeder Person zur eindeutigen Identifikation eine Nummer zuzuweisen.

Doch zurück zu der Frage, warum die Namen mit solch großem Aufwand rekonstruiert werden und welche Funktion ihre Veröffentlichung in Gedenkbüchern oder auf Gedenktafeln hat. Seit Jahrhunderten meißeln Menschen die Namen ihrer Toten in Stein, um sie für die Nachwelt zu erhalten. Haben Gedenkbücher im Kontext der Erinnerung an die Opfer nationalsozialistischer Verfolgung eine darüber hinausgehende Bedeutung?

1. Die Namen schaffen private Gedenkorte für die Familienangehörigen

Die Unmenschlichkeit der NS-Verfolgung reichte auch über den Tod hinaus. Die Toten wurden meist verbrannt und ihre Asche verstreut, die Orte der ehemaligen Konzentrationslager sind zu Friedhöfen ohne Grabsteine geworden. Der Name des Menschen auf einer Tafel oder in einem Buch schafft für die Familien einen konkreten Gedenkort.

2. Die Namen in Gedenkbüchern schaffen Anknüpfungspunkte für die Bildungsarbeit

Im „Haus des Gedenkens" der KZ-Gedenkstätte Neuengamme sind die Namen der Toten, nach Sterbedatum sortiert, an den Wänden zu lesen. Zunächst macht die schiere Menge der Namen fassungslos. Die genauere Lektüre lenkt den Blick auf die Nationalitäten und die Herkunft der Menschen, den Anteil von Männern und Frauen oder die Häufung von Todesfällen an bestimmten Tagen. Kommen weitere Informationen hinzu, wie sie beispielsweise in alphabetisch geordneten Gedenkbüchern zu finden sind, erlaubt dies Rückschlüsse auf das Alter der Häftlinge oder die besonders hohe Sterblichkeit in einzelnen Außenlagern.

Häufig beobachten pädagogische Mitarbeiterinnen und Mitarbeiter, dass Schülerinnen und Schüler aufgrund der Listen beginnen, eigene Fragen zu stellen, neugierig zu werden und sich für das Schicksal der Menschen hinter den Namen zu interessieren – eine der besten Voraussetzungen für einen fruchtbaren und nachhaltigen Gedenkstättenbesuch.

3. Die Namen sind der erste Schritt zur Konkretisierung der Zahlen

Der polnische Publizist Stanisław Vincenz schrieb: „Die betäubenden Zahlen von den Gräueltaten und der Vernichtung trugen bis jetzt mehr zur Gleichgültigkeit als zur Erinnerung bei [...], denn niemand kann sich beim Wort ‚eine Million' etwas anderes als Zahlen vorstellen. [...] Dabei wissen wir, dass jeder Mensch allein stirbt und nur einmal."[5]

Das klingt vielleicht ein wenig pathetisch, trifft aber das Kernproblem. Den abstrakten Opferzahlen stehen die konkreten Lebensgeschichten gegenüber. Eine Namensliste in einem Gedenkbuch illustriert zum einen die Massenhaftigkeit der Verfolgung und macht deutlich, dass hier an einem Ort die Lebenswege Zehntausender Menschen zwangsweise zusammentrafen. Andererseits öffnet die Nennung der Namen und einiger weniger Lebensdaten den Blick für den einzelnen Menschen und führt vor Augen, dass es Zehntausende Individuen waren. Bei der Gestaltung des „Totenbuches KZ Neuengamme", das 2005 auf CD-ROM erschien und in der Gedenkstätte an Computerterminals eingesehen werden kann, wurde versucht, dies grafisch kenntlich zu machen. Das Augenmerk ist hier stets auf eine Einzelperson gerichtet, gleichzeitig aber wird deutlich, dass der Einzelne immer auch Teil einer nach oben und unten fortgeführten Liste ist, deren Anfang und Ende nicht sichtbar sind.[6]

Gedenkbücher können helfen zu verstehen, dass die genannten Menschen oft nicht mehr verband als ihre erzwungene KZ-Haft. Daran ändert auch die Tatsache nichts, dass wir als Historiker oder Ausstellungsmacher dazu neigen, die Verfolgten wieder bestimmten Nationalitäten oder NS-Haftkategorien zuzuordnen. Doch niemand, der in einem KZ war, sollte als Repräsentant für irgendeine Gruppe stehen und kein Mensch sollte auf seine Rolle als Opfer reduziert werden. Dem einzelnen Menschen kann man allenfalls dadurch gerecht werden, dass man versucht, eine individuelle Biografie zu erstellen oder – sofern er überleben konnte – indem man ihn selbst zu Wort kommen lässt.

---

5   Stanisław Vincenz, Tematy Żydowskie, London 1977, zit. nach: Hanna Krall, Legoland, Frankfurt a. M. 1990, S. 91.
6   KZ-Gedenkstätte Neuengamme (Hrsg.), Die Toten. KZ Neuengamme. CD-ROM, Hamburg 2005.

ANDREAS EHRESMANN

„KZ-Architektur" – Zur Baugeschichte des KZ Neuengamme und dem Umgang mit den Überresten

„Da die Zentralbauleitung mit einem umfangreichen Bauamt zu vergleichen war, hatte ich persönlich regelmäßig bis Abends spät meine bauverwaltungsmäßige Tätigkeit auszuüben."[1]

Robert Jan van Pelt und Debórah Dwork, die eine ebenso umfassende wie grundlegende Studie über den Ort Auschwitz geschrieben haben, beschreiben am Beispiel der Bauunterlagen zum KZ Auschwitz treffend, dass dieses Material „als einzigartige historische Quelle [...] die erwogenen Möglichkeiten und die getroffenen Entscheidungen, die verfolgten Ziele wie auch die Ergebnisse" darstellt.[2] Bauunterlagen verschiedenster Art und Provenienz (also beispielsweise Lagepläne und Entwurfsskizzen, Bauanträge und Bauzeitenpläne, aber auch Abrechnungsunterlagen oder Materialbestellungen) sind ein beeindruckender und bislang allzu oft vernachlässigter Dokumentenbestand zur Analyse der Baugeschichte der Konzentrationslager. Insbesondere die verschiedenen Entwurfspläne und die darin oftmals eingetragenen Änderungen oder Korrekturen stellen für eine konkrete planerische und bauliche Verlaufsrekonstruktion der Konzentrationslager eine bedeutende Quellengattung dar. Denn die Historiografie der KZ zeigt, dass viele Aspekte der baulichen Genese bis heute unbekannt sind.

Während van Pelt/Dwork bei ihrer Studie mit ca. 80 000 Blatt auf einen sehr umfangreichen Dokumentenbestand der „Zentralbauleitung der Waffen-SS und Polizei Auschwitz" zurückgreifen konnten, gibt es für das KZ Neuengamme bzw. die „Zentralbauleitung der Waffen-SS und Polizei Hamburg-Neuengamme" (ZBL Neuengamme) mitnichten einen so umfangreichen Bestand. Es ist davon auszugehen, dass die gesamten Unterlagen der ZBL Neuengamme im Zuge der

---

1   Bundesarchiv (BArch) Berlin, B 45 V 297/70: Karl Fricke, Leiter der Zentralbauleitung der Waffen-SS und Polizei Hamburg-Neuengamme, am 10. 2. 1946 an das Komitee ehemaliger politischer Gefangener.
2   Robert-Jan van Pelt/Debórah Dwork, Auschwitz von 1270 bis Heute, Frankfurt a. M./Wien 1999.

Räumung des Lagers verbrannt wurden. Daher ist es für eine Analyse der baugeschichtlichen Entwicklung des KZ Neuengamme notwendig, Parallel- oder Analogüberlieferungen aus übergeordneten Behörden, anderen Lagern bzw. anderen Bau- und Zentralbauleitungen hinzuzuziehen, die aus diversen Archiven zusammengetragen werden müssen. Bei diesen kleineren Streubeständen oder Einzeldokumenten handelt es sich einerseits um Dokumente, die sich im Konkreten auf den Tätigkeitsbereich der ZBL Neuengamme beziehen, und andererseits Vergleichsbestände, wie beispielsweise Dienstanweisungen und allgemeine Rundschreiben der übergeordneten Berliner SS-Bauabteilung,[3] die oftmals für alle Baudienststellen, also auch Neuengamme, galten. Darüber hinaus stehen als wichtige Quellen für eine baugeschichtliche Untersuchung des KZ Neuengamme ein kleiner Bestand an Plänen und Bauakten, die teils aus dem ehemaligen Sonderarchiv Moskau stammen,[4] und ca. 150 Fotografien der Aufbauarbeiten aus dem sogenannten „Masset-Bestand"[5] zur Verfügung. Grundlegend sind zudem Berichte und Zeichnungen ehemaliger Häftlinge, denn diese enthalten deren Perspektiven und Wahrnehmung der Architektur.[6] Einen weiteren für die Bauforschung wichtigen „Quellenbestand" markieren zudem die baulichen Relikte in situ, also sowohl die erhaltenen Gebäude als auch die unter Tage vorhandenen Fundamente.

Im Folgenden werde ich anhand der städtebaulichen Entwicklung des Häftlingslagers verschiedene Aspekte der Baugeschichte des KZ Neuengamme aufzeigen und anhand verschiedener Entwürfe des Schutzhaftlagers darstellen, wie sich die Intentionen der SS-Architekten und der Planungsverlauf des Schutzhaftlagers entwickelt haben. Abschließen werde ich dann mit einigen Anmerkungen zum Terminus „KZ-Architektur" und zur Bedeutung der baulichen Überreste des KZ Neuengamme als Medium der Erinnerung.

---

3 Zuständig für das SS-Bauwesen war das Amt II – Bauten im SS-Hauptamt Haushalt und Bauten und vom 1. 2. 1942 an die Amtsgruppe C – Bauwesen im SS-Wirtschafts-Verwaltungs-Hauptamt (WVHA) in Berlin.

4 Dabei handelt es sich vermutlich um Planunterlagen, die als Arbeitskopien oder als Genehmigungsexemplare der zuständigen Genehmigungsinstanz, der Amtsgruppe C – Bauwesen im SS-Wirtschafts-Verwaltungs-Hauptamt in Berlin, zugesandt wurden. Vermutlich wurden diese Bestände bei der Einnahme Berlins von der Roten Armee mit nach Moskau genommen. Heute sind die Bestände im Zentrum zur Bewahrung historischer Dokumentsammlungen (Centr Chranenija Istoriko-Dokumental'nych Kollekcij, im Folgenden CChIDK) aufbewahrt, das 1998 in das Russische Militärarchiv eingegliedert wurde.

5 Zur Überlieferungsgeschichte der Fotos siehe Ute Wrocklage, „Blickwinkel und Perspektiven" – Zur Fotogeschichte des KZ Neuengamme und der Gedenkstätte, Hamburg 1999, S. 18 f.

6 Zu der Bedeutung und Konstruktion sogenannter „kognitiver Karten" vgl. Roger M. Downs/David Stea, Kognitive Karten. Die Welt in unseren Köpfen, New York 1982.

1. Die baugeschichtliche Entwicklung des Schutzhaftlagers Neuengamme

Der derzeit früheste bekannte Plan des Konzentrationslagers Neuengamme bzw. des Schutzhaftlagers stammt von der Bergedorf-Geesthachter Eisenbahn (BGE) und ist auf April 1941 datiert; er zeigt die Planungen für den Gleisanschluss des im Bau befindlichen Klinkerwerks der Deutschen Erd- und Steinwerke GmbH (DESt) an das Reichsbahnnetz.[7] Für den eigentlichen Planungsinhalt, den Gleisanschluss, nebensächlich, für die Baugeschichtsforschung jedoch bedeutend, zeigt dieser Plan auch die tatsächliche Gestaltung bzw. die städtebauliche Grundstruktur des Schutzhaftlagers im April 1941. Erkennbar ist eine einfache achsiale und an einem orthogonalen Raster orientierte Grundstruktur aus parallel gereihten Holzbaracken, einem anschließenden Appellplatz und mehreren Funktionsbaracken.

Die räumliche wie auch die bauliche Entwicklung des KZ Neuengamme vermitteln zu diesem Zeitpunkt insgesamt den Eindruck eines „planerische[n] ‚Dauerprovisorium[s]‘".[8] Der Eindruck entsteht zum einen angesichts der – in nationalsozialistischen Lagern üblichen – überwiegenden Verwendung von Holzbaracken (die in Neuengamme allerdings auch für repräsentative und administrative Zwecke genutzt wurden), zum anderen angesichts der teilweise willkürlich und unpraktisch anmutenden Verdichtung des Lagerkomplexes. So war in der Konzeption beispielsweise kein Arrestgebäude vorgesehen, es musste später aufwendig in eine bestehende Baracke eingebaut werden. Auch die parallel stehenden Unterkunftsbaracken wurden in ihrer Anzahl nur mit Mühe in das ausgewiesene Areal eingepasst.[9] Darüber hinaus ist bei den Bauten des KZ Neuengamme die traditionelle Hierarchie in der ästhetischen Formgebung von Gebäuden – je größer die funktionale oder soziale Bedeutung, desto größer der gestalterische Aufwand – nur bedingt zu finden.[10] Es scheint, dass es zu diesem Zeitpunkt

---

7 Archiv der KZ-Gedenkstätte Neuengamme (ANg), ohne Signatur: „Lageplan eines Gleisanschlusses für die Deutschen Erd- und Steinwerke GmbH [DESt] in Neuengamme", Blatt 3. Plan: Bergedorf-Geesthachter Eisenbahn AG (BGE), April 1941.
8 Andreas Ehresmann, Baugeschichtliche Untersuchung zu den ehemaligen Häftlingsunterkünften Steinhaus I & II, Hamburg 2003, S. 12.
9 Auch im angrenzenden Unterkunftslager der SS-Wachmannschaften wurden bestimmte Anforderungen wohl nicht erfüllt. So gab es z. B. keinen Appellplatz, weshalb ein repräsentativer Appell anlässlich des 9. November 1943 nur mühsam im SS-Garagenhof durchgeführt werden konnte (vgl. ANg, DN 1981-353: „Masset-Foto" ohne Nr.) und Ordensverleihungen auf der Straße in das SS-Lager stattfanden; vgl. ANg, DN 1981-737: Foto.
10 Einen Unterschied (und Ausdruck der Bedeutung der Wirtschaftsbetriebe im KZ Neuengamme) stellen die sogenannten „Walther-Werke" und das neue Klinkerwerk da. Die Gebäude sind einerseits von einem Hamburger Privatarchitekten und andererseits von der Berliner Bauabteilung der DESt relativ aufwendig geplant worden.

zwar eine vage Vorstellung „des Lagers" gab, nicht aber wie in Sachsenhausen, Dachau oder Buchenwald einen übergeordneten Entwurf. Für diesen provisorischen Charakter des KZ Neuengamme sind mehrere äußere Faktoren auszumachen: erstens das von den DESt 1938 erworbene Grundstück, das vor allem dem Tonabbau dienen sollte und kaum erweiterbar war, zweitens die bereits erwähnten parallel angeordneten und das DESt-Areal der Länge nach durchziehenden Entwässerungsgräben, die insbesondere für das Schutzhaftlager in der Anfangsphase raumbildende[11] Parameter und damit strukturbildend waren, drittens der Entstehungszeitraum als „Kriegs-KZ" (Hermann Kaienburg) mit der schon vorherrschenden Materialkontingentierung, viertens die dem Bau des Klinkerwerks nachgeordnete Bedeutung der Häftlingsunterbringung und fünftens die sehr kurze Planungsphase von maximal drei Monaten (zwischen der Entscheidung des Neubaus im Januar 1940 und dem Baubeginn des Schutzhaftlagers Anfang Mai 1940), die kaum Raum für ausgefeilte „städtebauliche" Konzepte bot.

Diese planerische „Willkür" änderte sich auf theoretischer Ebene im Dezember 1941. Der Chef des Amtes II – Bauten im SS-Hauptamt Haushalt und Bauten (HAHuB), SS-Oberführer Dr.-Ing. Hans Kammler, legte 25 maschinengeschriebene Seiten mit expliziten Vorgaben und typisierten Barackengrundrissen für alle Belange eines „Muster-KZs für 5000 Häftlinge" vor, die nunmehr bei Neugründungen und Neubauten in allen Konzentrationslagern ausschließlich Verwendung finden sollten. Abweichungen von den Vorgaben bedurften der ausdrücklichen Genehmigung Kammlers.[12] Inwieweit diese Vorgaben bei den Bauten der Konzentrationslager von diesem Zeitpunkt an tatsächlich in toto angewandt wurden, ist nicht bekannt. Der Architekturhistoriker Robert-Jan van Pelt hat jedoch für das KZ Auschwitz I herausgearbeitet, dass viele der neu entworfenen Gebäude diesen Richtlinien folgten.[13]

Mit diesen standardisierten Entwurfsplänen wurde aber bemerkenswerterweise der ZBL Neuengamme, die eigentlich für derlei Planung der Neuengammer Bauten zuständig gewesen wäre, kein Entwurfsinstrumentarium für Um- oder Neuplanungen an die Hand gegeben. Denn zeitnah und offenbar auf Grundlage der Musterentwürfe wurden das gesamte KZ Neuengamme und die Einzelgebäude direkt durch die mittlerweile in Amtsgruppe C – Bauwesen im neu eingerichteten SS-Wirtschaftsverwaltungshauptamt (WVHA) umbenannte Berliner SS-Bauverwaltung überplant.[14]

11 Der Verfasser nutzt im Folgenden den Terminus „Raum" im Wesentlichen als den in einem architektonischen oder stadtplanerischen Kontext durch materielle Kanten baulich gefassten und definierten Außen- oder Innenraum.
12 BArch Berlin, NS 4/FL–325. Vgl. ferner van Pelt/Dwork, Auschwitz, S. 237 ff.
13 Van Pelt/Dwork, Auschwitz, S. 237 ff.
14 Siehe Anm. 3.

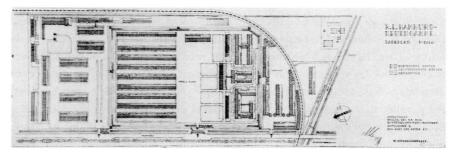

Lageplan „K. L. Hamburg-Neuengamme". Plan: Amt C I, Amtsgruppe C, WVHA, 5. 3. 1942 (siehe Anm. 15). Links ist das Unterkunftslager der SS-Wachmannschaften zu erkennen, in der Mitte das Schutzhaftlager, rechts der Industriehof. Die geplanten Neubauten sind rot, die Abrisse hellgelb markiert.

Im Gesamtentwurf vom 5. März 1942[15] wurden im südlichen Bereich des Schutzhaftlagers auf einer als „Gelände für die Lagererweiterung" ausgewiesenen Fläche[16] zusätzliche Gebäude geplant (Wäscherei, Aufnahme und Isolierstation) und Provisorien überarbeitet (Krematorium, Desinfektion und Arrestbunker).[17] Darüber hinaus waren ein repräsentatives, von der Kubatur an das Sachsenhausener Jourhaus angelehntes massives Eingangsgebäude[18] und einige Ergänzungsbauten im SS-Lager sowie der Industriehof geplant. Auffallend an diesem Vorhaben ist, mit welcher Akribie versucht wurde, für das schlichte Holzbarackenlager nunmehr eine „räumliche" Ordnung bzw. eine Fassung des Appellplatzes zu erreichen, die vermutlich den Vorstellungen Kammlers von einem „Muster-KZ für 5000 Häftlinge" entsprach. Die Planungen enthalten sogar den Abriss von einer der Unterkunftsbaracken, vermutlich um die in diesem Bereich sicherheits- und/oder brandschutztechnisch unbefriedigende Situation zu korrigieren.[19]

---

15 CChIDK, ohne Signatur: Lageplan des KZ Neuengamme im Maßstab 1 : 1000. Plan: Amtsgruppe C im WVHA, 5. 3. 1942. Dieser und die folgenden Pläne aus dem CChIDK liegen nur als maßstabslose fotografische Reproduktion im Archiv der KZ-Gedenkstätte Neuengamme vor, Signatur ANg, DN 1996–322. Ausgenommen war das Klinkerwerk der DESt, das ausschließlich von der Planungsabteilung der DESt geplant wurde.

16 ANg, DN 1996–332 (Original: CChIDK, ohne Signatur): Undatierter Lageplan „Gelände für die Lagererweiterung", Plan: Bauleitung der Waffen-SS und Polizei Hamburg-Neuengamme.

17 Lediglich zum Entwurf: „Hamburg-Neuengamme | Wäscherei | Fernheizung | Krematorium | Zellengebäude | M.: 1 : 200" liegen die Entwurfspläne vor. ANg, DN 1996–331 (Original: CChIDK, ohne Signatur): Plan: Amt C I, Amtsgruppe C, WVHA, 25. 2. 1942.

18 ANg, DN 1996–365 bis DN 1996–370 (Original: CChIDK, ohne Signatur): „K.L. Hamburg-Neuengamme. Lagereingangsgebäude | M.: 1 : 1000", Ansichten und Grundrisse. Plan: Amt C I, Amtsgruppe C, WVHA, 24. 3.1942.

19 Möglicherweise hing der geplante Abriss vorausschauend mit der sechs Wochen später, am 14. 4. 1942, von Hans Kammler verfügten „Richtlinie für den Feuerschutz von Bara-

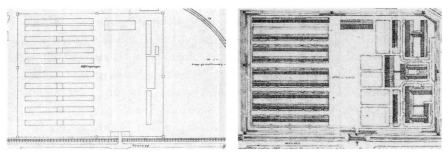

Ausschnitte aus dem Bestandsplan der BGE vom April 1941 (siehe Anm. 7) und aus dem Entwurfsplan des Amt C I im WVHA vom 5. März 1942 (siehe Anm. 15).

Im Folgenden geht es nicht um die einzelnen Hochbauentwürfe der Neuplanung im Detail, sondern um die angestrebte städtebauliche/räumliche Struktur des KZ Neuengamme und die Intention, die sich möglicherweise in diesem Plan vermittelt.

Zu diesem Zweck sei noch einmal ein Blick auf das gebaute Schutzhaftlager vom April 1941 geworfen. Das Areal des Lagers ist in seiner Dreiteilung relativ einfach strukturiert: Links des Appellplatzes bilden die monoton gereihten Giebelfassaden der standardisierten Unterkunftsbaracken die nördliche Raumkante. Am unteren Planrand begrenzen die beiden Eingangsbaracken – die in keiner Weise mit den repräsentativen Jourhäusern anderer KZ verglichen werden können – und am oberen die Lagerküche den Appellplatz. Auf der rechten Seite bilden drei traufständige Funktionsbaracken die südliche Raumkante. Eine achsiale Richtung des Raumes wird einerseits durch die längsrechteckige Orientierung des Appellplatzes und andererseits durch eine (im Plan nicht dargestellte) mittig durch den gesamten Appellplatz vom Eingangsbereich auf die Küche zulaufende Lagerstraße vorgegeben. Links der aufwendig mit rotem Porphyr gepflasterten Lagerstraße befand sich der betonierte etwa 0,7 Hektar große Appellplatz, rechts davon eine ähnlich große Brachfläche.[20] Diese Raumorientierung wurde noch durch einen zumindest zeitweise auf das Dach der Lagerküche gemalten „Sinnspruch" verstärkt,[21] wodurch das Gebäude in der Lagertopografie besonders

cken" zusammen (BArch Berlin, NS 3-1573). Demnach hatten nunmehr die „Abstände zwischen den Längsseiten von Baracken [...] mindestens 15 m, wenn möglich 20 m zu betragen". In Neuengamme betrugen die Abstände zwischen den parallel gereihten Unterkunftsbaracken durchgängig um die zehn Meter. Im Bereich des geplanten Barackenabrisses betrug der Abstand sogar nur um die vier Meter.

20 Vgl. ANg, DN 1981-300: „Masset-Foto", Nr. 142.
21 Überliefert im Staatsarchiv Nürnberg, NO 2468. Die Inschrift lautete: „Es gibt einen Weg zur Freiheit. Seine Meilensteine heißen: Gehorsam, Ehrlichkeit, Sauberkeit, Nüchternheit, Fleiß, Ordnung, Opfersinn, Wahrhaftigkeit, Liebe zum Vaterland."

wahrgenommen wurde. Entgegen dieser topografischen Figuration war die Orientierung der Häftlinge beim Appell aber quer zu der räumlichen Achse, in Richtung der traufständigen Funktionsbaracken und damit nicht auf ein architektonisch definiertes „Zentrum" hin orientiert,[22] wie beispielsweise in Sachsenhausen oder Buchenwald die Jourhäuser mit dem zentralen Wachturm oder in Ravensbrück und Dachau die großen Wirtschaftsgebäude. Die möglichen Neuengammer „Zentren", das aus zwei kleinen Baracken gebildete „Jourhaus" am Anfang oder die topografisch hervorgehobene Häftlingsküche am Ende der Lagerstraße, lagen außerhalb der Blickrichtung links und rechts an der Seite.

In dem Entwurf des WVHA vom 5. März 1942 wurde nun anscheinend versucht, die räumliche Orientierung des Schutzhaftlagers zu ändern. Durch Abrisse, Um- und Neubauten sollte die rechte, südliche Raumkante des Appellplatzes neu gefasst werden. Neben dem Bau „notwendiger" und bisher fehlender Funktionsbaracken im rückwärtigen Bereich wäre durch teilweise sehr kleinteilige Eingriffe eine orthogonal zur bisherigen Achse verdrehte achsialsymmetrische Orientierung auf ein freigestelltes und zentral vorgelagertes Gebäude im Bereich der Funktionsbaracken erreicht worden. Im Lageplan hätte dieses nun städtebaulich-topografisch betonte Gebäude durchaus einem in der Blickrichtung der Appell stehenden Häftlinge orientierten „Zentrum", vergleichbar einer Kommandantur oder einem Jourhaus, entsprochen. Bemerkenswerterweise handelte es sich dabei aber lediglich um das in einer baulichen Ordnungshierarchie eher nachgeordnete Häftlingskrankenrevier. Möglicherweise sollte das Krankenrevier allerdings auch bewusst – und entgegen der originären Funktion – als bedeutender Ort der Unterdrückung und Symbol der Macht über Leben und Tod zentral in der Schutzhaftlagertopografie herausgestellt werden.[23]

Dieser Entwurfsplan war allerdings nur von sehr kurzer Gültigkeit, denn nachdem im März 1942 beschlossen worden war, dass „die Konzentrationslager in staerkerem Masse fuer die Ruestungsfertigung eingespannt werden" sollten,[24] wurde in Neuengamme der Aufbau der Walther-Werke, einer Waffenfabrik, geplant. Vermutlich aufgrund der zu erwartenden Erhöhung der Häftlingszahlen um 2000[25] wurde die bisherige Planung weitgehend gestoppt und ein neuer Entwurf ausgearbeitet.[26]

---

22   Vgl. Hans Peter Sørensen, Appellstehen, Lithografie 16 x 23 cm, in: Neuengamme Erindringer – 20 Tegninger af Gænseovergendar Hans P. Sørensen, Sønderborg o. D.
23   Siehe u. a. Giorgio Agamben, Homo sacer. Die souveräne Macht und das nackte Leben, Frankfurt a. M. 2002.
24   Staatsarchiv Nürnberg, NO 2468.
25   Ebenda.
26   ANg, DN 1996–398 (Original: CChIDK, ohne Signatur): „Klinkerwerk Neuengamme | M.: 1 : 5000". Plan: Amtsgruppe C, WVHA, 30. 12. 1942.

In dem neuen Entwurf sollten nach dem Willen der Berliner SS-Planer nunmehr acht massive, zweigeschossige Gebäude zur Unterbringung der zusätzlichen Häftlinge dienen. Zudem sollten auch alle Funktionsbaracken durch massiv ausgeführte Gebäude ersetzt werden. Mit diesem Entwurf hätte sich der architektonisch/städtebauliche Charakter des bisherigen Holzbarackenlagers grundlegend gewandelt. Neben der baulichen Manifestation einer Dauerhaftigkeit des Konzentrationslagers hätte sich der „hölzerne", eher temporär wirkende Platz zu einem massiven steinernen Platz gewandelt, der in seiner architektonisch/städtebaulichen Wahrnehmung eher an eine Kaserne erinnert hätte. Die Gründe hierfür sind nicht bekannt, allerdings sind mehrere Erklärungen für diesen grundsätzlichen Wandel des bisherigen Planungsansatzes möglich.

Ralph Gabriel kommt hinsichtlich mehrerer 1943 im KZ Sachsenhausen errichteter Massivbaracken zu dem Ergebnis, dass sich deren massive Ausführung durch den Erlass neuer Richtlinien aufgrund der „Einwirkung des Luftkrieges" erkläre. Demnach, so Gabriel, durften Baracken ab 1942 generell nur noch in Massivbauweise ausgeführt werden.[27] Dagegen spricht jedoch, dass zumindest im KZ Neuengamme auch nach 1942 noch mehrere Holzbaracken aufgestellt wurden.[28]

Eine weitere Erklärung könnten die spezifischen Grundstücksverhältnisse im Umkreis des KZ Neuengamme gewesen sein. Angesichts der notwendigen Fläche zur Vergrößerung des Schutzhaftlagers wäre nur eine östliche Erweiterung möglich gewesen. Aber bereits bei der Grundstückssuche für die Walther-Werke kam es zu Verzögerungen, da die das KZ umgebenden Grundstücke in diesem Bereich teilweise Erbbauland waren und dementsprechend nicht zur Verfügung standen. Eine problemlose Erhöhung der Belegungskapazitäten des Schutzhaftlagers bestand demgegenüber in einer inneren Verdichtung durch Aufstockung. Das Material – Klinkersteine – wurde wiederum in großer Anzahl im angrenzenden KZ-Klinkerwerk produziert und war (mittlerweile) nicht mehr für die angedachten großen Neubauten der Führerstadtplanungen notwendig. Gegen

---

27 Ralph Gabriel, Memorial City. Zur Metamorphose des ehemaligen Konzentrationslagers Sachsenhausen. Unveröffentlichte Diplomarbeit, Berlin 2000, S. 53, unter Bezug auf Arbeitsgemeinschaft für Befehls-Kriegsbau in der Fachgruppe Bauwesen im NSBDT [Nationalsozialistischer Bund Deutscher Technik] (Hrsg.), Einheits-Massivbaracke und Mittelflur-Sondermassivbaracke, S. 1 f.

28 Im Bereich der südlichen „Lagererweiterungsfläche" wurden im April/Mai 1944 eine Baracke als Lagerbordell und im Oktober 1944 zwei OKH-Pferdestallbaracken (Typ 260/9) als Sonderlager für französische Prominente errichtet. Auch das 1944 etwas abseits des Unterkunftslagers der SS-Wachmannschaften errichtete Haus des Lagerkommandanten Max Pauly war, trotz des euphemistischen Terminus „Haus", eine modifizierte Normbaracke aus Holz.

diese These spricht, dass sich dadurch nicht die Ersetzung der hölzernen Funktionsbaracken durch massive Gebäude erklärt. Unabhängig von den gewählten Materialien ist die Grundstruktur des Entwurfes im Vergleich zu dem vorherigen gleich geblieben: nördlich die jetzt zweigeschossigen massiven Häftlingsgebäude, anschließend der Appellplatz und südlich ein massiver, möglicherweise ebenfalls zweigeschossiger Gebäuderiegel mit vier rückwärtigen Flügelbauten, die nun die verschiedenen Funktionen aufnehmen sollten. Östlich des Appellplatzes ist die ebenfalls massive Häftlingsküche zu erkennen. Einzig das massive Jourhaus als westliche Begrenzung des Appellplatzes ist noch aus der ersten Planung übernommen worden.

Die bei dem ersten Entwurf herausgearbeitete gestalterische Dominanz der südlichen Appellplatzbegrenzung mit der Fokussierung des Blickes auf das zentrale Gebäude des Krankenreviers wäre vermutlich auch bei dieser massiven Variante gegeben gewesen: Die vollständig geschlossene südliche Appellplatzfassade sollte durch eine Fassadenordnung mit je zwei Seiten- und zwei Mittelrisaliten strukturiert und somit in drei Gebäudekubaturen unterteilt werden, die jeweils einer spezifischen Nutzung entsprochen hätten. Der zentrale mittlere Gebäudeteil hätte wie schon bei dem ersten Entwurf als Lazarett, bzw. wie im Plan euphemistisch bezeichnet, als „Krankenhaus" gedient. Unklar ist, wie die Fassadengestaltung und die Geschosshöhe des Gebäudes ausgesehen hätten, doch ist davon auszugehen, dass der zentrale mittlere Teil ebenfalls hervorgehoben gestaltet worden wäre.

Nur kurz angerissen sei der weitere Verlauf der baulichen Entwicklung: Von der gesamten eben dargestellten Planung wurden lediglich das westliche und das östliche Steinhaus gebaut und mit Häftlingen belegt, ein drittes sollte eigentlich im April 1945 begonnen werden,[29] die übrigen hätten in der zweiten Jahreshälfte 1945 und später folgen sollen.[30] Anstelle des den Appellplatz südlich begrenzenden Gebäuderiegels wurden verschiedene Funktionsbaracken und direkt an der Lagerstraße drei Baracken mit zusätzlichen Krankenrevieren (II–IV) errichtet. In der südlichen „Lagererweiterungsfläche" wurden Baracken für das Lagerbordell und das Sonderlager für französische Prominente errichtet.[31]

---

29 Aussage des ehemaligen Kommandanten des KZ Neuengamme, Max Pauly, im sogenannten Curiohaus-Prozess gegen die Hauptverantwortlichen des KZ Neuengamme, Freundeskreis e. V. (Hrsg.), Curiohaus-Prozess. Verhandelt vor dem britischen Militärgericht in der Zeit vom 18. März bis zum 3. Mai 1946 gegen die Hauptverantwortlichen des KZ Neuengamme, 3 Bände, Hamburg 1969, Bd. 1, S. 315.

30 ANg, Neuengamme Case 2/1/31 und 2/2/17: Aussage des ehemaligen Kommandanten des KZ Neuengamme, Max Pauly, im sogenannten Curiohaus-Prozess gegen die Hauptverantwortlichen des KZ Neuengamme.

31 Bei den Häftlingen im „Sonderlager für französische Prominente" handelte es sich um

Zusammenfassend zeigt sich, dass offensichtlich auch jenseits der großen „Muster-KZ" im „Kleinen" – im KZ Neuengamme – die scheinbar unbefriedigende Situation des „Provisorischen" ab Frühjahr 1942 auf der Folie der in Berlin erstellten Musterpläne in eine „adäquate" Lagerarchitektur transformiert werden sollte.[32] Die städtebauliche Überarbeitung des Schutzhaftlagers mit seiner auf einen zentralen Punkt hin orientierten architektonischen Figuration zielte dabei anscheinend vor allem auf die Schaffung einer symbolischen, mit Zeichen aufgeladenen – semiotischen – Architektur. Es ging weniger darum, einen perfektionierten Raum der Kontrolle zu schaffen (wie in Sachsenhausen) oder den Häftlingen bestimmte räumliche oder bauliche Funktionen (beispielsweise des Krankenreviers) sichtbar zu machen, als vielmehr darum, eine hierarchische Ordnung auch auf einer architektonischen und städtebaulichen Ebene zu manifestieren.

2. Architektur der Konzentrationslager vs. „KZ-Architektur"

Die Auseinandersetzung mit der baugeschichtlichen Entwicklung der Konzentrationslager wirft die grundsätzliche Frage auf, was das Allgemeine und was das Spezifische an der Architektur der Konzentrationslager ist bzw. ob es überhaupt eine eigenständige „KZ-Architektur" gibt. Bereits 1987 hat der Hamburger Architekturhistoriker Hartmut Frank herausgearbeitet, dass es keine spezifische KZ-Architektur gibt.[33] Dem widersprach der Kunsthistoriker Hans-Ernst Mittig. Dieser schrieb 1996, dass „Hartmut Franks Behauptung [...], selbst KZ-Bauten seien nicht sichtbar von ihrer Funktion geprägt und besagten nichts über NS-Verbrechen, [...] jeden Rest an Plausibilität [verliert], nachdem Untersuchungen zu der Architektur von Konzentrationslagern in Gang gekommen sind".[34] Dem

---

399 französische Persönlichkeiten aus allen Bereichen des gesellschaftlichen Lebens, die im Juli 1944 in „Geiselhaft" genommen und in zwei Transporten ins KZ Neuengamme deportiert worden waren.

32 Dieser Befund ist insofern bemerkenswert, als der SS-Obersturmbannführer Görcke ein Jahr später in einem Vortrag bei einer SS-Bauleiterbesprechung über u. a. das „Bauen als Ausdruck von Weltanschauung und Charakter" und den „neue[n] Baustil" lapidar betonte, dass „Konzentrationslager und Rüstungswerke [...] Nutzungsbauten [sind], bei welchen auf den praktischen Nutzungswert besonderen Wert zu legen ist". BArch Berlin, NS 3-1648, ohne Paginierung (S. 14): Manuskript des Vortrags von SS-Obersturmbannführer Görcke während einer Bauleiterbesprechung am 4. 6. 1943.

33 Hartmut Frank, Monument und Stadtlandschaft, in: „Die Axt hat geblüht ..." Ausstellungskatalog Städtische Kunsthalle Düsseldorf, 1987, S. 344.

34 Hans-Ernst Mittig, Probleme mit NS-Architektur. Eine Umschau, in: Bauhaus Universität Weimar (Hrsg.), Vergegenständlichte Erinnerung. Perspektiven einer janusköpfigen Stadt, Weimar 1996, S. 7–14, hier S. 8.

ist zu widersprechen. Die Untersuchungen von Ulrich Hartung und Eduard Führ,[35] auf die sich Mittig in seiner Kritik an Frank bezieht, haben m. E. gerade nachgewiesen, dass es sich beim KZ Sachsenhausen zwar um eine bedeutungshafte, dem panoptischen Prinzip von Jeremy Bentham folgende Architektur handelt, mit beispielsweise einer symbolischen und einer der Überwachungslogik folgenden Anordnung von Gebäuden, diese an sich aber eben keine spezifische „KZ-Lagerarchitektur" darstellt. Die Baracken, die – nicht nur – in Neuengamme Verwendung fanden, waren normierte Systembaracken wie sie beim RAD, bei der Wehrmacht oder der HJ, aber auch in den Kriegsgefangenen- oder Zwangsarbeiterlagern genutzt wurden. Die Gebäude, die eigens für das KZ Neuengamme errichtet wurden, zeugen ebenfalls nicht von einer KZ-spezifischen Architektur. Sie verweisen, je nach Verwendungszweck, auf Industrie-, Kasernen- oder Krankenhausbauten, nutzen eklektizistisch Elemente des sogenannten „Heimatstils" und des „Neuen Bauens".

Selbst das KZ Neuengamme an sich weist in seiner topografischen Anordnung mit Achsen und Symmetrien keine Spezifika auf und ist vom „schematischen Grundriss" her kaum von anderen „spezialisierten Lebensräume[n] der Unterordnung" wie Kasernen, Klöstern oder Industriestädten zu unterscheiden.[36] Die Grundstruktur des KZ Neuengamme hat Parallelen zu den römischen Standlagern[37] und den Idealstadtentwürfen amerikanischer Siedler vom Beginn des 18. Jahrhunderts.[38] Habbo Knoch unterstreicht noch einmal, dass der für das „vollkommen neue, jederzeit erweiterungsfähige, moderne und neuzeitliche Konzentrationslager"[39] Sachsenhausen entwickelte trianguläre Mustergrund-

---

35 Ulrich Hartung, Zur Baugeschichte des Konzentrationslagers Sachsenhausen, in: Günter Morsch (Hrsg.), Von der Erinnerung zum Monument. Die Entstehungsgeschichte der Nationalen Mahn- und Gedenkstätte Sachsenhausen, Berlin 1996, S. 26–29; Eduard Führ, Morphologie und Topographie eines Konzentrationslagers, in: Morsch (Hrsg.), Erinnerung, S. 30–58.
36 Spiro Kostof, Das Gesicht der Stadt. Geschichte städtischer Vielfalt, Frankfurt a. M./New York 1992, bes. Kap. 3: Ideale Stadtentwürfe. Spezialisierte Lebensräume. Geplante Unterordnung, S. 165–170.
37 Ute Wrocklage, Architektonische und skulpturale Gestaltung des Konzentrationslagers Neuengamme nach 1945. Unveröffentlichte Magisterarbeit, Universität Oldenburg, Oldenburg 1992 (einzusehen in der KZ-Gedenkstätte Neuengamme).
38 Stefanie Endlich, Die äußere Gestalt des Terrors. Zu Städtebau und Architektur der Konzentrationslager, in: Wolfgang Benz/Barbara Distel (Hrsg.), Der Ort des Terrors. Bd. 1: Die Organisation des Terrors, München 2006, S. 210–229, hier S. 215.
39 Heinrich Himmler, zit. nach: Günter Morsch, Oranienburg – Sachsenhausen, Sachsenhausen – Oranienburg, in: Ulrich Herbert/Christoph Dieckmann/Karin Orth (Hrsg.), Die nationalsozialistischen Konzentrationslager – Entwicklung und Struktur, Bd. 1, Göttingen 1998, S. 111–134, hier S. 116.

riss bei den nachfolgenden KZ-Neugründungen keine Nachahmung fand, sondern dass sich „eine rechteckige Zonierung des Geländes durch[setzte], die den Barackengrundrissen entsprach".[40] Sie war, so Knoch unter Bezug auf Alexander Backhaus, „bereits im Ersten Weltkrieg in Kriegsgefangenenlagern und auch nach 1933 in neu gebauten Lagern wie dem KZ Esterwegen im Emsland hinreichend erprobt worden".[41] Und selbst hinsichtlich des triangulären Schutzhaftlagers in Sachsenhausen weist Christian Welzbacher auf historische Bezüge zu der achsialsymmetrischen französischen Salinenstadt Chaux hin.[42]

Und dennoch scheint es auf einer baulichen und mehr noch auf einer rezeptiven, wahrnehmenden Ebene etwas zu geben, das ein Konzentrationslager bzw. den baulichen Überrest eines Konzentrationslagers in Form einer gestalteten Gedenkstätte als solches vermeintlich sofort erkennbar macht, sodass es doch eine spezifische „KZ-Architektur" zu geben scheint.

Jüngere städtebauliche Theorien bzw. kunsthistorische Diskussionen behandeln die Relevanz der Kategorie „Politischer Raumtypus". Der Kunsthistoriker Ernst Seidl stellt in diesem Zusammenhang die grundlegende Frage, ob sich „nicht nur die jeweils individuellen, sozialen, historischen, politischen Kontexte eines Ortes auf die Gestalt und die politische Wirkmacht einzelner Raumschöpfungen aus[wirken], sondern [ob] nicht auch schon Grundformen des Raumes per se politisch wirksam und deutbar werden?" Und er präzisiert seine Frage weiter: „Können bestimmte Grundformen des gebauten Raumes, sowie sie Blicke lenken, Eindruck machen, Freiräume schaffen oder Geborgenheit vermitteln, so wie sie Bewegungen steuern oder verhindern, ins Zentrum rücken oder an die Peripherie verweisen, – können solche Grundformen des Raumes schon durch diese Fähigkeit politische Bedeutung generieren?"[43]

Übertragen auf die topografische Grundform eines Konzentrationslager bzw. des baulichen Überrestes eines Konzentrationslagers, könnte die Kategorie „Politischer Raumtypus" bedeuten, dass die „idealtypische" Struktur eines Konzentrationslagers (mit parallel gereihten Unterkunftsbaracken, Jourhaus, Appellplatz

---

40   Habbo Knoch, Das Konzentrationslager, in: Alexa Geisthövel/Habbo Koch (Hrsg.), Orte der Moderne. Erfahrungswelten des 19. und 20. Jahrhunderts, Frankfurt a. M./New York 2005, S. 290–300, hier S. 292.

41   Knoch, Konzentrationslager, S. 292, in Bezug auf Alexander Backhaus, Die Kriegsgefangenen in Deutschland. Gegen 250 Wirklichkeitsaufnahmen aus deutschen Gefangenenlagern, Siegen/Leipzig/Berlin 1915.

42   Christian Welzbacher, Idealstadt der Unterdrückung. Die Planung des Konzentrationslagers Sachsenhausen (1936), in: Kritische Berichte 34 (2006) 1: Blinde Flecke, S. 69–81.

43   Ernst Seidl, „Politische Raumtypen". Einführung in eine vernachlässigte Kategorie, in: ders. (Hrsg.), Politische Raumtypen. Zur Wirkungsmacht öffentlicher Bau- und Raumstrukturen im 20. Jahrhundert, Göttingen 2009, S. 9.

und begrenzenden Funktionsbaracken) in ihrer städtebaulichen Anordnung rezeptionstheoretisch schon die Nutzung „KZ" per se generiert. Anders ausgedrückt: dass eine derartige topografische Konfiguration schon qua Anordnung auf ein KZ bzw. – etwas weiter gefasst – auf ein nationalsozialistisches Zwangslager verweist. Es stellt sich also die Frage, ob nicht durch eine Mischung aus internalisierten Bildern „des KZ" und der Fähigkeit einer gebauten Grundform eines Raumes (in diesem Fall der topografischen Grundform Lager), politische Bedeutung zu generieren, bei Besucherinnen und Besuchern zwangsläufig das Bild von einer vermeintlich erkennbaren „KZ-Architektur" entsteht.

In der internalisierten „KZ-Möblierung" sind vermutlich der Lagerzaun mit den charakteristischen gebogenen Zaunpfählen, die parallel gereihten Baracken und möglicherweise das Jourhaus die ausdrucksstärksten Symbole mit einem hohen Wiedererkennungswert. Auch Sonderbauten wie das Krematorium werden als spezifische Gebäude ausschließlich einem Konzentrations- oder Vernichtungslager zugeschrieben. Dies aber drückt schon aus, dass bestimmte Gebäudetypen mit einem KZ in Verbindung gebracht werden, diese jedoch keine spezifische KZ-Architektur bilden. Ich denke, dass zumeist internalisierte und in dem kollektiven Bildgedächtnis verankerte Vorstellungen eines KZ das Bild einer Architektur der Konzentrationslager prägen.

3. Zur Bedeutung der baulichen Überreste als Medium der Erinnerung

Dies schließt an einen zweiten wichtigen Aspekt an: die Bedeutung der baulichen Überreste als Medium der Erinnerung. Gerade im Hinblick auf die zunehmende zeitliche Distanz zum historischen Geschehen machen zwei Faktoren die hohe Bedeutung deutlich, die den baulichen Überresten des KZ Neuengamme als Medium der Erinnerung zukommt: Mit der fortschreitenden zeitlichen Entfernung zum Nationalsozialismus steht die Zeitzeugengeneration, die unmittelbar von dem Geschehen berichten und ein authentisches Zeugnis des NS-Terrors geben kann, nicht mehr zur Verfügung, und die Jugendlichen, die heute die Gedenkstätte besuchen, haben durch eine fehlende intergenerationelle Bindung kaum noch einen unmittelbaren Zugang zum Nationalsozialismus. Es ist evident, dass durch diese beiden Faktoren den baulichen Überresten als „Denkmälern aus der Zeit" in Gedenkstätten immer stärker die Funktion des Bezeugens zukommt.[44] Die Relikte übernehmen somit zunehmend die Zeugenschaft von den Überlebenden. Festzustellen ist dabei zudem, dass die baulichen Überreste, insbesondere freigelegte Fundamente, eine ganz spezifische „Ansprache" an die

---

44 Johann Gustav Droysen, Historik. Hrsg. von Rudolf Hübner, München 1960, S. 50.

Betrachterinnen und Betrachter entwickeln. Stefanie Endlich schreibt unter Bezugnahme auf den Architekturhistoriker Winfried Nerdinger, dass „Orte, Bauten, Relikte und Spuren [...] in ihrem Zusammenhang das [bilden], was als ‚topografisches Gedächtnis' bezeichnet werden kann. Sie beinhalten [...] eine besondere ‚Kraft zur Erinnerung' und können die ‚verlorene Zeit' wieder in die Gegenwart holen".[45] James E. Young beschreibt ebenfalls die „nahezu mystische Faszination durch Orte, die scheinbar mit der Aura vergangener Ereignisse überladen sind, als würden Moleküle dieser Orte immer noch mit der Erinnerung an ihre Geschichte vibrieren". Diesen verfallenen Orten der Zerstörung selber fehlt aber, so zitiert Young einschränkend den französischen Philosophen Pierre Nora, der „Wille zur Erinnerung". Dies bedeute weiter, „daß ohne den Willen der Menschen sich zu erinnern die Ruinen kaum mehr als unbewegliche Teile der Landschaft sind, ohne jeden Erkennungswert und ohne jene Bedeutungen, die bei den Besuchern erst geschaffen werden. Ohne den Willen sich zu erinnern", so Young erneut mit Bezug auf Nora, „ist der Platz der Erinnerung in einem Wechselspiel zwischen Erinnerung und Geschichte [...] nicht mehr vom Ort der Geschichte zu unterscheiden".[46]

Neben der von Nora beschriebenen Problematik bedeuten der Umgang mit den baulichen Relikten der NS-Zwangslager und deren Präsentation in den Gedenkstätten aber auch eine hohe Verantwortung. Denn nunmehr kommt den Gedenkstätten die Deutungshoheit zu. Auf die baulichen Überreste bezogen meint dies, dass die Besucherinnen und Besucher erst einmal alles, was sie in den definierten Gedenkstätten sehen (und was nicht eindeutig als neu zu erkennen ist), als Relikt wahrnehmen; die Überreste müssen also sehr genau erläutert werden.

Abschließend sei die Literaturwissenschaftlerin und Auschwitz-Überlebende Ruth Klüger zitiert, die am Beispiel der KZ-Gedenkstätte Dachau das Wechselverhältnis „Ort der Geschichte" und „Ort der Erinnerung" generell kritisiert, denn die „neue [...] Konstellation des Ortes, die da heißt Gedenkstätte und Besucher, [...] was könnte weiter entfernt sein von der Konstellation Gefängnis und Häftling?"[47]

---

45 Stefanie Endlich, Orte der Erinnerung. Relikte, Überformungen, Interpretationen, in: Landesdenkmalamt im Ministerium für Umwelt, Saarbrücken (Hrsg.), Denkmalpflege an Grenzen – Patrimoine sans Frontières? Jahrestagung und 74. „Tag für Denkmalpflege" der Vereinigung der Landesdenkmalpflege in der Bundesrepublik Deutschland (VDL) vom 7. bis 9. Juni 2006 in Saarbrücken, Saarbrücken 2007, S. 28–38, hier S. 38.

46 James E. Young, Formen des Erinnerns. Gedenkstätten des Holocaust, Wien 1997, S. 175 f.

47 Ruth Klüger, weiter leben. Eine Jugend, Göttingen 1992, S. 75.

V. Gedenkstätten als Bildungsorte

OLIVER VON WROCHEM

Historisch-politische Bildung in NS-Gedenkstätten

Überlegungen zu reflexivem Geschichtsbewusstsein und berufsgruppenorientierter Arbeit

1. Gedenkstätten als institutionalisierte Orte des Gedenkens und der Bildung: Erwartungen des Staates sowie von Besuchenden und Mitarbeitenden

Gedenkstätten, die an das Unrecht in den Konzentrationslagern erinnern, sind in Deutschland heute anerkannte, institutionalisierte Orte des Gedenkens und der Bildung. Spätestens seit den 1990er-Jahren gelten sie auch von staatlicher Seite als Orte, an denen Menschen mit der Darstellung vergangenen Unrechts konfrontiert werden und daraus für die Zukunft lernen sollen. Gedenkstätten – als vermeintlich „authentische" Orte – sollen dabei nicht allein historisch bilden, sondern ebenso demokratische Kompetenzen stärken, gegenüber rechtsextremen, insbesondere antisemitischen Einstellungen immunisieren, ethisch-moralische Maßstäbe für die Gegenwart im Sinne z. B. einer Menschenrechtsorientierung verankern – und vieles mehr. Gedenkstätten wird also eine zentrale erzieherische Funktion zugesprochen. Unhinterfragt bleibt dabei, inwieweit Besuche an den gestalteten Erinnerungsorten überhaupt geeignet sind, über die Vermittlung historischen Wissens als der Vermittlung von Ursachenzusammenhängen[1] hinaus ethische Maßstäbe und handlungsorientierende Einsichten zu gewährleisten.

Die individuellen Zugänge zum historischen Geschehen an Gedenkorten sind bei Einzel- wie Gruppenbesuchenden durch diese gesellschaftlichen bzw. staatlichen Erwartungen geformt. Hinzu treten weitere nationale, regionale, familiäre, religiöse, geschlechter- und gruppenspezifische Vorprägungen. Bei Gruppenbesuchenden spielen auch Fragen der Gruppensituation und Gruppendynamik und daraus resultierende spezifische Kommunikationsweisen für die Wahrnehmung des Ortes und des dort Vermittelten eine Rolle. Jugendliche und Erwachsene besuchen Gedenkstätten zudem eingebunden in ein institutionelles

---

[1] Klaus Bergmann, Der Gegenwartsbezug im Geschichtsunterricht, Schwalbach/Taunus 2002, S. 34.

Gefüge, sei es im schulischen Kontext, sei es im Rahmen von Ausbildungsmaßnahmen. Letzteres gilt auch für Berufsgruppen, bei denen sich institutionelle Rahmenbedingungen mit berufsgruppenspezifischen Prägungen verbinden. In den Voraussetzungen von Gedenkstättenbesuchen spiegelt sich die normativeinheitsstiftende Funktion der Erinnerung an den Nationalsozialismus, die die Heterogenität historischen Geschehens bzw. vergangener und gegenwärtiger historischer Erfahrung überformt.

Den Besuchergruppen wie den gesellschaftlichen bzw. institutionellen Anforderungen stehen die Mitarbeitenden von Gedenkstätten gegenüber, die sich ebenfalls in den beschriebenen Setzungen bewegen. Bei letzteren gibt es zudem erinnerungskulturelle Narrative und Übereinkünfte, die sich aus dem Ort und der Art ihrer Arbeit ergeben und diese Arbeit strukturieren. So etwa das Anliegen, „zu einfühlend-anerkennender Erinnerung der Opfer um ihrer selbst willen" anzuregen und diese Erinnerung zu fördern.[2] Auch haben Gedenkstätten als „klar wertorientierte Einrichtungen gegen anti-aufklärerisches und inhumanes Denken und Handeln"[3] eine gesetzte Wertebindung, die nur selten als solche thematisiert wird. Diese Wertebindung beschränkt die Heterogenität möglicher Zugänge und Deutungen zum historischen Geschehen.[4] Auf Konferenzen, in pädagogischen Programmen und Publikationen wird zudem den in diesem Feld der Auseinandersetzung mit den NS-Verbrechen Tätigen häufig die Funktion zugesprochen, handlungsanleitend zu wirken,[5] indem etwa nichtrassistische, nicht antisemitische, im besten Fall genderbewusste Praxen erprobt und damit gesellschaftskritische Impulse gesetzt werden.

---

2   Imke Scheurich, Historisch-politische Bildung an NS-Gedenkstätten und Gesellschaftskritik, in: Bettina Lösch/Andreas Thimmel (Hrsg.), Handbuch kritische politische Bildung, Schwalbach/Taunus 2010, S. 433–442, hier S. 435.
3   Scheurich, Historisch-politische Bildung, S. 438.
4   Christian Geißler-Jagodzinski/Verena Haug, Gedenkstättenpädagogik – Ziele, Grenzen, Widersprüche, in: Janne Mende/Stefan Müller (Hrsg.), Emanzipation in der Politischen Bildung. Theorien – Konzepte – Möglichkeiten, Schwalbach/Taunus 2009, S. 299–329, S. 316 f.; zur schulischen Vermittlung und Spannungen durch Tabuisierung Gudrun Brockhaus, „Bloß nicht moralisieren!" Emotionale Prozesse in der pädagogischen Auseinandersetzung mit dem Nationalsozialismus, in: Einsichten und Perspektiven 6 (2008) Themenheft 1: Holocaust Education, S. 28–33; Wolfgang Meseth, Schulisches und außerschulisches Lernen im Vergleich. Eine empirische Untersuchung über die Vermittlung der Geschichte des Nationalsozialismus im Unterricht und an außerschulischen Bildungseinrichtungen und Gedenkstätten, in: kursiv. Journal für politische Bildung 12 (2008) 1, S. 74–83.
5   So widmen sich das Webportal „Lernen aus der Geschichte" (http://www.lernen-aus-der-geschichte.de/index.php?site=home; Zugriff am 15. 7. 2010), und die vielen schriftlichen Beiträge unter dem Titel „Lernen aus der Geschichte" explizit dem „Nationalsozialismus und Holocaust in Schule und Jugendarbeit".

Gedenkstätten sind Orte, an denen sich die normativ-einheitsstiftende Bedeutung der Erinnerung an den Nationalsozialismus und ihr stark utilitaristischer Charakter[6] deutlich manifestieren. Besuchende wie Mitarbeitende verbinden mit Gedenkstätten die Hoffnung, dort sei ein historisches Lernen möglich, dass gegen einen erneuten „Zivilisationsbruch"[7] immunisiere. Trotz der Einsicht in die Unmöglichkeit, überzeitliche Lehren aus der Vergangenheit zu ziehen, haben viele der Beteiligten angesichts der Ereignisse im Nationalsozialismus einen verständlichen Wunsch nach ewiggültigen moralischen und ethischen Normsetzungen. Es geht dabei nicht allein um historische Sinnbildung, sondern auch um Formen der Rationalisierung des nationalsozialistischen „gegenrationalen" Gewaltgeschehens, dessen „Sinn- und Zwecklosigkeit [...] sich in der Vernichtung um der Vernichtung willen in Auschwitz realisierte", und das den Fortschrittsoptimismus der „westlich-zweckrationalen Zivilisation" radikal infrage stellt.[8]

2. Förderung eines reflexiven Geschichtsbewusstsein als Ziel von Bildungsarbeit[9]

Für eine Bildungsarbeit, die im größtmöglichen Maße offene Geschichtsnarrative fördern möchte, stellt dieser Befund eine Herausforderung dar. Zudem steht der seit einigen Jahren bundespolitisch gewollte erinnerungspolitische Auftrag von Gedenkstätten, spezifische wertegebundene Geschichtsnarrative über den Nationalsozialismus weiterzugeben – als eine Form sinnstiftender „Pädagogisierung der Erinnerungskultur"[10] – dem ebenfalls pädagogischen Anspruch gegenüber, ergebnisoffene Formen des Lernens und damit eigene Sinnbildungsprozesse am historischen Ort zu ermöglichen. Zwischen den politisch gewollten, normativ-einheitsstiftenden Funktionen der Erinnerung an den Nationalsozialismus einerseits und der Heterogenität möglicher Fragen und Sinnbezüge, die im Bildungsprozess auftauchen bzw. formuliert werden können, andererseits besteht ein Spannungs-

---

6 Peter Reichel, Politik der Erinnerung. Gedächtnisorte im Streit um die nationalsozialistische Vergangenheit, München 1995, S. 19 ff.

7 Dan Diner, Zwischen Aporie und Apologie. Über Grenzen der Historisierbarkeit des Nationalsozialismus, in: ders. (Hrsg.), Ist der Nationalsozialismus Geschichte? Zu Historisierung und Historikerstreit, Frankfurt a. M. 1987, S. 62–73, hier S. 72.

8 Ebenda, S. 72 f.

9 Vgl. Oliver von Wrochem, Geschichtsnarrative und reflexives Geschichtsbewusstsein im Bildungsprozess, in: Barbara Thimm/Gottfried Kößler/Susanne Ulrich (Hrsg.), Verunsichernde Orte. Selbstverständnis und Weiterbildung in der Gedenkstättenpädagogik, Frankfurt a. M. 2010, S. 59–63.

10 Wolfgang Meseth, Die Pädagogisierung der Erinnerungskultur: erziehungswissenschaftliche Beobachtungen eines bisher kaum beachteten Phänomens, in: Zeitschrift für Genozidforschung 8 (2007) 2, S. 96–117.

verhältnis. Diesen Herausforderungen kann historisch-politische Bildungsarbeit an Gedenkstätten begegnen, indem Besuchende und Gedenkstättenmitarbeitende bei der Vergegenwärtigung von historischem Geschehen in einem interaktiven Prozess die verbreiteten Geschichtsnarrative über den Nationalsozialismus und seine Folgen gemeinsam reflektieren und ihre eigenen Geschichtsnarrative selbstkritisch hinterfragen. Die Annäherung an historisches Geschehen mittels kontroverser Überlieferungen der Vergangenheit sowie heterogener, pluraler gegenwärtiger Sinnzuschreibungen fördert ein reflexives Geschichtsbewusstsein. Denn durch das kritische Befragen gesellschaftlich verbreiteter und eigener Geschichtsnarrative rücken die Zuschreibungen, die das historische Geschehen erfahren hat, und die gesellschaftlichen Wirkungen dieser Zuschreibungen in den Blick. Dabei bilden die eigene Person, die eigene Gruppe, aber auch die Institutionen, in denen wir uns als Akteure bewegen, und ihre Geschichtsnarrative bzw. Überlieferungen und Erinnerungen zentrale Bestandteile der Auseinandersetzung mit der Vergangenheit. In dieser Form der Annäherung werden parallel zueinander verbreitete Sinnstiftungen dekonstruiert und neue Sinnbezüge konstruiert.[11] Die „Alteritätserfahrung"[12] von „Geschichte" kann auf diese Weise an Gedenkstätten plastisch werden – mit anderen Worten, Gedenkstätten können Orte reflektierter und reflexiver Annäherung an historisches Geschehen werden. Dies beinhaltet auch eine Auseinandersetzung mit Handlungszusammenhängen, Strukturen und Eigenarten gesellschaftlicher wie biografischer Prozesse in Geschichte und Gegenwart aus der Perspektive verschiedener beteiligter Akteure in dem Wissen darum, dass „politisch-gesellschaftliche Situationen immer in einem gewissen Maße offen sind, daß Traditionen immer zugleich wirksam und veränderbar sind, daß Handlungsentwürfe nie in reiner Form und allein mit den von den Akteuren gewünschten Folgen ins Werk gesetzt werden können".[13] Ein solch multiperspektivischer Blick auf geschichtliche Prozesse und Akteure setzt die Einsicht voraus, dass sich aus geschichtlichen Prozessen keine überzeitlich gültigen Handlungsanweisungen ableiten lassen.

11 Vgl. Andreas Körber/Claudia Lenz, Das eigene Gedenken und das der Anderen. Eine Projektskizze zum interkulturellen Vergleich von und zum interkulturellen Lernen an Erinnerungsnarrativen in Gedenkstätten, in: Andreas Körber/Oliver Baeck (Hrsg.), Der Umgang mit Geschichte an Gedenkstätten. Anregungen zur De-Konstruktion, Neuried 2006, S. 84–96.
12 Bodo von Borries, Fallstricke interkulturellen Geschichtslernens. Opas Schulbuchunterricht ist tot, in: Viola B. Georgi/Rainer Ohlinger (Hrsg.), Crossover Geschichte. Historisches Bewusstsein Jugendlicher in der Einwanderungsgesellschaft, Hamburg 2009, S. 25–45, hier S. 40.
13 Claudia Fröhlich/Michael Kohlstruck, „Aus der Geschichte lernen". Zur Aktualität einer Alltagsmaxime, in: Horst-Alfred Heinrich/Michael Kohlstruck (Hrsg.), Geschichtspolitik und sozialwissenschaftliche Theorie, Stuttgart 2008, S. 123–142, hier S. 126 f. und S. 131.

3. Die Arbeit des Studienzentrums der KZ-Gedenkstätte Neuengamme

Das Studienzentrum versteht sich als Ort sowohl der Forschung wie auch der Vermittlung. Es bietet international ausgerichtete Workshops, Tagungen und Seminare an, die gegenwärtige geschichtskulturelle Entwicklungen kommentieren und das historische Geschehen vor dem Hintergrund aktueller Herausforderungen in der Gedenkstättenarbeit reflektieren. Zu seinem Arbeitsauftrag gehören ferner die Aus- und Weiterbildung der eigenen Mitarbeiter und Mitarbeiterinnen und Fortbildungsangebote für Einrichtungen der schulischen und außerschulischen Bildung. Bei diesen Fortbildungen für Multiplikatoren und Lehrkräfte geht es etwa um Erinnerungskultur in der Migrationsgesellschaft; generationsspezifische Verarbeitung der NS-Vergangenheit in der zweiten und dritten Nachkriegsgeneration; Nationalsozialismus und Holocaust in Medien, Literatur und Film; Zeichnungen und Fotografien aus Konzentrationslagern und ihre Bedeutung als Medien der Erinnerung; Kinder- und Jugendliteratur zu Deportation und Konzentrationslagern, um nur einige Beispiele zu nennen. Weiterhin bietet das Studienzentrum Mehrtagesprojekte und Projektwochen für Schulen und Gruppen der außerschulischen Jugendbildung an, in denen auch gegenwärtige gesellschaftliche Entwicklungen aufgegriffen werden. Es pflegt und fördert langfristige Kooperationen mit Schulen und außerschulischen Trägern der Jugend- und Erwachsenenbildung. Besondere Mehrtagesangebote werden im Bereich der audiovisuellen Medien (Radio, Fotografie, Film, Kunst) angeboten. Seit 2009 steht ein Medienraum mit Internetarbeitsplätzen, Audioaufnahmegeräten und Digitalkameras für die medial ausgerichteten Projekte zur Verfügung. Zudem wird an theaterpädagogischen Programmen gearbeitet.

Eng ist die Kooperation mit Einrichtungen der Lehreraus- und -fortbildung, mit denen das Studienzentrum gemeinsam Programme für historisch-politische Bildung an außerschulischen historischen Orten vorantreibt. Ständige Kooperationen bestehen mit der Universität Hamburg und dem Landesinstitut für Lehrerbildung in Hamburg. In diesen Kooperationen werden bestehende Vermittlungspraxen evaluiert sowie innovative Methoden der Bildungs- bzw. Vermittlungsarbeit erprobt. Im Zentrum stehen Ansätze selbsttätigen Lernens an historischen Orten, das die eigenen Geschichtsnarrative und Fragen aufgreift. Hinzu kommen thematisch offene Multiplikatorenschulungen, u. a. für Lehrerinnen und Lehrer, bei denen individuell Themen und Bedürfnisse abgesprochen werden; in der Regel geht es in diesen Seminaren entweder um das Kennenlernen der Möglichkeiten an der Gedenkstätte für Schülergruppen oder aber um thematische und/ oder methodische Fortbildungen für die Multiplikatoren selbst.

Internationale Lehreraustausch- und Jugendbegegnungsprogramme gehören ebenfalls zu den Angeboten. Neben den skandinavischen Ländern pflegt die

Gedenkstätte Neuengamme besonders mit Polen, den Niederlanden, Belgien, Frankreich, der Tschechischen Republik, der Ukraine, Weißrussland und Russland enge Beziehungen. Ebenso bietet das Studienzentrum Wissenschaftlern, die vor Ort recherchieren wollen, Unterstützung an. Zurzeit ist das Studienzentrum an dem EU-Comenius-Projekt „Developing Competence-Orientated Teaching on Historical Memories" (TeacMem) beteiligt. In diesem trinatonalen Austauschprojekt zu den jeweiligen Umgangsweisen mit Nationalsozialismus, Besatzung und Krieg in Norwegen, Dänemark und Deutschland werden Lehrer und Gedenkstättenpädagogen befähigt, vergleichend und kompetenzorientiert über historische Erinnerungskulturen zu sprechen und zu unterrichten. Ein weiteres Projektziel ist es, offene Bildungsprozesse bei den Teilnehmenden zu initiieren.[14]

Die Fragen, die sich aus der Historisierung der NS-Vergangenheit und der Europäisierung, ja Globalisierung der Erinnerung an den Zweiten Weltkrieg und die NS-Verbrechen ergeben, werden ebenfalls in Seminaren behandelt. Auch werden Formen der intergenerationellen Weitergabe von Erfahrungen sowohl für die Nachkommen der Opfer[15] als auch für die Nachkommen von Tätern[16] in Veranstaltungen, aber auch den Ausstellungen der KZ-Gedenkstätte thematisiert. Weitere Aspekte ergeben sich aus dem innergesellschaftlichen Wandel, der mit generationellen Brüchen und veränderten Perspektiven auf die NS-Zeit aufgrund einer veränderten sozialen Zusammensetzung eng verbunden ist (Stichworte: Migrationsgesellschaft, Diversivität).

Ein weiterer Schwerpunkt, auf den ich nachfolgend exemplarisch näher eingehen möchte, sind Angebote für Angehörige spezifischer Berufsgruppen. Dabei verfolgt das Studienzentrum den Ansatz, einen reflexiven Umgang von Institutionenangehörigen mit der Geschichte der jeweiligen Vorgängerinstitutionen und deren Mitarbeitenden zu befördern.

---

14   Siehe http://blogs.epb.uni-hamburg.de/teacmem/ (Zugriff am 10. 7. 2010); http://www.kz-gedenkstaette-neuengamme.de/index.php?id=3259 (Zugriff am 10. 7. 2010).
15   Klaus Witzeling, Arbeit an der Erinnerung. Das Studienzentrum entwickelt Perspektiven für eine Erinnerungskultur der Zukunft, in: Hamburger Abendblatt, Museumsbeilage, 25. 5. 2010; http://www.abendblatt.de/ratgeber/extra-journal/article1505210/Arbeit-an-der-Erinnerung.html (Zugriff am 30. 6. 2010); Mart-Jan Knoche, Begegnung am Tatort, in: taz, 8. 5. 2010.
16   Mart-Jan Knoche, Ein schwer erträgliches Erbe, in: taz, 2. 1. 2010, S. 35; Toby Axelrod, In Germany. Confronting the Nazi Perpetrators, in: Jewish Telegraphic Agency (JTA), 1. 4. 2010, http://jta.org/news/article/2010/04/01/1011444/in-germany-confronting-the-nazi-perpetrators (Zugriff am 1. 7. 2010). Vgl. KZ-Gedenkstätte Neuengamme, Studienheft 1: Ein Täter, Mitläufer, Zuschauer, Opfer in der Familie. Materialien zu biografischen Familienrecherchen, Hamburg 2010; ARD Nachtmagazin, 28. 1. 2010, Bericht zum Seminar „Ein Täter in der Familie", http://www.ardmediathek.de/ard/servlet/content/3517136?documentId=4869442 (Zugriff am 15. 7. 2010).

4. Die Arbeit mit institutionell gebundenen Besuchergruppen

In einer Zeit, in der die unmittelbaren familiären Zugänge zum Nationalsozialismus in den Hintergrund treten, stellt sich die Frage, wie Gruppenbesuchende für die historische Thematik interessiert und sensibilisiert werden können.[17] In der historisch-politischen Bildungsarbeit mit Berufsgruppen aus Militär, Polizei, Justiz und öffentlicher Verwaltung, aber auch aus medizinischen und Pflegeberufen sowie weiteren Berufsgruppen wie etwa Eisenbahnerinnen und Eisenbahnern bietet es sich an, Themen und Perspektiven aufzugreifen, die sich aus der Geschichte der jeweiligen Institutionen ergeben. Dies bedeutet für die Teilnehmenden eine Erweiterung der Perspektiven auf das historische Geschehen auch im ehemaligen Konzentrationslager Neuengamme im Sinne einer Sensibilisierung für die geschichtlichen Kontinuitäten und Brüche in Institutionen, die an Verfolgungsmaßnahmen im System der Konzentrationslager zentralen Anteil hatten.

So können in Seminaren zu Themen wie „Medizin im Nationalsozialismus" oder „Leben mit Behinderung" mit medizinischen wie pflegerischen Berufsgruppen die Beteiligung von Ärzten und Pflegern bei der Euthanasie und der Umgang in den einzelnen Institutionen wie etwa den Alsterdorfer Anstalten in Hamburg mit dieser eigenen Geschichte und die heutige Praxis medizinischen Umgangs mit dem Thema Behinderung bearbeitet werden. In der Arbeit mit Eisenbahnern spielen die Funktionen der Reichsbahn für die Transporte in die Konzentrations- und Vernichtungslager sowie für die Kriegsführung Deutschlands eine Rolle, aber auch der Umgang der Deutschen Bahn mit dieser Vergangenheit, beispielsweise in Bezug auf den „Zug der Erinnerung" und dessen Ausstellung zu Kindertransporten. In der Arbeit mit Justiz, Verwaltung, Bundeswehr und Polizei können die Narrative der am Vernichtungsprozess beteiligten Akteure aus diesen Institutionen thematisiert und mit den Perspektiven und Erzählungen von Verfolgtengruppen wie Juden, Sinti und Roma, Wehrmachtsdeserteuren, Zwangsarbeitern sowie von politisch und religiös Verfolgten konfrontiert werden. Die berufsspezifischen Studientage und Seminare für Mitarbeitende aus den verschiedenen Institutionen des öffentlichen Dienstes in Neuengamme fokussieren unter anderem darauf, wie Angehörige der jeweiligen Berufsgruppe arbeitsteilig an der Vorbereitung und Durchführung der Verbrechen mitgewirkt haben, indem sie an politischen Prozessen teilhatten, diese häufig radikalisierten, mindestens aber im Sinne der nationalsozialistischen Herrschaft umsetzten.[18] Aber auch die Deu-

---

17 Vgl. Gedenkstätten. Lernorte zum nationalsozialistischen Terror, Themenschwerpunkt der Zeitschrift Politik und Unterricht 14 (2008) 3.
18 Vgl. Detlef Garbe, Institutionen des Terrors und der Widerstand der Wenigen, in: Forschungsstelle für Zeitgeschichte in Hamburg (Hrsg.), Hamburg im „Dritten Reich", Göttingen 2005, S. 519–572, besonders S. 519–526.

tungs- und Überlieferungsgeschichte innerhalb und außerhalb der Institutionen im Umgang mit der NS-Zeit seit 1945 kann produktiv für die Vergegenwärtigung historischen Geschehens genutzt werden. Denn die Vergangenheit ist in die Institution selbst eingeschrieben und kann z. B. in der Betrachtung von Kontinuitäten und Brüchen kritisch reflektiert werden.[19]

In der Arbeit mit Berufsgruppen lässt sich zugleich die gesellschaftlich verbreitete Reduktion historisch komplexer Geschehnisse auf Täter- und Opferdichotomien thematisieren und reflektieren. Eine differenzierte Sicht auf die vielschichtigen Akteursgruppen,[20] also Verfolgte, Ermordete, Retter, Helfer, Täter, Kollaborateure, Widerständige, Profiteure, Zuschauer, Mitläufer und andere Gruppen, sowie das Aufzeigen von Handlungsspielräumen, die die historischen Akteure hatten, kann in der Arbeit mit Angehörigen von Berufsgruppen dazu anregen, eigene Handlungsspielräume wahrzunehmen und die eigene (auch geschlechtsspezifische) Rolle zu reflektieren. Wichtig erscheint mir, dass in diesen Annäherungen Formen der Vermittlung erprobt werden, bei denen das Ergebnis der Auseinandersetzung nicht vorweggenommen wird.

Die Möglichkeit, dass sich Angehörige staatlicher und nichtstaatlicher Institutionen und Verbände mit der Geschichte ihrer Einrichtung im Dritten Reich ebenso wie mit deren Geschichte nach 1945 beschäftigen und dies auf ihr eigenes Selbstverständnis beziehen, gibt es an diversen Gedenkstätten, die an das NS-Unrecht erinnern, ganz überwiegend aber an Orten, die wie die Villa ten Hompel (für die Polizei), die Topografie des Terrors (für die Gestapo, die Sicherpolizei und den SD) und das Haus der Wannsee-Konferenz (u. a. für Justiz und Verwaltung) bestimmte Personengruppen fokussieren, die als Täter und Täterinnen aktiv am Unrecht teilhatten.[21] Auch andere Gedenkorte, die sich explizit mit der Geschichte der Täter auseinandersetzen und dabei die Geschichte des historischen Ortes mit Fragen der Institutionsgeschichte systematisch verknüpfen, arbeiten intensiv mit berufsgruppenorientierten Angeboten.

Folgende berufsgruppenspezifische Seminare (Studientage und Mehrtagesangebote) werden zurzeit in der Gedenkstätte regelhaft angeboten: Die Rolle

---

19 Kai Ambos, Institutionen und Erinnerungen, http://www.bpb.de/themen/I97ITT,1,0,Institutionen_und_Erinnerungen.html (Zugriff am 1. 7. 2010).
20 Matthias Heyl, „Conflicting Memories" – Vom Nutzen pädagogischer Erinnerungsarbeit im „Global Village", in: Rudolf Leiprecht/Anne Kerber (Hrsg.), Schule in der Einwanderungsgesellschaft, Schwalbach/Taunus 2005, S. 192–217, hier S. 201.
21 Alfons Kenkmann, Die Villa ten Hompel: Fortbildung für Berufsgruppen und Beschäftigung mit der Täterperspektive, in: Arbeitskreis NS-Gedenkstätten NRW e. V. (Hrsg.), Forschen – Lernen – Gedenken. Bildungsangebote für Jugendliche und Erwachsene in den Gedenkstätten für die Opfer des Nationalsozialismus in Nordrhein-Westfalen, Düsseldorf 1998, S. 114–119.

der Reichsbahn bei den Deportationen in die KZ und Vernichtungslager; die Geschichte der Medizin im Nationalsozialismus/im Konzentrationslager; Leben mit Behinderungen im Nationalsozialismus; die Rolle der Wehrmacht im System der Konzentrationslager und das Schicksal der sowjetischen Kriegsgefangenen; die Rolle der Polizei in den KZ und im nationalsozialistischen Verfolgungs- und Terrorsystem; die Rolle der Justiz im Verfolgungskontext der Konzentrationslager; Verwaltungshandeln im Prozess der nationalsozialistischen Ausgrenzung- und Verfolgungspolitik; Wirtschafts- und Sozialpolitik im Nationalsozialismus. Weitere berufs- oder verbandsgeschichtlich orientierte Seminare, die allerdings nicht ausschließlich Fragen der Täterschaft behandeln, sind in Planung, darunter für Gewerkschafterinnen und Gewerkschafter, für Architektinnen und Architekten (zur Baugeschichte von Konzentrationslagern und zur Architektur von Erinnerungsorten), für Hafenarbeiterinnen und Hafenarbeiter (zu den KZ-Außenlagern im Zusammenhang mit der deutschen Rüstungs- und Kriegswirtschaft, besonders im Hamburger Hafen).

Mitarbeitende staatlicher Institutionen waren konkret Akteure der Verbrechen im Konzentrationslager Neuengamme sowie beteiligt an Ausgrenzungs- und Vernichtungsmaßnahmen in Hamburg zur Zeit des Nationalsozialismus. Viele dieser Institutionen blieben nach dem Krieg fast unangetastet und setzten sich in der Regel nur sehr partiell mit der eigenen Geschichte auseinander. Erst gegen Ende des vergangenen Jahrhunderts hat sich im Kontext der Täterforschung auch die Frage nach der Verantwortung staatlicher Institutionen und staatlicher Bediensteter neu gestellt. In der KZ-Gedenkstätte Neuengamme wird daher insbesondere das Handeln von Institutionen im „Dritten Reich" in seinen Beziehungen zum KZ Neuengamme bearbeitet. Die Seminare behandeln Fragen von individueller und institutioneller Täterschaft, aber auch von Handlungsspielräumen, die kommunale (städtische) Beteiligung und die Beteiligung der Justiz, der Polizei, der Wehrmacht und vor allem der SS am Betrieb und am Ausbau des Lagersystems sowie an der Behandlung der Häftlinge. Anhand der vier Institutionen Polizei, Militär, Verwaltung und Justiz möchte ich einige Formen der Beteiligung, die dann auch Inhalte der Seminare sind, kurz näher erläutern.

Polizei
Die Ordnungspolizei, die Kriminalpolizei, die Geheime Staatspolizei und die Sicherheitspolizei der SS waren an den Deportationen von Juden sowie Sinti und Roma in die Ghettos und Vernichtungslager ebenso beteiligt wie an den Massenerschießungen in Ost- und Südosteuropa. Ein besonders bekanntes Beispiel sind – neben den Einsatzgruppen der Sicherheitspolizei und des SD – die Reservebataillone der Ordnungspolizei, die in Osteuropa Massaker verübten und Deportationszüge begleiteten – hier ist besonders das Hamburger Reserve-Polizeiba-

taillon zu nennen, dessen Handeln gut erforscht ist.[22] Die Gestapo war zugleich für die Einweisung von Polizeihäftlingen aus dem Polizeigefängnis in Hamburg-Fuhlsbüttel – heute ein Gedenkort und eine Außenstelle der KZ-Gedenkstätte Neuengamme[23] – in die Lager im Rahmen der Schutzhaftbefehle zuständig und spielte im Konzentrationslager in der sogenannten Politischen Abteilung eine wichtige Rolle. Die Gestapo brachte zudem politische Häftlinge aus Fuhlsbüttel in das KZ Neuengamme, um sie dort zu erschießen. Gegen Kriegsende waren zudem Reservepolizisten und Zöllner als Wachmannschaften in Außenlagern des KZ Neuengamme eingesetzt.

Militär

Die Wehrmacht war nicht nur an der verbrecherischen Kriegsführung im Osten und am Holocaust beteiligt, sondern ebenso für die unmenschliche Behandlung von Kriegsgefangenen in den Kriegsgefangenenlagern und die – völkerrechtswidrige – Überstellung von Kriegsgefangenen in Konzentrationslager verantwortlich. In Neuengamme betraf dies weit über 1000 sowjetische Kriegsgefangene, von denen vermutlich keiner die KZ-Haft überlebt hat.[24] Die Wehrmacht gewährleistete gegen Kriegsende die Bewachung in zahlreichen Außenlagern des KZ Neuengamme und begleitete teilweise auch Todesmärsche. Die SS als Teil des militärischen wie des polizeilichen Machtapparates im Nationalsozialismus wirkte in den KZ unmittelbar auf das Leben der Häftlinge ein. Bei der Arbeit mit der Nachfolgearmee der Wehrmacht, also der Bundeswehr, ist allerdings zu bedenken, dass im Gegensatz zur Polizei nach 1945 einige grundlegende verfassungsmäßige Änderungen zu den Vorgängerinstitutionen im Nationalsozialismus, Wehrmacht und Waffen-SS, vorgenommen worden sind und insofern hier neben zahlreichen Kontinuitäten auch einschneidende Brüche zu reflektieren sind.

---

22 Christopher Browning, Ganz normale Männer. Das Reserve-Polizeibataillon 101 und die „Endlösung" in Polen, Reinbek bei Hamburg 1993; vgl. Daniel Jonah Goldhagen, Hitlers willige Vollstrecker. Ganz gewöhnliche Deutsche und der Holocaust, Berlin 1996.

23 Vgl. KZ-Gedenkstätte Neuengamme (Hrsg.), KolaFu – ein Ort der Willkür und der Gewalt. Zur Geschichte des Konzentrationslagers und der Strafanstalten Fuhlsbüttel 1933–1945, Hamburg 2003; vgl. zur Hamburger Polizei auch Helmut Fangmann/Udo Reifner/Norbert Steinborn, „Parteisoldaten". Die Hamburger Polizei im „3. Reich", Hamburg 1987.

24 Zu den ins KZ Neuengamme überstellten Kriegsgefangenen liegen kaum Forschungsarbeiten vor. Christian Römmer widmet sich dieser Frage in einem Beitrag, den er auf dem Workshop „Wehrmacht und KZ-System" am 18. 6. 2010 an der KZ-Gedenkstätte Neuengamme vorgestellt hat und der 2011 im Band 13 der „Beiträge zur Geschichte der nationalsozialistischen Verfolgung in Norddeutschland" erscheint. In diesem Band wird der Bereich Wehrmacht und KZ Neuengamme näher betrachtet.

Verwaltung

Die kommunale städtische Verwaltung war „Garant nationalsozialistischer Herrschaft".[25] Sie hatte auch in Hamburg zentralen Anteil an der Ausgrenzung von Menschen und an der Arisierung jüdischen Eigentums. Zudem war sie an der Ausgestaltung der Lebens- und Arbeitsbedingungen im KZ Neuengamme beteiligt. Nicht nur ging die Errichtung und der Ausbau des KZ Neuengamme auf eine Kooperationsvereinbarung zwischen der SS und der Stadt Hamburg zurück, darüber hinaus waren zahlreiche Hamburger Behörden mit dem KZ administrativ verbunden (Baubehörde, Wasserbauamt). Nach den Bombenangriffen 1943 wurden zudem zahlreiche Häftlinge des KZ Neuengamme zur Trümmerbeseitigung im Hamburger Stadtzentrum eingesetzt. Interessant ist auch die Perspektive, dass sich der Terror im Nationalsozialismus in der Regel aus einzelnen Verwaltungsakten zusammensetzte und das KZ Neuengamme selbst ebenfalls eine Verwaltungseinheit darstellte. Somit kann auch das Thema „Terror als Verwaltungsakt" Gegenstand der Seminare mit Besuchenden aus Verwaltungsberufen sein.

Justiz

Die Justiz wiederum war auf vielfältige Weise für das Schicksal der in die KZ eingelieferten Personen mitverantwortlich, in dem sie deren Überstellung in die KZ zuließ und sie damit der Willkür von Polizei und SS aussetzte. Wie an der Front die Verbrechen der Wehrmacht und der Einsatzgruppen wurden im Konzentrationslager die von der SS verübten Verbrechen in der Regel nicht geahndet. Zahlreiche Richter setzten sich im Kontext der nationalsozialistischen „Gegnerbekämpfung" und den Massenmordanweisungen über geltendes nationales Recht, aber auch international geltende Regeln hinweg oder interpretierten geltendes Recht im vorauseilenden Einverständnis mit der NS-Ideologie um.[26] Das gilt für die zivile Gerichtsbarkeit ebenso wie für die Militärstrafgerichtsbarkeit.

Für die Justiz kommt als Bezug hinzu, dass die Justizbehörde der Stadt Hamburg auf dem Gelände des Konzentrationslagers Neuengamme nach dem Zweiten Weltkrieg zwei Justizvollzugsanstalten errichtete, die trotz vehementer Proteste von Überlebenden erst 2003 und 2006 aufgelöst wurden. Die fast 60 Jahre dauernde Auseinandersetzung zwischen Häftlingsverbänden und dem Hamburger Senat um die Errichtung und den Ausbau der KZ Gedenkstätte Neuengamme gibt Aufschluss darüber, wie von staatlicher Seite lange Jahre mit diesem Thema umgegangen wurde.

---

25 Uwe Lohalm, Garant nationalsozialistischer Herrschaft. Der öffentliche Dienst, in: Forschungsstelle für Zeitgeschichte in Hamburg (Hrsg.), Hamburg im „Dritten Reich", Göttingen 2005, S. 154–187.
26 Nikolaus Wachsmann, Gefangen unter Hitler. Justizterror und Strafvollzug im NS-Staat, München 2006.

Wie andernorts werden auch in Neuengamme neben der Institutionsgeschichte im Nationalsozialismus und deren Nachgeschichte berufsgruppenspezifische Fragen von Ethik und Moral, aber auch Handlungsspielräume und Verhaltensalternativen reflektiert. Ebenso werden sich aus der Geschichte der NS-Verbrechen ergebende aktuelle Fragen thematisiert. Das Haus der Wannsee-Konferenz schreibt zu diesem Ansatz auf seiner Homepage: „Welche Strukturen, welche Denk-, Sprech- und Verhaltensweisen tragen dazu bei, dass Menschen die Gleichberechtigung verweigert wird und sie als Objekte behandelt werden? Was begünstigt das Wegschauen bei Diskriminierung und Gewalt und die Gleichgültigkeit gegenüber dem Leiden anderer? Woraus entsteht die Fähigkeit, sich solchen Tendenzen entgegenzustellen, und wie kann sie gefördert werden?"[27] An diesen Fragen tritt deutlich der Aspekt des Lernens für die und in der Gegenwart hervor, der aus dem pädagogischen Zusammenhang kaum wegzudenken ist, aber immer wieder auch problematisiert werden muss.

Mögliche weitere Anknüpfungspunkte einer berufsgruppenorientierten Arbeit könnten Geschlechterdifferenzen, Fragen der sozialen Identität sowie institutionelle Formen von Antisemitismus und Rassismus und davon ausgehend Fragen der Grund- und Menschenrechte sein. Diese Fragen können als Anknüpfungspunkte an die pluralen Überlieferungen der Ursachenzusammenhänge und der gesellschaftlichen Geschichtsnarrative neue Perspektiven auch auf das historische Geschehen eröffnen. Zentral ist dabei ein reflektierter Umgang mit Begrifflichkeiten, die mit geschichtspolitischen Deutungen aufgeladen sind.

Das reflexive Umgehen mit der Geschichte der eigenen Institution beinhaltet ein kritisches Hinterfragen des sich aus der jeweiligen berufs- oder ausbildungsspezifischen institutionellen Situation ergebenden Umgangs mit dem an Gedenkstätten Repräsentierten. Es ist für die Entwicklung sich selbst und die eigene Institution hinterfragender Umgangsformen mit Geschichte bedeutsam, dass sowohl institutionsgebundene Besuchende, die an historischen Orten ein institutionalisierter Zugang zur Vergangenheit erwartet, wie auch die Mitarbeitenden von Gedenkstätten als Angehörige einer staatlichen Einrichtung ein kritisches Hinterfragen ihrer jeweiligen Position im institutionellen Beziehungsgefüge leisten.

Im Ergebnis dieser Bildungsarbeit scheint die Vielzahl der Bezüge zwischen Vergangenheit und Gegenwart auf, werden gesellschaftlich verbreitete Interpretationsmuster infrage gestellt und Bildungsprozesse in Gang gesetzt, die in hohem Maße offen und reflexiv sind.

---

27 Vgl. http://www.ghwk.de/deut/bildung/seminare.htm (Berufsspezifische Seminare für Erwachsene, Zugriff am 1. 7. 2010).

5. Projekt „Menschenrechtsbildung für Mitarbeiterinnen und Mitarbeiter staatlicher Institutionen an Gedenkstätten des NS-Unrechts"

Neben den regulären berufsgruppenspezifischen Seminaren führt das Studienzentrum der KZ-Gedenkstätte Neuengamme seit Anfang 2010 das von der Stiftung „Erinnerung Verantwortung und Zukunft" geförderte Projekt „Menschenrechtsbildung mit Mitarbeiterinnen und Mitarbeitern staatlicher Institutionen an Gedenkstätten des NS-Unrechts" durch.[28] In dem Projekt werden die oben ausgeführten Ansätze der historischen Bildung mit Fragen historisch orientierter Menschenrechtsbildung verbunden. Gegenstand des Projektes ist neben der Entwicklung und Erprobung von Seminarkonzepten auch die Reflexion darüber, ob und wie historische Menschenrechtsbildung in die Arbeit von KZ-Gedenkstätten systematisch eingebunden werden kann und wenn ja, mit welchen Gruppen dies sinnvoll ist. Zielgruppe sind Auszubildende und Studierende von Polizei, Justiz, öffentlicher Verwaltung und Militär. In diesem Zusammenhang wirft die historische Perspektive auf aktuelle institutionelle Umgangsweisen mit Menschenrechten Fragen auf, die über die herkömmliche historische Bildung mit Berufsgruppen an Gedenkstätten hinausweisen.

Das Projekt ist auf zwei Jahre angelegt und wird mit fünf Institutionen aus dem Hamburger Raum durchgeführt. Die Seminare sind auf mindestens zwei Tage angelegt und inhaltlich auf die jeweilige Berufsgruppe zugeschnitten. Das Projekt ist so angelegt, dass es je Institution mindestens zwei Seminardurchgänge gibt. Die Seminare können entsprechend projektbegleitend evaluiert und weiterentwickelt werden.

Folgende Themengebiete sind Bestandteil der Seminare: Überblick über die Geschichte des Ortes; Rolle der Institution im NS/beim Betrieb der KZ; rechtlicher Rahmen institutionellen Handelns im NS; Kontinuitäten und Brüche in der Institutionsgeschichte; Kriegsverbrecherprozesse und Aufarbeitung nach 1945; NS-Verbrechen als Menschenrechtsverletzungen; konkrete Menschenrechte als Konsequenz aus den Verbrechen; Bezüge zum jeweiligen Berufsalltag: strukturelle und persönliche Handlungsspielräume in den Institutionen; Reflexion eigener und institutioneller Erwartungen, Deutungen und Prägungen.

Teil des Projekts sind mehrere pädagogische Werkstätten für Multiplikatoren, in denen die Projektergebnisse zur Diskussion gestellt und weiterentwickelt werden. Ein Beratungsteam aus Kooperationspartnern, Expertinnen und Experten aus dem Gedenkstättenbereich sowie ein Jurist begleiten das Projekt.

---

28 Siehe http://www.stiftung-evz.de/projekte/handeln-fuer-menschenrechte/menschen_rechte_bilden/gefoerderte-projekte/#hl97080 (Zugriff am 10. 7. 2010); http://www.kz-gedenkstaette-neuengamme.de/index.php?id=3261 (Zugriff am 10. 7. 2010).

Die Ergebnisse werden in Form didaktischer Materialien und einer Fortbildung für die Mitarbeitenden der Einrichtungen sowie die Mitarbeitenden der Gedenkstätte festgehalten. Ziel ist es, nach Abschluss des Bewilligungszeitraums dauerhafte Kooperationen mit den genannten Institutionen zu etablieren und darüber hinaus für andere Einrichtungen Bildungsmodule zum Thema historische Menschenrechtsbildung mit Institutionen staatlicher Gewalt bereitzuhalten.

6. Fazit

In den Studientagen, Seminaren und Multiplikatorenschulungen sowie in den berufsgruppenorientierten Projekten an der KZ-Gedenkstätte Neuengamme geht es nicht allein um die Vergegenwärtigung des vergangenen Unrechts, sondern zugleich stets um eine Einbeziehung von Erfahrungen der Besuchenden. Die aus den Vorprägungen resultierenden, häufig wenig bewussten Erwartungen und die sich aus den berufsgruppenspezifischen Deutungen ergebenden Fragen der Gruppenbesuchenden an das Dargestellte am historischen Ort werden eingebunden und damit reflexive Annäherungsweisen an die historischen Orte und seine vielschichtigen Deutungsangebote ermöglicht.

Ein wünschenswertes Ziel der historisch-politischen Bildungsarbeit an der KZ-Gedenkstätte Neuengamme ist es, die Ambiguitätstoleranz bei allen Beteiligten zu fördern. Angesichts der Vorprägungen von Besuchenden und Mitarbeitenden sowie des Auftrags an Gedenkstätten, Orte gesellschaftlicher Wertevermittlung zu sein, stellt dies eine Herausforderung dar. So gibt es (vorausgesetzte) Geschichtsnarrative, die Mitarbeitende und Besuchende prägen und zu denen sie sich ins Verhältnis setzen müssen. Historische Ambiguitäten, Handlungsoptionen und Rollenambivalenzen werden in der Vermittlungssituation vor Ort häufig zugunsten von Kohärenz minimiert.

Das Wissen über historisches Geschehen an NS-Verbrechensorten wird in jedem Fall, auf Seiten sowohl von Mitarbeitenden wie von Besuchenden, diskursiv in der Gegenwart vermittelt und angeeignet. Die kognitiven Deutungen und emotionalen Annäherungen an das Geschehen durch die am Kommunikationsprozess beteiligten Akteure sind grundsätzlich an Erinnerungspolitik und -kultur und situativ an den Kommunikationszusammenhang gebunden. Sie werden außer von Faktenwissen auch von Affekten sowie von vorgelagerten und teils nur halbbewussten Anforderungen beeinflusst, die sich etwa daraus ergeben, dass Gedenkstätten zum Nationalsozialismus und zu nationalsozialistischen Verbrechen heutzutage Gedenkorte und Bildungsorte in einem sind.[29]

29 Vgl. hierzu Wrochem, Geschichtsnarrative.

Es ist für alle am Bildungsprozess Beteiligten hilfreich, in der Kommunikationssituation die eigenen Geschichtsnarrative für andere transparent zu machen und die eigene Rolle im Kontext gesellschaftlicher Prozesse der Sinnproduktion kritisch zu hinterfragen. Die Werteorientierungen auch eigener Erzählungen und Bilder über die NS-Vergangenheit transparent zu halten und die eigenen Geschichtsnarrative in ihrer Allgemeingültigkeit zu relativieren, sollte eines der zentralen Anliegen der Vermittlungssituation sein. Für die Vermittlung von historischem Wissen durch Mitarbeitende an Gedenkstätten heißt dies, dass sie die Sinnbezüge und Abhängigkeiten ihrer eigenen Zugänge nicht nur für sich selbst reflektieren, sondern im Arbeitsprozess mit der Gruppe aktiv thematisieren. Die Besuchenden sollten ihre Deutungen bewusst mit denen der Mitarbeitenden ins Verhältnis setzen können und dadurch zu eigenen Sinnbildungsprozessen angeregt werden.

Das Verständnis von historisch-politischer Bildung wie Gedenkstättenpädagogik als dekonstruktivistisch konzipiertem Lernprozess öffnet den Blick für eine grundlegende Dimension historischer Erfahrung: Nicht der Ort ruft Geschichten oder Emotionen auf, vielmehr wird das Erleben des Ortes mit dem Vorwissen der Besuchenden und den Erzählungen der Mitarbeitenden zu einem Erkenntnisprozess über das eigene, gegenwartsgebundene Verständnis des historischen Geschehens zusammengefügt; Besuchende und Mitarbeitende an Gedenkstätten setzen sich dabei immer wieder aufs Neue zum Vermittlungsgegenstand in Beziehung und verändern auf diese Weise fortlaufend ihr Geschichtsbewusstsein und die mit ihm verknüpften eigenen Geschichtsnarrative.

Die Einsicht in die relative Gültigkeit der eigenen bzw. gesellschaftlich dominanten Geschichtsnarrative eröffnet die Möglichkeit, Gedenkstätten als Räume einer reflexiven Bildungsarbeit zu nutzen, einer Bildungsarbeit, die Räume für spezifische Perspektiven auf die Vergangenheit öffnet und interaktive, offene Bildungsprozesse ermöglicht, die die Heterogenität der Zugänge zu historischem Geschehen produktiv nutzt und die für Befragungen offenbleibt.

ASTRID MESSERSCHMIDT

Differenzbeziehungen – Ansätze für eine Erinnerungsarbeit vielfältiger Geschichtszugänge

Im folgenden Beitrag werden Möglichkeiten und Grenzen einer Erinnerungsbildungsarbeit, die für vielfältige Differenzen und heterogene Geschichtszugänge sensibel bleibt, reflektiert. Ambivalenzen und Spannungsfelder in den Zugängen zur Auseinandersetzung mit dem Nationalsozialismus werden im Zusammenhang von Geschlechter- und Generationenverhältnissen und im Kontext von Migration entfaltet.

1. Ambivalente Zugänge zur Zeitgeschichte – Beobachtungen

In der pädagogischen Erinnerungsarbeit erweisen sich die Zugänge zur Auseinandersetzung mit dem Nationalsozialismus als ausgesprochen ambivalent. Bei den Teilnehmenden in historisch-politischen Bildungsprozessen haben sich uneindeutige, teilweise widerstreitende Beziehungsmuster im Verhältnis zum Nationalsozialismus entwickelt. Einschränkend ist darauf hinzuweisen, dass diese Beobachtungen Teilnehmende betreffen, deren familiäre Erfahrungshintergründe sich nicht auf die Geschichte von Verfolgten beziehen. Dass deren Perspektiven immer wieder zum Thema der pädagogischen Erinnerungsarbeit werden, ist selbst Ausdruck der gesellschaftlichen Dominanzverhältnisse. Zum einen kommt als ein dominantes Muster immer wieder ein Überdruss zum Ausdruck, verbunden mit der Wahrnehmung, die NS-Geschichte sei ausreichend und abschließend aufgearbeitet. Diese Aufarbeitung wird dabei zugleich als eine Angelegenheit empfunden, die andere bereits erledigt haben und zu der die dritte und vierte Generation nach 1945 nichts Eigenes mehr beitragen könne. Zum anderen gibt es unter den Angehörigen der jüngeren Generationen viele, die gute Erfahrungen mit einer anregenden und interessanten historisch-politischen Bildungsarbeit gemacht haben, und zwar sowohl an außerschulischen Orten wie im Schulunterricht. Erzählt wird dann häufig von Spurensuche-Projekten und Erforschungen der Lokalgeschichte an den Orten, zu denen biografische Beziehungen bestehen. Auch in Dialogen mit Zeitzeuginnen und Zeitzeugen sind häufig Erfahrungen gemacht worden, die Fragen aufgeworfen und das eigene Interesse lebendig gehalten haben.

Demgegenüber sind die Eindrücke der „Geschichtsversessenheit"[1] in den Medien dadurch geprägt, dass Geschichte dort als ein Abbild dessen, wie es gewesen ist, erscheint. Der insbesondere in TV-Dokumentationen vorherrschende historistische Zugang vermittelt dem Fernsehpublikum ein Selbstbild umfassenden Wissens und ermöglicht, sich für ausreichend informiert zu halten – bei gleichzeitigem Ausbleiben eigener Fragen an die Geschichte und deren Repräsentation.

Ambivalente Muster im Zugang zum Nationalsozialismus zeigen sich auch, wenn es um den Besuch von Gedenkstätten geht. Einerseits besteht eine Angst vor moralisierender Belehrung, durch die eine reservierte Haltung gegenüber den Orten entsteht und gedenkstättenpädagogische Angebote unter einen Vorbehalt gestellt werden, der einen offenen Zugang blockiert. Dieser Form der Distanznahme steht andererseits eine emotionale Überwältigungsbereitschaft gegenüber, verbunden mit der Erwartung, von der Authentizität des Ortes ergriffen zu werden. Erfüllt der Ort diese Erwartungen nicht, gilt dies als Enttäuschung. Beispielsweise erlebte eine Gruppe von Studierenden der Pädagogik im Sommer 2009 die Gedenkstätte Neuengamme als ausgesprochen abstrakt. Die Spuren des Grauens schienen verdeckt unter der Leere des Lagergeländes, wie es sich heute darstellt. Doch genau dies wurde in der Reflexion zu einem Anknüpfungspunkt für eine Diskussion gedenkstättenpädagogischer Ansätze, die auf emotionalisierende Konfrontationen verzichten und behutsam mit der architektonischen und ausstellungstechnischen Repräsentation des Ortes umgehen. Erst auf der Meta-Ebene der konzeptionellen Diskussion konnte das Spannungsverhältnis von Erwartungen, Befürchtungen und Erfahrungen reflektiert werden. Erst durch die intellektuelle Erarbeitung sind wesentliche Dimensionen des historischen Ortes erkennbar geworden. Dazu gehört die Beziehung des historischen Konzentrationslagers zu seiner Umgebung, die erst durch informiertes Erarbeiten deutlich werden kann und sich keineswegs als Eindruck vor Ort erschließt. Mit diesem eher gebrochenen Zugang zum Ort des Erinnerns und Gedenkens wird aus dem Lernort aus meiner Sicht ein Bildungsort, an dem Aneignungsprozesse stattfinden, die nicht verfügbar sind. Erinnerungspädagogische Angebote sind damit in starkem Maße den Subjekten ausgesetzt, an die sie sich richten. Das Risiko unangemessener Aneignungen ist darin enthalten.

---

1 Aleida Assmann/Ute Frevert, Geschichtsvergessenheit, Geschichtsversessenheit. Vom Umgang mit deutschen Vergangenheiten nach 1945, Stuttgart 1999.

2. Täter- und Opferwahrnehmungen – Heterogenitäten und geschlechterreflektierende Perspektiven

Zu einer Schwerpunktsetzung in der pädagogischen Erinnerungsarbeit an den Nationalsozialismus ist es durch die Konzentration auf die Opfer gekommen. Gottfried Kößler macht auf zwei opferbezogene Themenstellungen aufmerksam: „Holocaust – also im Blick auf jüdische Opfer – und Bombenkrieg – also mit dem Blick auf die deutschen Opfer." Dagegen werde die „Frage nach den Akteuren wird viel seltener gestellt".[2] Die Aufmerksamkeit für die Opfer führt aber kaum zu einer Wahrnehmung der Präsenz von Nachkommen der Überlebenden in der gegenwärtigen Gesellschaft. Die Perspektive ist hierzulande noch immer dominiert von den Nachkommen der Angehörigen aus den Kollektiven der Täter, Mittäter und Zuschauer. Dass in der gegenwärtigen heterogenen Gesellschaft längst viele mit Geschichten von Verfolgung, Widerstand und Überleben verbunden sind, scheint in der Erinnerungsarbeit noch nicht angemessen repräsentiert. Wenn es vorwiegend darum geht, welche Zugänge zur Erinnerung die Nachkommen der Täter haben, verschwindet die Perspektive der Nachkommen der Opfer und Verfolgten. Zu kurz kommt die Perspektive derer, deren deutsch-jüdische Zugehörigkeit immer wieder angezweifelt wird und die Perspektive derer, die Erfahrungen mit antiziganistischer Diskriminierung machen. Darin liegt vielleicht ein am meisten vernachlässigter Aspekt, und das betrifft auch meine eigene Auseinandersetzung, die selbst aus einer eingeschränkten, hegemonial nicht-jüdischen Perspektive erfolgt. Überlegungen zum pädagogischen Umgang mit Erinnerung und Aufarbeitung, die sich auf Erfahrungen mit nicht-jüdischen Teilnehmenden beschränken, bleiben einseitig. Auch die Reflexion von Täterschaft bleibt innerhalb der dominierenden antisemitischen Struktur, solange kein Perspektivenwechsel auf die Erfahrungen derer erfolgt, die von antisemitischer Diskriminierung getroffen werden und die gesellschaftlichen Spaltungen in Juden und Nichtjuden alltäglich erfahren. Erst wenn diese Ausblendung thematisiert wird, kann eine kritische Haltung gegenüber Antisemitismus entwickelt werden, um eine gesellschaftliche Normalität in den Blick zu nehmen, die selbstverständlich von jüdischer Nicht-Präsenz ausgeht. Es handelt sich um ein gesamtgesellschaftliches Dominanzproblem in der Gegenwart. Ebenso werden antiziganistische Muster wiederholt, wenn Erfahrungen der Minderheit von Sinti und Roma unausgesprochen ausgeblendet bleiben. Obwohl sich die Bildungsarbeit zum Nationalsozialismus bis heute

---

2   Gottfried Kößler, Migrationsgesellschaft und Erinnerungspädagogik. Das Konzept „Konfrontationen. Bausteine für die pädagogische Annäherung an Geschichte und Wirkung des Holocaust", in: Viola B. Georgi/Rainer Ohliger (Hrsg.), Crossover Geschichte. Historisches Bewusstsein Jugendlicher in der Einwanderungsgesellschaft, Hamburg 2009, S. 210–220, hier S. 211.

stark auf das Verhältnis zu den Opfern konzentriert, reicht die Beziehung zu den Opfern kaum in die Gegenwart hinein, sondern erscheint eher als eine Auseinandersetzung mit einer vergangenen Verfolgung. Die gegenwärtige Gesellschaft mit ihren vielfältigen Migrationsbewegungen insbesondere aus Osteuropa bietet dagegen eine Chance, Perspektiven aus Familiengeschichten von Verfolgung und Widerstand sichtbar werden zu lassen.

Für einen auf die Komplexität der Verbrechensgeschichte bezogenen Umgang mit dem Nationalsozialismus bedarf es einer expliziten Auseinandersetzung mit den Akteuren der Verbrechen. Dies erscheint in pädagogischen Zusammenhängen besonders schwierig. Als pädagogisch erwünscht gelten die Entwicklung von Empathie gegenüber den verfolgten Gruppen und eine eindeutige Distanzierung von den Tätern. Zunehmend berichten Pädagoginnen und Pädagogen aber davon, dass insbesondere männliche Jugendliche von den NS-Tätern fasziniert sind. Sie wehren sich gegen eine Identifikation mit den Opfern, die ihnen wenig attraktiv erscheint. Repräsentationen von Männlichkeit spielen dabei eine wichtigere Rolle als Differenzen im Zusammenhang von Migration und Ethnizität. Die Fixierung auf ethnische Unterschiede ist allzu eindimensional und vernachlässigt die durch Geschlechterstereotype geprägten Sichtweisen der Geschichte. Ein intersektioneller Zugang ist zu entwickeln, der vielfältige soziale Positionierungen berücksichtigt. Eine vor allem von männlichen Jugendlichen offen artikulierte Identifikation mit den Tätern bedient zum einen das Bedürfnis eindeutig männlicher Selbstrepräsentation. Zum anderen eignet sie sich zur Distanzierung von den pädagogisch erwünschten Geschichtsbildern und ist ein Mittel zur Provokation einer Pädagogik, die als moralisierende Belehrung über „gute" Opfer und „böse" Täter wahrgenommen wird. Dabei steckt in dieser Wahrnehmung selbst manchmal eine Projektion, eine Erwartung, die die konkrete Begegnung und Kommunikation in der Gedenkstätte überlagert.

In der Gedenkstättenarbeit fällt auf, dass „Jungen (nach außen hin) weniger betroffen reagieren" und ein „stärkeres Interesse an Technik bzw. technischen Details und Abläufen" zeigen.[3] Mädchen und junge Frauen lassen sich demgegenüber sehr viel stärker auf eine Empathie mit den Opfern ein und erfüllen damit ein wichtiges Anliegen der Gedenkstätte, sich den Opfern in respektvollem Gedenken zuzuwenden, während die Faszination von Jungen/Männern gegenüber Macht, Gewalt, SS, Technikabläufen eher moralisch sanktioniert, gebremst und nicht aufgegriffen wird.[4] Beide erfüllen im Grunde in der symbolischen Ordnung der Zweigeschlechtlichkeit genderkonforme Erwartungen, stoßen aber auf

---

3   Pia Frohwein/Leonie Wagner, Geschlechterspezifische Aspekte in der Gedenkstättenpädagogik, in: GedenkstättenRundbrief 120 (2004), S. 14–21, hier S. 16.
4   Ebenda.

unterschiedliche Resonanz. Ein Ansatzpunkt für die pädagogische Arbeit wäre, geschlechterdifferente Zugänge aufzugreifen, um sie bearbeiten und reflektieren zu können (gender sensitivity). Eindeutige Zuschreibungen von Männlichkeit und Weiblichkeit sind zu hinterfragen, um Täterschaft weder männlich noch weiblich zu besetzen, sondern den politischen und sozialen Voraussetzungen von Verbrechensausübungen nachgehen zu können. Der Gender-Aspekt in der historischen Bildungsarbeit macht darauf aufmerksam, dass es ausgesprochen fragwürdig ist, im Umgang mit Täterschaft von Identitäten auszugehen. Vielmehr sind soziale Verhältnisse in den Blick zu nehmen. Bildungsarbeit kann eine moralisch eindeutige Distanzierung von den Tätern nicht absichern, aber sie kann differenzierte Informationen vermitteln und die Reflexion der sozialen, kulturellen und politisch-ideologischen Ausgangsbedingungen von Verbrechen fördern.

Bei einem Besuch der KZ-Gedenkstätte Neuengamme mit Studierenden der Pädagogik fiel auf, dass bei vielen eine Reserviertheit gegenüber den erwarteten Vermittlungsformen in der Gedenkstätte existiert. Sie befürchten, von oben herab moralisch belehrt zu werden, und diese Vorannahme beeinflusst die Begegnung mit dem Ort. Die meisten der Teilnehmenden hatten bis dahin nie eine KZ-Gedenkstätte besucht. Ihre Befürchtungen waren eher von negativen Erfahrungen an Schulen gespeist, und oft handelte es sich um sekundäre Motive, die durch Erzählungen von anderen zustande gekommen sind und die das Bild vom pädagogischen Umgang mit dem Nationalsozialismus dominieren. Eine Form der Abwehr solcher dominierender Motive ist dann bei den männlichen Besuchern ein besonders cooles Auftreten, um sich gegen die vermutete Überwältigung abzuschotten. Die weiblichen Teilnehmenden hielten sich eher bedeckt und ließen wenig von ihren Wahrnehmungen sichtbar werden. In beiden Formen wird versucht, Distanz zu halten. Mit dieser Distanz zu arbeiten und sie nicht pädagogisch überwinden zu wollen, kann ein Ansatzpunkt sein für eine subjektorientierte Gedenkstättenpädagogik. Mit jungen Erwachsenen über die Komplexität des Systems der Konzentrationslager nachzudenken, bietet dafür einen Ansatzpunkt.

Matthias Heyl plädiert dafür, „die in der deutschen Gesellschaft weithin gepflegte und vereinfachende Opfer-Täter-Dichotomie zugunsten einer komplexeren und differenzierenderen Sicht der Dinge" zurücktreten zu lassen[5] und sich mit der vielschichtigen „Gesellschaft des Holocaust" auseinanderzusetzen.[6] Die Positionierungen in dieser Gesellschaft sind vielschichtig, blickt man auf Verfolgte, Ermordete, Retter, Helfer, Täter, Kollaborateure, Widerstand Leistende,

---

5   Matthias Heyl, „Conflicting memories" – Vom Nutzen pädagogischer Erinnerungsarbeit im „Global Village", in: Rudolf Leiprecht/Anne Kerber (Hrsg.), Schule in der Einwanderungsgesellschaft, Schwalbach/Taunus 2005, S. 192–217, hier S. 201.
6   Ebenda.

Profiteure, Zuschauer und Mitläufer. Die Mitte dieser Gesellschaft bilden in dem Modell von Heyl die Zuschauer, zu denen alle zählen können und zu denen alle werden können, die nicht zu den Verfolgten gehören. Und umgekehrt können aus Zuschauern Täter, Profiteure und Kollaborateure werden. Die Positionen sind uneindeutig, und es gibt Übergänge zwischen ihnen, die in einem Schwarz-Weiß-Modell keinen Platz haben. Ein solches Modell macht es sehr viel schwerer, von moralisch eindeutig zu bewertenden Positionen auszugehen, und bietet Raum für Wahrnehmungen von Ambivalenz. Moralische Unangreifbarkeit blockiert eine kritische Auseinandersetzung und ist aus meiner Sicht einer der Faktoren, der die verbreitete Reserviertheit und Abwehr gegenüber der Thematik bewirkt. Die da etwas „aus der Geschichte" lernen sollen ahnen, dass man ihnen nur ein Klischee der Geschichte präsentiert und empfinden ein Unbehagen gegenüber jenen Lehrenden, die von sich selbst meinen, bereits alles verstanden zu haben. Dabei geht es um Fragen, auf die nicht immer klar und selbstbewusst geantwortet werden kann, um Fragen, die alle Beteiligten verunsichern.

3. Ansätze für eine pädagogische Erinnerungsarbeit in der Einwanderungsgesellschaft

Die bundesdeutsche Gesellschaft tut sich ausgesprochen schwer damit, sich selbst als eine Einwanderungsgesellschaft anzuerkennen, obwohl sie eine lange Migrationsgeschichte hat. Deutschland war auch schon vor der NS-Zeit und vor dem Ersten Weltkrieg eine multikulturelle Gesellschaft, in der viele Zugehörigkeiten präsent gewesen sind. Sinti und Roma, deutsche Juden und Muslime, schwarze Deutsche hat es schon lange in diesem Land gegeben. Migration und vielfältige Zugehörigkeiten beginnen nicht erst mit dem Anwerben von Arbeitskräften in den 1950er-Jahren. Zum vorherrschenden deutschen Selbstbild gehört dagegen die Vorstellung, dass Deutsche weder Juden, noch Sinti, noch Schwarze, noch Muslime sein können. Die nationalsozialistische Ideologie völkischer Homogenität wirkt in der gegenwärtigen Gesellschaft immer noch nach und kann keinesfalls als überwunden betrachtet werden. Eine Folge dieses Selbstbildes ist die nationale Besetzung der Geschichte, so als gehörte die Erinnerung an den Nationalsozialismus nur den „echten" Deutschen und als hätten nur sie zu bestimmen, wie eine Aufarbeitung zu erfolgen habe.

Zugleich ist das Leben in der Einwanderungsgesellschaft zur Normalität geworden. Diese Erfahrung ist alltäglich und stellt keine Ausnahme dar. Allerdings sehen die Erfahrungen von vielen, die hier leben und eine Einwanderungsgeschichte haben, nicht danach aus, als ob sie selbstverständlich dazu gehörten. Häufig werden sie gefragt, woher sie kommen oder sie werden als „Andere" bezeichnet, sodass ihnen die Zugehörigkeit verweigert wird.[7] Ein mehrsprachiger und multikultureller Hintergrund wird in Deutschland nach wie vor nicht als normal angesehen. Das Bild der deutschen Gesellschaft als einer völkisch homogenen Gemeinschaft betrachte ich als eine Nachwirkung des Nationalsozialismus. Die Ideologie von Reinheit ist bis heute präsent. „Deutschsein" wird dabei unausgesprochen auf Abstammung bezogen. Diese Vorstellung von Homogenität führt heute dazu, dass viele in der gegenwärtigen Gesellschaft Erfahrungen von Diskriminierung und Alltagsrassismus machen. Die Nachwirkungen einer abstammungsbezogenen Gemeinschaftsideologie bilden ein Hindernis für interkulturelle Öffnungen, die aber dennoch erfolgen. In spannungsvoller Gleichzeitigkeit mit Alltagspraktiken gerät der Umgang mit Differenzen und Zugehörigkeiten auch im Bereich der historisch-politischen Bildung in Bewegung.

In der pädagogischen Erinnerungsarbeit zum Nationalsozialismus wird der Kontext der Einwanderungsgesellschaft allmählich zu einem Reflexionsthema.[8] Dabei steht die pädagogische Auseinandersetzung in der Gefahr, die Unterschiede, auf die sie eingehen will, erst durch andauernde Unterscheidungen hervorzubringen und festzuschreiben. Für die Zugänge zur Zeitgeschichte mit ihrem zentralen Gegenstand Nationalsozialismus wird zwar einerseits festgestellt, „dass sich Jugendliche mit und ohne Migrationshintergrund in ihren Repräsentationen der NS-Vergangenheit manchmal nicht unterscheiden" und dass der „Migrationshintergrund" keineswegs immer eine Rolle spielt.[9] Dennoch wird die dualistische Unterscheidung immer wieder bedient, wenn beispielsweise das Geschichtswissen von „deutsche[n] Jugendliche[n] ohne Migrationshintergrund" mit jenem von „Jugendlichen in Deutschland mit Migrationshintergrund" verglichen wird.[10] Migration wird zu einem Kriterium für die Wahl von Zielgruppen pädagogischer Forschung bei gleichzeitig kritischer Reflexion der Migrationskategorie. Relativiert wird die Unterscheidungskategorie Migrationshintergrund davon, dass Jugendliche die Repräsentationen der NS-Geschichte im gleichen Land erleben, wenn auch mit unterschiedlichen Herkunfts- und Familiengeschichten als

---

7   Santina Battaglia, Verhandeln über Identität. Kommunikativer Alltag von Menschen binationaler Abstammung, in: Ellen Frieben-Blum/Claudia Jacobs/Brigitte Wießmeier (Hrsg.), Wer ist fremd? Ethnische Herkunft, Familie und Gesellschaft, Opladen 2000, S. 183–202.
8   Wolfgang Meseth, „Auschwitz" als Bildungsinhalt in der deutschen Einwanderungsgesellschaft, in: Claudia Lenz/Jens Schmidt/Oliver von Wrochem (Hrsg.), Erinnerungskulturen im Dialog. Europäische Perspektiven auf die NS-Vergangenheit, Münster 2002, S. 125–133.
9   Carlos Kölbl, Mit und ohne Migrationshintergrund. Zum Geschichtsbewusstsein Jugendlicher in der Einwanderungsgesellschaft, in: Georgi/Ohliger, Crossover Geschichte, S. 61–74, hier S. 68.
10 Ebenda, S. 70.

Ausgangspunkt. Insofern kann es nicht um ein Entweder-Oder gehen. Weder eine Ignoranz gegenüber dem Migrationsaspekt noch dessen identitäre Aufladung entsprechen den gesellschaftlich-kulturellen Gegebenheiten. Anzustreben ist eher eine Kontextualisierung von Migration im Zusammenhang vielfältiger Differenzen und Zugehörigkeiten und ein Bezug zu den Erfahrungen in einem gemeinsamen gesellschaftlichen Raum, in dem Geschichte repräsentiert wird.

In der pädagogischen Thematisierung von Migration ist ein hohes Maß an Selbstreflexion gefragt. Dazu gehört ein Bewusstsein für die in pädagogischer Theorie und Praxis verankerten Neigungen, Heterogenität zum Ausgangspunkt von Problematisierungsdiskursen zu machen und unter dem Gesichtspunkt der Abweichung und des problematischen Andersseins zu betrachten. Dadurch verstärken pädagogische Handlungsformen und Forschungsperspektiven gesellschaftliche Spaltungen. Bildungsarbeit, die „Heterogenität als Normalfall"[11] anerkennt, versucht demgegenüber, den Raum der Differenzen offenzuhalten und nicht mit vorschnellen Zuschreibungen über bestehende Unterschiede zu hantieren. Eher geht es einer heterogenitätssensiblen Bildungsarbeit darum, vielfältige Bezugnahmen auf historische Gegenstände zu ermöglichen, um deren gegenwärtige Bedeutungen zu thematisieren.

Neuere Ansätze der historisch-politischen Bildungsarbeit gehen auf die Heterogenität der Zugänge zur Geschichte ein und ermöglichen, die NS-Geschichte als eine europäische und globale „Beziehungsgeschichte"[12] zu repräsentieren. Sie wirken der Tendenz entgegen, die Erinnerungsarbeit als exklusiv deutsche Angelegenheit zu vermitteln. Mit dem Bemühen um Multiperspektivität und Kontroversität[13] ist die Bildungsarbeit in doppelter Hinsicht herausgefordert: Einerseits kommt es darauf an, deutsche Täterschaft nicht zu relativieren, und andererseits ist die europäische Komplexität in Ausmaß und Durchführung des Holocaust zu vermitteln. Es geht darum, Heterogenität in der Bildungsarbeit Raum zu geben, ohne Verschiedenheit entlang bestimmter Unterscheidungsmerkmale zu identifizieren. Durch multiperspektivische und beziehungsgeschichtliche Ansätze wer-

---

11 Annita Kalpaka, Heterogenität als der Normalfall, in: Informations- und Dokumentationszentrum für Antirassismusarbeit in Nordrhein-Westfalen (IDA) (Hrsg.), Impulse: Bildungsmaterialien aus dem Aktionsprogramm „Jugend für Toleranz und Demokratie – gegen Rechtsextremismus, Fremdenfeindlichkeit und Antisemitismus", Düsseldorf 2006, S. 56–57.

12 Ulla Kux, Produktive Irritationen. Multiperspektivische Bildungsprojekte zur Beziehungsgeschichte hiesiger Mehr- und Minderheiten, in: Bernd Fechler u. a. (Hrsg.), Neue Judenfeindschaft? Zum pädagogischen Umgang mit dem globalisierten Antisemitismus, Frankfurt a. M./New York 2006, S. 318–328.

13 Heidi Behrens-Cobet, Erwachsene in Gedenkstätten – randständige Adressaten, in: dies. (Hrsg.), Bilden und Gedenken. Erwachsenenbildung in Gedenkstätten und an Gedächtnisorten, Essen 1998, S. 7–21.

den vielfältige Perspektiven auf den historischen Gegenstand ermöglicht, anstatt sich auf die vermuteten kulturellen oder nationalen Identitäten der Teilnehmenden in Bildungsprozessen zu fixieren.

Angesichts des europäischen Ausmaßes des nationalsozialistischen Herrschaftszusammenhangs und angesichts eines zunehmend globalisierten Holocaust-Gedächtnisses ist in der pädagogischen Erinnerungsarbeit deutlicher herauszustellen, dass die Geschichte nicht einfach den Deutschen gehört, sondern dass es sich um eine Geschichte jenseits nationaler Identitäten handelt. Dabei ist zu berücksichtigen, dass diese Einsicht auch dazu benutzt werden kann, auf elegante Weise das Problem mit der deutschen Identität loszuwerden, wenn nun alle gleichermaßen mit der Verbrechensgeschichte zu tun haben sollen. Entgegenzutreten ist einer relativierenden und entlastenden Form der Multikulturalisierung von Geschichtsaneignung. Für die Erinnerungsarbeit und die Analyse von Täterschaft bedarf es in der Einwanderungsgesellschaft vielfältiger Anknüpfungspunkte. Nationale Zugehörigkeiten machen dabei nur einen Aspekt aus. Ein beziehungsgeschichtlicher Ansatz, der die Erinnerungsarbeit in der postnationalsozialistischen Gesellschaft von der Fixierung auf die deutsche Abstammungsgemeinschaft löst, kann dazu beitragen, die vielfältigen Erfahrungen beim Umgang mit erinnerter Geschichte zum Gegenstand der Reflexion zu machen. Erinnerungskultur in der Einwanderungsgesellschaft wird in diesem Ansatz nicht als Maßnahme zur Integration in ein deutsches Geschichtsbild betrachtet, sondern als Prozess interkultureller Verständigung über eine Verbrechensgeschichte, die global bedeutsam ist und auf vielfältige Weise erinnert wird. „Außer Frage steht, dass der immer noch maßgeblich nationalgeschichtlich geprägte Geschichtsunterricht sowie die Gedenk- und Erinnerungsarbeit gleicher Prägung sich interkulturell öffnen müssen."[14]

Mit dem Hinweis, „dass meine Kinder hier zur Schule gehen und dort lernen, dass es Auschwitz gab", begründet Doğan Akhanli sein Engagement in der historisch-politischen Bildung. Er bietet deutsch- und türkischsprachige Führungen am Ort des ehemaligen Gestapo-Sitzes in Köln an und beabsichtigt, „Erinnerungsarbeit in Deutschland, die ich eine ‚deutsche Erfahrung' nennen will, auch für Migrantinnen und Migranten aus der Türkei erfahrbar zu machen".[15] Zwar kann man die Frage aufwerfen, ob hier nicht auch wieder die Herkunft im Mittelpunkt steht, aber zugleich ist es ein Versuch, die Dominanz des deutschen

---

14 Viola B. Georgi, „Ich kann mich für Dinge interessieren, für die sich jugendliche Deutsche auch interessieren". Zur Bedeutung der NS-Geschichte und des Holocaust für Jugendliche aus Einwandererfamilien, in: dies./Ohliger, Crossover Geschichte, S. 90–108, hier S. 106.
15 Doğan Akhanli, Meine Geschichte – „Unsere" Geschichte. Türkischsprachige Führungen im NS-Dokumentationszentrum in Köln, in: Fechler u. a. (Hrsg.), Neue Judenfeindschaft?, S. 310–317, hier S. 312.

Erinnerungsdiskurses zu unterlaufen, der seine eigene Herkunftsfixierung nicht reflektiert, sondern sich als allgemein repräsentiert. Akhanli geht es darum, „die NS-Geschichte nicht als deutsche Geschichte, sondern als Beziehungsgeschichte zu erzählen" und die historischen Verbindungslinien zur armenisch-türkisch-kurdischen Geschichte zu rekonstruieren, um einen „multiperspektivischen und respektvollen Umgang mit vergangenen Gewalterfahrungen" zu fördern.[16]

Die Impulse, die von Jugendlichen nichtdeutscher Herkunft für die Gedenkstättenpädagogik ausgehen, reflektiert Elke Gryglewski aufgrund ihrer Erfahrungen mit Gruppen in der Gedenk- und Bildungsstätte Haus der Wannsee-Konferenz. Sie beobachtet verschiedene Motive für das Interesse am Thema Nationalsozialismus, wie die Orientierung an Menschenrechten und die Reflexion eigener Diskriminierungserfahrungen sowie das Bedürfnis, dazuzugehören.[17] In ihrer pädagogischen Praxis hat sich ein offensiver Umgang mit Heterogenität herausgebildet. „Es hat sich bewährt, die Gruppe von Beginn an auf ihre heterogene Zusammensetzung anzusprechen und diese als Gewinn für das Gespräch über die Geschichte des Nationalsozialismus hervorzuheben."[18] Die Jugendlichen schätzen es zu erleben, dass ihnen vielfältige Anknüpfungspunkte geboten werden, wie beispielsweise Materialien zur Türkei als Exilland oder zum Umgang mit der Rassenpolitik in verschiedenen europäischen Ländern. Dabei geht es nicht um eine Kontrastierung von Jugendlichen deutscher und nichtdeutscher Herkunft, sondern eher darum, den deutschen Erinnerungsdiskurs in der Einwanderungsgesellschaft weiterzuentwickeln und dabei die Geschichtszugänge von Migrantinnen und Migranten zu würdigen. Die multiperspektivische Sichtweise auf die NS-Geschichte ist für alle Beteiligten in den Besuchergruppen eher neu und anregend, sie macht ihr Geschichtsbild komplexer und verdeutlicht die internationale Dimension der Erfahrungen, die mit dem Nationalsozialismus verbunden sind.

4. Erfahrungen mit dem Projekt „Stadtteilmütter auf den Spuren der Geschichte" – Perspektiven einer kritischen Zugehörigkeit

Die eher traditionell wirkende Bezeichnung der „Stadtteilmütter" steht für einen innovativen Ansatz städtischer sozialer Arbeit, bei dem Frauen mit Migrationsge-

---

16 Ebenda.
17 Elke Gryglewski, Neue Konzepte der Gedenkstättenpädagogik. Gruppenführungen mit Jugendlichen nicht-deutscher Herkunft in der Gedenk- und Bildungsstätte Haus der Wannsee-Konferenz, in: Fechler u. a. (Hrsg.), Neue Judenfeindschaft?, S. 299–309, hier S. 301.
18 Ebenda, S. 303.

schichte sich für Familien in ihrem Stadtteil engagieren und Erziehungsberatung, Unterstützung bei Behördengängen und Orientierung im öffentlichen Raum anbieten. Von Aktion Sühnezeichen Friedensdienste in Berlin ist innerhalb dieses Projektes ein Fortbildungsangebot für die beteiligten Frauen entwickelt worden. Die als Stadtteilmütter arbeitenden Frauen wollten mehr über die auf den Nationalsozialismus bezogenen Erinnerungsorte in Berlin wissen, und daraus entstand eine ganze Reihe von Veranstaltungen zeitgeschichtlicher Bildung, die auf die spezifischen Fragen und Interessen von Frauen bezogen ist, die in der deutschen Gesellschaft immer wieder die Erfahrung machen, als „Andere" etikettiert zu werden und denen zugleich Integrationsleistungen abverlangt werden.[19]

In Begegnungen mit den Stadtteilmüttern, die an den zeitgeschichtlichen Erkundungen in Berlin und in den Gedenkstätten Ravensbrück und Auschwitz teilgenommen haben, ist mir die starke Empathie mit den Opfern aufgefallen – insbesondere eine Empathie mit den verfolgten Frauen und ihren Kindern. Bei den Stadtteilmüttern begegnete mir sowohl Empathie als auch Neugier. Offensichtlich wird hier ein Zugang zu einem historisch-gesellschaftlichen Gegenstand eröffnet, der lange verstellt war und von verschiedenen Seiten blockiert worden ist: von der deutschen Mehrheitsgesellschaft, die den Nationalsozialismus exklusiv besetzt, und von Seiten der Migrantinnen selbst, die diese Besetzung hinnehmen und die Zeitgeschichte des Nationalsozialismus nicht als ein Problem betrachtet haben, das auch sie angeht. Genau dies habe ich bei den Stadtteilmüttern anders erlebt. Sie haben zum Ausdruck gebracht, dass es sie angeht, weil sie in dieser Gesellschaft leben und weil es sich bei den NS-Verbrechen um eine europäisch und global relevante Erfahrung handelt. Es geht um die Erfahrung, dass inmitten einer gebildeten, aufgeklärten und bürgerlichen Gesellschaft verbrecherische Handlungen gegen Nachbarn, nahe und ferne, bekannte und fremde Menschen organisiert und ausgeführt werden konnten. Es geht darum, dass sich Deutsche und Europäer massenhaft als Täter an diesen Verbrechen beteiligt haben, und es geht darum, dass Familien an den verschiedensten Orten der Welt ihre Angehörigen verloren haben. Es geht um die Geschichte einer Auslöschung mit dem Versuch, auch jede Erinnerung an die Opfer zu löschen. Die Frauen, die ich aus dem Projekt der Stadtteilmütter kennen lernen durfte, haben verstanden, dass sie selbst etwas dazu beitragen können, gegen diese Auslöschung einzutreten, für eine Arbeit an der Erinnerung. Zugleich kommt es zu problematischen Verall-

---

19 „Der Wunsch, ihr Wissen über den Nationalsozialismus zu erweitern und zu vertiefen, kam von den Müttern selbst, die durch Nachfragen ihrer Kinder immer wieder mit diesem Abschnitt deutscher Geschichte in Berührung gebracht werden", Bündnis für Demokratie und Toleranz gegen Extremismus und Gewalt, Vorbildliche Projekte. Stadtteilmütter auf den Spuren der Geschichte, http://www.buendnis-toleranz.de/cms/beitrag/10027798/425760/ (Zugriff am 24. 3. 2010).

gemeinerungen und Gleichsetzungen des Holocaust mit anderen, gegenwärtigen Kriegszusammenhängen und Gewaltverbrechen. Die Shoah erscheint als allgemeines Menschheitsproblem und wird dabei wieder abstrakt und entkontextualisiert.

Trotz dieser Schwierigkeiten und Gefahren eröffnet das Projekt die Perspektive für vielfältige, zeitgeschichtlich reflektierte *Zugehörigkeiten ohne Identifikation*, die ich als *kritische Zugehörigkeit* kennzeichnen möchte. Vermittelt wird eine widersprüchliche Beziehung zur deutschen Gesellschaft, eine Beziehung, die zeitgeschichtliche Brüche nicht ausblenden muss. Der in der bundesdeutschen Öffentlichkeit verbreiteten Forderung nach Integration wird der Anspruch der Geschichtsreflexion entgegengestellt. Der Zugang zur zeitgeschichtlichen Aufarbeitung ermöglicht eine historisch reflektierte Zugehörigkeit und Partizipation an einem gesellschaftlich relevanten Diskurs. Schließlich werden im Streit um das Verhältnis zum Nationalsozialismus immer wieder nationale Selbstbilder verhandelt. Die Konfrontation mit den Verbrechen delegitimiert jede Anforderung nach Identifikation mit der deutschen Gesellschaft. Nur eine kritische Zugehörigkeit erscheint hier angemessen, ohne Identitätsbekenntnisse. Die an dem Projekt beteiligten Frauen qualifizieren sich in besonderer Weise als Multiplikatorinnen für eine geschichtsbewusste Integrationsarbeit. Sie vermitteln damit eine kritische Zugehörigkeit. Vor dem Hintergrund der NS-Verbrechensgeschichte kann es keine ungebrochene Identifikation mit der deutschen Gesellschaft geben. Die Erwartung einer vollständigen Identifikation mit der deutschen Gesellschaft ignoriert die historischen Gegebenheiten. Demgegenüber eröffnen Ansätze multiperspektivischer Erinnerungsarbeit die Möglichkeit einer zeitgeschichtlich reflektierten Integration, die keine Identifikation verlangt. Projekte von Erinnerungsarbeit, die sich auf die Einwanderungsgesellschaft einlassen und die vielfältigen Zugehörigkeiten ernst nehmen, verdeutlichen, dass die Geschichte der NS-Massenverbrechen alle angeht.

Die Konfrontation mit den NS-Verbrechen verunsichert. Deshalb ist es wichtig, die Bedingungen zu reflektieren, unter denen diese Verbrechen begangen werden konnten. Ungeachtet aller globalen Bedeutung haben wir es mit einem besonderen Gegenstand zu tun, der eine spezifische Geschichte und der sehr konkret eine besondere Gruppe betroffen hat. Bildungskonzeptionen, die vielfältige Geschichtsbeziehungen fördern wollen und „Geschichte(n) in Vielfalt" (so der Titel eines Förderprogramms der Stiftung „Erinnerung, Verantwortung, Zukunft", EVZ)[20] zur Sprache zu bringen beabsichtigen, sind in besonderer Weise

---

20 Stiftung EVZ, Geschichte(n) in Vielfalt. Förderprogramm zur Auseinandersetzung mit Geschichte(n) in der Einwanderungsgesellschaft, http://www.stiftung-evz.de/foerderung/auseinandersetzung-mit-der-geschichte/geschichten-in-vielfalt/ (Zugriff am 24. 3. 2010).

herausgefordert, Gleichsetzungen zu vermeiden. Es geht um eine Gratwanderung von Beziehungen ohne Relativierung. Die Einsicht in die Besonderheit der NS-Verbrechen kann keineswegs vorausgesetzt werden. Diese Besonderheit in der Bildungsarbeit zu verdeutlichen, bedarf einer Vermittlungsarbeit zwischen Komplexität und Reduktion. Ein Ansatzpunkt dafür wäre die Orientierung an drei Punkten: am Ausmaß der Verbrechen, an der Art und Weise der Durchführung und an der ideologischen Begründung. Das Ausmaß der NS-Verbrechen ist schwer zu erfassen, gleichzeitig ist es mittlerweile geschichtswissenschaftlich gut untersucht. Es geht um ein komplexes System von Massenverbrechen in ganz Europa. Der zweite Punkt betrifft die Art der Durchführung. Die Mordaktionen wurden systematisch geplant und effektiv durchgeführt. Das Moment der effektiven Planung ist es, was allen Formen der Gewaltaktionen im Nationalsozialismus gemeinsam ist. Der dritte Punkt bezieht sich auf die ideologische Begründung. Erst die Ideologien des Antisemitismus und des völkischen Rassismus ermöglichten den Massenmord an den europäischen Juden, an den Sinti und Roma und an Zivilisten aus Osteuropa. Die Zustimmung zu diesen Ideologien und den darin enthaltenen Konzepten der Volksgemeinschaft und der Ausdehnung des deutschen Siedlungsraumes haben die massenhafte Beteiligung „ganz normale[r] Männer"[21] und Frauen möglich gemacht.

Wenn in der historischen Bildung versucht wird zu differenzieren, geht es nicht darum zu sagen, das eine war grausamer als das andere. Stattdessen sind die einzelnen Ereignisse in ihrem Zusammenhang zu sehen. Und dazu gehört im Falle des Nationalsozialismus, dass hier ein Verbrechen von Staatswegen gewollt, angeordnet und geplant worden ist.

Die Aufmerksamkeit dafür wendet sich insbesondere gegen die Neigung, aktuelle Diskriminierungserfahrungen mit einem Hinweis auf Verfolgungspraktiken im Nationalsozialismus vorzutragen. Historische Unterscheidungen gehen dabei verloren. Der Nationalsozialismus wird zu einer Folie für die Darstellung aktueller Rassismen. Was wir heutzutage in Europa und Deutschland an Gewalt gegen Minderheiten erleben, sollte schon deshalb vom nationalsozialistischen Zusammenhang abgegrenzt werden, weil es nicht von Staatswegen geplant und angeordnet wird. Das heißt, die gesellschaftlichen Bedingungen heute ermöglichen, gegen Diskriminierung und Gewalt einzutreten und sich für die eigenen Rechte und für die Rechte anderer zu engagieren.

---

21 Christopher Browning, Ganz normale Männer. Das Reserve-Polizeibataillon 101 und die „Endlösung" in Polen, Reinbek 1993.

5. Ansatzpunkte für eine heterogenitätssensible pädagogische Aufarbeitung des Nationalsozialismus

Aufgrund meiner eigenen, persönlich-gesellschaftlichen Beziehung zu den Nachwirkungen des Nationalsozialismus betrachte ich drei Aspekte als besonders relevant für eine postnationalsozialistische pädagogische Selbstreflexion: Zum einen scheint es mir erforderlich, sich damit auseinanderzusetzen, wie ich selbst einem homogenisierten Gesellschaftsbild folge, das Deutschland als weiße und nichtjüdische Gesellschaft konzipiert und dabei andauernd Fremdheiten herstellt – auch dann, wenn es sich gegen die Ausgrenzung derer wendet, die fremd gemacht werden. Zu konkretisieren ist diese selbstkritische Analyse einer in sich homogenen Nationen- und Gesellschaftsvorstellung durch kritische Reflexion des Ineinanderwirkens rassistischer und antisemitischer Weltbilder.[22]

Zweitens halte ich es für relevant, sich mit dem eigenen Bild von Täterschaft bei der Aufarbeitung des Nationalsozialismus auseinanderzusetzen. Die extremen nationalsozialistischen Verbrechen begünstigen eine externalisierende Sichtweise, die von sich selbst absieht und Täterschaft projektiv als etwas versteht, das anderen zukommt, die nicht so sind wie ich. Diese projektive Externalisierung hält die Geschichte auf Abstand – bei gleichzeitiger Behauptung, sich mit genau dieser Geschichte auseinanderzusetzen. Drittens plädiere ich dafür, jene Momente in der Kommunikation über die Erinnerung an den Nationalsozialismus herauszuarbeiten, in denen eine moralische Überlegenheit beansprucht wird. Diese stellen sich insbesondere dann ein, wenn Aufarbeitungsprozesse dafür instrumentalisiert werden, ein Selbstbild erfolgter Läuterung zu repräsentieren und Erinnerungsarbeit als Leistung und Errungenschaft darzustellen. Eine zu entwickelnde Aufmerksamkeit für alle drei Aspekte bildet eine Voraussetzung für eine kritische Praxis im pädagogischen Umgang mit einer unabgeschlossenen Geschichte.

Für eine selbstreflexive und für Heterogenitäten aufmerksame pädagogische Arbeit im Umgang mit den Nachwirkungen des Nationalsozialismus schlage ich vor, sich an den folgenden Problemdimensionen zu orientieren:

- *Repräsentation:* Wer spricht über wen? Wer wird durch dieses Sprechen als zugehörig oder nicht zugehörig gekennzeichnet?
- *Identität:* Besetzungen der NS-Geschichte im nationalen Diskurs. Inwiefern wird die Auseinandersetzung mit dem Nationalsozialismus und seinen Nachwirkungen als spezifisch deutsches Problem aufgefasst?

---

22 Astrid Messerschmidt, Weltbilder und Selbstbilder. Bildungsprozesse im Umgang mit Globalisierung, Migration und Zeitgeschichte, Frankfurt a. M. 2009, S. 162 ff.

- *Generationen:* Wie werden die unterschiedlichen Zugänge zur Geschichte aufgrund generationeller Erfahrungen berücksichtigt?
- *Abwehr:* Wie kann das Unbehagen an einer moralisierenden Geschichtsvermittlung reflektiert werden?
- *Beziehungsgeschichten:* Anknüpfungspunkte an die NS-Vergangenheit aus verschiedenen nationalen Hintergründen – Erforschung europäischer und globaler Beziehungen zum Nationalsozialismus.
- *Umgang mit Aktualisierungen:* Inwiefern bilden Diskriminierungs- und Rassismuserfahrungen heute Hintergründe für das Interesse am Nationalsozialismus? Wie sind Unterscheidungen zu vermitteln?
- *Nachwirkungen:* Welt- und Menschenbilder wahrnehmen, die im Nationalsozialismus geprägt worden sind und die in gegenwärtigen Vorstellungen von nationaler Homogenität nachwirken.
- *Umgang mit sozialen Spaltungen:* gesellschaftlich dominante Unterscheidung von Migrationsdeutschen und Herkunftsdeutschen unterlaufen und vielfältige Zugehörigkeiten berücksichtigen.
- *Rassismus und Antisemitismus* systematisch unterscheiden und aktuelle Erscheinungsformen beider Ideologien vom Nationalsozialismus abgrenzen.

CORNELIA GEISSLER

Konzepte der Personalisierung und Individualisierung in der Geschichtsvermittlung. Die Hauptausstellung der KZ-Gedenkstätte Neuengamme

„Was vom Holocaust erinnert wird, hängt davon ab, wie es erinnert wird, und wie die Ereignisse erinnert werden, hängt wiederum von den Texten ab, die diesen Ereignissen heute Gestalt geben."[1] Dieser nach wie vor gültige Hinweis von James E. Young lässt sich leicht abgewandelt auch auf die massenhaften Verbrechen in den deutschen Konzentrationslagern übertragen: Was von den Konzentrationslagern und den hier verübten Verbrechen erinnert wird, hängt davon ab, wie die historischen Ereignisse heute in den KZ-Gedenkstätten und ihren Ausstellungsbereichen dokumentiert und wahrgenommen werden.[2]

Die Frage, wie sich die in den KZ-Verbrechen mündende Entmenschlichung und ihre gesellschaftspolitischen Hintergründe in der Gegenwart überhaupt vermitteln lassen, ohne sie weder ihrer zeitlichen Distanz noch ihrer gebrochenen Kontinuitäten zu entkleiden, stellt sich historisch-politischen Bildungsprozessen mit zunehmendem zeitlichen Abstand umso mehr. Die wenigsten Personen, die heute eine Gedenkstätte besuchen, haben den Nationalsozialismus selbst erlebt. Sie sind daher auf vermittelnde Übersetzungen der nationalsozialistischen Verbrechen angewiesen. Viele der Gedenkstättenbesucher formulieren den Wunsch nach einer unmittelbaren historischen Anschauung, der nicht nur die eigene Erfahrungsdistanz zu kompensieren versucht, sondern sich außerhalb von Gedenkstätten aus Geschichtsdeutungen speist, die im Gewand des Realen einen ummittelbaren Geschichtszugriff suggerieren.[3]

---

1   James E. Young, Beschreiben des Holocaust. Darstellung und Folgen der Interpretation, Frankfurt a. M. 1997, S. 14.
2   Cornelia Brink wendet das Vorgehen von Young auf Ausstellungen zum Nationalsozialismus an, dies., Ikonen der Vernichtung. Öffentlicher Gebrauch von Fotografien aus nationalsozialistischen Konzentrationslagern nach 1945, Berlin 1998, hier S. 15 ff.
3   Michael Elm, Zeugenschaft im Film. Eine erinnerungskulturelle Analyse filmischer Erzählungen des Holocaust, Berlin 2008, S. 161. Zeitzeugeninszenierungen im Knoppschen Infotainment und Filmproduktionen wie Schindlers Liste stellen neben Re-Enactments nur eine Auswahl an gegenwärtigen Formaten dar, die allerorts und entlang ideologischer Linien ein unmittelbares Nacherleben von historischen Ereignissen vorgeben.

Im Gegensatz zu den Anfangsjahren der Bundesrepublik sind ehemalige Konzentrationslager als Gedenkstätten heute gesellschaftlich breit akzeptierte Einrichtungen.[4] Die Notwendigkeit zur Erläuterung der Ereignisse wächst, und ihre Ausstellungsbereiche werden wichtiger, um überhaupt Aufschluss über die historischen Ereignisse geben zu können. Als Orte des Gedenkens stehen KZ-Gedenkstätten vor der Aufgabe, die direkte Zeugenschaft der in den Konzentrationslagern misshandelten Menschen lebendig zu halten und in die Zukunft zu tragen. Gleichzeitig streben sie als Orte der historisch-politischen Bildung eine Geschichtsvermittlung an, die zum Nachdenken über die Gegenwart anregen soll. An den Neueröffnungen und Neugestaltungen der letzten Jahre lässt sich ablesen, wie Gedenkstätten mit ihren Ausstellungsbereichen auf die sich verändernden Vermittlungsbedingungen reagieren: Sie versuchen, Gedenken und Informieren miteinander zu vereinbaren. Ein zentrales Motiv dabei ist, die Opfer der nationalsozialistischen Verbrechen mit ihrem Namen und ihrem Gesicht sichtbar zu machen.[5] Mit Konzepten der Personalisierung und Individualisierung, die dem Bereich der Holocaust-Education entlehnt sind,[6] streben immer mehr deutsche Gedenkstätten an, die Perspektive der Verfolgten und Ermordeten in die Erschließung und Dokumentation des historischen Geschehens zu integrieren, die Verbrechen in ihrer Bedeutung und ihren Auswirkungen auf die von ihnen Betroffenen zu verdeutlichen und einzelne Häftlinge als Menschen mit einem Leben vor der Verfolgung vorzustellen.[7]

Vor diesem Hintergrund wirft der vorliegende Text einen Blick auf die aktuelle Geschichtsvermittlung der KZ-Gedenkstätte Neuengamme und ihre Rezeption durch Schüler und Schülerinnen. Der Themenraum „Die Häftlingsgruppen – Europa in Neuengamme", der Gedenkstätte zufolge das „Herzstück" der jetzi-

---

4   Volkhard Knigge, Abschied der Erinnerung. Anmerkungen zum notwendigen Wandel der Gedenkkultur in Deutschland, in: ders./Norbert Frei (Hrsg.), Verbrechen erinnern. Die Auseinandersetzung mit Holocaust und Völkermord, Bonn 2005, S. 443–460.

5   In meinem Promotionsprojekt zu personalisierenden Gedenkstättenausstellungen untersuche ich neben der Hauptausstellung der KZ-Gedenkstätte Neuengamme den Ort der Information am Denkmal für die ermordeten Juden Europas und die Dauerausstellung in der Gedenk- und Bildungsstätte Haus der Wannsee-Konferenz – an allen drei im Jahr 2005 (neu) eröffneten Gedenkorten lässt sich diese Entwicklung ablesen.

6   Ido Abram/Matthias Heyl, Thema Holocaust. Ein Buch für die Schule, Hamburg 1996.

7   Eva Brücker, Personalisierung oder Geschichte aus der Perspektive der „Vielen Einzelnen". Ein offenes Archiv für Videointerviews mit Holocaustüberlebenden, in: Belinda Davis/Thomas Lindenberger/Michael Wildt (Hrsg.), Alltag, Erfahrung, Eigensinn. Historisch-anthropologische Erkundungen, Berlin 2008, S. 403–426. Siehe auch Thomas Rahe, Die „Opferperspektive" als Kategorie in der Gedenkstättenarbeit, in: KZ-Gedenkstätte Neuengamme (Hrsg.), Museale und mediale Präsentationen in KZ-Gedenkstätten. Beträge zur Geschichte der nationalsozialistischen Verfolgung in Norddeutschland 6 (2001), S. 34–50.

gen Hauptausstellung, setzt zentrale Ausstellungskonzepte einer personalisierenden und individualisierenden Geschichtsvermittlung insbesondere anhand einzelner Lebensgeschichten um. Hiervon ausgehend sollen nachfolgend mögliche Dilemmata aufgezeigt werden, die mit dem Ansatz verbunden sind, wobei die Verschränkung von historischem Ort und hier vermittelter Zeugenschaft besondere Berücksichtigung findet.

1. Ein Neuanfang für Neuengamme oder Prinzipien der Neugestaltung

Der Forderung der Verfolgtenverbände des befreiten Konzentrationslagers Neuengamme, unterstützt durch eine kleine engagierte Geschichtsbewegung, einen zentralen Bereich des historischen Tat- und Leidensortes für die Öffentlichkeit zugänglich zu machen, wurde nach jahrelangen Kämpfen im Jahr 1989 vom Hamburger Senat entsprochen.[8] Die KZ-Gedenkstätte Neuengamme wurde als Einrichtung mit „gesamtstaatlicher Bedeutung" in die Gedenkstättenförderung des Bundes aufgenommen[9] und zum 60. Jahrestag der Befreiung des Konzentrationslagers im Mai 2005 neu eröffnet. Der neue Namenszusatz „Ausstellungs-, Begegnungs- und Studienzentrum" sollte unterstreichen, dass Neuengamme ein Ort der „aktiven Arbeit an der Geschichte [werden soll], um das Bewußtsein der nachfolgenden Generationen für die Gestaltung der Zukunft zu sensibilisieren".[10]

Die Wahl der eingerichteten Ausstellungsorte orientierte sich an den historischen Räumlichkeiten. Die Hauptausstellung „Zeitspuren" zur Geschichte und Nachgeschichte des Konzentrationslagers wird in einem der Unterkunftsgebäude, dem sogenannten Steinhaus II, auf dem Gelände des ehemaligen Häftlingslagers gezeigt.[11] Entgegen den Anfängen der Gedenkstätte bildet dieser Geländeteil

---

8   Detlef Garbe, „Das Schandmal auslöschen". Die KZ-Gedenkstätte Neuengamme zwischen Gefängnisbau und -rückbau: Geschichte, Ausstellungskonzepte und Perspektiven, in: KZ-Gedenkstätte Neuengamme (Hrsg.), Museale und mediale Präsentationen in KZ-Gedenkstätten, Bremen 2001, S. 51–71.

9   Unterrichtung durch die Bundesregierung (1999): Konzeption der künftigen Gedenkstättenförderung des Bundes und Bericht der Bundesregierung über die Beteiligung des Bundes an Gedenkstätten in der Bundesrepublik Deutschland, Drucksache 14/1569; http://dip21.bundestag.de/dip21/btd/14/015/1401569.pdf (Zugriff am 4. 10. 2010), S. 4.

10 Bürgerschaft der Freien und Hansestadt Hamburg (Hrsg.), Neugestaltung der KZ-Gedenkstätte Neuengamme (Drucksache 16/6403), S. 2 f.

11 Detlef Garbe, Neuengamme. Vom Konzentrationslager zur KZ-Gedenkstätte, in: GedenkstättenRundbrief 129 (2006), S. 12–25, hier S. 24. Ergänzend finden sich drei Studienausstellungen auf dem Gedenkstättengelände, die auf die Örtlichkeiten des ehemaligen Konzentrationslagers bezogen sind.

Appellplatz mit Steinhaus II im Hintergrund, ©*Cornelia Geißler, 2009*

heute den „dokumentarischen Geländekern" der Gedenkstätte[12] und liegt in großer Laufentfernung, räumlich getrennt vom Gedenkbereich.[13] Die Geschichte des Konzentrationslagers an dem Ort zu vermitteln, der für die ehemaligen Häftlinge in ihrer Erfahrung des Lageralltags zentral ist und an dem sie untergebracht waren, war ein zentrales Anliegen der Gedenkstätte. Die heutige Situation stellt einen Neubeginn für die Gedenkstätte dar, da der Zugang zum ehemaligen Häftlingsgelände durch seine bis 2003 andauernde, jahrzehntelange Nachnutzung als Justizvollzugsanstalt versperrt blieb. Die Erschließung des Geländeteils sollte die Besonderheit der KZ-Gedenkstätte unterstreichen und bot die Chance, den historischen Ort nicht in Vergessenheit geraten zu lassen. Zugleich werden dadurch Probleme sichtbar, die mit dem in der Gesellschaft als authentisch wahrgenommenen „Lernort KZ-Gedenkstätte" verbunden sind.

Die Gestaltung der heutigen Gedenkstätte orientiert sich daran, einerseits mit der zeitlich bedingten Veränderung des historischen Tat-Ortes selbst, andererseits mit den an ihn herangetragenen Erwartungen nach Echtheit und Anschaulichkeit umzugehen. Die Neukonzeption der Gedenkstätte bewegt sich in dem Spannungsfeld, sowohl die vorhandene historische Bausubstanz des ehemaligen

---

12 Andreas Ehresmann, Baugeschichtliche Untersuchungen zu den Häftlingsunterkünften I & II, Hamburg 2003, S. 4.
13 Eine Entscheidung, die mit der Neugestaltung festgelegt wurde (vgl. Drucksache der Hamburgischen Bürgerschaft 16/6403). Dass der Zusammenhang von Gedenken und Informieren in der Geländegestaltung erhalten bleiben solle, erklärt Dietfried Krause-Vilmar, Orte des Lernens. Zu den Empfehlungen für die Gedenkstätten in Buchenwald, Neuengamme und im Lande Brandenburg, in: KZ-Gedenkstätte Neuengamme (Hrsg.), Rassismus in Deutschland, Bremen 1994, S. 95–100, hier S. 95.

Konzentrationslagers möglichst zu erhalten als auch dessen mehrfache bauliche Überformung sichtbar zu machen.[14]

Obwohl sich in Neuengamme wie auch allgemein die Frage stellt, wie „authentisch der historische Ort" Gedenkstätte ist,[15] kommen die Besucher mit der nachvollziehbaren, jedoch nicht einlösbaren Erwartung zu sehen, „wie es wirklich war". Das zentrale Exponat stellt auch in Neuengamme der ehemalige Konzentrationslagerkomplex dar. Um sich diesen zu erschließen, sind die Besucher jedoch zunehmend auf die Ausstellungsbereiche angewiesen, die den Ort kommentieren.[16]

Die Hauptausstellung erstreckt sich auf eine Fläche von ca. 2000 m^2 und schildert schwerpunktmäßig die Geschichte des Konzentrationslagers, verdichtet auf sieben Themenbereiche. In einem nachgeordneten kleineren Teil wird die Nachkriegsgeschichte und -nutzung des Geländes in der Bundesrepublik nachgezeichnet. Sogenannte „Zeitschichten" und „Zeitfenster" in der Ausstellung sollen den Besuchern die Raum- und Gebäudenutzung nach 1945 transparent machen.[17]

Die Themen der Ausstellung beanspruchen, sich an den Erinnerungen der Überlebenden zu orientieren, mit der Wahl einer individualisierenden Präsentationsweise möchte die Gedenkstätte den Besuchern ermöglichen, sich „in das Schicksal Einzelner hineinzudenken".[18] Gleichzeitig soll anhand der persönlichen Zeugnisse vermittelt werden, dass die Lagerrealität sich für die einzelnen Häftlinge sehr unterschiedlich gestalten konnte. Nicht zuletzt sind die präsentierten Häftlingserinnerungen eine zentrale didaktische Antwort auf die Erfahrungsdistanz der Gedenkstättenbesucher und auf eine zukünftige Pädagogik ohne Zeitzeugen.[19] Seit den Anfängen der Gedenkstätte bezogen die überlebenden Häftlinge selbst ihre Erfahrungen in die von ihnen erkämpfte Dokumentation des

---

14 Andreas Ehresmann, Vom Gefängnis zur Gedenkstätte. Die Transformation eines verdrängten Ortes. Ein Werkbericht über Neuengamme, in: GedenkstättenRundbrief 116 (2003), S. 3–12, hier S. 4.
15 Wolfgang Benz, Authentische Orte. Überlegungen zur Erinnerungskultur, in: Petra Fank/ Stefan Hördler (Hrsg.), Der Nationalsozialismus im Spiegel des öffentlichen Gedächtnisses. Formen der Aufarbeitung des Gedenkens, Berlin 2005, S. 197–203, hier S. 198.
16 Die Neukonzeption geht davon aus, dass die „museale Vermittlung der Geschichte des Konzentrationslagers Neuengamme [...] und der Funktionsweise des nationalsozialistischen Herrschaftssystem [...] im Wesentlichen durch die Kenntlichmachung des historischen Ortes und durch Ausstellungen erfolgen" wird (Drucksache der Hamburgischen Bürgerschaft 16/6403), S.2.
17 KZ-Gedenkstätte Neuengamme (Hrsg.), Werkheft 1, Hamburg (o. J.), S. 15.
18 Ebenda, S. 11.
19 Detlef Garbe im Interview mit der Verfasserin am 12. 11. 2009, KZ-Gedenkstätte Neuengamme.

Links: Themenraum „KZ-Standort Hamburg-Neuengamme" mit Überblickskarte des KZ-Systems ©Cornelia Geißler, 2007. Rechts: Häftlingsbett im Themenraum „Alltag und Arbeit" ©Cornelia Geißler, 2009

Ortes ein.[20] In allen folgenden Dokumentationen der Gedenkstätte wurden die sich in der Sammlung der Gedenkstätte befindenden Häftlingszeugnisse berücksichtigt.[21] An den aktuellen Ausstellungen lässt sich ablesen, wie die Häftlingsperspektive in den Mittelpunkt der Geschichtsdarstellung rückt.

2. Individualisierung und Personalisierung in der Hauptausstellung

Eher beiläufig werden als ein Auftakt des Rundgangs durch die Hauptausstellung im Foyer „Zeitschnitt JVA-Häftlingskantine" Interviewsequenzen wiedergegeben, die sich mit der aktuellen Bedeutung einer Auseinandersetzung mit dem KZ Neuengamme beschäftigen. Der erste Themenbereich „KZ-Standort Hamburg-Neuengamme" bildet den Prolog der Ausstellung und ordnet schlaglichtartig das Konzentrationslager Neuengamme in den historisch-politischen Kontext ein.

Der Weg in den dritten Raum, in dem Alltag und Arbeit im Konzentrationslager vorrangig anhand von dreidimensionalen Objekten vergegenwärtigt werden und an den sich weitere chronologisch aufgefächerte Themenräume anschließen,

---

20 Auch in der ersten Neuengammer Ausstellung „Arbeit und Vernichtung" befanden sich, wie Cornelia Brink schreibt, „auffällig viele Schilderungen und Zeichnungen von Häftlingen", dies., Visualisierte Geschichte. Zu Ausstellungen an Orten ehemaliger Konzentrationslager, Paderborn 1990, S. 40. Die jetzige Hauptausstellung stellt dennoch einen gestalterischen und konzeptionellen Kontrast zu der damaligen Ausstellung dar, während die zweite Neuengammer Hautpausstellung „Überlebenskämpfe" aus dem Jahr 1995 bereits mit einem explizit biografischen Ansatz arbeitete.

21 Rahe, „Opferperspektive", S. 37. Aufgrund eines in den 1990er-Jahren durchgeführten Oral History Projekts kann die Gedenkstätte auf eine große Anzahl von Interviews zurückgreifen; vgl. Ulrike Jureit/Karin Orth, Überlebensgeschichten. Gespräche mit Überlebenden des KZ Neuengamme, Hamburg 1994.

Links: Biografiemappen und audiovisuelle Medienstation im Themenraum „Die Häftlingsgruppen" ©Cornelia Geißler, 2009. Rechts: Raumstruktur Themenraum „Die Häftlingsgruppen" ©Cornelia Geißler, 2007.

führt durch den Themenraum „Die Häftlingsgruppen – Europa in Neuengamme". Hier werden am Beispiel einzelner Häftlinge die verschiedenen Häftlingsgruppen des Konzentrationslagers vorgestellt, wobei der Raumtitel auf eine zentrale These des Raums verweist: Die gewählte Raumgestaltung bzw. Repräsentationsweise veranschaulicht die politisch-geografische Dimension der deutschen Verbrechen. Sie kann auch als Verweis auf die „Herausbildung einer gemeinsamen europäischen Identität" gelesen werden, die als eine pädagogische Funktion mit der Neugestaltung festgelegt wurde.[22] Ergänzt durch audiovisuelle Medienstationen mit Interviewsequenzen von Überlebenden befinden sich in dem Raum fast zwei Drittel aller in der Ausstellung gezeigten Biografiemappen.

Häftlingsbiografien, präsentiert in roten Stoffmappen und auf Lesepulten liegend, verdichten sich hier zur dominierenden Raumstruktur. Anhand der Anordnung und Anzahl der Biografiemappen werden die unterschiedlichen Häftlingsgruppen repräsentativ nach Nationalität, Gruppenstärke und Chronologie der Einlieferung in das Konzentrationslager vergegenwärtigt. Lebensläufe, zitierte Erinnerungen der porträtierten Person, Fotografien, Dokumente, persönliche Gegenstände und Zeichnungen aus der Zeit vor, während und, wenn möglich, nach der Verfolgung bieten Einblicke in ausgewählte Lebensgeschichten. Allgemeine Informationen zur jeweiligen Haftgruppe sowie Dokumente der Täter sollen das subjektive Erleben in seiner Abhängigkeit von objektiven Bedingungen kontrastieren. Bei der Auswahl der zu präsentierenden Biografien wurden aus über 100 000 Personen, die nach Neuengamme deportiert wurden, ungefähr 80 Lebensläufe ausgewählt, die Kriterien wie etwa Geschlechterverhältnisse, soziale Hintergründe und Haftkategorien repräsentativ berücksichtigen sollten.[23]

22 Drucksache der Hamburgischen Bürgerschaft 16/6403, S. 2.
23 Hinweise zu konzeptionellen Überlegungen der Neugestaltung verdanke ich einem Interview mit dem Leiter der KZ-Gedenkstätte Neuengamme, Detlef Garbe, am 12. 11. 2009.

3. Besucherstimmen

Schulklassen sind die größte Besuchergruppe der KZ-Gedenkstätte Neuengamme, die im Hamburger Rahmenlehrplan für Geschichte als ein Exkursionsziel für die Klassenstufen 9 und 10 empfohlen wird.[24] Das ehemalige Konzentrationslager wird aufgesucht, weil der historische Ort Lehrkräften wie Schülern und Schülerinnen im Gegensatz zum schulischen Unterricht eine anschauliche Auseinandersetzung mit dem historisch-politischen Gegenstand zu versprechen scheint. Mal gut, oft weniger gut vorbereitet und häufig eingepasst zwischen Stadtrundfahrt und Musicalbesuch verbringen die Schulklassen hier ein paar Stunden, bevor sie wieder in ihren Alltag entlassen werden, in dem sie – je nach historischem Wissen und politischer Einstellung – Momente der Vergangenheit vielleicht erahnen. Die Überblicksführungen, die häufig in Anspruch genommen werden, beziehen das Außengelände und die Hauptausstellung ein, wobei auch der Themenbereich über die Häftlingsgruppen besucht wird. Die nachfolgend abgebildete Konstellation von Interview- und Gruppendiskussionssequenzen konzentriert sich auf zwei Aspekte: Was haben die Befragten von ihrem Besuch der Gedenkstätte erwartet und was ist ihr Eindruck kurz nach dem Besuch.[25]

C: „Was ist denn so dein erster Eindruck von dem Ort hier insgesamt und von der Ausstellung?" Tatjana: „Man sieht nicht, dass hier früher ein Konzentrationslager war, weil alles neu aussieht. Wenn man zuerst guckt, ist es halt einfach ein Gebäude, ganz normal irgendwie ein Park, das stellt man sich erst gar nicht so vor. Ich dachte mir, dass hier Ruinen stehen, weil, dann kriegt man richtig das Gefühl, dann sieht alles alt aus." W2 beschreibt ihren Eindruck während einer Gruppendiskussion so: „Der Platz war ja auch so karg und dann wirklich etwas aus der Zeit, was man sich angucken konnte. Das Gebäude, da kann man sich ja nicht so viel vorstellen, weil es gibt viele Gebäude, die so ähnlich aussehen, und auch in den Räumen, das war alles umgebaut. Da draußen war es dann so karg und düster. Obwohl da eigentlich nichts war, war das trotzdem irgendwie total eindrucksvoll." Jonas erinnert sich an Folgendes: „Da war ja so 'ne Deutsch-

---

In dieser Hinsicht waren auch die Gespräche mit den Referenten und Referentinnen der Gedenkstätte hilfreich.

24 Rahmenplan Geschichte Bildungsplan achtstufiges Gymnasium Sekundarstufe I, http://www.hamburger-bildungsserver.de/bildungsplaene/Sek-I_Gy8/GESCH_Gy8.pdf (Zugriff am 28. 12. 2009).

25 Im Rahmen meines Promotionsprojektes habe ich Gruppendiskussionen und Interviews geführt, die sich an einem Leitfaden orientierten, ohne jedoch nach bestimmten Exponaten oder Räumen zu fragen. Die hier wiedergegebenen Besucherstimmen haben keinen Anspruch auf Repräsentativität, zeigen aber allgemeine Tendenzen auf. Die Namen der Schüler und Schülerinnen wurden anonymisiert.

landkarte von früher, wie viele KZs und Außenlager es doch in Deutschland und Umgebung gegeben hat, was ich mir anfangs nicht hätte vorstellen können. [...] Mir war gar nicht bewusst, wie viel Leben vernichtet wurde, das ist mir vorher überhaupt nicht klar gewesen."

Während einer Gruppendiskussion frage ich nach der Bedeutung von „Einzelschicksalen", an die sich einige der Teilnehmenden besonders erinnern. W4: „Bei manchen gab es ja auch so Interviewausschnitte, in denen sie alles nochmal geschildert haben, und wenn einzelne Personen ihre Gefühle schildern und das, was sie sehen, dann finde ich das eigentlich ziemlich einfach, sich da hineinzuversetzen, weil man überlegt, was wäre denn, wenn ich hier jetzt wäre. Ich finde, dieses Gefühl oder diese Frage, das schwingt die ganze Zeit mit, wenn man hier geht. Also ich habe die ganze Zeit im Hinterkopf gehabt, was wäre, wenn ich hier früher hätte arbeiten müssen. Und wenn man diese einzelnen Sachen liest und so Kleinigkeiten mitkriegt, da sieht man, wie schlimm es war, was die Einzelnen erlebt haben." Tom begründet, weshalb ihm die „Lebensgeschichten" aufgefallen sind: „Sie liegen ja relativ offen da, um zu zeigen, wie die Häftlinge gelebt haben. Man geht durch diese Gänge und das erste, was man sieht, sind diese geöffneten Tagesabläufe. Man kann mal versuchen, sich da reinzuversetzen, wenn man selber so einen Tagesablauf hätte. Wir arbeiten acht Stunden am Tag, [...] aber wir haben auch Mittagspausen, können mal eine rauchen oder einen Schnack halten, [...] und wenn man sich das von denen durchliest, die müssen auf dem Platz antanzen, in Reih und Glied stehen, dann muss man zugucken, wie ein Freund von dir verprügelt wird, das ist nicht lustig." C: „Kannst du dich noch erinnern, welche Lebensgeschichten du dir angeguckt hast?" Tom: „Ich weiß nicht mehr, von wem das war. Es lag offen da, ich hab's mir dann einfach durchgelesen, ich hab nicht noch großartig geguckt, wer das gewesen ist."

In einer anderen Gruppendiskussion entwickelt sich im Anschluss an die Frage nach dem ersten Eindruck des Besuchs ein reger Austausch darüber, wie die Biografiemappen und die audiovisuellen Medienstationen wahrgenommen werden. Angestoßen wird die Diskussionssequenz durch W1: „Bei den Biografien da hätt' ich mir mehr Zitate gewünscht, da war'n zwar einzelne Zitate drinne, und so allein, wie die das erzählen, kann man schon merken, wie die da drunter gelitten haben. Aber da war'n nur wenige Zitate drinne." W2: „W1 hat ja auch gesagt, dass man sich bei diesen einzelnen Biografien nicht so reinfühlen konnte, aber bei diesen Filmen schon. Das kommt direkt von den Leuten, bei den anderen Sachen da ist dann noch jemand zwischen, der sucht die wichtigsten Informationen aus dem Erzählten und schreibt dann daraus diese Biografie. Und bei dem anderen ist es ja so, einfach genau das, was die Leute gesagt haben, das kommt dann auch an, und das ist vielleicht das wichtigste." W3: „Ja, es ist einfach gefühlvoller, find ich auch [alle Teilnehmenden stimmen zu], durch die Stimmlage und so weiter." M2 abschließend: „[...] So ein Sachtext wird das nie so rüber bringen wie die Erzählung eines richtigen Menschen."

Die von Schülern und Schülerinnen artikulierte und durch Lehrkräfte geförderte Erwartung, ein authentisches Konzentrationslager zu besuchen, wird in der Gedenkstätte Neuengamme häufig enttäuscht. Der von den Besuchern erlebte Bruch zwischen Wunsch und Wirklichkeit scheint sich daran festzumachen, nicht mehr zu sehen, wie es früher war, stattdessen mit einem historischen Ort konfrontiert zu sein, der sich in seiner heutigen Gestaltung von ihrer eigenen Gegenwart kaum zu unterscheiden scheint. Die wenigen rekonstruierten Plätze des ehemaligen Konzentrationslagers und manchmal auch die Leerstellen nehmen die Besucher jedoch als besonders eindrucksvoll wahr. In den Ausstellungsbereichen prägen sich bei fast allen Befragten die Biografiemappen als zentrale Exponate ein. Die Schüler und Schülerinnen nähern sich den Lebensbedingungen der Häftlinge über die Kontrastierung mit dem eigenen Erfahrungshorizont an, häufiger versuchen sie jedoch, sich in die damalige Situation der Häftlinge hineinzuversetzen. Entgegen den Interviewsequenzen erfüllen die verschriftlichten Lebensgeschichten nicht immer den mitgebrachten und durch die Ausstellungsgestaltung angeregten Wunsch, direkt von den ehemaligen Häftlingen angesprochen zu werden. Ein klassisches Exponat wie die Überblickskarte des KZ-Systems scheint demgegenüber auch ohne persönliche Ansprache ihren Zweck zu erfüllen und die Verfolgungs- und Ermordungsdimension zu verdeutlichen.

4. Dilemma eins: Medial vermittelte Zeugenschaft und KZ-Gedenkstätte

Der Zeugnischarakter von KZ-Gedenkstätten verändert sich. Sie werden als „Zeugen nach den Zeugen" beschrieben, da sie zukünftig die den Tat-Ort erklärende direkte Zeugenschaft der ehemaligen Häftlinge übernehmen sollen.[26] Der Begegnung mit Personen, die während des Nationalsozialismus verfolgt wurden, wird eine große Bedeutung beigemessen, da sie die wachsende zeitliche Distanz überbrücken könne und eine empathische Annäherung an das historische Geschehen sowie Einsichten ermögliche, die anhand anderer Quellen nicht gleichermaßen zu vermitteln seien. Aufgrund der angenommenen Wirkung einer direkten Zeugenschaft hat sich in der Fachdiskussion die Bedeutung des Sterbens der Überlebenden der nationalsozialistischen Verbrechen als fester Topos in der Bildungsarbeit etabliert.[27] Angesichts dessen wird auch den Lebensgeschichten

---

26 Klaus Ahlheim, Wissen und Empathie in der historisch-politischen Bildung, in: GedenkstättenRundbrief 144 (2008), S. 3–14, hier S. 11.
27 Phil C. Langer/Daphne Cisneros/Angela Kühner, Aktuelle Herausforderungen der schu-

und persönlichen Zeugnissen in den Ausstellungsbereichen eine veränderte Bedeutung beigemessen: Die audiovisualisierte Zeugenschaft soll die primäre Zeugenschaft der Häftlinge des Konzentrationslagers aufbewahren und weitergeben.[28] Damit bewegt sich Neuengamme, wie andere KZ-Gedenkstätten auch, in einem Dilemma: Mit dem Erhalt des ehemaligen Konzentrationslagerkomplexes und der Dokumentation der hier gelebten Geschichten nimmt die Gedenkstätte eine „sekundäre Zeugenschaft" an.[29] Die Gedenkstätte möchte die Authentizitätserwartungen der Besucher irritieren und strebt gleichzeitig an, anhand der Perspektive der Häftlinge die Zeugenschaft medial aufbereitet weiterzugeben. In KZ-Gedenkstätten, in denen die geschichtlichen Ereignisse an dem Ort historischer Erfahrung vermittelt werden, stellt sich besonders die Frage, inwiefern sich der Ort und die von den Besuchern an ihn herangetragenen Erwartungen auf die Wahrnehmung der den Ort kommentierenden Zeugenschaft auswirken.[30] Betrachtet man die Eindrücke der Besucher, die in den Interviews und Gruppendiskussionen zum Ausdruck kommen, scheint überlegenswert, inwiefern die persönlichen Geschichten in der Neuengammer Hauptausstellung, sofern sie als authentische Zeugenschaft wahrgenommen werden, den nicht einzulösenden Wunsch eines unmittelbaren Geschichtszugriffes aufrechterhalten. Damit würde die Wirkung der Gedenkstätte als vermeintlich authentischer Ort verstärkt,[31] obgleich die Neugestaltung dies gerade zu verhindern sucht. Die „subjektive Projektionsfläche", die der Ort „KZ-Gedenkstätte" darstellt,[32] so lässt sich weiter

      lischen Thematisierung von Nationalsozialismus und Holocaust, in: Bayrische Landeszentrale für politische Bildungsarbeit (Hrsg.), Einsichten und Perspektiven, Holocaust Education. Wie Schüler und Lehrer den Unterricht zum Thema Nationalsozialismus und Holocaust erleben, München 2008, S. 10–27, hier S. 11 f. Das Promotionsprojekt von Katharina Obens untersucht derzeit die Rezeption von Zeitzeugenerzählungen von NS-Opfern bei Schülern und Schülerinnen, http://www.bildungsarbeit-mit-zeugnissen.de.
28 Brink, Visualisierte Geschichte, S. 57.
29 Ulrich Baer, Einleitung, in: ders. (Hrsg.), Niemand zeugt für den Zeugen. Erinnerungskultur und historische Verantwortung nach der Shoah, Frankfurt a. M. 2000, S. 7–52, hier S. 11.
30 Nicht nur die Ausstellungsobjekte und ihre Anordnung, sondern auch die Ausstellungsräume, -gebäude und der Ort der Ausstellung wirken sich auf die Wahrnehmung der hier dargestellten Geschichte aus; Jana Scholze, Medium Ausstellung. Lektüren musealer Gestaltung in Oxford, Leipzig, Amsterdam und Berlin, Bielefeld 2004, S. 271.
31 Siehe auch Christian Geißler-Jagodzinski/Verena Haug, Gedenkstättenpädagogik. Ziele, Grenzen und Widersprüche, in: Janne Mende/Stefan Müller (Hrsg.), Emanzipation in der politischen Bildung. Theorien, Konzepte, Möglichkeiten, Schwalbach/Taunus 2009, S. 299–329, hier S. 315.
32 Zu KZ-Gedenkstätten als Projektionsflächen für die Besucher siehe Phil C. Langer, Fünf Thesen zum schulischen Besuch von KZ-Gedenkstätten, in: Langer/Cisneros/Kühner (Hrsg.), Aktuelle Herausforderungen, S. 69.

annehmen, erweitert sich dadurch, und die Notwendigkeit von Kommentierungen nimmt nicht ab, sondern zu.

5. Dilemma zwei: Das Exemplarische in der Re-Individualisierung

„Mit dem Mord an Millionen durch Verwaltung ist der Tod zu etwas geworden, was so noch nie zu fürchten war. [...] Enteignet wird das Individuum des Letzten und Ärmsten, was ihm geblieben war. [...] In den Lagern [starb] nicht mehr das Individuum [...], sondern das Exemplar."[33] Theodor W. Adorno beschreibt hier u. a. den Verfolgungs- und Mordprozess, der den Einzelnen eines anonymen Todes sterben ließ, entindividualisiert und in der Masse gleichgemacht oder wie Moshe Zuckermann schreibt: „[...] die endgültige Verwandlung des Subjekts zum Objekt der Verfolgung, die bewusste Degenerierung des Individuums zum Exemplar, genauer: zum Exemplar einer vernichtungswürdigen Kategorie."[34] Mit der Gestaltung des Themenraums zur Häftlingsgesellschaft und der sie tragenden Ausstellungsdidaktik soll in Neuengamme das Individuelle aus dem Exemplarischen gerettet und wieder sichtbar werden, zugleich soll die Einlieferung in das Konzentrationslager als das vermittelt werden was sie war: ein gewaltvollzuschreibender Akt, der den Einzelnen fortan in einen bloßen Teil einer großen Menge verwandeln sollte. Angesichts des Spannungsfeldes von Gedenken und Informieren bewegen sich Versuche einer nachträglichen Personalisierung und Individualisierung in einem strukturellen Dilemma: Die Ausstellungsgestaltung weist den ausgewählten Lebens- und Leidensgeschichten letztlich eine exemplarische Funktion zu, da sie nach Kriterien der Repräsentativität ausgewählt und stellvertretend für alle Verfolgten und Ermordeten gezeigt werden. Dabei ist nicht nur problematisch, dass aus Mangel an Anschauungsmaterial kaum Lebensgeschichten von Ermordeten gezeigt werden können, was von der Wahrnehmung der deutschen Konzentrationslager als Orte des massenhaften Mordens ablenkt. Versuche, individuell Menschliches aus der totalen Entmenschlichung zu retten, tragen ein Moment von Ohnmacht in sich. Darstellungen der massenhaften deutschen Verbrechen folgen der Absicht, die Persönlichkeit der Opfer zu restituieren und gleichzeitig die massenhafte Verfolgung und Ermordung darzustellen. Wenn aber das Individuelle letztlich in seinem Symbolcharakter wahrgenommen wird, dann bringt es, entgegen seiner Absicht, das Einmalige und Authentische

---

33 Theodor W. Adorno, Negative Dialektik, in: ders., Gesammelte Schriften 6, Frankfurt a. M. 1973, S. 355.
34 Moshe Zuckermann, Darstellungen des Holocaust in Israels Gedenkkultur, in: Marion Flacke (Hrsg.), Mythen der Nationen. 1945 – Arena der Erinnerungen, Berlin 2004, S. 315–342, hier S. 321.

des Individuellen zum Verschwinden.[35] Die von den Verfolgten und Ermordeten überlieferten mündlichen und schriftlichen Berichte bezeugen das Geschehene und sperren sich in ihrer Materialität gegen ein Vergessen.[36] Gleichwohl bedeutet eine emphatische und notwendig emotionale Geschichtsannäherung anhand persönlicher Zeugnisse, wie die bisherige Rezeptionsanalyse zeigt, nicht zwangsläufig, dass die einzelnen Lebensgeschichten in ihrer Besonderheit wahrgenommen werden – egal, ob eine Repräsentationsweise gewählt wird, die die Person als ganze zeigt oder sich auf mit ihr verbundene Dokumente und Objekte beschränkt. Ein Faktor ist dabei sicherlich die mangelnde Zeit für den Besuch der weitläufigen Gelände- und Ausstellungsflächen. Aber auch die große Anzahl von Biografiemappen erschwert es, sich den einzelnen Biografien in ihrer Qualität anzunähern, auch wenn sie dadurch eine breite Auswahlmöglichkeit bereithält.

6. Fazit und Ausblick

Biografische Darstellungen sind aus gutem Grund zentrale Reflexionsmomente in der KZ-Gedenkstätte Neuengamme. Mit ihrer Einbindung in die Ausstellungspräsentation wird versucht zu zeigen, was das Konzentrationslager für die hierhin deportierten Menschen bedeutete und wie sie überhaupt erst zu Häftlingen gemacht wurden. Medial übersetzte Zeitzeugenbegegnungen sind aber nicht unproblematisch, auch wenn sie dem Anspruch von Gedenkstätten, die Opfer der deutschen Verbrechen nicht zu vergessen, immanent sind. Einblicke in filmische Geschichtsaufbereitungen können Gedenkstätten unterstützen, nicht ungewollt ein durch populäre Medienformate geprägtes Rezeptionsmuster der Besucher zu bedienen, denn sie geben Hinweise auf von den Besuchern mitgebrachte Geschichtsbilder und kulturindustrielle Konsummuster.[37] Außerhalb von Gedenkstätten werden Zeitzeugendarstellungen heute als zentrale „Authentifizierungsstrategie" in inszenierten TV-Geschichtserzählungen eingesetzt.[38] Geschichtsaufbereitungen, die eine unmittelbare Geschichtsaneignung suggerieren, verlagern die Auseinandersetzung mit den historischen Ereignissen und ihre Auswirkungen ins Affektive und bringen einen eher passiven Rezipienten

---

35 Hinweise zu diesem Aspekt verdanke ich Moshe Zuckermann. Die Verfasserin des vorliegenden Textes ist sich bewusst, dass die hier vorgestellten Annahmen und Ergebnisse der Rezeptionsuntersuchung selbst den einzelnen Besuchern und ihren Aussagen eine exemplarische Funktion zuweisen; ein Problem, dass erkenntnistheoretische Fragen berührt, hier aber nicht weiter ausgeführt werden kann.
36 Georges Didi-Huberman, Bilder trotz allem, München 2007, S. 45.
37 Langer, Fünf Thesen, S. 70.
38 Elm, Zeugenschaft im Film, S. 103.

hervor, dem die Verarbeitung seiner Gefühle im Produkt mitgeliefert wird.[39] Personalisierende bzw. individualisierende Geschichtsvermittlungen anhand des Mediums Ausstellung sind dann ambivalent, wenn sie bei den Besuchern den Effekt haben, Erkenntnisse über die Hintergründe und das Zustandekommen der nationalsozialistischen Verbrechen hinter einem Versuch des Nacherlebens der Erfahrungen der Betroffenen zurückzustellen. Durch eine stärkere Hinwendung zum Einzelnen und einer damit verbundenen Emotionalisierung wird eine historische Einordnung der Ereignisse nicht überflüssig, sondern immer wichtiger.[40] Das Medium Ausstellung mit seinem gegenständlichen Charakter ermöglicht es, persönliche Zeugnisse so zu präsentieren, dass ihre immanente Einbindung in den historischen Zusammenhängen deutlich wird.

In Neuengamme wie in anderen Gedenkstätten wird der Umgang mit der Perspektive der Verfolgten und Ermordeten aber auch dadurch erschwert, dass nicht mehr nur die einzelnen Überlebenden in Geschichtsbegegnungen unter dem Topos Zeitzeuge subsumiert werden, sondern dieser inzwischen ohne Einschränkung auf Täter, Zuschauer und Mitläufer des Nationalsozialismus sowie auf andere Geschichtsepochen eingesetzt wird. Das universale Moment von Leidensgeschichten, das in biografischen Zugängen zum Tragen kommen soll, befördert gerade in der Bundesrepublik häufig kausal und moralisch differenzlose Geschichtsbilder.[41] Die Tatsache, dass Gedenkstätten heute kaum noch geschichtskritische Instanzen innerhalb der bundesdeutschen Geschichtspolitik sind, und der Nationalsozialismus bei den meisten Besuchern als negative Folie wahrgenommen wird, vor der die Gegenwart affirmiert wird, wirkt sich auf die Geschichtsrezeption von personalisierenden und individualisierenden Konzepten aus und bedeutet eine aktuelle Herausforderung für eine auf die Gegenwart zielende Geschichtsvermittlung.[42]

---

39 Ebenda, S. 162.
40 Simone Lässig, Vom historischen Fluchtpunkt zur transnationalen Metapher. Holocaust-Erinnerung in Museen zwischen Geschichte und Moral, in: Olaf Hartung (Hrsg.), Museum und Geschichtskultur. Ästhetik, Politik, Wissenschaft, Bielefeld 2006, S. 184–210, hier S. 206 ff.
41 Uffa Jensen, Nationale Phantomschmerzen. Zum öffentlichen Gebrauch von Erinnerung in der neuen Bundesrepublik, in: Undine Ruge/Daniel Morat (Hrsg.), Deutschland denken. Beiträge für die reflektierte Republik, Wiesbaden 2005, S. 111–122, hier S. 117.
42 Der Frage, inwiefern Personalisierungen und Individualisierungen Reflektionen auf die Gegenwart ermöglichen, gehe ich vertiefend nach in: Cornelia Geißler, Zur Repräsentation des Nationalsozialismus an Orten des Gedenkens – Überlegungen zu Möglichkeiten und Grenzen subjektorientierter Zugänge in der Ausstellungsdidaktik, in: Andreas Ehresmann u. a. (Hrsg.), Die Erinnerung an die nationalsozialistischen Konzentrationslager: Akteure, Inhalte, Strategien (im Erscheinen).

IRIS GROSCHEK

Konzepte der Betreuung von Schulklassen in der KZ-Gedenkstätte Neuengamme

1. Voraussetzungen

Von Januar bis Dezember 2009 zählte die KZ-Gedenkstätte Neuengamme 66 400 Besucherinnen und Besucher, darunter 1373 Gruppen und Schulklassen mit ca. 33 800 Teilnehmenden. Davon betreute die Gedenkstättenpädagogik die ein- bis fünfstündigen Angebote mit insgesamt 27 freien Pädagoginnen und Pädagogen auf Deutsch, Englisch, Dänisch, Polnisch, Schwedisch, Russisch, Französisch, Spanisch und in Gebärdensprache. Die Gedenkstättenpädagogik hat die Aufgabe, Ansprüche verschiedener Seiten aufzunehmen, passende Angebote für die von ihr betreuten Gruppen zu entwickeln, zu koordinieren und damit den Besuch der Gedenkstätte zu einem in vielerlei Hinsicht weiterführenden Ereignis werden zu lassen. Um passende Angebote erstellen zu können, ist es wichtig, einen Überblick über die Besuchergruppen zu erhalten, zu überlegen, welche Gruppen aus welchem Anlass kommen und woran es liegt, dass andere Gruppen eher selten die Gedenkstätte besuchen. Ein Blick auf die Statistik zeigt, dass es zumeist Schulklassen sind, die auf die Möglichkeit zurückgreifen, pädagogisch begleitete Besuche zu buchen und somit den außerschulischen Lernort und damit Geschichte vor Ort erfahrbar werden zu lassen – ohne dass die Gedenkstätte den Wunsch nach authentischer Erfahrung erfüllen kann und mag. Fast 400 Gymnasialklassen mit 9530 Teilnehmenden nutzten im vergangenen Jahr diese Möglichkeit, gefolgt von 270 Gesamtschulklassen mit 6420 Schülerinnen und Schülern und 157 Realschulklassen mit 3800 Teilnehmenden. Die meisten Klassen kamen aus Hamburg (438), gefolgt von Klassen aus den benachbarten Bundesländern Schleswig-Holstein (263) und Niedersachsen (189).

Die Erwartungen von außen an KZ-Gedenkstätten als „privilegierte Lernorte der Geschichte"[1] sind vielfältig und zeigen, in welchem Spannungsfeld

---

[1] Phil C. Langer, Fünf Thesen zum schulischen Besuch von KZ-Gedenkstätten, in: Einsichten und Perspektiven 6 (2008) Themenheft 1, S. 66–75, hier S. 75.

von Wünschen und Ansprüchen sich die Pädagogik an Gedenkstätten befindet, wenn während eines Besuches die Schülerinnen und Schüler nicht nur ihr historisches Wissen über den Ort, an dem sie sich befinden, und über die Zeit des Nationalsozialismus ergänzen, sondern auch ihre persönlichen Kompetenzen erweitern sollen.[2] Der Besuch der KZ-Gedenkstätte soll nicht nur inhaltlich den Unterricht ergänzen, sondern auch einen historischen Ort erlebbar machen. Gerne soll ein eigenständiges, selbstbestimmtes Entdecken und Lernen erfolgen, um so Nachhaltigkeit zu erzielen. Das in Lehrplänen gewünschte projekt- und kompetenzorientierte Lernen soll auch am außerschulischen Lernort erfolgen, wobei Kompetenzgewinnung im Bereich Geschichte von der Geschichtsdidaktik nur zum einen bedeutet, sich historisches Fachwissen als Deutung von Vergangenem anzueignen (Deutungskompetenz), zum anderen aber die Fähigkeit, Geschichtsdeutungen von anderen selber zu beurteilen (Analysekompetenz).[3] Die pädagogische Vermittlung an Gedenkstätten kann dabei neben dem an erster Stelle stehenden Lernen über das, was hier geschehen ist, auch verschiedene weitere Kompetenzen (Deutungs-, Analyse-, Urteils- und Methodenkompetenz) erlernbar machen, da gerade an diesen Orten mittels lebensnaher Beschäftigung mit einem Teil der Geschichte unterschiedlichste Fragen an relevante historische Sachverhalte gestellt, die Antworten analysiert und günstigstenfalls in Ansprüche an eigene Handlungen umgesetzt werden können.[4]

Ausgewogenheit und Kontroversität, heute eher als Multiperspektivität zu formulieren, Schülerorientierung im Sinne eines Kompetenzerwerbs zur Analyse und ein Überwältigungsverbot, Forderungen, die bereits 1976 im „Beutelsbacher Konsens" formuliert wurden,[5] gehören zu den Grundlagen der Pädagogik an Gedenkstätten. Heute kommt zunehmend eine transnationale wie vergleichende Sicht verschiedener europäischer Erinnerungskulturen auf die Gedenkstätten zu und wird in die historisch-politische Bildung und damit auch von der Pädagogik aufgenommen.[6] So gibt es Versuche, eine gemeinsame europäische Identität auch

2   Zur Entwicklung von Schlüsselkompetenzen als Anforderungen des modernen Lebens siehe die Zusammenfassung über „Definition und Auswahl von Schlüsselkompetenzen" der Organisation for economic co-operation and development (OECD) aus dem Jahr 2005 unter http://www.oecd.org/dataoecd/36/56/35693281.pdf (Zugriff am 7. 7. 2010).
3   Waltraud Schreiber, Mit Geschichte umgehen lernen. Historische Kompetenz aufbauen. Ein Paradigmenwechsel im Geschichtsunterricht, in: Andreas Körber/Oliver Baeck (Hrsg.), Der Umgang mit Geschichte an Gedenkstätten. Anregungen zur De-Konstruktion, Neuried 2006, S. 11–22, hier S. 12.
4   Matthias Heyl, Herausforderung für die historisch-politische Bildung zur Geschichte des Nationalsozialismus und seiner Verbrechen im 21. Jahrhundert, in: Tagungsband des 1. Mauthausener Dialogforums (in Vorbereitung).
5   http://www.lpb-bw.de/beutelsbacher-konsens.html (Zugriff am 1. 10. 2009).
6   Katrin Hammerstein/Ulrich Mählert/Julie Trappe (Hrsg.), Aufarbeitung der Diktatur –

durch verbindliche Richtlinien für Vergangenheitsaufarbeitung zu konstruieren. Ein Beispiel mag die 2000 in Stockholm gegründete „Task Force for International Cooperation on Holocaust Education, Remembrance, and Research" sein.[7] 25 Mitgliedstaaten, darunter auch Deutschland, wollen „Holocaust Education" als Grundlage der Bildungsarbeit über den Nationalsozialismus in Schulen und außerschulischen Lernorten etablieren, wobei „Holocaust Education" im erweiterten Sinn als Lernen über Demokratie und Diktatur gesehen wird: Antisemitismus, Rassismus, Intoleranz und damit zusammenhängend Gewalt soll entgegengewirkt und die Bedeutung der Menschenrechte hervorgehoben werden. Seit 2002 gibt es begleitend die deutsche „Task Force", die „Taskforce Education on Antisemitism" als ein vom American Jewish Committee koordinierter Zusammenschluss von Bildungspraktikerinnen und -praktikern zum Austausch und zur Entwicklung pädagogischer Handlungsmöglichkeiten für Menschenrechte und gegen Rassismus.[8]

In den Schulen ist die Auseinandersetzung mit dem Thema Nationalsozialismus und speziell mit dem Holocaust verpflichtend und wird verknüpft mit einer Erziehung zu Demokratie und Rechtsstaatlichkeit, gegen Gewalt und Rassismus[9] – in den Bildungsplänen jedes Bundeslandes wird der Nationalsozialismus zumindest in der 9./10. Klasse und an den Gymnasien noch einmal vertiefend in der Oberstufe thematisiert.[10] Konkret sehen die Hamburger Bildungspläne, die bis zur Schulreform 2010 gelten, im Geschichts- und Politikunterricht der Sekundarstufe I für die Hauptschulklassenstufe 9 sowie die Realschulklassen 9 und 10 verpflichtend auch das Thema „Konzentrationslager" vor.[11] Dies ist für die

Diktat der Aufarbeitung? Normierungsprozesse beim Umgang mit diktatorischer Vergangenheit, Göttingen 2009; Micha Brumlik, Was heißt Erinnerungskultur – im Zeitalter der Globalisierung?, in: Pädagogik 61 (2009) 7, S. 66–69; Jan Eckel/Claudia Moisel (Hrsg.), Universalisierung des Holocaust? Erinnerungskultur und Geschichtspolitik in internationaler Perspektive, Göttingen 2008.

7   http://www.holocausttaskforce.org/ (Zugriff am 7. 7. 2010).
8   Ein europäischer Austausch zum Thema Bildungsarbeit gegen Antisemitismus fand 2004 in Berlin statt, dessen Ergebnisse für eine „Holocaust Education" online abrufbar sind, z. B. unter http://www.hagalil.com/or/200xxxxx4/04/education.htm (Zugriff am 1. 4. 2010).
9   Zur Auseinandersetzung mit dem Holocaust in der Schule. Ein Beitrag zur Information von Länderseite. Hrsg. vom Sekretariat der Ständigen Konferenz der Kultusminister der Länder in der Bundesrepublik Deutschland, Bonn 1997.
10 Unterricht über Nationalsozialismus und Holocaust. Bericht des Sekretariats der Kultusministerkonferenz auf der Basis einer Länderumfrage (Stand: November 2005) http://www.kmk.org/fileadmin/pdf/Bildung/AllgBildung/Zusammenfassung-Holocaust-November-05_01.pdf (Zugriff am 1. 4. 2010).
11 Haupt- und Realschullehrplan 9./10. Klasse Geschichte/Politik, ebenda, S. 17: „Der Nationalsozialismus: Die Schülerinnen und Schüler arbeiten ausgewählte Ziele und Methoden der nationalsozialistischen Machtübernahme und Machtstabilisierung heraus und beur-

KZ-Gedenkstätte Neuengamme von besonderer Bedeutung. In den Sekundarstufen I der Haupt-, Real-, Gesamtschulen und des Gymnasiums wird in Gesellschaft und Geschichte dem Themenbereich Nationalsozialismus ein breiter Raum zugewiesen,[12] in den Gymnasien und Gesamtschulen geht es in der Sekundarstufe II vertiefend um „Minderheiten und Außenseiter in der Geschichte" (Klasse

>teilen deren Auswirkungen auf das Leben in der Gesellschaft – insbesondere der Jugend und der Minderheiten und auf die Politik der ‚Revision von Versailles'. Sie setzen sich der Wahrnehmung des Holocausts aus, fragen nach den Motiven und Einstellungen der Täter, Mitwisser und Mitläufer und untersuchen Ursachen des Völkermords. Die Auseinandersetzung mit politischen, ethischen und psychologischen Aspekten verschiedener Formen von Widerstand würdigt Konflikte, Mut und Opferbereitschaft von Frauen und Männern und lässt den Widerstand als Integrationsfaktor unterschiedlicher weltanschaulicher, politischer und sozialer Gruppen erkennen. Verbindliche Inhalte: (2) Nationalsozialistische ‚Machtergreifung' und ‚Gleichschaltung'. (3) Kriegsvorbereitung und Ausbruch des Zweiten Weltkrieges. (4) Juden und andere Minderheiten – diskriminiert, entrechtet, verfolgt, ermordet. Antisemitismus, Elemente nationalsozialistischer Rassenlehre, Diskriminierung und Entrechtung, vom Pogrom (1938) zur ‚Endlösung', Verfolgung der Roma und Sinti, Euthanasie. Begriffe: Terror, Antisemitismus, Rassenlehre, Konzentrationslager, Pogrom, Holocaust, Auschwitz, Widerstand."

12 Gymnasial-Lehrplan 9. Klasse Geschichte, ebenda, S. 17 ff.: „In der Auseinandersetzung mit der nationalsozialistischen Diktatur erarbeiten die Schülerinnen und Schüler nicht nur ein Fundament für ein eigenständiges historisches Urteil, sondern es wird Ihnen [sic] bewusst, dass es bei diesem Thema insbesondere auch um die Frage der Verantwortung geht, der sich auch die nachfolgenden Generationen zu stellen haben. Bei der Beschäftigung mit der nationalsozialistischen Gewaltherrschaft erkennen die Schülerinnen und Schüler, dass eine radikale, totalitäre Bewegung sich im Innern und gegenüber dem Ausland menschenverachtend durchzusetzen vermag, wenn ihr nicht frühzeitig entschieden Einhalt geboten wird. Sie erarbeiten die Mittel und Methoden, derer sich die Nationalsozialisten bedienten, um ihre Ziele zu erreichen. Die Schülerinnen und Schüler lernen, dass Rassismus, Holocaust, Eroberungskrieg und Völkermord ideologisch begründete konstitutive Wesensmerkmale des Nationalsozialismus sind. Sie erkennen, dass exklusives, den anderen ausschließendes Denken letztlich zu antagonistischer Konfrontation und dass inklusives, den anderen immer einschließendes Denken zu Toleranz und Gemeinsamkeit in einer freiheitlich-demokratischen Grundordnung führt. Der Unterricht soll Schülerinteressen aufgreifen, selbständige Arbeitsformen sind hier im besonderen Maße anzuwenden. Die rationale Einschätzung der möglichen Handlungsalternativen und die Einordnung der eigenen Person in die historischen Situationen stärken die Urteilsfähigkeit der Schülerinnen und Schüler. (1) ‚Machtergreifung' Hitlers und Ausbau der totalitären Diktatur 1933–39 (2) NS-Außenpolitik, die Entfesselung des Zweiten Weltkriegs und die Phase der deutschen Expansion (3) Vernichtungskrieg und Völkermord; Nürnberger Gesetze; Novemberpogrom 1938; Wannsee-Konferenz; Errichtung der Vernichtungslager; Holocaust (Shoah); Sinti und Roma, Auschwitz; Vernichtungskrieg gegen die Sowjetunion; japanische Expansion im Pazifik (4) Widerstand gegen den Nationalsozialismus (5) Die Bildung der Anti-Hitler-Koalition, die Zerschlagung der NS-Diktatur und die Niederringung Japans."

11), oder um „Ursachen und Folgen des Nationalsozialismus", „Demokratisierung und Menschenrechte" (12./13. Klasse), um nur ein paar Beispiele herauszugreifen. Weitere Fächer, in denen es um die Auseinandersetzung mit Unterdrückung, Verfolgung und den Folgen des Nationalsozialismus geht, sind Ethik, Deutsch, Darstellendes Spiel und Kunst, jeweils für die Klassenstufe 9.

Die Bildungspläne spiegeln sich auch in den die KZ-Gedenkstätte und ihre Außenstellen besuchenden Schülergruppen wider, die zu einem großen Teil aus Schulklassen der Jahrgangsstufen 9 und 10 bestehen.

Die kritische Auseinandersetzung mit der Zeit des Nationalsozialismus, auch das eigene historische „forschende Lernen" von Schülerinnen und Schülern zu selbstgewählten Einzelthemen ist Teil der Vermittlungs- und Lernarbeit. Hier haben Gedenkstätten den Vorteil, am historischen Ort die Aura des Authentischen mit der Möglichkeit zu verknüpfen, an Quellen und Themen z.B. zu Einzelschicksalen zu arbeiten und so Schülerinnen und Schülern die Gelegenheit zu bieten, sich dem Themenkomplex eigenständiger und persönlicher als in der vorgegebenen Struktur und Auswahl eines Schulbuchs zu nähern. Gedenkstätten sind so Teil der schulischen Bildungsarbeit – und das nicht nur an dem von der Kultusministerkonferenz 2009 festgelegten außerschulischen Studientag am 9. November.

2. Das gedenkstättenpädagogische Angebot

Die hohe Erwartungshaltung beantwortet das pädagogische Programm der KZ-Gedenkstätte Neuengamme mit einer großen Anzahl individueller Möglichkeiten, die von zweistündigen begleiteten Besuchen des ehemaligen Häftlingslagers und der Hauptausstellung über Projekttage zu individuellen Themen bis hin zu spezielleren thematischen Kooperationsangeboten reicht.[13] Die Gedenkstätte bietet ein großes Spektrum unterschiedlichster Möglichkeiten der Gruppenbetreuung an: Führungen, Projekte, Projekttage, Studientage, Mehrtagesseminare, Projektwochen, individuelle Kooperationen und Schulungen. Die Abteilung Gedenkstättenpädagogik, deren Angebote ich in diesem Beitrag vorstellen möchte, ist für

---

13 Die Erwartung von Authentizität und andere Vorstellungen von Jugendlichen sowie ihre mögliche Enttäuschung thematisieren auch die Beiträge von Anja Solterbeck und Cornelia Geißler in diesem Band. Die pädagogischen Angebote der KZ-Gedenkstätte Neuengamme haben in den vergangenen Jahren weitere Studierende analysiert; Themen waren und sind dabei u. a. die Untersuchung pädagogischer Materialien, insbesondere der Einsatz von Arbeitsbögen, das Verhalten von Schülergruppen während eines Gedenkstättenbesuchs, die Bedeutung des Menschenrechtsbezugs für Gedenkstätten oder die Kooperation von Schulen und außerschulischen Lernorten.

das pädagogische Tagesangebot zwischen einer und fünf Stunden zuständig, ist Ansprechpartnerin für Schulen im Rahmen von Kooperationen und betreut das Offene Archiv. Das Studienzentrum hingegen ist für die Angebote ab sechs Stunden zuständig, es organisiert im pädagogischen Bereich Studientage, die sich z. B. an Berufsgruppen richten, führt schulische Projektwochen und Multiplikatorenfortbildungen durch, um einige Beispiele zu nennen. Gemeinsam entwickeln Studienzentrum und Gedenkstättenpädagogik Aus- und Fortbildungsangebote und pädagogische Materialien, z. B. für die Vor- und Nachbereitung von Besuchen.

Gruppen haben also die Möglichkeit, ausgehend von möglichen passenden Inhalten, aber auch der Zeit, die sie für den Besuch eingeplant haben, sich ein Angebot auszusuchen. Zusätzlich sollte stets die Möglichkeit genutzt werden, sich vorab mit dem begleitenden Pädagogen oder der Pädagogin in Kontakt zu setzen, um Voraussetzungen und Wünsche der Gruppe zu besprechen. Während des Besuches bringen die freien pädagogischen Mitarbeiterinnen und Mitarbeiter mit ihrem Fachwissen den auf den ersten Blick Erwartungen enttäuschenden Ort „zum Sprechen", sie geben nicht nur Orientierung in den Ausstellungen und im Gelände, sie vermitteln Wissen, zeigen Zusammenhänge und Perspektiven auf, nehmen Fragen der Schülerinnen und Schüler ernst, helfen aber auch, Fragestellungen zu entwickeln und zeigen, wie sie vor Ort beantwortet werden können.

Die Gedenkstättenpädagogik hilft bei der Auswahl eines passenden pädagogischen Programms zwischen kurzen Führungen und individuellen Projekttagen, besonderen Themenwünschen und besonderen Methoden.[14] Das Ziel der Bildungsarbeit ist es, Besucherinnen und Besucher im Hinblick auf das im Nationalsozialismus begangene Unrecht zu sensibilisieren. 2009 ist die KZ-Gedenkstätte Neuengamme als Einrichtung mit überregionaler Bedeutung in die dauerhafte institutionelle Förderung des Bundes aufgenommen worden, da das KZ Neuengamme im besonderen Maße für die nationalsozialistische Politik der „Vernichtung durch Arbeit" stand, von der die SS und ihre bauwirtschaftlichen Projekte profitierten. Schwerpunkte der Bildungsarbeit sind in diesem Zusammenhang die Vermittlung der Geschichte des KZ Neuengamme von 1938 bis 1945 und der Rolle der jeweiligen Akteure. Dies geschieht vor allem anhand einzelner Häftlingsschicksale. Die Vermittlung von Empathie, aber auch die Auseinandersetzung mit dem gesellschaftlichen Umgang mit der nationalsozialistischen Vergangenheit sind wichtige Ziele und Gegenstände der Vermittlungsarbeit.[15] Dieser Umgang zeigt sich in der Nachnutzung des Geländes, kann aber ebenso – und

---

14 „Jugendliche führen Jugendliche", Einsatz verschiedener Medien, fotografische Spurensuche, Methode „chinesischer Koffer" (anhand von Fundstücken vom Gelände wird gemeinsam die Geschichte des KZ erarbeitet) – um einige Beispiele zu nennen.
15 Christian Gudehus, Dem Gedächtnis zuhören. Erzählungen über NS-Verbrechen und ihre Repräsentation in deutschen Gedenkstätten, Essen 2006, S. 178 ff.

auch dies ist nur ein Beispiel – in der Ausstellung „Die Lager-SS" im Ausstellungsbereich „Verbrechen im KZ Neuengamme vor Gericht" thematisiert werden. Der biografische Ansatz und das Eingangsgespräch über Erwartungen mag Schülergruppen den Zugang zur Thematik erleichtern.

Um der heutigen Schülergeneration mit unterschiedlichen Sozialisationen, Lebenswirklichkeiten, Hintergründen und Erfahrungen die Geschichte des Ortes vermitteln und nahebringen zu können, ist, wie schon 2004 von der oben genannten Task Force gefordert, eine Erweiterung der historisch ausgerichteten Holocaust Education auf die Gegenwart nötig, z. B. durch die Schaffung von eigenen Bezugspunkten innerhalb der eigenen Erinnerungsgesellschaft, sodass die Beschäftigung mit der Vergangenheit im Idealfall Anknüpfungspunkte an aktuelle Ereignisse, auch eigene Wege der Erinnerung bietet und im Umkehrschluss Hinweise auf eigenes moralisches Handeln bieten kann. Dies ist ein hoher Anspruch. Praktisch können Schülerinnen und Schüler konkret heutige Formen von Rassismus, Intoleranz und Antisemitismus ansprechen. Es sollte gerade an Orten wie der KZ-Gedenkstätte Neuengamme, die sich neben ihrem Verständnis als Gedenkort, Friedhof und Tatort eben auch als Lernort versteht, kein Schweigen aufgrund der Grausamkeit des Geschehens aufkommen, sondern es sollten im Gegenteil Hintergründe und Folgen von Rassismus und Antisemitismus diskutiert werden. Hier können Themen wie der Wert der persönlichen Freiheit oder auch Entscheidungsfreiheit angesprochen werden. Auf dem Weg dahin kann Empathie und Solidarität mit Andersdenkenden ein erstes Lernziel sein. Dafür wird in Neuengamme u. a. der in allen pädagogischen Angeboten wichtige Themenraum in der Hauptausstellung über Häftlingsgruppen genutzt, in dem viele Biografiemappen vom Schicksal der Häftlinge aus vielen Ländern berichten. Holocaust Education ist also mehr als Vermittlung von Geschichte. Zeitzeugen sprechen lassen – das können Gedenkstätten auch über die Zeit hinaus, in der die Zeitzeugen noch anwesend sein können – durch biografische Erzählungen in Ton, Bild und Wort.[16] Hier nimmt die KZ-Gedenkstätte Neuengamme in ihrer Ausstellung Videostationen mit Interviews zur Hilfe, außerdem können Fotografien (aus Tätersicht) und Zeichnungen der Häftlinge analysiert und interpretiert werden. Nicht nur Empathie mit Opfern, auch Hintergründe von Verbrechen werden aufgezeigt. Im Laufe eines Projekts können verschiedene Perspektiven betrachtet werden. Woher kommen die eigenen Geschichtsbilder, die eigenen Vorurteile, die eigene Ausgrenzung? Ein biografischer Ansatz der Vermittlung muss dem Bemühen um ein reflektiertes Geschichtsbewusstsein nicht zwangsläufig entgegenstehen.

---

16 Siehe hierzu auch das Programm des 52. bundesweiten Gedenkstättenseminars „Zeitzeugen in der Gedenkstättenarbeit" 2009 in Bergen-Belsen.

Doch nun zu den konkreten, buchbaren Angeboten der Gedenkstättenpädagogik der KZ-Gedenkstätte Neuengamme, die modular im Stundentakt aufgebaut sind.[17] Um Themen aus den Bildungsplänen mit eigenen Wünschen der Vermittlung zu verknüpfen, wird den Schulen, wenn sie einen „Projekttag" zeitlich nicht einrichten können, als Grundlage das dreistündige „Projekt" empfohlen.[18] Zwar ist mit der einstündigen „Museumstour" auch ein wesentlich kürzeres Modul buchbar, jedoch ist diese aufgrund der Größe des Geländes, der unterschiedlichen Erwartungen der Jugendlichen und der anzusprechenden Themenfelder nicht für Jugendgruppen geeignet, sondern nur als Angebot für Erwachsenengruppen gedacht, die sich den Ort und die Ausstellungen im Anschluss selbst erschließen wollen und nur eine kurze Einführung in die Möglichkeiten des Ortes erhalten möchten. Das zweistündige „Museumsgespräch" als kürzestes pädagogisches Angebot für Schulklassen gibt eine Übersicht über die Geschichte des KZ Neuengamme. Schwerpunkte dieses Angebots sind der gemeinsame Besuch von Teilen der Hauptausstellung sowie eine Führung durch Teile des Geländes, meist den Bereich des ehemaligen Häftlingslagers. Da häufig Basisarbeit vonnöten ist, keine einfachen Erklärungen gegeben werden, sondern vielmehr zum Nachdenken und Gespräch angeregt werden soll, zudem Schülerfragen beantwortet werden sollen und die Gruppen viel sehen wollen, sind die zwei Stunden des „Museumsgesprächs" dennoch viel zu kurz für einen nachhaltigen Besuch.

Während des dreistündigen „Projekts" besteht die Möglichkeit, neben der Erschließung der Hauptausstellung und ausgewählten Orten des ehemaligen Häftlingslagers weitere Teile des Geländes der Gedenkstätte zu erkunden – vom ehemaligen Lagerbahnhof ganz im Süden des Geländes bis zum Haus des Gedenkens am anderen Ende des Geländes. Zum Standardrundgang gehören ergänzend die SS-Garagen, das Kommandantenhaus, die ehemaligen Tongruben, der Stichkanal, das Klinkerwerk und der Gedenkbereich rund um das Haus des Gedenkens, in dem auf langen Stoffbahnen die Namen der bekannten Toten des Konzentrationslagers genannt sind.[19] Während eines Projektes kann es je nach

---

17 Über die Bildungsangebote von Gedenkstättenpädagogik und Studienzentrum der KZ-Gedenkstätte Neuengamme informieren drei neue Flyer: a) über das gesamte Bildungsangebot, b) über das spezielle Angebot für Schulklassen, c) über das Angebot für Jugendgruppen, Berufsgruppen/Berufsschulen und Multiplikatoren.
18 Die Modulnamen ergeben sich aus einem einheitlichen Angebotskanon der Hamburger Museen, vgl. Museumsdienst Hamburg, Museumsgespräche für Kitas, Schulklassen, Studenten- und Jugendgruppen 2008/2009, Hamburg 2008.
19 Zu den einzelnen Orten auf dem Gelände, den Vermittlungsthemen und -möglichkeiten siehe die im Auftrag der Museumspädagogik der KZ-Gedenkstätte erstellten Leitfäden: Marco Kühnert/Melani Klaric/Ulrike Jensen, Spurensuche. Orte zum Sprechen bringen. KZ-Gedenkstätte Neuengamme nach der Umgestaltung 2005. Pädagogischer Leitfaden für Rundgänge über das Gelände. Teil I und II, Hamburg 2005; Achim Rohde, Zeitspuren.

Fragestellung der Gruppe aber auch sinnvoll sein, neben der Hauptausstellung eine weitere Ausstellung der Gedenkstätte einzubeziehen. Dieses dreistündige „Projekt" gibt trotz vielfältiger Möglichkeiten in erster Linie eine Grundübersicht über die Geschichte und Orte des ehemaligen KZ mit den Schwerpunkten Häftlingsgruppen, Haftgründe und Häftlingsalltag. Das „Projekt" entspricht dem Standardangebot für Gruppen, die die Gedenkstätte das erste Mal besuchen. Es wurde 2009 von 600 Gruppen mit insgesamt 14 300 Teilnehmenden genutzt.

In allen Programmen wird das Gespräch gesucht, werden Fragen und Erwartungen der Schülerinnen und Schüler aufgenommen, werden Antworten als Frage an die Schülerinnen und Schüler zurückgegeben, damit sie mithilfe von Verweisen auf Dokumente oder Bilder in den Ausstellungen selbst Antworten finden können. Themen werden im Wechsel von Vortrag, Gespräch und Anschauung vermittelt. Anschauung bieten das Gelände – die KZ-Gedenkstätte Neuengamme verfügt u. a. über 17 Originalgebäude aus der KZ-Zeit – und die Hauptausstellung mit ihren Bildern, Objekten, Dokumenten, Film- und Interviewstationen, ihren Biografiemappen und Übersichtsdarstellungen.[20] Die Hauptausstellung ist in zehn Themenfelder eingeteilt, die einzeln vorgestellt und während der Führung genutzt werden können: 1. KZ-Standort Neuengamme, 2. Häftlingsgruppen, 3. Alltag und Arbeit, 4. Selbstbehauptung, Kultur, Widerstand, 5. Vernichtung und Tod, 6. Außenlager, 7. Das Ende, 8. Weiterleben nach der Befreiung, 9. Nachnutzung des Geländes, 10. Formen des Erinnerns.

Die beiden folgenden buchbaren Möglichkeiten haben einen noch größeren individuellen Anteil, sich den Ort und dessen Thematik selbst zu erschließen. Das vierstündige „Projekt plus" bietet die Möglichkeit, sich intensiver mit der Geschichte des Ortes auseinanderzusetzen und zu ausgewählten Themenschwerpunkten in den Ausstellungen, im Gelände, im Offenen Archiv oder im Studienzentrum zu arbeiten. Die Ausstellungen können auch mithilfe von Leitfragen in Arbeitsbögen, die jeweils einem Thema der Hauptausstellung (und weiterer Ausstellungen) entsprechen, selbst erschlossen und anschließend im moderierten Gruppengespräch ausgewertet werden. Die Schwerpunktthemen für ein „Projekt plus" entsprechen den verschiedenen Ausstellungen, die auf dem Gelände der KZ-Gedenkstätte angeboten werden: die Häftlinge und das Gedenken an die Opfer (Hauptausstellung „Zeitspuren" in einer steinernen ehemaligen Häftlingsunterkunft), die Lager-SS (Studienausstellung zur Lager-SS in den ehemaligen SS-Garagen), Häftlings- und Zwangsarbeit (Ausstellungen im ehemaligen Klin-

---

Konzept für 2- bis 5-stündige museumspädagogische Programme im neu gestalteten Teil der KZ-Gedenkstätte und den zentralen Dauerausstellungen, Hamburg 2005.
20 Zusätzlich besteht die Möglichkeit, einen 20-minütigen Einführungsfilm zu sehen. Die bisherige „Ton-Dia-Schau" wird aktuell erneuert und den seit dem Umbau der Gedenkstätte 2005 veränderten Rahmenbedingungen angepasst.

kerwerk und den ehemaligen Walther-Werken), der widerspruchsvolle Umgang mit der Geschichte des Konzentrationslagers 1945 bis 2005 (Außenausstellung an den Mauerresten der ehemaligen Justizvollzugsanstalt IX). Diese zwischen „Projekt" und „Projekttag" angesiedelte Möglichkeit ist neu und wurde auf Anregung der Pädagoginnen und Pädagogen eingerichtet, die feststellten, dass für die Vertiefung von Inhalten und Themen bei einem großen Fragebedürfnis und in Diskussionsrunden mehr Zeit nötig ist und dass hierfür die dreistündige Standardführung nicht ausreicht.

Zu einem fünfstündigen „Projekttag" für Schulklassen gehören neben dem begleiteten Besuch der Hauptausstellung und eines großen Teiles des Geländes auch Eigenarbeiten der Teilnehmerinnen und Teilnehmer sowie die Präsentation dieser Ergebnisse, sodass verschiedene Kompetenzen der Schülerinnen und Schüler genutzt und aktiviert werden können. In Kleingruppen kann mithilfe von Informationen auf dem Gelände, in den Ausstellungen, im Offenen Archiv oder in der Bibliothek zu gewählten Themenschwerpunkten gearbeitet werden. Hierfür stehen Dokumente, Bilder, Texte, Interviews, Bücher und Filme zur Verfügung. Arbeitsergebnisse können gestaltet, präsentiert und diskutiert werden. Die Gruppe kann ein gemeinsames Thema wählen oder sie kann sich in Arbeitsgruppen aufteilen und zu unterschiedlichen Aspekten der Lagergeschichte arbeiten. Dabei können die für die Gedenkstätte tätigen Pädagoginnen und Pädagogen, die über ein breites Hintergrundwissen verfügen, eine große Themenvielfalt anbieten. Um den Überblick zu erleichtern, wurden die unterschiedlich möglichen Projekttagsthemen in übergeordnete Themen aufgeteilt. Somit können aus folgenden Bereichen Projekttage durch Schulklassen gebucht werden: Häftlingsgruppen und Häftlingsbiografien; die Lager-SS und der Umgang mit den Tätern nach 1945; Zwangsarbeit und Häftlingsalltag; Selbstbehauptung – Kultur – Widerstand; Leben nach dem Überleben; Geschichte des Gedenkens. Wobei auch hier hinter dem Hauptthema „Häftlingsgruppen und Häftlingsbiografien" ganz unterschiedliche Projekttage stehen können: So können Täter-/Opferbiografien erarbeitet werden, aber auch Projekttage zu den Themen „Kinder und Jugendliche im KZ", „Jüdische Häftlinge", „Sinti und Roma", „Skandinavische Häftlinge" oder „Frauen im KZ" gewählt werden. Im Jahr 2009 haben 160 Gruppen mit 3800 Teilnehmenden von der Möglichkeit der intensiven Bearbeitung eines Themas im Rahmen eines Projekttages Gebrauch gemacht.

Besondere Betreuungsformen sind im Rahmen von Projekttagen ebenfalls möglich. Dazu kann auch der im Gebäude des Studienzentrums gelegene Medienraum mit internetfähigen Rechnern, MP3-Aufnahmegeräten und Fotoapparaten genutzt werden. So gibt es den Projekttag „Fotografische Spurensuche", der die Schülerinnen und Schülern in kleinen Gruppen anhand von historischen Fotografien das Gelände erforschen lässt. Jedem Foto ist wiederum ein Thema zugeordnet, das Jugendliche mithilfe von Informationen des Audioguides, des Offenen Archivs und der Ausstellung dazu animieren soll, sich durch „forschendes Lernen" zu einem Thema Expertenwissen anzueignen, welches sie während des zweiten Teils des Projekttages auf einem gemeinsamen Rundgang über das Gelände unter Moderation der Pädagogin oder des Pädagogen vorstellen.

Auf der internationalen Tagung „Überlebende und ihre Kinder im Gespräch", die das Studienzentrum der KZ-Gedenkstätte Neuengamme im Mai 2010 ausrichtete, waren es erneut überlebende Frauen, die sich mit einem „start early!" dafür stark machten, dass ein Lernen über den Nationalsozialismus und gegen Rassismus sehr viel früher ansetzen müsse, als es die schulischen Lehrpläne vorgeben. Da zudem in den neuen Hamburger Bildungsplänen angedacht ist, bereits in der Klasse 6 das Thema „Nationalsozialismus" in den Unterricht aufzunehmen, und sich im Jahr 2009 auch schon elf Grundschulen für eine Führung durch die KZ-Gedenkstätte Neuengamme angemeldet hatten, soll noch auf einen zweiten speziellen Projekttag für sechste Klassen hingewiesen werden.[21] Auch hier – so wie im Förderschulbereich, auf den ich hier nur kurz verweisen möchte, für den Pädagoginnen der Gedenkstätte ein Mehrtagesangebot entwickelt haben – bietet die Gedenkstätte mit dem „Projekttag Primarschulen" speziell jüngeren Klassenstufen eine angemessene Beschäftigung mit dem Thema im Rahmen eines Projekttages plus die Möglichkeit, diesen Tag in der Schule vor- und gegebenenfalls auch nachzubereiten.

3. Das Offene Archiv

Im Kontext des „forschenden Lernens", z. B. im Rahmen eines Projekttages, wurde das „Offene Archiv" bereits mehrfach erwähnt. Um Schulklassen einen aktiven wie differenzierten Zugang zur Thematik zu bieten, wurde 2005 bei der Umgestaltung der Gedenkstätte als Lernort ein sogenanntes Offenes Archiv – gelegen in den ehemaligen SS-Garagen neben der Studienausstellung zur Lager-

---

21 Verschiedene Gedenkstätten, wie die Mahn- und Gedenkstätten Wöbbelin oder die Gedenkstätte Sachsenhausen, bieten bereits besondere Projekttage für Grundschüler (Klasse 6) an; vgl. Nationalsozialismus – ein Thema für zeitgeschichtliches und moralisches Lernen in der Grundschule? Lernen aus der Geschichte, Magazin vom 20. 2. 2010, http://lernen-aus-der-geschichte.de/sites/default/files/attach/ns_als_thema_in_der_grundschule.pdf (Zugriff am 7. 7. 2010); Detlef Pech/Marcus Rauterberg/Katharina Stoklas (Hrsg.), Möglichkeiten und Relevanz der Auseinandersetzung mit dem Holocaust im Sachunterricht der Grundschule, Frankfurt a. M. 2006; Kreisjugendring Nürnberg-Stadt (Hrsg.), „Pädagogik wider das Vergessen – Kinder und das ‚Dritte Reich' – muss das sein?", Nürnberg 2000.

SS – geschaffen, das Informationen aus der Bibliothek, dem Archiv und den Ausstellungen an einem Ort vereint.[22] Hier finden Schülerinnen und Schüler neben einem Ort, an dem sie sich im Rahmen eines Projekttages selber Themen aneignen, bewerten und auch auswerten können, auch die Möglichkeit zur gezielten Nachbearbeitung und Vertiefung (zum Beispiel für Referate oder Hausarbeiten) mithilfe einer großen Anzahl ausgewählter Textsammlungen, Bücher, Filme und weiterem Quellenmaterial hauptsächlich zur Geschichte des KZ Neuengamme und seiner Außenlager, aber auch der Entwicklung der Gedenkstätte bis in die Gegenwart und zur Gedenkstättenpädagogik.

Themenvertiefende Recherche ist am Rechner (freie Suche) oder vor dem Regal (Systematik) möglich. Der Medienbestand des Offenen Archivs wurde im vergangenen Jahr um rund 2300 Medien erweitert und umfasst jetzt ca. 5600 haptische und digitale Medieneinheiten, bei denen die Kurzbeschreibungen (bei haptischen Medien) bzw. der Volltext (bei digitalen Medien) durchsucht werden können und somit eine komfortable Suche außerhalb der aus Bibliotheken bekannten Titelrecherche ermöglicht wird. Die digital recherchierbaren Biografien, Themenmappen, Filme und Texte stammen aus den fünf aktuellen Ausstellungen auf dem Gelände der KZ-Gedenkstätte: 1. Zeitspuren: Das Konzentrationslager Neuengamme 1938-1945 und seine Nachgeschichte (2005); 2. Dienststelle KZ Neuengamme: Die Lager-SS (2005); 3. Mobilisierung für die Kriegswirtschaft: KZ-Zwangsarbeit in der Rüstungsproduktion (2005); 4. Arbeit und Vernichtung: KZ-Zwangsarbeit in der Ziegelproduktion (2005); 5. Gefängnisse und Gedenkstätten: Dokumentation eines Widerspruchs (2007), sowie aus den jährlichen Ausstellungen der Gedenkstätte, die zwischen 2001 und 2008 im Rathaus präsentiert wurden, den derzeit aktuellen Hauptausstellungen der Außenstellen Bullenhuser Damm, Fuhlsbüttel und Poppenbüttel und der ehemaligen Hauptausstellung von 1995 („Überlebenskämpfe"). Außerdem ist das digitale „Totenbuch" auf den Rechnern im Offenen Archiv abrufbar.

Insgesamt nutzten bis April 2009 ca. 1000 Besucher (inklusive Gruppenbesucher bei Klassenführungen) das „Offene Archiv". Seit Oktober bzw. Dezember 2009 wird das Offene Archiv durch zwei studentische Hilfskräfte an insgesamt vier bis fünf Tagen in der Woche betreut, die bei Recherchen vor Ort unterstützen. An den übrigen Tagen helfen Kolleginnen und Kollegen des Besucherservice bei Fragen zur Benutzbarkeit des Offenen Archivs.

---

22 Zu den Anfängen des Offenen Archivs siehe Kathrin Herold/Bernd Schroller, Das Offene Archiv an der KZ-Gedenkstätte Neuengamme, in: GedenkstättenRundbrief 133 (2006), S. 27–29; Bernd Schroller, Lernen am historischen Ort. Das Offene Archiv der KZ-Gedenkstätte Neuengamme. Hausarbeit zur Diplomprüfung, Hamburg 2007. Bernd Schroller hat auf dem Neuengammer Kolloquium das Offene Archiv und seine Möglichkeiten nicht nur in einem Vortrag, sondern ganz praktisch direkt vor Ort vorgestellt und konkrete Fragen zum Aufbau und zur Nutzung beantwortet.

Im haptischen Bereich, dem hinteren Raum des Offenen Archivs, in dem auch Lese- und Arbeitsplätze zur Verfügung stehen, finden sich neben verschiedenen Publikationen Videos aus dem Film- und Videoarchiv der Gedenkstätte, Interviews und weiteren Materialien, deren Signaturen über die Rechner recherchiert oder über die Systematik direkt am Regal gefunden werden können. Orangene Einführungsordner versammeln zu häufig nachgefragten Themen Artikel, Hinweise, Dokumente und Interviewabschriften in je einem Ordner zur Auswertung und Vertiefung.[23] Künftig sollen diese inhaltsreichen Ordner durch Schülerordner ergänzt werden, die zu verschiedenen Themen Quellen, Abbildungen und Hinweise auf weiterführende Medien schülergerecht präsentieren. Außerdem ist geplant, dass 2010 Teile des Offenen Archivs auch im Internet eingesehen und somit für die Vorabrecherche genutzt werden können.

Verschiedene Projekttage speziell für das Offene Archiv wurden bereits durchgeführt – der Logik des Offenen Archivs folgend, können diese Konzepte auch vor Ort eingesehen werden.[24] Das Offene Archiv als flexibler Lernort, der Informationen aus Archiv, Ausstellung und Bibliothek in zeitgemäßer Form verknüpft, öffnet einen neue Art des Wissenszugangs, auch um auf eigene Fragen leichter Antworten zu finden, um sich Themen zu erschließen und um Themen zu vertiefen, die in der Ausstellung nur gestreift werden können, bzw. um sich mithilfe verschiedener Quellen und Literatur Wissen zu erschließen und so auch zu lernen, dass Geschichtsschreibung ein Prozess ist.

4. Ausblick

Zum Schluss möchte ich kurz auf weitere besondere Angebote für Schulklassen verweisen. Neben besonderen Projekttagen[25] bieten die freien Pädagoginnen und

---

23 Beispiele für Themen der Einführungsordner: „Medizin im KZ Neuengamme", „Widerstand, Selbstbehauptung und Solidarität im KZ Neuengamme", „Das Klinkerwerk", „Roma und Sinti im KZ Neuengamme".

24 U. a. Christiane Heitland/Frank Jürgensen/Olaf Kistenmacher, Eine kooperative Themenführung in Abschnitten als Projektform des Offenen Archivs, Offenes Archiv 2006; Marco Kühnert, Projekttag im Offenen Archiv, durchgeführt mit einer 10. Klasse am 27. Januar 2006; Sieben Themenvorschläge für Kleingruppen. Themenrecherche im Offenen Archiv und kleine Präsentation in der Gesamtgruppe. Themen: 1. Häftlingsgruppen, 2. Kinder und Jugendliche in Konzentrationslager, 3. sexualisierte Gewalt im KZ Neuengamme am Beispiel des Lagerbordells, 4. Widerstand im KZ Neuengamme, 5. Täterinnen und Täter, 6. die KZ-Gedenkstätte Neuengamme, 7. „der 27. Januar", Offenes Archiv 2006.

25 Beispielsweise bietet die Gedenkstättenpädagogik seit 2009 Schulen zum 9. November einen Projekttag an, an dem Schulklassen die Geschehnisse dieses Datums recherchieren und dazu Plakate gestalten, die dann während der „Langen Nacht der Jugend" im Hamburger Rathaus gezeigt werden.

Pädagogen der Gedenkstättenpädagogik auch Führungen durch die wechselnden Sonderausstellungen an. In unregelmäßigen Abständen können Schulklassen an Zeitzeugengesprächen teilnehmen. Schulen haben zudem die Möglichkeit, im Rahmen einer historisch-gesellschaftskundlichen Profiloberstufe oder passend zum eigenen Schulprofil gemeinsam mit der Gedenkstätte spezielle Projektformate zu erarbeiten.[26] Dabei arbeiten Gedenkstättenpädagogik und Studienzentrum eng mit interessierten Schulen zusammen.

Der Historisierungsprozess des Nationalsozialismus bietet auch eine Chance für neue Formen des Gedenkens und der Auseinandersetzung – wobei eine KZ-Gedenkstätte als originärer Ort des Leidens eine Balance zwischen ihren Aufgaben als Erinnerungsort an die Opfer und als historisch-politischer Lernort zur Wissensvermittlung finden muss. Die Zusammenarbeit mit schulischen Lehrkräften ist wichtig, um gemeinsam zu klären, wie Schülerinnen und Schüler intensiver an diesen Lernort herangeführt werden können, um ein nachhaltiges Lernen zu ermöglichen, wie differenzierte Zugänge zur Thematik geschaffen und eigene Erfahrungen und Gedanken der Besuchenden stärker eingebunden werden können – und welche Vor- und Nachbereitung sinnvoll ist. Individuelle Absprachen der Gruppen mit den Pädagoginnen und Pädagogen der Gedenkstätte im Vorfeld eines Besuches sind wichtig; aber auch die Entwicklung von Vorbereitungshilfen für Schulklassen in Form von Arbeitsbögen, Unterrichtsblättern oder über das Internet bereitgestellte Informationen sind Wünsche der Lehrkräfte, die die Gedenkstätte aufnehmen muss. Nicht nur hier ist eine enge Zusammenarbeit mit dem Studienzentrum der KZ-Gedenkstätte sinnvoll: Fortbildungen werden nicht nur für Multiplikatoren aus dem schulischen Bildungsbereich, sondern auch – sowohl im inhaltlichen, als auch selbstreflektiven Bereich – für die aktuellen (und künftigen) freien Pädagoginnen und Pädagogen angeboten, die die gebuchten Gruppen täglich mit Sachkenntnis, Flexibilität und Einfühlungsvermögen betreuen.

In diesem Beitrag wurden Beispiele für die verschiedenen aktuellen Angebote der Gedenkstättenpädagogik an der KZ-Gedenkstätte Neuengamme vor-

---

26 Kooperationspartner sind z. B. Schulen mit Profiloberstufen Geschichte, Kulturschulen und Schulen des Stadtteils. Momentan gibt es verschiedene schulische Kooperationen, die thematische oder methodische Absprachen beinhalten können, wie z. B. das Projekt „Jugendliche führen Jugendliche": Aus jeder Klasse eines Jahrgangs beschäftigen sich Schülerinnen und Schüler im Rahmen eines Projekttages nicht nur mit der Geschichte des Ortes, sondern auch mit Vermittlungstechniken und übernehmen an einem folgenden Tag eigenständig die Führung ihrer Klasse über das Gelände. Auch die intensivere Auseinandersetzung mit Quellen – z. B. mit Zeitzeugenberichten – oder die Arbeit mit fremdsprachlichen Texten (und die folgende Bereitstellung im Rahmen des Offenen Archivs) sind für engagierte und interessierte Schulklassen möglich.

gestellt, die Jugendlichen helfen sollen, sich der Komplexität des Geschehens am Ort des Geschehens zu nähern.[27] Dem hohen Anspruch an eine Pädagogik zwischen Wertevermittlung und Demokratieerziehung, zwischen Wissensaneignung und Verantwortung am außerschulischen Lernort KZ-Gedenkstätte begegnet die Gedenkstättenpädagogik in Neuengamme methodisch mit dialogischen und aktivierenden Impulsen. Auch künftig wird es eine Herausforderung für die Gedenkstättenpädagogik sein, ihre Angebote stets zu hinterfragen, sie den Bedürfnissen der Schulgruppen anzupassen und damit auch neue, auf Selbstaneignung von Wissen zielende Methoden anzuwenden. Deshalb unterstützt die Gedenkstätte Studierende, die momentane Angebote evaluieren und damit künftige Angebote aktiv unterstützen. Die KZ-Gedenkstätte Neuengamme muss als spezieller außerschulischer Lernort weiter präsent sein und sich mit einer Intensivierung der Angebote in der Schullandschaft dauerhaft etablieren – und dafür seine pädagogischen Angebote kommunizieren, Wünsche von Pädagoginnen und Pädagogen aus den Schulen und aus der Gedenkstätte aufnehmen, mit regelmäßig wiederkehrenden Schulen zusammenarbeiten, neue Schulen für den Besuch gewinnen[28] und offene Ohren für die Pädagoginnen und Pädagogen vor Ort, für die Pädagoginnen und Pädagogen in den Schulen und für die Schülerinnen und Schüler haben, die mehr erfahren möchten über Voraussetzungen und Folgen des „Dritten Reiches" – aber auch über die Relevanz der Beschäftigung mit dem Thema Nationalsozialismus für ihr heutiges Leben.

---

27 Nicht einbezogen wurden die pädagogischen Angebote in den drei Außenstellen der KZ-Gedenkstätte Neuengamme, die mit ihren besonderen Themenstellungen künftig noch intensiver in die Arbeit einbezogen werden sollen.
28 Unter anderem durch Besuche von Lehrerkonferenzen zur Verdeutlichung möglicher Angebote oder der Möglichkeit zu Lehrerfortbildungen in der KZ-Gedenkstätte.

ANJA SOLTERBECK

Weil in Neuengamme „nichts mehr so ist, wie es war"

Die Erwartungen von jugendlichen Gedenkstättenbesuchern an ein „echtes KZ"

Der Besuch einer KZ-Gedenkstätte erfolgt oftmals innerhalb des Geschichtsunterrichts während der Behandlung des Themas Nationalsozialismus. In Hamburg ist es das ehemalige Konzentrationslager Neuengamme, das im Rahmen des Unterrichts als außerschulischer Lernort von Schulklassen verschiedener Jahrgangsstufen besucht wird.

Die KZ-Gedenkstätte ist ein historisch-authentischer Ort, an dem der systematische Terror und die gezielte Vernichtung von Menschen durch die Nationalsozialisten stattgefunden haben. In erster Linie ist diese Stätte Gedenkort für die Opfer des Nationalsozialismus, in zweiter Linie hat sie den Auftrag vor Ort über die Geschichte des Konzentrationslagers und der Gedenkstätte selbst zu informieren sowie eine Einordnung in den historischen Kontext zu ermöglichen. In den letzten Jahren sind zahlreiche Studien an Gedenkstätten durchgeführt worden, die die Bedeutung von Gedenkstätten und ihre Wirkung auf die Besucher und Besucherinnen evaluieren. Zudem wird in einigen Studien der Frage nachgegangen, wie sich der gegenwärtige Umgang mit der Gedenkkultur gestaltet.[1] Dieser Beitrag dokumentiert auszugsweise die Ergebnisse aus zwei schriftlichen Befragungen von Schulklassen. Dabei sollen vor allem die befragten Jugendlichen zu Wort kommen. In ihren Antworten beschreiben Schüler und Schülerinnen, mit

---

1 Einen ausführlichen Überblick über eine Reihe von Besucherstudien in Gedenkstätten seit 1984 bietet der wissenschaftliche Mitarbeiter der Stiftung Sächsische Gedenkstätten in Dresden, Bert Pampel, „Mit eigenen Augen sehen, wozu der Mensch fähig ist". Zur Wirkung von Gedenkstätten auf ihre Besucher, Frankfurt a. M. 2007; vgl. Alphons Silbermann/Manfred Stoffers, Auschwitz: Nie davon gehört?, Berlin 2000; Horst-Alfred Heinrich, Kollektive Erinnerung der Deutschen. Theoretische Konzepte und empirische Befunde zum sozialen Gedächtnis, Weinheim/München 2002; Christiane Tichy, „Spontane Formen" des Umgangs mit Gedenken und Gedenkenden – Wie Schüler Narrationen in einer Gedenkveranstaltung erleben und verarbeiten, in: Andreas Körber/Oliver Baeck (Hrsg.), Der Umgang mit Geschichte an Gedenkstätten. Anregung zur De-Konstruktion, Neuried 2006, S. 38–43.

welchen Erwartungen und Interessen sie die KZ-Gedenkstätten Neuengamme und Bullenhuser Damm besucht hatten und wie sinnvoll und (wissens)bereichernd sie den Besuch einschätzen. Außerdem war ihnen die Möglichkeit gegeben, eigene Kritikpunkte zu formulieren und zu argumentieren. Diese qualitative Betrachtung der Antworten in diesem Beitrag wird von drei Fragen geleitet:

1. Welche Bedeutung messen die Jugendlichen der KZ-Gedenkstätte als außerschulischem Lernort zu?
2. Welche Themen interessieren die Jugendlichen?
3. Welche Erwartungen haben die Jugendlichen an das, was sie am Ort eines ehemaligen KZ vorfinden, in welcher Weise werden diese Erwartungen erfüllt und welche Probleme können durch diese Erwartungshaltungen auftreten?

1. Hintergrund der Besucherbefragungen

Als freie Mitarbeiterin im Bereich „Alternative Stadtrundfahrten" des Landesjugendrings Hamburg (LJR) habe ich zwei schriftliche Erhebungen mit insgesamt sechs Schulklassen durchgeführt, die sich auf einen vorangegangenen Besuch der KZ-Gedenkstätten Neuengamme und Bullenhuser Damm bezogen. In Studie I wurden im Frühjahr 2007 insgesamt 61 Schüler und Schülerinnen aus drei Hamburger Gymnasialklassen der Jahrgangsstufe 10 befragt. Knapp ein Viertel der Schüler und Schülerinnen hat ihren Angaben nach einen Migrationshintergrund (entweder stammen sie selbst oder mindestens ein Elternteil nicht aus Deutschland). Studie II umfasste die Befragung von 43 Schülern und Schülerinnen aus drei niedersächsischen Haupt- und Realschulklassen der Jahrgangsstufe 9 im Sommer 2008. Die Teilnehmenden beider Studien waren durchschnittlich 15 Jahre alt. Die Erhebungen sind unabhängig voneinander durchgeführt und ausgewertet worden. In der Konzeption des Fragebogens II wurden jedoch zahlreiche aus den Ergebnissen der Studie I generierte Aussagen und Hypothesen eingeführt, die die Schüler und Schülerinnen nun skaliert bewerten sollten. Die schriftliche Befragung wurde jeweils etwa zwei Wochen nach Besuch der Gedenkstätten in der Schule durchgeführt. Der Fragebogen bestand aus Multiple-Choice- und offenen Fragen, wobei die offenen Fragen dazu aufforderten, konkrete Eindrücke, Gedanken oder Themen und Inhalte zu beschreiben sowie Kritik an den Gedenkstätten oder der Führung zu äußern. Alle zitierten Antworten sind originalgetreu, d. h. orthografisch und grammatikalisch unverändert übernommen worden.[2]

---

2   Aufgrund der Vielzahl der Zitate stehen die Fragebogennachweise direkt hinter jedem Zitat, auf Fußnoten wird in diesem Fall verzichtet. Die Fragebögen der Studie I und II sind

2. Bedeutung eines KZ-Gedenkstättenbesuchs für den Schulunterricht

In beiden Befragungen kam zum Ausdruck, dass die meisten der befragten Schüler und Schülerinnen Gedenkstätten und Museen nur aus Schulveranstaltungen kennen und die wenigsten Gedenkstätten schon einmal privat besucht hatten. Selten wurden Gedenkstätten genannt, die sich im regionalen Umfeld der Teilnehmenden befinden. Vier von zehn der Gymnasiasten gaben an, Gedenkstätten oder Orte, an denen die nationalsozialistische Vergangenheit thematisiert wird, besucht zu haben; drei von zehn Befragten sind in der Gedenkstätte Auschwitz gewesen. Andere Gedenkorte, die vereinzelt genannt wurden, waren beispielsweise Bergen-Belsen, Sachsenhausen, in „Dänemark von Kriegsopfern Gedenkstätten" (I 57, w) und „Jerusalem" (I 22, m). Hingegen geben nur etwa ein Viertel der Teilnehmenden der Befragung II an, im Vorfeld andere Gedenkstätten besucht zu haben. In der Fragestellung wurde nicht speziell nach Orten mit NS-Thematik differenziert. Demzufolge nannten die Schüler und Schülerinnen neben der Gedenkstätte „Sandbostel" (II 31, m), einem „Vernichtungslager im Polen" (II 23, m) und einem „Denkmal in Hechthausen" (II 12, m) auch private Orte des Gedenkens, den „einer Freundin" (II 7, w) oder den „Unfallort von einem Freund" (II 11, w).

Der Besuch der Gedenkstätten war von den Schülern und Schülerinnen nicht freiwillig gewählt, sondern eine schulische Veranstaltung. Selten wird man daher auf eine vollständige Akzeptanz treffen können. Dennoch stimmten in beiden Erhebungen jeweils mehr als 80 % der Teilnehmenden der Frage, ob der Besuch der Gedenkstätten sinnvoll eingeschätzt wird, pauschal mit „Ja" zu. Ein Fünftel der Mädchen erachteten den Besuch nicht als sinnvoll, wogegen nur etwa ein Zehntel der Jungen diese Entscheidung traf.

In der Beantwortung der offenen Frage aus Studie I, welche Funktion Orte wie die ehemalige Schule am Bullenhuser Damm und Neuengamme für den (Geschichts)unterricht haben könnten, begründeten die Befragten ihre Entscheidung. Die in den Antworten erklärten Funktionen eines Gedenkstättenbesuches konnten thematisch nach folgenden Aspekten gegliedert werden:

- „Geschichte ‚zum Anfassen'" und zur Veranschaulichung: Knapp ein Drittel der Schüler und Schülerinnen vertraten die Meinung, dass durch den Besuch einer Gedenkstätte die Thematik besser veranschaulicht – „es den Schülern anschaulich machen" (I 15, w) –, verdeutlicht – „es verdeutlicht das Gesche-

numerisch erfasst. Zudem ist das Geschlecht des jeweils zitierten Schülers (w = weiblich, m = männlich) angegeben. Alle anderen Anmerkungen und Nachweise sind als Fußnoten vermerkt.

hen" (I 43, w) – oder verbildlicht – „bildhaft vorstellen" (I 54,m), „man kann sich ein Bild davon machen, was man im Unterricht erzählt bekommt" (I9, w) – werde. Zudem stelle der Besuch eine Ergänzung zu den Informationen aus Unterricht, Lehrererzählungen, aus Büchern oder Filmen dar: „nicht nur Informationen aus Büchern" (I 10, w). Daran könne man „die Sachen, die in der Schule von den Lehrern und von Lehrbüchern und von Filmen gezeigt werden, nachvollziehen" (I 18, m). Diese Aspekte wurden in den meisten Fällen zusammen mit anderen, nachfolgend aufgeführten Funktionen genannt.

- Bessere Vorstellung sowie Verstehen und Nachvollziehen: Insbesondere dadurch, dass Gedenkstätten die Geschichte verdeutlichen bzw. verbildlichen könnten, wären sie hilfreich, die Thematik „besser zu verstehen und nachzuvollziehen" (I 23, w). So äußerten rund ein Fünftel der Schüler und Schülerinnen den Eindruck, dass Gedenkstättenbesuche „zu einem besseren Vorstellungsvermögen verhelfen" (I 46, m) könnten und dadurch die Thematik besser nachvollzogen und verstanden werde und sogar „das Verhalten der Nazis und den Umgang mit den Inhaftierten besser" (I 49, m) vorzustellen sei.

Mindestens jeder zehnte Befragte nannte zudem jeweils einen der drei ersten nachfolgenden Aspekte:

- Hineinversetzen und Einbeziehen in die Geschichte: Durch die Anwesenheit vor Ort könne man zum einen „Eindrücke über das Leben in dieser Zeit erhalten" (I 33, m) und sich zum anderen in die Geschichte „hineinversetzen" (I 16, w) oder „in das Thema besser einbezogen werden" (I 22, m). Es werden auch die Beschreibungen „Eindrücke, aber auch Erfahrungen über die Judenvernichtung" (I 41, m) und „sich rein zu fühlen" (I 58, w) verwendet.
- Zusätzliche Informationsquelle: Besuche „können als zusätzliche Informationsquelle dienen" (I 19, m) und ein „tiefergreifendes Wissen" (I 52, m) vermitteln sowie „die Funktion haben, dass man mehr über die Geschichte von Deutschland und den Juden lernt" (I 5, w).
- Förderung des Interesses: Daneben könne das Interesse der Schüler und Schülerinnen angeregt werden. „Auch wenn Texte in Büchern viele Informationen beinhalten, interessieren sich Schüler doch eher für eine Sache, wenn sie es sehen können." (I 27, w) Die Funktion der Förderung des Interesses wird bezeichnenderweise von 30 % aller Mädchen, die eine Antwort abgaben, genannt, dagegen von keinem Jungen.
- (Zusätzliches) Diskussionsmaterial: Besuche regen darüber hinaus zusätzliche Diskussionen an. „Man könnte besser über diese Zeit reden, weil man Eindrücke über das Leben in dieser Zeit erhalten hat." (I 33, m)

- Nicht nur „Durchrattern" von Daten und Fakten: Außerdem wurde noch vereinzelt angemerkt, dass Gedenkstättenbesuche dem stumpfen Abarbeiten – „die Daten und Geschehnisse nur durchzurattern" (I 58, w) oder „an den Kopf geschmissen" (I 59, w) zu bekommen – entgegenwirken könnten.
- Gedenken: Für zwei Personen hatte der Besuch keine Bedeutung als Lernort, dafür aber als Gedenkort, mit der Funktion, „der vielen Toten aus der Nazizeit zu gedenken, aber nicht um einen wirklichen Eindruck von der Zeit damals zu bekommen" (I 1, w). Ein Schüler bemerkte vielleicht etwas sarkastisch: „Für den Geschichtsunterricht gar nichts. Aber wenigstens haben wir an die Opfer gedacht und haben Mitleid." (I 31, m) In der Antwort schwingt eine gewisse Aggressivität oder Anti-Haltung mit, die sehr wohl eine Reaktion auf eine vermeintliche Erwartungshaltung von Seiten der Lehrkräfte sein könnte.
- Förderung des Interesses durch Betroffenheit: Eine Schülerin meinte, man könne dadurch auch die „Schüler, die das ganze nicht so interessiert, die das alles kalt lässt" (I 26, w) erreichen. Die „stehen dann vor den kleinen Betten, sehen die dünne Kleidung und stehen im Raum, wo Kinder getötet wurden, an denen vorher Versuche durchgeführt wurden. Vielleicht berührt das die Schüler und sie machen sich mehr Gedanken." (ebenda)
- Keine Funktion, Buch/Film wäre genauso gut: Ein Junge meinte, dass man seiner „Meinung nach auch genau so gut mit Buch/Video arbeiten" (I 20, m) könne.

3. Interessenbereiche

In beiden Studien wurden die Jugendlichen eingangs gebeten, ihre Erinnerung an die Gedenkstätten Neuengamme und Bullenhuser Damm zu beschreiben. An dieser Stelle sollte über das Gesehene und Gehörte reflektiert werden, zudem können die Antworten spezifische Interessensbereiche aufdecken sowie Themen aufzeigen, die die Jugendlichen nachhaltig beschäftigt haben. Außerdem wurden die Schüler und Schülerinnen gefragt, über welche Bereiche sie gerne mehr gehört bzw. wo sie mehr Zeit verbracht hätten.

Besonders großen Raum in der Erinnerung nahmen in beiden Studien die Lebens- und Arbeitsbedingungen der Häftlinge sowie die Ermordung der 20 jüdischen Kinder im Außenlager Bullenhuser Damm ein; beide Themen wurden in mindestens jeder vierten Antwort erwähnt. Die Antworten zum Thema Arbeitsbedingungen im KZ sollen daher weiter unten genauer betrachtet werden.

In den Antworten zum Bullenhuser Damm ist auffallend, dass häufig die Ermordung der Kinder im konkreten Zusammenhang mit dem Ort ihrer Exekution genannt wird, oftmals im Wortlaut „der Keller in dem die Kinder erhängt worden" (I 2, w) oder „Bullenhuser Damm [...], wo sie die Kinder in dem Keller töteten" (I 29, m). Die humanbiologischen Experimente selbst spielten in den Antworten eher eine untergeordnete Rolle und wurden in beiden Studien vereinzelnd erwähnt: „die grausamen Versuche an den Kindern" (II 26, w), „die Kinder, die als Probekaninchen benutzt und nachher umgebracht wurden" (I 31, m) sowie „Mich persönlich hat der Arzt, der Experimente mit Kindern gemacht hat und sie daraufhin getötet hat, getroffen." (II 30, m) Geringe Bedeutung in den Antworten hatten auch das Wandbild oder die Bilder bzw. Fotos der Kinder. In der Beschreibung der verschiedenen Formen des Gedenkens am Bullenhuser Damm wurde der zum Gedenken angelegte Rosengarten am häufigsten erwähnt. So in den folgenden Antworten: „Ich bin auch der Meinung, dass die Schule im Bullenhuser Damm eine Gedenkstätte werden sollte. Der Rosengarten dort ist auch ein schönes Ereignis, dass es sowas gibt, ist sehr schön. ‚Hier stehst du schweigend, aber wenn du dich umdrehst, schweige nicht.'" (I 28, m) Oder: „Ich [...] fand es überraschend, dort so viele Steine und Blumen zum Zeichen der Trauer vorzufinden – das fand ich bewegend." (I 59, w) Diese Antworten zeigen, dass die persönliche Trauer anderer Menschen die Schüler und Schülerinnen beschäftigt. Auch andere berichteten von dem „Garten, wo Verwandte Gedenksteine aufgestellt haben" (II 7, w); oder es blieben „die ganzen Blumenkränze" und „Gedenksteine von denen, die dort umgebracht wurden" (II 5, w) in Erinnerung. Bezeichnenderweise wurde der Rosengarten mit Ausnahme des oben zitierten Jungen nur von Mädchen erwähnt.

Die Ausstellung in Neuengamme wurde entweder im Allgemeinen genannt oder es wurde sich sowohl unspezifisch an die „alten Gegenstände" (I 51, w) erinnert, als auch an spezifische Exponate wie die dreistöckigen Pritschen – „das Bett, wo die Gefangenen drin geschlafen haben" (I 42, m) –, die Häftlingskleidung – „die originalen Kleidungsstücke von Häftlingen" (II 39, w), „Sachen der Toten" (II 25, m) oder „die Kleidung bzw. Gegenstände der Inhaftierten" (I 26, w) –, an den „Schmuck in der Ausstellung" (I 42, m), aber auch an die „Karte, wo alle Vernichtungslager aufgezeichnet waren" (I 41, m).

Wie die Auswahl der Antworten bisher zeigen konnte, wurde der Ausdruck „Häftling" von den Schülern und Schülerinnen nicht immer übernommen. Die Häftlinge des KZs wurden oftmals als Gefangene, Inhaftierte, „Insassen" (I 8, m; I 44, w), „Arbeiter" (I 43, w) oder auch als „Sträflinge" (II 43, w) bezeichnet. Teilweise werden die Opfer auch umschrieben, beispielsweise als „Menschen", die „im KZ untergebracht worden waren" (I 58, w).

Stichworte bezüglich des Außengeländes waren beispielsweise „die Tonarbeit, Baracken, Tonhalle, der gegrabene Fluss, die vielen Baracken, die Gedenkstätte der Gestorbenen (Gedenkhaus)" (II 25, m). Die Gabionen wurden umschrieben als „die ganzen Umrisse der Baracken" (I 43, w) oder die „ganzen Steine, die die Gebäude darstellen sollten" (I 26, w) bzw. „Stein-‚Haufen' als Barackenersatz" (I 46, m). „Die Bücher mit den Namen und die Namen an den Wänden" (I 9, w), an die eine Schülerin in ihrer Reflexion dachte, meinen zum einen die im „Haus des Gedenkens"[3] ausgestellten Totenbücher sowie die Stoffbahnen, die die namentlich bekannten Ermordeten mit ihrem Todestag dokumentieren. Auf diesen Ort wurde sich auch mit Umschreibungen wie „die Namensliste der Toten" (I 49, m) oder die „Halle der Hängeleinen mit den ganzen Namen der Ges[t]orbenen, da es eine so große Anzahl war und sie dadurch veranschaulicht wurde" (I 10, w) bezogen.

Vereinzelt fanden auch das ehemalige Walther-Werk, der Appellplatz, „der Luftschutzbunker (der Keller von Neuengamme)" (II 28, w) oder „das SS-Lager" (II 44, m) Erwähnung. Eine Schülerin behielt die flächenmäßige Größe des Konzentrationslagers in Erinnerung, denn das „große Gelände hat mich in der Hinsicht ‚überrascht'" (I 59, w). Das Klinkerwerk bzw. die Ziegelei wurde ebenfalls genannt. Auffallend ist in diesem Zusammenhang, dass mehrere Schüler und Schülerinnen der Befragung II als besondere Erinnerung an Neuengamme einen „Ofen" bzw. die „Öfen" oder, so ein Junge, „die große Halle und die großen Öfen, aber die standen ja leider nicht mehr da" (II 1, m) beschrieben. Gemeint sind hier vermutlich die ehemaligen Zick-Zack-Öfen für die Herstellung von Ziegelsteinen im Klinkerwerk.

3.1 Arbeits- und Lebensbedingungen im KZ

Die Informationen über die Lebensumstände der Häftlinge, die wie bereits erwähnt eine besondere Bedeutung in der Reflexion der Teilnehmenden einnahmen, stammen vermutlich primär aus den Erzählungen eines Guides. Zwar gibt es in der Hauptausstellung in Neuengamme auch zahlreiche Berichte von Zeitzeugen, in biografischen Mappen ebenso wie in Audio- oder Filmdokumenten. Für die individuelle Erkundung haben die Jugendlichen in der Regel jedoch im Rahmen des gemeinsamen Gedenkstättenbesuchs zu wenig Zeit. Das Interesse an den im KZ vorherrschenden Arbeits- und Lebensbedingungen wurde nicht nur in den Antworten zu der Eingangsfrage, sondern wiederkehrend in den Statements zu den übrigen Fragen beschrieben. So erhoffte man, mehr „über den Arbeiter im KZ" (II 15, m) oder „über die Lebensart der Inhaftierten" (II 23, m) zu erfahren, oder wollte sich länger „an den Arbeitsstellen der Häftlinge" (II 40, m) aufhalten. In Studie I fand dieses Thema insbesondere in den Antworten der Jungen

---

3   Das Dokumentenhaus wurde auf eine Forderung der Amicale Internationale de Neuengamme hin durch den Hamburger Senat errichtet und 1981 eröffnet. 1995 wurde es als „Haus des Gedenkens" neu eröffnet.

Erwähnung. Auch die medizinischen Experimente an den Kindern wurden tendenziell eher von Jungen thematisiert. Hingegen bezogen sich Mädchen häufiger auf die Ausstellung und die Ermordung der Kinder am Bullenhuser Damm. Die folgende Auswahl von Antworten soll einen Eindruck über die unterschiedlichen Formulierungen und die Überlegungen zu den Lebens- und Arbeitsbedingungen vermitteln:

- „Die zahlreichen Informationen über das Leiden der Häftlinge und die teils persönlichen Stellungnahmen des Betreuers" (I 3, m).
- „Mir ist in Erinnerung geblieben, wie uns unser Führer über das Leben der Häftlinge erzählt hat & wie grausam es war." (II 34, w)
- „Was mir besonders auffiel, waren die Kleidung und die Betten, die aussagten, dass die dort Inhaftierten nichts zu sagen hatten." (I 17, w)
- „Der harte Umgang mit den KZ-Häftlingen. Das KZ-Häftlinge ‚billige Arbeitskräfte waren'" (I 35, m).
- „Es war sehr brutal, und die Häftlinge hatten kaum etwas zu essen. Die Häftlinge mussten hart arbeiten und lebten auf engem Raum." (I 40, m)
- „Die Schikanierung zwischen den Häftlingen" (I 45, m).
- „Das Leben der Häftlinge. Die Hygiene" (I 48, m).
- „Wie die KZ-Häftlinge gelebt haben, wie sie getötet wurden. Wo die NS-Leute im KZ lebten. Wie viele täglich neue KZ-Häftlinge dazugekommen sind, und wie viele täglich starben" (I 29, m).
- „[D]ie Arbeit, wo man nach vier Wochen tot ist" (I 56, m).
- „Ich fand es gut, dass es bei der Führung nicht darum ging, Jahreszahlen o. ä. zu lernen, sondern dass Schicksale besprochen wurden, woran deren Leiden nachvollziehbarer wurde. Außerdem war es für mich neu, dass es nicht nur KZ mit Gaskammern gab, sondern dass die Menschen dort harte Arbeit zu verrichten hatten." (I 59, w)

Außerdem wünschte sich ein Mädchen detailliertere Informationen darüber, „was ganz genau noch geschah" (II 5, w); und ein Junge hätte gerne mehr über „das Leben der Deutschen im Konzentrationslager" (II 21, m) erfahren – wobei hier nicht klar ist, ob Täter oder Opfer gemeint sind.

3.2 „Publikumsmagnet Grausamkeit"

Der Vorschlag eines Schülers, „einen Film zu sehen, wie hart die Menschen arbeiten mussten und wie die Menschen wirklich umgebracht wurden" (I 30, m), sowie die Erwartung eines anderen, „dass ich Überreste von Leichen sehe und wie sie gestorben sind" (II 4, m), wurden nicht erfüllt. Darüber hinaus hätte der Schüler „gerne mehr gehört, wie die Leute umgebracht werden und bzw. wie sie umgebracht wurden!" (ebenda). Trotz der zum Ausdruck gebrachten Faszination für Grausamkeiten fand er insgesamt die recht nüchtern gehaltene Gedenkstätte dennoch „überzeugend, weil unsere Führerin uns das gut erklärt hat" (ebenda). Detaillierte Berichte von Folterung und Ermordung wurden eher selten gefordert. Auch die Visualisierung durch Dokumentarfilme wurde nur in wenigen Antworten erwähnt.

Ein Schüler, der bei seinem Besuch erfahren wollte, „wie es früher in den Konzentrationslagern ablief. Außerdem wie der Alltag der Häftlinge abläuft und wie sie behandelt werden" (II 37, m), resümierte etwas überlegter als der zuvor zitierte Schüler, dass er zwar gedacht hätte, „dass man mehr sehen könnte, aber das kann ich verstehen, denn der Krieg ist schon über 60 Jahre her" (ebenda). Dass man so wenig sehen konnte, veranlasste einen Mitschüler zu dem Resümee: „Wurde viel harmlos gestaltet (z. B. keine Baracke wurde nachgebaut)" (II 36, m).

Ein Mädchen, das ebenfalls gerne mehr „über die Versuche an den Menschen (Kinder)" (II 26, w) gehört hätte, begründete diesen Wunsch so: „Damit man mehr geschockt ist, denn ich finde, es ist ein sehr ernstes Thema und immer noch wichtig." (ebenda) Ob die detaillierte Darstellung von Grausamkeiten funktional eine Schockwirkung bewirken kann oder die Bedeutung der Geschehnisse betont, sei dahingestellt. Die Vermutung liegt nahe, dass die jugendlichen Besucher und Besucherinnen erwarteten, einen durch Grausamkeit schockierenden Ort zu besuchen.

In einem geschlossenen Frageblock der Studie II wurden die Schüler und Schülerinnen zudem gebeten, etwa 30 unterschiedliche Themenbereiche, die bei einem Gedenkstättenbesuch in Neuengamme und am Bullenhuser Damm angesprochen werden, ihrem Interesse nach zu benoten.

Hier bestätigten sich zunehmend die Ergebnisse aus den offenen Fragen: Die dort bereits häufig genannten Themen wurden auch im geschlossenen Frageblock als interessant bewertet. Von den vorgegebenen Möglichkeiten standen in der Bewertung allerdings ausnahmslos alle Themen, die Mord und körperliche Gewalt beinhalteten sowie Todesursachen, medizinische Versuche im Allgemeinen sowie besonders an den Kindern und Strafmaßnahmen an erster Stelle. Im „Mittelfeld" des Interesses lagen Themen, die insbesondere in den freien Antworten genannt wurden, wie Arbeits- und Lebensbedingungen inklusive der Arbeitsstätten sowie das System des KZ. Politische und gesellschaftliche Themen, die sich mit der Entstehungs- und Nachkriegsgeschichte befassen, wie beispielsweise die Themen Erinnerung oder die Rolle der Stadt Hamburg bei der Errichtung des KZs, wurden hingegen als uninteressant bewertet. Berichte der Zeitzeugen und die Geschichte der überlebenden Opfer fanden sich auch eher im letzten Drittel des Interesses wieder. Im geschlechtsspezifischen Vergleich konnte ein gesteigertes Interesse der Jungen für Arbeitsstätten und Strafmaßnahmen erkannt werden, während die Themen, die am Bullenhuser Damm angesprochen wurden, eher die Mädchen beschäftigten.

Auch andere Studien dokumentieren, dass sich das Interesse nicht hauptsächlich auf historische Zusammenhänge richtet, sondern sich wiederkehrend an den Menschen und ihrem Alltag im KZ sowie an den an ihnen begangenen Grausamkeiten, wie sie behandelt und gefoltert wurden und wie lange sie das „Leben" im KZ aushielten, orientierten, wie Bert Pampel referiert.[4] Pampel bezieht sich insbesondere auf die Ergebnisse zweier Besucherbefragungen in Buchenwald aus den Jahren 1989 und 1992. Die Ergebnisse der im Jahr 2004 in Dachau von Annette Eberle durchgeführten Besucherbefragung, die insgesamt 290 Schülerinnen und Schüler aus 13 Schulklassen aller Schularten einbezog,[5] zeigen ebenfalls, dass der Alltag von Häftlingen das favorisierte Thema gewesen wäre, gefolgt von „Strafen", Häftlingsgruppen, Zeitzeugenberichten und Morden. Befreiung des KZ und Nachkriegsgeschichte spielten auch hier kaum eine Rolle.[6]

3.3 Erweiterung der Allgemeinbildung als Motivation für einen Gedenkstättenbesuch?
In den beiden vorliegenden Befragungen macht sich eine starke Diskrepanz zwischen den formulierten Gründen für das Interesse und dem Interesse selbst bemerkbar. Denn die häufigste frei formulierte Begründung des persönlichen Interesses am Nationalsozialismus war der Wunsch, das Allgemeinwissen über diese Zeit zu erweitern.

Hier könnte man nun vermuten, wenn man Antworten vorfindet, wie „Da es in unserem Vaterland passierte, was natürlich wichtig ist. Allgemeinbildung: Teil der Geschichte" (I 16, w) oder auch „Über die Vergangenheit lernen/Geschichtliche Hintergründe" (I 14, w), dass sich dieses Ansinnen auch im Grund eines KZ-Gedenkstättenbesuches niederschlägt. Die Erwartung, die einem Gedenkstättenbesuch entgegengebracht wurde, lag aber offensichtlich nicht in dem „allgemeinen" Wissen begründet, da Themen, die das Konzentrationslager in einen politischen und gesellschaftlichen Kontext bringen können, als am uninteressantesten bewertet wurden.

Auch Pampel stellte in seiner Analyse der verschiedenen Studien fest, dass die Erwartung, das Allgemeinwissen zu erweitern, die in manchen Studien konkret zu einem Besuch einer Gedenkstätte geäußert wurde, nicht als die wichtigste Funktion des Gedenkstättenbesuches erachtet werden müsse.[7] Als typischerweise

---

4   Pampel, Augen, S. 97.
5   Annette Eberle, Pädagogik und Gedenkkultur. Bildungsarbeit an NS-Gedenkorten zwischen Wissensvermittlung, Opfergedenken und Menschenrechtserziehung. Praxisfelder, Konzepte und Methoden in Bayern, Würzburg 2008, S. 87 ff.
6   Ebenda, S. 96 f.
7   Pampel, Augen, S. 99.

sich eher der Wunsch, einen Einblick in das „wirkliche" Geschehen zu erhalten, der Realität so nah wie möglich zu kommen. Dieses ist offensichtlich kein ausschließlich bei Jugendlichen zu beobachtendes Phänomen, da auch Studien mit erwachsenen Besuchern ähnliche wiederkehrende Beobachtungen dokumentieren. Während allgemeine Themen und Informationen zum Gesamtkontext kaum Beachtung fänden, seien darüber hinaus nicht einmal Überblickstexte gelesen oder Tondokumente gehört worden, so Pampel.[8] Dass die eigenständige Informationseinholung und Auseinandersetzung mit dem Thema auch bei den befragten Jugendlichen nicht durchgängig funktionieren muss, merkte eine Schülerin an: Sie hätte die „Schüler nicht alleine durch die Ausstellung laufen lassen, denn soweit ich weiß, hat sich kaum jemand ‚wirklich' mit dem Angebot (Texte, Hörtexte) auseinandergesetzt. Das finde ich schade!" (I 15, w).

Die Antworten über die Funktionen eines Gedenkstättenbesuches für den schulischen Unterricht verdeutlichten bereits, dass die Vermittlung von Wissen primär gar keine Rolle spielt. Vielmehr sollen bereits (vermeintlich) bekannte Informationen und Themen durch den Besuch einer KZ-Gedenkstätte veranschaulicht, verbildlicht oder sogar verkörpert werden. Insgesamt erwarten die Schüler und Schülerinnen eine lokale Veranschaulichung, die zu einem besseren Vorstellungsvermögen verhelfen soll. Darstellungen aus dem Unterricht, aus Schulbüchern, Erzählungen und Filmen sollen an einem konkreten und realen Ort vergegenständlicht und damit aus ihrer Abstraktion entbunden und mehr noch erleb- und fühlbar gemacht werden. Dieser Ort soll seine Geschichte authentisch widerspiegeln. Diese Erwartungshaltung an einen historischen Ort soll im nächsten Abschnitt genauer betrachtet werden.

4. Erwartungen

Mehrere empirische Studien bestätigen, dass Schüler und Schülerinnen mit der Erwartung in einer KZ-Gedenkstätte ankommen, erleben zu können, wie es im Konzentrationslager gewesen ist. Insbesondere erhoffen sie sich, historische Relikte vorzufinden, die ein solches Erleben eröffnen können. Konkrete Vorstellungen hätten die Besucher jedoch nicht; der Wunsch nach Anschaulichkeit sei vor allem durch eine „diffuse emotionale Voreinstimmung" geprägt, so Pampel.[9]

Die niedersächsischen Schüler und Schülerinnen wurden in zwei offenen Teilfragen explizit nach den Erwartungen an den KZ-Gedenkstättenbesuch gefragt. In den Antworten wird deutlich, dass die Wahrnehmung des Ortes in

---

8 Ebenda, S. 103.
9 Ebenda, S. 100.

seiner Anschaulichkeit, Plausibilität und Überzeugungskraft oder auch Authentizität eng an die Erwartungshaltung gegenüber diesem Ort gekoppelt ist. Ein Schüler hatte erwartet, dass „das KZ ein bisschen echter" (II 33, m) sei, musste aber feststellen, dass „alles so neu ist und nicht so wie es früher war" (ebenda). Dominierend war auch hier die Erwartung, über die Lebensbedingungen und den Alltag der Häftlinge sowie über den Umgang mit ihnen zu erfahren und zu sehen, wie ein Konzentrationslager ausgesehen hat, „z.B. ganze Baracke, Geländezustand usw." (II 25, m). Außerdem wurde ein allgemeines Interesse an „der alten Zeit" (II 9, m) formuliert, um zu „sehen wie es damals war" (II 14, w). Aber durch die wiederkehrend beschriebene Realisierung, dass „die Gedenkstätte erneuert worden ist ... dass man gar nicht mehr sehen konnte, wie der Keller usw. ausgesehen haben" (II 2, w), dass nicht alle historischen Gebäude, insbesondere keine Baracken mehr im Originalzustand erhalten sind und „die Halle, wo der Tonofen stand [...] zu leer" (II 25, m) ist, konnten diese Erwartungen bei vielen Schülern und Schülerinnen nur bedingt erfüllt werden.

4.1 Die Authentizität der KZ-Gedenkstätte

In beiden Erhebungen wurden die Schüler und Schülerinnen danach gefragt, inwieweit die KZ-Gedenkstätte Neuengamme von ihrer Geschichte (über)zeugen und das historische Geschehen erkennen lassen könne. Mehr als die Hälfte aller Befragten aus Studie I tendierten dazu, die Gedenkstätte als nicht oder wenig authentisch einzustufen. Die Antworten aus der Befragung II fielen äußerst divergent zur Studie I aus, da die Gedenkstätte hier nur vereinzelt als nicht evident beschrieben wurde.

4.1.1 Evidenz der Gedenkstätte

Die häufigste Begründung der niedersächsischen Befragten, warum der Ort seine Geschichte veranschaulichen könne, lag entweder in dem Interesse an dem Thema selbst oder an den vor Ort erhaltenen Informationen. Die Teilnehmenden begründeten dies mit Aussagen wie „weil alles so interessant ist" (II 45, m), „dass die Gedenkstätte von sich überzeugt hat, weil es sehr informativ war" (II 27, w), oder auch: „Ja, sie konnte überzeugen, da es interessant war, zu erfahren, wann wie viele Menschen gestorben sind." (II 21, m) Emotionale Betroffenheit, Darstellungsformen der Gedenkstätten und die errichteten Denkmäler sind daneben ebenfalls Faktoren, die die Gedenkstätte für die Teilnehmenden II evidenter, fassbarer und sich erklärender machte. Die emotionale Berührung wird bezeichnenderweise nur von Mädchen beschrieben und erklärt sich durch Betroffenheit, im Sinne von „berührt einen schon" (II 2, w) und „nimmt einen ziemlich mit" (II 41, w). Auch der Guide hat zum historischen Verständnis des Ortes beigetragen, wenn seine Erzählungen nicht sogar grundlegend dafür gewesen sind. Während für manche Schüler und Schülerinnen der Ort evidenter wurde, erzeugten seine Erklärungen bei manchen allerdings auch den gegenteiligen Effekt, da man, so die Begründung, fast vollständig auf die Erzählungen des Guides, der kein Zeitzeuge sei, angewiesen gewesen wäre. Auf die Funktion des Guides soll noch ausführlicher eingegangen werden.

Die befragten Hamburger Schüler und Schülerinnen argumentierten oftmals, dass es sich bei dem Ort zum einen um eine Originalstätte handele und zum anderen nannten sie „historische Meterialen die noch übrig waren" (I 12, m), ohne diese näher zu spezifizieren, und beschrieben diese beispielsweise auch als „Überreste" (I 13, m) oder „Gegenstände" (I 14, w). Zudem wurden Fotos, die Ausstellung, „Gebäude aus der Zeit" (ebenda) und (Zeit-)„Zeugen" (I 13, m) genannt.

Die Totenbücher konnten als Quelle die Historie dokumentieren und verifizieren: „Die Bücher mit den Listen der Toten dokumentieren es." (I 2, w) Im Gegensatz zur Studie II ging nur eine Person auf die Stimmung des Ortes ein, die allerdings weniger stark im Vergleich zu Auschwitz sei: „Ja, ich denke schon, weil alles noch originalgetreu, bzw. viel. Dadurch kam eine gedrückte Stimmung rüber." (I 10, w) Von keinem der Teilnehmenden aus Studie I wurde eine Begründung für das Interesse angeführt.

4.1.2 Mangelnde Anschaulichkeit des ehemaligen KZs
Mit nahezu jedem zweiten Argument wurde in der Befragung I erklärt, dass in Neuengamme zu wenig Originales erhalten gewesen sei. Oftmals wurde deswegen die Vergangenheit des Ortes als weniger oder nicht sichtbar bzw. vorstellbar eingestuft – „dass man erkennen kann, wie es wirklich gewesen ist" (I 36, w). Die Wahrnehmung, dass „schon alle Gebäude in Neuengamme abgerissen wurden (die Baracken). Fast alle Überreste sind vernichtet worden" (I 35, m), „außer den Betten ist nicht viel übrig!" (I 39, m), war die häufigste Erklärung für die Nicht-Vorstellbarkeit der Vergangenheit.

Bevor einige Antworten zur Authentizität der Gedenkstätten genauer analysiert werden, soll eine Schülerin zitiert werden: „Erkennen kann man, denke ich, nicht wie es gewesen ist, da man kaum noch Gebäude hat, die die ‚Angst und Panik der Gefangenen wiederspiegeln'. Kann verstehen, warum die Gebäude nicht wieder aufgebaut wurden." (I 59, w) Denn die „Aufgabe bzw. Zielsetzung der Mitarbeiter wurde bei der Führung (über das Gelände) deutlich. Man hat nämlich gesehen, dass keine Gebäude nachgebaut (o. ä.) wurden. Das finde ich gut und nachvollziehbar, da dann nicht das Gefühl bzw. Motto entsteht: ‚Wir spielen KZ.' Zwar ist es einfacher, sich in die Lage der Gefangenen zu versetzen, wenn man die Räumlichkeiten sieht, jedoch denke ich, dass man auch mit einer gewissen Vorstellungskraft die Lage und Gefühle nachvollziehen kann." (ebenda)

„Die Guides waren allerdings sehr gut, weshalb man eine genauere Vorstellung bekommen hat. Auch durch das Museum hat man Einblicke in das Leben dieser Menschen bekommen, da sie selber berichtet haben o. ä." (ebenda) Die Schülerin fasste in ihrer Antwort einige Erwartungen an das ehemalige KZ zusammen und zeigte Schwierigkeiten auf, mit denen Jugendliche konfrontiert sein können:

- Das Problem der Rekonstruktion, das die Schülerin anspricht, ist als Erwartung, ein ehemaliges KZ in seiner ursprünglichen Form wiederzufinden, in mehreren Antworten genannt.
- Außerdem spricht sie die Bedeutung der historischen Relikte für das „Erkennen" der Vergangenheit an.
- Ferner erwartet sie, dass bestimmte Stimmungen der Vergangenheit, insbesondere die Angstgefühle der Häftlinge, in den historischen Überresten konserviert sind und diese dem fremden Betrachter transferiert werden.
- Wie andere Antworten zeigen werden, hängen diese Erwartungen eng mit bestimmten Vorstellungen von einem KZ und gewissen Assoziationen zusammen.
- Außerdem erklärt sie die bedeutende Funktion des Guides und der Ausstellung. Erst durch die historische Erklärung des Guides sowie die Archivierung der Erlebnisse und Berichte der Zeitzeugen auf Bild-, Ton- und Filmdokumenten sowie der Sammlung der persönlichen Exponate in der Ausstellung wurde der historische Ort für die Schülerin insgesamt evident.

Diese Aspekte sollen im Folgenden genauer betrachtet werden.

4.1.3 Das Problem der (Nicht)rekonstruktion

Die Annahme, dass Räumlichkeiten in ihrer Ursprünglichkeit ein besseres „Hineinversetzen" in die Lage der ehemaligen Häftlinge ermöglichen können, wird von mehreren Schülern und Schülerinnen mitgeteilt, so auch von einem Mädchen: Sie hätte „mehr Gebäude stehen lassen oder nachgebaut! Dann hätte ich mich besser in die Lebenssituation der Gefangenen hineinversetzen können!" (I 57, w) Die sehr reflektierte Einschätzung der eingangs zitierten Schülerin, dass Rekonstruktionen den authentischen Ort ad absurdum führen, wird auch in der Fachliteratur geteilt.

Ein Wiederaufbau der alten Gebäude wäre fiktional. Denn Rekonstruktionen eines originalen Zustandes würde, wie auch Wolfgang Benz betont, keine Erneuerung der originalen Situation schaffen, sondern allenfalls ein Abbild. Das „Motto [...] ‚Wir spielen KZ'" (I 59, w), das der Schülerin ebenfalls widerstrebt, würde „geradewegs zur Parodie der Wirklichkeit, zur Fälschung" führen, urteilt Benz und prognostiziert als konsequentes Ende eines solchen Ehrgeizes den interaktiven Erlebnispark, der bei weniger sensiblen Themen wie Mittelalterspektakeln längst der Fall sei.[10] Dass durch Rekonstruktionen, also die vermeintliche Wiederherstellung der Vergangenheit, die erhoffte Authentizität nicht zurückgewonnen werden könne, sondern eine Fiktion, wenn nicht sogar eine Verfälschung der Tatsachen geschaffen werde, darauf weist auch Jörn Rüsen hin.[11]

Moderne und abstrakte Darstellungsformen machten es Schülern und Schülerinnen schwer, einen Bezug oder auch eine gefühlte Nähe zu den 1930er- und 1940er-Jahren des letzten Jahrhunderts bzw. zu spezifischen Begebenheiten der NS-Zeit herzustellen: „Nein, finde ich nicht, weil der Platz/Ort kaum noch originale Gebäude hat und sonst alles neu und modern wirkt. Ich habe kein Bezug zur NS Zeit gefunden." (I 7, m) Außerdem benötigt es ein hohes Abstraktionsvermögen, sich anstelle der Gabionen – „Steine als Barackenersatz" (I 45, m) – Holzbaracken vorzustellen. So wurde vereinzelt bemängelt, dass „es überwiegend nicht so aufgebaut ist, wie es wirklich war" (I 5, w). Ein Schüler meinte beispielsweise: „Auf dem Gelände würde ich die Türme deutlich wieder aufbauen." (I 42, m) Ein anderer hätte die Gebäude wieder aufgebaut, „um es anschaulicher zu machen" (I 50, m). Dieser Wahrnehmung stehen aber auch gegenläufige Meinungen gegenüber, die Neuengamme als rekonstruiert einschätzen, „denn in Neuengamme ist vieles ‚nur' wieder aufgebaut worden" (I 44, w). „Außerdem", erklärt eine Person, „wurde man zum Teil nur durch Denkmäler auf die wichtigsten Dinge aufmerksam gemacht." (I 5, w)

Diese verschiedenen, manchmal auch gegensätzlichen Eindrücke führten häufig dazu, die Gedenkstätte als wenig anschaulich für ihre Historie zu bewerten: „Ich finde nicht, dass man es wirklich erkennen konnte. Den besten Eindruck habe ich im Museum bekommen. Die restlichen Orte haben mich es nicht erkennen lassen, da es nicht sehr anschaulich war." (I 25, w) Die Anschaulichkeit, wie das KZ einmal baulich ausgesehen haben könnte, und was dieses für das „Leben" der Menschen im KZ bedeutet haben könnte, nämlich, dass „man noch die Räume sieht, wie sie geschlafen und gewohnt haben. Also das alles so ist wie damals und NICHT neu renoviert oder abgerissen" (II 7, w), ging für manche Schüler und Schülerinnen verloren. Zudem wird in diesen Antworten deutlich, dass abstrakte Darstellungen verwirrend und problematisch sein können, da auch davon ausgegangen wurde, dass es in den Baracken herkömmliche Zimmer gegeben hätte. Ein Mädchen „fand es schade, dass das ‚Leben' oder eher gesagt

---

10 Wolfgang Benz, Authentische Orte: Überlegungen zur Erinnerungskultur, in: Petra Frank/Stefan Hördler (Hrsg.), Der Nationalsozialismus im Spiegel des öffentlichen Gedächtnisses. Formen der Aufarbeitung und des Gedenkens, Berlin 2005, S. 197–204, hier S. 201.
11 Jörn Rüsen, Über den Umgang mit den Orten des Schreckens. Überlegungen zur Symbolisierung des Holocaust, in: Detlef Hoffmann (Hrsg.), Das Gedächtnis der Dinge. KZ-Relikte und KZ-Denkmäler 1945–1995, Frankfurt a. M./New York 1998, S. 331–343, hier S. 334.

die Nachstellung der Toiletten & Betten so klein waren. Es wäre schöner gewesen, ein ganzes Zimmer zu nehmen, da man dadurch einen besseren Einblick hätte bekommen können." (II 34, w) In einer anderen Antwort wird deutlich, dass der Komplex des Konzentrationslagers nicht begriffen wurde: „Ich hatte mir das so vorgestellt, dass da auch noch alle Konzentrationslager stehen." (II 41, w) Hier könnte die Schülerin die Baracken gemeint haben.

4.1.4 Bedeutung der Relikte

Die Behauptung, in Neuengamme sei kaum etwas Historisches erhalten geblieben – „[f]ast kein Ort in Neuengamme hat wirklich den Eindruck gemacht, dass überhaupt noch Gegenstände von vor 60 Jahren existieren" (I 30, m) –, ist jedoch nicht richtig. Viele Gebäude und Arbeitsstätten existieren in ihrer baulichen Originalsubstanz (beispielsweise das Klinkerwerk, das Hafenbecken, die Steinhäuser I und II, die Walther-Werke). Diese Wahrnehmung mag daher zunächst etwas verwunderlich erscheinen. Um den historischen Ort authentisch wahrzunehmen, reicht es offensichtlich nicht zu wissen, genau hier hat sich das Geschehen abgespielt und die Überreste entstammen original aus dieser Zeit. Stattdessen ist die Authentizität des Ortes eng mit der Wirkung verbunden, die der historische Ort mit seinen historischen und ebenso authentischen Relikten ausstrahlt. Es wurde mehrmals verdeutlicht, dass in Neuengamme keine Stimmung aufkäme, sodass „man dieses Gefühl nicht spüren konnte, wie es früher gewesen war" (I 58, w). Ursächlich für das erklärte mangelnde Gefühl für die Zeit vor 70 Jahren waren nicht nur die baulichen und landschaftlichen Veränderungen, sondern auch die Sterilität des Ortes, die die Grausamkeit des Geschehens unvorstellbar machte, wie eine Schülerin beschreibt: „Man konnte sich nicht genau vorstellen wie grausem es war, da alles sauber und ordentlich war. Das war etwas blöd, aber verständlich, dass man so ein Modell nicht bauen kann." (II 26, w)

Wie Thomas Lutz in einem Beitrag aus dem Jahr 1995 bemerkte, müssten bauliche Überreste als „Vergangenes" gelesen werden können und nicht dazu verleiten, sie nur in ihrer heutigen Gestalt wahrzunehmen. Allein die natürliche Veränderung der Umgebung (die Natur, nachgewachsene Bäume, Rasen, Tiere, Verfallszustand) mache es schwer bzw. unmöglich sich vorzustellen, wie der Ort vor 50 Jahren, jetzt bereits vor mehr als 60 Jahren, gewirkt haben könnte. Deshalb müsse die Baugeschichte ebenfalls zum Gegenstand der Betrachtung werden: Überreste könnten beispielsweise den Prozess der Konstruktion und Systematik aufzeigen.[12]

---

12 Thomas Lutz, Gedenkstätten für die Opfer des NS-Regimes. Geschichten – Arbeitsweisen – Wirkungsmöglichkeiten, in: Annegret Ehmann u. a. (Hrsg.), Praxis der Gedenkstättenpädagogik. Erfahrungen und Perspektiven, Opladen 1995, S. 37–47, hier S. 43 f.

Zusammenfassend kann festgestellt werden, dass viele Schüler und Schülerinnen die Authentizität bzw. das „Erkennen" nicht primär an der Existenz historischer Relikte und Bauten bemessen, welche teilweise gar nicht mehr, überformt oder verändert existieren. Ausschlaggebend für die Bewertung war eher, wie weit man sich mittels dieser verbliebenen historischen Materialien die Vergangenheit vorstellen konnte, ob sich, wie der Staatsminister und Beauftragte für Kultur und Medien, Bernd Neumann, das Kriterium „Authentizität des Ortes" beschreibt, das „historische Geschehen in einer für den Besucher sichtbaren baulichen Substanz manifestiert".[13] Dass sich der authentische Charakter nicht nur durch die historische Echtheit oder Originalität ergibt, sondern auch einen ästhetischen und normativen Hintergrund hat, findet man insbesondere in der Kunsttheorie ausgeführt. Eine wortgeschichtliche Herleitung des Begriffes „Authentizität" und seine Definition hat der Kunsthistoriker Detlef Hoffman erarbeitet. Unter dem Titel „Authentische Erinnerungsorte" deckt er die „Sehnsucht nach Echtheit und Erlebnis" an Gedenkorten auf. In der Kunstgeschichte werde dem „Original eine Strahlkraft zugebilligt, den die Kopie oder Fälschung nicht habe".[14] Diese persönliche Wirkungskraft, die ein Original ausstrahlen könne und die häufig von einer KZ-Gedenkstätte erwartet wird, bezeichnet man oftmals als Aura. Insbesondere die „Aura des Authentischen" wäre das Charakteristikum einer Gedenkstätte am historischen Ort, so Benz, durch das sie sich eklatant von Museen und Denkmälern unterscheide.[15] Diese Erwartung an ein sinnliches Erleben führe dazu, so der wissenschaftliche Leiter der Gedenkstätte Flossenbürg, Jörg Skriebeleit, dass KZ-Gedenkstätte und authentischer Ort bereits synonym füreinander verwendet würden und die Gedenkstätte durch diese Etikettierung eine besondere Wertschätzung erhalte.[16]

Neben der Schwierigkeit der Schüler und Schülerinnen, zwischen Originalem, Rekonstruiertem und Abstraktem zu unterscheiden, findet sich auch eine Problematik in der Akzeptanz der Darstellungsformen. Denn die Antworten

13 Fortschreibung der Gedenkstättenkonzeption des Bundes. Verantwortung wahrnehmen, Aufarbeitung verstärken, Gedenken vertiefen, vom 19 .6. 2008. Deutscher Bundestag, Drucksache 16/9875, S. 18, http://dip21.bundestag.de/dip21/btd/16/098/1609875.pdf (Zugriff am 12. 9. 2008).
14 Detlef Hoffmann, Authentische Erinnerungsorte oder: Von der Sehnsucht nach Echtheit und Erlebnis, in: Hans-Rudolf Meier/Marion Wohlleben (Hrsg.), Bauten und Orte als Träger von Erinnerung. Die Erinnerungsdebatte und die Denkmalpflege, Zürich 2000, S. 31–45, hier S. 32 unter Bezug auf Walter Benjamin.
15 Benz, Orte, S. 198.
16 Jörg Skriebeleit, „Orte des Schreckens". Dimensionen verräumlichter Erinnerung, in: Petra Frank/Stefan Hördler (Hrsg.), Der Nationalsozialismus im Spiegel des öffentlichen Gedächtnisses. Formen der Aufarbeitung und des Gedenkens, Berlin 2005, S. 205–220, hier S. 214.

implizieren eine hohe Erwartungshaltung, dass der Ort sich selbst, insbesondere durch seine Relikte erschließe. So formuliert ein Schüler, dass er gern mehr erhaltene „Sachen" gesehen hätte, „die die Grausamkeit der Nazis und das Leiden der Insassen widerspiegeln!" (I 8, m). Sachen, „die authentisch sind, denn im Moment kommen überhaupt keine Gefühle auf, außer Langeweile (!)" (ebenda). Auch die eingangs zitierte Schülerin ging zunächst davon aus, dass Gefühle der damaligen Häftlinge in historischen Relikten konserviert seien, die die Emotionen nach außen strahlen könnten. Da die Relikte aber überwiegend weder sich selbst noch den geschichtlichen Kontext erklären können, spricht sie die Notwendigkeit sowohl von Zusatzinformationen durch einen Guide und Ausstellungstexte als auch durch individuelle Biografien an. Erst diese würden es ermöglichen, etwas über die individuellen Personen zu erfahren, die im Konzentrationslager inhaftiert waren.

Mit den Ausstellungstücken des „Museums" – wie die Ausstellung bezeichnenderweise oftmals von den Jugendlichen genannt wird – könnte die Schülerin entweder Autobiografisches aus Schrift-, Visio- oder Audiodokumenten gemeint haben oder auch persönliche Exponate wie Kleidung, Schuhe, Schmuck, die die Kulturwissenschaftlerin und Ägyptologin Aleida Assmann als „persönliche Memorabilia" bezeichnet. Sie haben einen persönlichen Erinnerungswert für die Häftlinge, der von den Besuchern nicht erschlossen werden kann, aber die dennoch einen authentischen Charakter annehmen können. Museumstheoretiker schrieben diesen Exponaten eine „sinnliche Anmutungsqualität" zu: „Sie wirken als Stimuli für die Imagination und können suggestive Brücken zwischen Subjekt und Objekt, zwischen Gegenwart und Vergangenheit schlagen."[17]

Diese persönlichen Gegenstände können bereits deswegen eine Brücke zur Gegenwart der Jugendlichen sein, weil es Dinge aus der eigenen Lebenswelt sind, mit denen sie alltägliche Situationen und eventuell auch Emotionen verbinden. So beschreibt eine Schülerin, dass sie sich „vor allem in dem Museum mehr Zeit gewünscht" (I 59, w) hätte, denn „das Erzählte wurde auch durch tägliche Gebrauchsgegenstände verdeutlicht" (ebenda). Hier kann sie beispielsweise an die selbstgebauten „Schuhe", Häftlingskleidung, die Pritschen oder auch an das selbstgebaute Spielzeug gedacht haben. Außerdem war dies der Ort, wo „betroffene Menschen z. T. selber berichtet haben und Einzelschicksale hervorgehoben wurden. An solchen Schicksalen merkt man erst, wie schlimm das Ganze war, da die Erzählungen oft anschaulicher sind (bei Großeltern ist die Geschichtenerzählungen auch oft spannender als im Unterricht)." (ebenda)

---

[17] Aleida Assmann, Geschichte im Gedächtnis. Von der individuellen Erfahrung zur öffentlichen Inszenierung, München 2007, S. 155 f.

Exponate, die einen „historischen Zeugniswert"[18] haben, wie beispielsweise die im Krankenrevier des Häftlingslagers geführten „Totenbücher", in denen u. a. Häftlingsnummer, Namen, Herkunft und (vermeintliche) Todesursachen der Häftlinge verzeichnet sind,[19] wurden von den Schülern und Schülerinnen hingegen nur selten genannt. Diese Zeugnisse sind, im Gegensatz zu den persönlichen Memorabilia, selbst erklärend. Die Betrachtenden können ihnen Informationen entnehmen und diese verstehen, ohne dass es einer weiteren Erklärung oder Einbindung in den historischen Kontext bedarf. Zudem sind diese historischen Originale Beweismaterial. Dennoch haben diese Quellen weniger Wirkung und damit auch geringere Bedeutung für die Schüler und Schülerinnen als die Aura, die sie sich von dem baulichen Komplex und anderen Objekten erhoffen.

Auch Rüsen spricht den materiellen Objekten aus der zu erinnernden Zeit eine Aura zu, „die ihnen eine eigentümliche Überzeugungskraft im Medium der sinnlichen Wahrnehmung verleiht".[20] Von einer sinnlichen Wahrnehmung, die eng mit der Funktion der dokumentarischen Information verknüpft ist, geht auch Assmann aus: „Von den Erinnerungsorten erhofft man sich über den Informationswert hinaus, den ortsunabhängige Gedenk- und Dokumentationsstätten vermitteln, eine Intensitätsverstärkung durch sinnliche Anschauung. Was schriftliche oder bildliche Medien nicht vermitteln können, soll den Besucher am authentischen Schauplatz unvermittelt anwehen: die besondere Aura des Ortes. [...] Sinnliche Konkretion und affektive Kolorierung sollen rein kognitive Erfassung historischen Wissens im Sinne einer persönlichen Auseinandersetzung und Aneignung vertiefen."[21] Wie mit Zitaten von Schülern und Schülerinnen untermauert, erhoffen die Teilnehmenden aus der Studie I ebenfalls eine bestimmte Stimmung zu erfahren.

4.1.5 „Verräumlichte" Stimmungen der Vergangenheit

Das Phänomen der Aura eines Ortes, der sinnlichen Wahrnehmung seiner Historie, zeigt sich insbesondere in den Äußerungen der Teilnehmenden zu konkreten Räumen und Gebäuden, die Assmann als „nicht zeichenhafte historische Relikte" beschreibt.[22]

---

18 Ebenda, S. 155.
19 Da die Totenbücher zu den bedeutendsten historischen Zeugnissen zählen, die in Neuengamme die Verbrechen der SS dokumentieren und beweisen, handelt es sich bei den ausgestellten Totenbüchern um Faksimile.
20 Rüsen, Umgang, S. 333.
21 Aleida Assmann, Erinnerungsorte und Gedächtnislandschaften, in: Hanno Loewy/Bernhard Moltmann (Hrsg.), Erlebnis – Gedächtnis – Sinn. Authentische und konstruierte Erinnerung, Frankfurt a. M./New York 1996, S. 13–30, hier S. 21.
22 Assmann, Geschichte, S. 155.

Die Arbeitsstätten, die Reste des Bunkers, der Appellplatz oder auch der Keller in der alten Schule am Bullenhuser Damm sind historische Relikte, die ihre Historie an sich nicht verkörpern können, sondern zusätzliche Erklärungen benötigen, damit der gegenwärtige Betrachter ihren historischen Kontext versteht. Dass betretbare Gebäude und Räume zu einem besseren räumlichen Vorstellungs- und Orientierungsvermögen verhelfen können, steht außer Zweifel. Dieses wurde auch in den Stellungnahmen zu den Rekonstruktionen deutlich. Informationen zu den Lebens- und Arbeitsumständen und biografische Erzählungen werden darüber hinaus vor Ort plastischer und vorstellbarer, da sie räumlich verortet werden können, wie die folgenden Äußerungen zeigen: „Ich hätte gerne viel mehr alte Sachen, Gebäude gesehen von früher! So hätte ich mich besser in die Situation der damaligen Gefangenen hineinversetzen können! So war es schwer, sich dies alles vorzustellen! […] Ich wäre gerne in die Ziegelei hineingegangen, um zu sehen, wie es damals darin aussah!" (I 57, w) „Ich hätte es besser gefunden, wenn noch Räume etc. erhalten geblieben wären, damit man sich einen bildlichen Eindruck hätte machen können." (I 43, w)

Auch in der Gedenkstätte am Bullenhuser Damm gibt es heute keine Überreste mehr, die von dem ehemaligen Außenlager oder von der Exekution der jüdischen Kinder sowie der sowjetischen Häftlinge zeugen. Das Gebäude ist von innen renoviert, lediglich die Außenmauern sind noch aus der Erbauungszeit Anfang des letzten Jahrhunderts erhalten geblieben. Die Gedenkstätte befindet sich in einem Viertel des Stadtteils Rothenburgsort, das heute ausschließlich zu Industriezwecken genutzt wird. Umgeben von Bau- und Autohöfen weist nichts mehr auf das ehemalige Wohnviertel hin, das einst eine Schule benötigte. Weder die Aufräumarbeiten der Häftlinge noch der Standort der Schule sind also historisch offensichtlich nachvollziehbar. Ein Wandgemälde von Jürgen Waller, eine Ausstellung sowie der angelegte Rosengarten sind nachträglich eingerichtete Orte, die über die Deportation der jüdischen Kinder aus ihren europäischen Heimatstädten nach Auschwitz, die Selektion als Versuchspersonen für die pseudomedizinischen TBC-Experimente in Neuengamme und letztendlich über die Exekution der Kinder informieren und der Hingerichteten gedenken. Obgleich an diesem Ort keine gegenständlichen Relikte existieren, in denen sich die Geschichte manifestiert, wird er dennoch besonders in Erinnerung behalten (wie im Abschnitt zu den Interessensbereichen schon dokumentiert) und teilweise sogar als unveränderter und „authentischer" als das ehemalige KZ Neuengamme wahrgenommen. Dies zeigen u. a. folgende Antworten der Teilnehmenden: „Ich find' besonders im Bullenhuser Damm kann man es besser erkennen, weil nicht alles so sehr verändert wurde. In Neuengamme hab ich nicht viel erkennen können, weil dort alles geändert wurde." (I 28, m) Man könne am Bullenhuser Damm „mehr von dieser alten Zeit sehen […] und sich somit von dieser grauenvollen

Zeit ein gutes Bild machen" (ebenda). Der Meinung einer Schülerin, die „dieses Gefühl nicht spüren konnte, wie es früher gewesen war. Da vieles fehlte und es nur in kleinen Stücken an ein KZ erinnerte" (I 58, w), aber dafür den Bullenhuser Damm als „ganz okay und sehr interessant" (ebenda) bewertete, schließt sich ein Mitschüler an, und findet Bullenhuser Damm „hingegen [...] sehr bedrückend" (I 8, m). Die Aufnahme von Informationen über das Sehen oder Hören wird offensichtlich von der sinnlichen Wahrnehmung des „Spürens" oder auch „Fühlens" begleitet. Die Stimmung, die „Aura" des Ortes gewährleistet dabei letztendlich das „Erkennen" der Vergangenheit. Ein Mitschüler schilderte ebenfalls seine Wahrnehmung, dass man in Neuengamme nicht „erkennt, wie es wirklich war. Die Stimmung war ganz anders. Das Schreckliche kam nicht rüber." (I 37, m)

Da es sich bei der Gedenkstätte Bullenhuser Damm um einen Ort handelt, der mit einer konkreten, narrativ vermittelten Geschichte in Verbindung steht, kann die Historie vermutlich von den jugendlichen Besuchern und Besucherinnen leichter bildlich verortet werden. Dass die Gedenkstätte stimmungsvoller wahrgenommen wird, ist aber insofern erstaunlich, weil der Keller, obgleich nicht verändert, auch irgendein Keller sein könnte. Nur die Gedenkstätte an sich, die nachträglich ausgestellten Dokumente und Erklärungen sowie die Erzählungen des Guides weisen auf seine Geschichte als Außenlager und Mordstätte hin. Eine andere Überlegung ist, dass ein Keller per se bereits unheimlich ist. Weiterhin ist vorstellbar, dass die Geschichte der 20 jüdischen Kinder um einiges persönlicher und fassbarer als die Geschichte des Konzentrationslagers Neuengamme ist, in dem mehr als 100 000 Menschen leben und viele von ihnen sterben mussten.

4.2 „Erinnerung" an ein KZ – Assoziationen

Eine Schülerin bemerkte, dass die Gedenkstätte nur bedingt „an ein KZ erinnerte" (I 58, w), und sie dadurch „dieses Gefühl nicht spüren konnte, wie es früher gewesen war" (ebenda). Erinnerungen der Schülerin an ein KZ stammen selbstverständlich nicht aus Selbsterlebtem, sondern sind Fremderinnerungen, die unter anderem aus den Erzählungen der Eltern und Großeltern stammen können. In der Regel werden die Erinnerungen und Eindrücke aber von Medien, wie beispielsweise Filmen oder Schulbüchern, beeinflusst.

Diese Besucherin erwartete jedoch nicht nur, dass sich bestimmte Bilder aus Medien, Literatur, Erzählungen oder auch früheren Gedenkstättenbesuchen wiederfinden und bestätigen, sondern dass sich darüber hinaus ein bestimmtes, nämlich „dieses" Gefühl einstellt, das anzunehmend mit solchen Bildern einhergeht und assoziiert wird. Vermutlich haben die Schüler und Schülerinnen „genaue" Bilder von Konzentrationslagern vor Augen. Mit den bildlichen Erinnerungen schwingen oftmals auch bestimmte Emotionen mit, die durch das übermittelnde Medium übertragen werden, beispielsweise durch die Dramaturgie oder die jeweiligen Protagonisten und Protagonistinnen. Allgemein bekannt sind die sich immer wiederholenden Bilder von Konzentrationslagern mit Leichenbergen, rauchenden Krematorien, ankommenden Deportationszügen, Selektionen in Auschwitz, ausgemergelten, fast verhungerten Menschen, Schuhbergen, Gaskammern oder die Einschuböffnungen der Öfen in den Krematorien. Ein Schüler beschreibt genau diese Vorstellungen und damit verbunden die Erwartung, „[v]iele Gaskammern, Berge von Brillen und Koffer und Haare und viele Leichen" (II 6, m) in der Gedenkstätte Neuengamme vorzufinden. Zudem werden Konzentrationslager eng mit den Begriffen Vernichtungslager, Juden und Vergasung assoziiert. Diese erinnerten Bilder und Vorstellungen finden sich jedoch im ehemaligen Konzentrationslager Neuengamme nicht wieder und können weder verbildlicht noch verifiziert werden, zumindest nicht in dem Maße, wie erhofft.

4.2.1 Vergasung und Verbrennung

Die Erzählung mancher Guides über den Arrestbunker als Hinrichtungsstätte und die für das KZ Neuengamme untypische Ermordung sowjetischer Kriegsgefangener darin durch das Gas Zyklon B[23] wurde verhältnismäßig oft erwähnt. Der „Arrestbunker", der nur noch in seinem Fundament vorhanden ist, wurde in diesen Antworten als „Bunker mit den 251 Personen, die dort gefangen gehalten wurden" (I 37, m) oder als „Hütte, wo die Häftlinge vergast wurden" (I 32, m) beschrieben. Äußerungen über die Erwartung, „Vergasung, wie früher" (II 17, m) zu sehen, offenbaren zudem die enge Assoziation, aber auch, dass die grundlegenden Informationen über das System der Konzentrationslager manche Schüler und Schülerinnen – „keine Vergasung, die [da] doll renoviert" (ebenda) – nicht erreicht haben. Auch andere Teilnehmende hätten gerne mehr „beim KZ über die Gaskammern" (II 14, w) gehört oder sich „noch mehr interessiert, was in der ‚Gaskammer' gemacht wurde usw." (I 38, w). Eine Schülerin beschrieb explizit, dass es auch für sie „neu" gewesen wäre, „dass es nicht nur KZ mit Gaskammern gab, sondern dass die Menschen dort harte Arbeit zu verrichten hatten" (I 59, w).

Die Vermutung an dieser Stelle ist, dass die Befragten eine gewisse Erwartungshaltung hatten, nämlich bekannte Bilder über Gaskammern und Öfen aus den Krematorien in Neuengamme wiederzufinden. Mit der Geschichte um den Arrestbunker sowie das Klinkerwerk könnten die Jugendlichen Anhaltspunkte gefunden haben, womit sie ihre Vorstellungen von Konzentrationslagern mit der engen Assoziation des Vernichtungslagers durch Gas und Verbrennung der Leichname „endlich" verifizieren konnten. Dieses würde auch erklären, warum

---

23 In zwei Mordaktionen wurden im Herbst 1942 insgesamt 448 sowjetische Kriegsgefangene in Neuengamme durch Zyklon B vergast, KZ-Gedenkstätte Neuengamme (Hrsg.), Die Ausstellungen, Bremen 2005, S. 93.

sich in Studie II mehrere Befragte (in diesem Fall nur Jungen) an die nicht mehr vorhandenen Zick-Zack-Öfen ‚erinnerten'. In den Antworten wurden die Erinnerungen an „[d]ie großen Hallen in Neuengamme, den großen Ofen" (II 18, m) beschrieben, oder dass „die Halle, wo der Tonofen stand [...] zu leer" (II 25, m) gewesen sei. „Der Ofen hat gefehlt" (II 22, m), so ein anderer Junge.

4.2.2 Opfergruppen

Eine Schülerin behielt besonders in Erinnerung, „dass außer den Juden, Slawen, Zigeuner ... auch die Personen vernichtet wurden, die ihre eigene Muttersprache auf der Straße sprachen" (I 11, w). Ein anderes Mädchen hätte hingegen „solche Sachen, wie die Dreiecke, die die Häftlinge in Gruppen ‚eingeteilt' haben, nicht so detailliert erzählt" (I 2, w) (hier meint sie die stigmatisierende Kennzeichnung der Häftlinge durch die sogenannten Winkel). Auffällig ist, dass manche Schüler und Schülerinnen die Informationen über die Häftlingsgruppen und den geringen Anteil von Juden in diesem Konzentrationslager nicht aufnahmen. Hier liegt die Vermutung nahe, dass die „neuen" Informationen über das KZ Neuengamme im Widerspruch zu ihrem Wissen und der engen Verknüpfung zu den Vernichtungslagern stehen: „Die Schandtaten und das Morden der Gefangenen im KZ (vor allem Juden)" (I 12, m); „[d]as Ausmaß der Konzentrations- bzw. Vernichtungslager. Die Mittel, mit denen die Juden umgebracht worden sind." (I 13, m); „[...] aber wenn man überzeugt war, dass die Juden nicht systematisch vernichtet wurden, dann könnte man auch hier sagen, dass es so gar nicht gewesen sei. Die Häuser sahen von innen anders aus, sie wurden nicht so schlimm behandelt, das Tor war so gesichert damit. Im Gefängnis beschwert sich ja auch niemand ..." (I 26, w). Auch hier ist auffällig, wie schwierig es sich für manche Schüler und Schülerinnen gestaltet, neue Informationen, die nicht ins bekannte Bild passen, zuzulassen.

Ein weiterer Vergleich wurde von den Befragten zu den bekannten Bildern von Auschwitz gezogen, um an diesen die Evidenz der Gedenkstätte zu messen.

4.2.3 Die besondere Stimmung von Auschwitz

In Studie I wurde das ehemalige KZ Auschwitz von etwa der Hälfte derjenigen Schüler und Schülerinnen, die die Gedenkstätte Auschwitz zuvor besucht hatten, zum Vergleich herangezogen. Antworten wie „Ich denke, dass man in Neuengamme nicht ganz so gut sehen kann. In Auschwitz beispielsweise konnten die Gefühle diesbezüglich viel besser rauskommen, da es dort einfach besser dargestellt wurde. In Neuengamme brauchte man viel Phantasie." (I 16, w); „[In] Neuengamme nicht genau, weil sehr viele Gebäude nicht mehr da sind, aber in Auschwitz ist der Eindruck viel deutlicher." (I 20, m); „Man konnte nicht erkennen, wie es gewesen ist. In Auschwitz ist alles besser erhalten und dort bekommt man einen besseren Eindruck wie es gewesen ist." (I 33, m) können zunächst vermuten lassen, dass die Wahrnehmung und Erfahrung durch den früheren Besuch der Gedenkstätte Auschwitz so massiv und intensiv waren, dass sie nachhaltig prägen und Orte wie die Gedenkstätten Bullenhuser Damm und Neuengamme als ehemalige Konzentrationslager weniger authentisch wahrnehmen lassen. Insbesondere die Originalgebäude, historischen Materialien und die Geschichte des Vernichtungslagers Auschwitz konnten eine gewisse Emotionalität und Stimmung transferieren, die den Ort für die Jugendlichen „authentisch(er)" machten: „Ja, ich denke schon, weil es alles noch originalgetreu war, bzw. viel. Dadurch kam eine gedrückte Stimmung rüber (die in Auschwitz allerdings stärker rüber kam, da dort auch noch solche Dinge wie die Haare, die Schuhe, Koffer etc. der Vernichteten waren und [...] dadurch das Grauen der Vergangenheit stärker ausgedrückt wurde." (I 10, w) Diese „greifbaren Beweise" (I 6, m) machten Auschwitz zu einem besseren „Beispiel, da dort mehr Sachen original aus der damaligen Zeit erhalten sind" (I 9, w).

Die Vermutung über den Zusammenhang der Wahrnehmung der KZ-Gedenkstätte Neuengamme und einem früheren Besuch von Auschwitz lässt sich jedoch nicht eindeutig bestätigen, da ein größerer Teil der Gruppe von Jugendlichen, die Auschwitz vorher besucht hatten, im Vergleich zu denjenigen, die die Gedenkstätte Auschwitz nicht kannten, Neuengamme als evident einstuften. Um die „Aura, die Ausstrahlung" von historischen Orten, insbesondere der Gedenkstätte Auschwitz, geht es auch Peter Koch, dem Leiter der Bildungsabteilung der KZ-Gedenkstätte Dachau, in einem Tagesschau-Interview mit Nea Matzen im Jahr 2005. Dort beschreibt er, dass die Gedenkstätte Auschwitz an sich ein auratischer Ort sei, während andere historische Orte bestimmte Berührungspunkte benötigten, um die auratische Stimmung erzeugen zu können. In Dachau seien dies der Bunker und der Krematoriumsbereich mit der Gaskammer, die emotionalisierten, eine gewisse Stimmung ausstrahlten und die Vergangenheit durch ihre „Schrecklichkeit" sichtbar mache. Zur Bedeutung von Auschwitz sagt Koch: „Vom ‚authentischen' Ort her und von der emotionalen Berührung her funktioniert Auschwitz sicher viel stärker als KZ-Gedenkstätten in Deutschland. Neuengamme, Dachau, Buchenwald sind alle – ich meine das nicht negativ – ‚relativ steril'. Das ist in Auschwitz ganz anders. Dieses riesige Gelände, auch die Sammlung der Brillen, Haare, Koffer, das findet man hier gar nicht vor. Insofern denke ich, ein Besuch in Auschwitz hat eine ganz andere emotionale Qualität."[24]

---

24 Tagesschau-Interview mit Peter Koch, http://www.tagesschau.de/inland/meldung202234.html (Zugriff am 2. 6. 2009).

4.3 Funktion des Guides, der kein Zeitzeuge ist, und der didaktischen Gestaltung der Gedenkstätte

Abschließend soll nun die Funktion des Guides fokussiert werden. Wie schon in einigen der ausgewählten Zitate zu erkennen war, übernimmt dieser die Rolle des Vermittlers. Da die Historie des KZs wider Erwarten weder sich selbst erschließt noch fühlbar wird, sei man stattdessen auf den Guide oder zumindest andere erklärende Zusätze angewiesen. „Nein, ich finde, es war alles sehr fremd. Man konnte nicht wirklich viel erkennen, was dort mit den Menschen gemacht wurde. Dies kam durch die Erzählungen des Führers." (I 38, w) Diesen Fakt kritisierten mehrere Schüler und Schülerinnen, zumal der Guide kein Zeitzeuge gewesen sei: „Man konnte wenig sehen. Man konnte sich es nur vorstellen, aber nicht sehen. Der Führer war kein Zeitzeuge." (I 50, m) Stellvertretend für die Zeitzeugen und Zeitzeuginnen berichtet der Guide über das Leben und Sterben im KZ. Narrativ vermittelt er zum einen überlieferte individuelle Erlebnisse, zum anderen sachliche Informationen. Dabei erklärt er die Geschichte des Konzentrationslagers mit seinen historischen Relikten und stellt diese in ihren historischen Kontext. So bemerkten manche Schüler und Schülerinnen, dass „unser Führer uns vorstellbar die Geschichte des KZ Neuengamme und der Gedenkstätte Bullenhuser Damm nahe gebracht hat" (II 27, w); oder: „Unser Begleiter war ziemlich gut, daher haben wir sehr viele Informationen bekommen." (I 28, m)

Allerdings gab es auch Jugendliche, die die Führung „scheiße und langweilig" (I 45, m) fanden oder besser „nicht so doll ‚dramatisiert' geschildert" (I 43, w), „da man heute nichts mehr ändern könnte" (ebenda). Der Eindruck von „dramatisierenden" Schilderungen der Historie, um „[d]er Gruppe zu zeigen, wie schlimm es dort war. Betroffenheit zu erregen" (I 38, w), „Mitleid [zu] zeigen" (I 50, m), zu „[z]eigen, dass es schrecklich war" (I 10, w), hatten nur einige Schüler und Schülerinnen. Viel häufiger wurde auf die sachliche Informationsvermittlung eingegangen und als Aufgabe und Zielsetzung der Mitarbeiter und Mitarbeiterinnen beschrieben, „genau die Sachlage an solchen Orten zu schildern und für ‚Fremde' ein genaueres Bild zu erschaffen" (I 4, w). So etwa in folgenden Aussagen:

- „Wollen Leute informieren. Die Zeit anschaulich darstellen" (I 15, w).
- „Die Leute über die Zeit aufzuklären, und wie grausam die Zeit damals war" (I 37, m).
- „Informieren über die Taten. Die Leute aufklären. Die Leute wachrütteln" (I 40, m).
- „Den Leuten möglichst viel Wissen über dieses KZ mitteilen" (I 54, m).

In der Gestaltung habe man zudem darauf geachtet, Jugendliche anzusprechen und zu interessieren. Dies habe sich in der jugendfreundlichen Gestaltung bemerkbar gemacht: „Es wurde klar, dass das Ziel war, uns die Thematik etwas näher zu bringen und uns, als Jugendliche, zu interessieren." (I 24, w) „Sie haben die Ausstellung sehr jugendfreundlich gestaltet." (I 34, w)

Insbesondere weil bei der Führung „sehr viel erklärt wurde" (II 24, m), könne man, so ein Mädchen, „sich schon vorstellen, wie es war, besonders, wenn man dazu noch Geschichten über Menschen aus dem KZ hört" (II 26, w). Auch für manche Schüler und Schülerinnen der Befragung I trugen die individuellen Erklärungen des Guides zum Verständnis bei, „weil die Erzählungen/Berichte bei der Führung teilweise sehr authentisch waren" (I 23, w). Allerdings hielt eine Schülerin die Schilderung des Guides zum Thema Zwangsprostitution im KZ für nicht „glaubwürdig": „Mir ist ganz viel in Erinnerung geblieben. Es gab auch neue Dinge, die ich dazu gelernt habe. Z. B. die Prostitution, worüber ich mehr wissen möchte, da es für mich weniger glaubwürdig ist, und es dazu zu wenig Informationen gab. Ich würde dieses Thema mehr als erfunden einschätzen." (I 58, w)

Irritierend war für einige Jugendlichen die Bezeichnung der Nazis als Deutsche in den Erzählungen des Guides: „Ich hätte nicht immer so schlecht über die Deutschen geredet, sondern über die Nationalsozialisten." (I 41, m) So wünschte man sich, dass „der Mann, der uns rumgeführt hat, mehr Neutralität zeigt. Ich hatte das Gefühl, dass er Deutsche hasst (auch die heutigen)!" (I 12, m) Auch bei einem anderen Schüler entstand der Eindruck: „Er mochte keine Deutschen." (I 21, m)

Die Abgrenzung zwischen „den Nazis" und „den Deutschen" haben insbesondere Welzer, Moller und Tschuggnall in den Familieninterviews ihrer Generationsstudie feststellen können. „Die Nazis" würden mehr und mehr zu „den Anderen", und damit verlängere sich die Distanz der eigenen Vorfahren von der Historie. Die in der Generationsstudie erkennbare Tendenz zur „kumulativen Heroisierung" im Weitergabeprozess zwischen den Generationen bekräftigt die Vermutung über die „Restauration der tradierten, aber eigentlich längst abgelöst scheinenden Alltagstheorie, dass ‚die Nazis' und ‚die Deutschen' zwei verschiedene Personengruppen gewesen seien, und dass ‚die Deutschen' [...] selbst Opfer des Nationalsozialismus" gewesen seien. Hier mache sich die Diskrepanz bemerkbar, die sich zwischen dem kommunikativen Prozess mit individuell nahestehenden Menschen und dem kognitiven Wissensbestand zur Geschichte aufbaut.[25]

Dass die KZ-Gedenkstätte nicht nur ein Lernort ist, sondern in erster Linie ein Gedenkort für die Opfer des Nationalsozialismus, wurde von den Schülern und Schülerinnen als Funktion erkannt und in einigen Antworten beschrieben:

---

25 Harald Welzer, „Ach Opa!" Einige Bemerkungen zum Verhältnis von Tradierung und Aufklärung, in: Jens Birkmeyer/Cornelia Blasberg (Hrsg.), Erinnern des Holocaust? Eine neue Generation sucht Antworten, 2. Aufl., Bielefeld 2007, S. 47–62, hier S. 55 ff.

„Die Zielsetzung ist, ein Zeichen für die Opfer zu setzen." (I 15, w) Eine Schülerin formulierte das Ziel so: dass „die Leute erfahren, wie es wirklich war und es den Überlebenden, den Zeitzeugen gerecht wird" (I 26, w). Außerdem sei die Gedenkstätte ein Ort, an dem die persönlichen Erinnerungen der Opfer dokumentiert und konserviert werden: „Erhaltung diverser Dinge und Erinnerungen" (I 39, m); „Die Ausstellung im Museum. Und die Hörkassetten und DVDs, wo dort ehemalige Häftlinge, die überlebt haben, über ihr Leben berichten." (I 18, m)

5. Resümee

Die Ergebnisse der beiden Studien zeigen, dass nur wenige der teilnehmenden Schüler und Schülerinnen vor ihrem Besuch der ehemaligen KZ-Stätten Neuengamme und Bullenhuser Damm privat mit Gedenkstätten in Kontakt gekommen sind. Auffallend viele Teilnehmende aus Studie I gaben jedoch an, zuvor die Gedenkstätte Auschwitz besucht zu haben. Aufgrund dieser Häufung ist anzunehmen, dass diese Fahrt nach Auschwitz ebenfalls einen pädagogisch-didaktischen Hintergrund gehabt hat und innerhalb einer Gruppe organisiert gewesen war (schulische Fahrt, Konfirmandengruppe o. Ä.).

Der Besuch der ehemaligen Konzentrationslager Neuengamme und Bullenhuser Damm wurde von der Mehrheit der Befragten für den außerschulischen Unterricht als sinnvoll bewertet. Begründet wurde dies überwiegend damit, dass vor Ort das historische Geschehen der Nazi-Zeit besser veranschaulicht, verdeutlicht und verbildlicht werden könne und so eine sinnvolle Ergänzung zu den Erzählungen der Lehrkräfte und den Schulbuchtexten und -bildern darstelle. Selten wurden die Gedenkstätten jedoch als zusätzliche Informationsquellen genannt, vielmehr vertraten die Schüler und Schülerinnen die Ansicht, dass an dem historischen Ort bereits bekanntes Wissen plastisch untermalt und verräumlicht werde. Dadurch erhoffte man sich eine bessere Vorstellung dessen, was sich vor 70 Jahren ereignet hatte. Darüber hinaus könnte man durch die Anwesenheit vor Ort Eindrücke über die Zeit erhalten und aktiv einbezogen werden, statt die Geschichte lediglich passiv über Erzählungen aus dem Unterricht und Schulbücher vermittelt zu bekommen. Die Analyse der Antworten ergab jedoch, dass die Schüler und Schülerinnen nur ein sehr eingeschränktes Wissen über den Nationalsozialismus und die Geschichte der Konzentrationslager besitzen.

Der Nationalsozialismus weist eine alltägliche und allgegenwärtige Präsenz in den Medien auf. Diese Übersättigung kann die allgemeine Ansicht zur Folge haben, das Thema und seine Hintergründe zu kennen und mit einem breiten Wissen über die Geschichte ausgestattet zu sein, obgleich es nur diffus und schwammig ist. Diese Diffusität äußerte sich in den Antworten oftmals in der dominierenden, aber reduzierten Assoziation eines Konzentrationslagers mit Vernichtung, Juden, Vergasung und Gewalt. Diese Assoziation ist selbstverständlich nicht falsch, jedoch vermittelten die Antworten den Eindruck, als ob durch diese Verdichtung kein Interesse an den politischen und gesellschaftlichen Hintergründen und Kontexten mehr zugelassen werde. Im Vordergrund des Interesses standen mehrheitlich der Alltag der Häftlinge, die Exekution der 20 jüdischen Kinder am Bullenhuser Damm sowie alle Themen, die die direkte Gewalt und den Mord an den Häftlingen beinhalteten. Politische Themen wurden als am uninteressantesten bewertet. Aber auch regionale Themen wie die historische Beteiligung und die gegenwärtige Verantwortung Hamburgs an der Errichtung der Gedenkstätte stießen auf wenig Interesse.

Das Konzentrationslager ist per se inhuman und steht in Verbindung mit Terror, Folter, Tod, Mörderischem und genauso Unvorstellbarem. Gewalt hat von jeher etwas Faszinierendes. Umso stärker wird die Faszination sein, wenn das Bestialische an sich nicht begreifbar ist. Das Verhalten der Täter und Täterinnen, die Systematik und das Ausmaß der Tat ist nicht vorstellbar, nicht vergleichbar, dafür aber erklärbar und zu thematisieren. Es ist anzunehmen, dass alle Jugendlichen im Alter von 15 Jahren mindestens einmal im Leben mit Erzählungen und Bildern von Konzentrationslagern konfrontiert worden sind. Die Besucher und Besucherinnen kommen mit eben dieser Vorstellung und dem Wissen um das Mörderische eines KZs in der gegenwärtigen Gedenkstätte an. Die Schüler und Schülerinnen müssen dabei nicht unbedingt von der Faszination des Bestialischem, dem „Grausamkeitstourismus", geleitet sein, vielmehr werden sie das Bild eines grausamen Ortes vor sich haben. Nur wenige Schüler und Schülerinnen wünschten explizit, die Gewalt visuell vorgeführt zu bekommen. Die Erwartung eines Schülers, Leichen zu sehen, kann ebenso ein Ausdruck der Suggestivität bekannter Bilder (Leichenberge) sein, die rationale Überlegungen (Verwesungszeiten) penetrant überlagern. Wenn auch nicht ganz so brachial, erwarteten die Befragten dennoch, dass sich bestimmte Bilder von Konzentrationslagern an dem gegenwärtigem Ort wiederfinden und verifizieren lassen. Jedoch mussten die Schüler und Schülerinnen bei ihrem Besuch der Gedenkstätte feststellen, dass die heutige Realität und Rationalität des Ortes weder mit der vorgestellten Realität der Historie noch mit der fiktionalen, illusionierten Wirklichkeit, die Spielfilme, Dokumentationen oder auch andere neue Medien produzieren und suggerieren, übereinstimmen. Dieses kann dazu führen, den Ort wenig eindrucksvoll und evident wahrzunehmen, sich zu langweilen, im ungünstigsten Fall sogar dessen Historizität anzuzweifeln.

Die häufig formulierte Erwartung nach räumlicher Plastizität der Historie konnte aufgrund der Zerstörung durch die Nazis bei der Räumung des KZs und des zeitlichen Verfalls sowie der renovierten und teilweise leer stehenden

Gebäude nicht erfüllt werden. Zudem waren moderne, abstrakte und symbolische Darstellungsformen des Ortes irritierend für die Schüler und Schülerinnen und erschwerten es ihnen, sich das Konzentrationslager in seiner ursprünglichen Form und Bebauung vorzustellen. Insbesondere die nicht mehr vorhandenen Holzbaracken waren ein Grund dafür, dass sich ihnen das Bild des ehemaligen Konzentrationslagers oftmals nicht erschloss.

Während die Schüler und Schülerinnen aus Studie II die Gedenkstätte aufgrund der erhaltenen Informationen vor Ort mehrheitlich als evident beschrieben, schilderten die Hamburger oftmals die Erwartung, bestimmte Stimmungen vor Ort erleben zu können. Das Gefühl, wie es vor 65 Jahren gewesen sein könnte, trat aber nicht ein, da die Gedenkstätte nur bedingt an ein KZ erinnerte. Die Gedenkstätte wurde von diesen Schülern und Schülerinnen daher als weniger evident beschrieben. Insgesamt zeigten die Antworten, dass die Jugendlichen nicht etwa ein neues Gefühl erleben wollten, wie es gewesen sein muss, in einem Konzentrationslager gelebt zu haben und wie die Häftlinge sich fühlten (was selbstverständlich nicht möglich ist und nicht weiter erörtert werden muss), sondern dass sie realisierten, dass sich bekannte Stimmungen, die vielleicht mit bestimmten Bildern und Vorstellungen an ein Konzentrationslager einhergehen, nicht einstellten oder bestätigten. Der Ort wurde daher als nicht „authentisch" beschrieben. Mit dieser Wahrnehmung von mangelnder Authentizität schwand auch die erwartete „Aura" des Ortes, die für andere Orte ehemaliger Konzentrationslager, wie für die KZ-Gedenkstätten Auschwitz oder Dachau mit den erhaltenen Krematorien und Gaskammern, beschrieben wird und dort spürbar sein soll. Die „fehlenden" Gaskammern und das nicht mehr vorhandene Krematorium, das zwar seiner ursprünglichen Größe nach, aber dennoch nur symbolisch, als Grundriss, nachempfunden wurde, können den Ort Neuengamme in dem Sinne weniger authentisch wirken lassen, da diese Mordstätten dominierende Knoten im Netz der Assoziation mit einem KZ sind. Letztendlich konnte sich die „Angst und Panik" der Häftlinge nicht räumlich manifestieren. Ob sich diese Gefühlslagen allerdings in erhaltenen Gebäuden erahnen ließen, ist zu bezweifeln. Allerdings kann eine original erhaltene Mordstätte die Historie eher verorten und fordert darüber hinaus ein geringeres Abstraktionsvermögen als eine symbolische Darstellung.

Dass Neuengamme dem allgemeinen Anspruch an einen authentischen Ort stimmungsgemäß nicht genügt, bietet allerdings auch Chancen. Wichtig ist, mit den Schülern und Schülerinnen bereits vor dem Besuch zu thematisieren, dass sie kein echtes KZ (vgl. II 33, m) zu sehen bekommen und aus welchen Gründen der Ort nicht mehr in seiner baulichen Ursprünglichkeit vorzufinden ist. Durch das Zurückschrauben der Erwartungen können Enttäuschungen reduziert werden. Solche Enttäuschungen, die zu Missmut, Langeweile und Anti-Haltungen führen, können die Informationsaufnahme (und den Willen dazu) erheblich versperren.

Mehrere Antworten zeigten, dass Themen und Schilderungen, die zwar das Interesse ansprechen, aber nicht leicht zu verarbeiten sind, wie beispielsweise die Ermordung der Kinder am Bullenhuser Damm, Hintergrundinformationen und Zusammenhänge verschleiern und überlagern können. So wurde von einigen Schülern und Schülerinnen fälschlich beschrieben, dass die 20 Kinder am Bullenhuser Damm untergebracht gewesen und auch die Experimente dort durchgeführt worden wären. Dadurch, dass die Gedenkstätte Neuengamme nicht in erheblichem Maße „unheimliche" Stimmungen hervorruft und überwältigt, können die Jugendlichen sich rationaler mit der Geschichte auseinandersetzen.

Der Guide nimmt im Transfer zwischen Gedenkstätte und Besuchenden eine besondere Stellung ein. Er vermittelt zwischen den Betrachtenden aus der Gegenwart und den historischen Relikten aus der Vergangenheit. Da die wenigsten Relikte für sich selbst sprechen, hilft der Guide, ihre Bedeutung zu interpretieren und zu erklären, damit ihr historischer Kontext erschlossen werden kann. Viele Jugendlichen beschrieben, dass sie von dem Guide zum einen verlässliche, verifizierbare und sachliche Informationen erwarteten, die ihr eigenes, jugendliches und generationsbedingtes Interesse und Verständnis ansprechen, und zum anderen anschauliche Erzählungen, die die nicht spürbare Aura „ersetzen". Diese Erwartungen konnten bei vielen Schülern und Schülerinnen erfüllt werden. Zwar wurde der Ort für sie nicht auratisch, dafür aber interessant und evident.

MALTE SORGENFREI

Kompetenzorientiertes Lernen an Gedenkstätten im Kontext von Erinnerungskultur: zwei Fallbeispiele

1. Einleitung

Kompetenzorientiertes Geschichtslernen ist infolge der andauernden Diskussion um PISA, Bildungsstandards und Kerncurricula sehr aktuell. Wesentliche Entwicklungen der akademischen Geschichtsdidaktik, aber auch der Schulpraxis halten formal wie inhaltlich Einzug in die „Rahmenpläne" und Richtlinien der Bundesländer. Es geht darum, historisches Lernen nicht als ein Lernen historischer Fakten, Zahlen oder Namen zu verstehen, sondern als ein Ziel zu begreifen, das ein „reflektiertes Geschichtsbewusstsein im Sinne eines historisch geschulten Gegenwartsverständnisses, das Selbst- und Fremdverstehen, persönliche und kollektive Orientierung, politische Handlungsfähigkeit und wertgebundene Toleranz ermöglicht".[1] Infolge der Entwicklung unterschiedlicher Kompetenzmodelle scheinen einige Ebenen theoretisch fest verankert zu sein – Sachkompetenz, (De)konstruktions- und Rekonstruktionskompetenz, geschichtskulturelle Kompetenz, narrative Kompetenz, Methodenkompetenz etc. –, dennoch sprechen nicht alle Modelle dieselbe Sprache. „Geschichte denken statt pauken" symbolisiert diesen Paradigmenwechsel im Geschichtsunterricht.[2]

Doch nicht der schulische Geschichtsunterricht steht im Zentrum dieses Artikels, sondern kompetenzorientiertes historisches Lernen an außerschulischen authentischen Lernorten, speziell an Gedenkstätten für die Opfer des Nationalsozialismus. Dieses Lernfeld ist in Bezug auf eine Kompetenzorientierung bislang wenig erforscht worden. Die Notwendigkeit einer Untersuchung ergibt sich aus

---

1 Freie und Hansestadt Hamburg, Behörde für Schule und Berufsbildung, Bildungsplan. Sekundarstufe I für das Gymnasium. Rahmenplan Geschichte. Arbeitsfassung vom 18.6.2008, http://www.li-hamburg.de/fix/files/doc/_Geschichte_17_06_08_RP_GyO.2.pdf (Zugriff am 26. 5. 2009), S. 8. Im Folgenden RPGyO2008.
2 Sächsische Akademie für Lehrerfortbildung (Hrsg.), Geschichte denken statt pauken. Didaktisch-methodische Hinweise und Materialien zur Förderung historischer Kompetenzen. Bearbeitet von Sylvia Mebus/Waltraud Schreiber, Meißen 2005.

den Vorgaben im aktuellen Entwurf des Hamburger Rahmenplans Geschichte. Dort heißt es:

„Die Schülerinnen und Schüler können im Themenbereich Staat und Nation in der deutschen Geschichte des 19. und 20. Jahrhunderts an einem historischen Fallbeispiel aus der Vorgeschichte der nationalsozialistischen Diktatur oder des Zweiten Weltkriegs Zwangslagen und Handlungsspielräume der Akteure bestimmen und dabei die Erkenntnischancen von kontrafaktischen Spekulationen diskutieren und verschiedene historische Formen der kollektiven Erinnerung an die NS-Gewaltherrschaft und den Holocaust beurteilen und dabei die unterschiedlichen Perspektiven verschiedener geschichtspolitischer Akteure herausarbeiten."[3]

Ich versuche zu zeigen, dass vor allem die Formulierung zu den Formen der kollektiven Erinnerung zu schwammig ist, indem ich kurz verschiedene Konzepte von Erinnerungskultur(en) präsentiere und diese anschließend anhand zweier Fallbeispiele aus der KZ-Gedenkstätte Neuengamme untersuche. Die Schwierigkeit besteht darin, an einem ursprünglichen Ort des Gedenkens und der Trauer die verschiedenen Formen der Erinnerung sichtbar zu machen und an ihrem Beispiel kompetenzorientiertes historisches Lernen zu erörtern. Die ausgewählten Fallbeispiele haben zum Ziel, anhand der verschiedenen Formen von Erinnerungskulturen zu zeigen, dass sich hier nicht nur, vereinfacht ausgedrückt, Gut und Böse gegenüberstehen, sondern es bei intensiver Auseinandersetzung möglich ist, dass Gedenken über die moralische Verurteilung des einen und über die reine Wertschätzung des anderen hinausgeht.

2. Konzepte der Erinnerungskultur

Die Begriffe Erinnerung und Gedächtnis sowie das übergeordnete Konzept der Erinnerungskultur gehören heute zu den Leitbegriffen der Geschichtsschreibung. Eingrenzen lässt sich das Gebiet zunächst mit einer Definition Hans Günter Hockerts, wonach unter Erinnerungskultur ein lockerer Sammelbegriff „für die Gesamtheit des nicht spezifisch wissenschaftlichen Gebrauchs der Geschichte in der Öffentlichkeit – mit den verschiedensten Mitteln und für die verschiedensten Zwecke" verstanden werden könne.[4]

---

3   RPGyO2008, S. 14.
4   Hans Günter Hockerts, Zugänge zur Zeitgeschichte. Primärerfahrung, Erinnerungskultur, Geschichtswissenschaft, in: Konrad H. Jarausch/Martin Sabrow (Hrsg.), Verletztes

Über die Frage allerdings, in welcher Form oder ob überhaupt die Konzepte „kollektives" beziehungsweise „kulturelles Gedächtnis" auf moderne Gesellschaften angewandt und wie sie mit dem Begriff Erinnerungskultur in Verbindung gebracht werden können, besteht bislang kein Einverständnis. Schon Johann Gustav Droysen brachte in seiner „Historik" zum Ausdruck, dass Erinnerungen „zum eigensten Wesen und Bedürfnis des Menschen" und menschlicher Gesellschaften gehören. Keine Gesellschaft könne ohne sie existieren: „Jede hat in ihrem Gewordensein, ihrer Geschichte das Bild ihres gewordenen Seins, gleichsam die Erklärung und das Bewußtsein über sich selbst."[5] Dadurch wird deutlich, dass es eine intensive Beschäftigung mit den Fragen der „Erinnerungskultur" auch schon avant la lettre gegeben hat.[6] Besonders Nietzsches Kritik an einem Übermaß an historischer Bildung ohne konkreten Lebensbezug zeigt dies klar. Nach seinen Überlegungen sei es möglich, „fast ohne Erinnerung zu leben, ja glücklich zu leben, wie das Tier zeigt. Ohne Vergessen überhaupt zu leben" sei hingegen ganz und gar unmöglich. Ebenfalls von Nietzsche stammt die Aussage, dass „das Unhistorische und das Historische […] gleichermaßen für die Gesundheit eines Einzelnen, eines Volkes und einer Kultur nötig" seien.[7] Jan Assmann spricht von den drei Gründervätern der sozialen Gedächtnisforschung und verweist auf Friedrich Nietzsche, Aby Warburg und Maurice Halbwachs. Erst mit ihren Arbeiten beginne die Begriffsgeschichte der Erinnerungskultur.[8]

Für den Untersuchungsgegenstand dieser Arbeit tritt das kulturelle Gedächtnis in den Hintergrund und Gegenstände „diesseits des floating gap",[9] also Zeitgeschichte, Oral History und das Generationengedächtnis, somit die Aneignung und

Gedächtnis. Erinnerungskultur und Zeitgeschichte im Konflikt, Frankfurt a. M. 2002, S. 39–74, hier S. 41. Konrad Jarausch definiert öffentliche Erinnerungskultur als die Einbettung der Interaktion von individuellen Erzählungen und kollektiven Stilisierungen in längerfristige Überlieferungen, siehe Konrad H. Jarausch, Zeitgeschichte und Erinnerung, Deutungskompetenz oder Interdependenz, in: ebenda, S. 9–37, hier S. 14.

5   Peter Leyh (Hrsg.), Johann Gustav Droysen, Historik, Stuttgart/Bad Cannstatt 1977, S. 45.
6   Vgl. Christoph Cornelißen, Was heißt Erinnerungskultur? Begriff – Methoden – Perspektiven, in: Geschichte in Wissenschaft und Unterricht 54 (2003), S. 548–563.
7   Friedrich Nietzsche, Vom Nutzen und Nachteil der Historie für das Leben (1874), hier zit. nach: Gesammelte Werke, Bd. 6: Philosophenbuch, Unzeitgemäße Betrachtungen. Erstes und Zweites Stück, 1872–1875, München 1922, S. 234 und S. 236.
8   Jan Assmann, Erinnern, um dazuzugehören. Kulturelles Gedächtnis, Zugehörigkeitsstruktur und normative Vergangenheit, in: Kristin Platt/Mihran Dabag (Hrsg.), Generationen und Gedächtnis. Erinnerungen und kollektive Identitäten, Opladen 1995, S. 51–75, hier S. 60 f.
9   Lutz Niethammer, Diesseits des „Floating Gap". Das kollektive Gedächtnis und die Konstruktion von Identität im wissenschaftlichen Diskurs, in: Platt/Dabag, Generationen, S. 25–50.

Deutung der unmittelbaren Vergangenheit der letzten 80 bis 100 Jahre, rücken ins Zentrum der Untersuchung. Dabei spielt die Tradierung von Lebenserfahrung durch Kommunikation und Interaktion im Alltag eine wichtige Rolle.[10]

3. Funktionshäftlinge im KZ Neuengamme: Auswahl der Fallbeispiele

In der Diskussion um die Erinnerungspsychologie von Opfern und Tätern der Konzentrationslager wurde eine Häftlingsgruppe häufig vernachlässigt. Die Stellung der Funktionshäftlinge, auch Kapos genannt, spielte im Lageralltag eine wichtige Rolle.[11]

Funktionshäftlinge wurden von den Machthabenden zu Teilen ihrer Verfolgungs- und Vernichtungsmaschinerie gemacht, indem ihre exponierte Stellung sie über den Rest der Häftlinge stellte, und sie deshalb von ihren Mitgefangenen häufig als deren direkte Verfolger und als Handlanger der SS angesehen wurden.[12] Im Folgenden werden zwei Funktionshäftlinge näher vorgestellt, um an ihrem Beispiel verschiedene Konzepte der Erinnerungskulturen zu diskutieren, sowie eine Herangehensweise erörtert, die den Forderungen nach kompetenzorientiertem Geschichtslernen gerecht wird.

Das erste Fallbeispiel beschäftigt sich mit dem Kapo Franz Grünewald. Dieser war ein Mensch, der im Lager Angst und Schrecken verbreitete. Es soll untersucht werden, ob es mit den Konzepten der Erinnerungskulturen Möglichkeiten eines Gedenkens gibt, das über das moralische Verurteilen seiner Taten hinausgeht. Im zweiten Fallbeispiel nutzte der Kapo Albin Lüdke seine exponierte Stellung, um Mithäftlingen im Rahmen seiner Möglichkeiten den Lageralltag zu erleichtern. Hierbei steht vor allem die Kontrastierung im Vordergrund, mit der Fragestellung, inwieweit es möglich ist, dass Gedenken über die moralische Verurteilung des einen und über Wertschätzung des anderen hinaus geht.

---

10 Vgl. Astrid Erll, Kollektives Gedächtnis und Erinnerungskulturen. Eine Einführung, Stuttgart 2005, S. 50.
11 Eine ausführliche Untersuchung der Neuengammer Funktionshäftlinge legte Marc Schemmel vor, der systematisch und chronologisch das Lagersystem und das Leben der Funktionshäftlinge darstellt. Als Kapos wurden Häftlinge bezeichnet, denen die Befehlsgewalt über Arbeitskommandos übertragen worden war. Sie wurden durch den Arbeitsdienstführer eingesetzt und waren in erster Linie dem SS-Kommandoführer verantwortlich. Vgl. Marc Schemmel, Zwischen Kooperation und Widerstand. Funktionshäftlinge im KZ Neuengamme, Saarbrücken 2007; Eugen Kogon, Der SS-Staat. Das System der deutschen Konzentrationslager, 6. Aufl., München 1979.
12 Schemmel, Funktionshäftlinge, S. 4 f.

4. Der Kapo Franz Grünewald

Franz Grünewald wurde Ende 1940 von Sachsenhausen nach Neuengamme verlegt. Seinen Spitznamen „Aso" trug er wegen des schwarzen Winkels der „Asozialen".[13] Er war seit November 1941 Kapo im KZ Neuengamme und hatte zunächst die Aufsicht bei den Ausschachtungsarbeiten für einen Kartoffelkeller (Kommando „Walze 3"). Bei einer Schiebung kam es zur Meldung, und er wurde im Januar/Februar 1942 als Kapo abgelöst und zur Strafkompanie versetzt.[14] Er galt als besonders sadistisch, sein Kommando hatte täglich viele Tote und Verletzte zu verzeichnen, weshalb das Kommando „Walze 3" als die eigentliche Strafkompanie angesehen wurde.

In den 1960er-Jahren leitete die Staatsanwaltschaft Hamburg gegen Grünewald ein Ermittlungsverfahren wegen Mordes im Konzentrationslager Neuengamme ein.[15] Trotz erdrückender Beweislage – soviel sei vorweg genommen – wurde Franz Grünewald in allen Punkten der Anklage freigesprochen. Zunächst seien nun einige Zeugenaussagen zitiert, die den Kapo Grünewald beschreiben:

„Ein Blockführer – SS Mann –, der mir namentlich nicht bekannt ist, und der Kapo Grünewald, der beim Strafkommando war, brachten einen schon zusammengeschlagenen Häftling an. Sie trieben ihn durch Fußtritte und Schläge mit einem Knüppel in Richtung eines Wasserloches, welches sich zwischen der Holzbaracke und einer anderen Materialbaracke befand. Ich kann mich erinnern, daß von beiden gesagt wurde: ‚Du kannst ruhig krepieren, Du Pollack.' Den Namen des Häftlings kannte ich nicht. Ich bin aber der Meinung, daß Terleci den Namen des Häftlings kannte. An diesem Wasserloch angekommen, sah ich, daß der Häftling in die bis zum Rand gefüllte Grube hineingestoßen wurde. Ich konnte dies von meinem Standpunkt aus – aus dem Fenster der Holzbaracke – sehen. Als der Häftling aus der Grube raus wollte, hat der Blockführer ihm auf die Hände getreten und der Kapo hat ihn mit einem Knüppel auf den Kopf geschlagen. Der Häftling schrie und gurgelte. Das dauerte 5 Minuten[,] bis der Häftling ertrunken war. [...] Ich möchte hier noch erwähnen, daß der Kapo den größten Anteil am Tode die-

---

13 Funktionshäftlingsdatenbank des Archivs der KZ-Gedenkstätte Neuengamme (ANg).
14 ANg, Az. 147 Js 26/67 und 141 Js 134/65, 20. 4. 1965, Ermittlungsverfahren der Staatsanwaltschaft Hamburg gegen Stephan Bagrowsky, Wilhelm Noll, Jacob Wilhelm Fetz, Wilhelm Leers wegen Mordes im Konzentrationslager Neuengamme, S. 2–3: Aussage Robert Wittrock: „Es gab im Lager nur eine Strafkompanie. Solange ich im Lager gewesen bin, war der Führer dieser Strafkompanie stets der Kapo Grünewald."
15 ANg, Az. 141 Js 1715/62, Ermittlungsverfahren der Staatsanwaltschaft Hamburg gegen Franz Grünewald wegen Mordes, begangen im Konzentrationslager Neuengamme.

ses Häftlings hatte, da er es war, der ihn am meisten mit Schlägen traktiert hat."[16]

„Grünewald hatte einen schlechten Ruf. Er war einer jener Kapos, die sich dadurch hervortaten, daß sie die Häftlinge besonders stark antrieben und mit Knüppeln mißhandelten. Im Herbst 1941 wurde mit Ausschachtungsarbeiten und dem Bau eines Kartoffelkellers (später Block 17) begonnen. Die Arbeiten fanden größtenteils bei sehr ungünstigen Witterungsverhältnissen statt. Die Häftlinge, die nur ungenügend bekleidet und ausgerüstet waren, mußten im Schlamm und Dreck sowie Nässe und Kälte im Freien arbeiten. Außerdem wurden die Häftlinge laufend zur Eile angehalten [...]. Hierbei tat sich Grünewald besonders hervor. Ich habe gesehen, daß Häftlinge von Grünewald mit einem Knüppel geschlagen und mißhandelt wurden. Von meiner Arbeit als Lagerschreiber weiß ich, daß bei den Arbeiten eine große Anzahl von Häftlingen gestorben ist."[17]

Im Strafverfahren gegen Grünewald wurden noch mehrere Dutzend weiterer Zeugen vernommen, die weitestgehend die bereits genannten Zeugenaussagen bestätigten oder nicht zur Sache Stellung nehmen konnten. Daher wird an dieser Stelle auf eine umfassende Wiedergabe aller Zeugenaussagen verzichtet, da bereits aus den bisherigen Zitaten deutlich wird, um was für einen Menschen es sich bei dem Kapo Franz Grünewald in den Augen seiner Mithäftlinge handelte.

Diese sinnstiftenden Aussagen müssen nach den Anforderungen der Multiperspektivität und Kontroversität um einige Punkte ergänzt werden, ansonsten wäre der Fall ungenügend präsentiert. Um den Fall über ein moralisches Verurteilen hinaus überhaupt untersuchen zu können, ist es nötig, zu klären, ob und wie sich der Besucher in der KZ-Gedenkstätte mit dem vorliegenden Fall identifizieren kann. Erst dann beginnt die Reflexion über fragmentierte, widersprüchliche und unlogische Geschichten.[18] Mit einem hypothetisch sadistischen Mörder werden die wenigsten Schülerinnen und Schüler angeben, sich identifizieren zu können. Weil Identifizierung qua definitione nur mit positiven Inhalten möglich ist, müssen „negative Identifizierung" und daraus folgend „negative Identität" ein Widerspruch in sich bleiben.[19] Diese Einsicht könnte sich leicht ändern, bezieht

---

16 ANg, Az. 141 Js 1715/62: Aussage Heinrich Hesshaus, geb. 15. 2. 1900, vom 11. 12. 1962.
17 ANg, Az. 141 Js 1715/62: Aussage Otto Herbert Schemmel, geb. 14. 4. 1914, vom 20. 2. 1963.
18 Vgl. Harald Welzer/Sabine Moller/Karoline Tschugnall, „Opa war kein Nazi". Nationalsozialismus und Holocaust im Familiengedächtnis, 6. Aufl., Frankfurt a. M. 2008, S. 81 f.
19 Vgl. Salomon Korn, Wie erinnern?, http://d-a-s-h.org/dossier/11/05_wie_erinnern.html (Zugriff am 9. 9. 2008).

man erneut auf Maurice Halbwachs rekurrierend den Kontext mit ein, denn „les cadres sociaux", die sozialen Rahmen, lassen es nicht zu, seine eigene Erinnerung ohne das Einbeziehen der Erinnerungen anderer wachzuhalten:

> „[...] der soziale und narrative Charakter historischer Sinnbildungsprozesse bringt es mit sich, dass gruppenspezifische Konsenserzählungen stets auch Einschreibungen anderer sozialer Bezugssysteme und deren jeweilige Vergangenheitsdeutungen aufweisen. Individuen gehören oftmals unterschiedlichen ‚Erinnerungsgemeinschaften' zugleich an."[20]

Diese Erkenntnis befähigt zu einer kritischen Reflexion über Narrationen anderer, denn – und hier stimme ich Halbwachs nicht zu – die sozialen Rahmen sind nicht „gottgegeben", sondern beeinflussbar. Zur Erinnerung: Die sozialen Rahmen bezeichnen zunächst nur die Menschen, die das Individuum umgeben.[21] Somit bildet die Erinnerung nach dieser Definition einen optimalen Ort für die Weiterbildung von Kompetenzen, vornehmlich der De-Konstruktionskompetenz in Form des Erkennens und der Analyse fremder Vorstellungen von Vergangenheit.

Kapos waren Handlanger der SS. Durch die Instrumentalisierung ausgewählter Häftlinge für ihre Zwecke versuchte die SS, ein System der Häftlingsselbstkontrolle aufzubauen.[22] Die privilegierte Stellung schürte den Neid und Hass unter den Häftlingen. Vor allem wurden Spitzel eingesetzt, um eventuell aufkommenden Widerstand im Lager im Keim ersticken zu können. Sofsky spricht von einem „luxuriösen Leben" der Kapos,[23] wobei diese Beschreibung bei genauerer Betrachtung in ihrer Absolutheit nicht stehen bleiben kann. Die ständige Angst vor dem Verlust der Stellung sowie das geringe Ansehen bei den Mithäftlingen waren für viele Kapos allgegenwärtig. Auch wenn Kapos für viele den Verlust moralischen Handelns symbolisierten, arrangierten sie sich mit den vorgegebenen Verhältnissen, um ihre Position zu halten. Wolfgang Sofsky spricht hier von einem Dilemma:

---

20 Andreas Körber/Claudia Lenz, Das eigene Gedenken und das der Anderen. Eine Projektskizze zum interkulturellen Vergleich von und zum interkulturellen Lernen an Erinnerungsnarrativen in Gedenkstätten, in: Andreas Körber/Oliver Baeck (Hrsg.), Der Umgang mit Geschichte an Gedenkstätten. Anregungen zur De-Konstruktion, Neuried 2006, S. 84–96, hier S. 84.
21 Maurice Halbwachs, Das kollektive Gedächtnis, Stuttgart 1991, S. 121.
22 Hans Günther Adler, Selbstverwaltung und Widerstand in den Konzentrationslagern der SS, in: Vierteljahrshefte für Zeitgeschichte 8 (1960), S. 221–236.
23 Wolfgang Sofsky, Die Ordnung des Terrors. Das Konzentrationslager, Frankfurt a. M. 1993, S. 152–153.

„Im Konzentrationslager war Hilfe für alle unmöglich. Hilfe war immer Bevorzugung weniger. Um jedoch überhaupt helfen zu können und Schlimmeres zu verhüten, mußte sich der Gefangene zum Komplizen machen. Es lag in der Funktionslogik des Systems, daß sie Solidarität an erzwungene Kollaboration knüpfte. Eine größere Macht läßt sich kaum denken als diejenige, die die Opfer zu Exekutionsgehilfen ihrer selbst macht."[24]

Dabei geraten die Abhängigkeitsverhältnisse, die Zwangs- und Drucksituationen häufig in Vergessenheit. Schemmel betont, dass auch die Kapos Häftlinge waren und somit als Opfer von der SS missbraucht wurden, indem ihnen moralische Entscheidungen über Mithäftlinge überantwortet wurden.[25] Diese Sicht der Dinge spielt im Familiengedächtnis eine zentrale Rolle.[26] An dieser Stelle könnte bereits eine Identifikation mit dem „Täter als Opfer des Systems" stattfinden. Die Frage „Wie hätte ich mich verhalten?" würde bereits eine intensive Auseinandersetzung mit dem Fall beinhalten und zugleich eine zentrale Kategorie der Orientierungskompetenz ausdrücken.

Dem Kapo Grünewald wurde unter anderem vorgeworfen, dass er

„[...] bei dem Bau des Kantinen- und Lagerkellers, eines Kartoffelkellers und einer Drainage mindestens 12 Häftlinge dadurch tötete, daß er sie zusammenschlug und/oder in Wasserlöcher stieß, ohne ihnen wieder trockenen Boden unter die Füße kommen zu lassen, so daß sie, von ihm vorhergesehen und gewollt, zum Teil verbluteten, zum Teil kurze Zeit nach dieser Behandlung an den erlittenen Verletzungen starben [...]".[27]

Aus den Untersuchungsakten geht hervor, dass mehr als zehn ehemalige Häftlinge diese Vorfälle bestätigten. Erstaunlicherweise wurden alle diese Aussagen während der Verhandlung so revidiert, dass Grünewald in keinem Fall eine eigenmächtige Tötung nachgewiesen werden konnte. Da er selbst jeden Punkt der Anklage abstritt, wurde er letztendlich aus Mangel an Beweisen freigesprochen. In der Urteilsbegründung hieß es jedoch: „Ein nicht unerheblicher Tatverdacht ist bestehen geblieben."[28]

„Die eigentliche Leistung des historischen Lernens", schreibt Bodo von Borries, „ist nicht die ‚Abspeicherung der Vergangenheit' in quasi fotografischer Rekonstruktion oder als maßstabsgerecht verkleinertes Modell, sondern die ‚Ver-

---

24 Sofsky, Ordnung, S. 168.
25 Schemmel, Funktionshäftlinge, S. 150.
26 Welzer/Moller/Tschugnall, „Opa war kein Nazi".
27 ANg, Az. 141 Js 1715/62: Anklageschrift vom 21. 4. 1965.
28 ANg, Az. 141 Js 1715/62: Urteilsbegründung vom 28. 6. 1965.

knüpfung der drei Zeitebenen'. Geschichtsbewusstsein meint einen komplexen Zusammenhang von gedeuteter Vergangenheit, wahrgenommener Gegenwart und erwarteter Zukunft."[29]

Im kommunikativen Gedächtnis entsteht das Geschichtsbild durch die (größtenteils mündliche) Tradierung von Vergangenheit. Die Gegenwart wird somit erst dann als aus der Vergangenheit entstanden wahrgenommen, wenn die Vergangenheit über Tradierung im Gedächtnis verankert und gedeutet wurde. Dabei spielen vor allem Überlieferungen von Werten und Normen der jeweiligen „Erinnerungsgemeinschaft" eine Rolle, denn erst sie befähigen zu einer Orientierung des eigenen Geschichtsbildes und zu einer Urteilsbildung. Diese Form der Erinnerungskultur eröffnet Möglichkeiten, den vorliegenden Fall differenziert zu beurteilen. Mehrere Szenarien sind denkbar.

4.1 Verschiedene Umgangsformen zur Urteilsbildung

4.1.1 Das moralische Verurteilen, aber: „Er konnte ja nichts anders"

„Der Täter als Opfer des Systems" ist ein denkbarer Umgang mit dem Kapo Franz Grünewald. „Selbstverständlich muss sein Verhalten moralisch verurteilt werden, aber schließlich hatte er ja keine Wahl", könnte eine Aussage lauten. Hätte er nicht so gehandelt, hätte er seine privilegierte Stellung wieder verloren. Diese Relativierung der Tat geht einher mit der Vorstellung von damaligen Macht- und Hierarchieverhältnissen, die aus heutiger Sicht gedeutet werden. Das geht bereits über ein simples „Abspeichern einer vorgegebenen Vergangenheit" hinaus. Die „Erinnerungsgemeinschaft" besitzt in diesem Fall ein Gedächtnis, das auf der traditionalen Sinnbildung beruht.

4.1.2 Keine Unterscheidung zwischen Tätern und Opfern – der emotionale Aspekt

Während einer Exkursion nach Neuengamme stellte ich fest, dass einige Schüler keine Unterscheidung zwischen Opfer- und Täterperspektive vornahmen, sondern davon ausgingen, dass es damals eine schlimme Zeit war, in der alle manipuliert wurden. Laut Kiegelmann deuten sich hier problematische Grenzen der Empathie an, da der emotionale Aspekt des Gedenkens eine zentrale Rolle spiele und eine Differenzierung der Perspektiven Täter, Mitläufer, Opfer, Unbeteiligter etc. unabdingbar sei.[30]

---

29 Bodo von Borries, Interkulturelle Dimension des Geschichtsbewusstseins, in: Bernd Fechler/Gottfried Kößler/Till Lieberz-Groß (Hrsg.), „Erziehung nach Auschwitz" in der multikulturellen Gesellschaft. Pädagogische und soziologische Annäherungen, 2. Aufl., Weinheim/München 2001, S. 119–139, hier S. 121.

30 Mechthild Kiegelmann, Die soziale Dimension historischen Lernens in Gedenkstätten, in: Claudia Lenz/Jens Schmidt/Oliver von Wrochem (Hrsg.), Erinnerungskulturen im Dialog. Europäische Perspektiven auf NS-Vergangenheit, Münster 2002, S. 141–149.

Für den vorliegenden Fall bedeutet die Nicht-Trennung zwischen Opfer und Täter einen schwierigen Grenzbereich zwischen tradierter Vergangenheit und Vorstellungskraft. Gerade im kommunikativen Gedächtnis vermischt sich leibhaftige Erinnerung (der Zeitzeugen) mit lebhafter Erinnerung (etwa eines heutigen Schülers). Um in der erinnerungskulturellen Terminologie zu bleiben: Assmann zufolge gebe es metaphorische und metonymische Erinnerungen. Die metaphorische Erinnerung beinhaltet ein Vorstellungsbild, während man in die metonymische Erinnerung selbst eingebunden ist. „Während die metaphorische Erinnerung persönlich unspezifisch und ohne Verluste tradierbar ist, besteht bei der metonymischen Erinnerung ein Band, das Erinnerung und Erinnernden miteinander verknüpft."[31] Die Grenzen der Vorstellungskraft sind eng mit emotionalen Aspekten verbunden, die mit den Erwartungen an den authentischen Ort einhergehen.

4.1.3 Die Legitimation – „schließlich gab es einen Freispruch"

Ein weiterer denkbarer Umgang mit dem Fall wäre eine Art Verschwörungstheorie, wodurch der Fall so ausgelegt würde, dass die mutmaßlich geschändeten Mithäftlinge möglicherweise aus Rache gegen ihren Kapo ausgesagt hätten. Wie erwähnt wurden Kapos als Arbeitsvorsteher für bestimmte Bereiche eingesetzt und vollzogen auch Strafen, wenn etwas nicht so lief, wie es sollte. Selbstverständlich schürte das den Unmut im Lager, und im Ermittlungsverfahren gegen Grünewald hätten die Mithäftlinge Gelegenheit gehabt, es dem ehemaligen Kapo „heimzuzahlen". Aus dieser Perspektive betrachtet, wird die Glaubwürdigkeit der ursprünglichen Opfer basierend auf der kritischen Sinnbildung plötzlich infrage gestellt und im Prozess der De-Konstruktion beginnt ein Kreislauf, der alle Kernkompetenzen umfasst. Beginnend mit einer sich aus der Verunsicherung entwickelnden Frage („War vielleicht alles ganz anders?"), bereits diskutierte Sachurteile[32] und Vorurteile[33] einbeziehend („Kapos waren Mörder") werden jetzt eigene Vorstellungen aufgebaut („Rache/Verschwörungstheorie"), die wiederum durch Überprüfung Orientierung geben können.

4.2 Zusammenfassung

Es kann an dieser Stelle kein Richtig oder Falsch geben. Alle drei Umgangsweisen mit dem Fall sind denkbar. Es konnte gezeigt werden, dass ein reflektierter und (selbst)reflexiver Umgang mit diesem Fall ein Gedenken über die morali-

---

31 Aleida Assmann, Der lange Schatten der Vergangenheit. Erinnerungskultur und Geschichtspolitik, Bonn 2007, S. 133 f.
32 Sachurteile im Sinne von Schlussfolgerungen über Zusammenhänge.
33 Vgl. zuletzt Jörg Kayser/Ulrich Hagemann, Urteilsbildung im Geschichts- und Politikunterricht, Bonn 2005.

sche Verurteilung des Täters hinaus ermöglicht. Zusammenfassend lassen sich die Umgangsarten als plausibel konstruiertes Paradigma beschreiben (narrative Triftigkeit), sodass eine Lehre daraus gezogen werden kann. Durch die Nichtunterscheidung zwischen Opfer und Täter wurde die Stellung der Kapos als gerechtfertigt angesehen und die Mordvorwürfe als Folge des Schicksals anerkannt (normative Triftigkeit), wobei schließlich durch die Analyse der Zeugenaussagen und des darauf folgenden Freispruchs die Authentizität des Falles behandelt wurde (empirische Triftigkeit).

5. Der Kapo Albin Lüdke und sein Mitarbeiter André Mandrycxs

Albin Lüdke kam am 4. Juni 1940 als kommunistischer Häftling nach Neuengamme und war dort bis zum 28. April 1945 inhaftiert.[34] Nach mehrfachen Entlassungen und erneuten Festnahmen kam er schließlich 1936 ins KZ Esterwegen, von wo aus er ins KZ Sachsenhausen überstellt wurde, wo er bis 1940 blieb.

Lüdke wurde im Januar 1943 Arbeitsdienstkapo in Neuengamme und war im Gegensatz zu Grünewald als menschlich gutmütiger Kapo angesehen. Die Tatsache, dass Solidaritätsaktionen im Lager geheim abliefen und nach dem Krieg nur eine Handvoll Dokumente erhalten geblieben waren, erschwert die Suche nach solidarisch handelnden Häftlingen.

Trotzdem finden sich vor allem in den Zeugenaussagen zu sadistischen Kapos immer wieder Hinweise auf Widerstandaktionen. Der Name Albin Lüdke taucht besonders häufig auf, was nahelegt, diesen Fall genauer zu untersuchen. Lüdke setzte sich in besonderem Maße für die Belange seiner Mithäftlinge ein und umging sogar – soweit es möglich war – den einen oder anderen SS-Befehl. Über seine erste Zeit in Neuengamme berichtet er selbst: „Als ich zuerst ankam, war ich 8 Wochen Maler, dann Vorarbeiter und bis 1943 Kapo. Dann wurde ich Arbeitsdienstkapo. Als solcher musste ich die einzelnen Fachleute den Arbeitskommandos oder sonstige Arbeitskräfte bereitstellen."[35]

Dabei konnte aber das Arbeitseinsatzbüro nur einer geringen Zahl von Häftlingen helfen; manchmal kam es vor, dass Hilfe für einen Häftling nur auf Kosten eines anderen möglich war, etwa der Tausch von Häftlingsnummern bei

---

34 Funktionshäftlingsdatenbank des Archivs der KZ-Gedenkstätte Neuengamme (ANg).
35 Freundeskreis e. V. (Hrsg.), Curiohaus-Prozeß. Protokoll des in der Zeit vom 18. März bis 3. Mai 1946 vor dem britischen Militärgericht abgehandelten Prozesses gegen die 14 Hauptverantwortlichen des Konzentrationslagers Neuengamme. Bearbeiter: Franz Glienke. Nicht autorisierte Mitschrift, Bd. 1, Hamburg 1969, S. 26–41, hier S. 27: Aussage Albin Lüdke.

der Zusammensetzung von Transporten oder Arbeitskommandos.[36] Berichten zufolge war Lüdke aber nie unmittelbar gewalttätig gegen Mithäftlinge. Im Gegenteil – einige Neuengammer Häftlinge erwähnten seine Verdienste im Lager: „Albin Lüdke verging sich als Kapo nie an den Mithäftlingen. Er ist als guter Mensch zu bezeichnen."[37] Karl Gräfe sagte aus: „Über Albin Lüdke kann ich nur Gutes aussagen."[38] Zu seinen einflussreichsten Mitarbeitern gehörte der belgische Häftling André Mandrycxs, der seine Solidaritätsaktionen gemeinsam mit Lüdke plante und durchführte. Die Risiken, die beide dabei eingingen, waren mit Gefahren für ihr eigenes Leben verbunden. Louis Martin-Chauffier, ein französischer Häftling, beschrieb die Umstände wie folgt:

> „Seine [Mandrycxs'] Stellung war eine der schwierigsten und aufreibendsten. Streng überwacht von der SS und zwar von den Misstrauischsten war er gezwungen, den Gefangenen gegenüber einen rauen Ton anzuschlagen, sich in Worten brutal, ohne Gefühl und nicht umstimmbar zu zeigen. Er wusste, dass die geringste Schwäche eine Denunziation und seine Absetzung zur Folge haben würde. Die meisten fielen darauf herein und glaubten, dass er ein Komplize der SS sei, eins von ihren Wesen, unser Feind. [...] Fast keiner dachte daran, dass er weder schlug noch bestrafte, dass seine raue Sprache niemals grob war, dass ihm nie jemand etwas persönlich vorwerfen konnte und dass er niemals der SS erzählte, was er hatte hören und sehen können. [...] Er wusste, dass man ihn allgemein verachtete und für verdächtig halten würde. Er hatte es sich so ausgesucht, da er die geleistete Hilfe der allgemeinen Achtung vorzog."[39]

Der Fall Lüdke sollte stets in Zusammenhang mit seinem Mitarbeiter Mandrycxs betrachtet werden, obwohl in vielen Berichten dargelegt wird, dass Mandrycxs der eigentliche Kapo war, es jedoch aufgrund seiner belgischen Herkunft nicht sein durfte. Beide zusammen retteten durch ihre Aktionen mehreren Hundert Häftlingen das Leben und galten im Lager als Vorbilder.

Zu diesem Fall lässt sich leichter ein Zugang finden, da er auf den ersten Blick das klassische Heldengedenken, also ein Gedenken, das mit Anerkennung, Ehre

---

36 Hermann Kaienburg, „Vernichtung durch Arbeit". Der Fall Neuengamme. Die Wirtschaftsbestrebungen der SS und ihre Auswirkungen auf die Existenzbedingungen der KZ-Gefangenen, Bonn 1990, S. 402–403.
37 ANg, Az. 141 Js 1715/62: Aussage Heinrich Schwerger, geb. 18. 7. 1899, vom 22. 5. 1963.
38 ANg, Az. 141 Js 1715/62: Aussage Karl Gräfe, geb. 22. 2. 1901, vom 10. 6. 1963.
39 Louis Martin-Chauffier, Die SS-Küche, in: Christoph Ernst/Ulrike Jensen (Hrsg.), Als letztes starb die Hoffnung. Berichte von Überleben aus dem KZ Neuengamme, Hamburg 1989, S. 37–41, hier S. 38 f., zit. nach Schemmel, Funktionshäftlinge.

und Stolz verbunden ist, widerspiegelt. Im Gegensatz zu Grünewald haben Lüdke und Mandrycxs durch die Erleichterung des Lageralltags für schwache Häftlinge per se einen Sympathiebonus. Auch die Frage nach dem eigenen Verhalten und dem damit verbundenen Identitätsbezug lässt sich für Schülerinnen und Schüler leichter herstellen. Der Fall wurde bislang nur aus der Opferperspektive betrachtet. Ehemalige Häftlinge erinnerten sich. Im Vergleich zum vorangegangenen Fall sprechen wir nun nicht mehr von einem traumatischen Opfergedächtnis, sondern von einem heroischen Opfergedächtnis. „So leicht es ist", formuliert Aleida Assmann, „sich der Gewalt und der Verluste im Modus des heroischen Opfers zu erinnern, so unmöglich ist dies im Modus des traumatischen Opfers."[40] Der englischen semantischen Unterscheidung zwischen „victim" und „sacrifice" entliehen, wird auch im deutschen Sprachgebrauch zwischen sakrifiziellen und viktimologischen Opfern und vor allem sakrifiziellen und viktimologischen Formen des Erinnerns unterschieden. In diesem Fall liegt eindeutig ein sakrifizielles Erinnern vor. Darüber hinaus stärkt Leid das Selbstbild einer Gruppe; für die „Erinnerungsgemeinschaft" des kommunikativen Gedächtnisses bedeutet dies eine zusätzliche Verstärkung des emotionalen Aspektes der Erinnerung. Die klassische Heroisierung des Familiengedächtnisses überträgt sich somit auch auf andere Kollektive.

Hier sei erneut Nietzsche zitiert, der Faktenwissen und Gelehrsamkeit verpönte, wenn sie nicht im Dienste einer kritischen, dem Leben zugewandten Geschichtsbetrachtung stünden. Alles, was von diesem Ziel fortführe, dürfe vergessen werden.[41] Warum also wird an Lüdke und Mandrycxs erinnert? Dies lässt sich nur mit dem „Kurzzeitgedächtnis" der Gesellschaft beschreiben, wie es im kommunikativen Gedächtnis vorherrscht. Zur Erinnerung: Das kommunikative Gedächtnis bezieht sich prinzipiell auf Ereignisse der jüngeren Vergangenheit und geht zumindest mittelbar auf authentische Erlebnisse zurück, die immer in einen spezifischen zeitgeschichtlichen Kontext eingebettet und ohne dessen Kenntnis nicht zu verstehen sind. Da dieser Typus von Erinnerung zudem nur sehr eingeschränkt sprachlich mitteilbar ist, werden die Heftigkeit der Auseinandersetzungen und die Missverständnisse verständlich, die die Einordnung und Bewertung vergangener Geschehnisse begleiten.[42]

Im ersten Fallbeispiel konnte gezeigt werden, dass es neben einer allgemeinen Verurteilung der Person Franz Grünewald noch weitere denkbare Umgangsar-

---

40 Assmann, Schatten, S. 74.
41 Nietzsche, Nutzen.
42 Vgl. Thomas Degener, Speicher der kulturellen Erinnerung oder Motor des kulturellen Wandels? Überlegungen zum Stellenwert des Archivs im kulturwissenschaftlichen Diskurs, in: Sichtungen online, http://purl.org/sichtungen/degener-t-1a.html (Zugriff am 14. 10. 2008). Auch in: Sichtungen 3 (2000), S. 73–89.

ten durch die Hinzuziehung verschiedener Formen von Erinnerungskultur gibt. Auch in diesem Fall versuche ich zu zeigen, dass es mehrere Arten gibt, den Fall zu betrachten.

5.1 Verschiedene Umgangsformen zur Urteilsbildung
5.1.1 Das klassische Heldengedenken (sakrifizielles Erinnern)
Diese Form des Gedenkens basiert auf Anerkennung, Ehre und Stolz. Die Person, derer gedacht wird, weckt Bestandteile normativer Geschichtsbetrachtung und berührt die Interessen der Gedenkenden. Dabei präsentiert sie (passiv) ihre Rolle in der Vergangenheit auf eine Weise, die unmittelbar Mitleid und Empathie bei den jüngeren Besucherinnen und Besuchern erzeugt. Wer selbst Opfer des Systems war, ist scheinbar vor jedem Verdacht geschützt, Akteur oder gar Profiteur gewesen zu sein. Teilweise unter Lebensgefahr setzten sich Lüdke und Mandrycxs für die Belange ihrer Mithäftlinge ein. Daran gibt es nichts zu deuten – oder doch? Der Tradierungstyp Faszination ist hierbei entscheidend für die bereits oben erwähnte Vorstellungskraft der Jugendlichen.[43]

„Die Affirmation der nationalsozialistischen Gesellschaft, die mit den Faszinationsdiskursen einhergeht, führt dazu, dass die Jugendzeiten der älteren und jüngeren Gesprächspartner miteinander verglichen werden, wobei die Gegenwart, die eben keine vergleichbaren ‚Leistungen' für das Gemeinschaftsleben der Jugendlichen oder für die Beseitigung der Arbeitslosigkeit vorzuweisen hat, sukzessive in eine defensive Position rückt – und mit ihr diejenigen, die ihre Jugend aus der Sicht der Älteren in nicht so schönen Zeiten verbringen mussten."[44]

Je ausgeschmückter, je facettenreicher die Vergangenheit tradiert wird, so könnte man konstatieren, desto größer ist die Vorstellungskraft und desto leichter fällt die Identifikation mit den Personen. Die Geschichte wäre normativ triftig. Was die Ausbildung der Kompetenzen angeht, lässt sich in dieser Form des Gedenkens eher wenig bilden, da vorgedeutete Sach- und Werturteile ebenso wenig hinterfragt werden wie eine De-Konstruktion stattfindet. Es wird keine Handlungsdisposition erkannt, was für die lebensweltliche Relevanz ausschlaggebend ist. Die Vermittlung geschichtswissenschaftlicher oder gesellschaftlich konventioneller Deutungsmuster ist nicht Ziel historischen Lernens. Vielmehr geht es um „die Befähigung der Lernenden zur Teilnahme an der Geschichtskultur ihrer Gesellschaft und zum eigenständigen historischen Denken. Dazu reicht die Ver-

---

43 Welzer/Moller/Tschugnall, „Opa war kein Nazi", S. 82 f.
44 Ebenda, S. 83.

mittlung der ‚gültigen' Deutung eben nicht aus."⁴⁵ Dieser Umgang mit dem Fall kann jedoch als Beispiel für die exemplarische Sinnbildung gelten, da hier eine allgemeingültige Regel abgeleitet werden kann, etwa: „Auch wenn die Umstände sich ändern, helfen Menschen sich gegenseitig."

5.1.2 Die Frage nach dem Motiv und den eigentlichen Nutznießern

Die Hilfe des Kapos Lüdke und seines Mitarbeiters Mandrycxs war – wie erwähnt – immer nur Hilfe für wenige und – viel wichtiger – auf Kosten anderer Häftlinge. Das Gedenken muss ergänzt werden um die Frage nach dem Motiv und die Suche nach den eigentlichen Nutznießern. Gab es tatsächlich nur die Motivation, allen schwächeren Häftlingen zu helfen, oder wurden bestimmte Häftlinge wegen politischer, menschlicher oder anderweitiger Sympathien bevorzugt? Dabei stehen sich vor allem Erinnerungsberichte zweier Häftlinge gegenüber. Heinrich Christian Meier berichtete über Mandrycxs:

> „[...] bald darauf kam er in den Arbeitsdienst als Schreiber, und hier begann er, die segensvolle Rolle zu spielen, die ihm unvergänglichen Ruhm bei allen Kameraden sicherte, die als Gegner des Nationalsozialismus im Konzentrationslager waren. André nahm es trotz der ständigen Gefahren für sein Leben auf sich, eine ständige Hilfe an Kleidung und Lebensmitteln für die erklärten Antifaschisten im Lager zu organisieren. Kameraden, die in besserer Stellung waren, verzichteten unter Andrés Anleitung monatelang auf ihre Abendration an Brot und Fett, um sie kranken oder bedürftigen Antifaschisten zukommen zu lassen. Darüber hinaus sorgte André dafür, dass kranke und schwache Genossen systematisch in gehobene oder jedenfalls erträgliche Arbeitsstätten vermittelt wurden. [...] In den Herzen seiner Kameraden wird André niemals untergehen."⁴⁶

Meiers Erinnerungen sind geprägt von positiv konnotierten bis hin zu heroischen Begriffen wie „segensvoll, unvergänglicher Ruhm, trotz ständiger Gefahren, ständige Hilfe, Verzicht, systematische Hilfe, Genossen, Herzen, niemals". Die Glorifizierung legt nahe, dass auch Meier die Hilfe von Lüdke und Mandrycxs nutzen konnte. Die Begriffe „Antifaschisten" und „Genossen" könnten ein Indiz dafür sein, dass Meier ähnliche politische Einstellungen hatte wie Lüdke und Mandrycxs und deshalb von ihnen bevorzugt wurde, was den Hinweis auf eine Bevorzugung von Kommunisten im Lager bestätigen würde, den der Franzose

---

45   Körber/Lenz, Projektskizze, S. 85.
46   Heinrich Christian Meier, So war es. Das Leben im Konzentrationslager Neuengamme, Hamburg 1946, S. 80 f.

Gustave Houver gegeben hat.⁴⁷ Die Aussage eines monatelangen Verzichtes auf die Abendration an Brot und Fett muss einer Glaubwürdigkeitsprüfung unterzogen werden.

Ich komme damit zu dem Schluss, dass der Kapo Lüdke seine Hilfe nicht uneigennützig zur Verfügung gestellt hat, sondern sie nur wenigen, die auf seiner politischen Linie lagen, angedeihen ließ. Über das Schicksal der Nichtnutznießer ist indes wenig bekannt, und daher bietet sich Raum, eigenständiges historisches Denken anzuregen. In diesem Zusammenhang kann auf die ‚Verknüpfung der drei Zeitebenen' eingegangen werden, da die Bevorzugung weniger in Zeiten von Hartz IV, Unterschicht und Gettobildungen aktueller ist denn je. Auch heute werden wieder verstärkt Menschen wirtschaftlich benachteiligt. Selbst wenn die Einordnung der beiden Fälle in die Geschichte des Nationalsozialismus noch nicht en détail klar ist, so lassen sich lebensalltägliche Phänomene aus der Vergangenheit des Lageralltags in die Gegenwart der Schülerinnen und Schüler projizieren und darüber hinaus in die Zukunft extrapolieren. Es gilt ferner als ein Beispiel für genetische Sinnbildung, wenn die Veränderungen (positiv) wahrgenommen werden und der Zusammenhang zwischen Vergangenheit, Gegenwart und Zukunft dadurch wieder hergestellt wird, dass eine gerichtete Veränderung angenommen wird, eine Entwicklung, die darauf zielt, die Richtung dieser Veränderung zu erkennen.⁴⁸

5.2 Zusammenfassung

Der zweite Fall um den Kapo Albin Lüdke und seinen Mitarbeiter André Mandrycxs wurde als Gegenpol zum ersten Fall herangezogen, um zwei Extreme kontrastiv miteinander vergleichen zu können. Dass sich hier nicht nur, vereinfacht ausgedrückt, Gut und Böse gegenüberstehen – wie es auf den ersten Blick scheint – konnte mithilfe der differenten Formen von Erinnerungskulturen demonstriert werden. Auch im zweiten Fall lässt näheres Hinschauen zu, die im heroischen Opfergedächtnis als aufopfernd bewerteten Taten in einem anderen Licht zu betrachten und durch eigenständiges historisches Denken Kompetenzen anzusprechen, die durch eine flüchtige Abhandlung niemals entfaltet werden könnten.

---

47 Houver/Solbach, Gespräch, S. 19.
48 In Anlehnung an Andreas Körber, Die anthropologische Begründung des historischen Denkens nach Jörn Rüsen und die Lehre von den Sinnbildungstypen des historischen Denkens, http://www.erzwiss.uni-hamburg.de/Personal/koerber/texte/anthropol2.html (Zugriff am 26. 5. 2009).

6. Resümee und Schlussfolgerungen für ein kompetenzorientiertes Geschichtslernen an Gedenkstätten

Kompetenzorientierter Geschichtsunterricht im schulischen Kontext unterscheidet sich fundamental von historischem Lernen an authentischen Orten im Sinne eines reflektierten und selbstreflexiven Lernens. Dabei lassen sich an Gedenkstätten für die Opfer des Nationalsozialismus – jedoch nicht ausschließlich dort – bestimmte Kompetenzen fördern. Im Zuge der Entwicklungen von Kompetenzmodellen zeigte sich, dass eine Vorgabe strukturierten Faktenwissens die Kompetenzorientierung nicht nur in der Gedenkstättenpädagogik ad absurdum führen würde. Dann nämlich wären konkrete Gegenstände Bestandteil der Sachkompetenz, was dem Charakter von Kompetenzmodellen grundlegend widerspricht. Ein Negativbeispiel wäre eine Rallye mit einem Fragebogen über das Gedenkstättengelände, wobei der Fragebogen anschließend mit „richtig" oder „falsch" korrigiert wird und der Gewinner auch noch einen Preis erhält. Diese Form des Lernens muss einerseits gelobt werden – als Alternative zu einer klassischen Führung – und andererseits scharf kritisiert werden, da ihre Umsetzung sich nicht wirklich von einer reinen Faktenvermittlung unterscheidet.

Grundsätzlich sehe ich die Notwendigkeit eines Umdenkens bei Gedenkstättenbesuchen. Der immer noch gängige Standard ist, dass Lehrerinnen und Lehrer bei dem Museumsdienst einen Guide „bestellen", der die Schulklassen dann als „Kunden" über die Gedenkstätte führt. Mit „Geschichte denken statt pauken" hat das allerdings nichts zu tun. Ferner gilt festzuhalten, dass ein Gedenkstättenbesuch grundsätzlich vor- und nachbereitet werden sollte, um Lernerfolge zu gewährleisten. Außerdem können durch eine geeignete Nachbereitung alle Beteiligten auf verschiedene Weise „profitieren". Zum einen können der oder die Lehrende Schlüsse für folgende Gedenkstättenbesuche ziehen, zum anderen kann die Gedenkstätte durch den reflektierten Umgang mit Interessen der Schülerinnen und Schüler ihr Konzept überdenken und gegebenenfalls mit Zeitzeugen und Hinterbliebenen die Gedenkstätte umgestalten. So werden die Schülerinnen und Schüler nicht nur zu passiven Mitläufern, die eine Geschichte lernen (müssen), nämlich die des Konzentrationslagers Neuengamme in den Worten eines Guides, sondern können durch aktive Teilnahme die Gedenkstätte mitgestalten, z. B. durch Workshops oder wenigstens selbst gesetzte Interessensschwerpunkte, etwa in Form einer wechselseitigen Führung.

In den theoretischen Überlegungen über das Wesen des historischen Lernens und die Funktionen von Gedenkstätten fehlte bislang die Verknüpfung mit konkreten (schulischen) Gedenkstättenbesuchen. Zu Überlegungen, was gelernt werden soll, gehört untrennbar die Frage danach, wie gelernt werden soll, Fragen, die ihrerseits an spezifische Rahmenbedingungen geknüpft sind. Diese Zusammenhänge scheinen bisher in Bezug auf Gedenkstätten nicht genügend zur Sprache gekommen zu sein. Bezogen auf die spezifischen Rahmenbedingungen schulischer Gedenkstättenbesuche betrifft dies unter anderem den engen Zeitrahmen, der für Gedenkstättenbesuche zur Verfügung steht.

Die Funktion dieses besonderen Lernortes ergibt sich aus der spezifischen Bedeutung der KZ-Gedenkstätte. Sie ist eben nicht nur dem Gedenken an die Opfer verpflichtet, sondern ebenso dem Erhalt dieses Andenkens für die Nachwelt. Authentische Orte sind für historisches Lernen von großer Bedeutung, kommen aber tatsächlich viel zu kurz. So gibt es bislang zu wenig Konzepte, das Lernen an authentischen Orten in den normalen Schulunterricht einzubauen. Untersucht habe ich daher zwei historisch belegte Fälle aus dem KZ Neuengamme, um an ihnen historisches Lernen zu konkretisieren, indem ich die Viten zweier Kapos im Lager anhand von Quellen dargestellt und ihre Handlungen, die auf den ersten Blick eindeutig schienen, hinterfragt habe, sodass sich auch ein anderes Bild ergeben konnte. Durch den Vergleich solcher Bilder erwerben Schülerinnen und Schüler durch Hinterfragen und Bewerten historische Methoden- und Fragekompetenzen und werden besonders in ihrer De-Konstruktionskompetenz gefördert. Gleichzeitig erwerben die Schülerinnen und Schüler durch das Erarbeiten zusätzlicher Informationen historische Sachkompetenzen und sie lernen ihr eigenes Tun und Lassen besser zu begründen und zu hinterfragen (historische Orientierungskompetenzen).

ANDREAS KÖRBER

Zeitgemäßes schulisches Geschichts-Lernen in Gedenkstätten[1]

1. Gedenkstätten als Orte historischen Lernens

Dass Gedenkstätten Lernorte sind, ist nur auf den ersten Blick eine Trivialität: Tagtäglich findet dort Lernen statt. Dass diese Funktion und das Verhältnis „Gedenken" – „Erinnern" – „Lernen" problematisch und durchaus umstritten ist, ist innerhalb der wissenschaftlichen und pädagogischen Diskussion ebenfalls nicht neu. So wird den Gedenkstätten und schulischen Gedenkstättenbesuchen einerseits immer wieder von politischer Seite und aus der Öffentlichkeit heraus die Funktion zugeschrieben (oder muss man sagen: zugeschoben?), die junge Generation gegen bestimmte politische Meinungen und Tendenzen „immun" zu machen, die als außerhalb der „freiheitlich-demokratischen Grundordnung" stehend angesehen werden. Das betrifft übrigens rechtsextreme wie linksextreme Positionen, erste in Bezug auf die Gedenkstätten für die Opfer des Nationalsozialismus und des Holocaust, letztere in Bezug auf die Gedenkstätten für die Opfer der sogenannten DDR-Diktatur. Die Logik der erhofften Immunisierungswirkung ist dabei wohl zumeist die gleiche: Durch Information über das Geschehen an den Orten, mit deutlicher Betonung der Perspektive auf die Opfer und ihre Leiden sowie durch Hervorhebung einer Form der „negativen Erinnerung", sollen Schülerinnen und Schüler „lernen", die im Nationalsozialismus und in der DDR herrschenden politischen Auffassungen auch für die Gegenwart abzulehnen. Grundlage dieser Immunisierungshoffnung ist also zum einen ein Misstrauen gegenüber der demokratischen und menschenrechtlichen Grundorientierung zumindest eines Teils der Jugendlichen und ihre „Verführbarkeit", zum anderen ein Vertrauen, dass durch eine solche kognitive wie emotionale Beschäftigung

---

1   Der Beitrag geht zurück auf einen Vortrag auf dem Neuengamme-Kolloquium im Oktober 2009 unter dem Titel „Lehrer, Gedenkstätten, Schüler: Zum Verhältnis von schulischer und außerschulischer Bildung am Beispiel der KZ-Gedenkstätte Neuengamme" sowie auf einen Vortrag in der Gedenkstätte Bergen-Belsen im Januar 2010.

mit dem Gegenstand, durch Konfrontation mit Leiderfahrungen sowie durch Bewusstmachung der damaligen Mechanismen der Verführung diese Immunisierung möglich sei.

Dass diese Funktion der Immunisierung gerade (auch) Gedenkstätten zugeschrieben bzw. zugedacht wird und man sich nicht allein auf Schulbücher, Medien wie Buch und Film etc. verlässt, hat – auch das ist hinlänglich bekannt – damit zu tun, dass dem „authentischen Ort" eine besondere Wirksamkeit zugeschrieben wird. Zum einen hofft man, dass die realen Überreste an solchen Orten eine Art Belegwirkung haben; theoretisch gesprochen also die „empirische Triftigkeit"[2] der dort präsentierten Geschichte sichern (und gegebenenfalls auch steigern). Diese Funktion hat offenkundig mit dem oben angesprochenen Misstrauen zu tun: Leugnungen und Verharmlosungen (nicht nur) dieser Vergangenheit sowie die immer wiederkehrende Erfahrung von Fälschungen und Verdrehungen von Geschichte lassen es geboten erscheinen, die Geschichte mit einem anschaulichen, nicht zu übersehenden Index an Verweisen auf ihre Wirklichkeit zu präsentieren. Dass damit die präsentierte und ob ihrer Monstrosität oftmals widerständige Geschichte ihrer Abstraktheit und Ortlosigkeit beraubt und konkretisiert wird, gehört teilweise zu dieser Belegfunktion, verweist aber schon auf den zweiten Aspekt: Zum anderen erhofft man sich nämlich wohl auch eine emotionale Wirkung des „authentischen Ortes", insofern allein das Wissen darum, dass es an genau dieser Stelle geschah, dass man sich also an einem Ort befindet, an dem derartiges Leid geschehen ist, die Relevanz und Bedeutung der präsentierten Geschichte belegt.

Alle diese erhofften und immer wieder belegbaren Funktionen teilen Gedenkstätten mit einer ganzen Reihe anderer „außerschulischer Lernorte" – vor allem mit historischen Stätten für andere Zusammenhänge (etwa den Ruinen eines Klosters, einem Schlachtfeld) und partiell auch mit anderen geschichtskulturellen Institutionen wie einem Museum (dort fehlt der Aspekt des „authentischen Ortes", aber die Authentizität der Objekte spielt für ihre „Aura" eine große Rolle).

Gedenkstätten (und z. T. andere historische Stätten) haben – auch das ist in der Debatte oft betont worden – neben dieser Funktion, anschauliche Belege für eine bestimmte, für relevant gehaltene Vergangenheit zum Zwecke des Lernens zu sein, jedoch andere Funktionen, die zur genannten in einem Spannungsverhältnis stehen. Sie sind Stätten der Erinnerung, und zwar von Erinnerung ganz unterschiedlicher Form und Funktion: Das individuelle Zurückdenken der Nachkommen an einen persönlichen Verlust durch Zurückdenken an geliebte

---

2   Jörn Rüsen, Geschichte und Norm, in: Willi Oelmüller (Hrsg.), Normen und Geschichte, Paderborn 1979, S. 110–139, hier S. 121–124.

und geachtete Menschen, die man selbst gekannt hat, steht neben der ebenso persönlichen Erinnerung der Opfer an eigene Erfahrungen – vor allem an schweres Leid. Beides sind Erinnerungsformen von Angehörigen der „Erlebensgeneration" (aber eben nicht aller Personengruppen).[3] Beide sind intransitiv, insofern sich der Erinnernde selbst erinnert – dennoch folgen sie einer unterschiedlichen Logik. Daneben stehen Formen „transitiver" Erinnerung, d. h. eines Erinnerns, dessen Adressat nicht mit dem Subjekt identisch ist. Diese Formen finden wohl zumeist gegenüber Adressaten statt, die nicht das gleiche erlebt haben – Abwesende, Täter, Zuschauer, Nachgeborene. Je nach Adressat verändert sich dabei die narrative Struktur und die Appellfunktion der Erzählung – dass es nur narrativ möglich ist, liegt vor allem daran, dass dieses „Erinnern" nicht ohne die Mitteilung des Erinnerten auskommt. In unserem Zusammenhang ist aber wichtig, dass solches Erinnern in vielen Fällen eben nicht eine erstmalige Mitteilung dessen ist, was erinnert werden soll, sondern dass es auf bereits Bekanntes zurückgreift. Erinnert werden hier nicht allein, ja nicht einmal zentral das Geschehen und die Erfahrung selbst, sondern das bereits vorausgesetzte, das konventionelle Wissen darum: „(Ich) erinnere Dich daran, dass dies so war (wie Du schon weißt)."

Die Funktion derartigen Erinnerns ist oftmals eine Vergewisserung der gemeinsamen narrativen, und d. h. deutenden und urteilenden Basis für gegenwärtiges Sein und Handeln: „Nach Auschwitz" leben heißt eben nicht nur zeitlich nach Auschwitz zu leben, sondern nicht ohne das (immer wieder aktualisierte) Bewusstsein um Auschwitz und ein Verhältnis zu Auschwitz zu leben.

Gegenüber ihresgleichen kommt für die Opfer oft eine andere Funktion hinzu: Sich der Tatsache zu vergewissern, dass man nicht allein war in dem Leid und nicht allein ist in der Verarbeitung, also die eigenen Wahrnehmungen und die individuellen Erinnerungen im Spiegel des Erinnerns und Gedenkens der anderen zu bestätigen.

Im Gespräch mit Nachgeborenen aber verändert sich der Charakter oftmals entscheidend: Während sie für die Opfer selbst oft auch den Charakter einer Vergewisserung dessen annimmt, dass die eigenen Erfahrungen und Verarbeitungen nicht im Generationenwechsel verloren gehen und entwertet werden, gewinnt sie für die Adressaten den Charakter einer „Erinnerung" an eine nicht aus eigener Anschauung oder Erfahrung bekannten Tatsache, und auch nur ansatzweise einer bereits bekannten retrospektiven, d. h. narrativen Deutung und Wertung – sie wird oft zu einer *Erstinformation* über das Geschehene, die geprägt ist von dem gesetzten Rahmen der üblichen Deutung und Wertung. Viele dieser Formen transitiven Erinnerns mit dem Gemenge von Erst-Information über eine Vergan-

---

3   Ein individuelles Erinnern von Tätern an ihre eigenen Taten kommt sicher (vereinzelt?) auch vor, ist aber gesellschaftlich nicht konstitutiv für die Funktion „Erinnerungsort".

genheit einerseits und Erinnerung an das Wissen und die Deutungen andererseits, treten in Zeitzeugengesprächen auf – gerade auch gegenüber Schulklassen. Ich halte es dabei für keineswegs ausgemacht, dass die jeweilige Funktion immer für alle Beteiligten gleichermaßen geklärt ist: Bei Zeitzeugengesprächen mischt sich unweigerlich persönliche Erinnerung, Verlusterfahrung und Trauer mit Information – und natürlich mit den im weiteren Sinne politischen Botschaften, die ihnen innewohnen.

Aber die skizzierten Unterscheidungen sind noch lange nicht vollständig. Ein Großteil der Erinnerungen an Gedenkstätten ist nicht-individueller Natur. Und als solche sind sie nur ansatzweise zurückgebunden an die individuellen Erinnerungen von Angehörigen der Erlebensgeneration: Sie besitzen eine dezidiert narrative Struktur, indem sie ausdrücklich spätere Bezugnahmen auf die zu erinnernde und erinnerte Vergangenheit darstellen. Ich meine damit gerade nicht die Zusammenfassung individueller Erinnerungen, wo mehrere ehemalige Häftlinge zusammenkommen, sondern die gesellschaftlichen Formen des Erinnerns, die sich in der baulichen Gestaltung, in symbolischen Formen, in der Institutionalisierung und Benennung, in der Gestaltung sozialer Situationen, besonders der Programmatik und Methode pädagogischer Angebote, in kulturellen Ereignissen usw. manifestiert – und nicht zuletzt in der Auseinandersetzung um die Gedenkstätte und das Gedenken.

Mit Letzterem ist nicht nur Streit um Notwendigkeit oder Verzichtbarkeit, um Angemessenheit oder Anstößigkeit gemeint, sondern dazu gehören auch die vielen kleinen und gewissermaßen leisen Überlegungen und Entscheidungen bei der Einrichtung und beim „Betrieb" einer Gedenkstätte. Alle diese Formen haben proto-narrative Struktur, insofern sie einen bestimmten deutenden und wertenden Bezug zur Vergangenheit aus der spezifischen Sicht der Gegenwart her ausdrücken. Wenn etwa über Restauration und Bewahrung von Originalem, Rekonstruktion und Anschaulichkeit bzw. über eine den zeitlichen Abstand markierende Gestaltung nachgedacht wird, so sind damit immer Aussagen über „damals", „seither" und „heute" verbunden:

Eine derartige Überlegung *könnte* etwa lauten, dass man eine Restauration und gar Re-Konstruktion gar nicht wolle, weil man ja nicht das KZ bewahren will, sondern vielmehr froh ist, dass diese Zeit und Praxis beendet ist, sondern dass man zeigen wolle, wie wir heute, d. h. danach, darüber denken, denken wollen und sollen.

Dem stehen aber andere Überlegungen gegenüber, die ebenfalls ernst genommen werden müssen: Dass es darauf ankomme, den Nachgeborenen nicht nur die heutige Denkweise aufzuzeigen, sondern sie anschaulich über das Geschehene zu informieren: Nur mithilfe verlässlicher, d. h. belastbarer Information gelinge ein Lernen, das nicht aus der reinen Übernahme vorgefertigter Meinungen bestehe, sondern eigener Auseinandersetzung mit dem Geschehen entspringe. Oder auch: Der Charakter des Ortes als Ort des Leides, als Friedhof, gebiete die Erhaltung, nicht aber die Umformung zu gegenwärtigen Zwecken – und was dergleichen Überlegungen mehr sind.

Dass diese Vielfalt der historischen Erfahrungen und Taten an authentischen Orten, der Perspektiven auf sowie der Ansprüche an Gedenkstätten den Besuchern immer klar erkennbar würde, darf bezweifelt werden. Nicht nur die fast schon als Topos kolportierten, aber immer wieder auch selbst erlebten Erwartungen von Jugendlichen, dass sie „ein KZ" besuchen würden (mit „Erwartung" in beiderlei Sinn als „Aussicht" wie als „Begehr"), auch die vorzufindende Mischung ganz unterschiedlicher funktionaler wie symbolischer Formen (Ausstellung, Mahnmal, Re-Konstruktionen, Führung, Zeitzeugengespräch, Film, Dokumente) dürften eine solche strukturelle Einsicht in die Funktionen der Orte behindern. Gerade deshalb ist zu fragen, ob Schule und Gedenkstättenpädagogik ihren Lernenden dabei helfen, sie befähigen, sich in dieser Gemengelage zurechtzufinden?

Ein Blick in die Rahmenpläne (um den Blick nun auf das System Schule zu lenken) verstärkt diesen Eindruck: So heißt es etwa im seit 1. Dezember 2008 in Kraft befindlichen gemeinsamen Hamburger Bildungsplan für die Haupt- und die Realschule, der das Wort „Gedenkstätte" gar nicht enthält, unter den Anforderungen zur „Analysefähigkeit" bei Klasse 7/8: „die Gefahren und unmenschlichen Auswirkungen totalitärer politischer Strömungen am Beispiel des Nationalsozialismus *darstellen* (Rassismus, Unterdrückung, Verfolgung, Völkermord)",[4] und unter den Inhalten 7/8 in der „Kategorie Zeit" ebenda: „Verfolgung von Andersdenkenden und Minderheiten im Nationalsozialismus".[5] Konkreter werden die „Hinweise und Erläuterungen" dazu. Dort wird im „Ordnungsstrukturfeld: Orientierung in Zeit und Raum" eine Unterrichtseinheit für die Klasse 7 skizziert mit dem Titel: „Deutschland und Europa in der 1. Hälfte des 20. Jahrhunderts". Die Skizze wird wie folgt eingeleitet:

„Die erste Hälfte des vergangenen Jahrhunderts war eine Epoche humanitärer Katastrophen: Zwei Weltkriege, das Scheitern der ersten deutschen Demokratie, die Diktatur des Nationalsozialismus und das unvorstellbare Grauen der Vernichtungslager. Diese Themen bilden noch heute Hintergrund politischer Argumente und Diskussionen in der Öffentlichkeit, an denen nur teilnehmen kann, wer über die entsprechenden Kenntnisse verfügt. Die Schülerinnen und Schüler erarbeiten sich in dieser Unterrichtseinheit einen Überblick über die deutsche

---

4   Freie und Hansestadt Hamburg, Behörde für Schule und Berufsbildung (Hrsg.), Bildungsplan Haupt- und Realschule, Jahrgangsstufen 5–8, Lernbereich Gesellschaft, Hamburg 2008, S. 12.
5   Ebenda, S. 13.

Geschichte der Jahre 1914–1945 und reflektieren grundsätzliche Werte wie Frieden, Demokratie und Menschenrechte sowie deren Gefährdung."[6]

Im Rahmen dieser chronologisch angelegten Unterrichtseinheit sollen die „Judenverfolgung und der Holocaust [...] intensiv in der Klasse besprochen [werden]." Zu den Zielen heißt es nun:

- „Die Schüler sind sich der Lebensbedingungen in autoritären, diktatorischen und demokratischen Staaten bewusst und entwickeln Demokratiebewusstsein."
- „Die Schüler können die Gefahren und unmenschlichen Auswirkungen totalitärer politischer Strömungen am Beispiel des Nationalsozialismus darstellen."

Und vor allem:

- „Die Schüler verinnerlichen die Verbrechen und Qualen, die die Opfer durch den Nationalsozialismus erlitten haben."[7]

Hier findet sich ein Anschluss an die Zielsetzungen und die pädagogischen Konzepte der Bildungsarbeit an Gedenkstätten. Vor allem die erstgenannte Anforderung, die Entwicklung von Demokratiebewusstsein durch das Bewusstwerden der Lebensbedingungen in totalitären Regimes und der letztgenannte, die „Verinnerlichung" der erlittenen Verbrechen und Qualen der Opfer, bilden Anknüpfungspunkte an die Informationselemente, die Gedenkstätten wie Neuengamme selbstverständlich anbieten, und an die pädagogischen Konzepte, die auf eine intensive Auseinandersetzung mit den Erfahrungen der Opfer setzen – an die für viele Gedenkstätten charakteristische Doppelstruktur von strukturgeschichtlicher Information und konkreter, individualisierender Präsentation von Einzelschicksalen.

Aber diese Formulierungen werfen gleichzeitig Fragen auf, weil die Anknüpfung eben nicht so einfach ist: Ist die Vorstellung, dass das Wissen um „die Lebensbedingungen" in autoritären, diktatorischen und demokratischen Systemen zu Demokratiebewusstsein führt, gerechtfertigt? Die Wertschätzung der Demokratie ist das eine, sich mit der Frage nach Handlungsspielräumen auch unter (vereinfacht gesagt) ungünstigen Bedingungen auseinanderzusetzen, ist

6 Freie und Hansestadt Hamburg, Behörde für Schule und Berufsbildung (Hrsg.), Bildungsplan Haupt- und Realschule, Jahrgangsstufen 5–8, Lernbereich Gesellschaft, Hinweise und Erläuterungen, Hamburg 2007, S. 31, http://www.hamburg.de/contentblob/69328/data/hinweise-gesellschaft.pdf (Zugriff am 29. 9. 2009).
7 Ebenda.

damit noch nicht abgedeckt. Was ist mit „Verinnerlichung" der durch „den Nationalsozialismus" erlittenen Verbrechen und Qualen der Opfer gemeint? Geht es hier doch mehr um eine Betroffenheitspädagogik und eine Einübung in eine kulturell zu überliefernde Ablehnung eines politischen Systems als um die Erkundung der Beteiligung vieler Einzelner und die Reflexion um Schlussfolgerungen für die eigene Person und das eigene Verständnis als Bürger?

Der (noch nicht in Kraft getretene) Bildungsplan für das Gymnasium erwähnt ebenfalls keine Gedenkstätten. Er formuliert lediglich die Kompetenz, dass Schülerinnen und Schüler Phänomene zuordnen und erläutern können sollen,[8] und die Leitfragen, warum der Nationalsozialismus die Menschen in Deutschland so faszinierte und wie Völkermord und Holocaust möglich waren.[9] Hier findet sich – bei aller Kompetenzorientierung, die in letzterem Plan aufscheint – letztlich eine Fortsetzung eines „Default-Modus" des Geschichtsunterrichts, nämlich zunächst und vor allem darzustellen, was war, und die Frage der persönlichen Orientierung eher auszuklammern. Die „Bildungsstandards Geschichte" des Geschichtslehrerverbandes aus dem Jahr 2007 manifestieren sogar eine Rückkehr zu einem traditionellen, nationalen „Master Narrative" fertiger Deutungen von hoher Abstraktheit.[10] Insgesamt setzen die Richtlinien noch immer (auch nach der Orientierung auf Geschichtsbewusstsein) weithin einen Rahmen, in dem kognitives „Wissen um Vergangenes" im Vordergrund steht und die Reflexion der Bedeutung vernachlässigt wird – und zwar der individuellen Bedeutung (respektive des persönlichen Sinns) wie auch der gesellschaftlichen Bedeutung.

Ein – zugegebenermaßen schlaglichtartiger und unsystematischer – Blick auf Schüleräußerungen möge folgen: Mehrfach wird von Erwartungen (auch Hoffnungen?) berichtet, man besuche ein „KZ" (nicht: „eine Gedenkstätte"), wie auch von Wünschen nach Veranschaulichung der (mitgebrachten, oft aber schiefen) Bilder davon, was denn ein KZ sei. Es gibt dokumentierte Erwartungen eigener Überwältigung und Betroffenheit – aber auch konkrete Erfahrungen, in denen genau dies bestätigt wird (die Anschaulichkeit der Verbrechen, das Nachfühlen dessen, wie die Menschen damals gelebt haben). Schließlich finden sich oftmals unkonkrete und kategorial wenig elaborierte Äußerungen dahingehend, dass an diesen Orten erkennbar werde, „was Menschen Menschen angetan" hätten, dass „es" alles „schlimm" sei. Sie werfen die Frage danach auf, was eigentlich an sol-

---

8   Freie und Hansestadt Hamburg, Behörde für Schule und Berufsbildung (Hrsg.), Bildungsplan Gymnasium, Sekundarstufe 1, Rahmenplan Geschichte, Hamburg 2010, S. 10–16, http://www.li-hamburg.de/fix/files/doc/Geschichte_2010_01_18_RP_GY_SekI.pdf (Zugriff am 23. 3. 2010).
9   Ebenda, S. 24.
10 Verband der Geschichtslehrer Deutschlands (Hrsg.), Bildungsstandards Geschichte. Rahmenmodell Gymnasium, 5.–10. Jahrgangsstufe, Schwalbach/Taunus 2007.

chen Orten gelernt werden kann und muss – und danach, *was* und *wie* Schülerinnen und Schüler dort tatsächlich überhaupt wahrnehmen und verarbeiten – und lernen. Studien der Wirkungsforschung im Sinne einer Evaluation unter Rückgriff auf gewünschte Ziele fallen zumeist eher ernüchternd aus. Eine Studie, in der individuelle Verarbeitungen eines Gedenkstättenbesuchs von Schülerinnen und Schülern qualitativ erforscht werden, entsteht gerade.

Ich muss mich hier mit einem theoretisch-kategorialen und normativen Zugriff begnügen: Im Folgenden möchte ich versuchen, kurz systematisch zu analysieren und zu verorten, wie Menschen historisch zu denken lernen, um daran anknüpfend einige Überlegungen dazu anzustellen, in welcher Hinsicht ein schulisches Lernen am außerschulischen Ort „Gedenkstätte" ergänzt werden kann.

Die Prämisse dafür lautet, dass historisches Denken an den verschiedensten Orten in unserer Gesellschaft eigentlich einem einheitlichen Grundmuster folgt.[11] Demzufolge stehen in der Gedenkstättenpädagogik und Schule vor allem zwei Bereiche im Fokus: Die Re-Konstruktion der Vergangenheit und die Orientierung für die eigene Gegenwart – der berühmte Gegenwartsbezug der Geschichtsdidaktik. Aber sie tun es in deutlich unterschiedlicher Gewichtung: Die Gedenkstättenpädagogik betont zu Recht die Orientierung für heute, wogegen die Schule (wie oben ausgeführt) die Rekonstruktion der Vergangenheit in den Mittelpunkt stellt und die Reflexion auf das Heute und vor allem auf die eigene Person nicht vernachlässigt, aber nicht derart verlangt. Die Rekonstruktion der Vergangenheit ist dabei in der Gedenkstättenpädagogik ebenfalls grundlegend – etwa in den Erzählungen der freien Gedenkstättenpädagogen, in den Arbeitsaufträgen für Schülerinnen und Schüler – aber sie steht nicht für sich. Sie ist Zweck für etwas Weiteres, ohne nur instrumentell zu sein.

Etwas wird von beiden – Schule und Gedenkstättenpädagogik – jedoch weniger thematisiert – die Eigenschaft der Gedenkstätten, nicht (nur) Überrest, Relikt zu sein und somit „Quelle" für Vergangenes, sondern selbst Darstellung. Ihre Einrichtung, Gestaltung und „Bespielung" mit Pädagogik ist gegenwärtig fundiert. Gedenkstätten sind also geschichts- und erinnerungskulturelle Institutionen, die nicht nur Rohstoffe für Re-Konstruktionen der Vergangenheit liefern, sondern selbst solche Re-Konstruktionen narrativer Art darstellen. Das wird zwar vereinzelt thematisiert – aber findet es auch einen *systematischen* Ort in der Pädagogik? Oder anders gefragt: Befähigen wir die Schüler systematisch, mit Gedenkstätten selbstständig umzugehen, d. h. sie als Manifestationen gelungener oder problematischer, fehlender, notwendiger usw. Auseinandersetzung mit der Vergangenheit zu entschlüsseln und sich dazu zu verhalten – oder reduzieren wir

---

11 Wolfgang Hasberg/Andreas Körber, Geschichtsbewusstsein dynamisch, in: Andreas Körber (Hrsg.), Geschichte, Leben, Lernen. Bodo von Borries zum 60. Geburtstag, Schwalbach/Taunus 2003, S. 179–203, hier S. 187.

sie in pädagogischen Zusammenhängen noch zu sehr auf die Funktion, Ort eines Lernens zu sein – und nicht Gegenstand desselben.

Systematisch gesprochen müsste es auch darum gehen, Schülerinnen dazu zu befähigen, die Formen des historischen Denkens an Gedenkstätten selbstständig zu entschlüsseln und zu vollziehen, und dies für sich zu verarbeiten.

2. Aktuelle Konzepte der Geschichtsdidaktik

Im Folgenden sollen – zunächst noch ohne oder nur mit punktuellem Bezug auf die Situation in Gedenkstätten – zwei mehr oder weniger aktuelle Diskussionspunkte der Geschichtsdidaktik vorgestellt werden, die bei der Reflexion auf aktuelle Aufgaben einer Geschichtspädagogik an Gedenkstätten hilfreich sein können.

2.1 Interkulturelles Lernen

Der Begriff „Interkulturelles Lernen" bezeichnet eine ganze Gruppe von pädagogischen Reaktionen auf einen Teil der eingangs genannten Herausforderungen. Zu nennen sind insbesondere: a) Prozesse der Dekolonisierung und aus ihnen entstehende postkoloniale Strukturen und Denkansätze – deren erstere für Deutschland nicht so bedeutsam, letztere aber durchaus nicht unbedeutend sind, b) die „neue" Erfahrung von Immigration als solche wie auch ihre Dauerhaftigkeit, die von allen Beteiligten (Immigranten, „Autochthonen" wie in den Herkunftsländern Verbliebenen) so nicht vorhergesehen worden war, c) die Pluralisierung von Immigrationsgründen und -anlässen (über die Arbeitsmigration hinaus etwa zu Asyl- und Umweltmigration) wie auch der Herkunftskulturen und schließlich d) die aus all diesen Prozessen entstehenden und sich im Laufe der Zeit sowohl tatsächlich wie in der Wahrnehmung verändernden gesellschaftlichen „Problemlagen" (und -zuschreibungen). Dieser Komplex hat unterschiedliche pädagogische Konzepte des Umgangs mit solcher Heterogenität entstehen lassen, die ich hier nur zu nennen brauche:

- Ausländerpädagogik: zunächst in einer „Rückkehr"-orientierten Variante als Befähigung der hier lebenden Ausländerkinder zum Agieren in dieser, aber auch in ihrer Herkunftsgesellschaft; dann in einer „Bleibe"-orientierten Variante als pädagogische Bearbeitung der vor allem bei den Migranten lokalisierten Probleme (Defizite hinsichtlich der Fähigkeiten, die in dieser Gesellschaft gebraucht werden);
- Antirassistische Erziehung: pädagogische Behandlung vor allem von rassistischen und ausländerfeindlichen Vorstellungen und Haltungen auf Seiten der „autochthonen" Gesellschaft;

- Multikulturelle Erziehung: an „alle" beteiligten Gruppen und Kulturen gerichtete Erziehung zur gegenseitigen Toleranz und Anerkennung unter der Prämisse, dass die jeweiligen Kulturen unterschiedlich, in ihrer Unterschiedlichkeit aber gleichwertig sind; Prämissen sind ein Konzept relativ homogener „Kulturen" mit einem Eigenwert und einem Recht auf Authentizität und Bewahrung sowie die Idee eines Zusammenlebens der Kulturen;
- Interkulturelle Erziehung und Bildung: auf die Befähigung der Mitglieder derart heterogener Gesellschaften zum Umgang mit der Unterschiedlichkeit und mit den konkreten Unterschieden gerichtete Pädagogik, in einigen Varianten auch hier unter der Prämisse homogener Kulturen und relativ eindeutiger Zugehörigkeiten;
- Erziehung, die im Sinne von Wolfgang Welsch *trans*kulturell ist:[12] Sie geht nicht mehr von vorgegebenen, real existierenden „Kulturen" als relativ homogenen Entitäten aus, wohl aber von der Wirkmächtigkeit dieser Vorstellung bei vielen Akteuren. Dem Konzept liegt vielmehr die Vorstellung von Kulturen als Konstrukten zugrunde, die veränderlich und vielfältig sind: Alle Menschen entwickeln ihre Kulturalität durch eine Vielzahl unterschiedlicher, einander durchdringender und überlappender Sozialisationen/Enkulturationen und gehören somit immer einer Mehrzahl von Kultur(en) gleichzeitig an – und verändern ihre Kulturalität ständig. Dahinter steht ein „moderner" Kulturbegriff, wie ihn etwa Klaus-Peter Hansen[13] oder Stephanie Rathje[14] formuliert haben.[15] Gleichzeitig bedeutet das nicht, dass die

---

12 Wolfgang Welsch, Transkulturalität – die veränderte Verfassung heutiger Kulturen, in: Freimut Duve u. a. (Hrsg.), Sichtweisen. Die Vielheit der Einheit, Frankfurt a. M. 1994, S. 83–122; ders., Transkulturalität. Zur veränderten Verfasstheit heutiger Kulturen, in: Zeitschrift für Kulturaustausch 45 (1995) 1, S. 39–44; ders., Transkulturalität, in: Universitas 52 (1997) 1, S.16–24.

13 Klaus-Peter Hansen, Kultur und Kulturwissenschaft. Eine Einführung, 3. Aufl., Tübingen/Basel 2003.

14 Stephanie Rathje, Interkulturelle Kompetenz – Zustand und Zukunft eines umstrittenen Konzepts, in: Zeitschrift für Interkulturellen Fremdsprachenunterricht 11 (2006) 3, S. 1–21.

15 Andreas Körber/Johannes Meyer-Hamme, Interkulturelle historische Kompetenz? Zum Verhältnis von Interkulturalität und Kompetenzorientierung beim Geschichtslernen, in: Jan-Patrick Bauer/Andreas Körber/Johannes Meyer-Hamme (Hrsg.), Geschichtslernen – Innovationen und Reflexionen. Geschichtsdidaktik im Spannungsfeld von theoretischen Zuspitzungen, empirischen Erkundungen, normativen Überlegungen und pragmatischen Wendungen. Festschrift für Bodo von Borries zum 65. Geburtstag, Kenzingen 2008, S. 307–334; Andreas Körber, Theoretische Dimensionen des Interkulturellen Geschichtslernens, in: Sylvia Mebus/Marcus Ventzke (Hrsg.), Geschichte denken statt pauken. Didaktisch-methodische Hinweise und Materialien zur Förderung historischer Kompetenzen, 2. Aufl., Meißen 2010.

Menschen sich dieser Pluralität und Konstrukthaftigkeit ihrer Kulturalität bewusst sind und sie affirmativ anerkennen. Die Vorstellung von quasi voneinander separierten Kulturen und relativ eindeutiger Zugehörigkeiten bleibt sowohl für Selbst- wie auch (vor allem?) für Fremdzuschreibungen wirkmächtig. Authentizitäts- und Selbstständigkeitsansprüche von kulturellen Gruppen wie auch Ansprüche an die Zugehörigkeit und entsprechendes Verhalten ihrer Mitglieder bleiben relevant (Extrembeispiel: Ehrenmorde), prägen aber auch besonders Erwartungen von Angehörigen jeweils anderer Kulturen.

„Kultur" bezeichnet im Sinne der modernen Kulturtheorie und interkulturellen Pädagogik nicht das „gepflegte" und „elaborierte" Verhalten von Menschen im Sinne der „Hochkultur" im Gegensatz zu „kulturlosem" Verhalten und Geschmack. Der Begriff hat in diesem Zusammenhang die Konnotation des „gepflegten" und „gehegten" und somit qualitativ Höherwertigen weitgehend abgelegt zugunsten einer analytischen Ausrichtung. „Volkskultur" lässt sich mit ihm somit ebenso erfassen wie „Hochkultur" (das ist übrigens in den Konzepten der „Geschichtskultur" und der „Erinnerungskultur" durchaus anders, die sowohl die analytische Unterscheidungsfähigkeit wie auch den Aspekt der Elaboration enthalten können – wenn etwa davon die Rede ist, dass eine Gesellschaft für ihren Umgang mit einer diktatorischen Vergangenheit keine Formen und Kategorien entwickelt habe). Wichtiger im modernen anthropologischen Kulturbegriff ist die ebenfalls in der Vorstellung der „Hege" gegründete Vorstellung, dass „Kultur" all das bezeichnet, was den Menschen von der „Natur" unterscheidet. Dabei spielt weniger die Vorstellung eine Rolle, dass ihn das von der „toten" oder „unbeseelten" Natur abhebe, sondern mehr die Vorstellung, dass diese entwickelten Formen des Verhaltens zum einen *kontingent* sind, d. h. dass sie einerseits nicht determiniert sind, sodass für gleichartige „Aufgaben" ganz unterschiedliche Lösungen und Formen gefunden werden können und wurden, und dass andererseits diese Formen aber ebenso wenig völlig zufällig variieren zwischen Individuen, sondern dass zusammenlebende Menschen durch ihre Interaktion gemeinsame Formen herausbilden. Die so entstehenden Verhaltensweisen sind somit kontingent gruppenspezifisch, insofern jede zusammenlebende Gruppe sie anders ausbildet, die einzelnen Formen aber nicht per se qualitativ unterschiedlich sind, sondern zunächst als gleichwertig – aber eben „anders" – angesehen werden müssen. Es ist leicht ersichtlich, dass dieser Begriff von „Kultur" dazu geeignet ist, sowohl die Unterschiedlichkeit von Gruppen zu postulieren wie die Zugehörigkeit des Einzelnen zu jeweils einer Gruppe. Es ist ein Konzept, das den extrem rechtskonservativen Positionen, wie sie in „Nation Europa" postuliert werden, also dem „Ethnopluralismus", ebenso eignet wie den Vorstellungen des Multikulturalismus. Rassistische, „ethnopluralistische" und multikulturelle Positionen unterscheiden sich dann vor allem dadurch, dass erstere nicht nur die Ungleichheit, sondern auch die Ungleichwertigkeit der unterschiedlichen kulturellen Formen behaupten, die anderen beiden dagegen (im Ethnopluralismus vielleicht auch nur als Lippenbekenntnis) die Gleichwertigkeit behaupten, untereinander aber dadurch unterschieden sind, dass nur letztere Position ein Zusammenleben derart definierter Kulturen zur gleichen Zeit im gleichen Raum für möglich und wünschenswert erachten. Der moderne, anthropologische Kulturbegriff geht jedoch noch darüber hinaus. Er postuliert, wie gesagt, nicht nur die Gleichwertigkeit und Kompatibilität derartiger kultureller Ausprägungen, sondern deren Konstruktcharakter: Menschen werden durch ihre Sozialisation in Gruppen geprägt, nicht aber im Sinne der „Enkulturalisierung" in eine homogene Gruppe, sondern im Sinne der Aneignung unterschiedlicher kultureller Standards durch verschiedene Sozialisationsinstanzen zur gleichen Zeit.

Diese Veränderung des Kulturbegriffs hat dann auch Konsequenzen für die Vorstellungen interkulturellen (oder: transkulturellen) Lernens – die wiederum in der Debatte heute weiterhin munter durcheinandergehen: Interkulturelles Lernen im heutigen Sinne vereint zumeist Vorstellungen einer Befähigung der Lernenden zum *zusätzlichen* Denken „in" den Standards einer anderen Kultur, basiert also zu weiten Teilen noch auf den Vorstellungen quasi homogener Kulturen. Das ist immer dort der Fall, wo „interkulturelles Lernen" etwa als Mehr-Schritt-Programm der Dezentralisierung von der „eigenen" und des Verstehens „fremder" Kulturen konzipiert ist. Viele „Interkulturelle Trainings" gehören diesem Typ an. Auch die Vorstellungen der Befähigung zu einem „switching" am Ende eines interkulturellen Lernprozesses gehören in diese Kategorie.[16]

Für das Geschichtslernen würden hierhin Vorstellungen gehören, dass Immigranten lernen müssten, das historische Denken der Zielgesellschaft ihrer Migration (also bei uns konkret das Master Narrative der deutschen Nationalgeschichte) zu verstehen, wenn nicht gar zu erwerben. „Nationalgeschichte als Eintrittsbillett" haben Viola Georgi und Bodo von Borries diese Vorstellung genannt.[17] Im Rahmen der Thematisierung des Nationalsozialismus und des Holocaust in Schule wie auch in der außerschulischen (Gedenkstätten)pädagogik könnte das etwa den Anspruch begründen, dass Migranten lernen, dass, warum und wie die „Täter-

---

16 Vgl. Körber/Meyer-Hamme, Interkulturelle historische Kompetenz? Mit Bezug auf Arnd Witte, Überlegungen zu einer (inter)kulturellen Progression im Fremdsprachenunterricht, in: Fremdsprachen lehren und lernen 35 (2006), S. 28–43.
17 Bodo von Borries, Interkulturelles Geschichtslernen – ja sicher, aber wie?, in: Andreas Körber (Hrsg.), Interkulturelles Geschichtslernen. Geschichtsunterricht unter den Bedingungen von Einwanderung und Globalisierung. Konzeptionelle Überlegungen und praktische Ansätze, Münster 2001, S. 73–96, hier S. 76 f.

gesellschaft" spezifische Formen der Thematisierung der eigenen Vergangenheit entwickelt hat, die ihre (der Gesellschaft, nicht der Lernenden) eigene Schuld oder Verantwortung (Schuldigkeit) in den Mittelpunkt stellen und die eventuell von in den „Herkunftskulturen" der Migranten üblichen Formen der Thematisierung eigener Geschichte deutlich abweichen. Die Enkulturalisierung zur „negativen Erinnerung" wäre eine Form interkulturellen Lernens dieser Art.

Daneben existieren aber auch weitere Konzeptionen interkulturellen Lernens, die von der Konstruiertheit, Variabilität und Komplexität kultureller Zugehörigkeiten ausgehen. „Interkulturelles" Lernen ist dann nicht die Befähigung des Einzelnen, kulturellen Formen und Standards des Denkens und Verhaltens der jeweils „anderen" Kultur zu entsprechen, sondern vielmehr die Befähigung des Einzelnen, mit der Unterschiedlichkeit derartiger Standards *als solcher* umzugehen – und zwar realistischerweise nicht in Bezug auf *eine* „Zielkultur", sondern auf die Pluralität der „Kulturen", die miteinander agieren müssen. Es geht dann mehr um die Bewusstmachung der Kulturspezifik elementarer Denk-, Wertungs- und Verhaltensweisen und die Befähigung zur Reflexion auf diese Unterschiede, wie auch darum, diese verschiedenen Formen sowohl in einiger Vertiefung kennenzulernen, sie grundsätzlich als kontingente Möglichkeiten zu akzeptieren, aber auch darum, die eigene (kulturelle) Position in Annäherung an und Abgrenzung von anderen Positionen zu klären und zu entwickeln (also nicht: zu lernen, was „das Eigene ist", sondern mehr, was „das Eigene sein kann und soll"). Interkulturelles Lernen ist dann ein Programm, das sich an Migranten und „Autochthone" richtet, aber nicht nur im bilateralen Verhältnis („die Einheimischen müssen lernen, die Migranten zu akzeptieren, und diese die Einheimischen"), sondern ebenso an die Migranten untereinander. Das Ziel interkulturellen Lernens dieses Verständnisses ist die Befähigung der vielen Einzelnen in ihrer multiplen kulturellen Prägung zum Zusammenleben mit Menschen, die in vielfacher Weise anders geprägt sind.

Für Geschichtslernen kann daraus gefolgert werden, dass es nicht ausreicht, „die" Migranten zur Mehrheitsgeschichte hin zu sozialisieren (sie also zu Mitgliedern der als unverändert gedachten Zielkultur zu machen) und gleichzeitig „den" Angehörigen der Mehrheitskultur „die" Herkunftsgeschichten näherzubringen. Auch die Zielvorstellung, dass *allen* („Migranten" und „Einheimischen") eine neue, *gemeinsame* historische Identität zumindest anzubieten ist – etwa im Sinne eines Kosmopolitismus und einer menschenrechtlich-universalen Kultur,[18] erscheint wenig plausibel. In beiden Fällen wäre es die Aufgabe auch des Geschichtsunterrichts, die Lernenden zu einer mehr oder weniger homogenen Gemeinschaft zusammenzuschweißen – entweder der bestehenden oder

---

18 Bodo von Borries nennt das „Menschenrechtsgeschichte als Zivilreligion", ebenda, S. 77f.

einer neuen. Plausibler erscheint hingegen die Vorstellung, dass es zwar um eine zukünftige Gemeinsamkeit aller (von „Migranten" und „Einheimischen") geht, aber gedacht als Partizipation an und in einer neuen Form von Gesellschaft, die weniger auf Homogenität als vielmehr auf der Befähigung aller zum Umgang mit Heterogenität, mit Andersartigkeit aufgebaut ist. Dazu könnte etwa beitragen, dass die unterschiedlichen Herkunfts-Kulturen nicht als solche (und nicht nur für die jeweils aus ihnen stammenden), sondern in ihren gegenseitigen sachlichen („realgeschichtlichen") wie perspektivischen Beziehungen thematisiert werden, und somit dem Einzelnen die Möglichkeit geboten wird, seine eigene historische Identität zu reflektieren und somit (neu) zu begründen.

Dazu ein Beispiel: Dies erforderte etwa, beim Thema „Entdeckungen" und „Kolonialismus" konsequent sowohl die Politiken der europäischen Staaten und der in/aus ihnen tätigen Handelskompagnien (auch in ihrer Rivalität untereinander), aber auch verschiedener Interessengruppen in diesen Staaten (inklusive Kritikern), als auch unterschiedlicher Akteure in den zu kolonisierenden/kolonisierten Gebieten zu thematisieren (Multiperspektivität im engeren Sinne) – und es erforderte, die Historiografien der unterschiedlichen „Kulturen" dazu kontrastiv zu verwenden („Kontroversität").

Auch die Konzeption, die Migrationserfahrung – bzw. die Erfahrung, (vermeintlich) erstmals mit Migranten zu tun zu haben – selbst zum Ausgangspunkt historischen Fragens und Lernens zu machen. In diesem Sinne erfordert historisches Lernen in der Migrationsgesellschaft, aber auch in der globalisierten Welt weniger die „Vermittlung" einheitlicher Geschichtsbilder (auch nicht das linke und liberale der negativen Erinnerung), sondern mehr die „Vermittlung" zwischen den Orientierungsbedürfnissen, Fragen, Konzepten und den aus ihnen entspringenden Erzählungen aus unterschiedlichen Perspektiven. Es erfordert die Umstellung historischen Lernens auf die Entwicklung der Fähigkeit, in dieser Vielfalt historischer Fragen und Erzählungen sowohl die jeweils anderen ernst zu nehmen, gleichzeitig aber auch die eigenen Fragen und Bedürfnisse, die eigenen Werte und Orientierungen zu schärfen und sich nicht in einem relativistischen „any history goes" zu verlieren. Die zu entwickelnde Fähigkeit besteht vielmehr darin, innerhalb einer diversifizierten und kontroversen Geschichts- und Erinnerungskultur partizipations- und handlungsfähig im Sinne einer Beteiligung an der Aushandlung vernünftiger Geschichtskonzepte zu sein. Es geht darum, im eigenständigen historischen Denken „kompetent" zu werden.

2.2 Kompetenzorientierung
Damit ist das Stichwort für den zweiten Aspekt bereits genannt: „Kompetenzorientierung". Den Anstoß für die Karriere dieses Begriffs – zunächst nicht in der Geschichtsdidaktik, sondern in der Pädagogik und der Bildungspolitik –

hat der PISA-Schock gegeben. Es spricht einiges für die These, dass die damit gemeinte Orientierung des Bildungssystems den Intentionen der Geschichtsdidaktik, wie sie zuvor existierte, und gerade auch des interkulturellen Geschichtslernens, geradezu zuwiderlief: Angesichts der schlechten PISA-Ergebnisse sollten messbare „outcomes", nicht individualisierte Orientierungen des Lernens in den Mittelpunkt gerückt werden. Das interkulturelle Lernen kann – zumindest in der Geschichtsdidaktik – als der (vorerst) letzte Schritt einer Entwicklung gesehen werden, hin zu einer Didaktik und Pädagogik, die die jeweils individuellen Perspektiven und Interessen der Lernenden in den Mittelpunkt rückte und die notwendigen Fähigkeiten von ihnen aus unter der Perspektive einer Befähigung zu eigenständigem historischen Denken bestimmte.[19] Unter dem Eindruck des PISA-Schocks gewann eine andere Orientierung an Gewicht, nämlich die Befähigung der Schülerinnen und Schüler, bestimmte, definierte Aufgaben zu lösen. Das ist nur zur Hälfte programmatisch gewesen – die wesentlicheren Anteile dieser Wirkung sind in den Messkonzepten und -instrumenten der „large-scale-assessments" zu finden: Nach mehr als 20 Jahren Skepsis der Bildungsforscher gegenüber quantitativen Messungen von Fähigkeiten lag mit der probabilistischen Item-Response-Theorie ein Konzept vor, das versprach, Fähigkeiten zu messen. Die Grundidee lautet, dass diese Fähigkeiten mithilfe von standardisierten Aufgaben-Lösungs-Komplexen zu messen sind, in denen

- die „Schwierigkeit" einer Aufgabe durch die durchschnittliche Häufigkeit ihrer richtigen Lösung in einer Normierungsstichprobe bestimmt wird,
- die Richtigkeit der Lösung dabei vorgegeben ist und schließlich
- das Kompetenzniveau eines Schülers über die Häufigkeit bestimmt wird, mit denen er Aufgaben unterschiedlicher so bestimmter Schwierigkeiten richtig löst.

Dazu bedarf es der Konstruktion ganzer „Batterien" von Items, die zum einen verschiedenen Fähigkeiten („Kompetenzen" bzw. „Kompetenzbereichen") zugeordnet werden, und zum anderen anhand von Stichproben auf ihre Schwierigkeit hin normiert werden. Diese Items müssen dabei, wenn nicht gar eindeutige Lösungen, dann doch relativ geschlossene „Lösungsräume" aufweisen. Dass Schülerinnen und Schüler die gleiche Aufgabe aufgrund unterschiedlicher sozialer, kultureller, individueller Hintergründe, Erfahrungen, Orientierungsfragen grundsätzlich anders beantworten, ist in diesen probabilistischen Modellen (zumindest in der bei PISA und den meisten anderen Programmen benutzten unidimensionalen) Probabilistik schwer bis gar nicht zu modellieren. Damit aber

---

19 Vgl. Körber, Theoretische Dimensionen.

erscheint diese Messmethode für alle diejenigen Fächer nur schwer geeignet, die Orientierungsleistungen zum Kern der von ihnen zu fördernden Fähigkeiten bestimmen – Orientierungsleistungen nämlich, in die die jeweilige Perspektive der Lernenden konstitutiv eingeht.[20]

An dem genannten Konzept erscheint aber für mehrere der derart „skeptischen" Fächer durchaus eines interessant: Zur Konstruktion der Item-Batterien ist nämlich die konkretere Definition dessen erforderlich, was eigentlich gemessen werden soll: Vor die Dimensionierung und Normierung der Items ist die Konstruktion von „Kompetenzmodellen" gesetzt, d. h. die theorieförmige Zusammenstellung von relativ konkreten Aussagen, worin eigentlich die im jeweiligen Fach zu entwickelnden Fähigkeiten, Fertigkeiten und Dispositionen („Bereitschaften") bestehen (sollen). Genau dieses Konzept kann sich die Geschichtsdidaktik zunutze machen (und sie hat es getan), um das zuweilen als zu ungenau, zu unbestimmt erachtete Konzept des „Geschichtsbewusstsein" nicht zu überwinden, wohl aber zu konkretisieren.

Wenn moderner Geschichtsunterricht und auch außerschulisches Geschichtslernen nicht darin bestehen soll, den Lernenden eine Geschichte, eine narrative, schlussfolgernde und wertende Konstruktion der Vergangenheit zum Nachvollzug zu präsentieren, sondern sie in die Lage zu versetzen, mit der Vielzahl der ihnen in ihrer Umwelt begegnenden Geschichten über historische Ereignisse, Handlungen und Strukturen umzugehen, dann muss sich dieses in Form eines Kompetenzmodells ausdrücken lassen. Dieses muss ja dann nicht zur Formulierung von „Bildungsstandards" im Sinne einer vereinheitlichenden, standardisierten Performanzanforderung genutzt werden, sondern kann dazu dienen, die Entscheidungen von Geschichtslehrenden über Inhalte, Ziele, Methoden, Medien wie auch über „Erfolgskriterien" historischer Lernprozesse zu informieren und zu strukturieren.

Inzwischen sind in der Geschichtsdidaktik mehrere solcher Kompetenzmodelle erarbeitet worden. Ich nenne hier nur dasjenige von Hans-Jürgen Pandel, das Modell von Michael Sauer, das z. B. in den Entwurf der „Bildungsstandards Geschichte" des Geschichtslehrerverbandes eingegangen ist, sowie dasjenige von Peter Gautschi.[21] Ich möchte im Folgenden die Grundstrukturen eines weiteren

---

20 Andreas Körber, Sind Kompetenzen historischen Denkens messbar?, in: Volker Frederking (Hrsg.), Schwer messbare Kompetenzen. Herausforderungen für die empirische Fachdidaktik, Baltmannsweiler 2008, S. 65–84.
21 Hans-Jürgen Pandel, Geschichtsunterricht nach PISA. Kompetenzen, Bildungsstandards und Kerncurricula, Schwalbach/Taunus 2005; Verband der Geschichtslehrer Deutschlands (Hrsg.), Bildungsstandards Geschichte. Rahmenmodell Gymnasium, 5.–10. Jahrgangsstufe, Schwalbach/Taunus 2007; Peter Gautschi, Guter Geschichtsunterricht. Grundlagen, Erkenntnisse, Hinweise, Schwalbach/Taunus 2009.

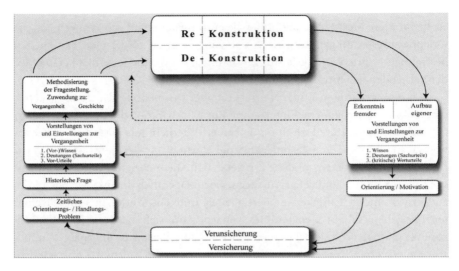

Das Prozessmodell historischen Denkens, aus: Hasberg/Körber, Geschichtsbewusstsein, S. 187.

Kompetenzmodells vorstellen, an dessen Entwicklung ich mitgearbeitet habe. Es ist bekannt geworden als das Kompetenzmodell der „FUER-Gruppe". Sein Titel ist „Historisches Denken".[22] Die Grundidee des Kompetenzmodells ist, die zum historischen Denken benötigten Fähigkeiten und Fertigkeiten sowie Dispositionen („Bereitschaften") aus einem theoretischen Modell des historischen Denkens selbst abzuleiten. Diese Grundlage für das Modell bildet der ursprünglich von Jörn Rüsen entwickelte „Regelkreis" des Denkens, wie es Historikerinnen und Historiker vollziehen, der von Wolfgang Hasberg und mir 2003 zu einem Prozessmodell historischen Denkens insgesamt adaptiert wurde,[23] wobei die theoretische Unterscheidung zweier *Modi*, nämlich der Re- und der De-Konstruktion eingebaut wurde.

Diesem Modell zufolge entspringt historisches Denken jeglicher Art einer Erfahrung zeitlicher Verunsicherung – ganz egal, ob diese durch neue Informationen über Vergangenes, Erfahrungen in der Gegenwart, neue Deutungen und Wertungen oder anderes ausgelöst wird. Es besteht dann in einem Prozess der Gewinnung neuer Sicherheit durch die Konstruktion neuer historischer Sinnbildungen einerseits (Re-Konstruktion) sowie der Aufarbeitung vorhandener Sinnbildungen andererseits (De-Konstruktion) – und zwar in komplexen Wech-

22 Andreas Körber/Waltraud Schreiber/Alexander Schöner (Hrsg.), Kompetenzen Historischen Denkens. Ein Strukturmodell als Beitrag zur Kompetenzorientierung in der Geschichtsdidaktik, Neuried 2007.
23 Jörn Rüsen, Historische Vernunft. Grundzüge einer Historik I: Die Grundlagen der Geschichtswissenschaft, Göttingen 1983; Hasberg/Körber, Geschichtsbewusstsein.

selverhältnissen. Das Kompetenzmodell fragt nun danach, welche Fähigkeiten, Fertigkeiten und Bereitschaften Menschen brauchen, um mit den Anforderungen zeitlicher Orientierung in der gegenwärtigen Gesellschaft umzugehen. Es weist dazu vier Kompetenzbereiche auf – drei davon als Teile des Orientierungsprozesses (Frage-, Methoden- und Orientierungskompetenz[en]) und einen als mit allen diesen Prozessoperationen verbundenen Bereich der Verfügung über das nötige kategoriale Denk-Zeug („Sachkompetenz"). Letzterer definiert nicht das zu erwerbende „Wissen über Vergangenes", also „case-knowledge", denn Kompetenzen versammeln nicht akkumuliertes Einzelwissen, sondern auf jeweils neue Fälle und Problemstellungen übertragbare Fähigkeiten. „Sachkompetenz" bezeichnet somit die Art und Weise der Verfügung – Verfügung über Konzepte und Kategorien, über Begriffe und Schemata, die Bedeutung gewinnen beim

- historischen Fragen
- methodischen Bearbeiten von Informationen (aus Quellen und Darstellungen) zu neuen Zusammenhängen
- beim Herausarbeiten der Informationen und Zusammenhänge aus Darstellungen (Methodenkompetenz) und schließlich
- bei der Reflexion auf die Bedeutung der so gewonnenen Informationen über Gewesenes und Zusammenhänge auf die eigene historische Identität, das eigene Verständnis der Anderen und der Welt, auf die Möglichkeiten eigenen Handelns wie auch auf die Dispositionen zu weiterem historischen Denken (Orientierungskompetenz).

Der zweite Grundgedanke des Kompetenzmodells ist dabei, dass es eine historische Inkompetenz derart, dass jemand überhaupt nicht historisch denken würde, nicht gibt. Es modelliert die einzelnen Kompetenzbereiche vielmehr als Spanne zwischen verschiedenen Niveaus: von einem basalen über ein intermediäres zu einem elaborierten Niveau der Fähigkeit, die notwendigen Operationen zu vollziehen. Diese Niveaus sind in diesem Modell derart konzipiert (und das ist eine theoretische Setzung), dass

- das *basale Niveau* darin besteht, die Operation zwar grundsätzlich vollziehen zu können, jedoch noch ohne die Fähigkeit, auf gesellschaftlich eingeführte, anschlussfähige Konzepte, Begriffe, Verfahren etc. zurückgreifen zu können.
- Das *intermediäre Niveau* besteht dann darin, eigenständiges Denken, eigenes Fragen, Schlussfolgern und Werten durchzuführen, unter Rückgriff auf gesellschaftlich eingeführte Konzepte, Begriffe und Operationen. Nicht, dass die Fragen und Ergebnisse „konventionell" sind, macht demnach dieses

Niveau aus, wohl aber, dass diese mithilfe dieser Konzepte und Begriffe in der Gesellschaft anschlussfähig gedacht werden können.
- Das *elaborierte Niveau* schließlich besteht darin, dass auch diese Begriffe und Konzepte zum Gegenstand des eigenen Denkens gemacht werden können. Der elaboriert historisch Denkende ist also in der Lage, sie nicht nur zu nutzen, sondern auch ihre Prämissen, Implikationen und Folgen, ihre Reichweite und Grenzen zu reflektieren.

3. Zeitgemäßes Geschichtslernen an Gedenkstätten

Es bedarf demnach einer Gedenkstätten- wie einer schulischen Geschichtspädagogik, die Schülerinnen und Schüler befähigt,

- Fragen zu stellen und zu erkennen, nämlich zum einen selbst Fragen an die Vergangenheit zu formulieren, aber eben auch die Fragen zunächst für sich zu formulieren, die die Gesellschaft sich gestellt hat (oder sich zu stellen genötigt werden musste), als sie die Gedenkstätte errichtete – so oder so (bzw. auch: welchen Fragen man sich verweigert hat);
- Gestaltungen und Praxen an Gedenkstätten als narrative Bezüge zur Vergangenheit zu „lesen" und ihren Vergegenwärtigungscharakter zu erkennen, d.h. die Zusammenhänge, die hergestellt werden, den Aufforderungscharakter, der mit ihnen verbunden ist, usw.;
- sich der Begriffe und Konzepte zu bemächtigen, mit denen unsere Gesellschaft über das Vergangene und ihren Umgang damit verhandelt und streitet.

Das Kompetenzmodell „Historisches Denken" hat hierfür anhand des oben vorgestellten Modells historischen Denkens die folgenden *Kompetenzbereiche* identifiziert:

- historische Fragekompetenz(en),
- historische Methodenkompetenz(en) mit den Kernkompetenzen Re-Konstruktionskompetenz, d. h. der Fähigkeit, Fertigkeit und Bereitschaft zum (synthetischen) Bilden von Sinn auf der Basis von erarbeiteten Informationen über Vergangenes, sowie De-Konstruktionskompetenz, d. h. der Fähigkeit, Fertigkeit und Bereitschaft zur Analyse von Sinnbildungen aus vorliegenden narrativen Sinnbildungen,
- historische Orientierungskompetenz(en), d. h. die Fertigkeiten, Fähigkeiten und Bereitschaften zur Reflexion und gegebenenfalls Veränderung des eigenen Zugangs zur Geschichte, der Überzeugungen zu ihrer Relevanz, des

eigenen historischen Fremd- und Weltverständnisses, aber auch der eigenen historischen Identität sowie schließlich der Möglichkeiten und Notwendigkeiten eigenen Handelns angesichts der Geschichte(n),
- historische Sachkompetenz(en), d. h. die Verfügung über erkenntnistheoretische und sowohl den Gegenstand wie auch seine narrative Verarbeitung strukturierende Begriffe, Konzepte und Verfahren.

Ein historisches Lernen in Schule wie in Gedenkstätten, das eine Re-Konstruktion bietet und Orientierung verhandelt, ist nötig, aber verkürzt. Wenn wir Schülerinnen und Schüler als zukünftige Mitglieder der Gesellschaft befähigen wollen, sich an der nötigen Umgestaltung der Erinnerungskultur für eine Zukunft ohne Erlebensgeneration zu beteiligen, bedarf es der dekonstruierenden Thematisierung der Gedenkstätten, der Ausstellungen, der Gestaltungen usw. selbst. Es geht darum, Lernenden diejenigen gegenwärtigen Bezugnahmen (Sachverhaltsaussagen, Sachurteile und Werturteile) als solche erkenn- und reflektierbar zu machen, die in der Einrichtung von Gedenkstätten, ihrer Gestaltung und ihrem Betrieb sowie an ihnen in Ausstellungen, Führungen und Zeitzeugenerzählungen etc. präsentiert werden – um sie zu befähigen, sich an der Auseinandersetzung über sie zu beteiligen.

Schließlich: In schulischem Zusammenhang ist eine Beurteilung von Lernergebnissen wohl nicht ganz zu verhindern. Selbst dort, wo Leistungs*bewertung* zu Recht kritisch gesehen wird (und der Leistungsbegriff bedarf einer eigenen kritischen Reflexion dabei), wird es ohne eine Diagnostik der Lernerfolge nicht gehen. Dies aber gestaltet sich im Bereich Geschichte, bei dem es immer um die Befähigung zu Orientierung in Zeit gehen sollte, bereits schwierig, umso mehr in dem Themenbereich, der uns hier beschäftigt. Einerseits haben wir ein starkes Interesse an „Wirkung" der Gedenkstättenpädagogik, andererseits verwahren sich viele (freie) Gedenkstättenpädagogen zu Recht einer Beurteilung der Ergebnisse ihrer pädagogischen Programme durch den Lehrer oder die Lehrerin.

Auch in dieser Hinsicht kann eventuell die Formulierung eines Kompetenzmodells helfen, wenn es denn nicht – wie dasjenige des Geschichtslehrerverbandes – die Fähigkeit zum Wiedergeben vorgegebener Deutungen als Maß der Leistung setzt, sondern eine Unterscheidung von Niveaus der Fähigkeiten historischen Denkens trifft, die nicht mit den konkreten Schlussfolgerungen und Orientierungen identisch sind. Sie müssen gewissermaßen quer dazu liegen.

In unserem Modell unterscheiden wir daher drei grundlegende Niveaus aller der gezeigten Kompetenzbereiche: „basal" im Sinne eines Fehlens jeglicher Verfügung über die in der Gesellschaft bekannten und benutzten Begriffe, Konzepte und Verfahren, also im Sinne eines Fehlens gesellschaftlicher Anschlussfähigkeit des eigenen Denkens. Ausweise für ein „intermediäres" Niveau sind für uns

Ausprägungen durchaus eigenständigen Denkens, Fragens und Schlussfolgerns, wenn sie auf eine Art und Weise vollzogen werden können, die in der Gesellschaft anschlussfähig ist, d. h. bei der Begriffe und Konzepte verwendet werden können, die andere verstehen, mit denen andere umgehen. Das bedeutet nicht, dass das Denken selbst konventionell sein muss, sondern dass es konventionell präsentiert sein kann. Wenn also ein Besuchender sich in der Lage zeigt, seine Frage nach der Rolle der eigenen Familienangehörigen mithilfe der Kategorien des „Täters" und des „Opfers" zu formulieren und etwa danach zu fragen, ob bzw. inwieweit deren Passivität sie „bereits zu Tätern" mache, zeigt sich intermediäres Niveau – ebenso wie in dem Fall, dass jemand die übliche Zuordnung einer Person zu diesen Kategorien infrage stellt („aber er war doch auch Opfer").

Elaboriert ist ein Denken dann, wenn die Begriffe und Konzepte selbst in den Blick genommen werden, d. h. wenn etwa über die Kategorie des „Opfers" nachgedacht wird, darüber, inwiefern die Ansprache einer Person als „Opfer" dieser nicht nur einen spezifischen Status innerhalb der Geschichte zuweist, mit der ihr Leiden überhaupt erst bewertet werden kann, sondern vielleicht auch Gefahr läuft, sie auf diesen Status zu reduzieren, wenn – um ein anderes Beispiel zu nennen – die Frage nach der Authentizität des Geländes und der Relikte nicht nur in Form einer „Echt"-„Falsch"-Dichotomie diskutiert werden kann, sondern die Möglichkeit von „Echtheit" und die Bedeutung einer etwaigen „Aura" selbst reflektiert wird.

In diesem Sinne ließe sich – nicht ohne weitere Forschung und viele Versuche – eine Konzeption erstellen, die nicht nur beabsichtigt, Schülerinnen und Schülern „das damalige Geschehen" und „Leid" nahezubringen, damit diese jede und jeder für sich ihre ganz individuellen Schlussfolgerungen daraus ziehen, sondern die sie auch befähigt, das dafür nötige individuelle Denken, nämlich fragen, erforschen, re- und dekonstruieren sowie schlussfolgern und bewerten, auf eine Art und Weise zu tun, die kategorial und sprachlich in der Gesellschaft anschlussfähig ist. Nicht das Ergebnis (drastisch: Zeigst Du dich betroffen genug? Formulierst Du die übliche Formel nach dem „Nie wieder" oder nach „Wachsamkeit" gegen rechts?), sondern die Art der Formulierungen steht dabei dann unter pädagogischer Diagnostik.

Im Bereich der Fragekompetenz und der Sachkompetenz wäre ein basales Niveau wohl immer dann zu konstatieren, wenn Schülerinnen und Schüler ihr Interesse an dem Gegenstand nicht spezifisch formulieren können, wenn sie zwar erkennen lassen, dass die Aussicht, eine Gedenkstätte zu besuchen, sie keineswegs unbeteiligt lässt, sie aber nicht in der Lage sind, diese Fragen so zu stellen, dass sie bearbeitet werden können. Unspezifische Verweise auf „damals", wie „es" „den Menschen" „damals" gegangen sei, können ein Hinweis darauf sein; aber auch die Unfähigkeit, sich selbst überhaupt in ein Verhältnis zu einem solchen

Besuch zu setzen: Wer die Bedeutung des präsentierten Gegenstandes allein daraus ableitet, dass die Schule oder der Lehrende ihn für wichtig hält, zeigt nicht einmal ein mittleres Niveau.

In der Sachkompetenz wäre das basale Niveau sicher auch dann gegeben, wenn Schülerinnen und Schüler sprachlich gerade nicht zwischen Opfern und Tätern differenzieren können (und diese einfach als „Menschen" in einen Topf geworfen werden). Damit ist allerdings nicht gesagt, dass alle, die die Kategorie „Menschheit" benutzen, zwingend nur basales Niveau haben: Wer etwa durch eine kritische Reflexion der Verwendung des Täter-Begriffes dazu kommt, zu betonen, dass diese doch keine Monstren gewesen seien, keine Asozialen, sondern oft „ganz normale Männer", wer also durch die Differenzierung hindurch dazu gelangt, die „menschheitliche Dimension" dieser Vergangenheit und Geschichte zu reflektieren, besitzt sicherlich elaboriertes Niveau.

4. Plädoyer ...

... dafür, die tendenzielle Diskrepanz zwischen Gedenkstättenpädagogik einerseits und der zunehmenden distanzierten kognitiven Faktologie (zumindest der älteren) der Rahmenpläne andererseits, aber auch zwischen außerschulischen und schulischen Handlungslogiken, durch zweierlei Ergänzung zu überbrücken:

- durch eine verstärkte Thematisierung der Gedenkstätten in ihrer Funktion als Orte vielfältiger gegenwärtiger Bezugnahmen auf die Vergangenheit, durch eine Thematisierung von Konzepten und Begriffen des Erinnerns, Gedenkens, Trauerns, durch die Befähigung der Jugendlichen, diese Formen selbst nachzuvollziehen und zu durchdenken;
- durch eine Orientierung auf die Kompetenzen, die nötig sind, um sich in Auseinandersetzung mit der Vergangenheit, mit Tat und Leid, Tätern und Opfern und mit sich selbst im Verhältnis dazu, sowie um mit den Arten und Weisen, in denen in unserer Gesellschaft damit umgegangen wird (oder nicht), selbst umzugehen, sich dazu zu verhalten, erinnerungs- und geschichtskulturell (und -politisch) kompetent zu werden.

Autorinnen und Autoren

MARC BUGGELN, Dr., geb. 1971, Studium der Geschichte und der Kulturwissenschaft an der Universität Bremen. Wissenschaftlicher Mitarbeiter am Institut für Geschichte der Humboldt-Universität zu Berlin, Redaktionsmitglied der Zeitschriften WerkstattGeschichte und Sozial.Geschichte Online. Seine Dissertation zum Außenlagersystem des KZ Neuengamme wurde im Herbst 2009 mit dem Herbert-Steiner-Preis des Dokumentationsarchivs des Österreichischen Widerstands in Wien ausgezeichnet. Aktuelle Veröffentlichungen: Arbeit & Gewalt. Das Außenlagersystem des KZ Neuengamme, Göttingen 2009; Bunker Valentin, Bremen 2010.

CHRISTINE ECKEL, M. A., geb. 1979, Studium der Geschichtswissenschaft in Hamburg und Barcelona. Seit 2008 Mitarbeit in der KZ-Gedenkstätte Neuengamme im Bereich Ausstellungen. Aktuelle Veröffentlichungen: „Täterausstellungen". Vergleichsaspekte der Ausstellungen in den KZ-Gedenkstätten Neuengamme und Ravensbrück, in: Andreas Ehresmann u. a. (Hrsg.), Die Erinnerung an die nationalsozialistischen Konzentrationslager. Akteure, Inhalte, Strategien (im Erscheinen).

ANDREAS EHRESMANN, Dipl.-Ing. Architekt, geb. 1965, Studium der Politik und Geschichte in Hamburg. Dissertationsprojekt zur Baugeschichte des KZ Neuengamme, Leiter der Dokumentations- und Gedenkstätte Lager Sandbostel. Forschungsschwerpunkte: Architekturgeschichte 1933–45, baugeschichtliche Entwicklung der Konzentrationslager, memorialkulturelle Entwicklung und Gestaltung der Gedenkstätten an den historischen Orten. Aktuelle Veröffentlichungen: Der Zellenbau im Konzentrationslager Ravensbrück. Eine bautypologische Annäherung, in: Insa Eschebach (Hrsg.), Ravensbrück. Der Zellenbau. Geschichte und Gedenken, Berlin 2008, S. 50–73; Die Krematorien des KZ Neuengamme. Genese, Rezeption und Memorialkultur, in: Janine Doerry u. a. (Hrsg.), NS-Zwangslager in Westdeutschland, Frankreich und den Niederlanden. Geschichte und Erinnerung, Paderborn u. a. 2008, S. 193–208.

HANS ELLGER, Dr., geb. 1969, Studium der Geschichte, Theologie und Pädagogik an der Universität Hamburg. Verschiedene wissenschaftliche Projekte zu weiblichen KZ-Häftlingen. Seit 2006 Lehrer an einem Hamburger Gymnasium. Aktuelle Veröffentlichungen: Zwangsarbeit und weibliche Überlebensstrategien.

Die Geschichte der Frauenaußenlager des Konzentrationslagers Neuengamme 1944/45, Berlin 2007; Die Schwestern Hédi Fried und Livia Fränkel – zwei Überlebende der Konzentrationslager Auschwitz-Birkenau, Neuengamme und Bergen-Belsen, in: Henning Albrecht u. a. (Hrsg.), Politische Gesellschaftsgeschichte im 19. und 20. Jahrhundert. Festgabe für Barbara Vogel, Hamburg 2006, S. 336–348.

GEORG ERDELBROCK, M. A., geb. 1974, Studium der Geschichte und Slavistik an der Universität Hamburg. Seit 1998 ist er freiberuflich in der KZ-Gedenkstätte Neuengamme tätig, editierte unter anderem Lebenserinnerungen ehemaliger polnischer Häftlinge und erarbeitete für die neu eröffnete Hauptausstellung den Themenbereich über Polen im KZ Neuengamme. Ein Promotionsvorhaben über die polnischen Gefangenen des KZ Neuengamme ist in Vorbereitung. Aktuelle Veröffentlichungen: Das Schicksal der bei der Niederschlagung des Warschauer Aufstandes in das KZ Neuengamme und seine Außenlager deportierten Polinnen und Polen, in: Markus Krzoska/Peter Tokarski (Hrsg.), Die Geschichte Polens und Deutschlands im 19. und 20. Jahrhundert. Ausgewählte Beiträge, Osnabrück 1998, S. 162–178; Geschichte eines Transports. Das Schicksal der im März 1943 in das KZ Neuengamme überstellten Häftlinge aus Auschwitz. Unveröffentlichte Magisterarbeit, Universität Hamburg, Hamburg 2003.

SVEN FRITZ, M. A., geb. 1980, Studium der Geschichte, Volkskunde und Musikwissenschaft an der Universität Hamburg. Abschluss 2008 mit einer Arbeit zu den SS-Ärzten des KZ Neuengamme. Seit 2007 Mitarbeiter von Hannes Heer bei der Wanderausstellung „Verstummte Stimmen. Die Vertreibung der ‚Juden' aus der Oper 1933–1945". Aktuelle Veröffentlichungen „... daß der alte Geist im ETU noch lebt." Der Eimsbütteler Turnverband von der Gründung bis in die Nachkriegszeit, Hamburg 2010; (mit Hannes Heer), Verstummte Stimmen. Die Vertreibung der „Juden" und „politisch Untragbaren" aus den hessischen Theatern, 2011 (im Erscheinen).

DETLEF GARBE, Dr., geb. 1956, Studium der Geschichtswissenschaften, evangelischen Theologie und Pädagogik in Hamburg. Seit 1989 Leiter der KZ-Gedenkstätte Neuengamme, Lehrbeauftragter an der Universität Hamburg, Mitglied mehrerer Fachbeiräte, u. a. bei der Stiftung Denkmal für die ermordeten Juden Europas. Zahlreiche Veröffentlichungen zur Geschichte der Konzentrationslager, zu den Zeugen Jehovas und anderen marginalisierten Opfergruppen, zur Wehrmachtjustiz und zur Vergangenheitsbewältigung. Redakteur der „Beiträge zur Geschichte der nationalsozialistischen Verfolgung in Norddeutschland". Aktuelle Veröffentlichungen: Between Resistance and Martyrdom. Jehovah's Witnesses in the Third Reich, translated by Dagmar G. Grimm, Madison 2008; (mit Kerstin

Klingel), Gedenkstätten in Hamburg. Ein Wegweiser zu Stätten der Erinnerung an die Jahre 1933–1945, überarbeitete Neuausgabe, Hamburg 2008.

CORNELIA GEISSLER, Dipl.-Päd., geb. 1971, Studium der Pädagogik und Politikwissenschaft in Berlin, Mainz und Edinburgh. Dissertationsprojekt an der Freien Universität Berlin im Fachbereich Politikwissenschaften: Medium Gedenkstättenausstellung. Personalisierungen in aktuellen Geschichtsdarstellungen und ihre Rezeption im Spiegel des gesellschaftlichen Umgangs mit der nationalsozialistischen Vergangenheit (Arbeitstitel). Stipendiatin der Hans-Böckler-Stiftung und Referentin in der historisch-politischen Bildungsarbeit. Forschungsschwerpunkte: Geschichts- und Gedenkpolitik, historisch-politische Bildung aus Sicht der Kritischen Theorie. Aktuelle Veröffentlichung: Zur aktuellen Repräsentation des Nationalsozialismus an Orten des Gedenkens – Überlegungen zu Möglichkeiten und Grenzen subjektorientierter Zugänge in der Ausstellungsdidaktik, in: Andreas Ehresmann u. a. (Hrsg.), Die Erinnerung an die nationalsozialistischen Konzentrationslager. Akteure, Inhalte, Strategien (im Erscheinen).

IRIS GROSCHEK, Dr., geb. 1968, Studium der Geschichte und Kunst in Hamburg und Prag. Promotion über die Geschichte der Gehörlosenbildung in Hamburg, langjährige Tätigkeit als Archivarin am Staatsarchiv Hamburg, seit Anfang 2009 Gedenkstättenpädagogin an der KZ-Gedenkstätte Neuengamme. Aktuelle Veröffentlichungen: Hitler Youth and Forced Sterilization. Deaf Youth of the Third Reich. Examples from Hamburg, in: Mark Zaurov/Klaus B. Günther (Hrsg), Overcoming the Past, Determining its Consequences and Finding Solutions for the Present, Seedorf 2009; Unterwegs in eine Welt des Verstehens. Gehörlosenbildung in Hamburg vom 18. Jahrhundert bis in die Gegenwart, Hamburg 2008.

KATHRIN HEROLD, M. A., geb. 1977, Studium der Kulturwissenschaften, Soziologie und Romanistik in Bremen und Madrid. Seit 2004 Mitarbeit an der KZ-Gedenkstätte Neuengamme, seit 2006 als freie Museumspädagogin. Seit 2007 politische Bildungsarbeit bei der Rosa-Luxemburg-Initiative Bremen zu den Schwerpunkten Geschichtspolitik, Nationalsozialismus, Antifaschismus und Migration. Aktuelle Veröffentlichungen: „Das Leid der Roma und Sinti in der NS-Zeit berechtigt nicht zu rechtswidrigen Handlungen heute". Bleiberechtskämpfe Hamburger Roma an der KZ-Gedenkstätte Neuengamme, in: Markus End/Kathrin Herold/Yvonne Robel (Hrsg.), Antiziganistische Zustände. Zur Kritik eines allgegenwärtigen Ressentiments, Münster 2009, S. 131–156; (mit Yvonne Robel), Roma und Sinti im Konzentrationslager Neuengamme. Eine Spurensuche, in: Viviane Wünsche u. a., Die nationalsozialistische Verfolgung Hamburger Roma und Sinti. Fünf Beiträge, aktualisierte Aufl., Hamburg 2006, S. 103–114.

CHRISTIANE HESS, M. A., geb. 1976, Studium der Geschichte und Kunstgeschichte in Hamburg und Salamanca (Spanien). Seit 2005 freie Mitarbeiterin der KZ-Gedenkstätte Neuengamme. 2008 bis 2010 Stipendiatin des DFG-Graduiertenkollegs „Archiv – Macht – Wissen" an der Universität Bielefeld. Dissertationsprojekt: Lager | Zeichnungen. Funktionen und Rezeptionen am Beispiel des KZ Neuengamme und des Frauen-KZ Ravensbrück (Arbeitstitel). Aktuelle Veröffentlichungen: „Il y avait comme dans tout ces camps." Der Schuhberg im KZ Neuengamme, in: Beiträge zur Geschichte der nationalsozialistischen Verfolgung in Norddeutschland 10 (2007), S. 200–206; Zeichnungen aus dem KZ Neuengamme als Selbstzeugnisse. Funktion und Rezeption, in: Janine Doerry u. a. (Hrsg.), Nationalsozialistische Zwangslager in Westdeutschland, Frankreich und den Niederlanden. Geschichte und Erinnerung, Paderborn 2007, S. 133–145.

JANA JELITZKI, Dipl.-Sozialpäd. (FH), geb. 1981, Studium in Berlin. 2006 Projektassistenz bei der Ausstellung „Kinder im Versteck. Berlin 1943–1945" des Anne Frank Zentrums Berlin. Tätig als Lehrbeauftragte der Alice Salomon Hochschule Berlin und der deutsch-israelischen Lehr- und Forschungskooperation „Berlin meets Haifa". Veröffentlichung: (mit Mirko Wetzel), Über Täter und Täterinnen sprechen. Nationalsozialistische Täterschaft in der pädagogischen Arbeit von KZ-Gedenkstätten, Berlin 2010.

ANDREAS KÖRBER, Prof. Dr., geb. 1965, Studium der Geschichte, Geografie und Erziehungswissenschaft in Hamburg. Seit 2004 Professor für Erziehungswissenschaft unter besonderer Berücksichtigung der Didaktik der Geschichte und der Politik an der Universität Hamburg. Schwerpunkte: Empirische Forschung zum Geschichtsbewusstsein und historischen Lernen; Interkulturelles Geschichtslernen, Kompetenzorientierung in der Geschichtsdidaktik; Erinnerungskultur im Geschichtsunterricht. Aktuelle Veröffentlichungen: (als Mitherausgeber) Historisches Denken. Ein Kompetenz-Strukturmodell, Neuried 2007; (als Mitherausgeber) Der Umgang mit Geschichte in Gedenkstätten, Neuried 2007

STEFFEN KREISL, M. A., geb. 1981, Studium der Geschichte und Italianistik in Hamburg und Rom. Magisterarbeit 2009 zur Selbst- und Fremdwahrnehmung italienischer Häftlinge im KZ Neuengamme.

MARCO KÜHNERT, M. A., geb. 1971, Studium der Geschichte, Philosophie und Politikwissenschaft an der Universität Hamburg. Magisterarbeit 2008 zum Thema des Beitrags in diesem Sammelband. Forschungs- und Arbeitsschwerpunkte: 2004 Führungen in der Ausstellung „Verbrechen der Wehrmacht" des Hamburger Instituts für Sozialforschung, seit 2004 historisch-politische Stadtteilrundgänge in Hamburg und freier Mitarbeiter in der Pädagogik der KZ-Gedenkstätte Neuengamme, 2006 Konzeption des pädagogischen Leitfadens der erweiterten KZ-Gedenkstätte: „Spurensuche – Orte zum Sprechen bringen"; 2009 Führungen in der Ausstellung „In den Tod geschickt" der Forschungsstelle für Zeitgeschichte Hamburg.

ASTRID MESSERSCHMIDT, Prof. Dr., geb. 1965, Studium der Pädagogik, Politikwissenschaft und Germanistik an der TU Darmstadt. Seit 2009 Professorin für Interkulturelle Pädagogik/Lebenslange Bildung an der Pädagogischen Hochschule Karlsruhe. Schwerpunkte: Bildung in der Einwanderungsgesellschaft; Umgang mit Heterogenität und Diskriminierung; Kritische Bildungstheorie. Aktuelle Veröffentlichung: Weltbilder und Selbstbilder. Bildungsprozesse im Umgang mit Globalisierung, Migration und Zeitgeschichte, Frankfurt a. M. 2009.

CHRISTIAN RÖMMER, M. A., geb. 1972, Studium der Geschichte in Hamburg. Langjährige Mitarbeit in der KZ-Gedenkstätte Neuengamme, u. a. verantwortlich für die Herausgabe des „Totenbuches KZ Neuengamme". Freier Mitarbeiter der Gedenkstätte Bergen-Belsen, dort u. a. Mitarbeit an der aktuellen Dauerausstellung und dem Ausstellungskatalog. 2007–2009 Leiter des Projektes „Digitalisierung der WVHA-Häftlingskartei". Aktuelle Veröffentlichungen: Entschädigung Erster Klasse? Die Wiedergutmachung im öffentlichen Dienst in Hamburg nach dem Zweiten Weltkrieg, Hamburg 2003; Ein gescheitertes SS-Projekt: Die zentrale Häftlingskartei des WVHA, in: Dachauer Hefte 25 (2009), S. 135–142.

MARC SCHEMMEL, M. A, geb. 1975, Studium der Geschichte, Politik und Sozial- und Wirtschaftsgeschichte an der Universität Hamburg. Wissenschaftlicher Mitarbeiter. Aktuelle Veröffentlichung: Zwischen Kooperation und Widerstand. Funktionshäftlinge im KZ Neuengamme, Saarbrücken 2007.

ANJA SOLTERBECK, geb. 1975, Studium der Mathematik und Geschichte für das Lehramt Grund- und Mittelstufe an der Universität Hamburg. Freie Mitarbeiterin des Arbeitskreises „Alternative Stadtrundfahrten".

MALTE SORGENFREI, geb. 1982, Studium der Geschichte, Französisch und Erziehungswissenschaft an der Universität Hamburg. Examensarbeit 2008 zum Thema des Beitrags in diesem Band. Studienreferendar am Gymnasium Süderelbe.

BERNHARD STREBEL, Dr., geb. 1962, Studium der Geschichte und Literaturwissenschaften an der Universität Hannover. 2001 Promotion mit einer Gesamtdarstellung über das KZ Ravensbrück, die 2003 in Paris mit dem „Prix Guillaume

Fichet – Octave Simon" ausgezeichnet wurde; seit 2005 freiberuflicher Historiker und Publizist. Forschungsschwerpunkte: Geschichte des Nationalsozialismus, insbesondere Konzentrationslager, Judenverfolgung, Zwangsarbeit und Kriegswirtschaft. Aktuelle Veröffentlichungen: Celle April 1945 revisited. Ein amerikanischer Bombenangriff, deutsche Massaker an KZ-Häftlingen und ein britisches Gerichtsverfahren, Bielefeld 2008; Das KZ Ravensbrück. Geschichte eines Lagerkomplexes, Paderborn 2003 (französische Ausgabe: Paris 2005; polnische Ausgabe: im Erscheinen).

MIRKO WETZEL, Dipl.-Sozialpäd. (FH), geb. 1979, Studium in Berlin. Mitglied des Berliner Arbeitskreis Konfrontationen, pädagogischer Mitarbeiter im Projekt kunst – raum – erinnerung des Bildungsverbunds für die Internationale Jugendbegegnungsstätte Sachsenhausen e. V. sowie im Konzeptteam Denkort U-Boot-Bunker Valentin. Aktuelle Veröffentlichungen: AK Konfrontationen: Kunst als Zeugnis, http://arbeitskreis-konfrontationen.de; (mit Jana Jelitzki), Über Täter und Täterinnen sprechen. Nationalsozialistische Täterschaft in der pädagogischen Arbeit von KZ-Gedenkstätten, Berlin 2010.

OLIVER VON WROCHEM, Dr., geb. 1968, Studium der Geschichte und Germanistik in Köln und Hamburg. Seit 2009 Leiter des Studienzentrums der KZ-Gedenkstätte Neuengamme; Lehrbeauftragter der Helmut-Schmidt-Universität Hamburg. Tätigkeitsschwerpunkte: Erinnerungskultur und Geschichtspolitik, Nationalsozialismus, Zweiter Weltkrieg; Strafverfolgung von NS-Gewaltverbrechen, Biografieforschung, historisch-politische Bildung. Aktuelle Veröffentlichungen: Erich von Manstein: Vernichtungskrieg und Geschichtspolitik, 2. Aufl., Paderborn 2009; (Mitherausgeber), Bundeswehr und Gedenkstätten des NS-Unrechts, Paderborn 2010.

UTE WROCKLAGE, M. A., geb. 1953, Lehramtsstudium der Kunst sowie Magisterstudium in Kunst und Geschichte in Oldenburg. Tätigkeiten als Dozentin bei Trägern der politischen Bildung sowie als Kunst- und Fotohistorikerin in Ausstellungsprojekten im Bereich der Memorialkultur und Fotogeschichte. Arbeits- und Forschungsschwerpunkte: Geschichte der Fotografie, Fotogeschichte der Konzentrationslager, Fotografie als historische Quelle, NS-Verbrechen und Memorialkultur. Aktuelle Veröffentlichungen: Das SS-Fotoalbum des Frauen-Konzentrationslagers Ravensbrück, in: Simone Erpel (Hrsg.), Im Gefolge der SS: Aufseherinnen des Frauen-KZ Ravensbrück. Begleitband zur Ausstellung, Berlin 2007, S. 233–251; Der Fotograf Friedrich Franz Bauer in den 20er und 30er Jahren. Vom Kunstfotografen zum SS-Dokumentaristen, in: Dieter Mayer-Gürr (Hrsg.), Fotografie & Geschichte, Marburg 2000, S. 30–50.